Le pouvoir de sanction de l'Union africaine

Collection « Études africaines »

dirigée par Denis Pryen et son équipe

Forte de plus de mille titres publiés à ce jour, la collection « Études africaines » fait peau neuve. Elle présentera toujours les essais généraux qui ont fait son succès, mais se déclinera désormais également par séries thématiques : droit, économie, politique, sociologie, etc.

Dernières parutions,

Abdel Kader BONGO DOYENDZE, *Le Paléolithique en République du Gabon : Étude des industries préhistoriques du Haut Ogooué*, 2021.
Mamadou Bakaye DEMBELE, *L'échec d'une construction légale du droit des successions au Mali*, 2021.
Yassine KERVELLA-MANSARÉ, *La condition peule hier et aujourd'hui. Étude comparative de communautés : Guinée et Tchad*, 2021.
Saliou NGOM, *Femmes et politique au Sénégal. Les dynamiques imbriquées d'inclusion-exclusion de l'indépendance à nos jours,* 2021.
Jean OTEMIKONGO MANDEFU YAHISULE, *Elections et changement politique en République démocratique du Congo. Six décennies perdues pour le développement,* 2021.
Sylvain Sorel KUATE TAMEGHE, *La justice, ses métiers, ses procédures, OHADA, Union Africaine, CEEAC-CEMAC, CEDEAO-UEMOA, Nations Unies, Cameroun, 4ème édition,* 2021.
Adrien ELLA MENDENE, *L'approche par les compétences au Gabon*, 2021.
François GUIYOBA et Vincent Manuel AFANA NGA (dir.), *Représentations touristiques de l'Afrique dans les romans,* 2021.
Fabien MAOMBI MUSHI, *Système fiscal congolais. Pilier ou frein aux affaires ?* 2021
Toussaint Marlot MAKOSSO MAGAGNI, *La criminalité fétichiste au Gabon,* 2021.
Jacques N'TONI KIESSE, *Procédure civile en RDC. Explications pratiques, Tome 1*, 2021
Joseph Tony DJUNGA, *L'entrepreneuriat en Afrique. En faire un choix*, 2021
Sandavoy Adamoh DJHELI YAHOT, *L'endettement international : mythe ou réalité en Afrique ?*, 2021.
Basile ANYIA ENYEGUE, *Cameroun : les renseignements généraux français dans la lutte contre l'insurrection armée en Sanaga-Maritime*, 2021.
Moustapha SOUMAHORO (dir.), *Aménagement, décentralisation et développement local en Afrique subsaharienne*, 2020

Marie Agnès FEUKEU TCHOUMBA

LE POUVOIR DE SANCTION DE L'UNION AFRICAINE

Analyse des mécanismes de coercition du système d'intégration régionale africain

Préface de Chahira Boutayeb

L'Harmattan

5-7, rue de l'École-Polytechnique ; 75005 Paris
http://www.editions-harmattan.fr
ISBN : 978-2-343-20084-2
EAN : 9782343200842

« *Les conventions sans le glaive, ne sont que des mots et n'ont aucune force pour assurer la sécurité d'un homme. Donc, nonobstant les lois de nature (ce que chacun observe lorsqu'il a la volonté de les observer et qu'il peut le faire en sécurité) s'il n'y a pas de puissance érigée, ou que cette puissance n'est pas assez grande pour assurer notre sécurité, chaque homme se reposera, et il pourra le faire légitimement, sur sa force et son art propres, pour se prémunir contre tous les autres hommes.* »

(Thomas HOBBES, *Léviathan, Traité de la matière, de la forme et du pouvoir de la république ecclésiastique et civile partie I et II, Extraits,* Paris, Hachette, 1998, p. 64)

REMERCIEMENTS

Nos profonds remerciements à Madame Chahira BOUTAYEB, d'avoir accepté de diriger ce travail et dont les précieux conseils nous ont aiguillés durant la rédaction de ce travail. Qu'elle trouve ici toute notre reconnaissance.
Mes remerciements vont également à l'endroit des membres du jury qui me font l'honneur de siéger à ma soutenance de thèse : Monsieur Jean-François AKANDJI-KOMBE, Monsieur Claude BONTEMS, Monsieur Daniel DORMOY, Monsieur Luc Marius IBRIGA, Monsieur Makane Moïse MBENGUE et Monsieur Paul TAVERNIER. Merci d'avoir accepté de juger mon travail. Puissiez-vous trouver ici, Madame et Messieurs les Professeurs, le témoignage de ma sincère reconnaissance.
Merci à tous ceux qui, de près ou de loin, ont permis la réalisation de cette thèse. Même s'ils ne sont pas tous nommément désignés ici, je leur adresse mes sincères sentiments et amitiés. Ce travail vous appartient aussi. Merci, enfin, à toutes les personnes qui m'ont accompagnée, de quelque manière que ce soit, durant toutes ces années. Je tiens à leur dire ici que j'espère seulement être à la hauteur de leurs espérances.

DÉDICACES

À la mémoire de :

- † Mon père Élie, très tôt disparu, pour un repos paisible de ton âme.

À ma chère mère, Mme Louise TCHOUMBA née TCHIWOU dont l'immense amour ne cesse de nous porter.

À tous mes frères et sœurs, nièces et neveux dont les témoignages d'amour, les conseils nous ont toujours remis sur pieds.

Que cette contribution soit pour vous tous un motif supplémentaire de fierté et un exemple à dépasser, chacun dans son domaine, car le seul chemin de la réussite est le travail.

TABLE DES ABRÉVIATIONS, SIGLES ET ACRONYMES

AADI/AYIL	Annuaire africain de droit international / African Yearbook of International Law
AFDI	Annuaire français de droit international
AFRI	Annuaire français de relations internationales
A G	Assemblée générale des Nations Unies
APSA	Architecture de paix et de sécurité de l'Union africaine
CADHP	Commission africaine des droits de l'homme et des peuples
CEDEAO	Communauté économique des États de l'Afrique de l'Ouest
CAE	Communauté de l'Afrique de l'Est
CEA	Communauté économique africaine
CEEAC	Communauté économique des États de l'Afrique centrale
CEMAC	Communauté économique et monétaire de l'Afrique centrale
CEN-SAD	Communauté des États sahélo-sahariens
CER	Communauté économique régionale
CIJ	Cour internationale de justice
CJCE	Cour de justice des Communautés européennes
CJUE	Cour de justice de l'Union européenne
COMESA	Common Market for Eastern and Southern African States
Conférence	Conférence des chefs d'État et de Gouvernement
Conseil	Conseil exécutif de l'Union africaine
CPI	Cour pénale internationale
COREP	Comité des représentants permanents
CPS	Conseil de Paix et de Sécurité de l'Union africaine
CSSDCA	Conférence sur la sécurité, la stabilité, le développement et la coopération en Afrique
CTN	Conseil national de transition
EASF	Force en attente de l'Afrique de l'Est
ECOSOC	Conseil économique social des Nations Unies
EJIL	European Journal of International Law
FAO	Organisation des Nations Unies pour l'alimentation et l'agriculture

IGAD	Intergovernmental Authority for Development
LGDJ	Librairie générale de droit et de jurisprudence
MAPROBU	Mission africaine de prévention et de protection du Burundi
NEPAD	Nouveau partenariat pour le développement de l'Afrique
OCDE	Organisation de coopération et de développement économique
OEA	Organisation des États américains
OI	Organisation internationale
ONG	Organisation non gouvernementale
ONU/ NU	Organisation des Nations Unies
OPAEP	Organisation des pays arabes exportateurs de pétrole
OUA	Organisation de l'Unité Africaine
OTAN	Organisation du Traité de l'Atlantique Nord
PUF	Presses universitaires de France
PUG	Presses universitaires de Grenoble
PUAM	Presses universitaires d'Aix-Marseille
RADIC	Revue africaine de droit international et comparé
RASD	République arabe sahraouie démocratique
RBSJA	Revue béninoise des sciences juridiques et administratives
RCADI	Recueil de cours de l'Académie de droit international de La Haye
RDH	Revue des droits de l'homme
RDILC	Revue de droit international et de législation comparée
RDP	Revue du droit public et de la science politique en France et à l'étranger
RGDIP	Revue générale de droit international public
RIDC	Revue internationale de droit comparé
RQDI	Revue québécoise de droit international
RSDIE	Revue suisse de droit international et de droit européen
RTDH	Revue trimestrielle des droits de l'homme
SADC	Southern African Development Conference
SDN	Société des Nations
SDFI	Société française pour le droit international
SQDI	Société québécoise de droit international
TAOIT	Tribunal administratif de l'Organisation internationale du travail
TANU	Tribunal administratif des Nations Unies
UA	Union africaine

UE	Union européenne
UEMOA	Union économique et monétaire ouest-africaine
UNESCO	Organisation des Nations Unies pour l'éducation la science et la culture

SOMMAIRE

PRÉFACE

Chahira Boutayeb

Maître de conférences à l'Université Paris 1 Panthéon-Sorbonne

Ces dernières années, bon nombre de thèses se sont intéressées au système de paix et de sécurité mis en place par l'Acte constitutif de l'Union africaine. Peu de thèses, comme celle de Mme Feukeu Tchoumba, ont étudié de manière aussi exhaustive le pouvoir de sanction au sein des nations africaines au lendemain des indépendances, sujet assurément complexe. La volonté récente de l'Union africaine de construire un ordre juridique continental met toute la lumière sur la nécessité de l'entreprise intellectuelle que constitue la présente thèse. L'analyse est d'autant bienvenue que se pose, de manière de plus en plus vive, la question de la réforme de l'Union africaine afin d'assurer une plus grande effectivité et efficacité de ses sanctions.

Pourtant, comme en témoigne un appareil bibliographique impressionnant, le thème des sanctions en droit international a été abordé par la doctrine, la sanction demeurant un élément déterminant de toute institution et de tout système de droit ; mais cette question a été profondément modifiée, pour ne pas dire bouleversée, avec l'intervention des organisations internationales. Le cas de l'Union africaine est particulièrement éclairant sur ce point, car il intègre les sanctions contre des changements anticonstitutionnels, matière relevant auparavant du domaine de compétence exclusive des États.

Avec objectivité et rigueur scientifique, Mme Feukeu Tchoumba pose alors les jalons d'une approche systémique qui comble un vide dans la littérature juridique relative au droit des organisations internationales et à l'institution de la sanction dans les institutions internationales, et tout particulièrement, celle s'intéressant au *modus operandi* du pouvoir de sanction. À l'appui de nombreuses sources doctrinales, l'auteur nous livre une analyse fine et innovante du dispositif de sanction ainsi que des freins à son efficacité dans la pratique de l'organisation continentale.

Mme Feukeu Tchoumba met en relief les difficultés qui se posent dans tout effort de construction d'un véritable système de sanctions au sein d'une organisation internationale comme l'Union africaine dont les membres demeurent encore très attachés à leur souveraineté. Sont néanmoins relevées les évolutions notables en comparaison au droit de l'Organisation de l'Unité Africaine (OUA).

Le lecteur puisera plaisir et intérêt à parcourir les développements minutieux sur le processus historique de construction de la sanction dans le cadre de l'intégration africaine, ainsi que ceux relatifs aux différentes formes de sanctions et leurs mécanismes respectifs (sanction pour manquement aux obligations financières des États, sanction pour coups d'État et changements inconstitutionnels de gouvernement, et sanction pour violations des droits de l'homme), ou encore les conséquences dommageables des sanctions (art. 50 de la Charte des Nations Unies) sur les États tiers, cette question étant rarement abordée par la doctrine et traitée de manière confuse dans la pratique.

D'autres questions sont traitées, avec tout autant d'habilité, s'agissant du parallèle entre la notion de supranationalité de l'Union africaine et celle de l'Union européenne, de l'unicité de la notion de sanction, des révolutions dans le cadre des « printemps arabes », ou du lien établi entre sanction et obligation, notamment le rôle de la sanction dans l'application du droit et du droit international.

Il faut féliciter l'auteur d'avoir réussi l'œuvre pionnière que constitue cette thèse, et d'avoir ouvert des pistes de réflexion, permettant d'aller plus loin, en présentant des propositions concrètes concernant un meilleur fonctionnement des mécanismes de coercition du système d'intégration régional africain, les analyses concernant les rapports avec les organisations subrégionales étant à cet égard très intéressantes, et insuffisamment étudiées par la doctrine.

Ce précieux ouvrage apportera les outils de compréhension et de réflexion inédits sur les questions d'efficacité du droit et du droit institutionnel africain, aux lecteurs que sont les chercheurs, mais aussi les responsables publics africains et les citoyens attachés à la poursuite de ce grand et beau défi, celui de l'intégration et l'unité africaines.

Paris, le 9 mars 2020

INTRODUCTION GÉNÉRALE

1. La cité, dit Aristote, est une société établie par maisons et familles, pour vivre bien, c'est-à-dire mener une vie parfaite et qui se suffise[1]. L'homme veut « vivre bien » et parvenir au plein épanouissement de son être, mais il ne peut atteindre cette fin qu'avec la compagnie de ses semblables[2]. Telle paraît être la finalité poursuivie par l'institution de villes, de corporations religieuses ou profanes et, plus généralement, de toute entité qui permet de tisser des liens, des affinités et d'instaurer une manière de vivre les uns avec les autres[3]. Outre la sécurité, la société apporte à l'homme les moyens d'assurer sa subsistance et de s'ouvrir à la vie de l'esprit. Cependant, sa nature complexe et la volonté de réaliser sa destinée poussent l'homme à rechercher la satisfaction de multiples besoins[4]. C'est alors qu'il lui est nécessaire de s'intégrer à divers groupes répondant chacun à l'une de ces aspirations[5].

2. Les groupements ainsi créés se caractérisent donc chacun par un objet propre qui vise la réalisation d'une fin sociale ; de nature politique, économique ou morale. Une telle finalité, tendant également à la réalisation du bien commun, est une « force directrice » qui coordonne et oriente les efforts consentis par les membres de la communauté[6]. L'on comprend – dès lors – que cette « force directrice » requiert un organe investi – par la collectivité – de l'autorité nécessaire pour la guider en maintenant l'ordre et la cohésion. Quel que soit son mode d'attribution, l'autorité impliquera toujours, en vue de la bonne marche de la communauté établie, le pouvoir

---

[1]Marcel PRELOT, *Politique d'Aristote*, Paris, PUF, 1950, p. 46.
[2]Serge SALON, *Délinquance et répression disciplinaire dans la fonction publique*, Paris, LGDJ, 1969, p. 2.
[3]*Ibidem*
[4]*Ibid.*
[5]Jean XXIII, *Pacem in terris. Lettre encyclique sur la paix entre toutes les nations fondées sur la vérité, la justice, la charité, la liberté*, texte intégral commenté par Joseph COMBLIN, Paris, Nouvelle alliance, éditions universitaires, 1963, pp. 45-46 sur les relations interpersonnelles : « *La vie en société ne doit pas seulement assurer l'ordre ; elle doit apporter des avantages à ses membres. Cela suppose la reconnaissance et le respect des droits et devoirs, mais cela demande de plus la collaboration de tous selon les multiples modalités que le développement actuel de la civilisation rend possibles, désirables ou nécessaires* ».
[6]Saint Thomas d'Aquin, *De Regno* ; cité par Serge SALON, *op. cit.*, p. 2.

d'édicter des règles et d'en assurer le respect sous peine de sanctionner toute attitude contrevenante[7].

3. Au regard de ces considérations liminaires, il convient d'emblée de souligner deux points essentiels de notre réflexion. D'une part, la sanction paraît chevillée à la règle de droit en tant que norme d'organisation sociale. Une telle assertion trouve son fondement dans l'aphorisme juridique d'origine latine qui fait du droit la conséquence de l'existence d'une organisation, d'une cellule ou d'une collectivité sociale. Dès lors, on considère que la sanction demeure attachée à la règle de droit en ceci qu'elle consacre l'existence juridique de la société et la dote du monopole de la contrainte légitime, selon la formule de Max WEBER[8]. D'autre part, la sanction semble être un instrument indispensable à la régulation des comportements des sujets d'une société quelconque. Cette acception, matérielle par nature, permet de saisir les fonctions sociales de la sanction. En effet, les normes constitutives de la société prescrivent des comportements en prenant diverses formes – autorisations, interdictions ou prescriptions – dont la violation entraîne subséquemment l'exécution des sanctions prévues dans tel ou tel cas. Ce faisant, l'on observe que la sanction apporte à la règle de droit ainsi posée une fonction régulatrice de comportements. Distinguant la règle de droit des règles morales ou religieuses, la sanction est la conséquence de toute conduite contraire aux prescriptions légales[9]. Elle apparaît – à cet égard – comme la garantie effective de l'application de la règle de droit[10] en punissant toute conduite jugée « illicite »[11].

4. Les considérations générales évoquées trouvent une manifestation concrète dans l'organisation étatique au sein de laquelle la répression des atteintes aux règles de droit sera qualifiée de pénale ou civile. Il reviendra alors à l'autorité judiciaire la charge d'exercer le pouvoir répressif au nom de la société tout entière[12]. Toutefois, ce mode d'expression ne se manifeste pas de la même manière selon que l'on est en présence d'une organisation de la taille d'un État, d'une organisation infra-étatique ou d'une quelconque institution de portée nationale, régionale ou internationale. Dans le cadre

---

[7]Voir Serge SALON, *op. cit.*, p. 3. Il est évident la vie en société est régie par les mêmes règles que celles au sein d'une organisation ou communauté formée non par des individus, mais par des États.

[8]Max WEBER, *Le savant et le politique, une nouvelle traduction, la profession et la vocation de savant, la profession et la vocation de politique*, préface, traduction et notes de Catherine COLLIOT-THELENE, Paris, La Découverte, 2003, p. 34.

[9]Hans KELSEN, « Théorie Générale du Droit international Public : Problèmes choisis », *RCADI*, t. 42, Paris, Recueil Sirey, 1932, p. 125.

[10]Paul BASTID, « La sanction des traités », *Recueils du Concours d'agrégation*, 1924, p. 1.

[11]Hans KELSEN, « Théorie Générale du Droit international Public : Problèmes choisis », *op. cit.*, p. 125.

[12]Serge SALON, *op. cit.*, p. 2.

d'une société plus restreinte ou d'une organisation particulière, la répression des comportements jugés de nature à troubler l'ordre établi au sein de ladite communauté sera souvent qualifiée de disciplinaire. La discipline constitue donc un élément central de la stabilisation de tout groupement[13]. Une telle logique s'observe également au sein des institutions supranationales qui sont constituées pour réaliser une idée commune à tous leurs membres. Tel est sans doute le cas de l'Union africaine, objet de la présente étude. Dotée d'un pouvoir organisé en vue de la réalisation d'un idéal commun aux États africains, cette organisation continentale dispose de compétences diverses. Afin d'examiner en détail ce pouvoir, il convient de préciser successivement l'objet de notre recherche (**I**), ainsi que son intérêt, sa problématique, la méthodologie employée et le plan retenu (**II**).

I. OBJET DE L'ÉTUDE

5. Depuis 1963[14], l'Afrique est dotée d'une organisation continentale. Cependant, les commentaires se sont multipliés quant à la capacité de celle-ci de véritablement réunir tous les États du continent autour d'une même idée d'intégration. Les défis à relever ont été nombreux et la capacité de l'organisation continentale africaine a été mise à l'épreuve à chaque moment de son existence. Dans le cadre de cette recherche, il ne s'agira pas de s'appesantir sur le bilan de l'intégration en Afrique. En effet, même si cette question intéresse ce travail, l'on veut ici poser un autre regard sur l'intégration africaine en partant d'une notion complexe qui est celle de la sanction. À cet égard, plusieurs éléments doivent être précisés. L'on commencera par une présentation générale de la sanction, notion centrale de notre étude (**A**), puis il s'agira d'analyser cette notion dans le cadre spécifique de l'organisation continentale africaine (**B**).

A- La sanction : une notion fondamentale

6. Depuis la fin de la Seconde Guerre mondiale, et plus particulièrement durant ces dernières décennies, le rôle des organisations internationales s'est considérablement accru sur la scène mondiale. D'une part, leur nombre a fortement augmenté pour « *couvrir de nos jours virtuellement tous les domaines de l'activité humaine* [...]. *D'autre part, au-delà de la coordination des actions de leurs membres dans une ou plusieurs matière(s) donnée(s), certaines organisations qui ont bénéficié de véritables transferts de compétences de la part de leurs États membres visent à intégrer l'action de ces États à un échelon supranational. Les pouvoirs dont elles disposent sont,*

[13] *Ibidem*

[14] Année de l'adoption de la Charte créant l'Organisation de l'Unité africaine.

pour certaines d'entre elles tout le moins, considérables »[15]. C'est de ces pouvoirs considérables que découle la sanction. Pour mieux comprendre une telle affirmation, il est indispensable de définir cette notion en analysant ses contours en droit interne (**1**), avant de l'appréhender dans le cadre du droit international où elle a connu une évolution particulière (**2**).

1- La sanction : une notion polysémique et protéiforme

7. Notion complexe, la sanction a toujours suscité l'intérêt de la doctrine, surtout en droit international où cette question pose indubitablement, d'après certains auteurs, la question de sa nature, son évolution et particulièrement celle de son caractère obligatoire. En effet, « *si la théorie des sanctions se heurte encore dans le droit interne à de grosses difficultés, les embarras qu'elle suscite sont assurément bien plus considérables quand on les transporte dans le domaine international. Ici, en effet, le terrain n'est guère débroussaillé. De-ci, de-là, une forme s'ébauche, un sentier se dessine, mais les points de repère qui s'offrent à l'observation sont si rares, si disséminés et parfois si équivoques, qu'il est impossible d'en tirer un plan systématique. De tous les aspects du droit des gens, c'est le plus rudimentaire* »[16]. Il est d'autant plus rudimentaire que cette problématique a toujours été au cœur des débats théoriques sur le fondement et le rôle du droit international. Ainsi, le fait que la société internationale ait longtemps été considérée comme une société exclusivement étatique a eu pour effet de créer une certaine distance entre la norme d'essence contractuelle et les populations concernées ; les normes s'adressant alors à ces êtres sociaux abstraits que sont les États[17]. C'est pourquoi, jusqu'à la Seconde Guerre mondiale, le système de sanctions propre à la société internationale était infiniment sommaire[18]. De l'Antiquité au début du XXe siècle, la sanction ne s'exprimait qu'à travers l'entrée en conflit d'États pour des raisons toujours considérées comme légitimes[19]. Jusqu'à la Grande Guerre de 1914, une partie de la doctrine ne voyait pas l'absence de sanction de type juridique comme une faiblesse majeure du droit international, sinon une force et un trait nécessaire de celui-ci.

---

[15]Pierre KLEIN, *La responsabilité des organisations internationales dans les ordres juridiques internes et en droit des gens*, Bruxelles, Bruylant, 1998, p. 1.
[16]Maurice BOURQUIN, « Règles générales du droit de la paix », *RCADI.*, 1931, p. 203.
[17]Monique CHEMILLIER-GENDREAU, « La notion de sanction en droit international », *in Mélanges en l'honneur du professeur Gustave PEISER*, Grenoble, PUG, 1995, p. 118.
[18]*Ibidem*
[19]Catherine KOSMA-LACROZE, « La sanction en droit international », article publié sur le blog net-iris, le 22 novembre 2004, consulté le 20 octobre 2013, p. 1.

8. Cette conception, influencée par les auteurs positivistes du XIXe siècle[20], conforte l'idée que le droit international est dépourvu de sanction et que l'application de ses règles est laissée au bon vouloir des sujets qu'il régit[21]. Pour une partie de la doctrine, l'ordre juridique international reste en effet un ordre primitif en ce sens qu'il est dépourvu de police ou de gendarme capable d'infliger des sanctions ou de les faire appliquer. La sanction semble donc davantage trouver une place en droit interne où elle a revêtu ses aspects les plus perfectionnés[22].

9. Étymologiquement, le terme sanction vient du latin *sancio* qui découle du verbe *sancire* (rendre sacré ou inviolable)[23]. Le verbe *sancire* signifierait plus précisément « faire que quelque chose devienne *sak*, c'est-à-dire réel »[24]. On peut ainsi le comprendre comme le fait de prescrire une action pour garantir ce qui est établi[25]. D'après certains auteurs comme BENVENISTE, on pourrait l'entendre aussi comme le fait de « *délimiter le champ d'application d'une disposition et rendre celle-ci inviolable en la mettant sous la protection des dieux, en appelant sur le violateur éventuel, châtiment divin* »[26]. De ce point de vue, la sanction revêt deux aspects.

10. Le premier est que la sanction est une peine qui doit être appliquée par les dieux, puis par les autorités, à ceux qui transgressent les

---

[20]Voir : Charles Albert MORAND, « La sanction », *Archives de philosophie du droit*, 1990, p. 294 ; Louis CAVARÉ, « L'idée de sanction et sa mise en œuvre en droit international public », *RGDIP*, 1937, pp. 384-386 ; Philippe JESTAZ, « La sanction ou l'inconnu du droit », *Recueil Dalloz-Sirey*, chronique XXXII, 1986, pp. 197-204 ; Hans MORGENTHAU, « Théorie des sanctions internationales», *RDILC*, 1935, pp. 474-503, pp. 809-836 ; Hans KELSEN, « Théorie Générale du Droit international Public: Problèmes choisis», *op. cit*, pp. 117-352 ; Louis CAVARÉ, « Les sanctions dans le cadre des Nations Unies », *RCADI*, 1950, pp. 647-674 ; Rudolf VON JHERING, *L'évolution du droit, traduction de Zweck im Recht,* 3e éd. par O. de Meulenacre.Chevalier-Marescq, 1901

[21]Louis CAVARÉ, « L'idée de sanction et sa mise en œuvre en droit international public », *op. cit.*, pp. 384-386. La guerre était perçue comme un droit régalien de l'État souverain, chacun pouvait se faire justice soi-même, et le droit international admettait la notion de représailles bien qu'il ait tenté paradoxalement de cantonner les représailles armées à des situations fondées sur un motif juridique valable. Le châtiment était administré directement par la victime supposée, laquelle en décidait la portée, sans la médiation d'aucun intermédiaire. V Monique CHEMILLIER-GENDREAU, « La notion de sanction en droit international », *op. cit.*, p. 118.

[22]Louis CAVARÉ, « L'idée de sanction et sa mise en œuvre en droit international public », *op. cit.*, p. 387

[23] Alfred ERNOUT, Antoine MEILLET, *Dictionnaire étymologique de la langue latine. Histoire des mots*, Paris, Librairie C. Klincksieck, 1932, pp. 844-845.

[24]Louis-Augustin BARRIERE, « Propos introductifs », *op. cit.*, p. 8.

[25]Yan THOMAS, « De la "sanction" et de la "sainteté" des lois à Rome. Remarques sur l'institution juridique de l'inviolabilité », *Droits* n° 18, 1993, p. 145.

[26]Émile BENVENISTE, *Le vocabulaire des institutions indo-européennes*, Paris, Minuit, 1969, t. 2, pp. 187 et s.

commandements de la loi[27]. Le second est que la sanction est un élément en quelque sorte extérieur, différent de la règle obligeant un comportement[28]. Cette définition, applicable dans les sociétés primitives, évoluera avec l'avènement des sociétés modernes. Elle ne désignera plus seulement la peine qui doit être infligée à celui qui transgresse un commandement, mais s'appliquera à toutes sortes de situations avec diverses conséquences juridiques [29]. Nonobstant ces caractéristiques, la doctrine éprouve des difficultés à en donner une définition précise. Comme le souligne Charles Albert MORAND, le concept de norme juridique est au centre des préoccupations des théoriciens du droit mais la sanction qui la caractériserait est restée inexplorée alors que de nombreuses significations ont été affectées à cette notion[30]. Ainsi, certains auteurs, à l'instar de Philippe JESTAZ, considèrent que la sanction est « *une belle inconnue à qui, par boutade et pour se débarrasser du problème, on prête les traits moustachus du "gendarme"* » [31]. La doctrine et la langue courante s'y sont cependant intéressées pour en préciser les contours [32]. Ainsi, la langue française contemporaine donne à cette notion deux acceptions : la première est celle d'approbation, de confirmation, de consécration voire de ratification ; la seconde est celle de peine ou de récompense prévue pour assurer l'exécution d'un ordre ou encore d'une norme imposée par le droit ou le corps social[33].

---

[27]Cette conception est à l'origine des significations qu'il revêt aujourd'hui. Toutefois, avec la laïcisation du droit romain, la *sanctio* désignera la peine qui doit être infligée aux individus violant éventuellement la règle. Cependant, le terme sera peu usité dans ce sens. Durant la période classique et avec le développement de la législation, cette définition assignée à la sanction prendra un sens technique. Ainsi, l'expression *legem sancire* désignera la clause de promulgation de la loi. Dans les lois romaines, cette clause formait la quatrième et dernière partie de la loi, venant après l'intitulé, la *praescriptio* (qui sert à identifier) et la *rogatio* qui contient le texte de la loi. Toutefois, *lege sancire* conduira aussi à un sens large affecté de la sanction, c'est-à-dire rendre une disposition inviolable, la consacrer. Voir à ce propos : Charles DAREMBERG, E. SAGLIO, E. POLTIER, *Dictionnaire des Antiquités grecques et romaines*, Paris, 1904, p. 1223 ; cité par Charles Albert MORAND, *op. cit.*, p. 294 ; Émile BENEVISTE, *op. cit.*, p. 190.

[28]Charles Albert MORAND, *op. cit.*, p. 294, Philippe JESTAZ, « La sanction ou l'inconnu du droit », *op. cit.*, p. 199.

[29]Charles Albert MORAND, *op. cit.*, p 295.

[30]*Ibidem*

[31]Philippe JESTAZ, « La sanction ou l'inconnu du droit », *op. cit*, p. 197.

[32]Voir à cet effet la définition donnée de la « sanction » par le dictionnaire *Le Petit Larousse illustré : 90 000 articles, 5000 illustrations, 355 cartes, 160 planches, chronologie universelle*, Paris, Larousse 2008, p. 913. Voir aussi *Le Petit Robert. Dictionnaire alphabétique et analogique de la langue française* (le Grand Robert de la langue française), 2 éd. rev. Par A. Rey, Le Robert, t. VIII, 1992, p. 567 ; cité par Franck ROUMY, « Les origines romano-canoniques du concept moderne de sanction, *in* Cécile CHAINAIS, Dominique FENOUILLET (dir), *Les sanctions en droit contemporain. La sanction entre technique et politique*, vol. 1, Paris, Dalloz, 2012, p. 1.

[33]Voir : Franck ROUMY, « *Les origines romano-canoniques du concept moderne de sanction* », in Cécile CHAINAIS, Dominique FENOUILLET (dir), *Les sanctions en droit contemporain. La sanction entre technique et politique*, *op. cit.*, p. 1.

Jusqu'au milieu du XXe siècle, c'est la première acception de la sanction qui prévalait, désignant le mécanisme par lequel une autorité souveraine assortissait une mesure législative d'une approbation qui la rendait exécutoire[34]. Cependant, à l'heure actuelle, il semblerait que ce soit de plus en plus le second sens de la notion qui soit privilégié autant dans la langue du droit que dans la langue courante. Ainsi, le lexique juridique le plus utilisé en France définit la sanction de deux façons.

11. En un sens restreint, elle signifie, la punition, la peine infligée par une autorité à l'auteur d'une infraction, une mesure répressive destinée à punir. On distingue habituellement, suivant l'autorité chargée de la répression et de la nature de la mesure, les sanctions pénales, disciplinaires, administratives et internationales[35]. Dans un sens plus large, elle signifie toute mesure, même réparatrice, justifiée par la violation d'une obligation (par exemple, une condamnation à indemniser une victime à travers le versement de dommages et intérêts). La sanction civile quant à elle est celle de la faute dommageable. Elle peut aussi consister en une mesure de protection, d'assistance ou, plus généralement encore, tout moyen destiné à assurer le respect et l'exécution effective d'un droit ou d'une obligation[36]. On constate avec cette définition que la sanction conçue en tant qu'approbation, qui était par le passé le premier sens du mot, est maintenant reléguée à la seconde place. Outre la France, d'autres pays ont connu la même évolution[37]. La doctrine s'est également de plus en plus intéressée à la sanction.

12. Par exemple, le courant positiviste, porté par d'éminents auteurs, a essayé dans une perspective de droit interne de définir cette notion. Dominant au XXe siècle, les positivistes appréhendent la sanction comme critère de détermination du droit par rapport à d'autres systèmes normatifs comme la morale, la religion ou les mœurs. Ainsi, pour le professeur Louis CAVARÉ, la sanction serait « (...) *un procédé social destiné à assurer l'application d'une règle de droit en réalisant la répression de ses violations* »[38]. De ce fait, la sanction revêtirait forcément un caractère répressif dont la finalité serait de

---

[34]*Ibidem*, p. 1.

[35]Gérard CORNU, *Vocabulaire juridique*, Paris, PUF, 12e éd., 2000, pp. 943-944.

[36]*Ibidem*

[37]C'est ainsi que le lexique juridique le plus usité en Allemagne définit la sanction de deux façons : la première concerne les sanctions pénales et la seconde les sanctions internationales. Dans le principal lexique juridique anglais, un double sens est consacré : le premier sens est celui d'approbation, d'autorisation ; le second est celui de mesure coercitive résultant de la violation du droit, d'une règle ou d'un ordre. Voir sur cette question : F. Arloth HTILCH, *Deutshers Rechts-lexikon*, t. III, Munchen, Beck, 3e éd., 2001, pp. 3671-3672 ; cité par Franck ROUMY, *op. cit* , p.4. Voir aussi B. A. GARNER, *Black's Law Dictionary*, St Paul (Minn.), Thomson-West, 8e éd., 2004, p. 1368.

[38]Louis CAVARÉ, « L'idée de la sanction et sa mise en œuvre en droit international public », *op. cit.*, p. 388.

faire disparaître, dans la mesure du possible, le trouble à l'ordre juridique et social résultant d'une violation de la règle. Autrement dit, il s'agirait d'ordonner une peine aux personnes qui auraient méconnu les principes dominant la société à laquelle ils font partie ou d'obliger à une réparation ceux qui auraient causé des dommages à autrui. Les effets d'un acte juridique contraire à l'ordre juridique seraient ainsi effacés ou atténués[39]. Comme le souligne Charles LEBEN, la sanction désignerait alors « *toute mesure destinée à assurer le respect du droit et la répression de ses violations* »[40] .

13. Par ailleurs, on peut relever que cette notion était déjà présente dans les sociétés primitives et celles du Moyen Âge dans lesquelles elle était pensée comme relevant de la sphère privée, de la morale ou de l'ordre social. Dans ces sociétés, le concept d'État tel que nous le connaissons actuellement n'était pas encore ancré. Les ordres étaient formés suivant la croyance que la sanction émanait d'une autorité supérieure qui, en cas de désobéissance, les punirait en leur infligeant des malheurs de diverses natures, tels qu'une mauvaise récolte, la maladie ou la mort[41]. Ainsi établies, les sanctions avaient alors, d'après le professeur Hans KELSEN, un caractère soit transcendant, soit socialement immanent[42]. La sanction au caractère transcendant avait davantage sa place dans une société qui croyait que l'ordre émanait d'une entité supra-étatique. Une telle pensée, caractéristique d'une mentalité primitive, interprétait les événements qui touchaient aux intérêts d'une personne comme un châtiment émanant d'une entité supérieure. De ce fait, les événements favorables étaient perçus comme une récompense de l'obéissance à l'ordre établi et les événements défavorables apparaissaient comme une peine pour l'inobservation de cet ordre social[43]. Le caractère transcendantal ne résultait pas du fait que les sanctions émanaient d'une instance suprahumaine, et par conséquent supra-sociale, mais parce qu'elles se réalisaient en dehors de la société, voire bien plus, en dehors du monde terrestre, dans une sphère transcendante[44].

14. À l'inverse, celles que l'on qualifiait de sanctions socialement immanentes l'étaient, car elles se réalisaient ici-bas, dans le cadre d'une société, et étaient le fait des membres de celle-ci. Elles pouvaient être soit simplement des approbations ou des désapprobations s'exprimant d'une façon

---

[39]Louis CAVARÉ, « Les sanctions dans le cadre des Nations Unies », *op. cit.*, p. 196.
[40]Charles LEBEN *Les sanctions privatives de droit ou de qualités dans les organisations internationales spécialisées* », Bruxelles, Bruylant, 1979, p. 23.
[41]Hans KELSEN, *Théorie pure du droit*, Paris, Dalloz, 1962, pp. 36-37.
[42]*Ibidem*
[43]*Ibid.*, p. 39.
[44]En parlant du monde transcendantal, Hans KELSEN prend exemple sur *La Bible* dans laquelle l'ordre social religieux est édicté par les dix commandements de l'Ancien Testament (Moïse, 2, XX). Cet ordre social établit des sanctions aussi bien que des récompenses.

ou d'une autre ; soit des actes que l'ordre social caractérisait de façon précise. Dans ce cas, les sanctions faisaient référence aux individus chargés de leur réglementation et on pouvait parler de sanctions socialement organisées[45]. Dès lors, dans la plupart des sociétés primitives, la sanction était entendue *lato sensu*, c'est-à-dire appréhendée non comme une sanction organisée, mais comme une faculté reconnue de réagir à la transgression d'un devoir ; que ce soit par la pression sociale suscitant notamment la peur, la honte et bien d'autres sentiments, ou par des représailles très fréquentes dans les sociétés égalitaires[46].

15. Plus tard, dans les sociétés modernes, la sanction apparaît comme une composante du droit[47] et revêt une signification sociale. Elle s'entend comme la réaction sociale d'un groupe infligeant un mal à l'un de ses membres qui enfreint les règles posées[48]. Elle a également un fondement moral, car la société ne réagit qu'à l'encontre des activités qui contredisent la perception qu'elle se fait de la sanction. Il ne peut donc « *y avoir pour le moins de droit positif, hors de l'État, car, le droit est une réalité liée à l'État parce qu'il suppose une organisation au sein de laquelle, les commandements d'un supérieur atteignent une effectivité qui seule garantit la validité d'un ordre juridique*[49]. *L'"exécutabilité" du droit, si nécessaire par une forme de contrainte, a été intégrée au concept du droit, un droit qui serait régulièrement méconnu par les membres de la société cesserait d'exister comme ordre juridique positif, car il ne serait pas facteur d'ordre. La sanction est devenue une condition sine qua non du droit* »[50]. Ce constat, valable en droit interne, l'est-il aussi dans l'ordre juridique international ? C'est à cette interrogation qu'il convient à présent d'apporter quelques éléments de réponse.

2- La sanction : une notion apprivoisée par le droit international

16. En 1935, Hans MORGENTHAU affirmait que « *les phénomènes que l'on appelle sanctions internationales, n'ont (...) rien de cette unité intrinsèque que présuppose une théorie* »[51]. Ce constat, pertinent à l'époque,

---

[45]*Ibidem*, p 41.

[46]Robert KOLB, *Réflexions de philosophie du droit international. Problèmes fondamentaux du droit international public : théorie et philosophie du droit international*, Bruxelles, Bruylant, 2003, p. 402.

[47]A cette époque, la sanction ne faisait pas encore partie du concept de droit. Le droit était pensé par ses sources par ses finalités idéales (justice) et non par son efficacité.

[48]*Ibidem*

[49]Robert KOLB, *op. cit*, p. 415.

[50]*Ibidem,* p. 400.

[51] Hans MORGENTHAU, « Théorie des sanctions internationales », *op. cit.*, p. 475.

reste-il toujours d'actualité au regard de l'ordre juridique contemporain qui a connu des innovations majeures ? Force est de constater que malgré les nombreuses analyses qui ont été proposées sur la sanction, cette notion continue de poser quelques difficultés en droit international obligeant de nombreux auteurs à justifier cette qualification dans cet ordre juridique[52]. Analyser cette question dans le cadre spécifique des organisations internationales et, plus particulièrement, de l'organisation continentale africaine requiert quelques réflexions préalables. Il s'agit donc de présenter les divers questionnements qui ont été suscités par cette notion en droit international (**a**) avant l'avènement des organisations internationales qui transformera son appréhension dans cet ordre juridique (**b**).

a- La sanction en droit international : le doute

17. La question de la sanction a toujours été au centre des débats théoriques sur le fondement et le rôle du droit international, « *si ce n'est sur la réalité même de son existence en tant que droit...* »[53]. Jusqu'au XIXe siècle, le droit international était considéré, on l'a vu, comme un ordre juridique primitif, car dépourvu de sanctions étant donné que « *l'application de ses règles était laissée au bon vouloir des sujets qu'il régissait* »[54]. En conséquence, pendant longtemps, le droit international n'a pas été envisagé comme étant véritablement du droit[55]. En effet, d'aucuns ont pu considérer que « *le droit international* (...) *ne serait que la politique de puissance poursuivie par d'autres moyens, une façade trompeuse, une "incitation à*

---

[52] Voir à ce propos, par exemple : Jean COMBACAU, *Le pouvoir de sanction de l'ONU, Étude théorique de la coercition non militaire*, Paris, Pedone, 1974, pp. 5-61 ; Louis CAVARÉ, « L'idée de sanction et sa mise en œuvre en droit international public », *op. cit*, pp. 393-400, pp. 443-445.

[53] Georges ABI-SAAB, « De la sanction en droit international. Essai de clarification », *in Theory of international law at the threshold of the 21st century, Mélanges en l'honneur de Krzysztof SKUBISZEWSKI*, Hague/London/ Boston, Kluwer Law International, 1996, p. 62.

[54] Louis CAVARÉ, « L'idée de sanction et sa mise en œuvre en droit international public », *op. cit.*, p. 386.

[55] Pour compléter cette idée, le professeur Roberto AGO considère qu'en dépit de diverses positions, une partie de la doctrine a toujours pensé que l'approche traditionnelle ne s'éloignait jamais de l'idée de base selon laquelle l'adjectif « positif » mis à côté du substantif « droit » servait à indiquer le mode particulier selon lequel s'est historiquement réalisée l'existence du droit ainsi qualifié. Ces auteurs regardent toujours le droit positif comme nécessairement limité à une partie seulement de ce droit qu'ils considèrent comme étant doté de force obligatoire ; à une partie qui peut aller jusqu'à disparaître totalement (comme dans le droit international d'après Pufendorf et ses disciples) et qui n'arrive jamais à s'étendre jusqu'à couvrir la totalité du droit en vigueur dans un système juridique donné. Voir Roberto AGO, « Droit positif et droit international », *AFDI*, 1957, p. 19.

l'hypocrisie" »[56]. Pour les tenants de cette théorie, le droit international ne serait pas du droit suivant deux postulats de base.

18. Le premier est celui de l'absence de sanction dans cet ordre juridique, donc de « *l'impuissance du droit international à empêcher le recours à la force* »[57]. De telles interrogations autour de la sanction ont conduit différents auteurs à douter « *de son existence, ou tout au moins de son existence comme ordre de droit, de sa juridicité* »[58]. Cette conception prend sa source dans la doctrine positiviste représentée notamment par AUSTIN[59], puis volontariste défendue en particulier par ANZILOTTI[60], et normativiste développée avant

---

[56]Raymond ARON ; cité par Prosper WEIL, « Le droit international en quête de son identité : cours général de droit international public », *RCADI*, vol. 237, 1992, p. 45.

[57]*Ibidem*

[58]Roberto AGO, « Science juridique et droit international », *RCADI*, vol. 90, II, 1956, p. 859.

[59] John AUSTIN, *The Province of jurisprudence determined. Explications préliminaires*, Indianapolis/Cambridge, Hackett Publishing Compagny. Dans cette œuvre, Austin développe sa vision du droit. Pour lui, il existe une règle juridique dès lors qu'une personne a émis un ordre (commandement) et que la survenance d'un mal (sanction) est prévue en cas de non-respect par le destinataire de l'obligation (*duty*) qui découle du commandement. Pour lui, les commandements sont une composante essentielle des règles juridiques. Ils sont donnés par une personne qui est supérieure à une ou plusieurs autres(s). Il en va ainsi selon lui « *de Dieu par rapport à l'homme, du souverain par rapport aux sujets ou aux citoyens, du maître par rapport à l'esclave, du père par rapport au fils* ». La supériorité se mesure ainsi à la capacité d'obliger la personne qui reçoit l'ordre en lui infligeant le cas échéant une sanction. Pour comprendre sa théorie, il convient de préciser les expressions « souveraineté », « soumission » et « société politique indépendante ». Ainsi, une personne qui n'obéit à aucune autre est habituellement obéi par la majeure partie de la société, alors il est souverain de cette société. De ce fait, il s'agit d'une société politique indépendante. Pour lui, les phénomènes du droit s'appréhendent selon quatre critères essentiels : l'obéissance habituelle (1) par la majeure partie d'une société (2) à un supérieur (3) qui n'obéit à nul autre (4). Sur cette base, Austin se prononcera sur le droit international. D'après lui, le droit international régit le comportement de chaque souverain dans leurs rapports réciproques. L'ensemble de ces souverains ne sauraient être dans un rapport d'obéissance habituelle à l'égard d'un autre. Leur souveraineté les place sur un pied d'égalité. La conséquence en est que leur relation n'est pas régie de la même manière qu'au sein d'une société indépendante. Si les commandements existent, ils sont dépourvus de traits distinctifs des règles juridiques positives ; ils n'entraînent aucune obligation juridique, seulement des obligations assorties de sanctions morales : « *the sanction being applied by the government of each community, and not by a superior common to all manking* » ainsi « *and this ranks international law with morals rather than with law* » (voir *The Province*, lecture, 6, p. 196-200). Notion critiquée, elle correspond à la vision de la norme juridique telle que perçue par le courant positiviste jusqu'au milieu du XXe siècle. Ces explications sont tirées de l'article de Alexandre GUIGUE, « La jurisprudence de John AUSTIN : A propos de The Province of Jurisprudence Determined et The use of the Study of Jurisprudence », *Jurisprudence. Revue critique*, Université de Savoie, 2010, pp. 277-292 ; Voir aussi G. HENRY, *in* John AUSTIN, *La philosophie du droit positif*, Paris, LGDJ, Arthur Rousseau, trad. G. HENRY, 1984, p. 60.

[60] Dionisio ANZILOTTI, *Cours de droit international : introduction, théories générales*, traduction française d'après la troisième édition italienne, revue et mise à jour par l'auteur, par Gilbert GIDEL, Paris, Recueil Sirey, 1929, 534 p.

tout par KELSEN[61]. Pour ces auteurs, le droit est un ordre de contrainte[62]. De ce fait, la sanction est considérée comme « *tout moyen de contrainte aux mains de l'État, les sanctions types étant la guerre et les représailles* »[63]. Ainsi, pour KELSEN, le droit international serait donc « *véritablement un droit s'il est un ordre de contrainte de la conduite humaine supposée souveraine, s'il attache à la condition de certains faits déterminés par lui la conséquence d'actes de contrainte définis par lui, et si par la suite, il peut être décrit en propositions de droit, de même que le droit étatique. Que, même si l'on est fondé à dire qu'il réglemente la conduite des États, et en tant qu'il la réglemente, il réglemente également la conduite d'êtres humains* »[64]. Pour AUSTIN, faute de contrainte, le droit international n'est rien de plus qu'une « *positive morality* »[65]. Le courant positiviste a donc émis de nombreuses réserves quant à la qualité d'ordre juridique du droit international.

19. Le second postulat, avançait-on à l'époque, est celui de l'absence, dans le cadre du droit international, d'un gendarme. Or, sans autorité judiciaire ou exécutive, la contrainte reste décentralisée et douteuse[66]. Comme l'a en effet souligné HART, « *l'absence au niveau international d'un corps législatif, de juridictions dotées d'un pouvoir coercitif, et de sanctions organisées d'une manière centralisée, a entraîné des hésitations, à tout le moins dans l'esprit des théoriciens du droit* ». L'auteur poursuit sa réflexion en relevant que « *l'absence de ces institutions a pour conséquence que les règles qui gouvernent les États ressemblent à cette forme élémentaire de structure sociale qui consiste exclusivement en des règles primaires d'obligation, et que nous avons l'habitude, lorsque nous la rencontrons au sein de sociétés d'individus d'opposer à un système juridique développé. On peut en effet soutenir que le droit international manque non seulement des règles secondaires de changement et de décision qui pourvoient à l'existence d'un corps législatif et de tribunaux, mais également d'une règle de reconnaissance qui, en signifiant les "sources" du droit et en fournissant des critères généraux permettant d'identifier ses règles assure leur unité. Ces différences sont en effet*

---

[61] Hans KELSEN, *Théorie pure du droit*, *op. cit.* ; Hans KELSEN, « Théorie du droit international public. Problèmes choisis », *op. cit.*, pp. 117-352.
[62] *Ibidem*
[63] *Ibid.*, p. 63. Cette vision sera également développée par HEILBORN pour qui la guerre ordonnée et permise par le droit international constitue l'acte de contrainte pour l'application du droit objectif de l'État qui le met en œuvre. Voir P. HEILBORN, « Les sources du droit international », *RCADI*, t. 11, 1926, pp. 1-63.
[64] Ainsi, « *on n'appelle pas sanction l'attribution d'une récompense, on reconnaît ce caractère qu'à la seule peine, c'est-à-dire au mal qui doit être infligé en conséquence d'une certaine conduite et qui consiste dans le retrait de certains biens, la vie, la santé, la liberté, l'honneur, des valeurs économiques* » (Hans KELSEN, *Théorie pure du droit*, Paris, Dalloz, 1962, p. 421).
[65] John AUSTIN, *The Province of jurisprudence determined, Explications préliminaires*, Indianapolis/Cambridge, Hackett Publishing Compagny, p. 196.
[66] Prosper WEIL, *op. cit.*, p. 47.

frappantes et la question de savoir si le droit international est réellement du droit peut difficilement être écartée »[67]. Ainsi, « *l'absence au sein du système, de sanctions organisées de façon centralisée* »[68] a constitué un élément de divergence avec le droit national « *dont les règles sont considérées comme indiscutablement "obligatoires" et comme des paradigmes de l'obligation juridique* »[69].

20. En ce sens si les règles du droit international ne sont pas obligatoires, il ne serait pas sérieux de les qualifier de juridiques, car « *toute spéculation relative à la nature du droit commence par présupposer que son existence rend au moins quelque conduite obligatoire* »[70]. Pour qu'il y ait sanction, il faut assurément un système juridique dont les règles seraient obligatoires. Or, d'après HART, ni la SDN ni l'ONU ne disposent d'un mécanisme semblable à celui du droit national[71]. Même si ce constat a pu s'avérer juste, la sanction connaîtra tout de même une consécration avec le développement des organisations internationales (OI).

b- La sanction en droit international : la consécration

21. Fondé sur le principe de souveraineté des États, l'ordre juridique international est apparu comme une société décentralisée[72]. Toutefois, le développement des organisations internationales, même s'il n'a pas totalement modifié l'ordre des choses, a favorisé l'instauration d'institutions qui ont permis d'organiser différemment cet ordre juridique sans pour autant dépasser la volonté des États[73]. Les insuffisances du droit international constatées ont suscité des débats visant à établir un système de relations entre États plus sophistiqué afin de consolider un droit commun[74]. Parmi les solutions envisagées, est très vite apparu l'intérêt de mettre en place une organisation dotée d'un pouvoir de sanction dans plusieurs domaines dont le plus important serait celui institué en matière de sécurité collective. Dans le

---

[67]Herbert Lionel Adolphus HART, *Le concept du droit*, Bruxelles, Publications des Facultés universitaires Saint-Louis, 1976, p. 232.

[68]*Ibidem*, p. 257.

[69]*Ibid.*

[70]*Ibid.*

[71]Il le résume fort justement lorsqu'il souligne que « *ni l'article 16 du pacte de la Société des Nations ni le chapitre VII de la Charte des Nations-Unies n'introduisent dans le droit international quoi que ce soit qui puisse être tenu pour l'équivalent des sanctions du droit national* » (Herbert Lionel Adolphus HART, *op. cit.*).

[72]Anne-Thida NORODOM, « Les sanctions en droit international public, nouveaux aspects d'une théorie des sanctions internationales », *in* Cécile CHAINAIS, Dominique FENOUILLET (dir.), *Les sanctions en droit contemporain, La sanction entre technique et politique*, *op. cit.*, p. 614.

[73]*Ibidem.*

[74]Monique CHEMILLIER-GENDREAU, *op. cit.*, p. 119.

cadre d'un tel dispositif, les États renonceraient au recours à la force armée sauf en cas de légitime défense. C'est donc au sein des organisations internationales « (...) *que pour la première fois les sanctions des règles internationales ont pu acquérir certains traits juridiques fondamentaux qui font complètement ou partiellement défaut aux mesures désignées comme sanctions dans le droit international classique (représailles et guerre), c'est-à-dire le droit de la société international avant le grand développement des organisations internationales* »[75]. En outre, certains États ont voulu pousser encore plus loin leur collaboration en instituant en parallèle de ces organisations d'envergure mondiale des ordres supra-étatiques régionaux dont la logique diffère du droit international classique[76].

22. La sanction y connaîtra un développement différent et apparaîtra dorénavant comme une problématique fondamentale. Dès lors, toute mesure se réclamant du titre de sanction devra être confrontée à l'ensemble des règles de l'ordre juridique dans lequel elle s'inscrit afin de pouvoir confirmer que l'on se trouve en présence d'une véritable sanction du droit[77]. La mesure devra être prise par un organe compétent qui doit correctement apprécier la situation en cause pour déterminer si elle est bien constitutive d'une infraction prévue par une norme donnée. Plus un système est développé, plus un équilibre se fera entre la légalité et la légitimité ce qui donnera à la sanction toute sa place. *A contrario*, dans un système dans lequel il n'existe aucune médiation entre les deux, il est impossible de se prononcer sur la nature exacte d'une mesure qui prétend être une sanction. On se trouve alors dans le cas d'un système anarchique[78]. En revanche, une mesure ne pourra être acceptée comme une sanction du droit que si elle respecte les règles posées par l'ordre juridique dans lequel elle s'inscrit[79]. C'est en ce sens que le Charles LEBEN a pu affirmer que, « *l'état des sanctions dans un ordre juridique donné est un indicateur particulièrement clair du degré d'évolution de cet ordre* »[80] .

23. Dans le cadre des OI, la sanction fait référence à « *des mesures de contrainte prises à l'encontre d'un État ou d'une autre entité en application*

---

[75]Charles LEBEN, *Les sanctions privatives de droit ou de qualité dans les organisations internationales spécialisées*, Bruxelles, Bruylant, 1979, p. 17, p. 22.

[76]Anne-Thida NORODOM, « Les sanctions en droit international public, nouveaux aspects d'une théorie des sanctions internationales », *op. cit.*, p. 614. C'est notamment le cas pour l'organisation régionale européenne qui a mis en place un véritable ordre juridique supra-étatique. L'UA tente aujourd'hui de s'inscrire dans la même lancée en voulant instituer un ordre juridique communautaire africain.

[77]Charles LEBEN, *op. cit.*, p. 24.

[78]*Ibidem*, p. 25.

[79]*Ibid.*, p. 23.

[80]*Ibid.*

d'une décision d'un organe social compétent »[81]. Les mesures prises visent tout d'abord à contraindre d'une manière ou d'une autre un État. Elles peuvent être militaires, économiques, morales ou purement juridiques comme c'est le cas de la suspension ou de la perte de qualité de membre d'une OI[82]. Ainsi, la finalité recherchée sera d'infléchir la volonté de l'État fautif et le ramener à un comportement conforme au droit de l'OI[83]. Les sanctions peuvent également être source de dommage[84] ou priver un État d'un avantage. Cela correspondrait, selon le professeur WOLFGANG FRIEDMANN, aux deux catégories de la *summa divisio* du droit international, c'est-à-dire le « *droit international de coexistence* » et le « *droit international de coopération* » ; étant entendu que la première catégorie comprend des sanctions strictes du droit international, à savoir la guerre et les représailles, et la seconde, en revanche, se conçoit dans un contexte institutionnalisé privilégiant la coopération qui deviendrait elle-même l'enjeu des sanctions[85]. Pour autant, la sanction ne revêt pas uniquement un aspect négatif. Si elle engendre une atteinte à la situation de l'État dans l'organisation (privation de droit de vote, privation de certains privilèges, rupture des relations diplomatiques), elle peut également avoir un aspect positif (admission d'un État au sein d'une organisation), c'est-à-dire que sa finalité pourra être une récompense[86].

24. Jusqu'à nos jours, la sanction dans l'ordre juridique international aura connu diverses mutations. D'abord niée, elle fut ensuite reconnue sous la forme de guerres et de représailles dont les États disposaient pour répondre à l'agression d'un autre État. Cependant, cette approche de la guerre en tant que sanction du droit international sera progressivement écartée du fait des dégâts provoqués lors des deux grandes Guerres. Pour maintenir la paix au niveau international, un processus d'institutionnalisation de la sanction a donc finalement été privilégié. La sanction apparaît donc désormais comme la réaction d'une organisation face au comportement inapproprié de l'un de ses États membres. C'est ce modèle d'organisation qu'a privilégié l'Afrique au moment de mettre en place son organisation continentale. Il convient dès lors

---

[81]Georges ABI-SAAB, « De la sanction en droit international. Essai de clarification », *op. cit*, p. 70.
[82]*Ibidem*
[83]*Ibid.*
[84]Tels sont le cas des articles 41 et 42 de la Charte des Nations Unies.
[85]Wolfgang FRIEDMAN, *The changing structure of international law* ; cité par le professeur Georges ABI-SAAB « De la sanction en droit international. Essai de clarification », *op .cit.*, pp. 70-71.
[86]A titre d'exemple, on peut considérer l'admission à l'ONU d'un État comme une sanction positive. La privation d'un avantage de fait peut être aussi avantageux à un État dans la mesure où les obligations dont l'État doit s'acquitter est un lourd fardeau lourd celui-ci. Voir Jean COMBACAU, *Le pouvoir de sanction de l'ONU. Étude théorique de la coercition non militaire*, *op. cit*, p. 5.

de s'y intéresser de plus près à travers l'analyse de la sanction dans le cadre particulier de cette organisation.

B- Justification de l'objet

25. La présente étude a pour principal objet d'analyser le processus d'institutionnalisation de la sanction dans le cadre continental africain. De nos jours, elle constitue sans aucun doute un élément essentiel de l'évolution et du développement de l'institution continentale africaine. Les conséquences juridiques qui découlent de son application ont forgé une pratique continentale effective. Cependant, la sanction a dû s'adapter, être modulée, afin de répondre avec pertinence aux violations du droit interne de l'organisation continentale ; une évolution qui n'a pas été sans difficulté, en créant parfois des contradictions avec son propre droit. Suivant une telle perspective, la mission dévolue à l'organisation africaine n'était plus uniquement de servir de cadre de coopération aux États membres du continent mais d'être un levier indispensable à la construction d'une « Afrique intégrée ». Or, de ce point de vue, la sanction est indispensable. Pour comprendre ce processus, il est important de présenter le cheminement qu'a connu la sanction au sein de l'organisation continentale africaine **(1)**, ainsi que sa spécificité dans ce cadre **(2)**.

1- Le processus historique

26. L'Afrique a toujours suscité beaucoup de scepticisme sur la scène internationale. D'une part, les analyses erronées sur le continent[87] et, d'autre

[87]Déjà à l'époque, des auteurs comme Hegel disaient de l'Afrique « *qu'elle n'est pas une partie historique du monde. Elle n'a pas de mouvements, de développement à montrer, de mouvements historiques en elle. C'est-à-dire que sa partie septentrionale appartient au monde européen ou asiatique ; ce que nous entendons précisément par l'Afrique est l'esprit ahistorique, l'esprit non développé, encore enveloppé dans des conditions de naturel et qui doit être présenté ici seulement comme au seuil de l'histoire du monde* » (HEGEL, La raison dans l'histoire, Introduction à la philosophie de l'histoire, traduction nouvelle, introduction et notes par Kostas PAPAIOANNOU, Paris, Plon, 1965, p. 269 et pour d'autres, « *jusqu'à D. Livingstone, on peut dire que l'Afrique proprement dite n'avait pas eu d'histoire. La majorité de ces habitants étaient restés, durant des temps immémoriaux, plongés dans la barbarie. Tel avait été, semble-il, le décret de la nature. Ils demeureraient stagnants sans avancer ni reculer* » (COUPLAND, *Manuel sur l'histoire de l'Afrique orientale*, cité par Joseph KI ZERBO, *L'histoire de l'Afrique noire, d'hier à demain*, Paris, Hatier, 1972, p.10. D'autres auteurs iront dans ces sens. C'est le cas d'Eugène PITTARD, par exemple ; pour qui « *Les races africaines proprement dites, celle de l'Égypte et d'une partie de l'Afrique mineure mise à part, n'ont guère participé à l'histoire, telle que l'entendent les historiens... Je ne me refuse pas à accepter que nous avons dans les veines quelques gouttes d'un sang africain (d'Africain à peau véritablement jaune) mais nous devons avouer que ce qu'il en peut subsister est bien difficile à retrouver. Donc deux races humaines habitant l'Afrique ont seules joué un rôle efficient dans l'histoire universelle : en premier lieu et d'une façon considérable, les Égyptiens, puis les peuples du Nord de l'Afrique*

part, les nombreuses difficultés que celle-ci a connu depuis la fin de la colonisation et l'accession des États à l'indépendance ont donné une piètre image du continent africain. Cette représentation s'est souvent concrétisée en guerres, sous-développement, endettement, corruption, etc. conduisant certains auteurs à parler d'« afro-pessimisme »[88]. Pourtant, tout au long de son histoire, l'Afrique a expérimenté plusieurs formes d'organisation des sociétés, allant de modèles très centralisés à des systèmes segmentaires, du contrôle des grands espaces sahéliens à celui d'espaces limités. Les sociétés africaines ont donc connu plusieurs formes d'États ou de pouvoirs[89], « *nécessité par laquelle toute société parvient à lutter contre l'entropie qui la menace du désordre* »[90]. Cependant, quand il a fallu mettre en place une organisation continentale, l'Afrique est apparue fragilisée. L'union semblait néanmoins indispensable et cela n'était possible qu'avec l'instauration d'une organisation qui intégrerait tous les États du continent. La « longue marche » de l'Afrique vers son unité commencera au crépuscule du XIXe et à l'aube du XXe siècle[91].

27. La construction continentale africaine naît de la conjonction de deux idées fortes. La première le panafricanisme[92], né aux Caraïbes, a été rapporté

». Pierre GAXOTTE, dans la *Revue de Paris* en 1957, ajoutera que « *ces peuples (vous voyez de qui il s'agit) n'ont rien donné à l'humanité ; et il faut bien que quelques choses en eux les ait empêchés. Ils n'ont rien produit, n Euclide, ni Aristote, ni Galilée, ni Lavoisier, ni Pasteur. Leurs épopées n'ont été chantés par aucun Homère* ». Citations tirées de l'ouvrage Joseph KI-ZERBO, *L'histoire de l'Afrique noire, d'hier à demain*, Paris, Hatier, 1972, p.10.

[88]Voir Philippe HUGON, *Afriques entre puissance et vulnérabilité*, Paris Armand Colin, 2016, p. 14. Cette expression d'« afro-pessimisme » s'inscrit dans la continuité des écrits d'auteurs tel René DUMONT, *L'Afrique noire est mal partie*, Paris, Le Seuil, 1962.

[89]Joseph KI-ZERBO, *L'histoire de l'Afrique noire, d'hier à demain, op. cit*, sp. pp. 619-635.

[90]Philippe HUGON, *Géopolitique de l'Afrique*, Paris, 4ed Armand colin, 2007, p. 26.

[91]Voir Colin LEGUM, *Le panafricanisme à l'épreuve de l'indépendance*, Paris, Ed. St-Paul, 1965.

[92] Le panafricanisme est un mouvement apparu dans les Caraïbes à la fin du XIXe siècle. Il trouve ses origines dans la dénonciation de la traite négrière et la discrimination raciale. Au début, son but était d'exprimer une fierté et de recouvrer la dignité des Noirs longtemps bafouée. Il était également question de solidarité entre les membres de la diaspora noire et de glorification de la « mère patrie », à savoir l'Afrique. Il a été porté dans un premier temps par Sylvester Williams, avocat de Trinidad, qui avait noué des liens avec des Africains vivant en Grande-Bretagne et notamment conseillé les chefs bantous d'Afrique du Sud dont les terres ancestrales étaient menacées de spoliation par les Boers et les Anglais en Afrique de Sud. En 1900, il prit l'initiative de convoquer à Westminster Hall à Londres une première rencontre qui peut être considérée comme la première réunion panafricaine dont l'objectif était, entre autres, de stigmatiser la spoliation des terres ancestrales des populations d'Afrique et de la Cold Coast aujourd'hui appelée Ghana. Après lui, de nombreux autres auteurs vont marquer l'histoire du panafricanisme. Mentionnons quelques auteurs et idées majeures. Marcus GARVEY, un des défenseurs les plus fervents de la cause noire, est né en Jamaïque, de parents d'origine africaine. Considéré comme le « Moïse noir », c'est-à-dire le sauveur qui fera sortir les Africains de l'oppression et de l'exil en terre américaine, ses idées contribueront à faire prendre conscience aux Noirs américains de leur condition d'opprimés. Toutefois, la véracité de ses propos suscitera des sentiments contradictoires au sein de l'élite intellectuelle noire. L'un de ses plus

en Afrique par Kwame NKRUMAH, Wallace JOHNSON de Sierra Leone et Jomo KENYATTA qui, au cours de la Conférence de Manchester, transformeront les idées qui prévalaient jusque-là autour du retour des esclaves sur la terre patrie ou encore la promotion des « gens de couleur » en adoptant une approche en termes d'anti-impérialisme et d'anticolonialisme[93]. Pour la première fois, lors de cette conférence, sera revendiquée l'indépendance nationale pour les pays du continent[94]. La seconde, plus littéraire, est portée par des écrivains et artistes noirs vivant en France parmi lesquels Leopold Sédar SENGHOR qui diffusera l'idée de « négritude » en Afrique. Pour les tenants de cette conception, le plus important est la reconnaissance du simple fait d'être noir, du destin de noir, de l'histoire et de la culture noires[95].

28. Toutefois, ces deux approches, bien qu'importantes sur un plan conceptuel, sont apparues loin des préoccupations concrètes des États du continent. Par exemple, elles n'intégraient pas le Maghreb. Dès lors, même si elles militaient toutes deux pour une unité et une libération du continent, de fortes divergences sont apparues entre les partisans des deux courants quant aux moyens d'y parvenir. D'un côté, les tenants du panafricanisme, qualifié de bloc « révolutionnaire » ou encore de « bloc de Casablanca »[96], prônaient une rupture totale et immédiate avec les pays colonisateurs. De l'autre, le bloc dit des « modérés » ou « groupe de Monrovia »[97] était favorable à une position moins radicale. Ces deux tendances fortes, à la suite de différentes réunions et compromis, ont ainsi en quelque sorte fusionné pour aboutir à l'institution de l'Organisation de l'Unité africaine (OUA) le 23 mai 1963 à Addis-Abeba.

---

grands contradicteurs n'était autre que le docteur William Edward BURGHARDT DU BOIS, métis né d'un père blanc et d'une mère esclave, considéré comme le vrai père du panafricanisme. Il milita pour une lutte modérée et une coexistence entre les différents peuples. Sa pensée politique aura fait son chemin dans la doctrine à la suite des nombreux congrès qu'il convoqua. Après le Congrès de Londres du 23 juillet au 25 juillet 1900, le premier congrès dont l'initiative lui revient sera convoqué à Paris en 1919. Puis, suivront ceux de Londres, Bruxelles, Paris en 1921. Le troisième congrès se tiendra encore à Londres et à Lisbonne en 1923 le quatrième et le cinquième se tiendront respectivement à New York en 1927 et enfin à Manchester en 1945.

[93] Joseph KI-ZERBO, *op. cit.* pp. 620-621.

[94] *Ibidem*

[95] Elle a été portée par trois étudiants noirs en France, le sénégalais Léopold Sédar SENGHOR, le Guyanais Léon GONTRAN DAMAS et le Martiniquais Aimé CÉSAIRE lors du premier congrès réunissant les écrivains et les artistes en 1956 à la Sorbonne. Voir également Aimé CÉSAIRE, *Cahier d'un retour au pays natal*, Paris, Présence africaine, 1939, 91 p.

[96] Le « bloc de Casablanca » comprenait entre autres le Ghana, le Mali, la Guinée, le Maroc, etc.

[97] Il comprenait douze États francophones indépendants parmi lesquels la Côte d'Ivoire, le Cameroun, le Congo-Brazzaville, etc.).

29. L'organisation sera cependant plus imprégnée des idéaux de « l'Afrique modérée ». Le cadre envisagé prônait en effet la souplesse des relations en privilégiant une coopération entre les États, sans intervention dans les affaires internes des uns et des autres. Par conséquent, la sanction ne fut pas envisagée dans les textes de l'organisation, ne correspondant pas à la logique de coopération souhaitée. Cependant, l'absence de mécanisme de sanction dans les textes de l'OUA ne sera pas un frein à l'émergence empirique de celle-ci ; une absence qui constituera tout de même un handicap majeur pour le développement de l'organisation. Dès le début de la construction continentale, cette question avait suscité de nombreuses interrogations quant à l'utilité de l'organisation africaine. En effet, partout dans le monde, le développement des sanctions institutionnelles a démontré leur caractère positif en ce sens que la sanction n'était déjà plus, comme le souligne Bertrand BADIE, « (...) *un révélateur parmi d'autres, des logiques de domination, de stigmatisation et d'humiliations qui caractérisent la société internationale* »[98], mais l'expression d'une réaction collective des membres d'une organisation internationale à la violation du droit établi par celle-ci.

30. Il sembla alors nécessaire d'intégrer officiellement un mécanisme de sanction à la construction continentale africaine, ce que fit l'Union africaine (UA) qui se substitua à l'OUA en 2002, en prévoyant explicitement dans ses textes un tel dispositif. Cette reconnaissance permettra de structurer l'évolution de l'organisation continentale africaine d'une organisation de coopération à une organisation d'intégration avec les nouveaux attributs que cela lui confère. Cependant, cette nouvelle structure, intéressante à bien des égards outre la consécration de la sanction, souffrira d'une tension permanente entre, d'une part, la volonté des États membres de contrôler le processus décisionnel à travers l'institution centrale de l'organisation, la Conférence des chefs d'État et de gouvernement, et, d'autre part, la nécessité d'instaurer et d'asseoir l'autorité de l'organisation par l'imposition effective de sanctions[99]. Dans ce dernier cas, l'organisation s'émanciperait de l'influence des États membres et cela impliquerait l'action d'organes plus intégrés en matière de sanctions. Une telle configuration marquerait un basculement vers une intégration renforcée fondée sur le renouveau institutionnel promu par les textes de la nouvelle organisation africaine. Le passage de l'OUA à l'UA a ouvert la voie à cette évolution, l'organisation ne se contentant désormais pas uniquement de faire respecter son droit mais s'intéressant aussi à des

[98]Voir Carole GOMEZ et Bastien NIVET, « Sanctionner et punir, Coercition, normalisation et exercice de la puissance dans une société internationale hétérogène », *Revue internationale et stratégie*, 2015/1, n°97, p. 65.

[99]Laurence DUBIN et Marie-Clotilde RUVANOT, « Représentativité, efficacité, légitimité des organisations internationales en crise », *in* Évelyne LAGRANGE et Jean Marc SOREL (dir), *Traité de droit des organisations internationales*, Paris, LGDJ, 2013, p. 80.

domaines qui, jusque-là, étaient réservés soit aux États soit aux organisations à dimension mondiale.

2- La spécificité de la sanction au sein de l'Union africaine

31. La proclamation de la sanction dans le cadre continental africain ne s'est pas faite uniquement dans l'optique de corriger les lacunes de l'ancienne organisation. Sa présence dans les textes de l'UA a été un signal que les pratiques autrefois tolérées dans l'ancienne organisation ne trouveront plus leur place au sein de la nouvelle institution continentale. La particularité de la sanction dans ce cadre est qu'elle touche de nombreux domaines et fait intervenir divers acteurs. En effet, l'UA ne s'attèle pas uniquement à proscrire certains types de comportements (non-paiement des contributions financières, non-respect des principes et idéaux de l'organisation, violations des droits de l'homme, etc.), elle touche également au droit interne de ses États membres en adoptant une norme d'obligation démocratique dont le non-respect par ces derniers conduit à l'adoption de sanctions (sanctions contre les coups d'État et autres changements anticonstitutionnels de gouvernement). De plus, le mécanisme de sanction s'intéresse de très près à la protection des droits l'homme, l'UA prévoyant la possibilité de son intervention dans un État membre dans des circonstances particulières afin d'y rétablir la paix et la sécurité alors que ces missions sont en principe de la compétence de l'organisation mondiale (ONU). Il s'agit alors d'analyser la façon dont l'UA procède pour faire respecter les principes qu'elle a proclamés dans des domaines très différents les uns des autres. Pour cela, la sanction doit réunir, comme le relève Charles LEBEN, « *les deux attributs d'effectivité et d'efficacité qui sont en principe partagés entre le pouvoir et la norme*[100] [car], *on dit en effet d'un pouvoir qu'il est effectif quand il obtient d'ordinaire le résultat qu'il se propose d'atteindre, et d'une norme qu'elle est efficace quand elle est observée dans la pratique* »[101]. Un pouvoir est effectif quand les individus sur lesquels il s'exerce ont conscience que toute infraction de leur part à l'ordre établi ne restera pas sans réaction. Quant à la norme, elle est efficace si le pouvoir établi a un effet suffisamment « *dissuasif pour persuader ces mêmes sujets de se conduire d'ordinaire de façon conforme aux normes produites par le pouvoir* »[102]. Dès lors, dans ce cadre, la sanction sera

---

[100]Sur la question de la différence entre pouvoir et norme, voir l'article de, Noberto BOBBIO, « Le principe de la légitimité », *Annales de philosophie politique*, PUF, Paris, vol. 7, 1967, pp. 47-60.
[101]Charles LEBEN, *op. cit.*, p. 26.
[102]*Ibidem*

considérée comme « *un élément quasi-ontologique* »[103], car « (…) *de la même façon que toute constitution civile entre les personnes est un rapport d'hommes libres, qui se soumettront pourtant à des lois de contrainte, tout pacte social entre États supposera une restriction apportée à leur liberté, donc une contrainte, c'est-à-dire la possibilité pour des instances qui les dépassent de leur appliquer des sanctions* »[104]. Partant de ce postulat, il importe à présent de préciser l'intérêt et la problématique de cette étude.

II. INTÉRET DU SUJET ET PROBLÉMATIQUE DE LA RECHERCHE

32. Comme tout système juridique, l'organisation africaine se compose d'unités en interaction dont il lui appartient de structurer les relations[105]. L'étude du mode d'organisation de cette entité s'avère, pour cette raison, indispensable. Aussi inéluctable soit-elle, cette étude n'en est pas moins complexe par nature dans la mesure où aucun système ne trouve son explication dans un principe organisateur unique qui en commanderait toute la structure[106]. Tout système contient, au contraire, une part inhérente de complexité qui impose de penser en son sein « *l'un et le multiple ensemble* »[107] mais aussi « *l'incertain et le certain, la logique et le contradictoire* »[108]. Cette complexité qui s'applique à l'étude de la sanction dans le cadre de l'organisation continentale africaine s'inscrit dans une réflexion de plus grande envergure portant sur le perfectionnement de la sanction dans le droit des organisations internationales général. Ce sujet présente donc un intérêt multiple (**A**) qu'il conviendra de développer suivant une problématique spécifique (**B**).

A- Un intérêt multiple

33. Aujourd'hui, l'UA constitue un ensemble singulier au sein du système international. Cette organisation est caractérisée par un dynamisme intéressante générée par l'instauration d'obligations juridiques garanties par une sanction socialement organisée et susceptible d'être appliquée par la

---

[103]Jérôme AUSLENDER, *Les sanctions non militaires des Nations Unies : fondements, mise en œuvre et conséquences pour les États tiers et les droits de la personne*, Thèse Université Paris, II, 2006, p.24

[104]Charles LEBEN, *op. cit.*, p. 16.

[105] Mathias FORTEAU, *Droit de la sécurité collective et droit de la responsabilité internationale de l'État*, Paris, Pedone, 2006, p. 1.

[106]*Ibidem*

[107]Edgard MORIN, *Science avec conscience*, Seuil, coll. « Point », 1990, p. 191.

[108]*Ibidem*

contrainte[109]. Ce dynamisme institutionnel de la sanction présente un intérêt à la fois pratique (**1**), juridique (**2**) et théorique (**3**).

1- Intérêt pratique

34. L'intérêt pratique réside dans le fait que malgré la rémanence de la problématique de la sanction en droit, celle-ci tend à poser un problème consubstantiel au droit international[110]. Au début des années 1970, le Professeur David RUZIE avait considéré qu'une telle difficulté était inhérente à l'existence même des organisations internationales. À ce titre, il identifia deux types de pouvoir de sanction susceptibles d'être exercés dans les organisations internationales[111]. D'une part, un pouvoir disciplinaire dont il étudia l'énonciation, les modalités d'exercice ainsi que les effets qui en découlent ; d'autre part, un pouvoir de contrainte, dont il examina – à maints égards – la technique de constatation de manquements, l'application ainsi que la mise en œuvre dans les ordres juridiques international et régional. Désireux de clarifier cette question technique, l'auteur ne s'est pas refusé à recourir à l'apport de la Cour de justice de la communauté européenne (CJCE, aujourd'hui CJUE). L'analyse pertinente qu'il en a alors fait présageait la permanence et l'importance de cette problématique dans l'évolution des organisations régionales au nombre desquelles l'on compte l'UA. Dans le cadre de cette dernière, cet intérêt pratique appelle deux observations.

35. D'une part, il est difficile, en raison de la « *persistance omniprésente du phénomène souverain* », selon la formule heureuse de Pierre-Marie DUPUY et Yann KERBRAT[112], qu'un État, même s'il a consenti à la formation d'une organisation continentale, puisse aisément admettre des contraintes extérieures. La souveraineté, « *par essence individualiste* »[113], repose sur une égalité de droit entre les États, qu'importe la situation respective des uns et des autres. L'on comprend – derechef – que les disparités de situation, souvent soulignées par la doctrine juridique[114], ne manifestent

---

[109] Michel VIRALLY, « *Le droit international en devenir : essais écrits au fil des ans* », Paris, PUF, 1990, p. 93.
[110] Voir Charles MELCHIOR DE MOLENES, « Organisations internationales et sanctions internationales », *RIDC*, vol. 26, n°2, avril-juin 1974, pp. 433-434.
[111] David RUZIE, *Organisations internationales et sanctions internationales*, Paris, A. Colin, 1971, 223 p.
[112] Pierre-Marie DUPUY et Yann KERBRAT, *Droit international public*, Paris, Dalloz, coll. « Précis », 13e éd., 2016, p. 3.
[113] *Ibidem*
[114] Voir : René-Jean DUPUY, « Communauté internationale et disparités de développement : cours général de droit international public », *RCADI*, vol. 165, 1979, pp. 9-232 ; Batyah SIERPINSKI, « Les États dans les relations internationales économiques : entre égalité et disparité », *Civitas Europa*, vol. 30, n° 1, 2013, pp. 117-143.

nullement des inclinations ou tendances réfractaires de certains États au respect des dispositions qui régissent l'organisation internationale à la formation de laquelle ils ont consenti ou adhéré ; voire d'autres obligations résultant de son droit dérivé.

36. D'autre part, cet intérêt pratique peut être apprécié à l'aune de la dialectique inhérente à la société internationale qui est à la fois « *conflictuelle et délibérante* »[115]. Outre la disparité des niveaux de développement au sein d'une même organisation[116], la nature contractualiste de l'adhésion des États ou de leur participation à la formation des organisations régionales ou continentales, à l'instar de l'Union africaine, démontre leur volonté – à n'en point douter – de s'engager entre logique d'interdépendance, nécessité de coopération et prévalence d'intérêts propres.
À cet égard, David RUZIE avait observé que :

> « *La société internationale contemporaine n'est pas décidée à recourir à la force pour défendre le droit (...). D'une part, le mécanisme des sanctions suppose toujours la force des autorités chargées de les mettre en œuvre. D'autre part elles peuvent être déjouées par l'adresse des auteurs des infractions, la faiblesse et la négligence des autres États (...). Le rôle des États pour l'observation de la loi internationale se règle le plus souvent à la mesure de leur intérêt. Il ne s'agit pas toujours de l'intérêt bien compris de la société internationale prise dans son ensemble, mais généralement d'intérêts égoïstes à plus ou moins court terme (...). Ce manque de conviction condamne à l'impuissance tout système juridique même répressif* »[117].

37. Dès lors, l'institutionnalisation d'un pouvoir de sanction cesse d'être un critère décisif d'identification et d'application de sanctions. En ce sens, il paraît judicieux de rechercher un tel critère, s'il existe, dans l'articulation du droit et de la pratique. Ainsi, dans le cas de l'Union africaine, plus que celui d'autres organisations de même nature, l'on ne saurait se borner à rechercher et exposer la règle de droit, l'énonciation de sanctions ou l'institutionnalisation d'un pouvoir de sanction en tant que tels. L'étude de la pratique, qui montre de quelle façon les sanctions sont « *appliquées, contournées ou violées* »[118], donne une dynamique particulière à la présente étude. Il importe en effet – à notre avis – de savoir comment les sanctions sont formulées et appliquées plutôt que de s'auto-limiter à la simple

---

[115]Pierre-Marie DUPUY et Yann KERBRAT, *Droit international public*, *op. cit.*, p. 5.
[116]Pierre-Marie DUPUY, « Le droit international dans un monde pluriculturel », *RIDC*, vol. 38, n°2, avril-juin 1986. Études de droit contemporain. Contributions françaises au 12e Congrès international de droit comparé (Sydney-Melbourne, 18-26 août 1986), pp. 583-599.
[117]Pierre-Marie DUPUY et Yann KERBRAT, *Droit international public*, *op. cit.* p. 3.
[118] Voir Phillipe ARDANT et Bertrand MATHIEU, *Droit constitutionnel et institutions politiques*, Paris, LGDJ, 30e éd., 2018, p. 19.

reconnaissance de leur existence à en croire les instruments juridiques prévus par l'UA.

Cet intérêt pratique se double d'un intérêt de nature juridique.

2- Intérêt juridique

38. Il y a lieu d'indiquer que cet intérêt justifie le bien-fondé de notre sujet à savoir une étude de l'institutionnalisation du pouvoir de sanction et de la sanction dans le cadre de l'organisation continentale africaine à partir d'une analyse de droit international. L'analyse juridique qui sera au cœur des développements qui suivront n'exclura pas, bien au contraire, une approche interdisciplinaire faisant appel à des réflexions relevant de la science politique ou des relations internationales. L'intérêt d'une telle étude est une réalité parce qu'à travers ce sujet, c'est toute la problématique de la sanction en droit international qui est posée et que l'on veut mettre ici en lumière. Cet intérêt est d'autant plus fort que la littérature de référence en la matière a principalement été constituée à une période caractérisée par une multiplication du nombre des organisations internationales s'affirmant de plus en plus comme des acteurs majeurs de la construction de l'ordre juridique international.

39. Avec cette évolution, le débat autour des sanctions n'a eu de cesse de s'accroître sur la scène internationale[119]. Il convient en effet de préciser que

---

[119]Déjà en 1917, la Société des Nations (SDN) a eu beaucoup de mal à faire entendre sa position dans ce sens. Pourtant, l'article 10 du Pacte de la SDN prévoit l'obligation pour chaque État membre de « *respecter et de maintenir contre toute agression extérieure l'intégrité territoriale et l'indépendance politique* » de tous les autres membres. De plus, l'article 16 consacre un système de sécurité collective en stipulant : « *Si un membre de la Société recourt à la guerre, contrairement aux engagements pris aux articles 12, 13 ou 15, il est ipso facto considéré comme ayant commis un acte de guerre contre tous les autres membres de la Société. Ceux-ci s'engagent à rompre immédiatement avec lui toutes relations commerciales ou financières, à interdire tous rapports entre leurs nationaux et ceux de l'État en rupture de pacte et à faire cesser toutes communications financières, commerciales ou personnelles entre les nationaux de cet État et ceux de tout autre État, Membre ou non de la Société* ». Il s'est avéré que l'application de ce système, simple en apparence, était beaucoup plus compliquée dans la pratique. Par la suite, l'Organisation des Nations Unies (ONU) tenta timidement en 1946 à mettre le régime franquiste au ban de la société internationale et vota le 12 décembre de la même année l'interdiction pour l'Espagne d'adhérer aux institutions internationales créées par les Nations Unies ou rattachées à elles. Voir David RUZIÉ, *Organisations internationales et sanctions internationales*, Paris, Armand Colin, 1971, p 67. Cependant, ces mesures seront reportées à 1950 sans qu'elles aient eu une quelconque portée pratique (Voir Résolution 386/V du 4 novembre 1950). L'affaire du Sud-Ouest africain actuelle (Namibie) suscita également de nombreuses controverses. En effet, la mission d'administrer le Sud-Ouest africain, ancienne colonie allemande, avait été confiée à l'Union sud-africaine. Avec la mise en place de l'ONU,

les OI, qui sont nées à la suite des nombreux conflits qui ont secoué la communauté internationale, ont permis d'harmoniser et de faciliter la coopération de différents États dans divers domaines d'activités ou de compétences. Elles agissent également pour prévenir et résoudre les conflits d'intérêts qui pourraient survenir entre leurs membres[120]. À cet effet, un pouvoir de sanction leur a été accordé en tant que « *sujets de droit dans un système juridique* »[121]. Elles « *ne sont pas nécessairement identiques quant à leur nature ou à l'étendue de leurs droits* »[122]. Cependant, les sanctions prises au sein de celles-ci ont toutes la qualité d'institutionnelle. Or, comme le montre Charles LEBEN, dans les organisations internationales, « *la notion de sanction est très importante car c'est dans leur sein que pour la première fois les sanctions de règles internationales peuvent acquérir certains traits juridiques fondamentaux qui font complètement ou partiellement défaut aux mesures désignées comme sanctions dans le droit international classique, c'est-à-dire le droit de la société internationale avant le grand développement des organisations internationales* »[123].

---

le régime de mandat fut remplacé par celui de tutelle. L'Organisation pensait en effet que l'Union sud-africaine suivrait l'exemple des autres grandes puissances en transformant son régime de mandat en celui de tutelle sur ledit territoire. Cependant, il n'en fut rien. L'ONU tenta alors de sanctionner l'Afrique du Sud pour manquement à ses obligations internationales. La raison invoquée était que cet État pratiquait une politique d'apartheid, contraire à sa qualité de mandataire et aux principes et idéaux de l'Organisation. Contrairement aux mesures ou sanctions souhaitées contre cet État, le Conseil de sécurité se borna cependant, par un vote du 23 juillet 1970, à déclarer que la situation actuelle de l'Afrique du Sud « *constitue une menace potentielle pour la paix et la sécurité internationales* ». (Cf A/Res/2671du 8 décembre 1970) alors que la situation nécessitait des mesures plus graves (lire à cet effet P. PIERSON-MATHY, « L'action des Nations Unies contre l'apartheid », *Revue belge de droit international,* 1970, pp. 203 et s. et pp. 539 et s). Cette dernière affaire fera l'objet de nombreuses critiques et amena l'Assemblée générale à prendre une résolution le 27 octobre 1966 révoquant pratiquement le mandat de l'Afrique du Sud. Cette décision fit elle aussi l'objet de nombreuses critiques (Voir notamment les critiques du professeur Charles ROUSSEAU, « Chronique des faits internationaux » *RGDIP,* 1967, p 384). Dans le cadre régional américain, l'article 15 de la Charte de l'Organisation des États Américains (OEA) interdit toute forme d'intervention et l'article 16 poursuit en prohibant mes « *mesures coercitives de caractère économique et politique pour forcer la volonté souveraine d'un État et obtenir de celui-ci des avantages de nature quelconque* ». En 1948, la Charte de Bogota, servant de base à l'OEA, suspendit Cuba de ses activités alors même qu'aucune disposition de celle-ci ne prévoyait cette sanction. Cela va sans dire que les décisions prises à Punta Del Este par le Conseil des ministres de cette organisation étaient contraires à la Charte de Bogota Voir à ce sujet l'article de Denise MATHY, « Sur les mesures économiques américaines et de l'OEA contre Cuba », disponible sur : *rbdi.bruylant.be*, pp. 183 à 194, consulté le 14 juillet 2015.

[120]Joseph ESSOMBE EDIMO, « Les résolutions 1279 (LII) et 1580 (LXII) de l'OUA et la question du pouvoir de sanctions des organisations internationales », *RADIC*, vol. 9, 1997, p. 1

[121]« Réparations des dommages subis au service des Nations Unies », CIJ, *Recueil de textes*, 1949, pp. 178-179

[122]*Ibidem.*

[123]Charles LEBEN, *op* .cit, p. 22.

40. Dans le cadre mondial, ces sanctions institutionnelles n'ont cessé d'évoluer pour atteindre leur apogée dans les années 1990, période qualifiée par certains auteurs de « *décennie des sanctions* »[124]. Par exemple, des évolutions positives ont été constatées dans certains pays comme la Yougoslavie (avant 1996 et après 1999), le Cambodge, la Libye (avant 2011) ou encore l'Irak (jusqu'en 1998)[125]. Toutefois des bémols ont pu être relevés en Angola, au Sierra Leone ou encore en Somalie[126]. Ces constats conduisent à un bilan mitigé du régime de sanction appliqué au niveau mondial[127]. C'est pourquoi le Conseil de sécurité des Nations Unies décida d'entamer un examen approfondi de la question en chargeant un groupe de travail de lui présenter des propositions en vue d'une « révision » du régime des sanctions[128]. Cette initiative manifeste l'importance accordée à cette notion dans un contexte de foisonnement des organisations régionales qui s'inscrivent dans le sillage de l'Organisation des Nations Unies. Sur cette question, l'étude de la réalité qui prévaut au sein de l'organisation continentale africaine est particulièrement intéressante. En effet, celle-ci a connu depuis sa mise en place en 1963 de nombreuses difficultés notamment dues, on l'a vu, à l'absence de mécanisme de sanction officiel. Il est ainsi apparu de plus en plus urgent de faire évoluer l'organisation pour y intégrer un dispositif de sanction clair et précis. Cependant, plutôt qu'une révision de ses textes, les dirigeants du continent ont fait le choix d'instituer une nouvelle organisation dans laquelle a été reconnue à la sanction une place de choix.

Outre un intérêt pratique et un intérêt juridique, doit être invoqué un troisième intérêt révélant l'importance de la présente étude : son intérêt théorique.

3. Intérêt théorique

41. Un autre intérêt tout aussi essentiel de notre analyse est d'ordre théorique. Celui-ci tient en l'absence d'études édifiantes sur le pouvoir de sanction dans la littérature juridique consacrée au droit de l'Union africaine. Le travail d'identification préalable qui a présidé à une telle analyse a permis d'observer que la majeure partie des études existantes portent sur la sanction

---

[124]Voir David CORTRIGHT et Georges A. LOPEZ, *The Sanctions Décade. Assessing UN Strategies in the 1990s*, Boulder, London, Lynne Rienner Publ., 2000.

[125]René MANGIN, *Rapport d'information n° 3203*, déposé en application de l'article 145 du règlement par la commission des affaires étrangères françaises sur les sanctions du 27 juin 2001.

[126]*Ibidem.*

[127]*Ibidem*

[128] On se réfère à cet effet aux divers débats sur les questions relatives aux sanctions, notamment les résolutions S/PV 4128,17 avril 2000 et S/2000/319 du même jour ; voir aussi S/PV 4394, 22 et 25 octobre 2001.

en droit international, mais que très peu d'entre elles font directement référence à leur édiction et à leur mise en œuvre dans le cadre des organisations internationales[129]. Une telle situation peut surprendre si l'on considère l'importance acquise par les organisations internationales et les sanctions que celles-ci sont amenées à prendre régulièrement à l'encontre de certains membres récalcitrants. Des réflexions générales, en droit international notamment, ont été menées par deux auteurs majeurs de la doctrine française, Jean COMBACAU[130] et Charles LEBEN[131]. Il ne fait guère de doute que leurs monographies fassent aujourd'hui figure de classiques de la discipline s'agissant de la sanction prise dans le cadre de l'Organisation des Nations Unies ou d'organisations internationales non politiques. Cependant, il s'agit ici de s'intéresser en particulier à l'Union africaine, une organisation continentale dont la forme initiale a connu plusieurs mutations et qui, à l'image d'autres organisations internationales ou régionales, est appelée – comme sa devancière l'OUA – à prendre des sanctions contre le comportement illicite de certains de ses membres. Or, la rareté des études

[129]Pour une liste non exhaustive de ces études : Georges DUBE, « Les sanctions du droit international public dans la Charte des Nations Unies », *Les Cahiers du droit*, vol. 5, n° 1, mars 1962, pp. 98–103 ; Kim Richard NOSSAL, « Les sanctions économiques et les petits États : Le cas de la "punition" du Vietnam par le Canada » *Études internationales*, vol. 18, n° 3, 1987, pp. 523–544 ; Charles LEBEN, *Les sanctions privatives de droits ou de qualité dans les organisations internationales spécialisées*, Bruxelles, Bruylant, 1979, 404 p ; C. Lloyd BROWN-JOHN, *Multilateral Sanctions in International Law. A Comparative Analysis*, New York, Washington et Londres, Praeger Publishers, 1975, xv + 428 p. ; Tiphaine DEMARIA, FERRERO Julie, « Sur un aspect de la sanction en droit international : le cas des dommages et intérêts punitifs », *RQDI*, hors-série, mars 2016. *Théories et réalités du droit international au XXIème siècle*. pp. 97-133 ; Daniel DORMOY, « Sanctions ciblées et respect des droits de l'homme : quelques réflexions sur la responsabilité des organisations internationales et de leurs États membres », *RQDI*, vol. 28-2, 2015. pp. 1-26 ; Joël MONEGER. Jeremy FARRALL et Kim RUBENSTEIN (dir.). « Sanctions, Accountability and Governance in a Globalised World », *RIDC*, vol. 63, n° 2, 2011. pp. 478-481 ; Jean-Louis DEWOST, « La Communauté, les Dix et les "sanctions" contre l'Argentine - De la crise iranienne à la crise des Malouines. », *AFDI*, vol. 28, 1982. pp. 215-232 ; André GROS et Albert E. HIGHLEY, *« The first sanctions experiment »*, Pierre BARTHOLIN, « Les conséquences économiques des sanctions », *Politique étrangère*, n° 2, 1939, pp. 217-218 ; Michael P. MALLOY, « Economie Sanctions and U. S. Trade », *RIDC*, vol. 43, n° 1, janvier-mars 1991. p. 276 ; Tanguy WILDE d'ESTMAEL. « Les sanctions contre l'Autriche : motifs, objectifs, issues », *Critique internationale*, vol. 8, 2000. *Diversité du capitalisme mondialisé*, sous la direction de Vivien A. SCHMIDT. pp. 6-12 ; Maurice KAMTO, « Les communautés européennes et les sanctions internationales », *RQDI* volume 8-2, 1993, pp. 265-288 ; François ALABRUNE, « La pratique des comités des sanctions du Conseil de sécurité depuis 1990 », *AFDI*, vol. 45, 1999. pp. 226-279 ; Martti KOSKENNIEMI, « Le Comité des sanctions créé par la Résolution 661 (1990) du Conseil de Sécurité », *AFDI*, vol. 37, 1991, pp. 119-137 ; Mathias FORTEAU, « La levée et la suspension des sanctions internationales », *AFDI*, vol. 51, 2005. pp. 57-84 ; David RUZIE, *Organisations internationales et sanctions internationale*, Paris, Armand Colin, 1971, 223 p.

[130]Jean COMBACAU, *Le pouvoir de sanction de l'O.N.U. Étude théorique de la coercition non militaire*, Paris, Pedone, 1974, 394. p

[131]Charles LEBEN, *Les sanctions privatives de droits ou de qualité dans les organisations internationales spécialisées*, Bruxelles, Bruylant, 1979, 404 p.

juridiques portant sur ces questions est particulièrement significative. Au rang des travaux qui ont été réalisés sur cette thématique figurent deux articles importants ; celui de Jacoba Liva TEHINDRAZANARIVELO[132] et celui de Joseph ESSOMBE EDIMO[133] qui portent sur la sanction dans le cadre de l'UA et de l'OUA. Au reste, l'on dénombre certaines études qui portent sur des sanctions spécifiques, principalement s'agissant de celles qui s'appliquent aux coups d'État et autres changements anticonstitutionnels de gouvernement [134]. Néanmoins, aucune étude sur le processus d'institutionnalisation de la sanction n'a été menée dans le contexte particulier de l'organisation continentale africaine.

L'ensemble des éléments exposés fondant le triple intérêt de cette étude permettent de saisir davantage toute l'importance du sujet et d'en faire ressortir la problématique.

B- Présentation de la problématique de recherche

42. De manière générale, sur le plan international, la décennie 1990 a marqué une étape importante en matière de sanctions. On a pu alors penser qu'avec l'engouement suscité par la chute du mur de Berlin et la vague de démocratisation qui arriva en Afrique, la sanction aurait bénéficié d'un terrain propice à son expansion et à son enracinement dans l'organisation continentale de l'époque [135] (OUA). Cependant, l'histoire jalonnée

---

[132] Jacoba Liva TEHINDRAZANARIVELO, « Les sanctions dans le cadre de l'Union Africaine », *in* Jacoba Liva TEHINDRAZANARIVELO, Anatole AYISSI (dir.), *Les défis de l'Afrique au XXe siècle : relever les obstacles au progrès*, Actes du 1er colloque international sur l'Afrique organisé à l'Institut universitaire des hautes études internationales, Genève, 28-29 mai 2004, pp. 89-120.

[133] Joseph, ESSOMBE EDIMO, « Les résolutions 1279 (LII) et 1580 (LXII) de l'OUA et la question du pouvoir de sanctions des organisations internationales », *RADIC*, 1997, pp. 1-14.

[134] Djacoba Liva TEHINDRAZANARIVELO, « Les sanctions de l'Union Africaine contre les coups d'État et autres changements anticonstitutionnels de gouvernement : potentialités et mesures de renforcement », *AYIL*, A.A YUSUF (ed), 2006, pp. 225-308 ; Faustin TABALA KITENE, *Le statut des sanctions contre les changements anticonstitutionnels de gouvernement dans les textes et la pratique de l'Union africaine : contribution à l'étude de la production des normes par les organisations internationales*, Thèse de doctorat, Université de Gand, 2013 ; Muna NDULO, « L'interdiction des changements anticonstitutionnels de gouvernement » *in* Abdulqawi A. YUSUF et Fatsah OUGUERGOUZ, *L'Union Africaine : cadre juridique et institutionnel. Manuel sur l'organisation panafricaine*, Paris, Pedone, 2013, pp. 223-242 ; Rafâa BEN ACHOUR (dir.), *Les changements anticonstitutionnels de gouvernement : Approches de droit constitutionnel et de gouvernement*, Aix-en-Provence, Presses universitaires d'Aix-Marseille, coll. « Les cahiers de l'institut Louis-Favoreu », 2014, 170 p. ; Joseph KAZADI MPIANA, « *L'Union africaine face à la gestion des conflits. Cas des changements anticonstitutionnels de gouvernement* », *RQDI*, vol. 25, n° 12, pp. 101-141.

[135] Nous voulons faire allusion aux diverses situations d'instabilité politique que connaissaient, à l'époque divers pays du contient notamment ; l'Angola, la Somalie, le Congo, le Tchad pour

d'obstacles de cette entité n'a pas permis un tel développement. Le pouvoir de sanction exercé au sein de l'entité africaine part d'un constat d'échec. Dès l'origine, l'OUA est conçue comme un cadre politique très souple visant à renforcer la cohésion et la solidarité des États africains, à intensifier leur coopération ainsi que leurs efforts pour offrir de meilleures conditions d'existence aux peuples d'Afrique[136].

43. Le choix d'un mode d'intégration souple démontre que la volonté d'œuvrer en commun se heurtait encore à des blocages suffisamment importants pour permettre à l'organisation de prendre véritablement en main le destin de l'Afrique. Cela explique sans doute l'évolution institutionnelle de l'organisation qui a préservé cette logique originelle privilégiant la coordination des actions des États sans que cela n'aboutisse à un abandon de leur souveraineté[137]. Dans ce cadre, il était difficile pour l'organisation de sanctionner ses membres récalcitrants, car celle-ci n'était pas pensée comme « *une idée d'œuvre ou d'entreprise qui se réalise et dure juridiquement dans un milieu social* [dans laquelle] *un pouvoir s'organise qui lui procure des organes* [et, qu'], *entre les membres du groupe social intéressé à la réalisation de l'idée, il se produit des manifestations de communion dirigées par les organes du pouvoir et réglées par des procédures* » [138]. Or, une telle organisation ne pouvait correctement fonctionner sans un réel mécanisme de sanction reconnu par ses textes. Une « mini révolution » en ce sens sera amorcée dans les années 1990 avec l'adoption de mesures sanctionnant les États membres de l'OUA pour non-paiement de leurs contributions financières. Il a toutefois fallu attendre vingt-sept ans pour que de telles mesures soient effectivement prises à l'encontre des États, ce qui démontre que l'organisation de l'époque ne disposait pas d'outils suffisamment solides pour imposer de telles mesures à ses États membres. La nécessité d'une reconfiguration du cadre institutionnel continental africain est alors devenue de plus en plus évidente. C'est ainsi qu'au sommet extraordinaire de Syrte (Libye) en septembre 1999, les chefs d'États et de gouvernement africains ont décidé de donner une nouvelle base à l'organisation d'intégration continentale. Il s'agissait de la rendre plus efficace et de lui permettre de

---

n'en citer que quelques-uns. Dans ces cas, le silence de l'OUA et son inaction se sont cruellement fait sentir.

[136]Maurice KAMTO, « Les mutations institutionnelles de l'OUA », *in* Maurice KAMTO, Jean-Emmanuel PONDI, Laurent ZANG, *L'OUA : rétrospective et perspectives africaines*, Economica, Paris, 1990.

[137]*Ibidem*

[138]Maurice HAURIOU, *La théorie de l'institution et de la fondation, essai de vitalisme social,* Paris, Cahiers de la nouvelle journée,1925, p. 25.

s'adapter aux changements sociaux, politiques et économiques qui se sont produits à l'intérieur et à l'extérieur du continent[139].

44. Tout en souhaitant innover, les participants à cette rencontre ont aussi voulu rester fidèles aux idéaux d'unité, de solidarité et de cohésion. L'Union africaine a alors été créée dans l'espoir de corriger les insuffisances de l'OUA. Au sein de l'ancienne organisation, les États n'ont pas pu établir de véritable coopération et une intégration des peuples capables de susciter un développement durable et de parer à toute tentative de rupture interne ou interétatique. Le renouveau nécessaire de l'OUA sera ainsi au cœur des négociations visant à mettre en place la nouvelle institution. Or, si dans la Charte de 1963 aucune allusion n'avait été faite à la sanction, dans le nouveau texte créant l'Union africaine (UA), elle est explicitement affirmée.

45. Traité multilatéral présentant des caractéristiques spéciales[140] , l'Acte constitutif de l'UA a pour objet de créer des entités nouvelles, dotées d'une certaine autonomie, auxquelles les parties confieront la tâche de réaliser leurs buts communs[141]. Dans le texte adopté à Lomé le 11 juillet 2000 mettant en place la nouvelle organisation, il est donc expressément prévu à l'article 23, paragraphe I, un ensemble de mesures à prendre lorsqu'un État ne respecte pas les principes et règles de l'organisation[142]. Les innovations ainsi apportées en matière de sanctions suivent l'évolution amorcée dans les années 1990 avec la consécration empirique de sanctions financières.

46. L'organisation continentale africaine dispose à présent d'un certain nombre de prérogatives qui lui ont été confiées par l'ensemble des États membres. Ces différentes compétences impliquent l'exercice d'un pouvoir lui permettant de jouer un rôle majeur en matière de contrôle ou de sanction de ces derniers. Cependant, à y regarder de près, force est de constater qu'il existe

---

[139] Guy MVELLE, *L'Union africaine fondements, organes, programmes et actions*, Paris, L'Harmattan, 2007, pp. 38-39.

[140] Cour internationale de justice, *Certaines dépenses des Nations Unies* (article 17 paragraphe 2 de la Charte) Avis consultatif du 20 juillet 1962, C.I.J, Rec. 1962 p. 157.

[141] Cour internationale de justice, *Licéité de la menace ou de l'emploi d'armes nucléaires* (avis OMS) avis du 8 juillet 1996, C.I.J, Rec.1996 p. 75.

[142] Article 23, paragraphe 1 : « *La Conférence détermine comme suit les sanctions appropriées à imposer à l'encontre de tout État membre qui serait en défaut de paiement de ses contributions au budget de l'Union : privation du droit de prendre la parole aux réunions, droit de vote, droit pour les ressortissants de l' État membre concerné d'occuper un poste ou une fonction au sein des organes de l'Union, de bénéficier de toute activité ou de l'exécution de tout engagement dans le cadre de l'Union* ». Le paragraphe 2, quant à lui, dispose que : « (…) *tout État membre qui ne se conformerait pas aux décisions et politiques de l'Union peut être frappé de sanctions notamment en matière de liens avec les autres États membres dans le domaine des transports et communications, et de toute autre mesure déterminée par Conférence dans les domaines politique et économique* ».

encore une frontière assez poreuse entre les dispositions contenues dans les textes consacrant ce pouvoir et sa matérialisation concrète. Ainsi, le contenu, la mise en œuvre, la force probante ou encore l'étendue du pouvoir de sanction de l'organisation africaine sont autant de points importants qui seront abordés dans le cadre de cette réflexion. En somme, la question centrale qui se pose est celle de savoir si l'organisation africaine a véritablement les moyens de contraindre ses États membres. Si tel est le cas, la sanction peut-elle constituer un élément indispensable à la construction d'un droit communautaire africain ? Dans les réponses proposées, une attention particulière sera portée sur l'existence de sanctions contre les coups d'État et autres changements anticonstitutionnels de gouvernement, car elles répondent à une attente particulièrement forte au niveau continental en matière de stabilité juridique et politique. De plus, se pose également la question du rapport entre l'organisation continentale et ses États membres. Désormais, la « conformité constitutionnelle » ne se vérifiera plus seulement suivant le droit des différents membres, mais également au regard des critères définis par l'organisation continentale, la plaçant ainsi comme une espèce de « juge de la légalité constitutionnelle » des différents États membres. Il sera alors intéressant de vérifier si l'organisation africaine a réellement les moyens d'assumer une telle posture. Les éléments de réponse qui seront apportés aux divers points soulevés suivront un plan et une méthodologie qu'il convient à présent de préciser.

47. L'appréhension de l'objet de la présente étude appelle une double méthode d'analyse. Tout d'abord, la technique juridique, qui est – par nature – une méthode instrumentale favorisant l'identification et la compréhension de la règle de droit[143] ; ensuite, l'analyse juridique, qui est – par essence – une méthode critique et susceptible de justifier l'examen du droit positif à l'aune de considérations diverses[144].

48. S'agissant du premier cadre d'analyse, son importance et pertinence sont évidentes, car il permet de défricher des objets d'étude complexes comme l'est la notion de sanction en droit général ou dans des domaines plus spécialisés comme le droit international, à partir des énonciations du droit positif. Qu'il s'agisse d'un objet suffisamment ou peu examiné, la technique juridique s'impose quasi irréductiblement comme un premier niveau d'analyse[145]. L'on observe, à cet égard, que cette méthode d'approche facilite la recherche de la règle de droit, son identification et la confirmation de son

---

[143]Voir Frede CASTBERG, « La méthodologie du droit international public », *RCADI*, vol. 43, 1933, pp. 309-383.

[144] Aubin NZAOU, *Exploitation des hydrocarbures et protection de l'environnement en République du Congo. Essai sur la complexité de leurs rapports à la lumière du droit international*, thèse, Université Lyon 3, 2018, p. 15 et s.

[145]*Ibidem*

existence[146]. Dès lors, elle rend aisée sa compréhension, en ce sens qu'elle en clarifie le contenu et la consistance[147]. L'intérêt d'une telle approche s'est fort naturellement manifesté dans le cadre de la présente étude. Celle-ci permet en effet de bien circonscrire l'objet de la recherche, en l'occurrence la sanction dans le cadre de l'Union africaine, et de délimiter convenablement son point de départ effectif, le pouvoir de sanction. Il apparaît donc que la technique juridique permet ici de donner leur pleine signification aux termes du sujet[148]. Par sa nature, cette « *démarche positiviste et inductive* »[149] expose ainsi avec exactitude et intelligibilité l'état du droit de l'Union africaine s'agissant des sanctions diverses qu'il prévoit et de l'exercice du pouvoir de contrainte susceptible d'en favoriser le respect.

49. Outre le fait que cette méthode d'approche garantit une présentation claire et fidèle de l'état du droit positif, en tant que niveau d'« *analyse micro-statique* »[150] du droit, elle favorise – au premier abord – une analyse descriptive de l'articulation de l'ensemble des textes de l'Union africaine avec les instruments internationaux pertinents se rapportant à cette problématique dans le cadre du système des Nations Unies. Ainsi, l'approche en termes de technique juridique a permis, dans la phase préalable à la rédaction de ces pages, la réalisation de tables descriptives de diverses sources relatives aux sanctions et aux autorités habilitées à les prononcer ; un panorama permettant *de plano* une lecture d'ensemble.

50. Quant à la seconde méthode d'approche, l'analyse juridique, nécessairement complémentaire de la première[151], celle-ci implique un examen du contenu même des règles qui comportent des prescriptions, des interdictions ou des autorisations[152]. Dès lors, elle a permis d'examiner les divers instruments du droit de l'organisation continentale africaine qui prévoient des sanctions diverses : suspension de la participation d'un État membre aux activités de l'organisation, non-renouvellement des contrats des nationaux des États membres sanctionnés, interdiction de voyager des auteurs de changements anticonstitutionnels, etc. Revêtant le caractère d'une méthode critique d'analyse de la règle de droit, l'analyse juridique tend à encourager la recherche « *du bien-fondé, de la justification, de la valeur et de la portée* » des sanctions prises dans le cadre de la mise en œuvre des instruments

[146]Georges ABI SAAB, « Cours général de droit international public », *RCADI*, vol. 207, 1987, pp. 33-41.
[147]Aubin NZAOU, *op. cit.*, pp. 32-33.
[148] *Ibidem*
[149] *Ibid.*, p. 33.
[150]Georges ABI SAAB, « Cours général de droit international public », *op. cit.*, pp. 33-41.
[151]Aubin NZAOU, *op. cit.*, p. 34.
[152]Michel BOURDEAU, « Un essai original d'analyse juridique », *Commentaire*, n° 3, 2017, pp. 690-691.

juridiques[153]. La doctrine internationaliste a dûment inscrit cette approche dans l'examen des rapports de système[154]. Georges ABI-SAAB, notamment, auteur d'un « Cours général de droit international » à l'Académie de droit international de La Haye, postule que ce niveau d'analyse induit la nécessité d'appréhender tout objet d'étude juridique en tant que composante du système juridique. De ce fait, le droit doit être perçu lui-même comme un système, dont les composantes, notamment les normes, institutions, procédures ou mécanismes, forcément en interaction, doivent faire l'objet d'un examen considérant toujours l'ensemble du système auquel elles appartiennent[155].

51. À maints égards, ce niveau d'analyse permet d'examiner la sanction et l'habilitation du pouvoir de la prononcer dans l'environnement juridique, politique, social, économique, voire historique, de l'Union africaine. Dès lors, l'on comprend – non sans une certaine commodité – que l'interprétation à laquelle se prête ces concepts devrait permettre une lecture stricte de leur contenu, de la faculté de leur adaptation aux situations les plus diverses, de l'impossibilité ou des justifications de les appliquer à tel cas spécifiques, des besoins d'une réactualisation du corps de règles qui les encadre, de la nécessité d'une mise en cohérence voire d'une réforme substantielle de ces instruments jugés pertinents dans le cadre de l'Organisation de l'Unité africaine[156]. La nature critique de cette méthode facilite la mise en relief des fonctions remplies par chaque instrument prévoyant des sanctions ainsi que le rôle de chaque composante institutionnelle. Elle permet en ce sens de dégager une approche holistique de l'assemblage que ces éléments constituent et de les confronter à la pratique observée aujourd'hui de cette organisation continentale. Ce faisant, l'analyse juridique employée dans le cadre d'un travail de recherche comme celui que propose la présente étude se révèle d'une grande importance. Ses vertus ne sont pas purement scolastiques, elle ajoute une dose de densité et de dynamique à l'esprit scientifique qui doit gouverner l'ensemble des présentes réflexions. L'analyse juridique permet un recul nécessaire et une distanciation du regard par rapport à l'objet de l'étude[157]. Cette méthode d'approche repose en effet sur une dynamique d'ensemble qui permet de saisir la simplicité, quand elle existe, mais surtout les subtilités et la complexité des rapports susceptibles d'être observés entre la notion de sanction et le pouvoir de sanction tels qu'ils sont formulés et appliqués dans le cadre de l'Union africaine.

---

[153]Voir : Arthur L. CORBIN, « Legal Analysis and Terminology », *Yale Law Journal*, vol. 29, n° 2, 1919-1920, pp. 163-173 ; Aubin NZAOU, *op. cit.*, pp. 33-35.
[154]Voir notamment les développements sur le sujet d'Aubin NZAOU, *op. cit*
[155]Georges ABI SAAB, « Cours général de droit international public », *op. cit.*, p. 34.
[156]Voir Antonio Estella de NORIEGA, « Rationality and Counterfactual Legal Analysis », *Italian Law Journal* vol. 2, n° 1, 2016, pp. 105-130.
[157]Aubin NZAOU, *op. cit.*, pp. 15 et s.

Ainsi qu'avait pu l'exposer Aubin NZAOU dans ses travaux de thèse :

> « *Il s'agit, à maints égards, d'une étude approfondie des rapports d'influence, des interactions, des déficiences et des résistances diverses qui peuvent être observés* [s'agissant d'un quelconque objet d'étude]. *Le Professeur Georges ABI-SAAB, une voix prestigieuse et qui fait autorité dans la matière, eût-il baptisé cette démarche d'« analyse macro-dynamique du droit » ou d'analyse juridique scientifique* »[158].

Après avoir énoncé les méthodes d'approche de l'objet de recherche, il importe de justifier le sous-titre du sujet retenu.

52. Complétant l'intitulé principal de la présente étude, ce sous-titre repose sur le choix d'employer un terme qui relève du cadre scientifique, mais aussi littéraire : l'essai. Ce choix trouve des justifications concrètes dans le fait qu'une réflexion, même approfondie, sur la sanction en droit ou le pouvoir de sanction en tant que tel, ne saurait être épuisée à travers les pages que la présente étude entend lui consacrer. Comme on peut l'observer, de nombreuses thèses en droit ont été assorties d'un sous-titre similaire pour mettre l'accent sur la démarche qui était celle de leurs auteurs[159]. Il convient d'y voir une lecture fondée sur une approche réflexive du sujet. La modestie qu'induit un travail de recherche, même ambitieux par son énoncé, conduit – selon nous – à tenter d'appréhender un objet en proposant un essai.

53. Cette modestie ne remet guère en cause l'importance des développements qui suivent, car il s'agit de montrer que la notion de sanction n'est pas absente du panel des instruments pertinents qui régissent l'Union africaine foncièrement soucieuse d'assurer la cohésion d'ensemble de ses membres. Une fois précisé ce choix, il nous revient désormais de présenter la structure de raisonnement que l'on suivra dans la présente étude.

54. Dans une première partie consacrée à la construction complexe du pouvoir de sanction de l'organisation continentale africaine, l'on exposera comment cette notion absente des textes au début de la construction

---

[158] *Ibidem*, p. 16 et s. Voir aussi Georges ABI SAAB, « Cours général de droit international public », *op. cit.*, p. 34.

[159] Il existe de nombreuses thèses qui portent cette formule. Voir à cet égard : Georges VEDEL, *Essai sur la notion de cause en droit administratif français*, Paris, Librairie du "Recueil Sirey", 1934, 511 p. ; Jean RIVERO, *Les mesures d'ordre intérieur administratives : essai sur les caractères juridiques de la vie intérieure des services publics*, Paris, Sirey, 1934, 403 p. ; Francis CABALLERO, *Essai sur la notion juridique de nuisance,* Paris, LGDJ, coll. « Bibliothèque de droit privé » et « Bibliothèque de droit public », 1981, 361 p. ; Aubin NZAOU, *Exploitation des hydrocarbures et protection de l'environnement en République du Congo. Essai sur la complexité de leurs rapports à la lumière du droit international*, thèse, Université Lyon 3, 2018, 523 p.

continentale a évolué pour devenir un élément central du dispositif continental africain. L'on y démontrera comment la proclamation d'un mécanisme de sanction a façonné le comportement des États membres de cette organisation traduisant ainsi l'existence même de la sanction (**première partie**). Dans une deuxième partie portant sur la mise en œuvre de la sanction, l'on examinera comment celle-ci se manifeste concrètement dans la pratique. Ainsi, l'on pourra déterminer les contours et insuffisances de l'état actuel du droit positif africain qui fait preuve d'une application contrastée (**deuxième partie**).

PREMIÈRE PARTIE : UNE CONSTRUCTION COMPLEXE DU POUVOIR DE SANCTION DE L'UNION AFRICAINE

55. L'organisation continentale africaine, en tant qu'elle génère un ensemble de normes à destination de ses États membres, devrait en principe prévoir des sanctions, car « *il est dans la nature de tout ordre juridique qu'existent, à côté de ses dispositions matérielles et formelles, des mécanismes de contrôle et des sanctions destinées à en garantir l'effectivité* »[160]. Cependant au début de la construction continentale africaine, la sanction n'occupait pas une place de choix. La priorité des États africains à cette époque était de consolider leur souveraineté acquise souvent au « prix du sang » avec l'accession à l'indépendance. Penser aussitôt l'abandonner pour un organe supra-étatique était encore trop pénible pour ces nouveaux États. C'est pourquoi, la sanction ne fut pas envisagée dans le texte créant la première organisation continentale, l'OUA. Ce faisant, les États membres indiquaient leur volonté de ne mettre en place que des « *rapports de coordination* »[161]. Toutefois, l'OUA ainsi instaurée devait pouvoir fonctionner en assurant le respect de ses normes, car c'est de « *l'essence même de la règle de droit que d'être sanctionnée par des moyens de coercition immédiate* »[162]. C'est pourquoi, l'absence de mécanisme de sanction dans la Charte de la première organisation n'a pas été un frein majeur à l'existence empirique de sanctions.

56. Même si le droit existe en l'absence de sanction, « *il n'en reste pas moins que le droit positif n'a toute son efficacité, et donc sa pleine valeur, qu'autant qu'il est pourvu de sanctions suffisantes pour prévenir, si possible par l'intimidation, et réprimer, s'il est besoin, les infractions à ses règles* »[163]. Dès lors, il paraît important que tous les moyens et les règles qui concourent à assurer l'existence et le fonctionnement de l'institution soient respectés par les États membres. Pour cela est prévue la sanction des actes nocifs à la vie de l'institution, à la régularité de ses fonctions et à ses intérêts dont la protection

---

[160] Flore DANIEL, « Un droit pénal européen : hasard ou nécessité », *RDPC, Actualités de droit pénal européen*, 2003, p. 5

[161] Paul REUTER, *Droit international public*, Paris, PUF, 1968, p. 92.

[162] Raymond CARRÉ DE MALBERG, *Contribution à la théorie générale de l'État*, Paris, Sirey, réédition CNRS, 1962, p. 57.

[163] Charles DUPUIS, « Règles du droit de la paix », *RCADI*, 1930-II, t. 32, p. 273.

est d'une grande importance pour l'organisation[164]. Néanmoins, si des sanctions ont tout de même pu être adoptées au sein de l'OUA, elles n'étaient pas suffisantes pour faire émerger un mécanisme consolidé. S'est alors imposée aux décideurs africains la nécessité de faire naître un véritable ordre juridique africain et d'assurer son effectivité par la sanction. L'année 2002 consacra ainsi un tournant majeur pour l'organisation continentale africaine. Après un bilan plutôt défavorable de l'OUA qui, « *après quarante ans d'existence,* [est apparue] *comme une institution essoufflée, une diète germanique incapable à cause de l'attachement de ses membres à leur souveraineté, à l'incertitude qui plane sur les pouvoirs de certains organes principaux comme le secrétariat général, à la désuétude ou à l'inefficacité de certaines de ses structures comme le comité de libération...* »[165], il fallait repenser le modèle d'unité africaine. La sanction y aura désormais une place centrale.

57. La sanction consacrée dans ce nouvel édifice institutionnel essayera de combler le manque de clarté souvent reproché à l'OUA. Dans ce contexte, la reconnaissance de la sanction ouvrira des perspectives importantes pour une approche renouvelée d'un des sujets les plus passionnants et les plus controversés du droit international[166]. La sanction apparaît alors comme « *un facteur révolutionnaire objectif pour le développement* [de l'ordre juridique africain][167] *en ce qu'elle concourt à la centralisation de ce droit, elle tend à le faire échapper à « l'ordre enchanté » dans lequel il se trouve prisonnier depuis. Ce « cercle enchanté » est celui que dessine autour* [de l'ordre juridique africain] *la notion et la réalité de la souveraineté étatique. Alors que la souveraineté étatique est le principal fondement du droit interne ou pour le moins l'instrument le plus efficace de sa royauté, elle est pour* [cette organisation] *l'obstacle par excellence contre lequel* [elle] *vient buter impuissante* »[168]. Dans le cadre de notre réflexion, il s'agira de présenter les différentes mesures qualifiées de sanctions prises par l'organisation continentale africaine. Puis, l'on constatera que les sanctions institutionnelles ont connu une mutation particulière pour correspondre à ce projet ambitieux qu'est celui de la stabilité de la paix sur le continent africain[169]. À cet égard, il

---

[164]David RUZIE, *Organisations internationales et sanctions internationales*, Paris, Armand Colin, 1971, p. 6

[165]Edem KODJO, *Et demain l'Afrique*, Paris, Stock, 1985, p. 267. Voir aussi Yacouba ZERBO, « La problématique de l'Unité africaine (1958-1963) », *Guerres mondiales et conflits contemporains*, 2003/4, n° 212, pp. 113-127.

[166] Linos Alexandre SICILIANOS, « Les sanctions institutionnelles et contre-mesures : tendances récentes », *RCADI*, 2014, p. 3.

[167]Parenthèses ajoutées par nous.

[168]Charles LEBEN, *Les sanctions privatives de droits ou de qualité dans les organisations internationales spécialisées, op. cit.* p. 33.

[169]Cette ambition correspond à la pensée de Nnamdi AZIKIWE pour qui « *il faudrait à coup sûr mettre sur pied un Léviathan africain, sous forme d'organisation politique, d'association,*

semble important de conceptualiser la sanction dans l'organisation continentale africaine en s'intéressant à son histoire et à sa mise en œuvre, non pas depuis 2002, date de l'avènement de la nouvelle organisation africaine (UA), mais de 1963, année de la création de la première organisation continentale (OUA) (**Titre I**). Puis, nous verrons comment la pratique et les fluctuations des rapports interétatiques sur le continent ont fait apparaître de nouvelles formes de sanctions consacrant ainsi une approche africaine diverse de la sanction. Reposant sur des mécanismes bilatéraux et/ou multilatéraux, ces sanctions s'analysent comme des représailles autorisées de l'organisation continentale avec tous les défauts attachés à ce type de mesures[170] (**Titre II**).

de syndicat, ou encore d'un concert des nations africaines. Un tel Léviathan pourrait être établi sur une base continentale... Il pourrait également l'être sur une base régionale, ce qui donnerait lieu à l'émergence d'une Union d'Etats d'Afrique du Nord, d'Afrique de l'Ouest, d'Afrique centrale, d'Afrique de l'Est ou d'Afrique du Sud » (Nnamdi AZIKIWE, « L'avenir du panafricanisme », *Présence africaine : revue culturelle du monde noir*, n° 40, 1962, p. 531). Pour l'auteur, ce Léviathan exigerait la mise en place d'une « structure de gouvernance » comprenant une Conférence des chefs d'État et de gouvernement, un Parlement panafricain, un Secrétariat, une Cour de justice, etc.

[170]Charles LEBEN, *op. cit.*, p. 291.

TITRE I : LA CONCEPTUALISATION DE LA SANCTION DANS LE CADRE DE L'INTÉGRATION CONTINENTALE

58. La sanction a mis du temps avant de trouver sa place dans le cadre continental africain. Pourtant, « *une organisation suppose, notamment une discipline de groupe minimale qui en fait la cohérence et la solidarité* »[171], ce qui requiert des structures et des mécanismes indispensables à la réalisation de l'idée ou de l'objectif qui sous-tend la création de cette organisation. Dans ce cadre, la sanction « (...) *présuppose que l'autorité qui l'exerce ait une position de prééminence ou de suprématie vis-à-vis de l'organe ou du sujet soumis au contrôle.* [Tandis] *qu'il en est ainsi dans l'ordre juridique étatique et dans les autres ordres constitués sur une base hiérarchique, on retrouve difficilement la même situation dans l'ordre international général, c'est-à-dire dans les rapports entre des ordres particuliers appartenant à la communauté internationale* »[172]. De ce fait, les résolutions adoptées par l'organe suprême de l'organisation devraient s'imposer d'elles-mêmes à l'ensemble de ses États membres et avoir force de loi[173].

59. Dans l'ordre juridique africain, la sanction a connu « deux vies ». Dans la première, elle était plus effacée. Non prévue par les textes fondateurs de la première organisation continentale, elle émergera dans la pratique. Une telle configuration n'a pas favorisé le développement de la sanction d'autant plus que l'idéologie dominante privilégiait alors une construction continentale de coopération dépourvue d'instruments de contrainte. Les décisions de l'OUA étaient donc dénuées de force exécutoire « *d'où cette impression d'arbre à palabre ou de diète de Francfort* »[174] caractéristique de la première organisation continentale. Son but principal était d'encourager l'unité et la solidarité de l'Afrique et d'éliminer du continent les derniers vestiges du colonialisme. Les structures de l'OUA sont ainsi parfois apparues insuffisantes pour résoudre les « *difficultés aussi soudaines qu'imprévisibles* » [175] surgissant sur le continent. Toutefois la sanction

[171]Edem KODJO, « Préface », *in* Edmond JOUVE, *L'Organisation de l'unité africaine*, Paris, PUF, 1984, p. 13.
[172] Ricardo MONACO, « Les principes régissant la structure et le fonctionnement des organisations », *RCADI*, vol. 156, 1977, p. 159.
[173]Edem KODJO, *op.cit*, p.13
[174]*Ibidem*
[175]Pour Edem KODJO, ancien Secrétaire général de l'OUA, parmi les difficultés recensées, figuraient celle de doter cette organisation d'un appareil de règlement des conflits, ou encore le

trouvera tout de même ses premières applications dans cette première phase de la construction continentale, car « *même dépourvu ou mal pourvu de sanctions, le droit positif peut être et est, en fait, observé par ceux qui se soumettent volontairement à ses règles. Beaucoup l'observent soit par conscience, soit par intérêt, soit par habitude, sans qu'il soit besoin, pour les y déterminer, de la contrainte ou de la crainte de la contrainte. La soumission volontaire du plus grand nombre aux règles du droit positif est à la fois la plus sûre garantie de son respect et la meilleure condition de l'efficacité des sanctions contre les récalcitrants* »[176]. Ainsi, c'est un manque d'engagement de la part des États membres pour le respect des normes de la première organisation qui a conduit à un réaménagement de la construction continentale qui permettra à la sanction de connaître une seconde vie.

60. Dans cette nouvelle organisation, la sanction n'est plus contestée. À partir du moment où un certain nombre d'États se mettent d'accord sur la création d'un organe supranational à qui ils attribuent certaines compétences se forme une structure évoluée caractérisée par une hiérarchie des normes accordant à la convention créant cet organe la place la plus importante[177]. Or, la sanction étant reconnue dans la convention qui crée l'institution, elle dispose elle aussi d'une place centrale en devenant un facteur essentiel de l'effectivité de l'ordre juridique africain. C'est à partir du constat de ces « deux vies » que se construira notre réflexion. Précisément, dans un premier titre, il sera question d'analyser l'évolution de la sanction d'un cadre qui ne lui était pas propice vers un cadre plus enclin à son expansion et qui en a fait un outil de stabilisation continentale (**Chapitre I**). De plus, la particularité de la sanction dans l'ordre juridique africain étant sa diversité, un travail d'identification des différentes mesures qui s'y rapportent s'imposera (**Chapitre II**).

---

non-paiement des contributions financières dues à l'organisation étant donné que les États « (...) *préféraient s'acquitter de leurs contributions auprès des institutions non africaines (ONU) plutôt qu'auprès de l'Organisation panafricaine, ainsi menacée d'asphyxie périphérique* ».

[176]Charles DUPUIS, « Règles du droit de la paix », *op. cit.*, p. 274.

[177]Jean-Paul JACQUE, *Éléments pour une théorie de l'acte juridique en droit international public*, Paris, LGDJ, 1972, p. 43.

CHAPITRE I : UNE APPROCHE DE LA SANCTION COMME OUTIL DE STABILISATION CONTINENTALE

61. Depuis 2002, l'organisation continentale africaine dispose de mécanismes de contrainte. Elle s'est en effet vu attribuer par l'Acte constitutif de l'UA une mission délicate qui est celle de faire appliquer le droit interne de l'organisation. Au regard de l'histoire de cette organisation, une telle mission représente une avancée significative. Pour la comprendre, une étude rétrospective du contexte de la naissance de la sanction dans le cadre continental africain s'impose.

62. Au début de la construction continentale, les défauts de l'absence de sanctions se sont fait sentir car les États membres ont eu des difficultés à appliquer les principes et objectifs de l'OUA. Il est alors apparu nécessaire à l'organisation de pouvoir « *opposer à leur force une force supérieure* (...) *investi*(e) *de la charge d'user de cette force contre tout État qui se refuserait à accomplir ses obligations* »[178]. Cependant, incapable d'offrir un tel cadre aux relations interafricaines, l'OUA s'est contentée d'être une structure institutionnelle de coopération entre les États membres ayant pour objectif de défendre leur souveraineté et leur indépendance tout en tendant à renforcer l'unité et la solidarité des États africains[179]. Cela explique que les dispositions adoptées à Addis-Abeba, à l'origine de l'OUA, n'avaient pas prévu de mesures sanctionnant les manquements à son droit, cette organisation reposant avant tout sur « *la volonté et la souveraineté des États qui gardent en dernier ressort le pouvoir de la défier* »[180]. Néanmoins, il est devenu de plus en plus difficile d'assurer le fonctionnement de cette institution sans mesures de régulation. Il est alors apparu nécessaire de chercher dans son droit interne les outils qui permettraient tout de même un contrôle et une sanction des obligations des États vis-à-vis de l'organisation.

63. Ces mesures recherchées seront qualifiées d'institutionnelles, car elles découlent des textes internes de l'organisation et sont mises en œuvre

---

[178]Charles DUPUIS, *op. cit.*, p. 275.

[179]C'est notamment les objectifs énoncés à l'article II de la Charte de l'OUA qui précise que « *les objectifs de l'Organisation sont de « renforcer l'unité et la solidarité des États africains; cordonner et intensifier leur coopération et leurs efforts pour offrir de meilleures conditions d'existence aux peuples d'Afrique; défendre leur souveraineté, leur intégrité territoriale et leur indépendance; éliminer sous toutes ses formes le colonialisme de l'Afrique; favoriser la coopération internationale, en tenant durement compte de la Charte des Nations Unies...* ».

[180]Voir Wolfgang FRIEDMANN, « Droit de coexistence et droit de coopération. Quelques observations sur la structure changeante du droit international », *RBDI*, 1970, p. 7.

directement. La question de leur fondement sera envisagée en fonction de leur degré d'intensité. Pourtant, l'on verra que les fondements juridiques du pouvoir de sanction de l'organisation africaine ont, dans un premier temps, été plutôt faibles en l'absence d'une approche globale de la sanction dans les textes de l'OUA qui sera un handicap majeur à l'affirmation de son effectivité (**Section I**). Puis, avec l'avènement de l'UA, la sanction s'affirmera et s'installera définitivement dans le paysage continental africain comme un instrument indispensable (**Section II**).

SECTION I : LE PROCESSUS D'ÉMERGENCE DE LA SANCTION AU SEIN DE L'ORGANISATION DE L'UNITÉ AFRICAINE

64. Après trente-neuf ans d'existence, les jugements les plus divers ont été portés sur l'OUA. Les uns n'y voyaient qu'un « syndicat de gouvernants africains » plus enclins à conserver leur pouvoir, parfois conquis par la force, plutôt qu'à mettre en œuvre les principes de la Charte d'Addis-Abeba[181]. À l'époque de l'adoption de la Charte créant l'OUA, on l'a déjà souligné, la principale préoccupation de l'ensemble des pays du continent était de consolider leur souveraineté nouvellement acquise. Cette préoccupation aura comme conséquence majeure la négligence de certaines fonctions clés de l'organisation. D'où le peu de place laissée à la sanction à l'époque, même s'il existait certaines mesures destinées aux États.

65. S'il est évident que l'adoption de sanctions à l'encontre des États membres au début de la décennie 1990 a constitué indubitablement un fait très marquant de la vie de cette organisation, manifestant une rupture avec la politique du « laisser faire » qui était pratique courante, ces initiatives ont ouvert des perspectives nouvelles en la matière étant donné que les textes fondateurs ignoraient la sanction (**Paragraphe 1**). Il faudra attendre l'élaboration d'un texte annexe, le règlement financier de l'organisation, pour voir émerger un système institutionnalisé embryonnaire de sanction au sein de l'OUA (**Paragraphe 2**).

Paragraphe 1 : L'inexistence initiale de la sanction dans la Charte

[181]Pierre François GONIDEC, *L'OUA 30 ans après*, Karthala, 1993, p. 5. Sur cette question, pour plus d'informations, lire aussi : Maurice KAMTO, Jean-Emmanuel PONDI, Laurent ZANG, *L'OUA: rétrospective et perspectives africaines*, Paris, Economica, 1990 ; Edmond JOUVE, *L'Organisation de l'unité africaine*, Paris, PUF, 1984 ; Glélé Maurice AHANHANZO, *Introduction à l'Organisation de l'unité africaine*, Paris, LGDJ, 1986 ; Jean MFOULOU, *L'OUA triomphe de l'unité ou des nationalités? Essai d'une sociologie politique de l'Organisation de l'Unité africaine*, Paris, L'Harmattan, 1986 ; Michel-Cyr DJIENA WEMBOU, *L'OUA à l'aube du XXIe siècle : bilan, diagnostic et perspectives*, Paris, LGDJ, 1995 ; Yacouba ZERBO, « La problématique de l'unité africaine » (1958-1963), *Guerres mondiales et conflits contemporains*, 2003/4, n° 212, pp. 113-127.

66. Toute institution, corporative ou intégrative, tend à créer son propre droit sur la base d'une charte constitutive. Ainsi, l'Organisation des Nations Unies, par exemple, a, depuis sa fondation, élaboré par voie coutumière ou statutaire un grand nombre de normes juridiques concernant ses structures et son fonctionnement[182]. Plus généralement, au cours de leur existence, les organisations internationales sont amenées à adopter un grand nombre de règles nécessaires à leur fonctionnement ; autrement dit un droit interne. Comme toute communauté humaine, l'organisation africaine ne peut exister que si elle prévoit un certain nombre de normes destinées à régler son organisation interne, la vie de ses membres et la satisfaction d'un objectif commun[183].

67. Cependant, lorsque l'on parcourt la Charte de l'OUA qui constitue « *l'acte de naissance* » de cette organisation, l'on est tout de suite frappé par l'absence de disposition concernant une quelconque sanction des États membres pour non-respect des dispositions de ce texte. Tout se passe comme si les États membres étaient présumés respecter sans aucune difficulté tous les engagements qu'ils ont souscrits lors de la mise en place de cette institution. Toutefois, durant son existence, l'OUA a été souvent confrontée à de nombreux manquements à son droit interne ; que ce soit en matière de non-paiement de contributions financières ou par des coups d'État perpétrés sur le continent laissant l'organisation démunie et sans aucun moyen de pression sur les États irrespectueux. En ce sens, l'OUA semblait donner tous les gages d'un ordre juridique peu évolué si l'on s'appuie sur cette affirmation de Charles LEBEN soulignant que la place de la sanction dans un ordre est un indicateur important de son degré d'évolution[184]. Dès lors, on peut se demander ce qui justifie une telle absence alors que la sanction, qualifiée d'élément de coercition [185] en droit interne, aurait permis d'instituer un pouvoir disciplinaire de l'OUA lui permettant de garantir le respect des engagements consentis par les États membres au moment de leur adhésion à cette organisation. Pour comprendre ce choix, il importe de remonter au début de la construction continentale pour relever que la nature même de l'organisation

---

[182]Jorge CASTANEDA, « La valeur juridique des résolutions des Nations Unies », *RCADI*, vol. 129, 1970, p. 227.

[183]Philippe CAHIER, « L'ordre juridique interne des organisations internationales », *in* René-Jean DUPUY (dir.), *Manuel sur les organisations internationales*, *RCADI*, 1998, p. 377.

[184]Charles LEBEN, *Les sanctions privatives de droit ou de qualité dans les organisations internationales spécialisées*, *op. cit.*, p. 17.

[185]Lire les développements de Robert KOLB, *Réflexions de philosophie du droit international, problèmes fondamentaux du droit international public : théorie et philosophie du droit international*, Bruxelles, Bruylant, 2003, pp. 399- 426. Dans cet ouvrage, l'auteur définit la sanction et expose son évolution des sociétés primitives dans la sphère privée puis dans les États modernes.

alors instituée laissait peu de place à un régime de sanction (**A**), confirmant l'absence d'approche générale de la sanction au sein de l'OUA (**B**).

A- L'Organisation de l'Unité Africaine en tant qu'espace de coexistence

68. Le « droit de coexistence » est un droit composé pour l'essentiel de règles d'abstention mutuelle[186]. Précisément, selon le professeur Wolfgang FRIEDMANN, il s'agit d'un droit qui se base sur « *la souveraineté politique et juridique des États et il consacre leur égalité au moins théorique. Son but est de réglementer juridiquement les relations diplomatiques entre les États sur la base du respect mutuel des souverainetés nationales.* (...) *Ce système limité de coexistence basé sur les relations intergouvernementales offre l'avantage de ne pas tenir compte des conditions internes juridiques et sociales des États* »[187]. Ce droit ne touche pas les compétences souveraines des États mais leur permet d'exercer leurs fonctions dans des domaines dans lesquels la dimension des problèmes dépasse leur capacité d'action individuelle[188]. Cette définition conforte l'analyse faite par le Professeur René-Jean DUPUY dans le Recueil de l'Académie de droit international de La Haye sur le droit relationnel et le droit institutionnel. En effet, cet auteur souligne que le droit relationnel est celui dans lequel le pouvoir de l'État reste suprême[189]. Dès lors, « *l'État ne peut, en principe, se voir imposer une décision par une autorité qui serait extérieure ou supérieure à la sienne. Ni la "société internationale", ni les autres États ne peuvent prévaloir sur lui juridiquement* »[190]. Dans ce modèle, l'État est donc caractérisé par « *l'autonomie de son pouvoir, c'est-à-dire, par la possibilité de refuser ce qui ne lui convient pas. L'État est souverain et la souveraineté est le pouvoir du non.* (…) [ici] *règne l'"anarchie des souverainetés"*[191] *exclusive de tout système de droit* »[192]. Ce modèle semble à tout point de vue correspondre au droit existant entre les États africains à l'époque de l'OUA ; une période

---

[186]Wolfgang FRIEDMANN, « Le droit de coexistence et droit de coopération », *op. cit.* p. 5.
[187]*Ibidem*
[188]Edmond KWAM KOUASSI, *Les organisations internationales africaines*, Paris, Berger-Levrault, 1987, p. 22.
[189]René-Jean DUPUY, « Communauté internationale et disparités de développement : cours général de droit international public », *RCADI,* n° 165, 1979, p. 51.
[190]*Ibidem*
[191]Expression utilisée par le professeur Dupuy et par certains auteurs en droit international. Cependant, dans son article, le professeur Dupuy apporte quelques précisions notamment sur l'interprétation de la notion d'anarchie que l'on doit à Proudhon. Il explique à cet effet que pour Proudhon, l'anarchie n'était ni le désordre, ni l'absence de droits, mais d'après cet auteur, « *l'anarchie postule le refus du droit de subordination, qui est le produit naturel du système de l'État* ». (Voir René-Jean DUPUY, *ibid.*).
[192]*Ibidem*

durant laquelle l'état des relations interafricaines était encore trop précoce pour parler d'une véritable organisation supranationale d'intégration.

69. Les années 1960 constituent pour la plupart des États du continent africain une époque importante. Accédant à l'indépendance, il s'agissait alors pour eux de prendre en main le destin des peuples d'Afrique. À la suite de quelques essais infructueux d'un développement isolé, l'impératif de s'unir au sein d'une organisation qui permettrait aux Africains de développer le continent devint de plus en plus urgent[193]. L'institution de l'OUA n'est pas une création *ex nihilo* ; elle trouve ses origines dans le vieux rêve d'une Afrique unie. Le mot d'ordre à cette époque était celui de « l'Afrique aux Africains », comme en témoigne notamment cet extrait du discours du président sénégalais Léopold SEDAR SENGHOR : « *La conscience de notre communauté culturelle, de notre africanité est un préalable à tout progrès dans la voie de l'Unité. Sans elle, il ne peut y avoir de volonté, encore moins effort efficace d'unité. Je ne le nie pas, nous avons aussi de commun notre situation de pays sous-développés. Mais pour sortir précisément de cette situation matérielle, technique, il faut faire appel à une énergie spirituelle, il nous faut forger, ensemble, une âme commune* »[194].

70. Ce rêve trouvera sa concrétisation le 25 mai 1963 avec la signature de la Charte portant création de l'Organisation de l'Unité Africaine. Une fois mise en place, il convenait toutefois de trouver la formule adéquate pour réaliser à la fois le vœu formulé à la création de l'Organisation, à savoir libérer le continent du colonialisme, mais en même temps assurer le fonctionnement effectif de celle-ci. Comme l'unité fût difficile à obtenir, et pas uniquement sur le plan symbolique, de nombreuses questions conflictuelles ne furent pas abordées. Le processus d'institutionnalisation des solidarités régionales des

---

[193] Ce désir d'unification du continent s'exprimera à travers plusieurs prises de parole des leaders africains de l'époque. Ainsi, le leader ghanéen Nkwamé NKRUMAH, en parlant de la nécessité d'unir tous les États africains, déclarait : « *Nous sommes parvenus au stade où nous devons nous unir ou sombrer dans cet état où l'Amérique latine est devenue, contre son gré, la triste proie de l'impérialisme après un siècle et demi d'indépendance politique* ». Pour Ahmed SEKOU TOURE, président de la République de Guinée, « *aucune des nations prises individuellement ne saurait représenter valablement l'Afrique, ni réhabiliter ses peuples* (...) *la contribution de l'Afrique à la vie de l'humanité requiert, de tous les peuples africains, leur présence consciente et leur unité d'action sur le chantier de l'édification du bonheur universel* ». Enfin, pour le leader sénégalais de l'époque Léopold Sedar SENGHOR, « *si nous voulons bâtir une Afrique unie, nous devons le faire solidement et, pour cela, la fonder sur nos convergences culturelles, non sur nos divergences politiques, car ce qui nous lie est au-delà de l'histoire, il tient à la géographie, à l'ethnie, et partant à la culture ; il est antérieur au christianisme, à l'islam, il est antérieur à toute colonisation* » (voir Yacouba ZERBO, *op. cit.*, p. 126).

[194] Extrait du discours prononcé par Léopold Sédar SENGHOR au sommet d'Addis-Abeba en 1963 ; cité par Fidèle OBGAMI dans son ouvrage *La problématique de la construction des États-Unis d'Afrique*, Paris, L'Harmattan, 2009, p. 12.

peuples africains ne s'étant concrétisé qu'à une époque récente[195], il fallait tout faire pour rattraper ce retard quitte à sacrifier un élément central, la sanction, au profit de l'unité. C'est pourquoi la Charte telle qu'adoptée ne contenait pas de dispositions prévoyant les sanctions qui pouvaient être prises à l'encontre des États membres en cas de non-respect de ceux-ci des règles de l'organisation. Dès l'origine, les États africains ont donc voulu privilégier une solidarité sur la base d'une coopération en évitant d'aborder la question de la coercition.

71. Les dissensions apparues quant à la nature du regroupement envisagé, donnant lieu à la confrontation des deux blocs idéologiques précédemment analysés, ont conduit à l'instauration d'un cadre juridique moins contraignant pour les États du continent. Finalement, l'OUA a été conçue comme un cadre politique très souple visant à renforcer la cohésion et la solidarité des États africains, à intensifier leur coopération ainsi que leurs efforts pour offrir de meilleures conditions d'existence aux peuples d'Afrique[196]. Le choix d'un mode d'intégration aussi flexible démontre qu'outre une volonté d'œuvrer en commun, il existait encore des blocages suffisamment importants pour empêcher l'organisation ainsi créée de prendre véritablement en main le destin de l'Afrique. Puis, l'évolution institutionnelle de l'organisation a suivi cette logique originelle qui entend assurer la coordination des actions des États membres sans que cela n'aboutisse à un abandon de leur souveraineté[197]. Comme le précise le professeur VIRRALY, « *toute organisation internationale poursuit toujours une double finalité : la finalité au service de laquelle elle est établie est la raison de sa constitution, de même que la finalité pour laquelle elle travaille (les deux ne se confondent pas toujours) est la raison de l'appui qu'elle reçoit de la part de ses membres* »[198]. L'OUA mise en place avait pour finalité première l'unité du continent[199].

---

[195]Diez DE VELESCO VALLEJO, *Les Organisations internationales,* Paris, Economica, 2002, p. 820.

[196]Maurice KAMTO, « Les mutations institutionnelles de l'OUA », *in* Maurice KAMTO, Jean-Emmanuel PONDI, Laurent ZANG, *L'OUA : Rétrospective et perspectives africaines*, *op. cit.*, p. 7.

[197]*Ibidem*

[198]Michel VIRRALY, « La notion de fonction dans la théorie de l'organisation internationale », in *La communauté internationale*, *Mélanges offerts à Charles Rousseau*, Paris, Pedone, 1974, p. 282.

[199]C'est d'ailleurs ce que précise Francis WODIE de la manière suivante : « *Qu'elles soient régionales ou continentales, les institutions internationales africaines se veulent toutes des instruments de réalisations de l'unité africaine. Ces groupements régionaux se donnent comme des cellules de base de l'unité africaine qui sous-tend, et alimente l'africanité* » (Francis WODIE, *Les institutions internationales régionales en Afrique occidentale et centrale*, Paris, LGDJ, 1970, p. 5).

72. Dès la proclamation des premières indépendances, il y a maintenant plus d'un siècle, s'est parallèlement affirmée la nécessité d'une coopération régionale entre les nouveaux États parfois étroitement liés par une proximité géographique, culturelle et/ou historique [200]. Cette coopération s'est progressivement mise en place sous le prisme du panafricanisme considéré comme le stade ultime d'un développement institutionnel dont la finalité serait un fédéralisme africain[201]. Il a alors trouvé dans la création d'une entité réunissant tous les États africains un terrain propice à sa réalisation et à son expansion. En outre, cette indépendance des pays africains acquise au prix d'âpres et difficiles luttes a laissé chez ceux-ci un fort sentiment nationaliste qui s'est maintenu bien après le départ du colonisateur.

73. En effet, les différents États africains accédant aux « affaires » ont maintenu ce sentiment nationaliste qui n'était plus dirigé contre le colonisateur, mais qui a rendu particulièrement difficile tout effort d'intégration politique voire de simple coopération[202]. C'est pourquoi, « *l'Organisation née de la conférence d'Addis-Abeba était une association souple d'États africains souverains entre ce qui était décrit comme les deux grands concepts modernistes d'organisations internationales à savoir : l'organisation conçue comme entité internationale fonctionnelle et gestionnaire, chargée de gérer les problèmes communs et l'organisation comme entité internationale à l'image de l'agora classique, un forum public où seraient débattues et, peut-être, décidées des questions internationales* »[203]. Il découle de cette affirmation qu'un premier type d'organisation correspond à une organisation dotée de certains pouvoirs exécutifs limités et d'une certaine autorité supranationale, à l'image de l'Union européenne ; le second type est essentiellement une plate-forme ou forum où les États peuvent se rencontrer, notamment pour résoudre des problèmes communs[204].

74. Ainsi, l'OUA n'a pas été créée pour réaliser l'unité intégrative du continent. Elle n'a pas été mise en place pour aboutir à l'unification politique de l'Afrique. À l'exception de la Guinée, tous les États africains réunis au Caire en 1964 s'opposèrent très violemment à toute idée d'unification politique ou économique du continent. À cet égard, la déclaration du ministre

---

[200] Stéphane DOUMBE-BILLE, « La multiplication des organisations régionales en Afrique : concurrence ou diversification », *in* Matthieu FAU-NOUGARET (dir.), *La concurrence des organisations régionales en Afrique*, Paris, l'Harmattan, 2012, p. 15.

[201] *Ibidem,* voir aussi Abdulqawi A. YUSUF, *Panafricanisme et droit internation*al, Leiden/Boston, Brill/Nijhoff, 2017.

[202] Thiam DOUDOU, « Le fédéralisme africain », *RCADI.*, vol. 126, 2014, p. 332.

[203] Tiyanjana MALUWA, « La transition de l'Organisation de l'Unité africaine à l'Union Africaine », *in* Abdulqawi A. YUSUF et F. OUGUERGOUZ, (dir.), *L'Union africaine, cadre juridique et institutionnel*, Paris, Pedone, 2013, p. 38.

[204] J. KLABBERS, « Two Concepts of international Organization », *International Organisation Law Review*, Vol. 2, 2005, pp. 282-283 ; cité par T. MALUWA, *op. cit.*, p. 38.

malgache des Affaires étrangères de cette époque est symptomatique de l'esprit dominant à l'époque de la création de l'OUA : « *The delegation of Madagascar does not agree in any way to the creation of a union government of Africa, a panafrican government, or supranational government. After having lost our liberty for years, after having been under the yoke of colonialism, when we have now, with the granting of independence just recovered this liberty, must we today lose again to a supranational government...* »[205]. Ainsi envisagée, l'OUA apparaissait donc comme une organisation d'États souverains au sein de laquelle existait une volonté de coopération et de solidarité, mais en aucune façon un désir réel d'unification ou même de renoncement aux souverainetés étatiques récemment rétablies. L'OUA a donc fonctionné comme une organisation interétatique, ce qu'elle a au fond toujours été[206]. En effet, même si « *après quarante ans d'existence* [elle] *apparaît comme une institution essoufflée, une diète germanique incapable à cause de l'attachement de ses membres à leur souveraineté, à l'incertitude qui plane sur les pouvoirs de certains organes principaux comme le secrétariat général, à la désuétude ou à l'inefficacité de certaines de ses structures comme le comité de libération* »[207], elle n'a jamais été pensée comme une organisation supranationale disposant de pouvoirs autonomes[208].

75. Par conséquent, les critiques dont elle a fait l'objet quant à son incapacité ou sa légèreté à gérer les conflits africains traduisent bien, comme le montre Michel-Cyr DJIENA WEMBOU, la méconnaissance profonde de nombreux observateurs de la nature même de cette organisation, ainsi que des objectifs et des compétences qui lui ont été assignés par la Charte[209]. Même si, derrière ces critiques, il existe une volonté réelle de certains auteurs de voir l'organisation continentale jouer un rôle plus important sur le continent, on ne peut ignorer que la Charte de l'OUA était précise quant aux missions dévolues

---

[205] Conference Report of Council of Ministers and the Assembly of head of States and Government Cairo, OAU Documentation, OAU Publishing Section, 1990, p. 37 ; cité par Michel-Cyr DJIENA WEMBOU, *Le droit international dans un monde en mutation. Essais écrits au fil des ans*, Paris, L'Harmattan, 2003, pp. 210-211.

[206] *Ibidem*

[207] Edem KODJO, *Et demain l'Afrique*, Paris, Stock, 1985, p. 267. Voir aussi Yacouba ZERBO, « La problématique de l'Unité africaine (1958-1963) », *Guerres mondiales et conflits contemporains* 2003/4, n° 212, pp. 113-127.

[208] C'est d'ailleurs ce qu'observe cet auteur lorsqu'il déclare que « *l'OUA est une organisation internationale qui repose sur le principe juridique et réellement appliqué de l'égalité souveraine des États. A cet égard, elle occupe une place sans doute singulière au sein de la famille des organisations internationales existantes. L'inégalité objective de puissance fondée sur la taille, la population et le potentiel économique militaire qui distingue la RUA de la Gambie, le Congo-Kinshasa de la Mauritanie, la Fédération nigériane du Gabon, perd sa résonance qualitative au sein de l'OUA* » (M. MANIGAT, « l'Organisation de l'unité africaine », *Revue française de science politique*, avril 1971, p. 386).

[209] Michel-Cyr DJIENA WEMBOU, *Le droit international dans un monde en mutation. Essais écrits au fil des ans, op. cit.*, p. 211.

à l'organisation et celles-ci n'incluaient pas celle de sanctionner les États pour manquement à son droit. En fin de compte, d'après Jean-Marie BIPOUN WOUM, si l'on fait « *des concessions étroites à l'idée d'une organisation supranationale* [l'OUA apparaissait][210] *sur certains points* [comme] (...) *une organisation de type fédéral* »[211]. Pourtant, elle n'était « (...) *qu'un organisme de concertation, le cadre d'une coopération extrêmement souple entre les États dont la bonne volonté* [demeurait] *le seul moteur du système* »[212]. D'où l'absence, finalement logique, de dispositions concernant la sanction dans la Charte[213].

B- L'absence d'approche globale de la sanction dans la Charte

76. L'exercice du pouvoir a toujours semblé être un fait exceptionnel dans le cadre africain. L'organisation africaine s'est constamment montrée hésitante dans sa volonté d'aller au-delà d'une approche coopérative. Nombreuses sont les raisons qui expliquent ces hésitations. Conçue à l'image de l'ONU, l'OUA en avait dans une certaine mesure les défauts, mais sans pour autant posséder la mécanique ni les moyens de cette organisation internationale. À l'origine, ses fondateurs voyaient en elle une sorte de cheville ouvrière de la construction continentale. Elle devait servir de cadre à l'unification de celui-ci en réalisant les espoirs des peuples d'Afrique. Or, la réalité n'a finalement laissé place qu'à une organisation internationale « *arbre à palabres* »[214] pour les uns et « *diète de Francfort* »[215] aux limites et handicaps importants pour les autres[216].

---

[210]Ajoutés par nous.

[211]Jean-Marie BIPOUN-WOUM, *Le droit international africain et le règlement des conflits*, Paris, LGDJ, 1970, p. 134.

[212]*Ibidem*

[213]Cette idée rejoint celle Michel-Cyr DJIENA WEMBOU pour qui l'OUA n'était qu'une organisation régionale de coopération interétatique dont les programmes d'action étaient déterminés et financés par les États membres. Elle ne pouvait donc être que ce que les pays africains voulaient qu'elle soit (Michel-Cyr DJIENA WEMBOU, *l'OUA à l'aube du XXIe siècle...*, *op. cit.*, p. 383).

[214]Entre guillemets, expression d'Edem KODJO dans la préface de l'ouvrage d'Edmond JOUVE, *L'Organisation de l'Unité africaine*, *op. cit.* p. 9.

[215]*Ibidem*

[216]L'auteur poursuit d'ailleurs en indiquant que « (...) *c'est dire ses limites et décrire l'ordre de ses handicaps. Structures interétatiques à souveraineté limitée, la portée de son action n'est que le corrélat obligé de la volonté politique des États membres. Lorsque ceux-ci s'arc-boutent sur leur souveraineté, réclament la totalité des pouvoirs qui s'y rattachent, refusent toute délégation et tous compromis au nom de l'autonomie de la volonté, alors l'OUA est paralysée, précarisée, marginalisée. N'ayant ni force matérielle pour s'imposer à ses membres, ni vocation supranationale au strict plan juridique, elle ne bénéficie, alors, que d'une marge de manœuvre réduite. Elle doit dès lors, cheminer par le "trou de l'aiguille" et passer par la porte étroite de résolutions « à l'arraché » dont la force juridique se résume, en définitive, à la parole donnée...* » (Pierre François GONIDEC, *L'OUA trente ans après*, *op. cit.*, pp. 5-155). Voir aussi : Abdulqawi A. YUSUF, *Le panafricanisme et droit international*, Leiden/Boston, Brill/Nijhoff,

77. Caractérisée par une structure interétatique aux compétences limitées, l'action de l'OUA n'a été que le reflet de la volonté politique des États membres de s'accrocher à leur souveraineté en refusant de céder une partie de leur pouvoir. Dans ce contexte, la consécration d'un mécanisme de sanction au sein de l'organisation continentale s'est avérée être une tâche difficile (**1**). De fait, l'absence de mesures claires, précises et efficaces a très souvent paralysé le travail de cette organisation (**2**).

1- Un difficile ancrage de la sanction au sein de l'Organisation de l'Unité Africaine

78. Si l'on dresse un rapide bilan de l'OUA, on peut considérer qu'elle n'a pas réussi dans son entreprise d'unifier l'Afrique selon les vœux exprimés par ses pères fondateurs. Les difficultés rencontrées dans cette tâche s'expliquent notamment par le fait qu'au lendemain des indépendances, la liberté et l'autonomie chèrement acquises par l'ensemble des pays du continent étaient encore très précaires. L'adoption de la Charte d'Addis-Abeba, bien qu'étant une étape importante dans le processus d'intégration africaine, n'aura donc pas suffi à pallier cette fragilité et à doter l'organisation de mécanismes suffisamment développés pour assurer son action effective. Outre cette raison principale, les facteurs des difficultés rencontrées par l'OUA sont multiples.

79. De prime abord, l'organisation et le fonctionnement d'une organisation telle que l'OUA nécessitent une corrélation entre les mesures touchant au cadre général de l'organisation (principes régissant la conduite ou la coopération entre l'organisation et ses États membres, mais aussi, entre celle-ci et les tiers) et les mesures nécessaires au fonctionnement interne de celle-ci. La précision est nécessaire à l'endroit de l'OUA qui, comme nous le développerons ultérieurement, s'est distinguée en prenant des sanctions touchant au cadre interne, en l'occurrence les sanctions financières, mais s'est aussi investie, dans une moindre mesure, dans l'adoption de sanctions à l'encontre du régime raciste sud-africain[217].

2017, pp. 13-65 ; Pierre François GONIDEC, *Les organisations internationales africaines. Étude comparative*, Paris, L'Harmattan, 1987, pp. 17-246 ; Edmond Kwam KOUASSI, *Organisations internationales africaines*, Paris, Berger-Levrault, pp. 93-252.

[217]Voir à cet effet les résolutions suivantes : CM/Res.1004(XLII) du 10-17 juin 1985 du Conseil des ministres de l'OUA lors de sa 42e session ordinaire relative aux résolutions sur les sanctions législatives contre l'Afrique du Sud racistes ; CM/Res. 966(XLI) du 25 février au 4 mars 1985 portant résolution sur le projet d'accord de coopération entre l'OUA et la Ligue des États arabes dans le domaine des sanctions contre deux régimes racistes d'Afrique du Sud et d'Israël.

80. Par définition, un pouvoir de sanction ne peut exister que dans la mesure où un texte est juridiquement doté de force obligatoire. Or, dans le cadre de l'OUA, cela n'a pas souvent été le cas. L'organisation bénéficiait d'une marge de manœuvre assez limitée. Concernant le cadre général de l'organisation, la Charte ne faisait aucune référence explicite aux sanctions en cas de violation des principes auxquels les États avaient consenti en adhérant à celle-ci. On comprend dès lors pourquoi l'OUA a fait l'objet de nombreuses critiques à ce sujet. Sur les trente-deux articles que compte la Charte de l'Organisation, aucun ne fait effectivement référence de façon claire et précise à d'éventuelles sanctions. Même l'article XXIII, qui constitue pourtant le fondement à l'édiction de sanctions financières, se contente d'indiquer que « (...) *Les États membres s'engagent à payer régulièrement leurs contributions respectives* »[218]. Il en ressort que le paiement des contributions n'est *a priori* pas obligatoire, mais volontaire. On note donc ici une absence de sanctions comparables à celles prévues par l'article 19 de la Charte des Nations Unies[219] qui prévoit qu'un membre peut être suspendu du vote à l'assemblée s'il est en retard dans le paiement de sa contribution[220]. Il a donc fallu attendre le règlement financier CM688(XXXI), adopté en 1979, sur lequel nous reviendrons en détail, pour voir apparaître les premières mesures en la matière venant combler le vide juridique laissé par la Charte d'Addis-Abeba[221].

81. Cependant, ce règlement n'a pas été effectivement appliqué par l'organisation qui entendait avant tout conserver contre vents et marées l'unité africaine même si pour cela elle devait se mettre en danger financièrement. En effet, la suspension d'un État qui n'était pas à jour dans ses cotisations a pu être perçue comme une trop grande pression préjudiciable à la cause de l'unité de l'Afrique, car pouvant conduire à l'éloignement de cet État[222]. Ainsi, depuis 1965, au moins trois États ne payaient plus leurs contributions. En 1984, sur les cinquante États que comptait l'organisation, seuls dix étaient à jour de leur contribution. La raison de cette absence de réaction de l'OUA est qu'au nom de l'unité africaine, la suspension ou l'expulsion d'un État pour cause de manquement aux objectifs et obligations prévus dans la Charte devaient être, à tout prix, évitées ; y compris en cas de défaut de paiement de ses cotisations financières[223]. Toutefois, l'article III de la Charte d'Addis-Abeba, qui

---

[218] Article XXIII de la Charte de l'OUA.
[219] Norman J. PADELFORDN, « The Organization of African Unity », *International Organization*, vol. 18, n° 3, Summer 1964, p. 535 ; cité par I. YOUSIF ALI, *L'organisation de l'Unité africaine (OUA) et les problèmes africains*, Thèse de doctorat, Paris1-Panthéon-Sorbonne, 1972, p. 113.
[220] *Ibidem*
[221] DOC. OUA/CM 688 (XXXI) Rev.v annexe III, Nairobi (Kenya), 4 mars 1979.
[222] Maurice GLÉLÉ AHANZO, *Introduction à l'Organisation de l'Unité africaine et aux organisations régionales africaines*, Paris, LGDJ, 1986, p. 42.
[223] *Ibidem*

mentionne un certain nombre de principes, fait référence, dans un alinéa 5, à la « *condamnation sans réserve, de l'assassinat politique ainsi que des activités subversives exercées par les États voisins ou tous autres États* ». On peut voir dans cette disposition la reconnaissance d'une sanction. À cet égard, Jean-Marie BIPOUN WOUM a pu se demander si cette disposition constituait l'amorce d'un droit pénal interafricain ou si elle était le prolongement de l'article relatif à la non-intervention dans les affaires internes des États[224].

82. En guise de réponse, l'auteur relève que même si le ton employé dans cet article paraît plus péremptoire que dans les autres dispositions, imaginer que les auteurs de la Charte ont voulu édicter une norme « *générale proscrivant, sur le "territoire" africain, l'infraction qui consiste à attenter à la vie de quelqu'un pour des raisons politiques* »[225] mettrait l'organisation africaine dans une position d'autorité normative qu'en tout état de cause elle n'a pas. Une telle interprétation donnerait également l'impression que l'organisation dispose de pouvoirs législatifs, ce qui bien évidemment serait incompatible avec l'esprit général du système[226]. L'assassinat visé par cette clause est davantage censé avoir un impact sur le plan diplomatique. Il fait référence à « *celui par lequel, un État, agissant au moyen d'agent à sa solde, vise en fait "l'organisation et le fonctionnement" bref, le régime politique d'un autre État* »[227]. C'est sans doute pourquoi cette disposition sera confortée par l'article 6 qui précise que « *les États membres s'engagent à respecter scrupuleusement les principes énoncés à l'article III de la présente Charte* ». Ces deux principes constituent en ce sens des éléments importants de la vie de l'organisation. Tous les États parties à la Charte d'Addis-Abeba avaient en principe l'obligation de s'y conformer. Cependant, ils ne seront assortis d'aucune sanction en cas de non-respect, ce qui révèle à nouveau l'impuissance de l'OUA face à des États membres qui ne respecteraient pas les dispositions de la Charte.

83. La doctrine est ainsi unanime pour ne pas reconnaître aux principes de l'OUA, notamment ceux ici évoqués, d'effet obligatoire juridique quelconque. L'article 5, absent des résolutions des conférences précédant la signature de la Charte d'Addis-Abeba le 25 mai 1963, comme celle de Monrovia, s'explique sans doute par des événements circonstanciels, en l'occurrence l'assassinat du président togolais Sylvenius OLYMPIO intervenu en janvier de la même année. Telle est probablement la justification de son caractère quelque peu répressif qui différencie cette disposition des

---

[224]Jean-Marie BIPOUN-WOUM, *Le droit international africain et le règlement des conflits*, *op. cit.*, 1970, p. 149.
[225]*Ibidem*
[226]*Ibid.*
[227]*Ibid.*, p. 150.

autres principes mentionnés dans la Charte ; un caractère qui ne peut toutefois être effectif en l'absence de contrôle d'exécution et de sanction des États membres. Sur cette base, de nombreux auteurs affirmeront que les actes des organes de l'OUA sont dépourvus de toute force obligatoire[228]. Pour certains, l'absence « *d'un système d'exécution par contrainte* »[229] a fait de l'OUA une organisation faible dont l'organe suprême était une « *assemblée diplomatique classique* »[230] et ses sessions de « *simples réunions* »[231]. Allant dans le même sens, le professeur François BORELLA ajoute que ces textes ne pouvaient être invoqués comme base de l'engagement juridique des États vis-à-vis des résolutions prises par l'organisation, car son article VI ne le prévoyait pas. Aucune mesure telle que la suspension ou même l'exclusion n'ont été effectivement envisagées en cas de non-respect par les États membres de leurs obligations[232]. Par ailleurs, toujours selon cet auteur, même si l'article III de la Charte ne faisait pas référence à la coopération entre les États membres, il pouvait néanmoins être invoqué dans le cadre des résolutions mettant en œuvre les principes énoncés par ledit article.

84. De fait, l'édiction de résolutions fondées sur l'article III de la Charte portant sur l'intégrité territoriale, le règlement pacifique des différends, ou encore la non-ingérence dans les affaires internes des États était assez fréquente. Toutefois, elles n'avaient pas grand poids, car il aurait été « (...) *hasardeux d'en inférer leur caractère obligatoire. Lorsque la Conférence des Chefs d'État* [voulait] *donner un caractère solennel à une résolution en ce sens, elle* [utilisait] *la technique de la "déclaration solennelle" ou celle de l'adoption d'une convention ouverte à la signature et à la ratification des États membres comme dans le système de l'ONU* »[233]. Bien que l'assassinat politique fût proscrit dans la Charte, l'OUA était toutefois impuissante face au foisonnement des coups d'État sur le continent. Les États ou même les auteurs de ces faits n'ont jamais été inquiétés par l'organisation et ont même continué de siéger au sein de celle-ci. À l'évidence, cet alinéa a été introduit davantage comme un rappel de ce fait marquant et tragique de l'époque qu'était l'assassinat du premier président togolais Sylvanus OLYMPIO intervenu la même année que la signature de la Charte[234].

---

[228]Pierre MINOUNGOU, *Le secrétaire général de l'organisation de l'unité africaine (OUA). Structures-hommes-évolution*, Thèse de doctorat, 1976, p. 194.
[229]Guy FEUER, « L'Afrique et le droit international », *Cours de l'Institut des Hautes Études Internationales*, Paris, 1963-1964, p. 36.
[230]*Ibidem*
[231]*Ibid.*
[232]François BORELLA, « Le système juridique de l'Organisation de l'Unité africaine », *op. cit.* p. 241.
[233]*Ibidem*
[234]Sylvanus OLYMPIO, premier président togolais, fut assassiné dans la nuit du 12 au 13 janvier 1963 à la suite d'un coup d'État.

85. Résultat de plusieurs compromis, l'OUA n'a pas souvent été encline à rompre les termes de l'équilibre grâce auquel elle s'est maintenue. De ce fait, ses actes, en l'occurrence les résolutions, étaient rédigées de façon à ne pas porter atteinte à la susceptibilité des États. L'absence d'articles de référence en matière de sanctions conduisait l'organisation à faire usage de résolutions souvent inefficaces dans la résolution des problèmes auxquels elle était confrontée.

86. Ainsi, l'absence de force obligatoire des textes de l'organisation l'a conduite à passer, selon les termes de l'ancien secrétaire général de l'OUA, Edem KODJO, « *par la porte étroite des résolutions dont la force juridique se résumait en définitive à la parole donnée* »[235]. Dans ce climat d'impasses et d'incertitudes prospérèrent des crises politiques à répétition, des antagonismes exacerbés, privilégiant l'instantané au permanent. Le contingent devint le mode de fonctionnement de l'OUA laissant de côté les matières pour lesquelles elle était censée avoir une position ferme[236]. Cette insuffisance aura été un véritable handicap pour l'organisation d'Addis-Abeba. L'absence de force juridique des décisions prises par son organe central a conduit à l'incapacité d'imposer sa position, notamment en matière de prévention, de gestion et de règlement des conflits [237]. Le pouvoir de sanction de l'organisation aura ainsi pendant longtemps été considéré comme inexistant. Ses condamnations étaient purement morales. L'OUA appliquait aux États la théorie du « deux poids deux mesures » en hésitant à montrer du doigt ceux qui dédaignaient les résolutions qu'elle avait adoptées, surtout s'il s'agissait d'États puissants.

87. Finalement, ce sont souvent les États eux-mêmes qui ont dû imposer des sanctions à leurs voisins lorsque ceux-ci contrevenaient aux idéaux de l'organisation. Ce fut notamment le cas des sanctions prises contre le Burundi à la suite du coup d'État qui s'y est déroulé en 1996. L'OUA s'était contentée de dénoncer les faits sans prendre de véritables mesures à l'encontre du pays[238]. D'autres circonstances ont contribué à fragiliser l'organisation qui, dès sa création, a dû faire face au morcellement du continent en une multitude

---

[235]Edem KODJO, *op. cit.*, p. 10.
[236]*Ibidem*
[237]Voir Stéphanie DUJARDIN, « L'Union africaine : objectifs et moyens de gestion des crises politiques et des conflits armés », *in* Dominique BANGOURA et E.F.A. BIDIAS (dir.), *L'Union Africaine et les acteurs sociaux dans la gestion des crises et des conflits armés*, Actes du colloque du 17 novembre 2005, Paris, L'Harmattan, 2006, pp. 51-82.
[238]Djacoba Liva TEHINDRAZANARIVELO, « Les sanctions de l'Union africaine contre les coups d'État et autres changements anticonstitutionnels de gouvernement : potentialités et mesures de renforcement », *op. cit.*, p. 256.

d'États qu'elle n'a pu bien gérer en raison de la faiblesse historique de sa structure juridico-politique[239].

2- L'absence d'une structure dépositaire d'un pouvoir de sanction

88. Les insuffisances juridiques de l'OUA en matière de sanctions vont de pair avec ses lacunes structurelles. En effet, pour que les sanctions prises par une organisation internationale soient efficaces, il est nécessaire de disposer de structures adéquates et suffisamment puissantes pour faire plier les États membres si nécessaire. Cependant, l'organisation d'Addis-Abeba souffrait d'une très grande politisation de ses structures qui les a affaiblies. En effet, comme l'explique Daniel PEPY, « *l'OUA se confond avec ses organes. Elle n'a pas de personnalité propre, ni un droit propre. C'est un club des chefs d'État, une Union personnelle* »[240]. La Conférence des chefs d'États et de gouvernement, organe suprême de l'OUA, concentrait tous les pouvoirs. Or, le problème principal posé par cette concentration de pouvoirs était qu'étant uniquement composée de dirigeants des États membres, il paraissait improbable que la Conférence décide de sanctionner l'un d'eux ; d'autant plus que l'article III alinéa 1er de la Charte consacrait l'« *égalité souveraine de tous les États membres* ». Parce que la Conférence détenait la « réalité du pouvoir », la Charte n'a été que la transposition d'un rapport de force au sein de l'OUA. C'est ce qu'a pu relever l'ancien Secrétaire général des Nations Unies Boutros BOUTROS-GHALI en ces termes : « *La composition de la conférence appelle plusieurs remarques : d'abord comme son nom l'indique, elle comprend aussi bien les chefs d'État que de gouvernement. Cette caractéristique revêt une importance particulière du fait que le régime dominant en Afrique est le présidentialisme, et qu'en dernière analyse rien ne se fait pratiquement sans l'assentiment explicite des chefs d'État* »[241].

89. C'est ainsi que de nombreux auteurs lui ont donné divers qualificatifs, pas toujours valorisants : « *l'Afrique des patries* », « *SDN en miniature* », ou résurrection de la « *Sainte Alliance* »[242]. De plus, renforçant encore l'influence de la Conférence, le concept de « présidence en exercice » s'est imposé au sein de l'organisation alors même que le terme n'existait nulle part dans la Charte. Or, cette pratique tendra à accroître encore davantage la politisation de l'organisation. Comme le souligna Edem KODJO, ancien Secrétaire général de l'OUA, « *ce président de l'OUA qui s'est érigé en institution*

---

[239]Manuel Diez de VELASCO, *Les Organisations internationales*, *op. cit.* p. 819.
[240]Daniel PEPY, « Les États africains et leurs problèmes », *Cours C.I.F.E*, 1966-1967, p. 67.
[241]Boutros GHALI, *L'Organisation de l'Unité africaine*, Paris, PUF, 1984, pp. 105-106.
[242]Expressions tirées de l'ouvrage Edmond KWAM KOUASSI, *Organisations internationales africaines*, *op. cit.*, p. 167.

cardinale de l'organisation n'est pas toutefois le président de l'Afrique. Comptable devant ses pairs, il se voit parfois dénoncé sans ménagement par ces derniers. Ayant à diriger les destinées de son pays et les affaires de l'Organisation continentale, sa marge de manœuvre est forcément réduite en termes de compatibilité entre les thèses tantôt nationales tantôt africaines qu'il est censé défendre. Dans cet exercice, périlleux d'équilibrisme politique, le glissement est possible et parfois inévitable »[243].

90. Et d'ajouter, « *ce rôle de président en exercice explique, en partie pourquoi, toutes ces dernières années, le choix du lieu de conférence au sommet de l'OUA et partant du président est devenu si important, la présidence en exercice n'a-t-elle pas contribué, en définitive à fausser quelque peu les mécanismes et les rouages premiers de l'OUA dont le système mis en place par la Charte d'Addis-Abeba, s'est trouvé par le fait même sensiblement dénaturé ? La question mérite d'être posée. L'émergence de cette autorité à la tête de l'organisation appelle, de toute manière, une mise à jour de la Charte impliquant une définition claire de son rôle et de sa fonction par rapport aux autres organes* »[244]. Allant dans le même sens, le professeur GONIDEC dira du président en exercice qu'il est le « *Primus inter pares* » cependant dépourvu de tout pouvoir de contrainte. En effet, il pouvait, en fonction de son influence et de son prestige personnel, jouer un rôle diplomatique en persuadant, mais non en imposant.

91. Outre la Conférence des chefs d'États et de gouvernement, la Charte a prévu un Conseil des ministres qui devait exécuter les « décisions » de la Conférence. Précisément, selon son règlement intérieur, il « *met en œuvre la coopération entre les pays africains selon les directives de la conférence conformément à l'article 2, paragraphe 2 de la Charte de l'Organisation de l'Unité Africaine* »[245]. Mais comment des ministres qui tiennent leur poste du bon vouloir des chefs d'États ou de gouvernement pouvaient-ils envisager de faire pression sur ceux dont ils dépendent pour les contraindre à appliquer les résolutions qu'ils ont peut-être adoptées, mais qu'ils ne souhaitent peut-être pas en réalité mettre en œuvre ?[246] Ainsi le Secrétaire général, dont les missions étaient définies par la Charte et adoptées par le Conseil des ministres, ne pouvait que constater dans ses différents rapports, l'inexécution des résolutions. Il était cantonné à un rôle purement administratif, doté de pouvoirs insuffisants. Il restait finalement soumis aux *desiderata* des organes

---

[243]Edem KODJO, *in* Edmond JOUVE, *L'Organisation de l'Unité africaine*, *op. cit.*, p. 11.
[244]*Ibidem*
[245]Article 3(iii) du règlement intérieur du Conseil des ministres de l'OUA, disponible sur le site :
http://www.africaunion.org/Official_documents/Treaties_Conventions_fr/CHARTE%20de%20l%20OUA%20fr.pdf, consulté le 30 juillet 2011.
[246]Voir Pierre François GONIDEC, *op. cit.*, p. 21.

exécutifs de l'organisation. L'effectivité de sa mission résultait « *de sa force de caractère, de sa personnalité propre, de sa détermination, de son entêtement à faire passer certaines idées, de son mépris pour les succès faciles et la routine administrative, le tout lié à ses talents de diplomate. Pourtant, au fil des ans, sa qualité essentielle semble devoir être l'insipidité, au mieux une totale transparence autorisant le reflet fidèle de la volonté forcément contradictoire de ses innombrables "patrons", les chefs d'États et de gouvernements* »[247]. Par la suite, une révision de l'article XVI[248] sera toutefois envisagée de façon à élargir les attributions du Secrétaire général afin de lui donner la possibilité de jouer un rôle comparable à celui du Secrétaire général des Nations Unies.

92. Néanmoins, au demeurant, comme le souligne Maurice KAMTO, « *si impérieuse que soit cette réforme, de structure souhaitée par un courant majoritaire, elle sera illusoire si elle vise à renforcer l'autorité de l'organe exécutif ou même à créer un exécutif collégial au moment où se consolident les souverainetés et les nationalismes en Afrique. Car comment en effet concilier l'octroi de pouvoirs plus importants au Secrétaire exécutif ou au "président en exercice", ou la création d'une structure restreinte dotée d'un pouvoir de décision obligatoire à l'égard des États membres avec la nécessité première de conserver à l'OUA son caractère d'obligation interétatique d'où est exclue toute autorité supranationale ?*». L'auteur poursuit en constatant : « *Certes, les nouvelles orientations économiques de l'OUA dépassent les objectifs autrement précis qui lui avaient été assignés en 1963 et il faudrait pour les suivre avec efficience, que l'Organisation panafricaine cherche en elle-même des ressources nouvelles que ne lui offrent nullement ses institutions actuelles* ». Ainsi, la persistance de cette vision anachronique et limitée de l'unité africaine maintiendra l'OUA dans une inefficacité autant textuelle que structurelle en matière de sanctions. L'absence de dispositions consacrant véritablement des sanctions dans la Charte ou encore l'absence de volonté de donner à ses structures ou organes un pouvoir de sanction n'ont fait qu'accroître les difficultés de l'organisation d'Addis-Abeba. Face à cette situation, une réaction s'imposait. C'est dans ce contexte que l'organe d'exécution des décisions de l'OUA, en l'occurrence le Conseil des ministres, décida de franchir un pas vers une réelle supranationalité en adoptant pour la première fois des sanctions à l'encontre d'États membres pour non-paiement de leurs contributions financières.

---

[247]Edem KODJO, *op. cit.*, p. 12.

[248]L'article 16 de la Charte de L'OUA stipule : « *Un Secrétaire général de l'Organisation est désigné par la Conférence des Chefs d'État et de Gouvernement. Il dirige les services du Secrétariat* ».

Paragraphe 2 : Une apparition circonstancielle de la sanction au sein de l'Organisation de l'Unité Africaine

93. La consécration des sanctions au sein de l'OUA a d'abord été réalisée par le biais de l'édiction de sanctions financières qui constituent des sanctions institutionnelles par excellence. En effet, pour reprendre les termes de l'auteur Jean COMBACAU, « *les sanctions institutionnelles sont des sanctions corporatives car, elles s'intègrent dans le modèle institutionnel et reposent sur un élément inhérent à la notion juridique de sanction, à savoir l'existence d'un système structuré dans lequel il existe des organes (plus ou moins) objectifs pour décider de l'imposition d'une telle mesure contre une entité qui fait partie du système en vue de la contraindre à en respecter les règles. À cet effet, on constate que beaucoup d'institutions possèdent la compétence d'infliger des sanctions privatives de droit ou de qualité à leurs membres* »[249].

94. L'évolution de la société mondiale a conduit à une mutation radicale des conditions du respect par les États de la légalité internationale. Celle-ci peut être désormais centralisée, circonscrite à certains ordres juridiques partiels[250]. Pour le professeur Michel VIRALLY, le pouvoir de sanction de l'organisation internationale dérive de son pouvoir de décider. Du pouvoir de décider, on en vient naturellement au pouvoir de contrôler dont le pouvoir de sanction est une suite logique. Ce pouvoir peut être spécifiquement conféré à une organisation internationale, comme ce fut le cas pour la SDN dans l'article 16 du Pacte[251] ou de l'Organisation des Nations Unies qui peut exclure un membre qui « *enfreint de manière persistante les principes énoncés dans la Charte* »[252].

95. Or, à défaut de dispositions dans sa Charte constitutive lui permettant de sanctionner un de ses membres s'il venait à contrevenir à ses idéaux et principes, l'OUA a eu recours à des résolutions, qui n'étaient pas obligatoires, à l'exception de celles concernant les contributions financières. S'il paraît

---

[249] Jean COMBACAU, *op. cit.*, pp. 29-30.
[250] Wolfgang FRIEDMANN, « The Changing Structure of International Law », London, Stevens, 1964 ; cité par Pierre-Marie DUPUY, *Droit international public*, Paris, Dalloz, 9e é., 2008, p. 207.
[251] Cet article prévoit que : « *Si un Membre de la Société recourt à la guerre, contrairement aux engagements pris aux articles 12, 13 ou 15, il est ipso facto considéré comme ayant commis un acte de guerre contre tous les autres Membres de la Société. Ceux-ci s'engagent à rompre immédiatement avec lui toutes relations commerciales ou financières, à interdire tous rapports entre leurs nationaux et ceux de l'État en rupture de pacte et à faire cesser toutes communications financières, commerciales ou personnelles entre les nationaux de cet État et ceux de tout autre État, Membre ou non de la Société* ».
[252] Michel VIRALLY, *L'Organisation mondiale*, Paris, Armand Colin, 1972, p. 192.

évident qu'une analyse des sanctions finalement prises s'impose (**A**), un examen préalable du contexte et des fondements juridiques ayant permis cette évolution semble indispensable. La consécration des sanctions s'est donc en premier lieu faite par le biais de résolutions portant sur les contributions financières des États membres ; une grande première pour l'OUA (**B**).

A- Le contexte de mise en œuvre des sanctions financières

96. Les sanctions financières relèvent de ce que certains auteurs, à l'instar de Louis CAVARE, qualifient de « *fonction de nature interne* »[253] d'une organisation. Dans la plupart des organisations internationales, et bien évidemment au sein de l'OUA, les infractions pouvant donner lieu à la mise en œuvre des sanctions prévues par les textes fondateurs ne manquent pas. Cependant, leur édiction dépend de la volonté de l'organisation. Or, l'OUA, à l'instar d'autres organisations de même type, a souvent été réfractaire à s'engager dans des procédures qui impliqueraient un antagonisme plus au moins fort avec ses États membres. Elle a ainsi préféré des arrangements privilégiant la collaboration avec ces derniers, même au prix d'une ignorance de la règle[254].

97. Néanmoins, l'OUA, comme n'importe quelle autre organisation, pouvait toujours faire pression sur les États pour les contraindre de s'acquitter de leurs responsabilités afin que leurs manquements n'aillent pas jusqu'à entraver son bon fonctionnement[255]. Sur le fondement de la Charte constitutive de l'organisation, qui est sa loi suprême, et dans le cadre de leurs compétences, les organes peuvent élaborer des règles ou prendre des mesures qui produiront tous leurs effets dans l'ordre juridique interne de l'organisation[256]. Parmi ces mesures, mentionnons, entre autres, l'élection d'États ou de personnalités à des fonctions déterminées (secrétaire général de l'organisation, membre d'un organe restreint de l'organisation, etc.), l'élaboration du règlement intérieur d'un organe central de l'organisation, la création d'organes subsidiaires, l'édiction d'un règlement financier[257], etc.

---

[253]Voir Louis CAVARÉ, *Le droit international public positif*, tome I, Paris, Pedone, 1951, pp. 542-543.Voir aussi Lazar FOCSANEANU, « Le droit interne de l'Organisation des Nations unies », *AFDI*, vol. 3, 1957, p. 316.

[254]Charles LEBEN, *Les sanctions privatives de droits ou de qualité dans les organisations internationales spécialisées*, *op. cit.* p. 290.

[255]L. M. GOORICH, E. HAMBRO, A. P. SIMONS, *Charter of the United Nations*, New York, Columbia University Press, 1969, pp. 40-41.

[256]Michel VIRALLY « Panorama du droit international contemporain. Cours général de droit international public », *RCADI*, vol. 5, tome 183, 1983, p. 260.

[257]*Ibidem*

98. L'ordre juridique interne ainsi créé trouve donc son origine majoritairement dans des actes unilatéraux qui s'appliqueront dans beaucoup de cas, autant aux individus qu'aux États. Les États sont soumis à ce droit de façon spécifique, en qualité de membre d'une organisation intergouvernementale. Les mesures toucheront les représentants des États ou les obligations statutaires des États. C'est dans ce deuxième cas de figure que sont intervenues les décisions en matière de contributions financières ayant conduit aux premières sanctions prises dans le cadre de l'OUA. Il convient dès à présent de se pencher sur le contexte ayant favorisé de telles décisions du Conseil des ministres. Nous nous attarderons sur la question des arriérés de contributions (**1**), avant de préciser les fondements juridiques des mesures prises (**2**).

1- L'épineuse question des arriérés de contributions

99. À l'instar d'autres organisations internationales, l'OUA dispose d'un budget dont l'adoption, l'exécution, et le contrôle sont encadrés par la Charte de l'organisation et un règlement financier. Aux termes de ces textes, le budget est préparé par le Secrétaire général et soumis au Conseil des ministres pour examen et approbation. Il est alimenté par les contributions des États membres, conformément au barème de référence des Nations Unies[258]. Même si la contribution d'un État membre ne peut excéder 20% du budget ordinaire annuel de l'organisation, les États membres s'engagent à payer régulièrement leurs contributions. Le montant total des contributions financières versées par les États est un indicateur intéressant de leur volonté de doter effectivement l'organisation des moyens nécessaires à la réalisation de l'unité africaine[259].

100. Cependant l'engagement des États s'est difficilement traduit dans la réalité. Pour l'exercice fiscal 1986-1987, le budget de l'OUA était par exemple de 25 millions de dollars US[260], ce qui est très peu pour le fonctionnement d'une organisation de cette envergure. Compte tenu de ce manque de volonté de ses membres, l'organisation s'est souvent retrouvée dans une situation inconfortable rendant impossible la réalisation de ses projets. Bien que la Charte prévît de telles contributions, le Secrétaire général de l'OUA était en effet souvent amené à constater qu'un certain nombre d'États ne s'acquittaient pas de leurs obligations[261]. Selon l'auteur Edmond KWAM KOUASSI, rares sont en effet les États au sein de l'OUA qui payaient régulièrement leurs contributions financières à temps. Ainsi, en 1983, seuls cinq États sur les cinquante que compte l'OUA avaient payé la totalité de leurs

---

[258]Edmond JOUVE, *L'Organisation de l'Unité africaine*, Paris, PUF, 1984. p. 94.
[259]Pierre François GONIDEC, *L'OUA 30 ans après*, *op. cit.*, p. 25.
[260]*Ibidem*
[261]*Ibid.*

contributions. Trente-cinq États membres n'ont rien versé au budget 1983-1984[262].

101. Certains n'avaient même rien payé depuis 1970[263]. Ainsi, comme le relève, en outre, Edmond KWAM KOUASSI au deuxième jour du 40e Conseil ministériel de l'OUA, le Secrétaire général par intérim de l'époque, Peter ONU, déclarait : « *La situation financière de l'OUA est telle qu'il m'arrive souvent de ne pas savoir si nous pourrons payer le personnel du secrétariat général* »[264]. Ainsi, à la fin de l'exercice budgétaire 1993-1994, les arriérés de contributions au budget ordinaire de l'OUA s'élevaient à 64.792.964,71 millions de dollars US, ce qui représentait plus de deux tiers des budgets consécutifs de l'organisation[265]. Sur un budget total s'élevant à 2.797.247.000 dollars US, approuvé sur l'exercice 1993-1994, l'OUA n'a perçu qu'un montant de 6.642.568,68 dollars US imputant un déficit de 18.121.901,32 dollars US. Durant ce même exercice, des arriérés de contributions s'élevant à 15.795.442,36 dollars ont été réglés par les États membres. Ce qui ramenait les recettes budgétaires de l'organisation au cours de cet exercice budgétaire à 22.815.852,00 dollars[266].

102. Depuis l'exercice budgétaire 1985-1986, le taux de recouvrement des contributions n'a jamais dépassé 30% du budget approuvé. C'est pourquoi le Secrétaire général de l'OUA a souvent été contraint de recourir au Fonds général pour couvrir le déficit budgétaire[267]. Cette situation s'est encore aggravée dans les années 1990. En effet, au 15 janvier 1995, le montant total des arriérés de contribution s'élevait à 71 millions de dollars US, ce qui correspondait à plus de trois budgets ordinaires. Pis, J.F CLARK attirait déjà l'attention sur le fait que la contribution financière des États africains au budget de la Commission économique pour l'Afrique, organe subsidiaire des Nations Unies, était supérieure à la contribution de ceux-ci au budget de l'OUA[268].

103. Ce constat tend à montrer que les États membres de l'organisation n'étaient en réalité pas très investis dans la construction continentale africaine. Néanmoins, il est à noter que le revenu modeste de la plupart des États

---

[262]Edmond KWAM KOUASSI, *Les Organisations internationales africaines*, Paris, Berger-Levraut, 1987, p. 242.
[263]*Ibidem*
[264]*Ibid.*, pp. 242-243.
[265]Michel-Cyr DJIENA WEMBOU, *L'OUA à l'aube du XXIe siècle. Bilan, diagnostic et perspectives*, Paris, LGDJ, 1995, p. 378.
[266]*Ibidem*
[267]*Ibid.*
[268]J. F. CLARK, « The Politics of Africa » ; cité par Pierre François GONIDEC, *in L'OUA trente ans après*, *op. cit.*, p. 25.

membres a eu un impact considérable sur l'effectivité et le montant de leurs contributions à l'organisation. Pour faire face à cette grave crise financière, de nombreuses solutions ont été envisagées. D'après Edmond KWAM KOUASSI, une disposition similaire à celle de l'article 19 de la Charte de San Francisco aurait donc été nécessaire[269], indiquant que : « *Tout État membre en retard dans le paiement de sa contribution au budget de l'Organisation ne pourrait participer au vote à la Conférence des chefs d'États et de gouvernements si le montant de ses arriérés est égal ou supérieur à la contribution due par lui pour les deux années complètes écoulées* »[270]. À l'instar du Conseil de sécurité des Nations Unies, la Conférence des chefs d'État et de gouvernement de l'OUA aurait pu envisager de prendre des mesures incitatives (négociation, conciliation, médiation, arbitrage) ou contraignantes. Elles peuvent comprendre l'interruption complète ou partielle des relations économiques ou des communications ferroviaires, maritimes, aériennes, postales, télégraphiques, radioélectriques et d'autres moyens de communication, voire la rupture des relations diplomatiques. Les mesures de contrainte peuvent paraître excessives, cependant le but est d'éviter que les décisions de la Conférence des chefs d'État et de gouvernement ne soient pas toujours soumises qu'à la seule volonté des États. Leur édiction ne devait pas être une obligation pour le Conseil, mais une faculté[271]. Néanmoins, en l'absence d'une telle action, d'autres mesures ont été envisagées.

104. C'est ainsi qu'au cours de sa 61e session, le Conseil des ministres décida d'appliquer à partir du 1er juin 1995, les résolutions et décisions adoptées depuis 1990 qui prévoyaient une série de sanctions à l'encontre des États membres dont les arrières de contributions s'accumulaient sur deux exercices budgétaires. Précisons cependant que la première résolution CM/Res.1279 (LII) adoptée en 1990[272], qui ouvrira plus tard la voie à une autre résolution comparable, prévoyait des sanctions, mais aussi un moratoire de cinq ans, accordé à tous les États membres. Avec cette mesure, l'organisation s'attendait à ce que les États concernés s'acquittent de leurs arriérés de contributions durant cette période. Il était également envisagé que

---

[269]L'article 19 de la Charte de San Francisco dispose stipule : « *Un Membre des Nations Unies en retard dans le paiement de sa contribution aux dépenses de l'Organisation ne peut participer au vote à l'assemblée générale si le montant de ses arriérés est égal ou supérieur à la contribution due par lui pour les deux années complètes écoulées. L'Assemblée générale peut néanmoins autoriser ce membre à participer au vote si elle constate que le manquement est dû à des circonstances indépendantes de sa volonté* ».

[270]Article 19 de la Charte des Nations Unies.

[271]Edmond KWAM KOUASSI, *Les Organisations internationales africaines*, *op. cit.* p. 243. La situation des contributions financières était telle que M. Peter ONU, secrétaire par intérim, déclara au deuxième jour de la 40e session du Conseil de ministres que « *la situation financière de l'OUA est telle qu'il m'arrive souvent de ne pas savoir si nous pourrons payer le personnel du secrétariat* ».

[272]Doc. OUA. CM/Res 1279(LII).

les États négocient avec le Secrétariat général un échéancier pour un rééchelonnement du paiement de leurs arriérés. De plus, le Secrétaire général et tous les chefs d'État qui se sont succédé à la présidence de la Conférence ont toujours attiré l'attention des États membres sur la situation financière de l'OUA. En outre, les États membres concernés se sont vu proposer, par le biais du Secrétariat général, quatre options possibles pour pouvoir régler leurs arriérés de contributions.

105. La 61e session du Conseil des ministres de l'OUA représente donc un tournant décisif dans la vie de l'organisation dans la mesure où ce fut la première fois que cet organe décida de prendre des sanctions à l'encontre des États membres récalcitrants[273]. Il convient dès lors de rechercher les bases juridiques découlant des textes de l'organisation ayant effectivement permis l'adoption de résolutions sanctionnant les États membres pour non-paiement de leurs contributions financières.

2- Un règlement financier en tant que fondement juridique des sanctions prises au sein de l'Organisation de l'Unité Africaine

106. Outre une Charte constitutive, l'activité des organisations internationales est encadrée par d'autres textes, qui peuvent être considérés comme l'expression d'une position collective, et des instruments pour atteindre les finalités que se donnent ces organisations internationales[274]. Souhaitant créer son propre droit interne sur la base de son acte fondateur et s'inspirant de la pratique des Nations Unies, l'OUA a ainsi élaboré, par voie statutaire ou coutumière, un certain nombre de normes juridiques relatives à sa structure et à son fonctionnement. Les actes portant sur le droit interne de l'organisation sont donc nombreux ; dans les domaines administratifs, législatifs, juridictionnels et financiers. Un grand nombre de ces actes sont destinés à d'autres organes de l'organisation ; les autres s'adressent aux États membres.

107. Ainsi, l'ordonnancement juridique d'une organisation internationale se compose de plusieurs actes[275]. Certains ont pour but d'encadrer les pouvoirs de l'organisation vis-à-vis de ses membres ; ce sont en principe des actes obligatoires. Dans le cadre de l'OUA, ces actes ont l'ambition de dicter la conduite des États membres, aussi bien sur le plan interne qu'international,

---

[273] Michel Cyr DJIENA WEMBOU, *L'OUA à l'aube du XXIe siècle. Bilan, diagnostic et perspectives*, Paris, LGDJ, 1995, *op. cit.*, p. 378.
[274] Jorge CASTENADA, « La valeur juridique des résolutions des Nations Unies », *op. cit.*, p. 211.
[275] Voir Lazar FOCSANEANU, *op. cit.*, p. 318.

mais sont dénués de force obligatoire[276]. Ici, l'OUA peut « *parler le langage de l'espoir et non du commandement* »[277]. L'existence et le fonctionnement d'une organisation d'une telle envergure nécessitent des actes ne touchant pas directement à la susceptibilité des États. Cependant, pour que l'organisation puisse imposer une ligne de conduite à ses membres, de véritables décisions avec effets obligatoires doivent être prises.

108. Sont ainsi édictées des résolutions portant sur des questions administratives, financières ou institutionnelles[278]. L'OUA attachait en particulier beaucoup d'importance aux difficultés touchant à son fonctionnement dans la mesure où si elles restaient sans solution, l'existence même de l'organisation aurait été fort compromise. C'est la raison pour laquelle elle prendra certaines décisions dont l'exécution se voulait obligatoire ; des décisions constituant son droit interne. De tels textes relèvent de ce que la doctrine appelle « les règles de l'organisation » qui désignent « (...) *des actes constitutifs de l'organisation,* (…) *ses décisions et résolutions pertinentes et* (…) *la pratique bien établie de l'organisation* »[279]. Partant, deux catégories d'actes relevant du droit interne de l'organisation peuvent être distinguées. La première est composée de règles ayant trait au fonctionnement et à la structure de l'organisation. On y retrouve les règlements internes des organes, les mesures relatives au personnel, les actes de création d'organes, etc.[280]. La seconde contient des actes qui ont pour but d'influencer le comportement des États membres de l'organisation[281]

109. Dans ce second cas, comme les résolutions adoptées par l'Assemblée générale des Nations Unies[282], les actes pris par le Conseil des ministres de l'OUA peuvent en principe suspendre les droits et privilèges des États. C'est ce qu'il s'est passé lorsque cet organe a décidé d'user pleinement de ce pouvoir en prenant des résolutions visant à sanctionner, pour la première fois, des États membres au motif du non-paiement de leurs contributions financières. Il aura ainsi fallu attendre les années 1990 pour que de telles sanctions soient appliquées au sein de l'organisation. Ces mesures tardives reflètent sans nul doute les diverses crispations qui ont entouré les négociations aboutissant à la création de la première organisation

---

[276]Pierre-François GONIDEC, *L'OUA trente ans après*, *op. cit.*, p. 18.
[277]*Ibidem*
[278]Lazar FOCSANEANU, *op. cit.*, p. 318.
[279] Voir la définition reprise de l'article 2, paragraphe 1, alinéa j de la Convention de 1986 sur le droit des traités conclus entre États et organisations internationales et entre organisations internationales ; cité par Philippe CAHIER, « L'ordre juridique interne des organisations internationales », *in* René-Jean DUPUIS, « Manuel sur les organisations internationales », *RCADI*, 1988, p. 247.
[280]*Ibidem*
[281]*Ibid.*, p. 48.
[282]Lazar FOCSANEANU, *op. cit.*, p. 318.

continentale. Or, la Charte étant muette sur le sujet des sanctions, il est intéressant de noter que le Conseil des ministres s'est alors appuyé sur un texte annexe, à savoir le règlement financier de l'organisation. Le règlement financier fait partie de ces textes qui donnent aux gouvernants la possibilité de discuter et de réfléchir ensemble à l'avenir de l'organisation ; une faculté que le professeur VIRALLY qualifie de pouvoir de débattre[283], qui constitue un « *préalable indispensable à l'exercice du pouvoir de décider* »[284] et, bien évidemment, à celui de sanctionner.

110. Toutefois, en affirmant dans son article V que « *tous les États membres jouissent des mêmes droits et ont les mêmes devoirs* »[285], la Charte faisait sans doute une allusion à l'obligation des États de régler leurs contributions respectives de manière régulière afin d'alimenter le budget de l'organisation préparé par le Secrétaire général et approuvé par le Conseil des ministres[286]. Mais, en l'absence de référence explicite à une quelconque sanction en cas de non-respect de cette obligation, il a fallu aller chercher dans le règlement financier de l'organisation pour trouver une disposition précisant l'attitude à avoir en cas de non-paiement des contributions par un État.

111. Précisément, l'article 97 du règlement financier dispose qu'« *un État membre de l'OUA qui se trouve en retard dans le paiement de sa contribution ne peut participer au vote ni aux décisions de l'OUA si le montant de ses arriérés est égal ou supérieur à la contribution due par cet État pour deux exercices écoulés...* ». Il a néanmoins fallu une dizaine d'années pour voir apparaître une telle disposition dans le dispositif normatif de l'organisation d'Addis-Abeba, le règlement financier ayant été adopté en 1979[287], et une autre dizaine d'années pour que soient prises les premières sanctions sur la base de l'article 97 de ce texte. Le 5 février 1994, un autre règlement financier sera adopté prévoyant dans son article 115 des sanctions qui seront plus rapidement appliquées.

B- L'adoption des premières sanctions

112. En matière de sanctions, l'OUA avait plutôt adopté une approche réaliste. C'est ainsi par le biais du Conseil des ministres, considéré comme l'organe le plus dynamique de l'organisation, que cette évolution a été amorcée. Même si son autonomie décisionnelle restait limitée, il était

---

283 Michel VIRALLY, *L'Organisation mondiale*, *op. cit.*, pp. 24 et s.
284 *Ibidem*, p.17.
285 Article V de la Charte de l'Organisation de l'Unité africaine.
286 Charte de l'Organisation de l'Unité africaine.
287 La Charte de l'OUA a été adoptée le 25 mai 1963 et le règlement financier de cette organisation, le 4 mars 1979.

néanmoins le mieux placé pour agir rapidement. Comme le souligne Stéphanie DUJARDIN, « *les ministres des Affaires étrangères tendaient parfois à être plus puissants que leurs supérieurs politiques, qui avaient des responsabilités plus lourdes nécessitant une attention plus grande sur des questions particulières posées à l'OUA* »[288]. L'auteur relève en outre que dans les années 1970, le Conseil des ministres adoptait parfois des résolutions dont la teneur dépassait la seule « préparation » de la politique de la Conférence[289]. En ce sens, il semble évident que ce soit cet organe qui initia le processus de prise de sanction au sein de l'OUA. Précisément, lors de ses 52e et 62e sessions ordinaires, le Conseil des ministres de l'OUA décida de franchir une étape importante en adoptant des sanctions à l'encontre d'États membres pour défaut de versement de leurs contributions financières **(1)** ; une initiative dont l'acceptation fut difficilement admise par les États membres **(2)**.

1- Les sanctions pour non-paiement des arriérés de contributions

113. La contribution des États au sein de l'OUA prévue par l'article XXIII de la Charte de l'OUA ne fait aucune mention à la sanction à infliger à l'encontre d'un État qui ne respecterait pas cette disposition. Il aura donc fallu chercher dans les dispositions de l'article 115 du règlement financier de l'OUA - approuvé et promulgué par son Conseil des ministres, conformément à l'article 30 des fonctions et règlements intérieurs du Secrétariat général annexé à la Charte d'Addis-Abeba et qui s'applique au budget-programme et à la gestion financière de l'organisation et de tous ses organes - pour trouver des dispositions concernant la sanction des États. Cet article indique en effet qu': « *Un État membre qui se trouve en retard dans le paiement de sa contribution au budget de l'Organisation conformément à ses obligations aux termes de la Charte... est privé de certains droits* »[290]. Comme on peut le constater, aucun droit spécifique n'est non plus précisé dans cet article, mais la 52e session du Conseil des ministres de l'OUA du 3 ou 8 juillet 1990 marqua

[288]Stéphanie DUJARDIN, *L'Union africaine : un ordre juridique panafricain refondé par les États membres en quête de nations*, Thèse doctorat, Université Paris I-Panthéon Sorbonne, p. 42.

[289]Il s'agissait, par exemple, de la résolution sur l'affaire rhodésienne dans laquelle le Conseil des ministres appela les États membres de l'OUA à rompre leurs relations diplomatiques avec le Royaume-Uni. S'ajoutent les conventions internationales que le Conseil avait adoptées ; par exemple, la Convention phytosanitaire pour l'Afrique de 1967 (Convention phytosanitaire pour l'Afrique, 9e session ordinaire du Conseil des ministres de l'OUA, Kinshasa (Congo), 4-10 septembre 1967, CM/Res.119/IX) et la Convention africaine pour la conservation de la nature et des ressources naturelles de 1968 (Convention africaine pour la conservation de la nature et des ressources naturelles, 11e session ordinaire du Conseil des ministres, Alger (Algérie), 4-12 septembre 1968, CM/Res.169/XI).

[290]Règlement financier de l'OUA, document CM/1795(LIX), publié par le Secrétariat général le 5 février 1994, p. 52.

un tournant dans la vie de l'organisation lorsque celui-ci décida pour la première fois d'appliquer des sanctions à l'encontre de certains États[291].

114. Le Conseil des ministres prit alors la résolution CM/Res.1279 (LII) qui s'appuya, notamment son paragraphe 2, alinéa d, sur les dispositions de l'article 97 du règlement financier aux termes duquel : « *a- Un État membre de l'OUA qui se trouve en retard dans le paiement de sa contribution aux budgets de l'Organisation conformément à ses obligations édictées dans le Charte ne peut participer au vote ni aux décisions de l'OUA si le montant de ses arriérés est égal ou supérieur à la contribution due par cet État pour les deux exercices complets écoulés* »[292]. La résolution 1279 (LII) décida de priver les États contrevenants des droits suivants :
- prendre la parole aux réunions de l'OUA ;
- présenter des candidats à des postes au sein de l'organisation (élus politiques, etc…) ;
- présenter des candidats aux postes décisionnels (commissions, comités etc.).
L'alinéa h du paragraphe 2 de la résolution précisait par ailleurs, on l'a déjà mentionné, que les États membres concernés disposaient d'un délai de cinq ans pour apurer leurs arriérés de contributions ; et d'un an à partir de l'adoption de la présente résolution pour communiquer au Secrétariat général leur échéancier de paiement (alinéa i). Toutefois, en l'absence de réaction positive de la part des États concernés, le Conseil des ministres réaffirma sa détermination de les sanctionner lors de sa 53e session qui s'est tenue du 25 février au 1er mars 1991.

115. En effet, le Conseil décida alors de renforcer les mesures prises précédemment. Ainsi, le paragraphe 2 de la résolution CM/Res.1311(LII) « *demande la suspension immédiate du recrutement des ressortissants d'États membres en défaut qui accusent plus de deux ans d'arriérés de contributions* » [293]. Ces deux importantes résolutions seront suivies par d'autres dont l'objectif était d'amener les États membres à régler leurs contributions. Ce fut notamment le cas de la résolution CM/Res.1364 (LV) dans laquelle le Conseil des ministres exprima sa grave préoccupation au sujet du montant sans cesse croissant des arriérés de contributions et enjoignit « *à ceux qui ne l'ont pas encore fait, pour qu'ils prennent les dispositions nécessaires pour régler leurs arriérés...* »[294]. Devant les timides réactions des États membres sur cette épineuse question, l'OUA adopta une autre approche. C'est ainsi qu'à l'occasion de sa 57e session ordinaire, à Addis-Abeba, du 15

[291]Michel Cyr DJIENA WEMBOU, *op. cit.*, p. 379.
[292]Article 97 du règlement financier de l'OUA.
[293]Doc. OUA.CM/Res.1311(LII), 53e session ordinaire du Conseil des ministres de l'OUA, Addis-Abeba, 25 février-1er mars 1991.
[294]Doc. OUA. CM/Res.1364(LV), 55e session ordinaire du Conseil des ministres de l'OUA, Addis-Abeba, 24-29 février 1992.

au 19 février 1993, le Conseil des ministres décida « *d'adopter, à la fin de chaque session de février, une motion félicitant les États membres qui ont payé intégralement leurs contributions et comportant la liste des pays qui ont été félicités à maintes reprises, plus d'une fois, ou qui sont félicités pour la première fois* »[295]. La décision de prendre des sanctions s'est avérée utile, car ce fut un signal fort adressé aux États en retard dans leurs contributions depuis de nombreuses années. Il est à noter que certains de ces États, payaient régulièrement leurs contributions aux Nations Unies tout en oubliant de le faire pour l'OUA. Cette pratique de sanction sera poursuivie par l'organisation et donnera lieu à plusieurs autres résolutions en la matière, notamment la résolution 1480 qui reprit la recommandation faite lors de la 59e session du Conseil des ministres sur la création d'un comité de vérification des pouvoirs[296] chargé en particulier de vérifier si les États étaient à jour de leurs cotisations.

116. Néanmoins, malgré toutes les relances faites aux États récalcitrants, l'OUA se trouvait toujours en déficit. Elle décida alors d'appliquer pour la première fois des sanctions à travers la résolution CM/Res.1580 (LXII) du 21 au 24 juin 1995. Ainsi, le Conseil des ministres de l'OUA décida « (…) *que les sanctions contre les pays qui n'ont pas réglé 25% de leurs contributions soient appliquées à compter du 29 juin 1995, immédiatement après la conférence des chefs d'État et de gouvernement* (…) »[297]. Par ailleurs dans cette résolution, l'OUA décida d'adopter une autre approche, plus flexible. Face à la persistance des problèmes d'arriérés de contributions, l'OUA décida effectivement d'assouplir ses mesures en accordant, tout d'abord, une exemption provisoire et exceptionnelle des sanctions stipulées dans la résolution 1279 précitée, et ce pour une période de six mois, à des pays comme le Liberia et Somalie ; une décision sans doute en rapport avec la situation d'instabilité sévissant alors dans ces deux pays. Cette exemption concernait aussi les États ayant réglé 25% de la somme due depuis la 51e session ou avant la fin du moratoire de six mois qui avait été fixée[298].

117. Plus tard, la résolution 1618 apporta une évolution sur la question. Réaffirmant les précédentes mesures, elle se distingua toutefois avec son paragraphe 8 dans lequel elle envisageait une exemption accordée aux États soumis à des sanctions. Cette mesure prévoyait, en effet, que les États sous sanctions pouvaient exceptionnellement prendre la parole au sein de

---

[295]Doc. OUA. CM/Plen/Res.1423 (LVII), 57e session ordinaire du Conseil des ministres de l'OUA, Addis-Abeba, 15-19 février 1993.
[296]Doc. OUA.CM/Res.1480 (LIX), 59e session ordinaire du Conseil des ministres de l'OUA, Addis-Abeba, 31 janvier-4 février 1994.
[297] Doc. OUA.CM/Res. 1580 (LXII), 62e session ordinaire du Conseil des ministres de l'OUA, Addis-Abeba, 21-24 juin 1995
[298]*Ibid.*

l'organisation lorsque des problèmes spécifiques les concernant directement étaient en discussion, surtout en matière de conflits[299]. Cependant, cette même résolution précise qu'aucune exemption susmentionnée ne doit empêcher l'application de la sanction obligatoire interdisant le recrutement de nouveaux membres du personnel ressortissant des pays en défaut de payement comme l'énonce la résolution CM/Res. 1311 (III). Il fut donc demandé au Secrétariat général de respecter et d'appliquer cette disposition spécifique non seulement à l'égard du recrutement des membres du personnel permanent, mais aussi celui du personnel temporaire tel que le personnel technique[300]. L'organisation poursuivra sa pratique de sanction et confirmera sa ligne de conduite en la matière, notamment à travers la résolution CM/1647 (LXIV) de 1996 qui indique que les sanctions prévues à l'article 115 du règlement financier et dans les précédentes résolutions doivent être « *appliquées strictement et sans discrimination lors de toutes les réunions organisées sous l'égide de l'OUA...* »[301].

118. L'OUA a ainsi fait mentir de nombreux observateurs quant à son incapacité de prendre des sanctions à l'encontre de ses États membres[302]. Il est vrai que des progrès significatifs restaient encore à faire en la matière, néanmoins cette prise de position révèle un pouvoir de sanction souvent méconnu de l'organisation d'Addis-Abeba. Il convient toutefois de s'interroger sur l'accueil réservé à ces sanctions par les États membres de l'organisation.

2- L'approbation par les États membres des mesures prises par l'Organisation de l'Unité Africaine

[299] Doc. OUA.CM/Res.1618 (LXIII) paragraphe 8, 63e session ordinaire du Conseil des ministres de l'OUA, Addis-Abeba, 26-28 février 1996.

[300] *Ibidem*

[301] Doc. OUA.CM/Res.1647 (LXIV), 64e session ordinaire du Conseil des ministres de l'OUA, Addis-Abeba, 1er-5 juillet 1996.

[302] On fait ici référence aux nombreuses résolutions prises pour sanctionner le régime raciste en Afrique du Sud qui se sont révélées être des demandes faites aux États ou encore aux organisations internationales de sanctionner le régime raciste de ce pays par un embargo pétrolier. Voir à cet effet les résolutions CM/Res.1004(XLII) du 10-17 juin 1985 du Conseil des ministres de l'OUA lors de sa 42e session ordinaire relative aux résolutions sur les sanctions législatives contre l'Afrique du Sud racistes ; CM/Res. 966(XLI) du 25 février au 4 mars 1985 portant résolution sur le projet d'accord de coopération entre l'OUA et la Ligue des États arabes dans le domaine des sanctions contre deux régimes racistes d'Afrique du Sud et d'Israël, la résolution CM/Res.1019 et CM/Res.1020 du Conseil des ministres de l'OUA sur la situation en Afrique du Sud lors de sa 43e session ordinaire du 25 février-4 mars 1986 à Addis-Abeba (Éthiopie)

119. Une telle prise de position de la part du Conseil de ministres marqua indéniablement une étape importante dans l'action de l'organisation continentale africaine. L'attitude de la majorité des États a plutôt conforté les mesures prises. Durant les débats qui se sont tenus lors de l'élaboration de ces résolutions, on a pu noter une participation active des États membres. De plus, au moment de l'adoption des résolutions, aucune réserve n'a été émise de façon formelle par ces derniers. Ainsi, dans leur majorité, les États se sont conformés aux décisions du Conseil des ministres. Il importe ici de préciser que la plupart des pays du continent avaient évolué dans leur perception de la souveraineté. Par ailleurs, la question du caractère obligatoire ou non des résolutions du Conseil des ministres, qui s'était posée dès les années 1960, avait été réglée. On constatait ainsi des divergences dans les réponses apportées à cette interrogation : pour certains chefs d'État et de gouvernement (du Nigeria et du Congo-Brazzaville), les résolutions du Conseil ne liaient pas les États membres si elles n'étaient pas approuvées par la Conférence.

120. Cependant, cette affirmation sera réfutée par le Secrétaire général de l'époque, Diallo TELLI, pour qui les résolutions du Conseil n'étaient pas de simples recommandations[303]. Apparemment, ce fut la position du Secrétaire général TELLI qui fut reprise lors de la 3e session du comité des contributions qui s'est tenue à Addis-Abeba le 16 décembre 1994. Certaines délégations d'États attiraient alors l'attention sur le fait que les arriérés de contributions n'étaient pas dus à une insuffisance ou une absence de sanctions ; d'après eux, le problème était plutôt le manque d'engagement des États membres. Ces délégations prônaient donc un dialogue avec les pays concernés[304] ; tandis qu'un autre groupe d'États émettaient encore des doutes quant aux fondements juridiques de telles résolutions[305].

121. Quelque temps avant la tenue de la 63e session ordinaire du Conseil des ministres des 26-28 février 1996, certains pays sont allés jusqu'à menacer de bloquer les résolutions en examen en ne se présentant plus aux réunions de l'OUA, les privant ainsi du quorum nécessaire pour leur adoption. Face à cette manœuvre, il aura fallu toute la diplomatie et le poids du doyen du corps diplomatique africain auprès de l'organisation pour éviter un tel blocage et une crise qui aurait paralysé l'action de l'organisation[306]. Parce que tous les États membres n'étaient pas représentés au siège de l'OUA, ils ne pouvaient pas tous participer à toutes les réunions. Il aura donc suffi que les États concernés par les sanctions demandent à leurs représentants de ne pas se

---

[303]Sur la question, lire John MARKASIS, « The Organization of Africa Unity : A Progress report » ; cité par Stéphanie DUJARDIN, *op. cit.* p. 42.

[304]Voir le *Rapport de la troisième session ordinaire du comité des contributions*, Addis-Abeba, 16 décembre 1994.

[305]*Ibidem*

[306]Joseph ESSOMBE EDIMO, *op. cit.*, p. 14.

présenter aux réunions pour permettre de boycotter la session du Conseil des ministres de février 1996. Le Conseil avait besoin d'un minimum de quorum pour tenir valablement ces réunions[307].

122. Malgré ces manœuvres, ni les membres du Comité des contributions ni le Conseil des ministres n'abandonnèrent les mesures prises. De plus, on l'a vu, la résolution 1279 (LII) de 1990 avait prévu un moratoire. Son paragraphe 2(h) indiquait effectivement que « *les États membres concernés (par l'application des sanctions) disposent d'un délai de 5 ans pour apurer leurs arriérés de contribution tels qu'arrêtés à la date du 31 mai 1990 et le paragraphe 2(i) accordait un délai d'un an aux États pour communiquer au secrétariat Général leur échéancier de paiement* »[308]. Cette résolution est une illustration de l'attitude compréhensive de l'OUA dont le souci principal était d'éviter que les sanctions prises à l'encontre des États ne les éloignent d'elle.

123. Par ailleurs, outre le Secrétariat général qui avait entamé un dialogue avec les États sur ces questions, les chefs d'État qui se sont succédé à la présidence de l'organisation n'ont eu de cesse d'attirer l'attention de leurs pairs sur la nécessité de régler leurs arriérés de contributions. Seuls quatre États avaient négocié un moratoire avec le Secrétariat général (Bénin, Burkina Faso, Mozambique, Soudan)[309]. Même s'il est vrai que la grande majorité des pays africains étaient confrontés à de nombreuses difficultés économiques, aucun ne saurait, sous couvert de telles difficultés, se dédouaner de ses engagements envers l'Organisation. Les États qui réglaient leurs contributions n'étaient pas nécessairement les plus riches ni les moins éprouvés par des difficultés internes[310].

124. Il est par ailleurs à noter que la fermeté affichée par le Conseil des ministres témoigne de la prise de conscience par l'organisation de sa capacité à pouvoir véritablement régler des problèmes africains. En effet, malgré les insuffisances notées et les multiples oppositions de certains États, la 52e session ordinaire du Conseil des ministres de l'OUA aura marqué un tournant dans l'histoire de l'Organisation, car c'est la première qu'auront été édictées des sanctions contre ses membres et qu'elles auront été effectivement

---

[307] *Ibidem*

[308] *Ibid.*, pp. 8 et ss.

[309] Michel Cyr DJIENA WEMBOU, *op. cit.*, p. 380. Voir aussi : Edmond KWAM KOUASSI, *op. cit.*, pp. 241-243 ; François BORELLA, « Le système juridique de l'Organisation de l'unité africaine», *op. cit.*, pp. 233-253 ; Joram MUKAMA BISWARO, « La Conférence, le Conseil exécutif et la Commission », *in* Abdulqawi A. YUSUF, Fatsah OUGUERGOUZ (dir.), *L'Union africaine, cadre juridique et institutionnel : manuel sur l'Organisation panafricaine*, Paris, Pedone, 2013, p. 87.

[310] Intervention de l'Ambassadeur DELMI d'Algérie lors de la 3e session du comité des contributions, le 16 décembre 1994, Addis-Abeba, Éthiopie.

appliquées[311]. Par exemple, lors de la 63e session, le représentant de la République centrafricaine s'est vu refuser par deux fois la parole. À chaque réunion statutaire, le Secrétaire général distribuait désormais une liste des délégations qui, pour cause de sanctions, n'étaient pas autorisées à intervenir dans les débats. De telles mesures serviront de base à l'élaboration du système de sanctions de la nouvelle organisation qui allait émerger, l'Union africaine.

125. Cette organisation ne devait pas être une simple version remaniée de l'OUA. Elle a été conçue comme une union des peuples et non d'États. Le Parlement y jouera, notamment, un rôle majeur. Les États membres devront en outre consentir à transférer à l'Union certaines de leurs prérogatives. Des politiques communes seront mises en œuvre dans des domaines prioritaires tels que le renforcement de la paix et de la sécurité continentales ; l'intégration des économies africaines ; la libre circulation des personnes, des biens et des capitaux ; la sécurité alimentaire ; la lutte contre la pauvreté ; la coordination de différentes initiatives dans le domaine du développement, notamment le commerce, l'environnement, la lutte contre les pandémies ; ou encore la dette extérieure. Les méthodes de travail évolueront et la popularisation de l'Union africaine à travers le continent mobilisera des acteurs aussi divers que le secteur privé, la société civile, les universités ou encore les communautés économiques régionales[312]. Parce que l'OUA avait privilégié une approche diplomatique, elle était incapable de sanctionner avec rigueur ses membres de peur que ceux-ci ne s'éloignent d'elle. Tout le système mis en œuvre à l'époque avait pour objectif de ne pas froisser les États. Cependant, afin d'atteindre les différents objectifs fixés par l'organisation continentale, des mesures de renforcement des sanctions ont finalement été prévues. La construction d'une intégration africaine s'est poursuivie à travers la création de divers regroupements régionaux et sous-régionaux enchevêtrés dans des liens multiples qui donneront lieu à un système recomposé en 1999 dans une architecture plus intégrée[313].

---

311 Michel Cyr DJIENA WEMBOU, *op. cit.*, p. 379, sur la même question, voir : Joseph ESSOMBE EDIMO, *op. cit.* pp. 1-14 ; Djacoba Liva TEHINDRAZANARIVELO, Anatole AYISSI (dir.), *Les sanctions dans le cadre de l'Union africaine*, Actes du 1er colloque international sur l'Afrique organisé à l'Institut universitaire des hautes études internationales, Genève, 28-29 mai 2004, p. 94-95.

312 Article publié sur : http://www.rfi.fr/actufr/articles/029/article_15285.asp , consulté le 25/07/2015.

313 Mohamed BEDJAOUI, « Bref survol historique des accomplissements vers l'Unité africaine », in Abdulqawi A. YUSUF et Fatsah OUGUERGOUZ, (dir.) *L'Union africaine, cadre juridique et institutionnel*, Paris, Pedone, 2013, p. 21.

SECTION II : UN PROCESSUS DE CONSOLIDATION DE LA SANCTION AVEC L'AVÈNEMENT DE L'UNION AFRICAINE

126. La mise en place d'un système supranational de sanctions, fût-il communautaire, est l'une des plus grandes difficultés du droit international, en particulier s'agissant des questions touchant à la gouvernance[314]. De ce point de vue, l'Afrique ne déroge pas à la règle. Pendant longtemps, l'organisation africaine a souffert d'un manque de crédibilité. Certains auteurs y ont même vu « *un syndicat de gouvernants africains plus enclins à conserver un pouvoir, parfois conquis par la force plus qu'à mettre en œuvre les principes de la charte d'Addis-Abeba* »[315]. Pour redorer le blason de l'organisation continentale, l'avènement d'une nouvelle entité a été pensé dès le sommet de Syrte en 1999.

127. Le but principal alors recherché par les pères fondateurs était de redéfinir un nouveau cadre de coopération et d'intégration en Afrique. Ainsi, cette nouvelle organisation devait contribuer, d'après Blaise TCHIKAYA, à une communautarisation des rapports entre les différents États africains. Il s'agissait de donner une nouvelle impulsion à la solidarité africaine pour que l'organisation s'achemine vers une intégration plus poussée et solide. À cette fin, de nouvelles dispositions ont été être prises visant à solidifier sa politique et ses missions tout en tenant compte du nouvel environnement international dans lequel l'Afrique avait dû se repositionner. Précisément, il a fallu revoir le mode de fonctionnement de l'organisation continentale, lui donner des structures institutionnelles en adéquation avec ses nouvelles aspirations[316]. De plus, il était nécessaire de combler une lacune qui a longtemps fait défaut à l'organisation précédente : des mécanismes de sanction clairs et précis. Les nouvelles missions assignées à l'Union africaine l'aideront à consolider son

---

[314]Blaise TCHIKAYA, *Le droit de l'Union africaine : principes, institutions et jurisprudence*, Paris, Berger-Levrault, 2014, p. 185.

[315]Pierre François GONIDEC, *l'OUA 30 ans après*, Karthala, 1993, p. 6.

[316] Comme le soulevait déjà Maurice KAMTO en analysant la réforme de l'OUA, « *si impérieuse que soit cette réforme, de structure souhaitée par un courant majoritaire, elle sera illusoire si elle vise à renforcer l'autorité de l'organe exécutif ou même à créer un exécutif collégial au moment où se consolident les souverainetés et les nationalismes en Afrique. Car comment en effet concilier l'octroi de pouvoirs plus importants au Secrétaire exécutif ou au « président en exercice », ou la création d'une structure restreinte dotée d'un pouvoir de décision obligatoire à l'égard des États membres avec la nécessité première de conserver à l'OUA son caractère d'obligation interétatique d'où est exclue toute autorité supranationale ?* ». Il poursuit : « *Certes, les nouvelles orientations économiques de l'OUA dépassent les objectifs autrement précis qui lui avaient été assignés en 1963 et il faudrait pour les suivre avec efficience, que l'Organisation panafricaine cherche en elle-même des ressources nouvelles que ne lui offrent nullement ses institutions actuelles* » (Maurice KAMTO, « Les mutations institutionnelles... », *op. cit.*, p. 42.

édification débutée en 2002. Elle pourra s'appuyer sur de nouvelles bases juridiques solides permettant de sanctionner effectivement les manquements à son droit. Ainsi, le contexte favorable à la création d'un nouvel édifice (**Paragraphe 1**) s'est accompagné d'une consécration textuelle du pouvoir de sanction (**Paragraphe 2**).

Paragraphe 1 : Un renouveau institutionnel propice à la mise en place des sanctions

128. Le renouveau de l'organisation continentale longtemps souhaité s'est matérialisé par l'adoption d'un nouvel Acte constitutif qui consacra explicitement un système de sanctions. Le contexte continental constitua un levier majeur de cette évolution (**A**). La restructuration de l'organisation continentale constitua un premier élément de réponse à une demande de plus en plus forte d'une refonte générale du système continental africain (**B**).

A- Un contexte continental comme levier

129. Le modèle choisi par les leaders africains en 1963, influencé par le passé colonial, a évolué pour laisser place à un modèle de plus en plus intégré. Toutefois, comme on a pu l'analyser, l'idée de sanction dans un tel contexte est apparue très difficile à affirmer à l'égard des jeunes États africains qui, bien que favorables à l'unité africaine, ont cependant exprimé de très fortes réserves étant avant tout soucieux de préserver leur toute nouvelle souveraineté. La capacité de l'OUA à prendre des mesures pour contraindre ses États membres requérait un ensemble de moyens juridiques qu'elle n'a pas consacrés, préférant une coopération bien établie entre ses membres. Cependant, comme on a pu le relever, les actes pris en matière de sanctions financières ont ouvert une nouvelle ère plaçant l'organisation d'Addis-Abeba dans la position qui aurait dû être la sienne depuis le début de la construction continentale ; celle de sanctionner de manière effective les États non respectueux de ses règles. Néanmoins, malgré la prise de position de son Conseil des ministres en matière de sanctions financières, l'OUA est de plus en plus apparue désuète, pâtissant d'une crise fonctionnelle. Les nombreuses critiques dont l'organisation a été l'objet portaient souvent sur les lacunes de l'action de l'organisation[317]. Ce constat a conduit plusieurs auteurs à réclamer

---

[317] Voir à cet effet les critiques d'auteurs tels : Edmond JOUVE dans son ouvrage, *L'Organisation de l'Unité africaine*, Paris, PUF, 1984, pp. 263 et s. ; ou encore Pierre François GONIDEC, *L'OUA trente ans après l'unité africaine à l'épreuve*, *op. cit.*, pp. 5 et s.

sa révision[318], voire la « *dénonciation de la Charte* »[319]. Déjà en juin 1974, dans son rapport exposé à la conférence des chefs d'État et de gouvernement, Nzo EKANGAKI, alors Secrétaire général l'OUA, exprimait sa conviction de la nécessité d'une révision de la Charte d'Addis-Abeba en vue de lui donner « *une structure et une organisation plus appropriées, lui permettant de s'acquitter effectivement de ses fonctions* » [320]. Il ajoutait : « *l'avenir de l'organisation est lié à la volonté des États membres de renforcer désormais le secrétariat et d'en éliminer les contradictions structurelles* »[321]. Cette idée sera reprise à l'occasion du 10e sommet de l'OUA le 24 mai 1973 par l'empereur Hailé SÉLASSIÉ 1er, dans son discours inaugural, qui proposait « *la création d'une commission chargée de remodeler le cadre institutionnel* » [322]. Ce vœu se réalisera. En effet, lors de sa 24e session ordinaire, le Conseil des ministres adopta une résolution relative à la création d'un comité *ad hoc* chargé de préparer une réforme de la structure de l'organisation[323]. D'autres sessions seront également prévues à cet effet[324].

130. Comme a pu le considérer Julius NYERERE, l'un des pères fondateurs de l'OUA : « *Je pense en effet qu'il est nécessaire de revoir la Charte et la structure de l'OUA, mais j'espère que nous le ferons d'une manière méthodique et que nous donnerons une profonde attention aux changements que nous proposerons. Cela ne peut guère être fait durant un sommet ou même une réunion ordinaire des ministres des Affaires étrangères. Il sera probablement nécessaire de mettre au point une commission ou une structure autre pour examiner les idées avancées par les différents États et élaborer un projet sur lequel nous réfléchirons et que nous discuterons. Notre objectif serait un renforcement plus grand et une efficacité plus importante de l'OUA, donc le meilleur service pour le maintien et la consolidation de la liberté et de l'unité africaine. Y inclure plus de clarté sur notre objectif est l'une des questions qui doivent être prises en considération ; mais même avec un but plus limité, consistant à renforcer la solidarité, il apparaîtra quand même nécessaire de réexaminer notre actuelle Charte en l'état actuel de la*

[318]Voir Kwam KOUASSI, *Organisation internationale africaine, op. cit.*, pp. 239-250.
[319]V. E. KALAMBY, « Comment sortir l'OUA de l'engrenage actuel », *Le mois en Afrique*, n° 225-226, octobre-novembre 1984, p. 14.
[320]Voir François BORELLA, « Évolution récente de l'Organisation de l'Unité africaine », *AFDI*, vol. 20, 1974, p. 218
[321]*Ibidem*
[322]*Ibid.*
[323]Doc. OUA. CM/Res.395(XXIV), 24e session ordinaire du Conseil des ministres, Addis-Abeba, 13-21 février 1975. Ce comité était chargé d'entreprendre des études sur la réforme de la structure de l'Organisation, notamment en matière administrative et financière.
[324]Voir Doc. OUA. CM/Res.598(XXX) 31e session ordinaire du Conseil des ministres, Tripoli, 20-28 février 1978 qui portera sur la constitution d'un comité formé de 14 experts issus des pays membres chargés notamment d'étudier et de faire la synthèse des rapports pertinents concernant la réforme des structures du Secrétariat général de l'OUA

structure du secrétariat »[325]. C'est lors du sommet extraordinaire de Syrte (Libye), en septembre 1999, que ce processus sera déclenché.

B- Une restructuration de l'organisation continentale comme premier élément de réponse

131. Le Sommet de Syrte avait notamment pour finalité de rendre plus efficace l'organisation africaine en lui permettant de s'adapter aux changements sociaux, politiques et économiques qui s'étaient produits à l'intérieur et à l'extérieur du continent[326]. Tout en souhaitant innover, les participants à cette rencontre se sont cependant montrés fidèles aux idéaux d'unité, de solidarité et de cohésion de l'OUA. L'Union africaine qui remplacera cette dernière fut finalement créée dans l'espoir de corriger ses insuffisances. Au sein de l'ancienne organisation, les États n'ont en effet pu établir une véritable coopération et intégration entre les peuples capables de susciter un développement durable et de parer à toute tentative de rupture interne ou interétatique[327].

132. La défense de la souveraineté, de l'intégrité territoriale et de l'indépendance des États, des concepts si chers aux pères fondateurs de l'OUA, n'ont pas permis à celle-ci de jouer un rôle significatif pour résoudre les conflits et encourager véritablement le développement des pays africains[328]. La faiblesse de l'État, la privatisation des guerres, la diversité des ethnies et bien d'autres facteurs caractéristiques du continent continuaient de le gangréner. Pour faire face aux faiblesses structurelles et insuffisances d'action de l'OUA, ainsi qu'aux gestions nationales désastreuses, l'Union africaine proposera un ensemble de solutions dont la mise en œuvre ne sera pas facile. Plus que jamais, il est alors apparu indispensable de tenir compte de la mondialisation, de mobiliser les forces vives du continent, de renforcer l'État de droit et la démocratie, d'établir un droit d'ingérence humanitaire, de promouvoir la paix et la sécurité, ou encore de contribuer effectivement au développement du continent ; autant d'objectifs qui, dans la pratique, n'ont pu être atteints par l'OUA et que l'UA a repris.

133. C'est en ce sens que lors du premier sommet de l'Union africaine à Durban en Afrique du Sud les 9 et 10 juillet 2002, Kofi ANNAN, alors

---

[325]Voir cette citation de Julius NYERERE dans l'ouvrage d'Edmond JOUVE, *L'Organisation de l'Unité africaine, op. cit.*, pp. 99-100.
[326]Guy MVELLE, *L'Union africaine fondements, organes, programmes et actions*, Paris, L'Harmattan, 2007, pp. 38-39.
[327]*Ibidem*, p. 63.
[328]*Ibid.*

Secrétaire général des Nations unies, a pu insister sur le fait que « *pour construire une union faite pour durer, l'Afrique a besoin de rigueur, de volonté politique, de patience et de bonne gouvernance* »[329] ; des éléments indispensables pour s'acheminer vers une intégration plus poussée et solide qui requiert la prise de dispositions visant à solidifier la politique et les missions de l'organisation continentale. L'objectif fondamental de l'OUA était la lutte collective pour la libération des pays africains du colonialisme et la défense de la souveraineté nationale. Avec l'UA, il s'agit de permettre à l'Afrique de relever les défis du XXIe siècle et de renforcer sa position au sein de l'économie mondiale et de la communauté internationale.

134. C'est fort de ce constat que de nouvelles bases de l'intégration ont été posées sur le continent en tenant compte du nouvel environnement international auquel l'Afrique n'est pas restée insensible. Comme a pu en effet le constater le président par intérim de la Commission de l'UA, Amara ESSY, « *le monde a changé, le continent a changé mais l'outil organisationnel continental est resté le même, avec des prismes et des méthodes incapables de gérer les nouveaux défis. C'est la volonté de changer cette situation qui a favorisé la naissance de l'Union Africaine* »[330]. L'impératif devenait donc de revoir le mode de fonctionnement de l'organisation continentale, de lui donner des structures institutionnelles en adéquation avec ses nouvelles ambitions. Mieux encore, il était indispensable de combler une lacune qui a longtemps caractérisé l'organisation précédente : la consécration de mécanismes de sanction clairs et précis. De plus, les nouvelles missions assignées à l'Union africaine l'aideront à affiner sa construction commencée en 2002. Pour ce faire, elle a pu s'appuyer sur de nouvelles bases juridiques solides permettant de sanctionner effectivement les manquements à son droit.

Paragraphe 2 : L'affirmation textuelle attendue

135. Depuis longtemps, la révision des textes de l'OUA pour y intégrer un mécanisme de sanction était réclamée par la doctrine africaniste. Un projet de révision de la Charte d'Addis-Abeba avait même été pensé en 1979. Cependant, celui-ci ne fut jamais concrétisé. Conscients de cette lacune, les décideurs africains ont tenu à renforcer le dispositif continental en prenant plusieurs initiatives. En effet, des essais de révision avaient été prévus dans différents textes précédant l'adoption de l'Acte constitutif créant l'UA **(A)** ;

---

[329] Allocution du Secrétaire général des Nations Unies Kofi ANNAN lors de la session inaugurale de l'UA à Durban en Afrique du Sud, SG/SM 8298 ; disponible sur le site : http://www.un.org/press/fr/2002/SGSM8298.doc.htm, consulté le 30 septembre 2014.

[330] Allocution prononcée au forum de la diaspora africaine à Washington DC en décembre 2002 ; cité par Tiyanjana MALUWA, « La transition de l'Organisation de l'Unité africaine à l'Union africaine », in Abdulqawi A. YUSUF et Fatsah OUGUERGOUZ, *L'Union africaine : cadre juridique et institutionnel. Manuel sur l'organisation panafricaine*, *op. cit.*, p. 37.

un document qui finalement consacrera nombre d'éléments prévus dans ces tentatives de réforme (**B**).

A- Prémices et premières initiatives

136. En matière de réforme institutionnelle, la prudence était de rigueur. Il paraissait indispensable de distinguer entre le possible et le souhaitable. La multiplication des structures qui a été tentée ne constituait pas une réponse adéquate aux faiblesses dénoncées de l'OUA, notamment parce qu'elle ne reflétait pas l'état réel des relations conflictuelles interafricaines, ni ne correspondait à une dynamique concrète en vue de l'unité africaine. Si la réforme de l'organisation devait être envisagée, elle devait être encadrée[331] ; sauf à vouloir « changer d'OUA » plutôt que de « changer l'OUA »[332]. Il s'agissait de la modifier par petites touches successives afin de permettre l'adaptation de l'organisation au contexte changeant du monde et surtout lui donner les moyens de réaliser les objectifs du « *panafricanisme économique* »[333].

137. Au regard de cette approche, c'est donc tout logiquement que la refonte attendue de l'organisation continentale africaine ne s'est pas faite d'un coup. D'autres formes d'associations ont en effet fait leur apparition sur le continent, préparant finalement l'avènement d'une organisation continentale plus en phase avec les préoccupations réelles des Africains. Le Traité d'Abuja créant la Communauté économique africaine (CEA) constitue ainsi un exemple de texte qui a eu une incidence sur la pratique de l'organisation continentale en matière de sanctions. Nous ne nous appesantirons pas sur le volet économique de cette organisation, un sujet qui n'entre pas dans le champ de notre réflexion ; toutefois, il est important de relever que le Traité d'Abuja a prévu des mesures contraignantes assorties de sanctions, ce qui pour les États membres de l'OUA également signataires du Traité constituait une première.

138. Le contexte politique international de l'époque[334] avait relayé les problèmes africains au second plan de l'actualité mondiale, c'est pourquoi l'adoption du Traité d'Abuja est passée largement inaperçue. On a alors pu constater un paradoxe : l'Afrique fut le premier continent à créer, en 1991, une

---

[331]Voir Edmond Kwam KOUASSI, *op. cit.*, pp. 241-252.
[332]Mourad BOURDOUNE, « Changer d'OUA ou changer l'OUA », *Demain l'Afrique*, n° 31, juillet 1979, p. 23.
[333]Voir Maurice KAMTO, « Les mutations institutionnelles... », *op. cit.*, p. 43.
[334]En 1991, l'actualité mondiale était focalisée sur la guerre du Golfe et l'effondrement du mur de Berlin.

communauté économique réunissant l'ensemble des pays africains alors qu'il était le dernier à s'affirmer sur la scène internationale. En ce sens, Ahmed MAHIOU a ainsi souligné que « *par un étonnant paradoxe, ce sont les jeunes États d'un continent nouveau qui osent le pari que les nations plus anciennes des autres continents n'ont pas osé. L'idée d'unité africaine n'est pas aussi ancienne que celle d'unité européenne ou latino-américaine et il n'y a pas eu, à un moment ou à un autre de l'histoire, quelqu'un pour prétendre réunir l'ensemble du continent, à l'instar de Napoléon ou de Bolivar ; les rares empires qui se sont constitués dans le passé se sont limités à une région déterminée* »[335]. Le Traité d'Abuja, assez méconnu, n'a donc pas été souvent commenté par la doctrine. Néanmoins, il nous intéresse dans la mesure où, pour la première fois sur le continent, des sanctions pour non-respect des dispositions du traité étaient prévues. Dès lors, le respect du système juridique[336] devenait une préoccupation de l'ensemble des États. Ainsi était posée l'obligation pour tous les États de prendre toutes les mesures nécessaires afin de mettre en œuvre les dispositions de la Communauté[337].

139. Par ailleurs, il était précisé qu'afin de réaliser les objectifs de la Communauté, les États devaient prendre les mesures appropriées au niveau national pour exécuter les dispositions du Traité[338] ; dans le cas contraire, ils se verraient imposer des sanctions comme le stipule son article 5.3 : « *Tout État membre qui enfreint, de manière persistante, son engagement général à l'égard des dispositions du présent Traité, des décisions ou règlements communautaires, peut encourir des sanctions de la part de la Conférence, sur recommandation du Conseil. Ces sanctions peuvent inclure notamment la suspension des droits et privilèges du dit État membre et peuvent être levées par la Conférence, sur recommandation du Conseil* »[339].

140. Il s'agissait ainsi d'une « grande première » dans le contexte africain. On comprend donc pourquoi les premières véritables sanctions sont intervenues après 1991 au sein de l'OUA, qui a été influencée par ce Traité. Ainsi, même si le Traité d'Abuja n'a pas eu tout l'écho qu'il aurait dû avoir, il a néanmoins préparé l'organisation continentale à affirmer de façon explicite son pouvoir de sanction vis-à-vis de ses États membres. Dès lors,

---

335 Ahmed MAHIOU, « La Communauté économique africaine », *AFDI*, vol. 39, 1993, p. 798.
336 Article 3.d : « *Respect du système juridique de la Communauté* ».
337 Article 5.1 : « *Les États membres s'engagent à orienter leurs efforts pour réunir les conditions favorables au développement de la Communauté et à la réalisation de ses objectifs, notamment par l'harmonisation de leurs stratégies et politiques. Ils s'abstiennent de prendre une quelconque mesure unilatérale susceptible d'en compromettre la réalisation* ».
338 Article 5.2 : « *Chaque État s'engage à prendre toute mesure appropriée, conformément à ses procédures constitutionnelles, pour assurer l'adoption et la diffusion des textes législatifs nécessaires à l'exécution des dispositions du présent traité* ».
339 Article 5.3 du Traité d'Abuja.

l'idée d'une organisation posant des mesures contraignantes faisant lentement son chemin. Comme le souligna Ahmed MAHIOU à propos de la mise en place de la nouvelle architecture continentale qu'il comparait au modèle européen, « *la tentative africaine s'écarte de l'expérience européenne. L'Europe a retenu une méthode de construction qui repose sur un cercle s'agrandissant au fur et à mesure pour inclure d'autres États, en faisant tache d'huile (...). L'Afrique a opté pour une méthode différente en partant de la juxtaposition de plusieurs cercles qui vont d'abord coexister pour ensuite s'harmoniser et enfin se fondre dans un cercle final à l'échelle continentale* »[340]. C'est fort de ce constat que l'Acte constitutif de l'UA, ainsi que les textes subséquents, accorderont une grande place aux sanctions qu'il convient à présent d'analyser.

B- Un aboutissement avec l'adoption de l'Acte constitutif de l'Union africaine

141. Conclu sous une forme solennelle[341], l'Acte constitutif de l'UA, texte fondateur de la nouvelle entité continentale africaine, est pour cette dernière ce qu'est une constitution pour un État[342]. Comme tout traité, il est cependant soumis au droit international général, conformément à la Convention de Vienne de 1969, en tant que règle conventionnelle pour les États qui y ont adhéré ou en tant qu'expression de la coutume pour les États qui ont accepté cette coutume[343]. L'Acte constitutif de l'UA a été fondé sur la volonté des États membres et a été amené à devenir la Constitution[344] de cette organisation. En effet, il est plus complexe qu'un simple traité international dans la mesure où il instaure des entités permanentes et autonomes avec des structures et des compétences de caractère permanent[345]. Il consacre un nouvel acteur politique et un nouveau sujet du droit international public.

---

[340]Ahmed MAHIOU, « La communauté économique africaine », *op. cit.*, p. 811.

[341] Frédérique COULEE, « La fondation de l'organisation internationale », *in* Évelyne LAGRANGE, Jean-Marc SOREL (dir.), *Droit des organisations internationales*, Paris, LGDJ, 2013, p. 157.

[342]Voir Constance CHEVALLIER-GOVERS, « Actes constitutifs des O.I. et constitutions nationales », *RGDIP*, 2001, p. 400

[343]Éric DAVID, *Droit des organisations internationales*, Bruxelles, Bruylant, 2016, p. 95. Sur le caractère coutumier des actes constitutifs, voir aussi : CIJ, avis du 21 juin 1971, Namibie, Rec., 1971, p. 47 ; CIJ, arrêt du 2 février 1973, Compétence en matière de pêcheries, Rec., 1973, pp.14, 18, 59 et 63 etc.

[344]Voir Riccardo MONACO, « Le caractère constitutionnel des actes institutifs d'organisations internationales », in *La communauté internationale. Mélanges offerts à Charles ROUSSEAU*, Paris, Pedone, 1974, p. 154.

[345]Lazar FOCSANEANU, « Le droit interne de l'Organisation des Nations Unies », *op. cit.*, pp. 326 et s.

142. Un nouvel ordre juridique a ainsi été créé dont les effets peuvent être qualifiés d'« institutionnels » ou de « constitutionnels »[346]. Ce traité multilatéral, comme la Charte des Nations Unies, « *présente des caractéristiques spéciales* »[347]. En fin de compte, il s'agit d'un « traité de type particulier » qui a pour objet de créer des sujets de droit nouveaux, dotés d'une certaine autonomie, auxquels les parties (États membres de l'UA) confient la tâche de réaliser leurs buts communs[348]. De ce fait, l'Acte constitutif devient la norme fondamentale de l'entité africaine qui attribue un pouvoir d'auto-organisation, de discipline et de sanction à ses organes[349]. L'Acte constitutif définit par ailleurs quatorze objectifs et seize principes de l'UA[350]. Il prévoit les organes clés de cette institution et précise leur rôle respectif ainsi que leurs pouvoirs et attributions[351]. C'est donc dans cet acte que le pouvoir de sanction de l'UA sera explicitement consacré en ouvrant de nouvelles perspectives pour le continent africain.

143. Avec cet Acte, l'organisation ne se contentera en effet plus uniquement de privilégier une coopération entre ses États membres sans abandon de souveraineté comme c'était le cas au sein de l'OUA. Le pouvoir de sanction qui lui a été expressément reconnu permit à l'organisation d'installer une supranationalité qui faisait défaut à l'ancienne organisation, en tant qu'« *acte fondation (...), auquel celle-ci se rattache tout au long de son existence (...). Par conséquent,* [l'acte constitutif de l'UA] *revêt la forme du pacte, mais possède la substance de la constitution : né sur la base d'une convention, il dépasse, avec le temps son origine formelle, jusqu'à devenir une constitution de durée indéterminée dont le développement déborde le cadre à l'intérieur duquel elle avait été initialement conçue* »[352]. Comme le souligne Jean PING, ancien Président de la Commission de l'Union africaine, « *L'Union africaine est la dernière manifestation institutionnelle d'une longue quête pour une unité économique et politique du continent africain. Elle est la concrétisation contemporaine des idéaux panafricanistes en matière de progrès économique, social et culturel des peuples d'Afrique. Sa création représente le changement politique le plus significatif intervenu dans les relations interétatiques africaines durant ces cinquante dernières années.*

---

346 Anne PETERS, « L'acte constitutif de l'organisation internationale », *in* Évelyne LAGRANGE, Jean-Marc SOREL (*dir*) *Droit des organisations internationales*, *op. cit.*, pp. 203, 202-245.

347 Avis de la CIJ du 20 juillet 1962, *Certaines dépenses des Nations Unies*. Rec., 1962, p. 157.

348 Cour internationale de justice, avis du 8 juillet 1996, *Licéité de l'utilisation des armes nucléaires* (avis OMS) Rec. 1996 p. 75.

349 Riccardo MONACO, « Les principes régissant le fonctionnement et la structure des Organisations internationales », *RCADI*, vol. 156, 1977, p. 144.

350 Cf. articles 3 et 4 de l'Acte constitutif de l'UA.

351 Cf. articles 5 à 23 de l'Acte constitutif.

352 Riccardo MONACO, « Le caractère constitutionnel des actes institutifs d'organisations internationales », *op. cit.*, p. 154.

A la différence de la Charte constitutive, de sa devancière, l'Organisation de l'Unité Africaine, l'Acte constitutif de l'Union Africaine pose une nouvelle série de principes qui, s'ils sont mis effectivement en œuvre, peuvent hisser l'organisation panafricaine au premier plan dans la lutte engagée à l'échelle planétaire en faveur de la sécurité humaine, des droits de la personne humaine et de la bonne gouvernance. Les principes qui fondent l'Union Africaine peuvent également permettre à celle-ci de joindre ses efforts à ceux entrepris au niveau universel notamment en matière de sécurité, de développement économique, de commerce extérieur, de santé, d'environnement, des changements anticonstitutionnels de gouvernement, de lutte contre l'impunité ou le terrorisme. C'est dire toute l'importance de la mission de cette organisation en matière de développement et d'épanouissement des peuples et individus du continent africain »[353].

Dans le cadre de cette nouvelle organisation, les sanctions apparaîtront comme des normes primaires parce qu'elles ont été consacrées dans l'Acte constitutif[354]. Elles comportent de nombreuses et diverses implications juridiques qu'il convient à présent d'analyser.

---

[353]Jean PING, « Préface », in Abdulqawi A.YUSUF , Fasah OUGUERGOUZ , (dirs) *l'Union Africaine cadre juridique et institutionnel : Manuel sur l'Organisation panafricaine*, Paris, Pedone , 2013,p.11.

[354]Constance CHEVALLIER-GOVERS, *op. cit.*, p. 389.

CHAPITRE II : UN TRAVAIL D'IDENTIFICATION DES SANCTIONS AU SEIN DE L'UNION AFRICAINE

144. Les organisations internationales (OI) à vocation continentale, à l'instar de l'OUA puis de l'UA, n'existent que par la volonté d'États de se regrouper dans une entité commune qui s'exprime à travers un traité multilatéral, véritable acte de naissance dont l'initiative est donc extérieure à l'organisation ainsi créée[355]. La doctrine admet généralement que les OI et leurs organes tiennent leurs compétences de leur charte constitutive, qui doivent être mises en œuvre dans les limites de leurs textes d'habilitation. Autrement dit, la norme de référence permettant d'apprécier la régularité des actes de chaque OI est contenue dans sa charte ou « constitution », selon la dénomination qu'on veut lui donner[356]. Pour le continent africain, c'est dans un premier temps la Charte portant création de l'OUA, adoptée à Addis-Abeba en Éthiopie le 25 mai 1963, et par la suite l'Acte constitutif de l'UA signé à Lomé au Togo, le 11 juillet 2000, qui constituent les sources des pouvoirs de l'organisation. De ce fait, si un État manque à ses obligations, l'organisation doit avoir les moyens de faire pression sur lui afin qu'il s'acquitte de ses obligations, car les manquements doivent être évités pour ne pas mettre en péril son bon fonctionnement[357].

145. C'est pourquoi le renouveau de l'institution africaine s'est traduit par la mise en œuvre de mesures véritablement aptes à sanctionner le comportement de ses États membres. Une fois l'Acte constitutif de l'UA adopté, la sanction qui a longtemps fait défaut à l'ancienne organisation se trouvait donc affirmée. Elle touchait à présent tous les domaines d'activités de l'organisation, bousculant ce faisant les principes considérés comme intouchables dans l'ancienne organisation, notamment celui de non-ingérence dans les affaires intérieures des États[358]. Édictée par l'organe compétent, elle est immédiatement applicable. En ce sens, d'après Jean COMBACAU, elle

---

[355]Patrick DAILLIER, Alain PELLET, *Droit international public, op. cit.*, p. 579.
[356]*Ibidem*, p. 581.
[357]L. M. GOORICH, E. HAMBRO et A.P SIMONS, *Charter of United Nations*, New York, Columbia University Press, 1969, pp. 40-41 ; cité par Joseph ESSOMBE EDIMO, « Les résolutions 1279 (LII) et 1580 (LXII) de l'OUA et la question du pouvoir de sanctions des organisations internationales », *RADIC*, n° 9, 1997, p. 2.
[358]Cf. article 3 : « *Les États Membres, pour atteindre les objectifs énoncés à l'Article II, affirment solennellement les principes suivants : Égalité souveraine de tous les États membres ; non-ingérence dans les affaires intérieures des États ; Respect de la souveraineté et de l'intégrité territoriale de chaque État et de son droit inaliénable à une existence indépendante...* ».

dispose d'un « *un caractère corporatif parfait* »[359] dans la mesure où elle touche l'État fautif en raison d'une violation d'obligations conventionnelles « *souvent inhérentes au fonctionnement même de l'organisation* »[360].

146. En prenant la décision de sanctionner un État, l'UA n'agit pas uniquement de façon raisonnable. La rationalité de sa décision relève de sa consécration par les textes de l'organisation et donc de son institutionnalisation. L'UA rend sa décision à partir des normes adoptées et acceptées par ses États membres. Toutefois, pour que les sanctions aient une réelle portée, l'UA procède à une analyse socio-axiologique qui dépasse la situation concrète et se réfère à un ensemble d'éléments traduisant les valeurs politiques et éthiques partagées, à un moment donné, au sein de cette organisation. Ainsi, la décision de sanctionner conformément aux règles et principes de l'UA, conçue comme rationnelle, est acceptée et acceptable par tous les États membres de l'organisation. Il semble alors indispensable d'analyser plus en détail les spécificités de la sanction dans le cadre africain du fait de ses caractéristiques, notamment son objet et son motif (**Section I**), ainsi que ses finalités, qui peuvent être punitives ou protectrices (**Section II**).

SECTION I : LES ÉLÉMENTS DE RECONNAISSANCE DE LA SANCTION

147. L'UA, en tant qu'organisation internationale, est « *tout autant un phénomène social inscrit dans une histoire qui lui est propre* (...). *Ce que le juriste nomme les "faits", c'est-à-dire la réalité sociologique, historique, politique, économique, humaine soumise au droit ne peut être oublié par lui lorsqu'il tente d'analyser* [la sanction dans ce contexte particulier][361]... »[362]. Il convient de rappeler que l'institution de cette organisation est intervenue à un moment où l'ancienne organisation continentale (OUA) n'était plus en mesure d'apporter des réponses adéquates aux problèmes du continent (conflits interafricains, coups d'État, etc.). La création d'une nouvelle organisation en tant que moyen d'action effective était nécessaire[363]. À cette fin, il lui fallait des instruments pour sanctionner les manquements à son droit, car c'est de « *l'essence même de la règle de droit que d'être sanctionnée par des moyens de*

[359]Jean COMBACAU, *op. cit.* p. 29.
[360]*Ibidem*
[361]Ajouté par nous
[362]Michel VIRALLY, « La notion de fonction dans la théorie de l'organisation internationale », *in Communauté internationale. Mélanges offerts à Charles ROUSSEAU*, Paris, Pedone, 1974, p. 278.
[363]*Ibidem*

coercition immédiate »[364]. Pour que ce pouvoir de sanction soit mis en œuvre, il est évidemment nécessaire au préalable que le comportement d'un État soit répréhensible. Notre analyse portera sur les caractéristiques du pouvoir de sanction de l'UA au regard de son objet, l'atteinte à la situation de l'État au sein de l'organisation africaine (**Paragraphe 1**), puis de son motif, la violation d'une obligation continentale (**Paragraphe 2**).

Paragraphe 1 : L'objet de la sanction : l'atteinte au statut de l'État au sein de l'Union africaine

148. La sanction, en tant que « *mesure prise ou à prendre pour réagir contre un manquement à une règle de droit* »[365] dans une organisation donnée, a des incidences sur la situation de l'État puni au sein de celle-ci. La position d'un État dans une organisation varie en effet en fonction de son attitude. La sanction apparaît en ce sens comme un élément régulateur du comportement de l'État : un bon comportement pourra faire l'objet d'une sanction positive[366] ; à l'inverse, un comportement inapproprié au regard des textes qui régissent l'organisation fera l'objet d'une sanction négative[367], ce qui est la situation la plus répandue. Or, le simple fait pour l'UA de condamner officiellement l'un de ses États membres pour non-respect de ses obligations fonctionnelles est une première forme de sanction [368]. C'est ainsi la reconnaissance officielle du caractère illicite du comportement d'un État vis-à-vis de l'UA[369] qui est sanctionné. L'objet de la sanction dans le cadre continental africain peut être la privation d'un avantage que l'État tire de son appartenance à l'organisation (**A**) ou l'atteinte au statut juridique de l'État au sein de l'UA (**B**).

A- La privation d'un avantage conféré à l'État par l'Union africaine

[364]Raymond CARRE DE MALBERG, *Contribution à la théorie générale de l'État*, Paris, Sirey, réédition CNRS, 1962, p. 57.

[365]Louis CAVARE, « L'idée de sanction en droit international public », *op. cit.*, p. 389.

[366] Pour le professeur Jean COMBACAU, ce type de sanctions peut atteindre des résultats similaires à ceux des sanctions négatives. Dans ce cas, on parle de récompense « *en ce que, par un processus symétrique à celui-ci des peines, elles incitent les destinataires des normes à les respecter (...). Si l'octroi d'une faveur est subordonné à une conduite elle devient une récompense...* ». En ce sens, on pourrait considérer, par exemple, l'admission au sein d'une organisation comme étant une sanction positive (Jean COMBACAU, *Le pouvoir de sanction de l'ONU*, *op. cit.* pp. 6-7).

[367]*Ibidem*

[368]Éric DAVID, *op. cit.*, p. 418.

[369]*Ibidem*

149. La majorité des organisations internationales procurent des avantages à leurs États membres, de divers ordres[370] (assistance technique et financière, fournitures de renseignements, etc.). La sanction d'un État membre peut conduire à la privation de tous ces avantages que l'organisation lui accorde du fait de son appartenance[371]. Il est évident que le fait que l'organisation fournisse certains services la place dans une position privilégiée par rapport aux États membres et constitue une arme importante « (...) *à l'égard de ses membres récalcitrants qu'elle pourra punir en les privant de tout ou partie de ces services* »[372].

150. Cependant, contrairement aux organisations internationales techniques, l'UA ne fournit pas de services particuliers à ses États membres, mais un soutien et leur permet de faire entendre leur voix et ainsi peser sur la scène internationale. Rappelons qu'au sein de l'OUA, l'accession à l'indépendance des pays africains était une priorité pour l'organisation continentale. Elle a ainsi pesé dans la lutte pour la décolonisation du continent. En effet, « *le continent à travers le comité de coordination de l'OUA pour la libération de l'Afrique, a travaillé et parlé d'une seule voix et avec une détermination sans faille pour la réalisation d'un consensus internationale en faveur de la lutte de libération. Aujourd'hui, nous célébrons une Afrique totalement décolonisée...* »[373]. Dans le cadre de l'UA, il n'est plus question de décolonisation, mais d'autres problématiques auxquelles sont confrontés certains États du continent et auxquels l'UA apporte son soutien. On peut mentionner, par exemple, le soutien accordé par l'organisation africaine aux chefs d'État africains [374]poursuivis devant la Cour pénale internationale (CPI) pour des crimes réprimés par le Statut de Rome[375]. Il ne s'agissait alors en aucun cas d'encourager les agissements répréhensibles des dirigeants du continent, cependant le fait que l'organisation africaine ait apporté son soutien aux États membres concernés a donné une autre dimension aux réclamations

[370] *Ibid.*, p. 427.

[371] C'est notamment le cas lorsque l'organisation fournit directement certains services à ses États membres comme, par exemple, le financement de projets culturels comme c'est le cas pour l'UNESCO, le financement de projet sanitaire par l'OMS, le financement de projets concernant le domaine agricole pour la FAO, etc.

[372] Charles LEBEN, *op. cit.*, p. 191.

[373] Voir la Déclaration de Durban en hommage à l'Organisation de l'unité africaine à l'occasion du lancement de l'UA qui énumère toutes les grandes réalisations de l'OUA. Doc.UA. ASS/AU/Decl.2, 1re session ordinaire des chefs d'État et de gouvernement de l'Union africaine du 10 juillet 2002 à Durban (Afrique du Sud).

[374] C'est le cas des présidents Soudanais Uhuru Kenyatta dont les charges furent abandonnées faute de preu Omar El-Bechir et Kenyan ve.

[375] Adopté à Rome le 17 juillet 1998, il porte création d'une Cour pénale internationale chargée de poursuivre des violations graves des droits de l'homme tels que le génocide, les crimes contre l'humanité, les crimes de guerre et les crimes d'agression (Cf. article 5 du Statut de Rome).

des dirigeants africains poursuivis[376]. Il est certain que si ces États membres n'étaient membres de l'UA, leurs critiques à l'encontre de la CPI n'auraient pas eu le même écho sur la scène internationale[377].

151. Sur un autre plan, la mise à disposition par l'organisation d'une assistance électorale sous forme de « missions d'observation » aux États membres qui le souhaitent est un élément important dans la mesure où les conclusions des observateurs de l'organisation sur la tenue des élections sont souvent des éléments déterminants dans la reconnaissance du gouvernement élu comme représentant légitime de l'État[378]. On peut ainsi voir dans la mise à disposition par l'UA d'une assistance électorale aux États membres un service fourni en raison de leur appartenance.

152. Enfin, des sanctions peuvent priver un État d'avantages indispensables à sa survie. C'est le cas, notamment, des sanctions économiques lorsque l'État sanctionné ne peut plus honorer ses engagements avec d'autres États. Parfois, c'est le statut juridique de l'État au sein de l'organisation africaine qui est atteint.

B- L'atteinte au statut juridique de l'État au sein de l'Union africaine

153. La sanction prise dans le cadre de l'UA peut priver l'État concerné de tous les droits inhérents à sa qualité de membre. C'est ici son statut juridique au sein de l'organisation qui est touché ; le privant de la possibilité de voter les décisions, de participer aux discussions, d'élire les membres des différents organes de l'organisation, de siéger au sein d'organes clés. De plus, comme nous le verrons en détail ultérieurement, les fonctionnaires nationaux de l'État membre sanctionné par l'UA ne pourront plus être recrutés par celle-ci. Dès lors, la sanction conduit à paralyser l'État au sein de l'UA[379].

---

[376]Voir Doc.UA/Assembly/AU/Dec.482(XXI), Décision sur la compétence internationale, la justice internationale et la Cour pénale internationale, 21e session ordinaire de la Conférence de l'Union africaine, Addis Abeba, 26-27 mai 2013. Voir aussi : Doc.UA/Ext/Assembly/AU/Dec.1, Décision sur les relations entre l'Afrique et la Cour pénale internationale (CPI), session extraordinaire de la Conférence de l'Union africaine, Addis Abeba, 12 octobre 2013 ; Doc.UA/ Assembly/AU/Dec.616 (XXVII), Décision sur la Cour pénale internationale (CPI), 27e session ordinaire de la Conférence de l'Union africaine, 17-18 juillet 2016, Kigali ; Doc.UA/ Assembly/AU/Dec.672(XXX), Décision sur la Cour pénale internationale (CPI), 30e session ordinaire de la Conférence de l'Union africaine, 28-29 janvier 2018, Addis Abeba.
[377]*Ibidem*
[378]Cf. articles 18 à 21 de la Charte africaine de la démocratie, des élections et de la gouvernance.
[379]Charles LEBEN, *op. cit.*, p. 189 ; Jacques SOUBEYROL, *op. cit.*, pp. 10-15 ; Éric DAVID, *Droits des organisations internationales*, *op. cit.*, pp. 411-547.

154. De plus, outre le fait de priver l'État concerné d'un avantage de fait et de restreindre, voire annuler, ses droits au sein de l'organisation, le sanctionner le met dans une situation inconfortable vis-à-vis des autres membres avec qui celui-ci peut notamment entretenir des relations commerciales. Ainsi, comme le souligne Jean COMBACAU, les sanctions économiques décidées par l'UA placent l'État fautif « (...) *sous un régime juridique nouveau; en même temps qu'elle érige[ra] ses destinataires en exécutants de la sanction, elle vise[ra] à priver l'État sanctionné de son droit de se plaindre des mesures qu'ils prendront, si elles portent atteinte à des droits qu'il détient contre eux ; c'est en cela que consiste à son égard l'effet propre de la décision de l'organisation; il ne réside pas dans la décision que prendront les États de ne pas entrer en relations commerciales avec lui à l'avenir qui constitue un pur fait; ni dans la cessation des échanges commerciaux avec lui en dépit des accords antérieurs, qui ne concerne que les rapports entre les parties; mais de l'impossibilité où l'acte de sanction le met de réclamer l'exécution de traités ou de contrats passés avec eux, qui résulte de la seule décision de* [l'UA][380]»[381]. L'État sanctionné par l'UA peut donc se retrouver doublement frappé : à la fois par les mesures prises par les États membres de l'organisation et par celles décidées par l'organisation elle-même.

Paragraphe 2 : Le motif de la sanction : la violation d'une obligation statutaire de l'Union africaine

155. Chaque organisation internationale définit dans son texte fondateur une liste d'obligations qui doivent être respectées par ses États membres. La violation d'une obligation fait donc référence à la conduite d'un État qui est contraire aux idéaux et règles de l'organisation. De manière générale, une organisation internationale déclenche des mécanismes de sanction lorsqu'elle constate un comportement néfaste d'un État membre, qui porte atteinte aux buts et principes défendus par elle[382]. Par exemple, pour que l'organisation entreprenne une action coercitive, il est nécessaire qu'elle reconnaisse un fait pour lequel la Charte l'habilite à prendre des sanctions[383]. Il en est ainsi des

---

[380]Ajouté pas nous.
[381]Jean COMBACAU, *op. cit.*, p. 12.
[382]Voir Jacques SOUBEYNOL, *L'ONU et le pouvoir international de sanction*, Extrait de la revue juridique et économique du Sud-Ouest, Bordeaux, éd. BIERE, 1969, pp. 1-83.
[383]Jean COMBACAU, *op. cit.* p. 29 ; Anna-Thida NORODOM, « Les droits et obligations statutaires du membre, leur protection et leur sanction, *in* Évelyne LAGRANGE et Jean Marc SOREL (dir.), *Droit des organisations internationales*, *op. cit.*, p. 342 ; Charles LEBEN, *Les sanctions privatives de droits ou de qualité dans les organisations internationales spécialisées*,

violations des obligations conventionnelles. Dans le cadre de l'ONU, par exemple, les États ont l'obligation de se conformer aux décisions de la Cour internationale de justice. Conformément à l'article 94 de la Charte[384], ils ont également l'obligation de contribuer aux dépenses de l'organisation (article 19)[385]. Enfin, ils ont l'obligation de s'abstenir de tout acte qui menacerait la paix et la sécurité internationales[386].

156. La nouvelle organisation africaine ne déroge pas à la règle. Dans le cadre de l'UA, les États membres ont l'obligation de contribuer aux finances de l'organisation, de respecter ses principes et idéaux, de ne pas accéder de manière illégale au pouvoir, de respecter et de promouvoir les droits de l'homme, ou encore de proscrire les crimes graves tels que les crimes de guerre, génocide et crimes contre l'humanité. La violation de ces obligations entraînera des sanctions de la part de l'organisation. Les obligations précitées, du moins leur violation, feront l'objet d'analyses ultérieures. Pour l'heure, nous procéderons à l'étude des violations touchant aux obligations financières (**A**) et à celles relatives aux principes et idéaux de l'organisation (**B**).

A- La violation des obligations financières

157. Les obligations financières, indispensables au fonctionnement des organisations internationales, sont déterminées à la fois en fonction des besoins de ces dernières et des capacités des membres, sachant que les montants versés ne sont pas fixes[387]. Ces obligations sont définies de façon générale par l'acte constitutif de l'organisation internationale qui définit et précise les modalités et les types de contribution de ses États membres ; mais aussi, de manière plus spécifique, par l'organe plénier, afin de s'adapter à l'évolution des situations de ces derniers [388]. Par exemple, la Cour internationale de justice (CIJ), dans son avis consultatif du 20 juillet 1962, indique que les membres ont une obligation de financement des dépenses de l'organisation[389]. Dans le cadre de l'UA, plusieurs décisions de l'organe suprême ont été prises en la matière tendant surtout à un financement accru

op. cit., pp. 308-311 et 337-338 ; David HOTTE *et alii*, *Les sanctions financières internationales*, Paris, ed . RB, 2012, pp. 17-44.

384 Cf. article 94 de la Charte de L'ONU.

385 Cf. article 19 de la Charte de l'ONU.

386 Cf. article 39 de la Charte : « *Le Conseil de sécurité constate l'existence d'une menace contre la paix, d'une rupture de la paix ou d'un acte d'agression et fait des recommandations ou décide quelles mesures seront prises conformément aux Articles 41 et 42 pour maintenir ou rétablir la paix et la sécurité internationales* ».

387 Anna-Thida NORODOM, « Les droits et obligations statutaires du membre, leur protection et leur sanction », *op. cit*, p. 337.

388 *Ibidem*

389 CIJ, avis consultatif du 20 juillet 1962, *Certaines dépenses des Nations Unies* (art.17, al. 2 de la Charte), CIJ Rec, 1962, p. 151 ; voir Chapitre 18.

des États membres et à moins de dépendance vis-à-vis des partenaires de l'organisation[390].

158. Indispensables au fonctionnement de l'organisation, les obligations financières sont des prescriptions pour lesquelles la mise œuvre de sanctions est plus aisée, celles-ci étant d'ailleurs très souvent automatiques[391]. Ces sanctions sont souvent assorties d'autres mesures telle la suspension du droit de vote sur laquelle nous reviendrons plus tard dans nos développements. Pour Charles LEBEN, le déclenchement d'une sanction doit suivre inévitablement une contestation administrative d'un retard de paiement. Plusieurs organisations comme l'UA déclenchent cependant des sanctions dès qu'un retard dans le paiement des cotisations des États membres est constaté[392].

159. Pour autant, dans le cadre de l'UA l'automaticité d'une telle mesure n'est pas évidente. Le paiement des contributions financières, sujet épineux au sein de l'ancienne organisation africaine, a fait l'objet d'un meilleur encadrement par l'UA. Précisément, les sanctions financières interviennent lorsqu'un État membre de l'UA a atteint un certain seuil de non-paiement de ses contributions financières. C'est à l'organe suprême de l'organisation qu'il revient de prendre des mesures, tel que cela ressort des dispositions de l'article 35 du règlement intérieur de la Conférence de l'Union africaine, qui indique

[390]Par exemple, pour l'exercice financier de 2016, sur un budget total de 416.867.326 dollars US, 169.833.340 dollars représentaient les contributions des États membres de l'organisation contre 247.033.986 dollars obtenus des partenaires de l'organisation. Ce qui place cette organisation dans une position de dépendance vis-à-vis de ses partenaires (Voir Doc.UA.Assembly/AU/Dec.577(XXV), 25e session ordinaire de la Conférence de l'Union, Johannesbourg, 14-15 juin 2015. Pour inverser cette tendance, l'UA a pris des mesures visant à favoriser une plus grande participation de ses États membres à son financement. Ainsi, au cours de la 27e session ordinaire de la Conférence des chefs d'État et de gouvernement de l'UA du 17 au 18 juillet 2018, l'organe plénier a décidé, en vue d'un meilleur financement de l'organisation, « (...) *d'instituer et appliquer une taxe de 0,2% sur toutes les importations éligibles en Afrique pour financer le budget de fonctionnement, le budget-programme et le budget des opérations de soutien à la paix de l'Union africaine, à partie de l'exercice financier 2017 . que les montants perçus au titre de la taxe sur les importations soient automatiquement versés par le gouvernement de chaque État membre dans un compte ouvert pour l'Union africaine , selon la contribution statutaire de l'État membre concerné; que la Commission de l'UA mette en place des mécanismes solides de supervision et de responsabilité afin d'assurer l'utilisation effective et judicieuse des ressources; Que la Commission mène à bien la réforme institutionnelle en cours de l'Union africaine pour assurer une réalisation plus efficace de l'objectif de l'Union africaine et l'utilisation judicieuse de toutes les ressources* (...) *soient achevée*» (Doc.UA. Assembly/AU/Dec.605(XXVII), 27e session ordinaire de la Conférence de l'Union, Kigali, 17-18 juillet 2016).

[391]Charles LEBEN, *Les sanctions privatives de droits ou de qualité dans les organisations internationales spécialisées*, *op. cit.*, p. 309.

[392]C'est notamment le cas de l'article 25, al. 2 de l'Accord sur le café qui prévoit qu' « *un membre qui ne s'est pas acquitté intégralement de sa cotisation au budget administratif dans les six mois de son exigibilité perd, jusqu'au moment où il s'en acquitte, son droit de voter* ».

que cette dernière détermine les sanctions à imposer conformément à l'article 23 (1) de l'Acte constitutif[393]. Sous réserve du paragraphe 1er de cet article, les sanctions sont appliquées graduellement. Ainsi, lorsque le montant des arriérés s'élève à deux ans de contributions dues, mais est inférieur à cinq ans, les sanctions applicables sont la suspension du droit de l'État membre de prendre la parole, de voter, de recevoir les documents des réunions de l'Union, d'offrir d'abriter les sessions de la Conférence ou du Conseil exécutif ou de toute autre réunion de l'Union, de présenter un candidat à une fonction ou un poste au sein de l'Union[394].

160. Lorsque le montant des arriérés s'élève à cinq ans et plus des contributions dues, en plus des sanctions précitées, il convient d'ajouter la suspension du droit de l'État membre de faire renouveler les contrats d'emploi de ses nationaux, de bénéficier des fonds de l'UA pour de nouveaux projets[395]. Néanmoins, l'UA peut procéder à une levée temporaire des sanctions financières si l'État membre frappé de sanctions pour non-paiement de ses contributions « *paye au moins 50% de ses arriérés de contributions, à condition que ce paiement soit effectué trente (30) jours avant le début de la session du Conseil exécutif précédant celle de la Conférence* »[396]. Ces dispositions des articles 23 de l'Acte constitutif et 35 du règlement intérieur de la Conférence, bien qu'elles rappellent les dispositions de la résolution du Conseil des ministres de l'OUA ouvrant la voie à l'affirmation de la sanction, sont plus claires et mieux outillées. Elles consacrent ainsi une avancée significative pour l'organisation africaine.

B- Le non-respect des principes et idéaux

161. Il s'agit d'une autre innovation de l'Acte constitutif de l'UA. L'obligation de respecter les principes et idéaux de l'organisation fait l'objet de plusieurs articles dans les textes de l'UA. Un premier est l'article 23, alinéa 2 de l'Acte constitutif aux termes duquel tout État membre qui ne se conformerait pas aux décisions et politiques de l'Union peut être frappé de sanction[397]. La seconde disposition pertinente est l'article 4, alinéa g du

---

393Article 23 (1) de l'Acte constitutif : « *La Conférence détermine comme suit les sanctions appropriées à imposer à l'encontre de tout État membre qui serait en défaut de paiement de ses contributions au budget de l'Union : privation du droit de prendre la parole aux réunions, droit de vote, droit pour les ressortissants de l'État membre concerné d'occuper un poste ou une fonction au sein des organes de l'Union, de bénéficier de toute activité ou de l'exécution de tout engagement dans le cadre de l'Union...* ».

394Voir article 35 du règlement intérieur de la Conférence des chefs d'État et de gouvernement de l'UA.

395*Ibidem.*

396*Ibid.*, paragraphe 3.

397Cf. article 23 (2) de l'Acte constitutif.

règlement intérieur de la Conférence qui prévoit que l'UA impose des sanctions en cas de violation des principes consacrés dans l'Acte constitutif et le règlement intérieur de la Conférence et en cas de non-respect des décisions de l'Union [398]. Dans ces deux articles, l'organisation utilise les termes « décisions » et « politiques » à appliquer dans le cadre de l'Union sans toutefois préciser leur contenu.

162. À cet égard, on peut relever que le terme « décision » paraît plus commode, car il englobe les décisions de sanction prises par l'organisation envers un État membre pour violation des obligations prévues dans ses textes, que celui de « politiques » qui n'est pas fréquent dans les chartes constitutives des organisations internationales indiquant une obligation d'appliquer leurs décisions[399]. S'agissant de l'Acte constitutif de l'UA, le terme « politique » semble renvoyer aux principes consacrés dans ce texte [400]. Dans le cas contraire, cela reviendrait à considérer que l'article 4 du règlement intérieur de la Conférence introduit une nouvelle catégorie de sanctions qui n'a pas été prévue dans l'Acte constitutif et effacerait, du même coup, une autre base juridique pour l'édiction de sanctions, à savoir le non-respect des politiques de l'Union qui ne figureraient plus aux côtés des « décisions »[401].

163. En ce qui concerne le terme « décisions », les dispositions de l'Acte constitutif et du règlement intérieur de la Conférence semblent faire référence aux « règlements » et « directives » adoptés par les deux organes que sont la Conférence et le Conseil exécutif. On y voit là une similitude avec l'Union européenne [402]. Toutefois, si l'on constate l'emploi d'une terminologique similaire à celle de l'Union européenne, ces vocables y ont-ils la même signification ou la même portée ?

164. Dans le cadre de l'organisation européenne, le règlement est un instrument normatif favorisant l'intégration[403] qui peut se rapprocher de la loi

---

[398]Article 4 g du règlement intérieur de la Conférence : « *détermine les sanctions à imposer à l'encontre de tout État membre en cas de non-paiement de ses contributions statutaires, de violation des principes consacrés dans l'Acte constitutif et le présent Règlement intérieur, et en cas de non-respect des décisions de l'Union et de changement anticonstitutionnel de gouvernement...* ».

[399] Jacoba Liva TEHINDRAZANARIVELO, « Les sanctions dans le cadre de l'Union africaine », in Jacoba Liva TEHINDRAZANARIVELO, Anatole AYISSI (dir.), *Les défis de l'Afrique au XXe siècle : relever les obstacles au progrès*, *op. cit.*, p. 114

[400]Cf. article 4 de l'Acte constitutif

[401] Jacoba Liva TEHINDRAZANARIVELO, « Les sanctions dans le cadre de l'Union africaine », in Jacoba Liva TEHINDRAZANARIVELO, Anatole AYISSI (dir.), *Les défis de l'Afrique au XXe siècle : relever les obstacles au progrès*, *op. cit.*, pp. 114-115.

[402]*Ibidem*, p. 114.

[403] Sur la portée et l'applicabilité des règlements et directives, dans le cadre de l'Union européenne, voir notamment : Chahira BOUTAYEB, *Droit institutionnel de l'Union*

en droit interne. Précisément, l'article 288 du Traité sur le fonctionnement de l'Union européenne (TFUE) le définit comme un acte doté d'une portée générale, obligatoire dans tout État membre[404]. Dès lors, ces mesures sont obligatoires et directement applicables au sein des États avec toute leur force obligatoire ou portée juridique. Le règlement n'a pas de destinataires limités, désignés et identifiables[405]. Ses effets concernent toutes les catégories de personnes envisagées abstraitement et dans leur ensemble[406]. Il ne laisse donc aucun pouvoir discrétionnaire aux États membres s'agissant de son application.

165. La directive, quant à elle, est l'instrument le plus original de l'ordre juridique de l'Union. Elle est représentative de la nécessité d'une collaboration entre les autorités nationales et les institutions de l'Union dans le processus d'intégration[407]. Aux termes du même article 288 du TFUE, elle « *lie tout État membre destinataire quant au résultat à atteindre, tout en laissant les instances nationales la compétence quant à la forme et aux moyens* »[408]. Ainsi, c'est le résultat décrit par la directive qui revêt un caractère contraignant ; à la différence du règlement qui est entièrement obligatoire tant au regard des moyens que des résultats[409]. Adressée aux États membres, aux groupements et aux individus, la directive pose en revanche des obligations de résultat et laisse à leurs destinataires le choix des moyens à utiliser pour atteindre l'objectif escompté. On peut alors se demander si les définitions données à ces deux types d'actes dans le cadre de l'UE sont similaires au sein de l'UA.

166. Les règlements intérieurs de la Conférence des chefs d'État et de gouvernement et du Conseil exécutif de l'UA posent bien une distinction entre les directives, les règlements, les recommandations, les déclarations et les résolutions. Ainsi, aux termes des articles 33(1) et 34 (1) des règlements intérieurs de la Conférence et du Conseil exécutif, « (...) *les règlements et les directives ont un caractère obligatoire à l'égard des États membres, des organes de l'Union et des communautés économiques régionales* ». Ils sont « (...) *automatiquement applicables 30 jours après leur publication au "Journal officiel de l'Union africaine" ou à la date spécifiée dans la*

---

européenne. Institutions ordre juridique contentieux Paris, LGDJ, 4e éd., 2015, pp. 464-471, 706 p. ; Denys SIMON, *Le système juridique communautaire*, Paris, PUF, 3e éd. mise à jour, 2002 p. 321, 779 p.

[404]Chahira BOUTAYEB, *ibidem*, p. 464.

[405]*Ibid.*

[406]CJCE, 14 décembre 1962, *Confédération nationale de producteurs de fruits et légumes*, préc. Voir également CJCE, 14 décembre 1962, *Fédération nationale de la boucherie*, aff. jtes C-19 à C-22/62 Rec, p. 943.

[407]Chahira BOUTAYEB, *op. cit.* p. 465.

[408]Article 288 du TFUE.

[409]Chahira BOUTAYEB, *op. cit.*, p. 465.

décision »[410]. S'agissant plus précisément des directives, « (...) *elles ont un caractère obligatoire pour les États membres pour ce qui est des objectifs à atteindre, tandis que les autorités nationales ont le pouvoir de déterminer la forme et les moyens à utiliser pour leur mise en œuvre* »[411].

167. Par ailleurs, les règlements intérieurs précités précisent que la « *non-application des règlements et des directives est passible des sanctions appropriées, conformément à l'article 23 de l'Acte constitutif* ». Dès lors, seuls les règlements et les directives de la Conférence et du Conseil exécutif sont visés par le terme « décisions ». Toutefois, on pourrait également considérer que les décisions du Conseil de paix et de sécurité entrent dans cette catégorie sur la base de ce même article 23 (2) de l'Acte constitutif, étant donné que les États membres de l'UA ont convenu à l'article 7 (3) du Protocole portant création du Conseil de paix et de sécurité « *d'accepter et d'appliquer les décisions* » de cet organe conformément à l'Acte constitutif[412]. Dès lors, conformément au droit de l'UA, le non-respect de ces actes justifierait l'imposition de sanctions.

168. Cependant, certains auteurs relèvent que la disposition consacrant le caractère obligatoire des règlements et directives est assez atypique dans le cadre de l'UA. En ce sens, Stéphanie DUJARDIN soutient, par exemple, « *d'une part, que cette disposition semble viser le renforcement du caractère obligatoire du droit interne de l'UA. D'autre part, que le caractère obligatoire des règlements et des directives à l'égard des communautés économiques régionales, semble créer un niveau intermédiaire d'applicabilité des règlements et directives entre l'Union africaine et les États membres, reflétant ainsi la particularité de cette organisation qui se construit sur la base des Communautés Économiques Africaines (CER) dont les politiques sont à harmoniser et à coordonner en vue de la réalisation graduelle des objectifs de l'Organisation* »[413]. À ces actes à caractère obligatoire s'ajoutent les recommandations, déclarations, résolutions qui ne sont en principe pas obligatoires sauf si ces dernières expriment des politiques de l'Union[414].

---

[410]Articles 34 et 35 des règlements intérieurs de la Conférence et du Conseil exécutif de l'Union africaine.

[411]Articles 33 b et 34 b des règlements intérieurs de la Conférence et du Conseil exécutif de l'Union africaine.

[412]On note ici une certaine similitude avec l'article 25 de la Charte des Nations Unies qui rappelle que « *Les Membres de l'Organisation conviennent d'accepter et d'appliquer les décisions du Conseil de sécurité conformément à la présente Charte* ».

[413] Stéphanie DUJARDIN, *L'Union africaine. Un ordre juridique panafricain en quête de refondé par les États membres en quête de nations*, *op. cit.*, p. 315.Voir également l'article 3 (1) de l'Acte constitutif et l'article 4 du Traité d'Abuja créant les Communautés économiques africaines.

[414]Djacoba Liva TEHINDRAZANARIVELO, *op. cit.* p. 115.

169. Dans la pratique de l'organisation africaine, le terme « décision » est souvent privilégié pour s'adresser aux États membres. Pourtant, son caractère non obligatoire ressort de la terminologie : l'UA « *invite* », « *lance un appel* », « *exhorte* », « *encourage* », « *félicite* », « *demande* », etc.[415]. Adoptées par voie de consensus ou, à défaut, à la majorité des deux tiers, les décisions de l'UA à usage extérieur ont une valeur politique, mais sont dépourvues de valeur juridique. Le consensus pratiqué au sein de cette organisation conduit le plus souvent à adopter des textes de compromis sans procéder à un vote si aucun État n'y fait objection[416]. Ainsi, la décision dans le cadre de l'UA n'a pas la même signification que dans le droit de l'Union européenne.

170. Les recommandations, quant à elles, ne sont que très rarement utilisées. Elles ont pour but de régir les rapports entre les organes de l'Union. En ce qui concerne les États membres, il apparaît que seul le COREP (Comité des représentants permanents) est habilité à formuler des recommandations à leur égard[417], confirmant ainsi le caractère non obligatoire de tels actes. Comme le souligne le professeur Michel VIRALLY, « (...) *la recommandation aux États membres se présente comme une simple proposition. En droit strict, son destinataire n'est obligé à rien : ni à appliquer ni même à tenir compte de son existence* »[418].

171. Enfin la déclaration est l'instrument permettant à la Conférence de s'adresser à un État ou un groupe d'États - notamment pour régler une situation conflictuelle -[419], de s'adresser à un organe de l'Union pour « faire un bilan » de son activité[420], ou d'évoquer une position de la Conférence qui n'a pas fait l'objet du processus décisionnel de l'Union[421]. Elle est aussi l'instrument des chefs d'État et de gouvernement membres de l'Union

---

[415]Voir Stéphanie DUJARDIN, *op. cit.*, p. 315, faisant référence l'analyse de Pierre François GONIDEC dans son ouvrage *L'OUA trente ans après*, *op. cit.*, p. 19 concernant les actes à « usage externe » de l'OUA.

[416]*Ibidem*, p. 316.

[417]Cf. article 4 al. 1. d du règlement intérieur du COREP aux termes duquel celui-ci « (...) *fait des recommandations aux États membres sur les domaines d'intérêt commun, en particulier les questions inscrites à l'ordre du jour du Conseil exécutif* ».

[418] Michel VIRRALLY, « La valeur juridique des recommandations des organisations internationales », *AFDI*, 1956, p. 83, pp. 66-96.

[419]Nous pouvons donner ici comme exemple la Déclaration sur les pourparlers intersoudanais sur le Darfour, 5e session ordinaire de la Conférence, 4-5 juillet 2005, Syrte (Libye), Assembly/AU/Decl.3(V).

[420]Voir la Déclaration sur les activités du Conseil de paix et de sécurité de l'Union africaine et sur la situation de la paix et de la sécurité en Afrique, 6e session ordinaire de la Conférence, 23-24 janvier 2005, Khartoum (Soudan), Assembly/ AU /Decl. 3 (VI).

[421]Voir à cet effet la question de la nomination du Président en exercice de l'Union africaine qui constitue un bon exemple des décisions de la Conférence échappant au processus décisionnel : Déclaration de la Conférence de l'Union africaine, 6e session ordinaire de la Conférence, 23-24 janvier 2005, Khartoum (Soudan), Assembly/AU/Decl.2 (VII).

africaine, s'exprimant en tant que tels, généralement pour s'adresser à la communauté internationale (ONU, partenaires du développement de l'Afrique...)[422]. Bien que n'ayant qu'une valeur déclaratoire, ce type d'acte permet à l'Afrique d'exprimer son point de vue sur la scène internationale.

172. Cependant, force est de constater que toutes les mesures prévues peuvent rester purement théoriques, car la réalité des relations interétatiques africaines nous rend sceptiques quant à la capacité de la Conférence à apprécier le comportement des États membres vis-à-vis du non-respect des principes consacrés par l'Acte constitutif tels que la démocratie, les droits de l'homme ou la bonne gouvernance. S'inspirant du modèle européen, il est toutefois à noter que le cadre institutionnel africain n'atteint pas le niveau de développement de celui-ci. L'intégration européenne n'est plus une « vue de l'esprit », elle a bénéficié d'un contexte juridique favorable à la mise en œuvre effective de tels actes. Nous faisons ici référence au travail du juge communautaire avec l'affirmation, d'une part, d'un principe de primauté du droit de l'Union européenne sur celui des États membres dans le célèbre arrêt *Costa c/ Enel* du 15 juillet 1964[423] et, d'autre part, de l'arrêt *Van Gend en Loos* du 5 février 1963 qui le précède et qui pose le principe de l'effet direct[424]. En cas de non-application du droit de l'Union européenne, la Cour de justice de l'Union européenne sera saisie afin de garantir sa mise en œuvre comme le prévoient les textes[425].

173. Or, l'UA en est encore à un stade embryonnaire de l'intégration. Pour preuve, depuis son institution, de fait aucune sanction n'a été imposée à l'encontre d'un État membre en cas de non-conformité aux décisions et politiques de l'organisation ou de non-respect des principes consacrés dans l'Acte constitutif. Pourtant, depuis 2002, on a pu constater plusieurs situations de violation des principes et idéaux de celle-ci. Cela nous conduit à penser que tant que l'organe suprême de l'UA détiendra la quasi-entièreté du pouvoir de sanction, la mise en œuvre effective de ce dernier sera toujours assujettie à la volonté politique des États qui composent l'organisation.

174. Le terme « politique », quant à lui, n'est défini ni dans l'Acte constitutif ni dans les règlements intérieurs des organes de l'Union. Cependant, son non-respect est en principe susceptible d'entraîner une sanction. Mais à quoi renvoie précisément ce terme ? Pour apporter une réponse à cette interrogation, il est intéressant de se référer au terme anglais « *policies* » qui en donne un sens plus précis. Il s'agirait alors des principes

---

[422]Stéphanie DUJARDIN, *op. cit.*, p. 316.
[423]CJCE, 15 juillet 1964, *Costa c/ Enel*, aff. C-6/64, Rec. p. 1141.
[424]CJCE, 5 février 1963, *Van Gend en Loos*, aff. C-26/62, Rec. p. 3.
[425]Chahira BOUTAYEB, *op. cit.*, pp. 533-573.

d'action de l'Union face à un fait donné ou d'une position politique validée par les États membres[426]. En ce sens, l'article 4, alinéa g du règlement intérieur de la Conférence prévoit que la Conférence « *détermine les sanctions à imposer à l'encontre de tout État membre en cas de non-paiement de ses contributions statutaires* » ; « *de violations des principes consacrés dans l'Acte constitutif et le présent Règlement intérieur* »[427]. Il faudrait donc voir dans cette disposition une nouvelle base pour la prise de sanctions, qui n'existait pas en tant que telle dans l'Acte constitutif et qui est liée au terme « politiques » mentionné à l'article 23 de ce dernier[428].

175. Ce terme inclut les dix-huit principes consacrés dans l'Acte constitutif. À cela s'ajoutent les articles du Protocole sur les amendements à l'Acte constitutif de l'UA. C'est notamment le cas du 17e principe prévoyant l'« *abstention pour tout État membre de conclure des traités ou alliances qui sont incompatibles avec les principes et objectifs de l'Union* »[429]. Précisément, cette disposition donne la possibilité à l'UA de sanctionner ses États membres qui concluraient des traités allant à l'encontre de ses principes et objectifs. Il s'agit là d'une véritable avancée en matière de sanctions, cet article donnant un avantage considérable à l'organisation vis-à-vis de ses États membres. Si cette sanction est bien exploitée par l'organisation, elle peut constituer un instrument redoutable pour contraindre les États à suivre les principes qu'elle édicte afin d'atteindre ses objectifs[430]. En ce sens, son pouvoir de sanction ne pourra en être que renforcé ; reste maintenant à préciser sa finalité.

SECTION II : LES FINALITES DU POUVOIR DE SANCTION DANS LE CADRE CONTINENTAL AFRICAIN

176. Une fois l'objet et le motif de la sanction dans le cadre continental africain identifiés, il nous paraît indispensable d'étudier sa finalité. L'existence de sanctions au sein d'une organisation vise à garantir le respect de son droit positif en réprimant ses violations[431]. La sanction est donc mise en œuvre « *qu'une fois l'infraction commise pour en effacer les traces et en*

[426]Jacoba Liva TEHINDRAZANARIVELO, *op.cit.*, p. 115.
[427]Cf. l'article 4 (g) du règlement intérieur de la Conférence des chefs d'État et de gouvernement de l'UA.
[428]*Ibidem*
[429]Cf l'article 4 (q) du Protocole sur les amendements à l'Acte constitutif de l'Union africaine, adopté lors la 1re session extraordinaire de la Conférence de l'Union, le 3 février 2003, à Addis-Abeba (Éthiopie) et durant la 2e session ordinaire de la Conférence de l'Union, le 11 juillet 2003, à Maputo (Mozambique)
[430]Stéphanie DUJARDIN, *op. cit.*, p. 116.
[431]Louis CAVARE, « L'idée de la sanction en droit international public », *op. cit.*, p. 389.

punir les auteurs. Par-là elle se distingue de la garantie préventive, de la sûreté dont le but n'est pas de réprimer mais de rendre moins probable la violation de règle en raison de la menace qu'elle implique pour le violateur éventuel... »[432]. Dans le cadre de l'UA, la sanction a une double finalité : d'une part, une finalité punitive parce qu'elle affecte les droits que l'État sanctionné tire de sa participation à l'organisation africaine (**Paragraphe 1**) ; d'autre part, une finalité protectrice parce qu'elle garantit l'ordre juridique de l'organisation continentale africaine en punissant les violations qui lui portent atteinte (**Paragraphe 2**).

Paragraphe 1 : La finalité punitive de la sanction

177. De façon générale, la sanction est la réaction d'un système juridique à la violation de l'une de ses obligations[433]. En effet, chaque organisation prévoit des mesures qui relèvent, pour reprendre l'expression employée par Charles LEBEN, des sanctions « privatives de droit et de qualité ». Elles sont l'expression d'une réaction institutionnelle à l'encontre des membres qui se sont rendus coupables d'une violation des règles du groupe auquel ils appartiennent. Avec de telles mesures, il s'agit de priver partiellement ou totalement l'État fautif du bénéfice qu'il retire de sa participation à l'organisation[434] ; une action qui porte atteinte, on l'a vu, à son statut juridique au sein de cette dernière. Elles entraînent avec elles la privation de droits et d'avantages matériels, tel le droit de vote ; une sanction qui grève lourdement la position de l'État au sein de l'organisation[435]. Outre ces sanctions prises contre les États (**A**), d'autres sont mises en œuvre par l'organisation à l'encontre de ses fonctionnaires, des sanctions que l'on qualifiera ici de sanctions administratives (**B**).

A- Les sanctions institutionnelles

---

[432]*Ibidem*

[433]Djacoba Liva TEHINDRAZANARIVELO, « Le droit des Nations Unies et les limites au pouvoir de sanction du Conseil de sécurité », *The Centre for Studies and Research in International Law and International Relations*, https://referenceworks.brillonline.com/entries/centre-for-studies-and-research-in-international-law-and-international-relations/le-droit-des-nations-unies-et-les-limites-au-pouvoir-de-sanction-du-conseil-de-securite-ej.9789004137011.ch03 , consulté le 09 septembre 2017, p. 212.

[434]Charles LEBEN, *Les sanctions privatives de droit et de qualité*, *op. cit.*, p. 120. Voir aussi Charles LEBEN, « L'article 5 », *in* Jean-Pierre COT, Alain PELLET, *La Charte des Nations Unies commentaire article par article*, Paris, Economica, 3e éd., 2005, pp. 533-556, Anne-Thida NORODOM, « Les droits et obligations statutaires du membre, leur protection et leur sanction », *op. cit.*, pp. 326-349.

[435]*Ibidem*

178. Les sanctions institutionnelles dans le cadre de l'UA font l'objet d'une centralisation intégrale[436], c'est-à-dire de la constatation initiale de la violation d'une obligation à la décision d'adopter des sanctions privant l'État concerné des droits qui lui sont directement octroyés par l'organisation. Dans cette configuration, l'organisation dispose non seulement du droit de déclencher des sanctions, mais aussi d'une maîtrise totale des droits dont l'État sanctionné doit être privé[437]. Pour Jean COMBACAU, ce sont des sanctions que l'on pourrait qualifier de disciplinaires, telles que l'exclusion, la suspension partielle ou la suspension définitive. Ce sont des sanctions qui frappent l'État au regard de son statut au sein de l'organisation[438]. La plupart du temps, ces mesures sont exécutées par l'organe qui les édicte et s'appliquent immédiatement, car elles dépendent de l'organisation elle-même. Ainsi, d'après le même auteur, elles ont un « *caractère corporatif parfait* »[439] dans la mesure où elles sanctionnent l'État pour la violation d'obligations conventionnelles souvent inhérentes au fonctionnement même de l'organisation[440]. Parmi ces obligations conventionnelles figurent les obligations financières qui sont déclenchées et appliquées par les organes corporatifs[441] et entrent dans le cadre d'un schéma strictement interne, donc sans concours d'un organe extérieur. Nous nous attarderons plus particulièrement sur deux types de sanctions : la suspension (**1**) et les sanctions économiques (**2**)

1- La suspension

179. La suspension est la sanction institutionnelle la plus grave qui puisse toucher un État dans une organisation internationale derrière, bien entendu, l'exclusion. Si elle présente les avantages coercitifs de l'exclusion, elle n'en présente pas les inconvénients qui sont de soustraire l'État exclu aux obligations que l'organisation souhaite tout de même qu'il respecte. La suspension n'absout pas l'État sanctionné de ses obligations. Sont ici touchés les droits de vote, de prendre la parole, ou de recevoir les documents des réunions de l'Union. Déjà prévue dans le cadre de l'OUA, ce type de sanction

[436]Jérôme AUSLENDER, *op. cit.*, p. 25.
[437]C'est le cas pour un grand nombre d'organisations. Dans le cadre de l'Union européenne, par exemple, l'article 7 du Traité sur l'Union européenne, lorsqu'un État viole de façon grave et persistante les principes fondateurs de cette organisation, « *le Conseil, statuant à la majorité qualifiée, peut décider de suspendre certains des droits découlant de l'application des traités à l'État membre en question, y compris les droits de vote du représentant du gouvernement de cet État membre au sein du Conseil. Ce faisant, le Conseil tient compte des conséquences éventuelles d'une telle suspension sur les droits et obligations des personnes physiques et morales* ».
[438]Jean COMBACAU, *op. cit.*, pp. 28-29.
[439]*Ibidem*, p. 29.
[440]*Ibid.*
[441]*Ibid.*

n'est pas anodine parce qu'il peut affecter le premier droit fondamental que l'État tire de sa participation à une organisation internationale, à savoir le droit de vote. Celui-ci est très important, notamment parce que son octroi ou non permet de distinguer dans certaines organisations les membres pléniers des membres affiliés ou associés. Ainsi, les statuts de l'Organisation mondiale du Tourisme disposent que « *la participation des membres associées aux travaux de l'organisation est de nature technique, les décisions et les votes étant la prérogative exclusive des membres effectifs* »[442]. Même si cette distinction n'est pas effective au sein de l'organisation continentale africaine, elle illustre de manière générale l'importance du droit de vote d'un État au sein d'une organisation internationale.

180. Elle est la première sanction corporative possible, mais aussi finalement la plus légère car elle laisse indemnes les autres droits de l'État membre[443]. C'est la sanction par excellence du non-respect des obligations financières dans les organisations internationales. Pour que cette sanction soit mise en œuvre, il est seulement nécessaire qu'un retard soit constaté dans le paiement des contributions financières d'un État membre. Au sein de l'UA, comme on a déjà pu le relever sans s'y attarder, la sanction en cas de défaut de paiement des contributions financières est graduelle. Conformément à l'article 35 du règlement intérieur de la Conférence des chefs d'État et de gouvernement, dans un premier temps cette sanction intervient lorsque le montant des arriérés s'élève à plus de deux ans mais est inférieur à cinq ans de contributions dues. Dans ce cas, les sanctions consistent en la suspension du droit de l'État membre de « *prendre la parole, voter, recevoir les documents des réunions de l'union* » (i) ; *offrir d'abriter les sessions de la conférence ou du conseil exécutif ou de toute autre de l'Union* ; et (iii) *présenter un candidat à une fonction ou un poste au sein de l'Union* »[444]. Cependant, lorsque le montant des arriérés est plus important, c'est-à-dire qu'ils s'élèvent à cinq ans et plus de contributions dues, le règlement intérieur prévoit en plus des sanctions énumérées ci-dessus, la suspension du droit de l'État membre de « *faire renouveler les contrats d'emploi de ses nationaux ; de (i) bénéficier des fonds de l'Union pour de nouveaux projets dans l'État membre concerné* »[445]. À la lecture à la fois des articles 23 de l'Acte constitutif et 35 du règlement intérieur de la Conférence des chefs d'État et de gouvernement, quelques constats s'imposent.

---

[442]Article 6, alinéa 3 des statuts de l'OMT du 28 septembre 1970, amendé par la résolution 511(XVI) de l'Assemblée générale lors de sa 16e session, Dakar, novembre-décembre 2005.
[443]Charles LEBEN, *op cit.*. p. 177.
[444]Article 35, § 2 du règlement intérieur de la Conférence de l'Union.
[445]*Ibidem*

181. Un premier concerne la sanction applicable lorsque les arriérés de cotisations d'un État s'élèvent à plus de deux ans, mais à moins de cinq ans de contributions dues. En plus de priver l'État fautif de son droit de vote, qui semble être la sanction idéale en matière de contributions financières, l'organisation ajoute celle de recevoir les réunions de l'organisation. Or, ce type de sanctions est souvent mis en œuvre lorsque les obligations violées touchent des obligations institutionnelles autres que des obligations financières. En général, ces sanctions (recevoir les documents des réunions de l'Union, offrir d'abriter les sessions de la Conférence ou du Conseil exécutif ou de tout autre organe de l'Union, présenter un candidat à une fonction ou un poste au sein de l'Union, etc.) ne sont en effet pas prévues en cas de non-paiement de contributions financières[446]. En la matière, l'UA se distingue donc des autres organisations internationales[447]. Pour qu'une organisation envisage la suspension des droits autres que le droit de vote, il est en généralement nécessaire que l'État ait commis une violation grave et répétée. Par exemple, dans le cadre de l'ONU, de telles mesures sont prévues quand cette organisation entreprend une action préventive ou coercitive contre l'un de ses États membres[448]. Au sein de l'organisation africaine, de telles dispositions n'ont pas été prévues. Dès que le seuil de deux ans de retard de paiement de contributions est franchi par un État membre, toutes ces mesures sont appliquées. On assiste donc à un « flot de sanctions » sans savoir s'il existe un ordre de préséance pour l'application de ces dernières. L'État sanctionné est-il d'abord privé du droit de prendre la parole ou toutes les sanctions prévues l'article 35 du règlement intérieur s'applique-elles à lui d'un seul coup ?

182. La doctrine s'est penchée sur la question de savoir si une organisation qui envisage de suspendre de ses droits et privilèges un État doit suspendre effectivement tous les droits ou s'il est possible d'atténuer son action en ne suspendant que certains droits de l'État fautif. Selon L.M. HAMBRO et E. GOODRICH, s'inspirant des commentaires de l'article 5 de

---

[446]Dans le cadre de l'ONU, par exemple, l'article 19 de la Charte prévoit qu' « *un membre des Nations Unies en retard dans le paiement de sa contribution aux dépenses de l'Organisation ne peut participer au vote à l'Assemblée générale si le montant de ses arriérés est égal ou supérieur à la contribution due par lui pour les deux années complètes écoulées. L'Assemblée générale peut néanmoins autoriser ce membre à participer au vote si elle constate que le manquement est dû à des circonstances indépendantes de sa volonté* ».

[447]Il est à noter qu'outre l'UA, les organisations telles que l'OMS et l'OMM ont prévu un seul et même article pour la sanction des obligations financières et des obligations de conduite de leurs États membres.

[448]Cf article 5 de la Charte des Nations Unies : « *Un membre de l'Organisation contre lequel une action préventive ou coercitive a été entreprise par le Conseil de sécurité peut être suspendu par l'Assemblée générale, sur recommandation du Conseil de sécurité, de l'exercice des droits et privilèges inhérents à la qualité de membre. L'exercice de ces droits et privilèges peut être rétabli par le conseil de sécurité* ».

la Charte[449], « *le principe général semble être que l'État suspendu de ses droits et privilèges doit être à toutes fins et intentions traité comme un État ne faisant pas partie de l'organisation* »[450]. On pourrait ainsi conclure, à l'appui de cette interprétation, qu'un État qui ne règle pas ses contributions financières au bout de deux ans doit être considéré comme ne faisant plus partie de l'organisation. Cependant, si nous nous en tenons à cette analyse, le paragraphe 3 de l'article 35 du règlement intérieur de la Conférence des chefs d'État et de gouvernement ne devrait pas exister, car l'ensemble des mesures prises à partir de deux ans d'arriérés de contributions seraient vaines. L'État fautif verrait son appartenance à l'organisation africaine sérieusement compromise. En plus des mesures précitées, le non-paiement par un État membre de ses contributions financières a une incidence sur le recrutement de ses ressortissants au sein de l'UA. Il y a là un paradoxe saisissant. Comment comprendre que l'on demande aux fonctionnaires de l'UA une impartialité et une indépendance dans la conduite des affaires africaines et, en même temps, conditionner leur recrutement au comportement de leur État respectif ; d'autant plus que ces individus n'ont pas forcément d'influence ou de moyens de pression s'agissant du paiement de ces arriérés par leurs dirigeants[451]. À ce propos, Anne-Thinda NORODOM souligne qu'« *il paraît en effet curieux d'associer le comportement de l'État membre à des sanctions individuelles à l'égard de son ressortissant, d'autant plus si celui-ci bénéficie du statut de fonctionnaire et, à ce titre, de la protection de son indépendance* »[452]. Ce sont autant de contradictions qui rendent les sanctions de l'Union africaine très hermétiques et altèrent leur efficacité.

183. En dépit de ces éléments critiquables, en mars 2004, huit États ont vu de telles sanctions leur être appliquées[453]. Toutefois, l'organisation africaine peut décider d'accorder une exemption aux États qui connaissent de réelles difficultés les empêchant d'honorer leurs engagements financiers vis-à-vis d'elle. C'est ainsi qu'à l'époque de l'OUA, des mesures exceptionnelles avaient été accordées à des États victimes de conflits internes. Ce fut le cas, par exemple, de ceux qui ne disposaient pas d'un pouvoir central effectif tels que la Somalie, le Liberia, la Sierra Leone et le Burundi[454]. Le paragraphe 3 de l'article 35 du règlement intérieur de la Conférence prévoit également que

---

[449]Voir Charles LEBEN, « Article 5 », *op. cit.*, p. 537.

[450]L. M. GOODRICH et E. HAMBRO, *Commentaire de la Charte des Nations Unies*, Neuchatel, éd. de La Baconnière, 1946, p. 150.

[451]Djacoba Liva TEHINDRAZANARIVELO, *op. cit.*, p. 97.

[452]Anne-Thida NORODOM, *op. cit.*, p. 347.

[453]Il s'agit, entre autres, de la Guinée-Bissau, le Liberia, la République centrafricaine, la République démocratique du Congo, Sao Tomé et Principe, Seychelles, Somalie, Union des Comores (Conseil exécutif, 4e session ordinaire, Addis-Abeba, 12-16 mars 2004, Décision sur le rapport du Sous-comité des contributions, Doc. Ex.CL/70 (IV) Rev.I).

[454]Note introductive au Rapport du secrétaire général lors de la 63e session du Conseil des ministres, par. 6. CM/1093(LXIII).

les sanctions peuvent être levées temporairement si l'État membre paie au moins 50% de ses arriérés de contributions, à condition que ce paiement soit effectué trente jours avant le début de la session du Conseil exécutif précédant celle de la Conférence[455]. Si le non-paiement des contributions financières a toujours fait l'objet de sanction au sein de l'organisation continentale africaine, l'Acte constitutif de l'UA innove cependant en introduisant des sanctions pour non-respect des décisions de l'organisation. Ceci constitue en effet une grande première dans le cadre africain. Précisément, l'Acte constitutif prévoit des sanctions en matière de transports et de communications et dans les domaines économiques et diplomatiques (article 23, alinéa 2).

2- Les sanctions économiques

184. Les sanctions économiques sont prévues à l'article 23, alinéa 2 de l'Acte constitutif de l'Union. Elles sont largement inspirées de celles de la Charte des Nations Unies dont l'article 41 dispose que : « *Le Conseil de sécurité peut décider quelles mesures n'impliquant pas l'emploi de la force armée doivent être prises pour donner effet à ses décisions et peut inviter les Membres des Nations Unies à appliquer ces mesures. Celles-ci peuvent comprendre l'interruption complète ou partielle des relations économiques et des communications ferroviaires, radioélectriques et autres moyens de communication, ainsi que la rupture des relations diplomatiques* ». Ces sanctions économiques édictées par le Conseil de sécurité ont pour but de faire pression sur les États qui ont enfreint les buts et principes de l'ONU. Cependant, pour que le Conseil prenne effectivement ces sanctions, il est requis que le comportement de l'État soit au préalable qualifié de menace contre la paix et la sécurité internationales[456].

185. Les premières sanctions économiques prises dans ce cadre l'ont été contre la Rhodésie en 1966[457], puis l'Afrique du Sud en 1977. Dans l'un comme dans l'autre cas, ces mesures ont toujours été édictées après que la situation de violation des règles de l'ONU a été qualifiée de menace contre la paix et la sécurité internationales. Au niveau du continent africain, des sanctions économiques ont été infligées à plusieurs États. Ces sanctions

---

[455] La Sierra Leone a notamment bénéficié de telles mesures d'exemption lors 3e session ordinaire, Maputo, 4-8 juillet 2003, Doc. EX. CL/27(III).
[456] Mohamed BENOUNA, « *Les sanctions économiques des Nations Unies* », *RCADI*, vol. 300, 2002, p. 26.
[457] Sur cette question, voir Philippe WILLAERT, « Les sanctions économiques contre la Rhodésie (1965-1979) », pp. 217-245 ; disponible sur le site : http://rbdi.bruylant.be/public/modele/rbdi/content/files/RBDI%201984%20et%201985/RBDI%201984%20et%201985-1/Etudes%20de%20cas/RBDI%201984-1985.1%20-%20pp.%20216%20à%20248%20-%20Philippe%20Willaert.pdf (consulté le 20 juin 2016).

consistent, dans la plupart des cas, à geler les avoirs des dirigeants. Elles sont toujours prises avec la collaboration des partenaires de l'Union africaine telles l'Union européenne ou les Nations Unies. Néanmoins, il convient de noter que les sanctions entendues en tant que mesures institutionnelles, qui sont prises en réaction au comportement d'un État jugé contraire aux principes et idéaux de l'organisation, même si elles présentent l'avantage de faire cesser le comportement illégal, peuvent se révéler être un inconvénient majeur pour les États, surtout en ce qui concerne les sanctions économiques au niveau continental africain[458]. En effet, les mesures prises par l'UA peuvent aller de l'embargo jusqu'au gel des avoirs des dirigeants. Or, l'édiction de telles sanctions doit s'accompagner d'une attention particulière aux effets qu'elles peuvent avoir sur les populations défavorisées.

186. À ces sanctions s'ajoute une catégorie particulière de mesures, souvent négligées, qui concernent les organes ne se rattachant à aucun État et ne dépendant médiatement ou immédiatement que de l'ensemble des représentants des États agissant dans l'intérêt de tous les membres[459]. Avec l'institutionnalisation de plus en plus poussée des rapports interétatiques, des individus remplissent désormais des fonctions dites « d'intérêt international »[460]. Il s'agit des fonctionnaires internationaux qui peuvent aussi être l'objet de sanctions de la part de l'organisation pour laquelle ils travaillent.

B- Les sanctions administratives et disciplinaires de l'Union africaine

187. Les agents que l'on qualifie de « fonctionnaires internationaux » sont présents aussi bien dans les organisations internationales que les organisations régionales [461] . Leur activité professionnelle, orientée vers l'intérêt public de l'organisation pour laquelle ils travaillent, explique qu'ils

---

[458]Ce fut notamment le cas lors de la crise survenue à Anjouan dans laquelle le CPS décida, lors de 95e réunion à Addis-Abeba, le 10 octobre 2007, que « *a) tous les États membres prendront immédiatement les mesures nécessaires pour empêcher l'entrée ou le passage en transit sur leurs territoires des autorités illégales d'Anjouan, b) tous les États membres gèleront immédiatement les fonds, autres avoirs financiers et ressources économiques appartenant aux ou sous contrôle des autorités illégales d'Anjouan d) toutes les liaisons aériennes et maritimes en provenance ou à destination d'Anjouan seront surveillées...* ». Cf. Doc.UA.PSC/PR/Comm(XCV), par. 5, pp. 1-2. Communiqué de la 95e réunion du CPS à Addis-Abeba (Éthiopie), 10 octobre 2007. Un blocus maritime avait aussi été envisagé dans cette crise.

[459]Suzanne BASTID, *La condition juridique des fonctionnaires internationaux*, Paris, Sirey, 1931, pp. 3-4.

[460]*Ibidem*

[461]Georges CUILLE, *Privilèges et immunités des fonctionnaires internationaux*, Thèse de doctorat, Paris, 1959, p.1.

soient soumis dans l'exercice de leur compétence à certaines règles et à un régime juridique particulier comportant des avantages et des obligations. Cependant, l'action de ces agents est souvent méconnue et dans la plupart des travaux consacrés aux sanctions dans les organisations internationales ou régionales, ce sont celles touchant aux rapports existants entre les États membres et ces organisations qui sont mises en exergue. Pourtant, une organisation, quelle qu'elle soit ne peut fonctionner sans une « machine administrative ». La bonne marche d'une organisation telle que l'UA demande donc un personnel qualifié, mais requiert aussi des mesures aptes à faire cesser tout comportement inadéquat qui pourrait porter atteinte à son bon fonctionnement. L'ambition ici n'est pas de revenir aux débats doctrinaux relatifs au statut du fonctionnaire international ou à la différence existante entre agents internationaux et fonctionnaires internationaux[462] ; cependant, il importe de relever dans le cadre de notre analyse que dans la mesure où les fonctionnaires participent au rayonnement de l'organisation, il est évident qu'ils sont aussi soumis à un ensemble de règles, certes différentes de celles destinées aux États, mais tout aussi importantes. Il s'agira alors de présenter dans les développements suivants les différentes mesures disciplinaires existantes à l'encontre des fonctionnaires que l'on qualifiera ici de sanctions administratives. Pour ce faire, on identifiera tout d'abord l'objet de la répression administrative (**1**), puis on s'intéressera aux sanctions administratives mises en œuvre pour remédier aux comportements répréhensibles des agents de l'organisation (**2**).

1- L'objet de la répression administrative

188. L'Union africaine instituée pour réaliser le projet collectif des États du continent est tenue d'assurer le respect des règles établies à cet effet. Outre les États, les fonctionnaires travaillant pour le compte de l'organisation sont aussi tenus de respecter les règles établies par cette institution. Les fonctionnaires[463] dont il est question ici sont ceux qui relèvent de la décision

---

[462]De nombreuses études ont été consacrées à cette notion. Voir notamment : Claire CORDIN, *Le recrutement et la carrière des fonctionnaires internationaux à travers la jurisprudence des tribunaux administratifs du système des Nations Unies*, Thèse de doctorat, Paris II, 1996 ; Suzanne BASTID, *Les fonctionnaires internationaux*, Paris, Sirey, 1931 ; Alain PLANTEY, François LORIOT, *Fonction publique internationale. Organisations mondiales et européennes*, Paris, CNRS, 2005 ; Sylvain DALLE-CRODE, *Le fonctionnaire communautaire. Droits, obligations et régime des sanctions*, Bruxelles, Bruylant, 2008 ; David RUZIÉ, *Les fonctionnaires internationaux*, Paris, Armand Colin, 1970.

[463]Le terme fonctionnaire tel qu'il est ici utilisé ici relève de la définition classique donnée en droit international par la doctrine et la pratique. Voir à cet effet, Suzanne BASTID, *Les fonctionnaires internationaux*, *op. cit.*, p. 53. CIJ, *Réparation des dommages subis au service des Nations Unies*, Rec. 1949, p. 177. *Dictionnaire de la terminologie du Droit international*, publié sous le patronage de l'Union académique internationale, Paris, Sirey, 1960, p. 288. Louis DUBOUIS, « La condition juridique des agents internationaux », *in* SFDI, *Les agents*

sur les statuts et règlement du personnel de l'UA[464] dont le chapitre 1 définit le fonctionnaire comme « *toute personne qui est employée par l'Union sur une base permanente, régulière ou sur la base d'un contrat à durée déterminée ou de courte durée, sur la base d'un salaire journalier ou mensuel tel que prévu dans les présents Statuts et Règlements* »[465]. Cette définition diffère de celle du précédent statut (dans le cadre de l'OUA) qui procédait à une distinction entre fonctionnaire et employé[466]. Cependant, l'actuel statut différencie le fonctionnaire du fonctionnaire permanent, en définissant ce dernier comme « *tout fonctionnaire au service de l'Union employé avant 1987 ou ceux des fonctionnaires titulaires qui ont servi l'Union pendant plus de cinq (05) années consécutives* »[467]. On note très clairement une rupture avec l'ancien texte dans lequel le fonctionnaire permanent était « *tout fonctionnaire affecté à un poste permanent et à qui, à l'issue d'une période de service contractuel de durée déterminée accomplie avec succès, une nomination permanente a été accordée conformément à l'alinéa (c) et l'article13 du statut du personnel* »[468]. À côté de ces deux types de fonctionnaires sont prévues d'autres catégories de personnel : « *personnel recruté sur le plan international* »[469], « *le personnel recruté localement* »[470], le « *Haut responsable* »[471], « *le personnel à temps partiel* »[472], « *le fonctionnaire nommé politiquement* »[473], « *le personnel détaché* »[474], ou encore « *le fonctionnaire spécial* »[475]. Tous ces types d'agents constituent l'ensemble du personnel de l'organisation africaine à qui des sanctions sont appliquées en fonction de leur statut juridique lorsqu'une faute est constatée.

---

internationaux, Paris, Pedone, 1985, p. 17. Voir aussi : suppl. n°5, Art. 92 à 111 de la Charte, 1er janvier 1970 au 1er février 1978, 1956, p. 252, § 76.

464 Document adopté lors de la 15e session ordinaire de la Conférence à Kampala (Ouganda), le 27 juillet 2010. *Doc UA/Conf. De l'Union, Décision sur les statuts et règlements du personnel de l'Union africaine. Assembly/AU/Dec.305(XV)*, p. 1.

465 Chapitre 1 du projet de statut du personnel de l'UA. *Doc UA/Conf. De l'Union, Décision sur les statuts et règlement du personnel de l'Union africaine. Assembly/AU/Dec.305(XV)*, pp. 1-4.

466 Ainsi, l'article 3 du statut du personnel de l'OUA en son alinéa (a) (i) définissait le fonctionnaire comme « *Toute personne qui est employée par l'organisation de façon permanente ou temporaire sur la base de salaires ou traitements mensuels* » et l'alinéa (ii) d'ajouter « *Est employé, toute personne employée temporairement par l'organisation sur la base de salaires journaliers* ».

467 Article 3, alinéa b (i).

468 *Ibidem.*

469 Ce sont des « *employés de la catégorie GSA4 et plus, recrutés en dehors de leur pays d'origine et qui ne sont pas citoyens du pays hôte du lieu d'affectation* ».

470 Voir statut et règlement de l'UA

471 *Ibidem*

472 *Ibidem*

473 Voir statut et règlement de l'UA

474 *Ibidem*

475 *Ibidem*

189. La faute disciplinaire désigne en principe toute violation des obligations incombant aux fonctionnaires qui peuvent donner lieu à des sanctions. Il peut s'agir d'un manquement, d'une négligence dans l'exercice de leurs fonctions ou en dehors de celles-ci étant entendu qu'une certaine conduite leur est demandée. Les fautes disciplinaires sont des manquements aux devoirs du fonctionnaire ; néanmoins, une distinction doit être opérée entre les erreurs, les écarts, les fautes de service, les fautes de conduite, de simples manquements professionnels et les fautes caractérisées qui peuvent donner lieu à une action disciplinaire[476].

190. Le manquement est une faute consistant dans l'absence d'observation des règles officielles de conduite. Il peut se référer à la violation de certaines prescriptions statutaires, à la faute grave dans l'exercice de fonctions officielles, à la contravention à une législation nationale, à une conduite reprochable, à une fausse déclaration dans la demande d'emploi, à un manquement à une règle fondamentale du service. Dans certains cas, comme dans l'affaire du Tribunal administratif des Nations Unies (TANU) *Eren Robertson*, « *(…) des carences dans le comportement professionnel peuvent revêtir un caractère si extrême qu'elles constituent une faute justifiant des mesures disciplinaires* »[477].

191. Dans le cadre de l'UA, c'est l'article 58 du règlement intérieur de la Conférence qui aborde la question. Les manquements des fonctionnaires sont résumés dans l'expression « fautes professionnelles ». Sont constitutives de fautes professionnelles : les actes illicites commis par le fonctionnaire dans l'exercice de ses fonctions officielles ou non[478] ; les fausses déclarations ou fausses attestations relatives à toute réclamation ou indemnité de l'Union, y compris l'omission de divulguer un fait pertinent en rapport avec cette réclamation ou indemnité[479] ; les agressions graves, verbales ou physiques, harcèlement (y compris le harcèlement sexuel) ou menaces à l'encontre d'un autre fonctionnaire[480] ; les abus de pouvoir et/ou abus d'autorité[481] ; l'atteinte à la confidentialité[482] ; l'abus de privilèges et d'immunités ; l'insubordination ou désobéissance individuelle ou collective à un ordre légal et raisonnable ; l'absence régulière non autorisée sans motif valable ou sans permission ; les retards fréquents au travail ; le refus d'obéir aux instructions légitimes ; le

[476]Alain PLANTEY, François. LORIOT, *op. cit.*, p .237.
[477]Cf. TANU, affaire *Eren Robertson*, jugement n° 744, 1995.
[478]Article 58, alinéa 1 (i) du statut du personnel. *Doc UA/Conf. De l'Union, Décision sur les statuts et règlements du personnel de l'Union africaine. Assembly/AU/Dec.305(XV)*, *op.cit*
[479]Article 58, alinéa 1 (ii) du statut du personnel.
[480]*Ibidem*, alinéa 1(iii).
[481]*Ibid.*, alinéa 1(iv)
[482]*Ibid.* alinéa 1.

comportement séditieux ou violent dans les locaux de l'Union ou les actes subversifs à une bonne discipline[483].

192. Aux manquements précités, il convient d'ajouter la négligence ou indifférence à l'égard de ses fonctions ; la réception ou offre de « pots-de-vin » ou de toute gratification illicite ; la négligence ou manquement à ses devoirs pouvant causer des pertes financières ou des dommages aux biens et à la réputation de l'Union ; le vol, fraude, malhonnêteté, contrefaçon, détournement de fonds publics, utilisation abusive du matériel ou des biens, y compris les données électroniques, les dossiers, les fichiers et les documents ; l'état d'ivresse sur le lieu de travail ou la consommation abusive de boissons alcoolisées ou de drogues pendant les heures de travail ; l'exposition volontaire ou par négligence d'autrui aux dangers psychologiques ou physiques, aux blessures ou à la torture ; les actes d'intimidation ; la conduite immorale, indécente ou déshonorante ; l'assistance et complicité dans l'intention de commettre un délit ; la rétention volontaire d'informations concernant un fonctionnaire qui est inefficace, incompétent ou qui présente un danger pour la sécurité de l'Union ; des allégations intentionnelles non fondées ou des diffamations contre les autres fonctionnaires ; la révélation d'informations officielles sans permission ; les actes de violence ; l'abandon de poste ; la récupération, communication, possession et reproduction non autorisées de documents ou d'informations auxquelles le fonctionnaire a accès dans l'exercice de ses fonctions afin de commettre un acte illégal en dehors de ses fonctions officielles, etc.[484]

193. Ainsi, l'UA s'aligne sur la pratique de la majorité des organisations internationales en la matière. Par exemple, l'article 21 (a) des statuts de l'Organisation de coopération et de développement économique (OCDE) prévoit également que la faute peut avoir été commise hors de l'exercice des fonctions. Par ailleurs, pour le Tribunal administratif de l'organisation internationale du travail (TAOIT), même étranger au service proprement dit, un acte ou une attitude du fonctionnaire ne doit être soustrait à un contrôle disciplinaire[485]. Dans les statuts du Conseil de l'Europe, la négligence peut également constituer un manquement[486]. L'acte constitutif du manquement doit porter atteinte à une obligation professionnelle, par exemple, à la qualité des services rendus. Il est néanmoins à souligner que pour qu'elle soit considérée comme constitutive d'un manquement susceptible d'une sanction disciplinaire, une infraction d'ordre privé, pénal ou fiscal doit avoir une incidence sur l'organisation.

---

[483]Article 58 du statut et règlement du personnel de l'Union africaine.
[484]*Ibidem*
[485]Cf. TAOIT, affaire *Leff*, 6 septembre 1954, 15, BO 1954, p. 299).
[486]Annexe 111, article 1 du statut du personnel du Conseil de l'Europe

194. Tous les éléments évoqués relèvent des obligations incombant au fonctionnaire de l'organisation africaine, qui doit ainsi fixer lui-même les limites de son comportement afin de les respecter. Dans le cas contraire, une infraction aux dispositions statutaires peut engendrer la mise en œuvre d'une procédure disciplinaire avec à la clé l'adoption de sanctions pouvant aller jusqu'à la révocation du fonctionnaire. Comme le souligne le professeur RUZIE, « *le pouvoir disciplinaire est une des manifestations du pouvoir hiérarchique, plus précisément un de ses moyens d'action, car il en assure l'efficacité* »[487].

2- Les sanctions administratives et disciplinaires instituées

195. Les sanctions sont prises en cas d'infraction à des obligations qui pèsent sur les fonctionnaires de l'organisation africaine. Ces obligations sont diverses[488] et leur non-respect est sanctionné au regard de la gravité de la faute du fonctionnaire. Le président, l'autorité compétente ou tout autre organe peut prendre des mesures disciplinaires (**a**), ainsi que des mesures administratives (**b**), contre un fonctionnaire qui a violé les règles des statuts et règlements de l'UA.

a- Les mesures disciplinaires

196. Lorsque l'organisation constate une faute, elle peut adresser un avertissement ou un blâme oral ou écrit au fonctionnaire concerné. Puis, elle applique des sanctions qui peuvent être[489] un blâme écrit consigné dans le dossier du fonctionnaire ou bien la retenue, renvoi ou refus d'une augmentation annuelle de traitement. En imposant une telle sanction, le président ou l'autorité compétente de tout autre organe précise si l'échelon ou les échelons en question sont refusés pour l'année en cours ou si un ou plusieurs d'entre eux peuvent être rétablis dans le cas où, dans le délai fixé par le président ou l'autorité compétente de tout autre organe, la conduite du fonctionnaire ne donne plus lieu à des reproches. Outre les sanctions précitées,

---

487 David RUZIE, « Fonction publique communautaire », *Répertoire Dalloz de droit communautaire*, vol. 2, 15 avril 1992, mis à jour en octobre 1997, p. 11, § 108.

488 Voir P. YAKEMBE YOKO, B. MULAMBA MBUYI, *Déontologie des fonctionnaires internationaux. Notes de cours à l'usage des étudiants en droit*, Paris, L'Harmattan, 2013, p. 23. Voir aussi Laurent GERMOND, *Les principes généraux selon le tribunal administratif de l'OIT*, Paris, Pedone, 2009. p. 177).

489 Au sein de l'organisation, le choix de la sanction est important. Il est déterminé par un ensemble de facteurs que l'autorité chargée d'adopter des sanctions contre les fonctionnaires prend en compte. Ainsi, l'article 61 prévoit un certain nombre d'éléments, à savoir : la nature et les circonstances de la faute ; le degré de l'impact de la faute sur l'intégrité ; ou encore la réputation ou les intérêts de l'Union.

peuvent aussi être décidés une suspension sans traitement, un remboursement au titre des pertes, un refus de promotion, une rétrogradation, la cessation de service, voire même le licenciement du fonctionnaire fautif.

197. La suspension sans traitement implique que le fonctionnaire perd certains avantages. Même s'il existe une différence entre la suspension sans traitement à titre de mesure disciplinaire et celle qui est décidée durant une enquête, le fonctionnaire cesse dans les deux cas d'exercer ses fonctions et de recevoir un traitement ou des indemnités. La durée de la suspension sans traitement ne peut dépasser trente jours civils[490]. S'agissant du remboursement au titre des pertes, le président ou l'autorité compétente de tout autre organe précise le montant que doit restituer le fonctionnaire en raison d'un acte de négligence ayant entraîné des pertes financières pour l'UA conformément à son Règlement financier[491].

198. Concernant le refus de promotion, le président ou l'autorité compétente de tout autre organe doit préciser le nombre d'années, jusqu'à une période maximale de trois ans, durant lesquelles le fonctionnaire ne sera pas promu à un autre échelon[492]. Quant à la rétrogradation, sauf disposition contraire spécifiée par le président ou l'autorité compétente de tout autre organe, un fonctionnaire qui fait l'objet d'une telle mesure n'aura pas droit à une promotion avant l'expiration d'une période maximum de trois ans à compter de la date de la rétrogradation[493]. Il est par ailleurs à noter qu'un fonctionnaire destitué de ses fonctions n'a pas droit à un préavis ni à un paiement en lieu et place du préavis ; non plus à une indemnité de licenciement et à la cotisation au régime de retraite versée par l'Union[494].

199. Notons par ailleurs que s'agissant de la suspension sur commencement de preuve, le président ou l'autorité compétente de tout autre organe peut suspendre un fonctionnaire avec traitement sur réception d'un commencement de preuve liée à une faute lourde. Le rapport d'audit ou financier peut l'incriminer pour fraude, détournement de fonds, répartition inappropriée de fonds de l'Union, ou lorsque le fonctionnaire n'est pas en mesure de rendre valablement compte des dépenses impliquant des fonds de l'Union. Cependant, la suspension n'excédera pas une période cumulée de trois mois, en attendant la décision du président ou de l'autorité compétente de tout autre organe faisant suite aux recommandations qui lui sont présentées

---

[490]Article 61, alinéa 3 (c).
[491]Article 61, alinéa 3 (d).
[492]Article 61, alinéa 3 (e).
[493]Article 61, alinéa 3 (f).
[494]Voir l'article 63, alinéa 3 (g) ; (h) (a, b, c,) ; (i) (a, b, c).

par le Conseil de discipline. Un fonctionnaire[495] suspendu ne peut être autorisé à voyager à l'extérieur de son lieu d'affectation sans permission et son accès à certains locaux de l'Union peut être limité[496].

200. Néanmoins, toutes les mesures prises par le Conseil de discipline ne sont pas toujours des sanctions disciplinaires. Il peut s'agir d'un avertissement écrit ou oral du supérieur hiérarchique[497]. Relevons par ailleurs qu'un fonctionnaire faisant l'objet de poursuites judiciaires en dehors de l'organisation peut aussi faire l'objet de mesures disciplinaires. De fait, une procédure disciplinaire peut être également engagée contre un fonctionnaire dont la conduite est incompatible avec ses responsabilités officielles[498]. Tout fonctionnaire accusé d'une infraction pénale autre qu'une infraction routière mineure ou toute autre infraction similaire doit le signaler au président ou à l'autorité compétente de tout autre organe, conformément aux dispositions pertinentes des statuts et règlements du personnel[499]. Lorsque la faute d'un fonctionnaire a été établie et que le Conseil de discipline estime que son maintien en fonction pourrait porter préjudice aux intérêts de l'Union ou à l'enquête[500], le président ou l'autorité compétente de tout autre organe peut suspendre le fonctionnaire de ses fonctions, en attendant les résultats de l'enquête[501]. Le fonctionnaire suspendu reçoit alors la moitié de son salaire de base et toutes les indemnités prévues, à la condition que la période de suspension ne dépasse pas trois mois. Il est informé par écrit des raisons, des conditions et de la durée probable de sa suspension. Il est à noter que ces sanctions décidées font l'objet d'un examen par le COREP[502].

201. Un fonctionnaire suspendu cesse de s'acquitter de ses fonctions et ne doit pas se présenter au travail. Toutefois, il ne doit pas quitter son poste

---

[495] Voir YAKEMBE YOKO, B. MULAMBA MBUYI, *Déontologie des fonctionnaires internationaux. Notes de cours à l'usage des étudiants en droit, op. cit.*. Voir aussi : Laurent GERMOND, *Les principes généraux selon le tribunal administratif de l'OIT, op. cit.*). Le statut du personnel de l'UA prévoit le degré d'intention ou de négligence dans la faute commise, les motifs de la faute du fonctionnaire, le grade et l'ancienneté du fonctionnaire, le degré de la responsabilité personnelle du fonctionnaire, le niveau des fonctions et des responsabilités du fonctionnaire, la conduite du fonctionnaire au cours de sa carrière. On y voit une similitude avec l'UE dont le règlement (CE, EURATOM) n° 723/2004 du Conseil du 22 mars 2004 modifiant le statut des fonctionnaires des Communautés européennes ainsi que le régime applicable aux autres agents de ces Communautés prévoit également au niveau européen que la sanction infligée doit être proportionnelle à la gravité de la faute commise par le fonctionnaire.

[496] Article 61, alinéa 3 (j)

[497] Article 61, alinéa 4 du statut et règlement du personnel de l'Union africaine, 15e session ordinaire de la Conférence de l'Union africaine, 25- 27 juillet 2010.

[498] Article 60, alinéa 1.

[499] *Ibidem*

[500] Article 60, alinéa 2.

[501] Article 60, alinéa 4.

[502] Article 60, alinéa 3.

d'affectation sans une autorisation écrite et spécifique du président ou de l'autorité compétente de tout autre organe au cours de la période d'investigation et de conduite de la procédure. Aucun fonctionnaire n'est autorisé à démissionner lorsqu'il est suspendu ou lorsqu'une procédure pénale est en cours contre lui. Un fonctionnaire suspendu qui a été acquitté à l'issue d'une action pénale intentée contre lui a droit à la part de ses droits retenus lors de la suspension. Il est aussi rétabli dans ses fonctions[503].

202. Néanmoins, s'il est condamné et démis par conséquent de ses fonctions, le fonctionnaire n'a pas le droit au paiement de ses droits retenus. Cependant, rien n'empêche que le président ou l'autorité compétente de tout autre organe de l'Union, après avoir consulté le Conseil de discipline, prenne des mesures disciplinaires à l'encontre d'un fonctionnaire en raison de sa conduite, à condition que l'accusation ne soit pas la même que celle ayant motivé l'action pénale à l'issue de laquelle le fonctionnaire a été acquitté et qu'elle ne soulève pas essentiellement les mêmes questions que le procès pénal. Si le fonctionnaire a été reconnu pénalement coupable, le président ou l'autorité compétente de tout autre organe, en consultation avec le Conseil de discipline, examine les délibérations du tribunal.

203. Si, après examen des délibérations du tribunal, le président ou l'autorité compétente de tout autre organe est d'avis qu'il doit être mis fin aux fonctions du fonctionnaire ou que des mesures disciplinaires doivent être prises à son égard, le président ou l'autorité compétente de tout autre organe prend les mesures idoines conformément aux statuts et règlements. Le licenciement constitue une sanction lorsqu'il est établi par le Conseil de discipline que le fonctionnaire est coupable de conduite grave ou d'actes répréhensibles tel que prévu dans les statuts et règlements du personnel. Il en est de même lorsque le fonctionnaire a été reconnu coupable d'une infraction pénale grave, sur avis du Conseil de discipline. Ces différentes sanctions prises à l'encontre des fonctionnaires peuvent cependant faire l'objet des recours prévus dans les statuts et règlements du personnel[504].

b- Les mesures administratives

[503]Pour des informations complémentaires sur le choix du manquement ou encore la procédure, voir le statut du personnel de l'UA, notamment son article 4, ou encore les alinéas a, b, c, d de l'article 9 du statut et règlement du personnel de l'OUA/UA.
[504]*Ibidem*

204. Conformément à l'alinéa a de l'article 12 des statuts et règlements du personnel[505], tout fonctionnaire qui souhaite faire appel d'une décision administrative le concernant doit, dans un premier temps, adresser une lettre au président ou à l'autorité compétente de tout autre organe, demandant que la décision administrative en question fasse l'objet d'un nouvel examen. Cette lettre doit être adressée par courrier recommandé lorsque le fonctionnaire est en poste hors du siège, dans les trente jours qui suivent le jour de la réception de la décision contestée. Si, après examen, le président ou l'autorité compétente de tout autre organe confirme la décision initiale ou si le fonctionnaire ne reçoit aucune réponse dans un délai de trente jours, il est habilité à former, dans un nouveau délai de trente jours, un recours auprès du Tribunal administratif de l'organisation selon la forme prescrite par le règlement intérieur de ce dernier[506].

205. Tout fonctionnaire désireux de faire appel d'une décision disciplinaire prise par le président ou l'autorité compétente de tout autre organe devant le Tribunal administratif doit le faire dans les trente jours suivant réception de la décision disciplinaire. Si un fonctionnaire souhaite alternativement interjeter appel pour la révision d'une décision auprès du Conseil de discipline au président ou l'autorité compétente de tout autre organe, il doit déposer son recours dans un délai de trente jours suivant la réception de la décision. La formation de tout recours devant le Tribunal administratif ne doit pas avoir pour effet la suspension de la mise en œuvre de la décision contestée, à moins que le président ou l'autorité compétente de tout autre organe n'en décide autrement[507].

206. Lorsqu'il est saisi, le Tribunal administratif se réunit conformément à son règlement intérieur. Par ailleurs, en cas de violation du contrat de travail ou des statuts et règlements, un fonctionnaire qui a épuisé toutes les procédures internes prévues peut former, dans un délai de soixante jours à compter de la date du jugement, un recours auprès de la Cour africaine de justice et des droits de l'homme[508]. Le Président de la Cour décide de l'extension du recours. L'enregistrement d'un recours auprès de la Cour

---

[505]Cet alinéa concernant les mesures administratives stipule que : « *Le Président ou l'autorité compétente de tout autre organe de l'Union constitue un groupe d'experts qui examine et lui donne des avis sur les griefs enregistrés par les fonctionnaires* ».

[506]Cf. le statut de personnel de l'UA.

[507]Ce statut prévoit également que le Tribunal administratif établi par le Conseil exécutif est habilité à recevoir les recours formés par des fonctionnaires ou leurs ayants droit qui invoquent la non-observation des conditions d'emploi, y compris toute disposition applicable des statuts et règlement ; ainsi que des recours contre des mesures administratives et disciplinaires.

[508]*Ibidem*

africaine de justice et des droits de l'homme ne suspend toutefois pas l'exécution de la décision contestée du Tribunal administratif[509].

207. Ainsi, le Tribunal administratif *ad hoc* mis en place en 1967[510] a fonctionné suivant le mécanisme de la nomination d'un juge par État au service du contentieux administratif. Ce contentieux s'aligne sur la doctrine existante en la matière concernant l'encadrement de la compétence discrétionnaire du chef du Secrétariat de l'organisation[511]. Il était compétent pour connaître des litiges nés entre les membres du personnel ou leurs ayants droit et l'organisation. Il était l'unique organe chargé de connaître les problèmes liés aux relations de travail et d'emploi entre l'organisation et les membres de son personnel étant donné que les juridictions nationales n'ont aucune compétence en la matière[512]. Plus récemment, en 2012, le Tribunal administratif a siégé pour connaître vingt et une affaires qui concernaient plusieurs sujets : une résiliation illégale de contrat ; le non-respect par le Conseil de discipline de la procédure prévue par les statuts et règlements du personnel avant de prendre une décision ; un paiement indu d'indemnités ; ou encore la non-expédition et la perte d'effets personnels suite à la mutation d'un membre du personnel[513].

208. Cependant, l'efficacité relative de ce tribunal a poussé les agents à préférer soit un règlement à l'amiable[514], soit à intenter un recours devant la Cour africaine des droits de l'homme et des peuples à propos de questions pour lesquelles cette dernière n'avait cependant pas compétence. Ce fut notamment le cas dans l'affaire *EFOUA MBOZO'O Samuel c/ Parlement panafricain*. En l'espèce, dans un arrêt rendu le 30 septembre 2011, la Cour a en effet reconnu son incompétence comme le révèle l'extrait suivant de l'opinion individuelle du juge Fatsah OUGUERGOUZ : « *il ressort des faits de l'affaire et des demandes faites à la Cour par le requérant que cette requête se fonde exclusivement sur une rupture de contrat, en rapport avec les articles 13, a et b, des statuts et du règlement du personnel de l'OUA, pour lequel la Cour n'a pas compétence au terme de l'article 3 du protocole. Il s'agit d'une instance qui en vertu du Statut et règlement du personnel de l'OUA relève de la compétence du tribunal administratif ad hoc de l'UA. En outre conformément à l'article (29) (1) (c) de son Protocole, la Cour qui a*

[509] *Ibid.*
[510] Doc.OUA.CM/Res.92(VIII), 8e session ordinaire du Conseil des ministres de l'OUA, Addis-Abeba, 27 février-4 mars 1967.
[511] Blaise TCHIKAYA, *Le droit de l'Union africaine : Principes, institutions et jurisprudence*, Paris, Berger Levrault, 2014, p. 153.
[512] Doc.UA. EX.CL/716(XX), 20e session ordinaire du Conseil exécutif, Addis-Abeba, 23-27 janvier 2012.
[513] *Ibidem*
[514] Blaise TCHIKAYA, *op. cit.*, p. 153.

compétence pour connaître de toute affaire en appel émanant du tribunal administratif ad hoc est la Cour africaine de justice et des droits de l'homme. La Cour céans conclut donc qu'elle n'a manifestement pas compétence pour connaître de cette requête »[515].

209. *In fine* il est à ajouter, même si cela n'est pas prévu dans les textes relatifs aux fonctionnaires de l'UA, que la sanction peut disparaître de façon automatique en vertu d'une disposition du statut[516]. La disparition de la sanction est également possible si l'agent le demande. Alors, l'autorité est libre de sa décision[517]. Par exemple, dans le cas des Nations unies, le tribunal jugera disproportionné le fait que dure pendant toute la carrière une sanction de rétrogradation[518]. Par ailleurs, il existe, à côté de la révision administrative des sanctions, des cas d'annulation contentieuse. L'annulation fait disparaître rétroactivement la sanction. Cependant, la remise en l'état de la situation antérieure du fonctionnaire sanctionné n'est pas obligatoire contrairement à ce que prévoient certains ordres juridiques nationaux[519].

Paragraphe 2 : La finalité protectrice de la sanction

210. L'existence de sanctions au sein de l'UA a d'abord pour finalité de punir les États membres des atteintes à son droit conventionnel. Il ne nous a pas échappé que l'absence de sanctions dans l'ancienne organisation a largement contribué à fragiliser la construction d'un ordre juridique propre. Or, les « *organisations internationales qu'elles soient universelles ou régionales, reflètent inévitablement les conflits qui opposent leurs membres et servent habituellement de cadre pour les discuter et parfois pour les résoudre* »[520]. Dans cette optique, il est important que la sanction punisse pour protéger le droit mis en œuvre par l'organisation (**A**), mais aussi qu'elle dissuade et prévienne les atteintes à ce droit (**B**).

A- La préservation du droit conventionnel de l'Union africaine

[515]Voir Requête n° 010/2011 - *Efoua Mbozo'o Samuel c/ Parlement panafricain* ; 30 septembre 2011 ; Voir également l'opinion individuelle du juge Fatsah OUGUERGOUZ du 30 septembre 2011 ; disponible sur le site http://fr.african-court.org/index.php/faqs/44-finalised-cases-details/291-requete-no-010-2011-efoua-mbozo-o-samuel-c-parlement-panafricain-details-2
[516]Cf. l'annexe 111 au Statut du Conseil de l'Europe, sur la disparition de la mention au dossier personnel après trois ou six ans.
[517]Cf. statut, article 89 : consultation du Conseil de discipline
[518]TANU, affaire *Berg*, 30 janvier 2003, 1990.
[519]Alain PLANTEY, François LORIOT, *Fonction publique internationale. Organisations mondiales et européennes*, *op. cit.*, p. 250.
[520]Propos du professeur Maurice BARBIER ; cité par Edmond KWAM KOUASSI, *Les organisations internationales africaines*, *op. cit.*, p. 250.

211. La sanction doit assurer le respect des normes conventionnelles de l'UA « *pour les rendre effectives et remédier à une éventuelle violation de ces normes* »[521]. Dans cette perspective, la sanction sert d'outil de répression et de protection du droit de l'UA. En réaffirmant de nouvelles exigences auxquelles les États membres doivent s'astreindre, l'UA a reconnu un certain nombre de valeurs et de normes de conduites que les États africains doivent respecter. Garantir ses valeurs et principes met en permanence l'organisation dans un rapport de force avec ses États membres qui, bien qu'ayant accepté de les respecter en adhérant à l'Acte constitutif, sont prêts à les sacrifier dès que leurs intérêts sont touchés. Protéger le droit de l'UA consiste à obliger ses États membres à se conduire en respectant les aspirations de cette organisation, à savoir la protection des droits de l'homme, la démocratie ou encore l'accession par des voies légales au pouvoir.

212. En ce sens, les sanctions prises ont toutes pour objectif d'empêcher les États membres de porter atteinte aux valeurs acceptées par la communauté dans son entièreté, car il est important pour la subsistance de l'organisation que les rapports de force en présence se traduisent sur le plan juridique par des décisions « *censées exprimer la volonté générale, demeure dans certaines limites qui sont celles précisément qui permettent à la communauté de se maintenir en tant que telle. En enfermant l'expression des rapports de force à l'intérieur de ces limites, on fait en sorte de ne pas provoquer le sentiment, auprès d'un nombre suffisant de membres, que les décisions prises sont fondamentalement injustes autrement dit qu'elles remettent en cause le bien-fondé de l'existence même de la communauté* »[522]. Par l'application de sanctions, il s'agit de consolider les valeurs et principes consignés dans l'Acte constitutif de l'UA en les intégrant dans un « *système juridique aussi complet que possible, c'est-à-dire un système qui donne un statut légal clair aux obligations en prévoyant la sanction qui frapperait en cas de méconnaissance* »[523].

B- Le caractère dissuasif du pouvoir de sanction de l'Union africaine

213. La dissuasion est sans doute l'une des finalités les plus recherchées de la sanction au sein de l'UA. De manière générale, la sanction a potentiellement un effet ou une finalité dissuasive. En effet, le comportement des États peut être influencé par la crainte de subir une sanction en cas de violation du droit de l'UA. De plus, la menace de la sanction pourrait inciter les États membres de cette organisation à ne pas récidiver. Dans cette

---

[521]Maitena POELEMANS, *La sanction dans l'ordre juridique communautaire*, *op. cit.*, p. 59.
[522]Charles LEBEN, *op. cit.*, p. 359.
[523]*Ibidem*

perspective, le but essentiel et immédiat de la sanction est de contrôler l'action des États en exerçant une influence sur leur volonté en vue de les empêcher de nuire aux intérêts de l'organisation. Elle peut aussi influencer l'action d'autres États en agissant sur leur volonté. Dans ces cas, on dira qu'elle agit en faisant un exemple[524].

214. Il s'agit de faire pression sur les États membres en usant de moyens diplomatiques. Dans le cadre des Nations Unies, par exemple, ces sanctions sont le plus souvent utilisées en matière de droits de l'homme. Elles désignent les diverses contraintes morales (réprobation, désaveu, blâme, boycottage, etc.) par lesquelles « *une société assure un contrôle diffus sur ses membres mais qui sont, selon la sociologie et l'ethnologie juridiques, les meilleurs garants de la solidité d'un ordre juridique* »[525]. Elles peuvent prendre aussi la forme d'une réprobation de l'opinion publique internationale tout entière. Ce type de sanctions ont notamment été étudiées par la doctrine anglo-saxonne dans la période de l'entre-deux-guerres[526]. Elles étaient présentées comme caractéristiques même du droit international puisqu'elles faisaient appel à la solidarité de la communauté internationale[527] tout en respectant le caractère souverain des États qui ne pouvaient être contraints par aucune autorité supérieure. Néanmoins, la réalité des relations internationales, déjà à l'époque, a pu faire douter de l'effectivité et de l'efficacité de telles sanctions, car l'opinion publique est facilement manipulable[528].

215. Cependant, ces sanctions persistent dans le cadre d'organisations internationales, comme l'entité africaine. Certains auteurs pensent cependant que de telles sanctions ne sont pas fondamentalement différentes de celles utilisant la force[529]. En effet, il s'agirait, selon l'expression de Jean COMBACAU, d'une contrainte de « *dernier ressort* »[530]. La sanction morale

[524]Cette position s'inspire de celle de Jeremy BENTHAM sur les effets de la punition en matière pénale selon lequel « *le but essentiel et immédiat de la punition est de contrôler l'action. Cette action est ou bien celle de l'infracteur, ou bien celle des autres. Elle contrôle celle de l'infracteur en exerçant une influence ou bien sur sa volonté, auquel cas on dit qu'elle agit en réformant, ou bien sur son pouvoir physique, auquel cas on dit qu'elle agit en empêchant de nuire. Elle ne peut influencer celle des autres qu'en agissant sur leurs volontés* » (Jeremy BENTHAM, *Introduction to the Principles of morals and legislation*, Oxford, Clarendon Press, 1996, p. 12 ; traduction de Marie-Laure LEROY, *Félicité publique et droits de l'individu dans l'utilitarisme de Jeremy BENTHAM*, Thèse de doctorat, Besançon, 2003, p. 290).
[525]Charles LEBEN, *op. cit.*, p. 177.
[526]Voir les développements de Louis CAVARÉ, « L'idée de la sanction », *op. cit.*, p. 401.
[527]Charles LEBEN, *op. cit.*, p. 47.
[528]Voir Leslie-James. BRIERLY, « Règles générales du droit de paix », *RCADI*, t. 58, 1936, p. 232. Pour cet auteur, la condition même de la vie de la SND était l'existence d'une opinion universelle pour diriger son action. Cependant, à cette époque-là, cette universalité d'opinion n'existait pas rendant ainsi difficile son travail
[529]Jean COMBACAU, *op. cit.*, p. 8.
[530]*Ibidem*, p. 44.

frappe psychologiquement au lieu de frapper matériellement. Les organismes spécialisés des Nations unies, par exemple, publient régulièrement des rapports sur la situation des droits de l'homme dans différents pays du monde. Ces publications ont pour but d'attirer l'attention de l'opinion publique internationale. Elles sont néfastes pour les États non respectueux dans la mesure où elles peuvent notamment faire fuir les investisseurs et ainsi leur causer des torts sur le plan économique. Comme les Nations Unies, l'UE use également de sanctions morales envers ses États membres. C'est le cas des recommandations prises par divers organes de l'organisation envers un État pour que celui-ci réagisse et arrête de porter atteinte aux principes de l'organisation.

Conclusion du Titre I

216. Dans le cadre des relations internationales, le continent africain n'a pas toujours fait preuve de lisibilité dans sa manière de conduire les affaires. Cela s'est notamment fait ressentir durant la première phase de la construction continentale. Comme nous avons pu le constater dans les précédents développements, l'organisation continentale est passée par diverses étapes, notamment en matière de sanctions. D'une organisation détenant un pouvoir de sanction effacé, quasi-inexistant, il aura fallu une action concrète du Conseil des ministres de l'OUA pour que le droit interne de celle-ci soit respecté et son pouvoir de sanction affirmé, mais non sans difficultés. Comme l'écrivait le professeur SCELLE, « *la violation ou l'inefficacité du droit n'empêche pas la règle de droit d'exister, même si ces violations deviennent fréquentes et habituelles* »[531]. Pour autant, la situation de l'organisation africaine, longtemps caractérisée par un pouvoir de sanction qui est resté flou et restreint à la privation du droit de prendre la parole au sein de l'organisation en cas de non-paiement des contributions financières[532], ne pouvait perdurer. Il était important de renforcer ce mécanisme et d'y ajouter d'autres types de sanctions. Il devenait indispensable de disposer d'un système juridique dans lequel la sanction constitue une réaction effective d'une organisation affectée par la violation de son droit interne[533].

217. C'est l'avènement de l'UA qui viendra réconcilier l'organisation continentale avec la sanction. Celle-ci sera en effet largement consacrée et renforcée à travers des mécanismes innovants dans le cadre de la nouvelle organisation continentale. Les violations au droit interne de l'UA ne resteront ainsi en principe plus impunies. Une panoplie de sanctions répondant aux diverses violations établies par l'Acte constitutif a alors été prévue. Précisément, aux sanctions institutionnelles types, à savoir celles réprimant les arriérés de contributions, ont été ajoutées des sanctions punissant le non-respect des principes et idéaux de l'organisation par les États membres, ou encore des sanctions à destination des fonctionnaires y travaillant qui, bien que faisant également l'objet de statuts particuliers, seront également améliorées dans le cadre normatif général de l'UA. En consacrant des dispositifs de sanction dans son Acte constitutif, l'UA s'est donc inscrite dans une dynamique différente de celle de l'ancienne organisation continentale (OUA), en installant une certaine verticalité dans ses rapports avec ses États

[531]Georges SCELLE, « Théorie et pratique de la fonction exécutive en droit international », *RCADI*, t. 55, 1936, p. 91.
[532]Voir *supra*, l'article 115 du règlement financier de l'OUA, ou encore les diverses résolutions prises par le Conseil des ministres de l'OUA.
[533]Éric DAVID, *op. cit.* p. 411.

membres et en opérant une transformation de son pouvoir de sanction qui ira désormais au-delà des sanctions institutionnelles classiques.

TITRE II : UNE APPRÉHENSION INÉGALE DU POUVOIR DE SANCTION PAR L'UNION AFRICAINE

218. Nous avons pu relever que l'Acte constitutif de l'UA aura permis de finaliser un long processus de révision de l'OUA entamé dans les années 1970 et dont les résultats ne furent pas probants[534]. Il était nécessaire, à travers l'adoption de ce texte, de lever les doutes sur la capacité de l'organisation africaine à répondre de façon collective et idoine aux défis de la mondialisation et du « *nouveau régionalisme* »[535] , mais aussi à ceux plus urgents du renforcement de la démocratie, de la sécurité collective et des droits de l'homme sur le continent[536]. À cette fin, l'Acte constitutif a explicitement consacré des sanctions visant à réprimer les comportements des États membres qui porteront atteinte au droit de l'UA. Loin de se contenter des sanctions institutionnelles classiques, l'organisation africaine renouvelée ira loin dans la répression des manquements à son droit conventionnel en touchant à des domaines qui étaient jusque-là réservés à la seule compétence de ses États membres.

219. Ces sanctions sont la réponse de l'UA à la prolifération des coups d'État dans différents pays africains qui ont affecté l'essor de la démocratie et les problématiques liées aux violations des droits de l'homme fréquentes sur le continent. Parce que ces questions sont importantes, elles nécessitaient une prise en charge particulière. À travers un nouveau mécanisme de sanctions, l'organisation a ainsi voulu répondre aux nombreuses critiques insistant sur son incapacité à promouvoir les valeurs de démocratie ainsi que de promotion et de protection des droits de l'homme. Outre les sanctions classiques inhérentes au fonctionnement de l'organisation, ont donc été consacrées des sanctions particulières à certains domaines prioritaires. Précisément, le pouvoir de sanction de l'UA s'exerce en cas de violations des droits de l'homme (**Chapitre I**) et à l'encontre des coups d'État et autres changements anticonstitutionnels de gouvernement (**Chapitre II**).

---

[534] Sur la question du renouveau de l'OUA, voir : Edmond KWAM KOUASSI, *Les organisations internationales africaines*, *op. cit.*, pp. 239-252 ; Michel-Cyr DJIENA WEMBOU, *L'OUA à l'aube du XXIe siècle*, *op.cit.*, pp. 343-376.
[535] Tiyanjana MALUWA, « La transition de l'organisation de l'Unité africaine à l'Union africaine », *in* Abdulqawi. A. YUSUF et Fasah OUGUERGOUZ, *L'Union Africaine : cadre juridique et institutionnel. Manuel sur l'Organisation panafricaine*, *op. cit.*, p. 41.
[536] *Ibidem*

CHAPITRE I : L'INSTAURATION MOUVANTE DE SANCTIONS CONTRE LES VIOLATIONS DES DROITS DE L'HOMME

220. L'on ne pouvait aborder la question du pouvoir de sanction de l'UA sans y intégrer les sanctions touchant aux violations des droits de l'homme. En effet, la référence à la protection des droits de l'homme est l'une des caractéristiques majeures du discours juridique contemporain[537]. Ainsi, après plus de cinquante années d'indépendance souvent ternies par des coups d'État fréquents et des dictatures emportant des violations massives des droits de la personne humaine et une instabilité des gouvernements, il devenait plus qu'urgent pour l'organisation continentale d'apporter des solutions adéquates pour un nouveau départ vers la construction de sociétés démocratiques respectueuses des droits de l'homme[538]. Malgré cette urgence, le continent a réagi tardivement, comparé à l'Europe et au continent américain, pour se doter d'un mécanisme soucieux du bien-être des individus ; un constat qui a fait dire à certains auteurs que les institutions en Afrique sont restées « *liberticides et suicidaires* »[539].

221. Pour répondre à ces lacunes, l'organisation continentale (OUA) a d'abord réagi par l'adoption d'un outil normatif protégeant les droits de l'homme et par la mise en place de mécanismes de sanction non juridictionnels. Cependant, au regard de l'ampleur des violations, ces mécanismes se sont avérés limités (**Section I**). Il a donc fallu les renforcer. Cette consolidation s'est matérialisée avec la création de l'UA qui a mis en place des mécanismes plus contraignants en matière de violations des droits de l'homme. La nouvelle organisation continentale enfantera un dispositif alliant sanctions juridictionnelles et sanctions militaires à travers un droit d'intervention de l'organisation envisagé en cas de violations graves. On constatera ainsi un renforcement des sanctions en cas de violations des droits de l'homme (**Section II**).

---

[537]Fréderic SUDRE, *Droit international des droits de l'homme*, Paris, PUF, 9e éd., 1995, p. 4.
[538]Propos de Keba MBAYE dans la préface à l'ouvrage de Fatsah OUGUERGOUZ, *La Charte africaine des droits de l'homme et des peuples : une approche des droits de l'homme entre tradition et modernité*, Paris, PUF, 1993, p. 10.
[539]Robert DUSSEY, *l'Afrique malade de ses hommes politiques*, Paris, Jean Picollec, 2008, p. 90.

SECTION I : LES CARENCES PERSISTANTES DES SANCTIONS NON-JURIDICTIONNELLES EN MATIÈRE DE VIOLATION DES DROITS DE L'HOMME

222. Se présentant «*comme un ensemble cohérent de principes juridiques fondamentaux qui s'appliquent partout dans le monde tant aux individus qu'aux peuples et qui ont pour but de protéger les prérogatives inhérentes à tout homme et à tous les hommes pris collectivement en raison de l'existence d'une dignité attachée à leur personne et justifiée par leur condition humaine* »[540], les droits de l'homme sont considérés par l'ancien Secrétaire général des Nations unies, Boutros GHALI, comme « *la langue commune de l'humanité* »[541]. Par conséquent, de nombreuses mesures ont été prises tant au niveau international [542] qu'au niveau continental [543] pour endiguer leur violation. Dans le cadre de ce travail, l'accent sera mis sur les mesures prises au niveau continental africain.

223. En Afrique, il semble difficile de penser la paix, la sécurité et le développement sans leur adjoindre la promotion et la protection des droits de l'homme. Comme le souligne René-Jean DUPUY, « *il y a un lien, une dialectique, une triade : paix, développement, droits de l'homme. La paix sans laquelle le développement est impossible, le développement sans lequel les droits de l'homme sont illusoires, les droits de l'homme sans lesquels la paix est violence* »[544]. Pour tenter de protéger ces droits, l'organisation continentale optera dans un premier temps pour un mécanisme de sanctions non juridictionnelles.

224. Par sanctions non juridictionnelles, il convient ici d'entendre les sanctions qui ne sont pas issues d'une procédure juridictionnelle[545]. Dans le cadre de l'organisation continentale africaine, elles étaient prises par la Commission africaine des droits de l'homme et des peuples. Cependant,

---

[540]Keba MBAYE, *Les droits de l'homme en Afrique,* Paris, Pedone, 2e éd., 2002, p. 35.

[541]Propos de l'ancien Secrétaire général des Nations Unies ; cité par Henri WEMBOLUA OTSHUDI KENGE, *Réflexions sur la Déclaration universelle des droits de l'homme*, *op. cit.*, p. 64.

[542]Nous faisons ici référence à la Déclaration universelle des droits de l'homme du 10 décembre 1948 et aux deux Pactes internationaux de 1966. Voir aussi Rachidatou Illa MAIKASSOUA, *La Commission africaine des droits de l'homme et des peuples : un organe au service de la Charte africaine*, Paris, Karthala, 2013, p. 12.

[543] Nous faisons référence ici à la Convention européenne des droits de l'homme et des libertés fondamentales et à la Charte interaméricaine des droits de l'homme.

[544]René-Jean DUPUY ; cité par Jean-Marc LAVEILLE, « Les rapports entre les droits de l'homme, le développement et la paix », *RTDH*, vol. 1, 1990, p. 211.

[545] Voir à ce propos Muriel SOGNIGBE SANGBANA, *La sanction internationale de la violation des droits de l'homme*, Paris, Pedone, 2018, p. 40.

malgré le travail indéniable de cet organe, ces sanctions non juridictionnelles sont apparues insuffisantes (**Paragraphe 2**). Afin de mieux comprendre les lacunes qui caractérisaient ces sanctions, il est important d'exposer tout le processus aboutissant à leur mise en œuvre, qui était complexe et s'est révélé laborieux (**Paragraphe 1**).

Paragraphe 1 : Une mise en place laborieuse d'un cadre normatif de protection des droits de l'homme

225. L'idée d'adopter un instrument africain de protection des droits de l'homme a depuis longtemps germé dans la pensée des intellectuels et de certains leaders africains. Elle est même antérieure à celle de la mise en place d'une organisation continentale. Parmi les défenseurs d'une protection des droits de l'homme sur le continent, mentionnons le président Nuamdi AZIKIWE qui lors de son discours sur le panafricanisme à Londres, le 12 août 1961, se prononça en faveur de la mise en place d'une Convention africaine des droits de l'homme en ces termes : « *Finalement, le conseil des États africains devrait promulguer une convention africaine des droits de l'homme, comme gage de leur foi dans le gouvernement du droit, de la démocratie comme mode de vie, de la liberté individuelle et du respect de la dignité humaine...* »[546]. La même année, le premier Congrès des juristes africains, organisé à Lagos au Nigeria, milita pour l'adoption par les gouvernements d'une Convention africaine des droits de l'homme afin de rendre effective la Déclaration universelle des droits de l'homme sur le continent, ainsi que l'instauration d'une cour de justice dont l'accès serait ouvert à toute personne relevant de la juridiction des États membres[547].

226. L'idée d'inscrire la protection des droits de l'homme dans un dispositif normatif sera également soutenue lors du forum de Lagos Nigeria de 1961 sur la primauté du droit qui sera l'occasion pour les juristes africains d'adopter une déclaration recommandant aux gouvernements du continent « *d'étudier la possibilité d'adopter une Convention africaine des droits de l'homme prévoyant entre autres la création d'un tribunal approprié et les*

[546]Le texte français du discours a été publié dans *Présence africaine*, 1er trimestre1962, pp. 5-31 ; cité par Karel VASAK, « Les droits de l'homme et l'Afrique : Vers les institutions africaines pour la protection internationale des droits de l'homme », *Revue belge de droit international*, 1964, p. 471. Par ailleurs, Nuambi AZIKIWE avait déjà manifesté cette volonté dans un mémorandum sur la « Charte de l'Atlantique et l'Afrique occidentale britannique », dite « Charte de Lagos », en 1943.
[547]Maurice GLÉLÉ AHANHANZO « Introduction à la Charte africaine des droits de l'homme et des peuples », *in Droit et libertés à la fin du XXe siècle : influence des données économiques et technologiques. Études offertes à Claude-Albert COLLIARD*, Paris, Pedone, 1984, p. 513.

voies de recours ouvertes à toute personne relevant de la juridiction des États signataires »[548].

227. Cependant, la précarité caractérisant la question des droits de l'homme aura pour conséquence que le texte restera « lettre morte » pendant vingt ans malgré les appels de la Commission des droits de l'homme de l'ONU en vue du développement d'arrangements régionaux en faveur de la promotion et la protection des droits de l'homme, particulièrement en Afrique[549]. Les raisons de ce *statu quo* sont multiples (**A**). Malgré ces difficultés, un instrument conventionnel de protection des droits de l'homme finira néanmoins par voir le jour (**B**).

A- De vives réticences exprimées à l'énoncé d'un cadre de protection des droits de l'homme

228. L'Afrique a connu de nombreuses mutations tout au long de son histoire. La colonisation, par exemple, « *avait imposé de nouvelles valeurs qui, au hasard des conquêtes coloniales, avaient épousé les différents caractères des génies propres des nouveaux venus bien qu'issus de la même inspiration occidentale et des mêmes pratiques* »[550]. Or, rappelons que « *l'Afrique a été le théâtre principal de l'émergence de l'homme en tant qu'espèce royale sur la planète ainsi que de l'émergence d'une société politique* »[551]. C'est sans doute une telle perspective qui a influé sur la pensée de l'ancien secrétaire général des Nations Unies Kofi ANNAN lorsqu'il a soutenu, à l'occasion de la Conférence des chefs d'État et de gouvernement de l'OUA à Lusaka en 1997, que les droits de l'homme sont africains[552]. C'est dire que bien avant qu'ils soient matérialisés dans des textes juridiques, ils faisaient partie des traditions africaines.

229. Dans l'Afrique précoloniale, la protection des droits de l'homme était en règle générale favorisée par le lien existant entre le chef et ses administrés comme l'exprime un proverbe africain : « *le chef est au peuple ce que le peuple est au chef* »[553]. Dans ces sociétés, le chef représentait une

---

[548]Commission internationale de juristes, Congrès africain sur la primauté du droit, Lagos (Nigeria), 3-7 janvier 1961. Rapport sur les travaux du congrès, Genève, 1961, p. 9 ; cité par Mutoy MUBIALA, *op. cit.*, p .18 et Keba MBAYE, *op. cit.*, p. 78.

[549]*Ibidem*

[550]*Ibid.*, p. 33.

[551]Joseph KI ZERBO, « De la nature brute à une humanité libérée », *in Histoire générale de l'Afrique*, Vol. I, Paris, Jeune Afrique, Stock, U.N.E.S.C.O., 1980, p. 771.

[552]Propos tirés d'*Afrique Relance*, Vol. 11 (1), 1997, p. 4 ; cité par Mutoy MUBIALA, *Le système régional africain de protection des droits de l'homme*, Bruxelles, Bruylant, 2005, p. 5.

[553]Proverbe du Congo-Kinshasa dont la version non traduite est : « *mukalenga wa bantu, bantu wa mukalenga* » ; cité par Mutoy MUBIALA, *ibidem*, p. 5.

sécurité non seulement pour son peuple, mais aussi pour les étrangers qui se trouvaient sur son territoire ou sa juridiction. Comme le rapporte un auteur, les chefs pouvaient être destitués par des conseils de sages pour manquement au respect des droits de leurs administrés. Cet auteur rapporte, par ailleurs, que lorsque le pouvoir était centralisé entre les mains d'un souverain, il n'en résultait pas un pouvoir absolu pour ce dernier ; il était en effet généralement assisté d'un conseil de gouvernement appelé à délibérer sur toutes les questions importantes[554]. Ainsi, « *dans les royaumes Wolof, le roi était assisté d'un conseil d'électeurs qui comportait à la fois des membres de l'aristocratie et des chefs de terre, Laman, représentant les hommes libres non nobles. Si le roi abusait de son pouvoir (impôts trop lourds, pillages, traite esclavagiste), il suscitait la contestation au sein de son conseil et la révolte du peuple. L'histoire des Wolofs nous montre ainsi comment les Laman d'abord, des marabouts ensuite ont su soulever le peuple contre les rois tyranniques et obtenir leur déposition* »[555]. En ce sens, d'après Mutoy MUBIALA, « *les traditions juridiques, judiciaires et humanitaires de l'Afrique précoloniale sont le reflet des conceptions socio-culturelles, caractérisées par le développement d'un droit communautaire, la pratique d'une justice conciliatrice et le respect des droits de l'homme et du droit humanitaire* »[556].

230. Cependant, les indépendances viendront « *compliquer ce problème par la surimpression d'une donnée nouvelle. Les régimes politiques en Afrique se sont différenciés les uns des autres en partant de conceptions politiques opposées. Les conceptions des droits de l'homme ont noué des alliances et forgé des liens avec des idéologies importées, modifiées pour les besoins de chaque État incarné par un « chef » qui en dicte les lois* »[557]. Continent en développement, l'Afrique a dû faire face à certains changements qui exigeaient parfois que des atteintes soient portées aux droits de l'homme. Comme a pu s'interroger le juge MBAYE, « *l'Europe n'a-t-elle pas réalisé son progrès économique, industriel ou encore agricole au prix de sacrifices dont certains consistaient en la violation des droits de l'homme ?* »[558]. C'est pourquoi la première organisation continentale africaine avait fait très peu de place à la protection des droits de l'homme. Son bilan, à cet égard, était très mitigé dans la mesure où ses politiques étaient, de fait, centrées sur la protection de la souveraineté et sur le principe de non-ingérence qui

---

[554]Jean BOULEGUE, « Dynamique de la contestation du pouvoir central dans les royaumes Wolof », communication au 13e Congrès de l'Association canadienne des études africaines, Université de Laval, 15-19 mai 1983 ; cité par Raymond VERDIER, « Problématique des droits de l'homme dans les droits traditionnels d'Afrique noire », *Droit et cultures*, vol. 2, 1983, p. 102.
[555]*Ibidem*
[556]Mutoy MUBIALA, *op. cit.* p. 6.
[557]*Ibidem*
[558]*Ibid.*

s'accommodaient mal d'un contrôle supranational des droits de l'homme sur le territoire des États membres[559].

231. Ainsi, durant les décennies 1970 à 1980, les gouvernements nouvellement indépendants étaient persuadés que la construction nationale était une priorité. La fragilité de ces nouveaux États ne pouvait s'accommoder d'un système libéral au sens occidental du terme. La raison principale invoquée pour expliquer cette position particulière était la diversité ethnique, un argument qui permettait de rejeter la consécration des droits de l'homme et la démocratie fondée sur des pratiques occidentales. La conséquence de ces considérations a été le développement de pouvoirs dictatoriaux, voire tyranniques, s'appuyant sur des partis uniques et l'exercice d'un pouvoir uniforme[560]. Cette vision autoritaire du pouvoir sera renforcée par une idéologie basée sur une prétendue culture politique traditionnelle dans laquelle le chef est le garant des droits de tous au détriment des libertés individuelles. Pour les tenants de cette approche, la société africaine serait caractérisée par la primauté du groupe sur l'individu[561] ; une position en contradiction avec l'approche occidentale et individualiste de la protection des droits de l'homme. De plus, certains auteurs ont pu souligner que l'Occident a lui-même mis du temps à développer un système politique basé sur le respect des droits de l'homme et des règles démocratiques. Il serait donc normal de laisser à l'Afrique le même temps pour forger son expérience en la matière. Bien évidemment, une telle conception n'a pas reçu l'assentiment de l'ensemble de la doctrine.

232. Cependant, celle-ci n'a pas complètement disparu, comme l'illustre la Déclaration adoptée par les chefs d'État et de gouvernement américains et africains au sommet américano-africain d'Entebbe (Ouganda) en mars 1998[562]. En effet, dans ce texte, les signataires ont reconnu que la stabilité dans la région dépendait de la pérennité de la démocratie dans les États africains. Aussi ont-ils voulu consacrer le respect de la règle de droit, des droits de l'homme, de l'égalité de tous les hommes et femmes et le droit du citoyen d'élire librement et régulièrement ses représentants. Les chefs d'État et de gouvernement ont par ailleurs promis de poursuivre un dialogue sur la démocratie qui intègre les droits fondamentaux tout en reconnaissant qu'il n'existe aucun modèle déterminé pour instaurer des institutions

---

[559]Ludovic HENNEBEL, Hélène TIGROUDJA, *Traité de droit international des droits de l'Homme*, *op. cit.* Voir aussi Alioune BADARA FALL, « La Charte africaine des droits de l'homme et des peuples : Entre universalisme et régionalisme », *Revue Pouvoirs*, n° 129, 2009, pp. 77-100.

[560]*Ibidem*

[561]*Ibid.*, p. 14.

[562]Mutoy MUBIALA, *Le système régional africain de protection des droits de l'homme*, *op. cit.*, p. 1.

démocratiques. Ils explorèrent ainsi des approches alternatives de démocratie pour l'Afrique tenant compte de la diversité culturelle et des différences d'expérience historique[563]. Certains États africains soutiennent cependant que la pauvreté et le sous-développement sont incompatibles avec la promotion des droits de l'homme. Dès lors, le respect de ceux-ci devrait être subordonné à des impératifs de développement économique et social [564]. Comme l'explique Maurice AHANHANZO, « *après 1961, au lendemain de la grande vague des indépendances africaines, les voix se turent* (...). *Le grain jeté en terre germait lentement tandis que s'abattaient sur l'Afrique et se développaient* (...). *Au nom de la construction de l'État-Nation et du développement, les vertus du Parti Unique, et le rôle novateur de l'armée, les dictatures civiles et militaires. Les droits de l'homme et des libertés publiques apparaissaient comme des impedimenta des entraves à l'émergence d'un État-Nation, et au développement économique ; les droits de l'homme étaient condamnés, jetés aux orties...* ».[565]

233. Si cette vision a été plébiscitée par une majorité d'États africains, des idées en faveur de la protection des droits de l'homme commenceront à germer, notamment avec l'adoption, en 1969, de la Convention de l'OUA régissant les aspects propres aux problèmes des réfugiés en Afrique en complément de la Convention de Genève de 1951 portant sur le même thème. Puis, en 1977, a été adoptée la Convention de l'OUA pour l'élimination du mercenariat en Afrique[566]. Touchant des problématiques spécifiques, ces deux textes n'avaient pas vocation à couvrir dans sa globalité la question des droits de l'homme sur le continent, c'est pourquoi l'adoption d'un texte à caractère général continuait de se poser. De nombreuses initiatives furent prises en ce sens, notamment l'organisation au Caire, en 1969, d'un cycle d'études dans le cadre de l'ONU sur les droits de l'homme qui n'aboutira cependant sur aucun texte[567]. Néanmoins, un ensemble d'événements encourageront davantage

---

[563] « *Reconnaissant que la stabilité de la région dépend aussi de la durabilité de la démocratisation africaine, les chefs d'État et de gouvernement approuvent les principes fondamentaux de l'inclusion, de l'état de droit, du respect des droits de l'homme, de l'égalité de tous les hommes et des femmes, et le droit du citoyen d'élire régulièrement ses dirigeants librement et de participer pleinement à la prise de décision qui les affecte. En outre : les chefs d'État et les gouvernements s'engagent à poursuivre un dialogue sur la démocratisation qui : accepte ces principes fondamentaux ; reconnaît qu'il n'existe pas de modèle fixe pour les institutions démocratiques en matière de transformation ; explore des approches alternatives à la gestion démocratique de la diversité culturelle ; et tient compte des différences dans l'expérience historique...* » (Doc. S/1998/307, 8 avril 1998) ; cité par Mutoy MUBIALA, *ibidem*, p. 15.

[564] *Ibid.*

[565] Maurice Glélé AHANHANZO, *op. cit.*, pp. 513-514.

[566] Voir le texte dans : Nations-Unies, « L'impact du mercenariat sur le droit des peuples à disposer d'eux-mêmes », Fiche d'information n° 28, Genève/New York, HCDH, 2002, p. 38.

[567] En effet, lors de cette rencontre, le Comité des droits de l'homme de l'ONU, à travers la résolution 6 (XXVI) du 10 mars 1970, demanda au Secrétaire Général « *d'accorder toute*

l'adoption d'un texte global en matière de protection des droits de l'homme en Afrique[568]. C'est ainsi que la Commission internationale des juristes et l'Association sénégalaise d'études et de recherches juridiques relanceront le débat au cours d'un colloque consacré au thème du développement des droits de l'homme.

234. Ce colloque, qui s'est tenu à Dakar en 1978 et a réuni des représentants de pays de l'Afrique francophone, aura une influence considérable dans l'institutionnalisation des droits de l'homme sur le continent[569]. Cette rencontre posa les jalons de l'adoption de la Charte africaine des droits de l'homme et des peuples. C'est surtout l'invasion du territoire ougandais par les troupes tanzaniennes qui incita les dirigeants africains à prendre en main la question des droits de l'homme sur le continent[570]. L'adoption d'un texte africain de protection des droits de l'homme devenait plus que nécessaire. Ainsi, à la suite de l'adoption de textes à vocation universelle (Déclaration universelle des droits de l'homme et les Pactes de 1966) et régionaux (Statut du Conseil de l'Europe adopté à Londres le 5 mai 1949[571], Convention européenne des droits de l'homme (CEDH)

---

l'assistance appropriée dans le cadre du programme des services consultatifs dans le domaine des droits de l'homme, d'organiser les consultations et échanges de renseignements appropriés entre la Commission et l'Organisation de l'Unité africaine au sujet de la création éventuelle de la commission régionale envisagée ». Voir Valère ETEKA YEMET, *La Charte africaine des droits de l'homme et des peuples*, Paris, L'Harmattan, 1996, p. 37.

[568]Nous faisons référence aux exactions commises par les présidents Idi Amin DADA de l'Ouganda, Macias N'GUÉMA de Guinée Équatoriale, Jean Bedel BOKASSA de la République centrafricaine. Par ailleurs, le sommet de Monrovia de 1979 fut aussi l'objet de débats concernant la question du Sahara occidental. Voir aussi Fatsah OUGUERGOUZ, « La Charte africaine des droits de l'homme et des peuples », *op. cit.*, pp. 56-57.

[569]Lors de ce colloque, les participants recommandèrent « *- la conclusion au niveau panafricain d'une Convention des droits de l'homme ;*
- la création d'instituts sous régionaux des droits de l'homme pour la promotion et la sensibilisation de l'opinion publique ;
- la création d'une ou plusieurs commissions interafricaines des droits de l'homme composées de magistrats indépendants chargés de connaître toutes les requêtes relatives à la violation des droits de l'homme », voir Joseph OWONA « les droits de l'homme » (CAMARA Joseph OWONA, (dir.) *Encyclopédie juridique de l'Afrique*, vol 2, *Droits international et relations internationales*, Abidjan/Dakar/Lomé, Nouvelles Éditions africaines, 1982, pp. 368-373. Précisément, de nombreux séminaires avaient été organisés pour discuter de ce projet. On fait ici référence aux séminaires des Nations Unies sur les droits de l'homme tenu au Caire en 1969, à Addis-Abeba en 1971, Dar es-Salaam en 1973, Monrovia en 1979 ; Dakar en 1976 sur le « Développement et les droits de l'Homme ».

[570]Voir Zdenek CERVENKA et Colin LEGUM, *L'OUA en 1979*, Colin Legum London, New York, Africana Publishing Company, 1981, p. 66 ; cité par Fatsah OUGUERGOUZ, *op. cit.*, p. 57.

[571] D'après le préambule du statut du Conseil de l'Europe, les États signataires sont : « *Inébranlablement attachés aux valeurs morales et spirituelles qui sont le patrimoine commun de leurs peuples et qui sont à l'origine des principes de liberté individuelle, de liberté politique et de prééminence du Droit, sur lesquels se fonde toute démocratie véritable* ». Par ailleurs,

entrée en vigueur le 3 septembre 1953, conventions européennes[572], Charte de Bogota du 30 avril 1948 entrée en vigueur le 13 décembre 1951, Convention américaine des droits de l'homme (CADH) adoptée le 22 novembre 1969[573] et entrée en vigueur en 1978[574]), l'Afrique se dotera d'un texte protégeant les droits de la personne humaine et amorcera ce faisant une institutionnalisation de leur protection.

B- L'établissement d'un instrument conventionnel de protection des droits de l'homme

235. Après un processus laborieux, le continent africain se dotera d'un instrument de protection des droits de l'homme. Ainsi, en vertu de la

l'article 3 de ce statut ajoute que « *tout membre du Conseil de l'Europe reconnaît le principe de la prééminence du Droit et le principe en vertu duquel toute personne placée sous sa juridiction doit jouir des droits de l'homme et des libertés fondamentales* ».

572 Sur la question de la protection des droits de l'homme sur le continent européen, voir notamment : Frédéric SUDRE, *Droit international et européen des droits de l'homme*, Paris, PUF, 12e éd. refondue, 2015 ; Caroline PICHERAL, Laurent COUTRON (dir.) *Charte des droits fondamentaux de l'Union européenne et Convention européenne des droits de l'homme*, Bruxelles, Bruylant, 2012, pp. 1-15 ; Jean-François RENUCCI, *Droit européen des droits de l'homme : droits et libertés fondamentaux garants par la CEDH*, Paris, LGDJ, 6e éd., 2015, pp. 13-483 ; Pierre-Henri IMBERT, « L'avenir du passé une Cour européenne des droits de l'homme, pour quoi faire ? », *in* Hartig HANNO (dir.), *Trente ans de droit européen des droits de l'homme. Études à la mémoire de Wolfgang STRASSER*, Belgiquen Nemesis Bruylant, 2007; Chahira BOUTAYEB, *op. cit.*, pp. 502-523 ; Bertrand FAVREAU (dir.), *La Charte des droits fondamentaux de l'Union européenne après le Traité de Lisbonne*, Bruxelles, Bruylant, 2010, pp. 3-315.

572 Marie-Joëlle REDOR, « La vocation de l'Union européenne à protéger les droits fondamentaux », *in* Stéphane LECLERC, Jean François AKANDJI-KOMBÉ, Marie-Joëlle REDOR (dir.), *L'Union européenne et les droits fondamentaux*, Bruxelles, Bruylant, 1999 ; Fabrice PICOD, « Les sources », in Frédéric SUDRE et Henri LABAYLE (dir.), *Réalité et perspectives du droit communautaire des droits fondamentaux, Journée nationale d'étude de la Commission pour l'étude des Communautés européennes* (CEDECE), Faculté de Droit de Montpellier I, Bruxelles, Nemesis, pp. 124-185.

573 Après la mise en place de l'organisation régionale américaine et de la Déclaration des droits et devoirs la même l'année (1948), les États membres de cette organisation ont pensé que l'adoption d'une déclaration n'était pas suffisante. En effet, préoccupés par les violations massives des droits de l'homme constatées sous le régime de Trujillo en République dominicaine et avec l'arrivée de Fidel CASTRO à Cuba, a été convoquée une 5e Réunion de consultation des ministres des Relations extérieures qui s'est tenue à Santiago au Chili du 12 au 18 août 1959 qui plaidèrent pour l'adoption d'une Convention américaine des droits de l'homme ainsi que la mise en place d'organes de contrôle. Toutefois, le contexte politique de la région n'a pas permis d'adopter une telle convention avant 1969.

574 Sur le système de protection des droits de l'homme sur le continent européen, voir les développements d'Hector Gros ESPIELL, « Le système interaméricain », *RCADI*, tome II-145, 1975, pp. 19-20. Ludovic HENNEBEL, Hélène TIGROUDJA, *Traité de droit international des droits de l'homme*, Paris, Pedone, 2016, p. 361.

résolution 115[575] sur des instruments pertinents en matière de droits de l'homme et de la Charte de l'OUA, les chefs d'État et de gouvernement demanderont au Secrétaire général de l'OUA d'organiser le plus rapidement possible « *une conférence restreinte d'experts de haut niveau, en vue d'élaborer un avant-projet de Charte africaine des droits de l'homme et des peuples prévoyant notamment l'institution d'organe de promotion et de protection des droits de l'homme et des peuples* »[576] C'est finalement lors de la 18e Conférence des chefs d'État et de gouvernement de l'OUA à Nairobi (Kenya) que sera adoptée, le 28 juin 1981, la Charte africaine des droits de l'homme et des peuples, qui entrera en vigueur le 28 octobre 1986. Contrairement aux systèmes européen et interaméricain des droits de l'homme, l'Afrique a opté pour la dénomination de « Charte » et non de « Convention » mais ce choix n'emporte aucune conséquence sur sa nature juridique. Cette Charte comporte à la fois des principes classiques et novateurs tout en s'enracinant dans des valeurs africaines caractéristiques[577]. Ce texte fait preuve d'originalité, comme le constate Maurice AHANHANZO lorsqu'il explique que « *l'OUA donne à l'homme d'Afrique un extraordinaire et puissant instrument de libération, disons d'émancipation et d'épanouissement dans une dialectique de complémentarité et de symbiose, tant il est vrai qu'en Afrique, l'individu ne se réalise pleinement que dans la société, du lignage à l'ethnie et à l'État, aujourd'hui à l'État-nation en recherche et construction, avec l'aspiration de l'Unité Africaine* »[578].

236. S'agissant de son contenu, elle ne s'éloigne pas véritablement de la Déclaration universelle des droits de l'homme ; ce que note Fatsah OUGUERGOUZ lorsqu'il souligne qu'« *un bref survol sur le contenu de la Charte Africaine et la Déclaration Universelle des droits de l'homme ne révèle aucune véritable césure. Les deux documents contiennent en effet un catalogue de droits comparable* »[579]. La Charte est divisée en trois parties : une partie consacrée aux droits et devoirs, une autre aux mesures de sauvegarde et, enfin, une dernière aux dispositions diverses. Il est affirmé dans ce texte les droits civils et politiques qui correspondent, d'après Saidou

[575]Cette résolution fut proposée par le représentant de l'île Maurice et le président du Sénégal Léopold Sedar SENGHOR.

[576]Res, AHG/Dec. 115 (XVI). Sur les différentes étapes ayant conduit à l'adoption de la Charte africaine des droits de l'homme, voir : Maurice Glélé AHANHANZO « Introduction à la Charte africaine des droits de l'homme et des peuples », in *Droit et libertés à la fin du XXe siècle : Influence des données économiques et technologiques. Études offertes à Claude-Albert COLLIARD, op. cit.*, pp. 511-517 ; Fatsah OUGUERGOUZ, *op. cit.*, pp. 41-64 ; Valère ETEKA YEMET, *La Charte africaine des droits de l'homme et des peuples*, pp. 29-38.

[577]Stéphane DOUMBE-BILLE, « La Charte africaine des droits de l'Homme et des peuples », *Annuaire international des droits de l'homme* (Athènes/Bruxelles), vol. I, pp. 139-158.

[578]Maurice Glélé AHANHANZO, *op.cit.*, p. 11. Voir aussi Valère ETEKA YEMET, *La Charte africaine des droits de l'homme et des peuples, op. cit.*, 476 p.

[579]*Ibidem*, p. 66.

NOUROU TALL, « *aux normes du libéralisme classique* »[580] ; à savoir la liberté d'expression, de croyance, de religion, etc.

237. Sont aussi considérés les droits économiques, sociaux et culturels qui, d'après le même auteur, sont des droits nés de l'influence des États socialistes. Ils regroupent notamment les droits au travail, à la sécurité sociale, à l'éducation, etc. Enfin, nous pouvons relever une troisième catégorie de droits dits « droits de solidarité » tels que les droits au développement, à un environnement sain, à la paix, etc.[581]. Cette affirmation de droits ayant fait l'objet de nombreuses études et de questionnements[582], nous ne nous y attarderons pas. Néanmoins, nous pouvons constater qu'à travers l'adoption de ce texte, l'Afrique a comblé son retard par rapport aux autres systèmes régionaux. Même si son application pose encore quelques interrogations et que des précisions sur certains des droits affirmés restent encore à faire, nous considérons, avec Alioune BADARA TALL, que « *la Charte africaine des droits de l'homme et des peuples (...) apparaît davantage comme le pilier central de tout système africain des normes internationales portant sur les droits et libertés fondamentaux des individus et dont la finalité essentielle est de les garantir et faire respecter à l'échelle continentale. Si les conditions matérielles, juridiques et techniques sont remplies, que le respect des droits de l'homme, tant par ceux qui gouvernent que par les citoyens, ne sera pas un vœu pieux...* »[583]. Bien évidemment, les droits proclamés prennent tout leur sens quand ils sont effectivement protégés. Or, le dispositif normatif adopté avait axé son système de sanctions autour de mécanismes de contrôle, ce qui s'est avéré insuffisant.

Paragraphe 2 : Les lacunes propres aux sanctions non juridictionnelles

238. Le premier système de protection des droits de l'homme mis en place dans le cadre continental africain n'avait pas prévu d'institution exerçant une fonction de sanction répressive[584]. Cependant, diverses modalités avaient été

---

580 Saidou NOUROU TALL, *Droit des organisations internationales africaines. Théorie générale, droit communautaire comparé, droit de l'Homme, paix et sécurité*, Paris, L'Harmattan, 2015, p. 348.

581 *Ibid.*

582 Voir notamment : Fatsah OUGUERGOUZ, *op. cit.* ; Maurice Glélé AHANHANZO, *op. cit.*, p. 311 ; Valère ETEKA YEMET, *op. cit.* ; Jacques FIERENS, « La Charte africaine des droits de l'homme et des peuples », *RTDH*, vol. 1, 1990, pp. 235-248 ; Maurice KAMTO, *La Charte africaine des droits de l'homme et des peuples et le protocole y relatif portant création de la Cour africaine des droits de l'homme. Commentaire article par article*, Bruxelles, Bruylant, 2011, pp. 1-1547.

583 Alioune BADARA FALL, *op. cit.*, p. 100.

584 Alain PELLET, « La mise en œuvre des normes relatives aux droits de l'homme. Souveraineté du droit contre souveraineté de l'État ? », in Henry THIERRY,

envisagées pour, à tout le moins, permettre d'assurer un contrôle de la mise en œuvre de l'instrument conventionnel de protection. Cette tâche avait été dévolue, aux termes de l'article 30 de la Charte africaine des droits de l'homme et des peuples, à la « (...) *Commission des droits de l'homme et des peuples ci-dessous dénommée "la Commission", chargée de promouvoir les droits de l'homme et des peuples et d'assurer leur protection en Afrique* »[585]. Cependant, son travail s'est trouvé limité du fait de l'influence des organes politiques (**A**) et de l'absence de portée obligatoire de ses décisions (**B**).

A- L'influence des organes politiques

239. Après plus d'une vingtaine d'années d'existence, la Commission africaine des droits de l'homme avait pris des décisions au fond dans plus de trois cents affaires. Si l'on peut émettre des réserves quant aux effets de ces dernières, il ne fait aucun doute que dans le cadre de sa « jurisprudence », la Commission a contribué au développement d'un système plus protecteur des droits de l'homme que celui consacré par la Charte[586]. Ainsi grâce à une interprétation dynamique, elle a permis d'offrir un contenu concret aux droits et à la protection des individus et des groupes.

240. Elle a en particulier eu à statuer sur des cas de détentions arbitraires et de traitements inhumains et dégradants[587], le droit à un procès équitable[588], la discrimination et l'expulsion des étrangers[589], l'environnement et la

---

Emmanuel DECAUX, *Droit international des droits de l'homme,* Paris Montchrestien, 1990, pp. 121-122.

[585]Cf. article 30 de la Charte africaine des droits de l'homme et des peuples. L'article 31 de ce même texte prévoit que « *1. La Commission se compose de onze membres qui doivent être choisis parmi les personnalités africaines jouissant de la plus haute considération, connues pour leur haute moralité, leur intégrité et leur impartialité, et possédant** une compétence en matière de droits de l'homme et des peuples, un intérêt particulier devant être donné à la participation de personnes ayant une expérience en matière de droit. 2. Les membres de la Commission siègent à titre personnel* ».

[586]Mutoy MUBIALA, *op. cit.*, p. 89.

[587]*Affaire John D. Ouko c/ Kenya*, Communication 232/99 ; *affaire Curtis Francis Doebbler c/ Soudan,* Communication 236/2000.

[588]*Affaire Law Office of Ghazi Souleiman c/ Soudan*, Communications 222/98 et 299/99. Dans une autre affaire, *Gaétan Bwampamye (Avocats sans frontières) c/ Burundi)*, elle estimera que « *le Burundi a ignoré les engagements des cours et tribunaux à se confronter aux normes internationales en vue d'assurer un procès équitable* ». Une position similaire sera adoptée dans les affaires *Legal Ressources Foundation c. Zambia* et *militaires nigérians condamnés à mort par le régime du Général Sani Abacha* (Communication 28/8, § 4).

[589]*Affaire Fédération internationale des Ligues des droits de l'homme, Union Interafricaine des droits de l'homme, RADDHO, ONDH, au Sénégal et Association malienne des droits de l'homme c/ Angola*, Communication 159/96.

santé[590], les conditions de détention et de traitement des malades mentaux[591], la prolongation anormale de procédures internes[592], la non-exclusion du règlement à l'amiable[593], etc. De plus, la Commission a dû à se prononcer sur le droit des peuples autochtones[594]. La Commission s'est également exprimée en matière de sauvegarde des droits sociaux et notamment sur le droit de travailler dans des conditions équitables[595], sur le droit à la libre association[596], sur les coups d'État emportant violation des droits et libertés, la restauration de la peine de mort[597], sur le principe d'épuisement des voies de recours internes, et d'autres violations. À cet égard, elle a estimé qu'« *il serait incorrect d'obliger les plaignants à user des voies de recours qui ne fonctionnent pas de façon impartiale et qui ne sont pas tenues de statuer conformément aux principes de droit. Le recours n'est ni adéquat ni efficace* »[598] et qu'on ne saurait exiger l'épuisement des voies de recours si « *des voies de recours internes (...) ne sont ni disponibles ni pratiques* »[599]. Dans une affaire, elle s'est érigée en gendarme au regard de « *l'obligation positive de prévenir la violation des droits de l'homme* » du fait que « *la Charte Africaine a été élaborée et a reçu l'adhésion volontaire des États africains désireux d'assurer le respect des droits de l'homme sur ce continent. Une fois la Charte ratifiée, les États parties sont légalement liés par ses dispositions. Un État qui ne veut pas respecter la Charte africaine aurait dû ne pas la ratifier. Une fois légalement lié cependant, l'État doit respecter la loi au même titre que*

[590]*Affaire Social and Economic Rights Action Center (SERAC) c/ Nigeria*, Communication 155/96.

[591]*Affaire Purohit et Moore c/ Gambie*, Communication 24/01.

[592]*Affaire Kenya Human Rights Commission c/ Kenya*, Communication 135/94.

[593]*Affaires Amnesty International, Mr.Sarr Diop, UIDH and RADDHO, Collectif des Veuves et Ayants-droits, Association Mauritanienne des droits de l'homme c/ Mauritanie* . Communications 54/91, 61/91, 98/93, 154/97 et 210/98. Voir également article 27 du Protocole de 1998.

[594] *Affaire Dabalorivhuwa Patrioyic Front c/ République d'Afrique du Sud* du 19 décembre 2006, décision du 23 avril 2013, Communication 335/06. Voir aussi *Amnesty International c/ Soudan*, Communications 48/90, 50/90, 52/90, et 89/90 ; *Annette Pagnoule (au nom d'Abdoulaye Mazou) c/ Cameroun*, Communication 39/90. Huitième Rapport d'activité. Annexe VI.

[595]*Affaire Zimbabwe Lawyers for Human Rights, Associated Newspapers of ZimbaBwé c/ Zimbabwe*, Communication 284/03 (2008). Voir également Communications 292/04 (2008) et 39/90 (1997).

[596]*Affaire Civil Liberties Organisation (au nom du Nigerian Bar Association) c/ Nigeria*, (Communications 101/93.

[597]*Affaire Sir Dawda K. Jawara c. Gambie,* Communications 147/95. Voir aussi Evelyn A. ANKUMAH, *The African Commission on human and People's Rights: Practice and Procedures*, Dordrecht, Martinius Nijhoff Publishers, 1996.

[598] *Affaire Constitutionnal Rigths Project c/ Nigeria*, Communications 60/61.

[599]Voir : *Affaire RADDHO c. Zambie*, communication 71/92 ; *Affaire relative aux expulsions des Burundais du Rwanda en 1989*, communications jointes 27/89, 46/91, 49/91 et 99/93 ; *Affaire Forum of Conscience c/Sierra Leone*, Communication 223/98, §15.

l'individu » (affaire dite « *Saro-Wuri* »)[600]. Cependant, le mécanisme institué par la Commission en vue de la protection et la promotion des droits de l'homme a aussi accordé un rôle majeur à la Conférence des chefs d'État et de gouvernement.

241. D'une part, cette dernière était active en matière d'élaboration des normes et de contrôle de l'application de celles-ci[601]. D'autre part, en dehors de son rôle dans l'adoption des instruments avant la ratification par les États parties, c'est elle qui approuvait les décisions, les recommandations et les résolutions adoptées par la Commission. Une fois approuvés, les rapports d'activités de la Commission devenaient publics, ce qui posait très clairement un problème en matière d'impartialité des décisions concernant les droits de l'homme. Or, il était manifeste que les États se montraient réticents à prendre des mesures à l'encontre d'un autre État. Dès lors, le rôle de la Conférence « *a été longtemps critiqué compte tenu du caractère éminemment politique de cet organe et du risque réel d'autoprotection des chefs d'État et de gouvernement* »[602]. Toutefois, elle détenait bien un pouvoir en la matière, qu'elle exerçait de plusieurs façons.

242. Tout d'abord, au regard de l'article 51 de la Charte, elle détenait un pouvoir d'action en cas de violations massives des droits de l'homme ; cependant, elle ne pouvait qu'attirer l'attention des États sur de tels faits et attendre que le président de la Conférence demande une enquête approfondie avant de pouvoir se pencher sur ces situations d'urgence[603]. Par ailleurs, le fait que les membres de la Commission étaient nommés par la Conférence, conformément à l'article 33 de la Charte, posait également un problème[604]. En effet, la Conférence était consultée avant la nomination des commissaires, d'où une interrogation quant à l'indépendance de ces derniers vis-à-vis de la première. Il existait donc un réel risque de pressions sur les commissaires de la part des États[605].

---

600 Communication n° 154/96, § 43, 48 ; citée par Roger KOUSSSETOGUE KOUDÉ, « Les droits de l'homme : de l'intuition universaliste à l'universalité récusée », *Revue trimestrielle des Droits de l'homme*, n° 68, 2006, pp. 909-938.

601 Mutoy MUBIALA, *op. cit.*, p. 58.

602 *Ibidem*

603 Sybil Sakle THOMPSON, « Le système africain des droits humains : comparaisons, contexte et possibilité de croissance future », *in* Michael WODZICKI (dir.), *défendre les droits de l'humain en Afrique. Point de vue sur la Commission africaine des droits de l'homme*, Montréal, Droit et Démocratie, 2008, p. 42.

604 Article 33 de la Charte : « *Les membres de la Commission sont élus au scrutin secret par la Conférence des Chefs d'États, sur une liste de personnes présentées à cet effet, par les États partis à la Charte* ».

605 Rachidatou Illa MAIKASSOUA, *Les effets des décisions de la Commission africaine des droits de l'homme et des peuples*, Thèse de doctorat, Paris 1, 2011, p. 20.

243. Ainsi, à travers le mécanisme d'examen des rapports d'activités annuels, la Conférence pouvait contrôler les activités des commissaires. En effet, l'article 59 (3) de la Charte disposait que « *le rapport d'activité de la Commission est publié par son président après son examen par la Conférence des Chefs d'État et de gouvernement* », ce qui signifie que sans l'approbation de la Conférence, le rapport d'activité de la Commission ne pouvait être publié. C'est ainsi que la Conférence opposa son veto à la publication du 20e rapport annuel d'activité qui incluait un rapport de la Commission sur sa mission au Zimbabwe[606] datant de juillet 2004 et portant sur la situation des droits de l'homme dans ce pays, dans lequel elle avait fait des recommandations à ce propos. Cependant, la Conférence refusa de demander des comptes au Zimbabwe[607]. De même, la Conférence dénia publier une partie du 19e rapport d'activités de la Commission, car celui-ci comportait des résolutions de condamnations à l'encontre de certains États parties[608]. C'est donc ce caractère hautement politique de la Conférence et les larges attributions qui lui étaient reconnues par la Charte en matière de droits de l'homme qui ont contribué à fragiliser les sanctions non-juridictionnelles. La Commission est ainsi apparue comme un organe avant tout destiné à la conciliation et subordonné à la Conférence. Ce système mis en place par la Charte africaine, fortement critiqué, a été qualifié d'inefficient ; la protection assurée par la Commission semblait effectivement imparfaite et insuffisante[609]. Selon Sitsofé KOWOUVIH, « *l'insuccès relatif de la Commission dans son rôle de protection des droits de l'homme et des peuples est dû à une quasi-exclusivité des méthodes de négociations politiques avec notamment le rôle de la Conférence des Chefs d'État* »[610]. Et Jean Didier BOUKONGOU d'ajouter à ce sujet que : « *malgré ses efforts, la Commission africaine reste un organe dépendant des Chefs d'État ; ce qui, pour le moins ne constitue pas une garantie d'une bonne administration de la justice ni*

---

606 Voir Frans VILJOEN, Chidi ODINKALU, *La prohibition de la torture et des mauvais traitements dans le système africain des droits de l'homme. Guide pratique à l'intention des victimes et leurs défenseurs*, Genève, OMCT, octobre 2006, p. 34.

607 *Ibidem*

608 Voir Titre 2, Chapitre 1 de la thèse de Rachidatou Illa MAIKASSOUA, *op. cit.*, pp. 219-261.

609 Le professeur Jean-François FLAUSS porte un regard très sévère sur cet organe : « *En cas de violation de la Charte, la Commission africaine des droits de l'homme et des peuples dispose tout au plus du pouvoir de blâmer l'État défendeur* ». Il ajoute qu'« *il n'est même pas acquis que les «condamnations » qu'elle prononce aient une portée juridique comparable à celle accordée aux « constats » de violation établis au titre du Pacte II par le Comité des droits de l'homme des Nations Unies* » (Jean-François FLAUSS, « Propos conclusifs : l'effectivité de la Charte africaine des droits de l'homme dans l'ordre juridique des États parties contractantes : bilan et perspectives », in Jean-François FLAUSS, Élisabeth LAMBERT-ABDELGAWAD (dir.) *L'application nationale de la Charte africaine des droits de l'homme et des peuples*, Bruxelles, Nemesis/Bruylant, 2004, p. 249.

610 Sitsofé KOWOUVIH, « La Cour africaine des droits de l'homme et des peuples : une rectification institutionnelle du concept de "spécificité africaine" en matière de droit de l'homme », *RTDH*, n° 59, 2004, p. 764,

d'une impartialité nécessaire au traitement de toutes les violations récurrentes des droits de l'homme sur le continent africain. D'où la nécessité, pour rendre effective la Charte africaine, d'instituer dans les meilleurs délais, une Cour africaine des droits de l'homme et des peuples »[611].

244. Toutefois, ces propos doivent être nuancés. En effet, malgré ces quelques cas et de fortes présomptions quant à l'inefficience de ce dispositif certes politisé, la Conférence n'a en réalité pas souvent entravé le travail de la Commission. La plupart des rapports de cette dernière ont été adoptés sans objections de la part de la Conférence. La Commission s'est même émancipée de ce contrôle politique en contournant la procédure de confidentialité que lui imposait l'article 59 (3) de la Charte[612]. Cette tentative appréciable de la Commission n'a cependant pas substantiellement réduit l'influence de la Conférence sur ces décisions. Néanmoins, on peut lui reconnaître une activité dynamique faisant dire à un auteur que « *par ces nombreuses décisions qui constituent un corpus jurisprudentiel fort appréciable, la Commission a contribué à l'émergence d'une conception dynamique et objective du droit africain des droits de l'homme* »[613] dont il convient à présent d'analyser la portée.

B- L'absence de force contraignante des décisions de la Commission

245. Parler des effets des décisions de la Commission appelle à s'interroger sur la portée du système africain de protection des droits de l'homme qui pendant longtemps a fonctionné avec un organe oscillant entre une « juridiction » et un « organe conventionnel ». Sans revenir en détail sur les origines de la Charte africaine des droits de l'homme et des peuples, on peut dire que les États membres de l'organisation africaine n'étaient pas vraiment enclins à s'engager envers un texte juridiquement contraignant. À cet égard, le professeur FLAUSS a pu rappeler qu'« *il ne faut pas oublier que la Charte est peut-être avant tout une vitrine idéologique et en tout état de cause un traité relatif aux droits de l'homme instrumentalisé ab initio par les gouvernements des États* »[614]. Partant, il n'est pas surprenant de constater qu'une partie de la doctrine déniait toute force obligatoire aux décisions de la Commission.

---

[611]Jean Didier BOUKONGOU, « L'application de la Charte africaine des droits de l'homme et des peuples par les autorités nationales en Afrique centrale », *in* Jean-François FLAUSS et Elisabeth LAMBERT-ABDELGAWAD (dir.), *op. cit.*, p. 155.

[612]Cet article dispose que « *le rapport d'activité de la Commission est publié par son Président après son examen par la Conférence des Chefs d'État* ».

[613]Jean-Didier BOUKONGOU, *op. cit.*, p. 155.

[614]Jean-François FLAUSS, *op. cit.* p. 49.

246. Cependant, son interprétation dynamique et progressiste de la Charte avait permis à la Commission d'asseoir l'autorité juridique de ses décisions. Agissant en tant qu'organe quasi-juridictionnel, les décisions qu'elle prenait n'étaient pourtant que des recommandations qui, à l'instar des résolutions, invitent leurs destinataires à agir d'une certaine manière, mais sont dépourvues de force obligatoire [615]. Comme le précise Béatrice TRIGEAUD, « *les recommandations n'ont pas vocation à entrer en vigueur ni à devenir obligatoires, elles ne procèdent d'aucune volonté étatique de s'engager. Elles sont généralement l'œuvre d'organes de l'organisation, elles formulent plutôt le souhait de celle-ci de voir ses membres se conformer à tels types de conduite en vue de tel résultat concourant généralement à la réalisation de l'objet et du but de l'organisation* »[616].

247. Même s'il faut reconnaître à la Commission un travail d'envergure en matière de protection des droits de l'homme, notamment à travers le développement d'une jurisprudence fort intéressante, il faut convenir, avec la doctrine majoritaire, que les décisions de cet organe étaient effectivement dépourvues de force obligatoire. Dès lors, des auteurs ont pu considérer qu'elle « *n'avait aucun pouvoir de décision, elle pouvait effectuer des missions d'enquête, recevoir des requêtes et même tenter un règlement à l'amiable mais, le véritable pouvoir appartenait aux instances politiques de l'organisation qui accomplissaient toujours très mal les fonctions judiciaires* »[617]. Pour d'autres, la Commission était « *un simple service administratif* » du Secrétariat général de l'OUA[618]. On aurait pu reconnaître un caractère obligatoire à ses décisions en considérant qu'elle était prévue par la Charte qui est un traité dont les États parties avaient accepté de respecter les obligations[619]. Cependant, les dispositions de la Charte ne donnaient aucune information sur la nature, l'autorité et les effets des décisions de la Commission. Par ailleurs, elle ne prévoyait aucune conséquence du non-

---

[615] Gérard CORNU, *Vocabulaire juridique*, Paris, PUF, 8e éd. revue et argumentée, 2000, p. 723.

[616] Rachidatou Illa MAIKASSOUA, *op. cit.*, p. 72.

[617] Ahmed IYANE SOW, « Les juges de la Cour africaine des droits de l'homme et des peuples », *Revue juridique et politique. Indépendance et coopération*, 2001, p. 40, pp. 38-54.

[618] Paul-Gérard POUGOUÉ, « La Commission africaine des droits de l'homme et des peuples entre son passé et son avenir », in *L'effectivité des droits fondamentaux dans les pays de la communauté francophone*, Editions l'AUPELF-UREF, 1994, p. 529.

[619] C'est notamment cet argument que la Commission développera dans *l'affaire Ken Saro-Wiwa c/ Nigeria* en rappelant qu'elle « *a été chargée par la Charte de l'obligation positive de prévenir les violations des droits de l'homme* » (Communication 137/94, 139/94, 154/96 et 161/97, *International Pen, Constitutional Rights Project, Interights et Civil Liberties Organisation c/ Nigeria*, 12e rapport annuel d'activités). Pour plus de développements sur cette question des effets des décisions de la Commission africaine, voir la thèse de Rachidatou Illa MAIKASSOUA, *op. cit.*

respect par les États parties de celles-ci. Or, l'absence de force obligatoire de ses décisions disqualifie la reconnaissance d'une fonction juridictionnelle[620].

248. *In fine*, malgré les limites originelles des pouvoirs qui lui ont été conférés, la Commission, à travers sa jurisprudence abondante en matière de droits de l'homme, a œuvré pour la promotion de ceux-ci. Cependant, leur protection n'a pas connu le même succès. En effet, « *la Commission a utilisé la totalité de ses capacités promotionnelles ; toutefois ses capacités en matière de protection demeurent grossièrement inadéquates par rapport à l'immensité des besoins du continent* »[621]. Il était donc urgent de renforcer le dispositif de protection des droits de l'homme sur le continent avec la mise en place d'un véritable organe juridictionnel compétent sur la question.

SECTION II : LE RENFORCEMENT INSTITUTIONNEL DES SANCTIONS CONTRE LES VIOLATIONS DES DROITS DE L'HOMME

249. Les nombreux questionnements en matière de respect des droits de l'homme sur le continent africain[622] ont conduit à l'adoption d'un cadre normatif spécifique dans le cadre de l'OUA. Cependant, c'est à partir des années 2000, lorsque l'UA succéda à l'ancienne organisation, que la protection des droits de l'homme commencera à véritablement se développer. Des mesures relatives à la protection des droits de l'homme seront en effet affirmées dans l'Acte constitutif et, plus tard, dans la Charte africaine de la démocratie, des élections et de la gouvernance.

250. Le préambule de l'Acte constitutif de l'UA proclame en effet une volonté de protection des droits de l'homme et des peuples, des institutions

---

[620] Ndiaga LOUM, « Le système africain des droits humains : comparaisons, contexte et possibilité de croissance future », *in* Michael WODZICKI (dir.), *défendre les droits humains en Afrique. Point de vue de la Commission africaine des droits de l'homme et des peuples*, *op. cit.*, p. 25.

[621] Sybil Sakle THOMPSON, « Le système africain des droits humains : comparaisons, contexte et possibilité de croissance future », *in* Michael WODZICKI (dir.), *ibidem*, p. 41.

[622] Il convient de remarquer que le continent africain est la région du monde la plus affectée par les crises politiques porteuses de germes de conflits ou encore des luttes armées depuis plus de quatre décennies. En effet, on note depuis les années 1970 plus de trente guerres responsables de plus de la moitié de tous les décès causés par les conflits dans le monde entier et provoquant plus huit millions de réfugiés et de personnes déplacées. Il est clair que dans ce contexte de conflits, on note de nombreuses atteintes aux droits de l'homme. Voir également le rapport du Secrétaire Général des Nations Unies sur les causes des conflits et la promotion d'une paix et d'un développement durable en Afrique, Doc ONU A/52/871 et S/1998/318.

démocratiques et de l'État de droit[623]. S'agissant des objectifs de cette organisation, on notera que l'article 3 (h) prévoit notamment celui de « *promouvoir et protéger les droits de l'homme et des peuples conformément à la Charte africaine des droits de l'homme et des peuples et aux autres instruments pertinents relatifs aux droits de l'homme...* »[624]. Parmi les principes consacrés, on peut mentionner le droit d'intervention dans certaines circonstances, c'est-à-dire en cas de crimes de guerre, crimes contre l'humanité, etc. sur lesquels on reviendra ultérieurement[625]. D'autres principes et objectifs ayant un lien avec la promotion et la protection des droits de l'homme sont également proclamés dans ce texte. De plus, la Charte africaine de la démocratie, des élections et de la gouvernance, comme l'Acte constitutif, rappellent dès leur préambule leur attachement à la promotion et à la protection des droits de l'homme. Parmi les principes et objectifs mentionnés, est affirmé le « *respect des droits de l'homme et de l'État de droit* »[626]. Le chapitre IV de ce texte est consacré à la démocratie, l'État de droit et la gouvernance[627]. Ces textes, et bien d'autres, témoignent à n'en point douter d'une amélioration du dispositif bicéphale qui agit en vue de la mise en œuvre de sanctions juridictionnelles (**paragraphe 1)** et d'un durcissement des sanctions en cas violation des droits de l'homme, avec la possibilité pour l'organisation d'intervenir au sein d'un État membre (**paragraphe 2**).

Paragraphe 1 : L'énoncé des sanctions juridictionnelles des droits de l'homme

251. La consécration de sanctions juridictionnelles témoigne d'une évolution nécessaire. Malgré le travail indéniable de la Commission, la protection des droits de l'homme sur le continent africain appelait des mécanismes beaucoup plus contraignants que ceux que la Commission était capable de produire. Ce domaine nécessitait une rationalisation qui sera réalisée par la jurisprudence. Comme le souligne Laurence BURGOGUE-LARSEN, « [l]*es juridictions régionales ont toute la particularité d'être créées dans un contexte systémique donné* »[628]. C'est à cette logique que répond la création de la Cour africaine des droits de l'homme.

252. Pendant longtemps, la protection des droits de l'homme en Afrique, telle que prévue par la Charte africaine des droits de l'homme et des peuples,

---

[623]Cf. Préambule de l'Acte constitutif de l'Union africaine.
[624]Article 3 (h) de l'Acte constitutif de l'UA.
[625]Article 4 (h) de l'Acte constitutif de l'UA
[626]Article 3 (1) de la Charte africaine de la démocratie, des élections et la gouvernance.
[627]Chapitre IV, articles 4-10 de la Charte de la démocratie, des élections et la gouvernance.
[628]Laurence BURGOGUE-LARSEN, « Le fait régional dans la juridictionnalisation du droit international », *in* SFDI, *La juridictionnalisation du droit international Colloque de Lille*, Paris, Pedone, 2003, p. 203.

ne prévoyait pas l'instauration d'une Cour pour la garantir. Toutefois, lors de l'élaboration de cette Charte, ont émergé deux conceptions. Une première prônait l'institution d'un organe à l'action peu contraignante (Commission) en la justifiant par les traditions juridiques africaines qui privilégiaient la conciliation au règlement judiciaire des litiges, comme cela se reflétait d'ailleurs dans le règlement pacifique des différends interétatiques en Afrique[629]. Cette vision fut résumée par le juge Keba MBAYE, l'un des concepteurs de la Charte, en ces termes : « *Nous avons recours à la justice pour régler des conflits à l'amiable, mais nous sommes rarement en conflit au sens contentieux du terme* »[630].

253. Pour les tenants de l'autre conception, la Commission mise en place par la Charte « *n'était pas suffisamment outillée pour assurer une protection efficace des droits de l'homme et des peuples* »[631]. Même si c'est la première vision qui a prévalu, l'idée de la mise en place d'une Cour en matière de protection des droits de l'homme n'a cependant pas été abandonnée. Le juge Keba MBAYE, qui se prononça jadis en faveur de la conciliation dans le domaine de la protection des droits de l'homme, dira quelque temps plus tard du système mis en place avec l'adoption de la Charte africaine « *qu'il faut bien sûr reconnaître qu'il est loin d'être parfait. Il manque notamment une Cour des droits de l'homme. Mais ce n'est pas une omission* (...). *Néanmoins, le moment est venu de revenir sur la question* »[632].

254. Cette affirmation sera confortée par d'autres auteurs, notamment Stéphane DOUMBE BILLE pour qui « *l'entrée en scène d'un juge avait une double vertu: d'une part, rassurer enfin les militants des droits de l'homme, censeurs pressés, lassés de se reparaître du mot « protection» sans la chose et désormais invités à renouer avec l'espoir d'une vie civile, administrative et politique normale pour les populations africaines; d'autre part, par l'effet de retour également espéré, redorer le blason fort terni de nombreux régimes en place, coupables aux yeux du monde des violations les plus graves les unes que les autres, à l'encontre de leurs populations civiles, des droits et libertés par ailleurs internationalement consacrés* »[633]. C'est finalement le processus déclenché lors du Sommet des chefs d'État et de gouvernement de l'OUA à

---

[629]Mutoy MUBIALA, « La Cour africaine des droits de l'homme et des peuples. Mimétisme institutionnel ou avancée judiciaire ? », *RGDIP*, t. 102, 1998, p. 765.

[630]Keba MBAYE, « Rapport introductif sur la Charte africaine des droits de l'homme et des peuples », *in* Commission internationale de juristes (éd.), *Droits de l'homme et des peuples en Afrique et la Charte africaine*, Paris/ Genève, Pedone 1986, pp. 28-29.

[631]*Ibidem*

[632]Keba MBAYE, *Les droits de l'homme en Afrique*, *op. cit.*, p. 266.

[633]Stéphane DOUMBE BILLE, « La juridictionnalisation des droits de l'homme en Afrique : Much ado about nothing » ?, *in L'homme dans la société internationale. Mélanges en l'honneur du Professeur Paul Tavernier*, Bruxelles, Bruylant, 2013, pp. 693-704.

Tunis en juin 1994 relatif à l'élaboration d'une Cour africaine des droits de l'homme qui sera entériné durant la 34e session ordinaire de la Conférence des chefs d'État et de gouvernement de l'OUA le 10 juin 1998 à Ouagadougou. Il faudra toutefois attendre le 25 janvier 2004 pour que ce protocole entre en vigueur. L'Afrique se dota ainsi d'une juridiction exclusivement consacrée à la défense des droits de l'homme[634] **(A)** prononçant des sanctions effectives **(B).**

A- La mise en place d'une juridiction en matière de protection des droits de l'homme

255. Afin d'assurer une protection efficace contre les violations des droits de l'homme, l'organisation continentale avait opté dans un premier temps pour l'établissement de deux cours, à savoir la Cour de justice de l'UA (CJUA) et la Cour africaine des droits de l'homme et des peuples (CrADHP). Cependant, aussitôt signé, les États membres de l'Organisation décidèrent d'abroger le Protocole de Ouagadougou instaurant la Cour africaine des droits de l'homme et des peuples (1998) et la Cour de Maputo[635] (2003). Il fut alors envisagé d'adopter un troisième Protocole portant création de la Cour africaine de justice et des droits de l'homme. Comme a pu le relever le juge OUGUERGOUZ, la Cour africaine a donc failli être un « *organe judiciaire mort-né* »[636], car à peine mise en place, on prévoyait déjà de la fusionner avec la Cour de justice de l'Union africaine[637]. Cette Cour a été conçue dans l'optique de compléter le travail de protection de la Commission tel que le prévoit l'article 2 du Protocole.

256. La création, dans le cadre de l'UA, d'une cour sanctionnant la violation des droits de l'homme est une grande avancée. Bien qu'elle fût laborieuse, elle a permis de consolider une nouvelle vision des relations interafricaines dans laquelle les droits fondamentaux doivent être garantis. Sans toutefois préjuger de leur efficacité par rapport aux organes

---

634 Jean-Louis ATANGANA AMOUGOU, « Avancées et limites du système africain de protection de droits de l'homme : la naissance de la Cour africaine de droits de l'homme et des peuples », *Droits fondamentaux*, n° 3, janvier-décembre 2003, p. 175, pp. 175-178.

635 Nous faisons référence à la Cour de justice de l'Union africaine établie par l'Acte constitutif de l'organisation, avec l'adoption à Maputo (Mozambique) du Protocole sur la Cour de justice de l'Union africaine le 11 juillet 2003 qui devrait entrer en vigueur.

636 Expression du juge Fatsah OUGUERGOUZ, « La Cour africaine des droits de l'homme et des peuples - Gros plan sur le premier organe judiciaire africain à vocation continentale », *in AFDI*, 2006, p. 217.

637 Voir sur cette question la Décision sur la fusion de la Cour africaine des droits de l'homme et des peuples et la Cour de justice de l'Union africaine. Doc. AU/Dec.83(V) ? §2. Annexe I au rapport sur la décision de la Conférence de l'Union de fusionner la Cour africaine des droits de l'homme. Conseil exécutif. Sixième session ordinaire 24-31 janvier 2005, Abuja (Nigéria), Union africaine, Doc. EX.CL/162(VI), pp. 1-2, § 3.

interétatiques, il est évident qu'une sanction prise par un organe judiciaire se base *a priori* davantage sur des critères objectifs que les sanctions édictées par les organes politiques dont on peut présumer une part de subjectivité. Sans revenir sur nos précédentes analyses[638] , on étudiera ici la Cour à travers sa composition et ses attributions en constatant que son activité jurisprudentielle fait preuve d'une effectivité en matière de sanctions contre les violations des droits de l'homme sur le continent.

257. Dans l'organisation continentale africaine, la composition des organes détenant un pouvoir de sanction a traditionnellement accordé une grande place aux représentants des États. L'approche semble différente pour les organes juridictionnels, en l'occurrence la CrADHP. L'article 11 du Protocole prévoit que la Cour est composée de onze juges issus des États membres de l'organisation. La même disposition exige que le candidat ait la nationalité d'un État membre de l'UA et non celle des États parties au Protocole[639]. Il est également précisé que les candidats sont « *élus à titre personnel parmi des juristes jouissant d'une très haute autorité morale, d'une compétence et d'une expérience juridique, judiciaire ou académique reconnue dans le domaine des Droits de l'Homme et des Peuples* »[640]. Comme le souligne Fatsah OUGUERGOUZ, une note verbale avait été adressée dès le 5 avril 2004 à tous les États de l'Union dans laquelle la Commission soulignait que « *l'autorité morale, la crédibilité et la réputation de la Cour seraient dans une large mesure tributaires des onze premiers juges élus* »[641]. La même note indiquait l'importance que les candidats correspondent aux dispositions des articles 11, 14 et 18 du Protocole portant sur l'intégrité et la compétence des juges ainsi que sur l'exigence de représentation des deux sexes[642] ; outre le respect d'une répartition géographique équitable ainsi que des grands systèmes juridiques. Les juges de la Cour sont élus pour une période de six ans et sont rééligibles une seule fois.

258. D'après l'article 15 du Protocole, le mandat des quatre juges désignés lors de la première élection devait prendre fin au bout de deux ans et le mandat des quatre suivants devait se terminer après quatre ans[643] dans l'optique d'assurer une certaine continuité dans le traitement des affaires qui

---

[638]Cf. Partie I.

[639]Cette précision semble vouloir marquer une différence avec les conditions d'élection des membres de la Commission des droits de l'homme et des peuples dont les candidats doivent avoir la nationalité d'un État parti à la Charte (cf. article 34 de la Charte africaine des droits de l'homme et des peuples).

[640]Article 11 du Protocole relatif à la Charte africaine portant sur la création d'une Cour Africaine des Droits de l'Homme et des Peuples.

[641] Note verbale, BC/OLC/66.5/8/Vol.V ; tirée de l'article du Professeur Fatsah OUGUERGOUZ, « La Cour africaine des Droits de l'Homme et des Peuples », *op. cit.* p. 219.

[642]*Ibidem*

[643]Article 15 du Protocole.

allaient être traitées. Même si les juges sont élus au titre des États membres de l'organisation, ils s'engagent néanmoins à exercer leurs fonctions en toute impartialité et loyauté[644]. La composition de cette Cour procède d'une évolution du cadre institutionnel, avec la fusion des deux cours précédentes, qui a sans doute permis de judiciariser davantage le pouvoir de sanction de l'Union africaine. Cette judiciarisation résulte de la volonté des décideurs du continent d'aller plus loin dans la mise en œuvre de sanctions.

259. Cette Cour s'est ainsi vu confier la compétence « *de connaître de toutes les affaires et de tous les différends dont elle est saisie concernant l'interprétation et l'application de la Charte, du présent protocole et de tout autre instrument relatif aux droits de l'homme et ratifié par les États concernés* »[645]. Elle est également compétente pour rendre des *avis consultatifs* à la demande d'un État membre de l'Union, de tout organe de l'Union ou d'une organisation africaine reconnue par l'Union ; et ce « *sur toute question juridique concernant la Charte ou tout autre instrument pertinent relatif aux droits de l'homme, à condition que l'objet de l'avis consultatif ne se rapporte pas à une requête pendante devant la Commission* »[646]. Elle connaît aussi des requêtes dont elle est saisie par la Commission, par l'État partie qui a saisi la Commission, par l'État partie contre lequel une plainte a été introduite devant la Commission, par l'État partie dont le ressortissant est victime d'une violation des droits de l'homme, ou encore par les organisations intergouvernementales africaines et les ONG dotées d'un statut d'observateur auprès de la Commission[647]. Les individus peuvent saisir la Cour uniquement à l'encontre des États qui ont accepté spécifiquement la compétence contentieuse de la Cour à cette fin[648]. La procédure prévoit un mécanisme facultatif de règlement amiable[649], la tenue d'audiences publiques[650], un examen contradictoire avec possibilité d'organiser une enquête, et enfin un régime de réparation en cas de violation reconnue des droits de l'homme[651].

260. Le Protocole adopté le 1er juillet 2008 qui donna naissance à la Cour africaine de justice et des droits de l'homme sera amendé par le Protocole du

[644]Article 16 du Protocole. Il est également précisé que les juges bénéficient de privilèges et immunités diplomatiques nécessaires à l'accomplissement de leurs fonctions. En contrepartie, les juges sont soumis à des règles de déontologies strictes. A cet égard, ils ne peuvent exercer des activités incompatibles avec leurs fonctions de nature à porter atteinte aux exigences de leur indépendance ou de leur impartialité (Article 18 du Protocole)
[645]Article 3 § 1 du Protocole.
[646]Article 4 §1 du Protocole.
[647]Article 5 §1 du Protocole.
[648]Articles 5 §3 et 34 §6 du Protocole.
[649]Article 9 du Protocole.
[650]Article 10 du Protocole.
[651]Article 26 du Protocole.

27 juin 2014 portant amendement du Protocole portant statut de la Cour africaine de justice et des droits de l'homme. Pas encore entré en vigueur, il a pour objet d'élargir la compétence matérielle de la Cour en y intégrant des attributions en matière pénale[652]. Lorsqu'il s'appliquera, la Cour deviendra le principal organe de sanction de l'Union africaine.

B - L'effectivité des sanctions juridictionnelles contre les violations des droits de l'homme

261. La Cour africaine des droits de l'homme et des peuples a débuté son office très exactement le 15 décembre 2009, avec l'affaire *Michelot Yogogombaye c/ République du Sénégal*[653] qui lui a tout de suite donné l'occasion de préciser son action. Après l'adoption des différents textes portant sur la mise en place de la Cour africaine des droits de l'homme, il était important que ceux-ci s'accompagnent de plusieurs arrêts permettant de cristalliser la protection des droits de l'homme sur le continent. Cependant, il a fallu attendre 2009, soit cinq ans après son institution, pour qu'elle rende son premier arrêt.

262. Dans cette première affaire, l'instance a été introduite par Monsieur Michelot YOGOGOMBAYE, de nationalité tchadienne, contre la République du Sénégal, le 18 août 2008, « *en vue du retrait de la procédure actuellement diligentée par la République et l'État du Sénégal en vue d'inculper, juger et condamner le sieur Hissein Habré, ex-chef d'État tchadien actuellement réfugié à Dakar au Sénégal* ». Cette requête faisait suite à l'adoption par le Sénégal de la loi portant modification de sa Constitution et autorisant la rétroactivité de la loi pénale consacrée à la fois par la Constitution sénégalaise et par l'article 7 (2) de la Charte africaine des droits de l'homme. La Cour africaine profita de l'occasion pour rappeler les conditions de sa saisine[654].

---

[652]En effet, le protocole de 2014 octroie de larges compétences en matière pénale à la nouvelle Cour. A cet effet, on a ajouté à l'article 28 amendé un article 28A rédigé de la manière suivante : « *1.Sous réserve du droit de faire appel, la Section du droit international pénal de la Cour a compétence pour juger des crimes prévus ci-dessous : 1) Génocide; 2) Crimes contre l'humanité; 3) Crimes de guerre; 4) Crime relatif au changement anticonstitutionnel de gouvernement; 5) Piraterie; 6) Terrorisme; 7) Mercenariat; 8) Corruption; 9) Blanchiment d'argent; 10) Traite des personnes; 11) Trafic illicites de Stupéfiants; 12) Trafic illicite de déchets dangereux; 13) Exploitation illicite des ressources naturelles; 14) le crime d'agression…*».

[653]CADHP, *Affaire Michelot YOGOGOMBAYE c/ République du Sénégal*, n° 001/200.

[654]En bref, cet arrêt a permis à la Cour d'éclaircir quelques points. En premier lieu, concernant le dépôt des requêtes, la Cour a rappelé la procédure relative à l'introduction d'instance telle que prescrite à l'article 34 (1) de son règlement. Il convient également de préciser que le juge OUGUERGOUZ, dans son opinion individuelle, précisera que, toutes les requêtes reçues au greffe devraient être inscrites au rôle général de la Cour (cf. paragraphe de l'opinion individuelle du juge Fatsah OUGUERGOUZ).

263. Conformément à son règlement intérieur intérimaire, la Cour a procédé à un examen préliminaire de sa compétence à l'occasion duquel elle a fait observer que pour qu'elle puisse connaître d'une requête formée à l'encontre d'un État partie émanant directement d'un individu, il était nécessaire de se conformer à l'article 5 (3) et l'article 34 (6)[655] dont une lecture combinée permet de conclure que « *sa saisine directe* (...) *par un individu est subordonnée au dépôt par l'État défendeur d'une déclaration spéciale autorisant une telle saisine* »[656]. Or, d'après les différents débats qui se sont tenus dans le cadre de ce litige, il est apparu que le Sénégal n'avait pas déposé sa déclaration autorisant la saisine de la Cour[657]. Par conséquent, la Cour déclara la requête du Sieur Yogogombaye irrecevable.

264. Après ce premier arrêt, il faudra attendre quatre ans pour que la Cour se prononce à nouveau sur le fond d'une affaire. L'occasion se présentera avec l'arrêt du 14 juin 2013 portant sur les affaires jointes *Tangayika Law Society et The Legal and Human Rights Centre c. Tanzanie* et *Révérend Christopher R. Mtikila c. Tanzanie*[658]. Cet arrêt clôt donc une période de vacuité de la juridiction continentale en matière de protection des droits de l'homme. En l'espèce, le juge africain devait apprécier une disposition constitutionnelle interdisant les candidatures indépendantes à un mandat électif (en l'espèce une élection présidentielle). En effet, en 1992, la Tanzanie avait adopté une révision constitutionnelle prescrivant l'affiliation à un parti politique de tout candidat potentiel aux élections présidentielles, parlementaires et locales excluant ainsi de *jure* et de *facto* toute candidature indépendante. Cette disposition sera contestée avec succès devant les instances judiciaires tanzaniennes par Monsieur Mtikila. La haute Cour de son pays lui donnera raison en 1994.

265. Cependant, en décembre de la même année, l'Assemblée nationale de son pays adopta un projet de loi réaffirmant l'interdiction des candidatures indépendantes. Cette loi, entrée en vigueur en janvier 1995, sera à nouveau contestée avec succès par Monsieur Mtikila devant la haute Cour en 2005. L'arrêt de la haute Cour sera toutefois contesté par l'Avocat General devant la Cour d'appel qui infirmera, dans un arrêt du 17 juin 2010, l'arrêt de la haute Cour et confirmera l'interdiction des candidatures indépendantes. C'est fort

---

[655]Ajouté par nous

[656]*Affaire Michelot YOGOGOMBAYE c/ République du Sénégal*, préc.

[657]*Ibidem*, § 36 de l'arrêt.

[658]CADHP, n° 009/2011 et n° 011/2011. Voir aussi Alain Didier OLINGA, « La première décision au fond de la Cour africaine des droits de l'homme et des peuples : arrêts du 14 juin 2013 sur les affaires jointes *Tangayika Law Society et The Legal and Human Rights Centre c. Tanzanie et Révérend Christopher R. Mtikila c. Tanzanie)* », *Revue des droits de l'homme*, juin 2004, pp. 1-24.

de ce énième revirement que Monsieur Mtikila saisira la Cour africaine des droits de l'homme et des peuples. L'occasion fut ainsi donnée à cette dernière de se prononcer pour la première fois sur le fond d'une affaire portant sur une question constitutionnelle de la plus haute importance quand on sait ce qu'elle représente pour un grand nombre d'États africains. Précisément, l'enjeu était de répondre à la question de savoir si la jouissance de droits politiques pouvait être subordonnée à l'appartenance à un parti politique. La Cour donnera raison aux requérants en se prononçant contre l'interdiction des candidatures indépendantes.

266. La Cour s'étonnera même de l'existence d'une telle disposition, dans le paragraphe 109 de son arrêt : « *Comment pourrait-on parler de liberté si même pour désigner un représentant de son choix, l'on est obligé de choisir l'une des personnes investies par des partis politiques, même si cette personne n'a pas les qualités requises. Dans la mesure où ladite disposition réserve aux citoyens le droit de participer directement ou par l'intermédiaire de ses représentants à la gestion des affaires publiques, toute loi qui exige du citoyen d'être membre d'un parti politique avant de se présenter aux élections présidentielles, législatives, locales est une mesure inutile, qui porte atteinte au droit du citoyen de participer directement à la vie politique et constitue donc une violation d'un droit* »[659]. Au regard des faits exposés par les différentes parties, la Cour décida que la Tanzanie avait violé les articles 2 et 3 mais aussi 10 et 13 (1) de la Charte[660]. Elle ordonna ainsi à la Tanzanie de prendre toutes les mesures constitutionnelles, législatives et autres dispositions utiles dans un délai raisonnable afin de mettre fin aux violations des droits de l'homme constatées et informer la Cour des mesures prises.

267. Ce premier arrêt rendu au fond fut un test réussi et une avancée majeure en matière de protection des droits de l'homme. Même si l'arrêt a fait l'objet de critiques de la part de la doctrine[661], il n'en demeure pas moins qu'il

---

[659]Paragraphe 109 des affaires jointes *Tanganyika Law society, The Legal and Human Rights Centre c/ République de Tanzanie* et *Réverend Christopher R. Mtikila c/ République de Tanzanie,* CADHP n° 009/2011 et CADHP n° 011/2011.

[660]L'article 10 de la Charte africaine des droits de l'homme et des peuples stipule que « *Toute personne a le droit de constituer librement des associations avec d'autres, sous réserve de se conformer aux règles édictées par la loi. 2. Nul ne peut être obligé de faire partie d'une association sous réserve de l'obligation de solidarité prévue à l'article 29* » et *l'article 13* « *1. Tous les citoyens ont le droit de participer librement à la direction des affaires publiques de leur pays, soit directement, soit par l'intermédiaire de représentants librement choisis, ce, conformément aux règles édictées par la loi. 2. Tous les citoyens ont également le droit d'accéder aux fonctions publiques de leurs pays. 3. Toute personne a le droit d'user des biens et services publics dans la stricte égalité de tous devant la loi* ».

[661]Alain Didier OLINGA, *op. cit.*, pp. 1-24 ; Abdou-Khadre DIOP, « La Cour africaine des droits de l'homme et des peuples ou le miroir stendhalien du système africain de protection des droits de l'homme », *Les cahiers de droit*, vol. 55 n° 2, juin 2014, pp. 529-555 ; Guy-Fleury

consacre la prise effective de sanctions juridictionnelles en matière de droits de l'homme sur le continent africain. D'ailleurs, depuis le 15 décembre 2009, date de son premier arrêt, la Cour africaine des droits de l'homme a été saisie de plus de cinquante affaires et s'est prononcée définitivement sur une trentaine d'entre elles. De 2009 à 2013, la plupart des requêtes dont elle a été saisie ont cependant été déclarées irrecevables[662] ; du fait de la non-maîtrise de la procédure ou encore de l'absence de compétence de la Cour. Cependant, à partir de 2013, elle a été saisie de plusieurs affaires[663] sur lesquelles elle s'est prononcée.

268. Cette analyse des sanctions ou mécanismes juridictionnels et quasi juridictionnels permettant la protection des droits de l'homme nous a permis de souligner leur importance. Toutefois, il convient de rappeler que d'autres dispositifs ont été envisagés, s'insérant dans un cadre global et pouvant être invoqués dans plusieurs situations : en cas de changement anticonstitutionnel de gouvernement, de violations des droits de l'homme et de résolutions des conflits. Il s'agit notamment du droit d'intervention de l'organisation.

Paragraphe 2 : Le durcissement des sanctions en matière de violation des droits de l'homme

269. À l'heure actuelle, il est difficile de penser le développement de l'Afrique sans considérer la promotion et la protection des droits de l'homme ainsi que le maintien de la paix et de la sécurité. Parce les violations des droits de l'homme entraînent généralement une menace pour la paix et la sécurité, régionales comme internationales, il était important que l'UA envisage un durcissement des sanctions dans les cas où celles existantes ne suffiraient pas. C'est ainsi que le droit d'intervention de l'UA dans un État membre sur décision de la Conférence a été envisagé à l'article 4 (h) de l'Acte constitutif

---

NTWARI, « Note sur le premier arrêt de la Cour africaine des droits de l'homme et des peuples », *African Journal of International and Comparative Law*, 18/2, 2010, pp. 233-237.

[662] Voir notamment à cet égard les affaires : *Yogogombaye*, prec. ; *Soufiane Ababou c/ République algérienne démocratique populaire*, CADHP n° 002/2011 ; *Daniel Amare et Mulugeta Amare c/ République du Mozambique et Mozambique Airlines*, CADHP n° 005/2011 ; *Association juristes d'Afrique pour la bonne Gouvernance c/ République de Côte d'Ivoire*, CADHP n° 006/2011 ; *Ekollo Moundi Alexandre c/ République du Cameroun et République fédérale du Nigéria*, CADHP n° 008/2011 ; *Convention nationale des syndicats du secteur éducation (Conasysed) c/ République du Gabon*, CADHP n° 012/2011 ; *Delta International Investissements S.A. Mr et Mme AGL de LANG c/ République d'Afrique du Sud*, CADHP n° 004/2012 ; *Amir Adam Timan c/ République du Soudan*, CADHP n° 005/2012 ; *Baghdadi Ali Mahmoudi c/ République de Tunisie*, CADHP, n° 007/2012 ; *Femi Falana c/ Union africaine*, CADHP n° 001/2011 ; *Youssef Abadou c/ Royaume du Maroc*, CADHP n° 007/2011 ; *Atabong Denis Atemnkeng c/ Union africaine*, CADHP n° 014/2011, etc.

[663] Sur les affaires sur lesquelles la Cour africaine s'est prononcée, consulter le site : http://fr.african-court.org/

aux termes duquel « (…) *dans certaines circonstances graves, à savoir : les crimes de guerre, le génocide et les crimes contre l'humanité* »[664]. Cependant, l'affirmation d'un tel dispositif dans le cadre de l'organisation continentale africaine a été perçue par la doctrine comme une entorse à la Charte internationale en matière de sécurité collective (**A**). En tout état de cause, même si l'intervention envisagée est nécessaire, elle doit se faire dans le cadre prévu par l'ONU en tant qu'actrice principale en matière de sécurité collective (**B**).

A- L'établissement d'un droit d'intervention de l'Union africaine : une entrave à la Charte en matière de sécurité collective

270. Depuis les indépendances acquises dans les années 1960, les conflits n'ont cessé de se multiplier ; que ce soit entre les États africains (Maroc-Algérie, Burkina Faso-Mali ou encore Somalie-Éthiopie, etc.) ou à l'intérieur des États (Guerre du Biafra, conflits en Mozambique, en Angola, etc.), entraînant avec eux des violations massives des droits de l'homme[665]. Avec un tel constat, il était impossible pour l'ancienne comme pour la nouvelle organisation continentale de ne pas se saisir de ces questions. Cela n'a été possible qu'avec une prise de conscience des dirigeants africains. Il est apparu essentiel de combattre ces fléaux afin de permettre un véritable développement du continent. À cet effet l'organisation enverra un signal fort. Les violations massives et graves des droits de l'homme ne resteront plus impunies.

271. Lorsque des violations des droits de l'homme sont constatées sur le continent, aux mesures juridictionnelles doit s'ajouter l'usage de la force en fonction de la gravité de ces violations. L'utilisation de la force armée reste l'ultime recours quand les autres n'ont pas fonctionné. C'est donc dans ce sens que l'Acte constitutif de l'UA a pris le soin de préciser, à l'article 4 (h), les circonstances dans lesquelles le droit d'intervention de l'organisation s'applique. Outre ces situations ainsi définies, le Protocole amendant l'Acte constitutif a complété cet article en y ajoutant le droit d'intervention de l'organisation en cas de « (…) *menace grave de l'ordre légitime enfin de restaurer la paix et la stabilité dans l'État membre de l'Union sur la recommandation du Conseil de paix et de Sécurité* »[666]. Ces dispositions témoignent du lien éminemment étroit qui existe entre le respect des droits de l'homme et le maintien ou la promotion de la paix sur le continent. À cet égard,

---

[664]Article 4 alinéa h de l'Acte constitutif.

[665]Michel Cyr DJIENA WEMBOU, « Le mécanisme de l'OUA pour la prévention, la gestion, et le règlement des conflits », *in AYIL* A.A YUSUF (éd), 1995, p. 72.

[666]Article 4 du Protocole sur les amendements à l'Acte constitutif de l'Union africaine.

un auteur rappelle que les mots « *paix, développement et démocratie forment un triangle interactif ; chacun de ces trois éléments est tributaire des autres, sans démocratie, il n'y a pas de développement durable* »[667]. Un autre auteur ajoute que « *la paix est de nature à favoriser à la fois le développement et la démocratie, que le développement consolide la paix et la démocratie, enfin que la démocratie constitue le cadre le plus sûr pour la garantie de la paix et la promotion du développement* »[668].

272. Ainsi, promouvoir la paix a toujours été un objectif avéré de l'organisation continentale[669]. S'agissant de l'OUA, le principe de non-intervention dans les affaires intérieures des États, qui était un principe majeur, n'a pas empêché que cette organisation prévoie, dans le cadre de son mécanisme de règlement des conflits[670], des circonstances exceptionnelles dans lesquelles elle serait dans l'obligation d'intervenir[671]. Dans de tels cas, l'OUA avait le droit et même le devoir d'intervenir avant même de lancer un appel à la communauté internationale. Cependant, en réalité, cette capacité sera relativisée, car la Déclaration du Caire qui a prévu cette situation ne donnait pas à l'OUA un pouvoir général d'intervention à l'intérieur des États membres. Celle-ci ne pouvait ainsi pas intervenir dans tous les conflits, notamment ceux précédemment cités. En outre, l'ingérence dans les affaires intérieures des États devait être décidée, le cas échéant, par l'organe central du mécanisme[672].

273. C'est donc ce tabou de la non-ingérence que va briser la nouvelle organisation pour laisser place à une dynamique nouvelle insufflée par le

---

667 Federico MAYOR, « Le droit de l'être humain à la paix », *in* Boutros BOUTROS-GHALI, *Amicorum Discipulorumque Liber Paix, Développement, Démocratie*, Vol. 2, Bruxelles, Ed. Bruylant, p. 1231.

668 Nicolas VALTICOS, « Idéal ou idéaux dans le monde actuel : la paix, le développement, la démocratie », *in* Boutros BOUTROS-GHALI, *ibidem*, p 1408.

669 Sur cette question, voir les développements de Guy-Fleury NTWARI, *L'Union africaine et la promotion de la paix, de la sécurité et de la stabilité en Afrique*, Thèse de doctorat, Université Lyon 3, 2014, p. 174.

Ainsi, dans le cadre de l'OUA, il était nécessaire de créer et de maintenir les conditions de la paix et de la sécurité (Cf. préambule de la Charte de l'OUA, alinéa 5). Or, promouvoir la paix sur le continent était à l'époque de cette organisation fortement liée à la création et la construction des États africains dans le rejet du colonialisme sous toutes ses formes

670 Le mécanisme de prévention, de gestion et de règlement des conflits a été créé en juin 1993 au Caire. L'objectif majeur de ce mécanisme était de permettre à l'OUA de disposer des moyens de réduire les crises et les conflits sur le continent.

671 Nous avons à l'esprit les cas de la Somalie 1991 ou en encore du Liberia 1980 où le non-respect des droits de l'homme ainsi que l'absence de tout pouvoir étatique évident nécessitaient une action de la part de l'organisation.

672 Michel-Cyr DJIENA WEMBOU, « À propos du nouveau mécanisme de l'OUA sur les conflits », *in* Michel-Cyr DJIENA WEMBOU, *Le droit international dans un monde en mutation. Essais écrits au fils des ans*, *op.cit.*, p. 204.

respect des droits fondamentaux et de la paix ainsi que l'instauration d'un ordre légitime sur le continent. La reconnaissance d'un tel droit représente une véritable révolution à la fois dans le cadre de l'Union africaine mais aussi en droit international. Ceci n'a pas manqué de susciter de nombreuses interrogations de la doctrine. Il faut dire que jusqu'alors, aucune organisation continentale n'avait prévu dans son texte fondateur une telle disposition dans la mesure où, en ce domaine, la suprématie du Conseil de sécurité de l'ONU ne faisait aucun doute. Il semble donc qu'à travers l'article 4 (h) de son Acte constitutif, l'UA a bousculé une pratique durement établie en droit international. Quelles conséquences précises en tirer ?

274. La gradation des mesures en faveur de la protection des droits de l'homme a permis l'insertion dans l'Acte constitutif d'un droit d'intervention de l'organisation en cas de situations spécifiques (crime de guerre, crime contre l'humanité, génocide, etc.). Pourtant, il n'y a pas très longtemps, l'intervention militaire pour des « motifs humanitaires » était perçue avec beaucoup de méfiance et d'appréhension par la plupart des États en développement. Cette méfiance était animée par le fait qu'ils voyaient en l'intervention militaire une arme aux mains des États puissants pour favoriser leurs intérêts au détriment des États moins forts[673]. Intervenir dans les affaires relevant de la compétence interne des États n'a jamais été une pratique réellement acceptée en droit international et en particulier dans le cadre continental africain[674].

275. L'article 4 (h) consacre le droit d'intervention qui doit être mis en œuvre par la Conférence des chefs d'État et de gouvernement en vertu d'une demande du Conseil de paix et de sécurité de l'UA[675]. Cependant, cette disposition ne prévoit pas explicitement d'obtenir l'autorisation du Conseil de sécurité de l'ONU avant ou après le déclenchement d'une telle intervention[676]. L'article 4 (h) ne fait en outre aucunement mention du chapitre VIII de la Charte qui fait référence au rôle des organisations régionales en matière de paix et de sécurité. Se pose alors la question de l'incompatibilité des dispositions de l'Acte constitutif avec celles de la Charte. Doit-on considérer que l'UA peut mettre en œuvre l'article 4 (h) de l'Acte constitutif sans

---

[673]Abdulqawi A. YUSUF, « La licéité de l'intervention armée dans certains conflits », *in* Abdulqawi A. YUSUF, Fatsah OUGUERGOUZ (dir.) *L'Union africaine, cadre juridique et institutionnel, op. cit.*, p. 304.

[675]Voir article 7n paragraphe 1, alinéa e), du Protocole relatif à la création du Conseil de paix et de sécurité de l'UA.

[676]Laurence BOISSON DE CHAZOURNES, « Les relations entre l'ONU et les organisations régionales dans le domaine du maintien de la paix et de la sécurité internationale », *RCADI*, vol. 347, 2011, pp 238-347.

l'autorisation préalable du Conseil de sécurité ? Apporter des réponses à ces questions demande de revenir, au préalable, sur le principe clé en la matière.

Le principe : l'autorisation indispensable du Conseil de sécurité

276. Aux termes de l'article 52 de la Charte des Nations Unies, il est prévu qu'« *aucune disposition de la présente Charte ne s'oppose à l'existence d'accords ou d'organismes régionaux destinés à régler les affaires qui, touchant au maintien de la paix et de la sécurité internationales, se prêtent à une action de caractère continental, pourvu que ces accords ou ces organismes et leur activité soient compatibles avec les buts et les principes des Nations Unies* »[677]. L'article 53, quant à lui, précise que le Conseil de sécurité « (…) *utilise s'il y a lieu, les accords ou organismes régionaux pour l'application des mesures coercitives prises sous sont autorités. Toutefois aucune action coercitive ne sera entreprise en vertu d'accords régionaux ou par des organismes régionaux sans l'autorisation du Conseil de sécurité…* »[678]. À la lecture de ces deux articles, surtout de l'article 53, deux hypothèses se dégagent.

277. Une première est que le Conseil de sécurité adopte des mesures impliquant l'emploi de la force armée, mais délègue leur mise en œuvre aux organisations régionales[679]. De ce point de vue, « *les organisations régionales apparaissent, de prime abord, subordonnées au pouvoir normatif du Conseil de sécurité celui-ci conserve en effet son autorité normative mais délègue ses compétences opérationnelles* »[680].

278. Une seconde veut que les organisations régionales bénéficient de compétences opérationnelles et normatives tandis que le Conseil de sécurité « *n'intervient que pour autoriser les recours à la force armée de l'organisation régionale. Par conséquent, l'autorisation du Conseil de sécurité permet d'exclure l'illicéité de la coercition armée régionale* »[681]. Cette position est d'ailleurs complétée par le document final adopté par les États membres des Nations Unies lors des soixante ans de cette institution, plus précisément son passage consacré aux règles de la Charte relatives au *jus contra bellum* : « *nous réaffirmons que les dispositions pertinentes de la Charte sont suffisantes pour faire face à l'ensemble des menaces contre la paix et la sécurité internationales. Nous réaffirmons aussi que le Conseil de sécurité*

---

[677]Article 52 de la Charte des Nations Unies.
[678]Article 53 de la Charte des Nations Unies.
[679]Voir Anna PEYRO LLOPIS, *Force, ONU, et organisations régionales. Répartition des responsabilités en matière collective*, Bruxelles, Bruylant, 2012, p. 265.
[680]*Ibidem*
[681]*Ibid.*

dispose de l'autorité voulue pour ordonner des mesures coercitives en vue de maintenir et rétablir la paix et la sécurité internationales. Nous soulignons en outre l'importance d'agir conformément aux buts et aux principes consacrés dans la Charte »[682]. Un autre document important sur le sujet est le rapport du Groupe des personnalités de haut niveau des Nations Unies sur les menaces les défis et le changement du 2 décembre 2004[683].

279. Dans ce rapport est précisé le rôle cardinal du Conseil de sécurité en matière de maintien de la paix. Ainsi, les interventions des organisations régionales dans ce domaine doivent se faire conformément aux buts et principes de la Charte des Nations Unies et obéir à certaines conditions. En particulier, « (...) *l'autorisation de lancer une opération régionale de maintien de la paix devrait être demandée au Conseil de sécurité dans tous les cas, étant entendu que l'urgence de la situation peut conduire à la demander après le lancement des opérations...* »[684].

280. Le principe est donc posé ; cependant, on l'a vu, l'article 4 (h) tel qu'il est rédigé ne fait pas allusion à l'article 53 de la Charte. La position de l'UA semble être celle qui prévoit l'intervention dans un État membre sur la seule base de l'Acte constitutif. Il est clair que le droit d'intervention proclamé dans ce cadre répond à un double objectif : d'une part, la volonté des chefs d'État du continent d'apporter des solutions africaines aux conflits africains et, d'autre part, la volonté de l'organisation de faire taire les critiques sur la faiblesse de ses mécanismes de sanction. Envisager une telle éventualité lui donnerait une crédibilité certaine. Toutefois, considérant les interrogations suscitées dans la doctrine par l'affirmation de ce droit d'intervention, l'UA a tenu à préciser les conditions dans lesquelles l'article 4 (h) devait être mis en œuvre, ce qui a permis de relativiser la portée pratique du mécanisme.

B- Une certaine remise en cause des prérogatives traditionnelles dévolues au Conseil de sécurité de l'ONU en matière de sécurité collective

281. L'affirmation explicite de la possibilité de l'UA de recourir à la force armée en cas de violation des droits de l'homme consacre indubitablement une

---

[682]Pour plus d'informations sur cette question, voir l'article du professeur Olivier CORTEN, « l'Union africaine, une organisation susceptible de s'émanciper de l'autorité du Conseil de Sécurité ? Opinio Juris et pratique récente des États », *European Society of international Law - Conférence Paper series. Conférence N° 11/2012, 5th Biennal Conference*, Valencia, (Spain), 13-15 septembre 2012, pp. 1-19.

[683]Voir Doc. ONU, A/59/565, 2 décembre 2004.

[684]*Ibidem*

avancée considérable qui n'a pas échappé à la doctrine[685]. En effet, à travers l'article 4 (h) de son Acte constitutif, l'UA semble affirmer une certaine autonomie vis-à-vis du système de sécurité collective mis en place au niveau mondial. Face à la controverse, l'organisation africaine a pris le parti de clarifier sa position. L'UA affirma dans un premier temps qu'elle « (...) *n'entend nullement déroger ou se soustraire aux exigences de la Charte des Nations Unies, et en particulier de son chapitre VIII* »[686]. Par la suite, elle renforcera sa position dans un document commun dit « Consensus d'Ezulwini » [687]. Par l'intermédiaire de son Conseil exécutif, l'UA y rappellera, à la suite du rapport du Groupe des personnalités de haut niveau des Nations Unies sur les menaces les défis et le changement[688], que le Conseil de sécurité doit donner son accord à une intervention armée de l'organisation régionale. Toutefois le Conseil insistera sur la nécessité d'une action urgente dans certaines circonstances qui pourraient le conduire à demander cette autorisation « après coup ». Selon l'organe exécutif de l'UA, « *étant donné que l'Assemblée générale et le Conseil de sécurité sont souvent loin des théâtres de conflits et ne peuvent pas procéder efficacement à une évaluation de l'évolution sur le terrain, il est nécessaire que les organisations régionales qui sont proches des zones de conflits aient le pouvoir d'intervenir à cet égard. L'Union africaine est d'accord avec le Groupe des personnalités de haut niveau que l'intervention des organisations régionales doit être approuvée par le Conseil de sécurité, bien que dans certaines situations, une telle approbation puisse se faire "après coup dans des circonstances nécessitant une action urgente. Dans tous ces cas, les Nations Unies doivent assumer la*

---

[685] Sur ce sujet, voir : Laurence BOISSON DE CHAZOURNES, « Les relations entre l'ONU et les organisations régionales dans le domaine du maintien de la paix et de la sécurité internationale», *op. cit.*, pp. 238-347 ; Abdulqawi A.YUSUF, « La licéité de l'intervention armée dans certains conflits», *in* Abdulqawi A. YUSUF, Fatsah OUGUERGOUZ (dir.) *L'Union africaine, cadre juridique et institutionnel, op. cit.* ; Ana PEYRO LLOPIS, *Force, ONU et organisations régionales..., op. cit.* ; Olivier CORTEN, « l'Union africaine, une organisation susceptible de s'émanciper de l'autorité du Conseil de Sécurité? Opinio Juris et pratique récente des États », *op. cit.*, pp 1-19.

[686]Voir les procès-verbaux de l'Acte constitutif de l'UA et l'article 17 du Protocole relatif à la création du Conseil de paix et de sécurité de l'UA qui s'intitule « Relations avec les Nations Unies et les autres organisations internationales », adopté le 9 octobre 2002, entré en vigueur le 26 décembre 2003 ; disponible sur : http://www.africa-union.org/official_documents/Treaties_conventions_fr/ProTocoLE%20-%20consEIL%20dE%20PAIX%20ET%20dE

Article 17, paragraphe 1 du Protocole : « [d]*ans l'exercice du mandat qui est le sien dans la promotion et le maintien de la paix, de la sécurité et de la stabilité en Afrique, le conseil de paix et de sécurité coopère et travaille en étroite collaboration avec le conseil de sécurité des Nations unies, qui assume la responsabilité principale du maintien de la paix et de la sécurité internationales* ».

[687]Voir Doc .UA. Ext./EX.CL/2(VII), 7e session extraordinaire du Conseil exécutif, Addis-Abeba (Éthiopie), 7-8 mars 2005.

[688]Voir Doc. ONU, A/59/565, 2 décembre 2004.

responsabilité du financement de telles opérations »[689]. Il semble donc que l'organisation africaine n'entend pas s'éloigner de la pratique et des textes des Nations Unies en la matière, mais qu'elle confirme plutôt une certaine subsidiarité entre le Conseil de sécurité et l'UA dans ce domaine.

282. Cependant, dans ce même document, l'UA a fait un parallèle inédit entre l'article 4 (h) de l'Acte constitutif et l'article 51 de la Charte des Nations Unies[690] qui semble jeter le doute quant à son intention de ne pas se soustraire de l'autorisation du Conseil de sécurité. Dans ce document, il est souligné que « *tout recours à la force hors du cadre de l'Article 51 de la Charte des Nations unies et de l'Article 4 (h) de l'Acte constitutif de l'UA, doit être prohibé...* ». Ce faisant, le Conseil exécutif semble porter l'article 4 (h) de l'Acte constitutif au même rang que la légitime défense collective et individuelle consacrée à l'article 51 de la Charte des Nations Unies qui constitue une exception à l'article 2, § 4 de la Charte qui prévoit la non-intervention dans les affaires intérieures des États. En faisant ce parallèle, l'UA s'octroie la possibilité d'agir sans l'autorisation du Conseil de sécurité en considérant que si les droits qu'elle protège sont bafoués par l'un de ses États membres, il s'agit d'une agression qui nécessite une réaction de sa part. Elle agirait alors en légitime défense sans avoir besoin d'une autorisation expresse ou tacite du Conseil de sécurité de l'ONU[691]. Pour Djacoba Liva TEHINDRAZANARIVELO, il s'agit là d'« *une interprétation abusive* [dans la mesure où] *cette intervention n'aurait donc pas besoin d'être autorisée par le Conseil de Sécurité comme*

---

[689]Doc .UA. Ext./EX.CL/2(VII), *op.cit.*

[690]Article 51 de la Charte des Nations Unies : « *Aucune disposition de la présente Charte ne porte atteinte au droit naturel de légitime défense, individuelle ou collective, dans le cas où un Membre des Nations Unies est l'objet d'une agression armée, jusqu'à ce que le Conseil de sécurité ait pris les mesures nécessaires pour maintenir la paix et la sécurité internationales. Les mesures prises par des Membres dans l'exercice de ce droit de légitime défense sont immédiatement portées à la connaissance du Conseil de sécurité et n'affectent en rien le pouvoir et le devoir qu'a le Conseil, en vertu de la présente Charte, d'agir à tout moment de la manière qu'il juge nécessaire pour maintenir ou rétablir la paix et la sécurité internationales* ».

[691]On retrouve un raisonnement dans ce sens dans le document appelé « Consensus d'Ezulwini » (juillet 2005) exprimant la position commune des États africains sur la réforme des Nations Unies qui déclare : « [s]*'agissant de l'usage de la force, il est important de respecter scrupuleusement les dispositions de l'article 51 de la Charte des Nations Unies qui autorisent l'usage de la force seulement dans le cas de légitime défense. En outre, l'Acte constitutif de l'Union africaine à son article 4h) autorise l'intervention dans des circonstances graves telles que le génocide, les crimes de guerre et les crimes contre l'humanité. En conséquence, tout recours à la force hors du cadre de l'Article 51 de la Charte des Nations Unies et de l'Article 4h) de l'UA, doit être prohibé* » (voir *Position commune africaine sur la réforme des Nations Unies* (« Consensus d'Ezulwini »), Ext./EX.CL/2(VII), p. 7, adoptée par le Conseil exécutif, 7e session extraordinaire, 7-8 mars 2005, Ext/Ext.CL/Dec.1 (VII)). Dans la *Déclaration de Syrte sur la réforme des Nations Unies*, les États de l'U.A. réaffirment leur « *ferme attachement* » au « Consensus d'Ezulwini » qu'ils se déclarent « *résolus à faire triompher* » (Assembly/AU/Decl.2(V), 5 juillet 2005 ; disponible sur : http://www.au.int/).

c'est le cas de la légitime défense prévue à l'article 51 de la Charte »[692]. L'auteur poursuit en s'interrogeant sur le sens de cette interprétation qui « *correspond en tout cas à une certaine position politique, d'une légalité douteuse, qui transparaît dans la position du Conseil exécutif de l'Union dans le "Consensus d'Ezulwini"* »[693]. En tout état de cause, la pratique n'a pas encore donné d'exemples d'une telle position de l'UA dans ce domaine.

283. En revanche, d'autres auteurs reconnaissent que l'article 4 (h) pose une autonomie de l'UA pour déclencher une intervention dans un État membre. Elle n'aurait donc pas besoin d'une autorisation du Conseil de sécurité dans la mesure où les conditions qui déclenchent son intervention sont prévues par l'article 4 (h). L'UA pourrait, par conséquent, engager une action militaire de façon discrétionnaire même si cela n'a été formellement reconnu[694]. Par ailleurs, l'article 13 du Protocole de Durban prévoit la création d'une force africaine prépositionnée « *afin de permettre au CPS d'assurer ses responsabilités en ce qui concerne le déploiement de missions d'appui à la paix et l'intervention* »[695]. Cette évolution normative est confortée par certains auteurs qui prennent appui sur le droit international coutumier et surtout sur des situations de conflits, notamment en Afrique, pour lesquelles des organisations subrégionales ont déjà fait usage de la force sans l'autorisation du Conseil de sécurité[696]. De ce fait, il semblerait qu'une règle coutumière régionale permettant une intervention sans autorisation émerge progressivement[697] ; une situation qui s'explique aussi par le fait qu'à

[692]Djacoba Liva TEHINDRAZANARIVELO, « Les relations entre l'Union africaine et les Nations Unies en matière de maintien de la paix et de la sécurité », in Abdulqawi A. YUSUF, Fatsah OUGUERGOUZ (dir.), *L'Union africaine. Cadre juridique et institutionnel, op. cit.*, p. 356.

[693]*Ibidem*

[694] Comme le rappelle Ana PEYRO LLOPIS, « [l]*es actes constitutifs des organisations régionales reconnaissent rarement explicitement le pouvoir de l'organisation d'employer la force armée. Il peut néanmoins être identifié au regard des objectifs des organisations internationales dans le domaine du maintien de la paix et de la sécurité internationale* ». (Ana PEYRO LLOPIS, *Force, ONU, et organisations régionales…, op. cit.*, p. 286.

[695] Voir le Protocole sur le Conseil de Paix et de Sécurité de l'Union africaine.

[696]On pense ici aux interventions armées de la CEDEAO (ECOMOG) en Liberia et Sierra Leone qui ont été menées sans l'autorisation du Conseil de sécurité, mais sur la base du Protocole relatif au Mécanisme de prévention, de gestion, de règlement des conflits, de maintien de la paix et de sécurité qui prévoit que ce mécanisme est mis en œuvre notamment pour des missions de rétablissement de la paix « *en cas de violations graves et massives des droits de l'homme* » (article 25 d). Dans ces deux situations, l'autorisation du Conseil de sécurité est souvent intervenue après le l'usage de la force armée par l'ECOMOG ; mais dans certains cas, le Conseil de sécurité s'est contenté d'avaliser les mesures décidées par la CEDEAO. Pour plus d'analyses sur ces questions, voir : Ana PEYRO LLOPIS, *op. cit.* ; Djacoba Liva TEHINDRAZANARIVELO, *op. cit.*, pp. 328-359.

[697]Voir Jorge CARDONA LLORENS, « Le rôle des organisations internationales », in SFDI, *La responsabilité de protéger*, Paris, Pedone, 2008, pp. 319-325, pp. 323-324, qui parle de

plusieurs reprises, le Conseil de sécurité s'est montré timide, voire réticent à entreprendre une action sur le continent africain. Ainsi, « *l'inaction de l'organisation universelle et le besoin d'offrir des solutions africaines aux problèmes africains sont invoqués pour justifier le recours à une action non autorisé par le Conseil de Sécurité* »[698]. L'absence d'habilitation ne serait donc pas un handicap majeur à ce que l'UA entreprenne une action efficace et légitime dans la mesure où « (...) *la théorie des pouvoirs implicites ou encore la possibilité d'une interprétation dynamique de l'acte constitutif pourraient offrir une base juridique pour entreprendre une action coercitive malgré une lacune textuelle* »[699]. Enfin, certains auteurs proposent toutefois une autre interprétation du droit d'intervention de l'UA en envisageant l'article 4 (h) de l'Acte constitutif comme une « clause d'habilitation » établissant une compétence de l'UA pour enclencher une action humanitaire si le Conseil de sécurité l'autorise. Ainsi, selon Laurence BOISSON de CHAZOURNES, « *une telle clause assure que tant la compétence externe (autorisation par ce dernier) que la compétence interne (disposition statutaire) sont présentes quand la nécessité d'une intervention humanitaire se présente* »[700].

284. De tout ce qui précède, malgré les précisions ou les omissions de l'article 4 (h), tout porte cependant à croire que l'UA ne se soit de fait émancipé de l'autorité du Conseil de sécurité en matière de paix et de sécurité. Jusqu'à présent, les situations de maintien ou de rétablissement de la paix se sont faites avec le soutien du Conseil de sécurité[701]. Toutefois, on ne peut rester insensible à cette prise de position qui, bien qu'elle nous semble précoce, ouvre une perspective vers une meilleure prise en compte de ces situations. Par ailleurs, notons que même si la pratique en la matière démontre que toute intervention armée d'une organisation régionale est soumise à l'autorisation préalable du Conseil de sécurité, dans certaines situations l'utilisation de la force armée, bien qu'acceptée par l'organisation mondiale, ne fait l'objet d'aucune autorisation expresse de sa part[702]. L'UA semble vouloir s'inscrire dans cette logique si, à l'avenir, ses conditions financières et logistiques le lui permettent. Cela révélerait, comme le souligne Ana PEYRO LLOPIS, que « *la coercition armée connaît de ce fait une évolution*

---

l'établissement d'un « ordre public régional » permettant une intervention humanitaire sans autorisation (préalable) du Conseil de sécurité.

[698]Laurence BOISSON DE CHAZOURNES, *op. cit.* p. 292.

[699]Voir Patrick DAILLIER, « Les opérations multinationales consécutives à des conflits armés en vue du rétablissement de la paix », *RCADI*, vol. 314, 2005, p 304.

[700]*Ibidem,* p. 290.

[701]Voir l'intervention de l'UA au Darfour. La mission hybride des Nations Unies et de l'Union africaine au Darfour (MINUAD) a été créée par la résolution n° 1769 du Conseil de sécurité de l'ONU le 31 juillet 2007. Cette mission avait pour objectif de mettre fin au conflit opposant les mouvements rebelles à l'armée soudanaise et aux milices arabes soutenues par le gouvernement soudanais.

[702]Ana PEYRO LLOPIS, *op. cit.*, p. 363.

qui l'éloigne de l'autorisation unilatérale du Conseil de sécurité et la rapproche de mécanismes concertés, dans lesquels organisations régionales [à l'exemple de l'UA] *et organisations mondiales négocient les conditions d'un recours à la force armée* »[703]. Une telle évolution aurait une résonance particulière en Afrique, continent le plus touché par les conflits et les violations des droits de l'homme. Il semble donc cohérent et indispensable que l'organisation se dote des moyens nécessaires pour réagir rapidement avant que la situation ne s'aggrave et si nécessaire avec l'usage de la force armée. Cependant, compte tenu de la difficulté pour l'organisation continentale d'assumer à présent une telle entreprise, nous concluons avec Laurence BOISSON de CHAZOURNES qu'« *il semble en fin de compte que l'article 4, alinéa h, de l'Acte constitutif de l'Union africaine doive être appréhendé comme un outil de pression à l'égard des Nations unies afin que l'organisation universelle assume ses responsabilités dans le domaine du maintien de la paix et de la sécurité en Afrique. L'ambiguïté reste de mise sur la volonté d'être liée ou non à la condition de hiérarchie institutionnelle prévue par l'article 53 de la charte, et c'est là un élément de pression institutionnelle* »[704].

---

[703] *Ibidem*

[704] Laurence BOISSON DE CHAZOURNES, *op .cit.*, p. 296.

CHAPITRE II : UNE PROHIBITION TARDIVE DES COUPS D'ÉTAT ET AUTRES CHANGEMENTS ANTICONSTITUTIONNELS DE GOUVERNEMENT

285. La consécration des sanctions contre les coups d'État et autres changements anticonstitutionnels de gouvernement dans la nouvelle organisation continentale africaine n'est pas anodine. Le continent a en effet été marqué par une recrudescence des coups d'État depuis la décolonisation[705]. L'organisation africaine, depuis lors, n'a cessé de lutter afin de freiner leur expansion[706]. Cependant, le dispositif normatif mis en place contre ce fléau a mis du temps à véritablement s'établir. Dans le cadre de l'OUA, aucun texte ne prévoyait de règles relatives à la légitimité d'un gouvernement. Seule l'effectivité de l'État était alors prise en compte[707]. Dans ce contexte, il était donc difficile pour l'organisation d'apporter des réponses à une telle problématique étrangère à ses textes. Cette lacune de l'OUA s'inscrivait dans une logique plus vaste qui est celle de la difficulté pour le droit international d'appréhender des situations propres aux ordres internes des États membres de la communauté internationale. Les règles relatives à la légitimité d'un gouvernement ont souvent été étrangères au droit international[708].

286. Or, le juge Abdulqawi A. YUSUF a pu s'interroger sur le point de savoir si l'on peut « *endiguer le phénomène des coups d'État par l'application des règles juridiques au niveau international* »[709]. Toutefois, même en l'absence de dispositions textuelles en faveur de l'interdiction des coups d'État et autres changements anticonstitutionnels de gouvernement, de nombreuses initiatives ont été entreprises en faveur de leur interdiction dans les années 1990. Les efforts ainsi réalisés ont été couronnés par l'insertion dans l'Acte constitutif de l'UA de sanctions punissant les atteintes à l'ordre constitutionnel établi dans les différents pays membres. Avec une telle

[705] Sayeman BULA BULA « Mise hors-la-loi ou mise en quarantaine des gouvernements anticonstitutionnels par l'Union africaine ? », *AYIL*, vol. 11, 2003, pp. 23-24.

[706] Faustin TABALA KITENE, *Le statut des sanctions contre les changements anticonstitutionnels de gouvernement dans les textes et la pratique de l'Union africaine. Contribution à l'étude de la production des normes par les organisations internationales*, Thèse de doctorat, Université de Gand, 2013, p. 1

[707] Mathieu FAU-NAUGARET, « Les organisations régionales africaines et les changements de pouvoir anticonstitutionnel », *in* Mathieu FAU-NAUGARET (dir.), *La concurrence des organisations sous régionales en Afrique*, Paris, L'Harmattan, 2012, p. 409.

[708] *Ibidem*

[709] Abdulqawi. A. YUSUF « L'État, le coup d'État et l'Union africaine », *in* Sarah CASSELLA et Lucie DELABIE (dir.), *Faut-il prendre le droit international au sérieux ? Journée d'étude en l'honneur de Pierre Michel EISEMANN*, Paris, Pedone, 2016, p. 67.

reconnaissance, l'UA consacra dans son ordre juridique une obligation continentale d'interdiction des coups d'État et autres changements anticonstitutionnels de gouvernement dont l'affirmation statutaire sera progressive (**Section I**) ; mais les sanctions prises seront confortées par une pratique constante (**Section II**).

SECTION I : UNE AFFIRMATION STATUTAIRE AVÉRÉE MAIS PROGRESSIVE

287. Le vocabulaire juridique définit le mot « inconstitutionnel » ou « anticonstitutionnel » comme le « *caractère de ce qui n'est pas conforme à la constitution* »[710]. Dans cette optique, un changement anticonstitutionnel de gouvernement désigne un changement de gouvernement non conforme à la Constitution. Il peut survenir à la suite d'un coup d'État « *en ce qu'il permet l'accession au pouvoir d'un groupe d'individus en méconnaissance des procédures existantes relatives à la désignation des détenteurs effectifs du pouvoir* »[711]. Pour Mathieu FAU-NOUGARET, il s'agit d'« *un changement contraire à la lettre de la constitution, et aux règles de dévolution du pouvoir ou* (...) *dans une acception plus téléologique, d'un changement contraire à l'esprit de la Constitution, c'est-à-dire à l'idée ayant présidée au moment où le constituant originaire a élaboré la Charte représentant le vouloir-vivre ensemble de l'État, un ensemble de valeurs collectivement partagées* »[712].

288. Cependant, face à une situation de changement anticonstitutionnel de gouvernement, la première arme que brandissait l'organisation continentale avant l'avènement de l'UA, comme les États eux-mêmes, était celle de la reconnaissance[713] ou de la non-reconnaissance de ce changement, qu'elle soit implicite ou non. La reconnaissance d'une telle situation suppose qu'« *un ou plusieurs États constatent qu'une personne ou un groupe de personnes sont en mesure d'engager l'État qu'elles prétendent représenter et témoignent*

710Gérard CORNU, *Vocabulaire juridique*, Paris, PUF, 11e ed., 2016, p. 535.

711Jean d'ASPREMONT, « La licéité des coups d'État en droit international », *in* SFDI, *L'État de droit en droit international*, Colloque de Bruxelles, 2009, p. 123.

712Mathieu FAU-NAUGARET, *op. cit.*, p. 410.

713Sur ces questions, voir : Éric WYLER « Théorie et pratique de la reconnaissance d'Etat une approche épistémologique du droit international », Bruxelles, Bruylant, 2013 ; Joe VERHOEVEN, *La reconnaissance internationale dans la pratique contemporaine. Les relations publiques internationales*, Paris, Pedone, 1975 ; John FISCHER, « La doctrine de la reconnaissance en droit international et ses développements récents », *RCADI*, vol. 47, 1934, pp. 199-314.

d'une volonté d'entretenir avec elles des relations »[714]. Cependant, un tel raisonnement n'impliquait aucun jugement de la constitutionnalité de l'arrivée du nouveau gouvernement au pouvoir. S'il était reconnu, ce gouvernement pouvait engager internationalement son État. Par ailleurs, le refus ou l'absence de reconnaissance n'impliquait pas le refus de constitutionnalité ou de légitimité du gouvernement, car, en droit international, « *les puissances étrangères ne* [pouvaient] *pas dans la règle s'immiscer, au nom du droit international, dans les questions constitutionnelles qui surgissent dans un État indépendant, ni y intervenir en cas de révolution politique* »[715]. Cependant, la nouvelle organisation africaine s'inscrira en faux avec cette assertion et développera un processus normatif qui, bien que timide, sera favorable à l'interdiction des coups d'État et autres changements anticonstitutionnels de gouvernement (**Paragraphe 1**). Il sera couronné par l'adoption d'une norme conventionnelle continentale au contenu précis (**Paragraphe 2**).

Paragraphe 1 : La timidité du processus normatif

289. Les normes de l'UA prescrivant l'interdiction des coups d'État et autres changements anticonstitutionnels de gouvernement ont consacré une évolution significative sur le continent africain. Elles s'inscrivent dans un contexte particulier tant les questions qui ont trait au régime politique des États ont toujours été délicates sur le continent africain. Selon une position classique, « *les changements de gouvernement constituent un simple fait politique, un phénomène-extra juridique sur lequel le droit constitutionnel et plus encore le droit international n'ont pas à se prononcer et ne peuvent prendre position* »[716]. Dès lors, comment se saisir de cette question si le changement de gouvernement fait partie des questions que l'ordre juridique international « *laisse à la compétence exclusive* »[717] ou encore aux « *affaires*

[714]Voir Rafâa BEN ACHOUR, « Propos introductif », *in Les changements anticonstitutionnels de gouvernement. Approches de droit constitutionnel et de droit international.* Colloque international des 4 et 5 avril 2013 à Tunis, Aix-en-Provence, PUAM, 2014, p. 12.

[715]Jean-Caspard BLUNTSCHLI, *Le droit international codifié*, Paris, Librairie Guillaumin et Cie, 1886, § 474, pp. 278 et s.

[716]Propos introductif du professeur Rafâa BEN ACHOUR lors du colloque international des 4 et 5 avril 2013 à Tunis sur *les Changements anticonstitutionnels de gouvernement. Approches de droit constitutionnel et de droit international, op. cit.*, p. 13. Voir aussi Rafâa BEN ACHOUR, « Changements anticonstitutionnels de gouvernement », *RCADI*, vol. 379, 2016, pp. 397-548. Se référer également à Raymond Carré de Malberg qui, s'interrogeant sur l'origine de la souveraineté étatique, déclara que cette question est différente de celle « *de la justification ou de la légitimité de la puissance étatique. Celle-ci ne relève pas de la science du droit public* ». Il ajoute que « *la puissance dominatrice de l'État est, en effet, un fait, un fait naturel, un fait qui s'impose qu'il faut bien constater et accepter, puisqu'on ne peut le renverser* » (Raymond Carré de MALBERG, *Contribution à la théorie générale de l'État,* Tome 1, Paris, Sirey, 1920, § 68, p. 194).

[717]Article 15, alinéa 8 du Pacte de la SDN.

qui relèvent essentiellement de la compétence nationale d'un État »[718]. En effet, l'autonomie accordée aux États en droit international leur permet de choisir l'organisation politique qui leur convient sans être soumis à une quelconque règle internationale. Les différents textes internationaux envisagent le changement anticonstitutionnel à travers le prisme du principe de non-ingérence dans les affaires internes des États selon lequel « (...) *tout État a le droit inaliénable de choisir son système politique, économique, social et culturel sans aucune forme d'ingérence de la part d'un autre État...* »[719]. La jurisprudence internationale l'a également confirmé à l'occasion de plusieurs affaires[720].

290. Dans son avis consultatif du 16 octobre 1975 relatif au Sahara occidental, la Cour internationale de justice a ainsi affirmé qu'« *aucune règle de droit international n'exige que l'État ait une structure déterminée comme le prouve la diversité des structures étatiques qui existent actuellement dans le monde* »[721]. Dans ce contexte, comment l'UA peut-elle s'approprier cette question ? Les changements anticonstitutionnels de gouvernement se produisent à la suite d'une opération d'accession au pouvoir réalisée en dehors du cadre constitutionnel et en violation des principes démocratiques[722]. Cette situation est « *un fait politique, un moment politique à l'état pur où l'ordre politique ancien ne commande plus les comportements et, l'ordre juridique nouveau n'est pas encore défini. Il ne reste que des rapports de forces politiques, le jeu libre des acteurs, la violence* »[723]. Afin de l'éviter, plusieurs initiatives de l'UA seront prises dès les années 1990 (**A**) et seront complétées par des déclarations (**B**).

A- Un processus non contraignant

---

[718]Article 2, alinéa 7 de la Charte des Nations unies.

[719]Résolution 1514 (XV) de l'Assemblée Générale des Nations Unies du 14 décembre 1960 sur l'octroi de l'indépendance aux pays et aux peuples coloniaux.

[720] C'est notamment le cas de l'arrêt relatif aux activités militaires et paramilitaires au Nicaragua lorsque la Cour souligne que : « (...) [l]*es orientations politiques internes d'un État relèvent de la compétence exclusive de celui-ci pour autant, bien entendu, qu'elles ne violent pas le droit international* ». De plus, « *chaque État possède le droit fondamental de choisir et de mettre en œuvre comme il l'entend son système politique, économique et social* » voir aussi sur la question Jean d'ASPREMONT, *L'État non démocratique en droit international. Étude critique du droit international positif et de la pratique contemporaine*, Paris, Pedone, 2008, p.264.

[721]Avis consultatif de la CIJ du 16 octobre 1975 relatif au Sahara occidental, rec, 1975, p. 3.

[722]Dominique ROUSSEAU, « Une théorique juridique des changements anticonstitutionnels de gouvernements est-elle possible ? », *in* Rafâa BEN ACHOUR, *Les changements anticonstitutionnels de gouvernement. Approches de droit constitutionnel et de droit international*, *op. cit.*, p. 63.

[723]*Ibidem*

291. L'introduction de sanctions contre les coups d'État et autres changements anticonstitutionnels de gouvernement dans l'Acte constitutif de l'UA est le fruit d'un long processus normatif amorcé au début des années 1990. Il a débuté avec l'adoption, lors de la 26e session de la Conférence des chefs d'État et de gouvernement, de la Déclaration sur les situations politiques et socio-économiques en Afrique et les changements fondamentaux intervenus dans le monde[724]. Lors de cette session, les chefs d'État et de gouvernement du continent ont souligné la détermination de l'Afrique à prendre en main son destin en matière de paix, de développement et de démocratie. Cette prise de conscience des dirigeants du continent intervient dans un contexte particulier. Elle est la réponse de l'Afrique à la fin de la Guerre froide et à la tendance galopante vers l'intégration économique[725]. Elle fait également suite au discours du Président français prononcé lors du Sommet de la Baule dans lequel celui-ci entendait renforcer l'aide de la France aux pays africains qui feraient un effort en matière de démocratisation.

292. Précisément, le Président MITTERRAND déclara que « *la France liera tout son effort de contribution aux efforts qui seront accomplis pour aller vers plus de liberté* ». Il précisa, par la suite, lors d'une conférence de presse, que l'aide française sera « *plus tiède* » pour les régimes autoritaires et « *enthousiaste* » envers ceux qui s'ouvriront à la démocratie[726]. Influencés par ces déclarations du président français, les chefs d'État et de gouvernement africains ont reconnu collectivement, dans cette Déclaration de 1990, qu'ils avaient déçu les attentes des populations africaines dans les domaines politiques et économiques. Ils mentionnèrent, par ailleurs, la détermination de l'Afrique à façonner son propre destin et à relever les défis de sécurité, de paix et de démocratie[727]. Ils semblaient alors décidés à œuvrer pour la démocratisation du continent en y renforçant les institutions démocratiques à travers notamment la participation populaire[728].

293. Par ailleurs, ils reconnaissaient que le développement et la démocratie devaient aller de pair pour se renforcer mutuellement. Enfin, il était évident pour eux que les différents objectifs proclamés dans cette Déclaration ne pouvaient être atteints tant qu'une paix durable et la stabilité

---

[724]AHG/Décl.1(XXVI), 36e session ordinaire, Addis-Abeba (Éthiopie), 11 juillet 1990, p. 1-10
[725]Djacoba Liva TEHINDRAZANARIVELO, « Les sanctions de l'Union africaine contre les coups d'État et autres changements anticonstitutionnels de gouvernement : potentialités et mesures de renforcement », *AYIL*, A.A YUSUF (dir.), 2006, pp. 225-308.
[726]Voir Rapport d'information de l'Assemblée nationale française déposé par la mission d'information de la Commission de la défense nationale et des forces armées et de la commission des affaires étrangères, sur les opérations militaires menées par le France, d'autres pays et l'ONU au Rwanda entre 1990 et 1994 ; disponible sur : http://www.assemblee-nationale.fr/11/dossiers/rwanda/r1271.asp
[727]AHG/Décl.1(XXVI), 36e session ordinaire, préc., p.5, § 10.
[728]*Ibidem*

ne prévaudraient pas sur le continent[729]. Cette prise de conscience sonnera le glas de pratiques tolérées depuis trop longtemps par la communauté internationale en général et l'organisation continentale en particulier. L'objectif d'avènement de la démocratie sur le continent allait donc pousser les dirigeants africains à tourner le dos aux coups d'État et autres changements anticonstitutionnels de gouvernement. L'idéal démocratique qui a soufflé sur le continent a eu, entre autres conséquences, que les coups d'État ont été de moins en moins tolérés. Les dirigeants africains avaient maintenant intégré la démocratie, la paix, le respect des droits de l'homme et l'État de droit comme des conditions indispensables à la stabilité et au développement du continent.

294. Poursuivant les efforts en ce sens, le Mécanisme pour la prévention, la gestion et le règlement des conflits nouvellement mis en place durant cette même période condamna la tentative de coup d'État au Burundi dans la nuit du 21 au 22 octobre 1993. À cet égard, le Conseil des ministres de l'organisation adopta lors de sa 59e session en janvier 1994 à Addis-Abeba une résolution affirmant être « *pleinement conscient que la tentative de coup d'État au Burundi et les massacres qui s'en sont suivis constituent un sérieux revers au processus démocratique non seulement dans ce pays, mais également (…) en Afrique. Condamne la tentative de coup d'État, les assassinats politiques, les massacres et les violences qui en ont résulté* »[730]. Cette prise de conscience sera concrétisée par des décisions de la Commission africaine des droits de l'homme et des peuples (CADHP) (**1**). Puis, le coup d'État en Sierra Leone en 1997 constituera un tournant décisif dans la lutte contre les coups d'État et autres changements anticonstitutionnels sur le continent (**2**).

1 - L'apport de la Commission africaine des droits de l'homme et des peuples en matière de lutte contre les coups d'État et autres changements anticonstitutionnels de gouvernement

295. Après les engagements exprimés envers le développement de la démocratie sur le continent africain, il était important que des actes forts viennent sceller ces promesses. Cependant, il aura fallu attendre 1994 et la prise de position de la Commission africaine des droits de l'homme et des peuples (CADHP) sur la question pour que cela se concrétise. Face à la multiplication des coups d'État, la CADHP adopta des résolutions spécifiques[731]. La première portait sur les régimes militaires. Consciente que

---

[729]*Ibid.*

[730]CM/RES-148(LIX) du 4 février 1994.

[731]Voir, par exemple, la résolution sur la Gambie n°ACHPR/Res.13(XVI) 94, adoptée lors de la 16e ordinaire de Banjul, 24 octobre-3 novembre 1994

la plupart des coups d'État sur le continent avaient été réalisés par des militaires, la Commission invitait ceux-ci à « *respecter les droits de l'homme* ». Elle encourage par ailleurs les pays africains à dépasser l'époque des interventions militaires afin de préserver l'image de l'Afrique ainsi que « *d'assumer le progrès, le développement et de favoriser 1'instauration d'un climat propice à 1'épanouissement des valeurs des droits de 1'homme* ». Elle rappela également aux États que « *les dépôts d'armes leur sont confiés dans 1'unique but d'assurer la défense nationale et le maintien de 1'ordre interne sous la direction des autorités légitimes* »[732].

296. La CADHP prônait plus largement la démocratie qui constitue, selon elle, le meilleur gouvernement : élu par et responsable devant le peuple. Elle déclara à ce propos être « *consciente que la tendance de par le monde et en Afrique en particulier est de condamner les coups d'État militaires et l'intervention de l'armée dans la vie politique* »[733]. Cette dernière position de la CADHP s'inscrivait dans la continuité des propos des deux anciens Secrétaires généraux des Nations Unies. En effet, à l'ouverture de la Conférence mondiale sur les droits de l'homme tenue à Vienne le 14 juin 1993, Boutros BOUTROS-GHALI avait déclaré que « *l'impératif de démocratisation* (...) *s'impose progressivement à la conscience internationale. Le processus de démocratisation est, dans mon esprit indissociable de la protection des droits de l'homme. Plus précisément, la démocratie constitue le projet politique dans lequel doit s'inscrire la garantie des droits de l'homme* »[734]. À la suite des idées de son prédécesseur, Kofi ANNAN déclara, dans son premier rapport annuel sur l'activité de l'Organisation des Nations Unies présenté à l'Assemblée générale en septembre 1997, que « *la tendance à la démocratisation s'accélère depuis un certain temps* »[735] et ainsi que « *l'opinion selon laquelle les coups d'État dirigés par des juntes militaires contre des gouvernements démocratiquement élus sont inacceptables est devenue la norme* »[736]. On voit donc que ce qui semblait être un problème uniquement africain a été élargi à la « grande famille des nations ». La démocratie constituait désormais une norme que les

[732]CADHP, Résolution sur les régimes militaires, 16e session ordinaire de Banjul, 24 octobre-3 novembre 1994 ; voir les paragraphes 1, 2,3 du dispositif.

[733]Résolution sur la Gambie, n° ACHPR/Res.13(XVI) 94, préc.

[734]Voir ONU, *doc. A/CONF. 157/22*, Déclaration liminaire, prononcée à l'ouverture de la Conférence mondiale de Vienne sur les droits de l'homme, 14 juin 1993, p. 12.

[735]Rapport du Secrétaire général sur l'activité de l'organisation, Doc. A/52/1, 3.9. 1997, p. 41, sp. p. 37.

[736]*Ibidem*

membres de la communauté internationale[737] comme régionale[738] étaient obligés de respecter au risque de se voir imposer des sanctions. Pour revenir au cas africain, il importe également d'ajouter qu'au regard des dispositions des articles 13 (1) et 20 (1) de la Charte africaine des droits de l'homme et des peuples, les coups d'État étaient maintenant proscrits[739].

297. Les coups d'État en Gambie, au Niger et aux Comores donneront l'occasion à la CADHP de réitérer sa position. Elle déclara, à cet égard, que les coups d'État constituent une « *violation flagrante et grave* »[740] ou une « *violation grave et intolérable* »[741] du droit des peuples concernés à choisir librement leur gouvernement[742]. D'autres résolutions qualifieront les coups d'État d'atteintes intolérables aux principes démocratiques et à l'État de droit. Dans une résolution sur la Gambie, elle déclara par ailleurs que l'accession au

---

[737] Nous faisons ici référence aux sanctions prises par les Nations Unies lors du coup d'État intervenu à Haïti le 30 septembre 1991. Cf. les résolutions : 841.S/RES/841, 3238e séance du Conseil de sécurité du 16 juin 1993 ; S/Res/861, 3271e séance du Conseil de sécurité du 27 août 1993 ; S/Res/873, 3291e séance du Conseil de sécurité du 13 octobre 1993 ; S/Res/875, 3293e séance du Conseil de sécurité du 16 octobre 1993 ; S/Res/905 3352e séance du Conseil de sécurité du 23 mars 1994 ; S/Res/917, 3376e séance du Conseil de sécurité du 6 mai 1994. Sur cette question, voir aussi, Olivier CORTEN, « La résolution 940 du Conseil de sécurité autorisant une intervention militaire en Haïti. L'émergence d'un principe de légitimité démocratique en droit international », 6 *EJIL,* 1995, pp. 116-133 ; Yves DAUDET, « L'ONU et l'OEA en Haïti et le droit international », *AFDI*, vol. 38, 1992, pp. 89-1 ; Linos-Alexandre SICILIANOS, *L'ONU et la démocratisation de l'État*, Paris, Pedone, pp.187-200.

[738] Voir aussi les sanctions infligées par l'OEA lors du coup d'État en Haïti. Cf. les résolutions : MRE/RES.1/91, intitulée « appui au Gouvernement démocratique d'Haïti » adoptée par les Ministres des Relations extérieures des États membres le 3 octobre 1991 ; MRE/RES.2/91 adoptée le 8 octobre 1991 ; MRE/RES.3/92 adoptée le 17 mai 1992 ; MRE/RES.4/92 adoptée le 13 décembre 1992 ; MRE/RES.5/93 adoptée le 6 juin 1993 ; ainsi que les résolutions CP/RES. 575 (885/92), CP/RES. 594 (923/92), CP/RES. 610 (968/93) et CP/RES. 630 (987/94), et les déclarations CP/DEC. 8 (927/93), CP/DEC. 9 (931/93), CP/DEC. 10 (934/93), CP/DEC. 15 (967/93) et CP/DEC. 18 (986/94) adoptées par le Conseil permanent de l'Organisation des États américains.

[739] A cet égard, l'article 13 (1) stipule que : « *Tous les citoyens ont le droit de participer librement à la direction des affaires publiques de leur pays, soit directement, soit par l'intermédiaire de représentants librement choisis, ce, conformément aux règles édictées par la loi* ». L'article 20 (1) quant à lui indique : « *Tout peuple à droit à l'existence. Tout peuple a un droit imprescriptible et inaliénable à l'autodétermination. Il détermine librement son statut politique et assure son développement économique et social selon la voie qu'il a librement choisie* ».

[740] CADHP, Résolution sur la Gambie, par. 1 du dispositif, 16e session ordinaire, Banjul (Gambie), 25 octobre-3 novembre 1994 et CADHP, Résolution sur le Niger, 25e session ordinaire, Bujumbura (Burundi), 26 avril-5 mai 1999.

[741] *Ibidem*

[742] CADHP, Résolution sur la Gambie, Résolution sur la situation aux Comores et Résolution sur la situation au Niger. Ces constatations ont été toutes suivies d'un appel aux autorités militaires concernées de « *remettre le pouvoir aux représentants du peuple librement choisis* » (Gambie) ou de « *veiller à ce que l'établissement du régime civil démocratique soit mis en œuvre sans délai* » (Comores et Niger).

pouvoir d'un régime militaire, quels que soient les moyens utilisés, « *constitu*[ait] *une atteinte sérieuse à la démocratie* »[743]. À celle-ci, s'ajoutera une résolution de la CADHP prise lors de la session de Banjul de 1994 sur la situation des droits de l'homme en Afrique dans laquelle elle élargit la condamnation des coups d'État à « *la planification ou l'exécution de coup d'État ou toute tentative d'accéder au pouvoir par des moyens non démocratiques* »[744]. Pour la CADHP, les États doivent prendre toutes les mesures nécessaires pour prévenir de tels agissements en veillant « *à ce que les élections et les processus électoraux soient transparents et justes* »[745]. Elle qualifia à cet effet les changements anticonstitutionnels de gouvernement de cause de violations des droits de l'homme en Afrique[746]. Ces initiatives de la CADHP trouveront une consécration dans l'action des organes politiques de l'organisation à partir de 1997.

2 - Le tournant : le coup d'État en Sierra Leone en 1997

298. C'est à partir de 1997 qu'une avancée décisive s'opéra sur le continent en matière de coups d'État et autres changements anticonstitutionnels de gouvernement. En effet, à la suite du coup d'État en Sierra Leone qui a vu le Président Ahmed Tijane Kabbah élu démocratiquement être renversé le 25 mai 1997, l'OUA, tenant son 33e Sommet à Harare (Zimbabwe) une semaine plus tard, le 2 juin 1997, condamna fermement et unanimement cette prise de pouvoir par la force. Pour la première fois, les chefs d'État et de gouvernement de l'organisation réprouvèrent unanimement un changement anticonstitutionnel de gouvernement. L'organisation demanda en outre à la communauté internationale de ne pas reconnaître le régime militaire qui s'était installé[747]. Parallèlement, elle enjoignit la communauté internationale et les dirigeants de la Communauté Économique des États de l'Afrique de l'Ouest (CEDEAO) d'intervenir dans ce pays pour y rétablir l'ordre constitutionnel.

299. Reprenant la position de l'OUA (Harare), la CEDEAO décida qu'« *aucun pays ne devait reconnaître le régime qui était apparu à la suite du coup d'État du 27 mai 1997* ». Elle présenta en outre une série d'instruments afin de permettre le retour d'un gouvernement légitime telles « *la*

---

743 *Ibidem*

744 *Ibid.*

745 *Ibid.*

746 Voir les résolutions précitées.

747 A. MELDRUM, « Coups no longer acceptable: OAU Summit extols democraty; African Economic Community is inaugurated », *Africa Recovery*, 11 (1997) 1, p. 5 ; cité par Muna NDULO, *op. cit.*, p. 225.

concertation, l'imposition des sanctions et l'utilisation de la force »[748]. Des sanctions furent finalement décidées, en particulier un embargo sur les armes, les véhicules et matériels militaires, ainsi que sur les produits pétroliers. Il était également prévu un blocage des avoirs financiers des membres de la junte ainsi que de leurs soutiens, la restriction des voyages de ces mêmes personnes et la limitation de tout commerce en provenance et à destination de la Sierra Leone[749]. Le représentant de l'Égypte à l'ONU précisa alors à juste titre que « *cette position unanime des pays africains représent*[ait] *sans aucun doute un tournant dans l'histoire moderne de l'Afrique[et] cela indiqu*[ait] *bien qu'il existe une position africaine unanime nouvelle, qui s'est concrétisée face, au coup d'État militaire sur le continent* »[750]. Pour le représentant du Kenya, « *l'Afrique a affirmé, et la communauté internationale a appuyé la déclaration claire selon laquelle les coups d'État militaires ourdis pour renverser des gouvernements démocratiquement élus ne pouvaient plus être acceptés* »[751]. L'ONU, à travers le Conseil de sécurité, condamna également cette situation en Sierra Leone. Mais, à la différence de la situation en Haïti, ce dernier qualifia ce coup d'État de situation « *exceptionnelle* » et « *unique* » dans sa résolution n° 1132[752]. Il se référa clairement aux condamnations faites par son président ainsi que par les chefs d'État et de gouvernement de l'OUA et de la CEDEAO[753]. Le Conseil de sécurité posa par ailleurs comme condition

---

748 Communiqué final de la réunion des ministres des affaires de six pays membres de la CEDEAO sur la situation, *in* Doc. ONU S/1997/499, 26 juin 1997, par. 9 (i) et (iii).

749 Décision relative à l'imposition de sanctions contre la junte en Sierra Leone, 20e session des chefs d'État et de gouvernement, 29 août 1997, articles 2-5, *in* Doc. ONU S/ 1997/695, 8 septembre 1997.

750 Cf. l'intervention de M. Elaraby, alors représentant de l'Égypte à l'ONU, au cours de la session du Conseil de sécurité adoptant des sanctions contre la Sierra Leone, S/PV.3822, 8 octobre 1997, p. 13 ; cité par Djacoba Liva TEHINDRAZANARIVELO, « Les sanctions de l'Union africaine contre les changements anticonstitutionnels de gouvernement. Potentialités et mesures de renforcement », *op. cit.*, p 263.

751 S/PV.3822,8.10.1997.

752 Dans cette affaire le Conseil de sécurité, par la voie de son président, condamna vivement cette « *tentative de renversement du gouvernement démocratiquement élu et demand*[a] *que soit immédiatement rétabli l'ordre constitutionnel* », Doc. S/PRST/1997/29 du 27 mai 1997. Voir S/PV.3822 du 8 octobre 1997, Voir notamment les déclarations du président du Conseil de sécurité condamnant le coup d'État dans ce pays : S/PRST/1997/29 du 27 mai 1997, S/PRST/1997/36 du 11 juillet 1997, S/PRST/1997/42 du 6 août 1997. Voir aussi S/Res/1132, 3822e séance du Conseil de Sécurité du 8 octobre 1997.

753 C'est lors de la réunion des chefs d'État et de gouvernement de la CEDEAO à Abuja les 28 et 29 août 1997 que les États membres de cette organisation décidèrent d'adopter une série de sanctions contre le régime illégal en Sierra Leone. Ses sanctions comprenaient l'interdiction aux membres du régime illégal, aux officiers, aux membres de leur famille et aux autres entités liées directement ou indirectement au régime de pénétrer dans les territoires des États de la CEDEAO ou d'utiliser leur espace aérien, le boycottage des marchandises ou produits originaires de la Sierra Leone et l'interdiction d'exploitations à destination de ce pays etc. Voir à cet égard les articles 2-5 de la « Décision relative à l'imposition de sanctions contre la junte en Sierra Leone » adoptées lors du Sommet de la CEDEAO le 29 août 1997, S/1997/695 du 8 septembre 1997.

de levée des sanctions imposées la cession du pouvoir à un gouvernement légitime et le retour à l'ordre constitutionnel. Néanmoins, toutes les positions ci-dessus présentées n'avaient pas encore été formalisées dans le cadre continental. Il faudra effectivement attendre deux ans pour que la lutte contre les coups d'État et autres changements anticonstitutionnels de gouvernement soit effectivement prévue dans les textes de l'organisation africaine.

B- Les textes normatifs et déclarations interdisant les coups d'État et autres changements anticonstitutionnels de gouvernement antérieur à l'Acte constitutif de l'UA

300. La lutte engagée contre les coups d'État et autres changements anticonstitutionnels de gouvernement sera consacrée dans plusieurs déclarations, décisions et textes régionaux. Il s'agira ici d'étudier ces différents documents pour en dégager les apports en matière de lutte de contre les coups d'État et autres changements anticonstitutionnels de gouvernement. Nous étudierons, en particulier, les décisions prises à Alger par les États membres en 1999 (**1**), la Déclaration relative à la Conférence sur la sécurité, la stabilité, le développement et la coopération en Afrique (**2**), et enfin la Déclaration pour une réaction de l'OUA aux changements anticonstitutionnels de gouvernement (**3**).

1 - Les décisions d'Alger sur les changements anticonstitutionnels de gouvernement de 1999

301. Le coup d'État en Sierra Leone a été un élément déclencheur d'une réponse plus forte en matière de lutte contre les coups d'État. Lors de la 35e session ordinaire de la Conférence des chefs d'État et de gouvernement à Alger, ceux-ci adoptèrent deux textes importants. Dans le premier, la Conférence des chefs d'État et de gouvernement, s'inscrivant dans la continuité de la décision prise à Harare à la suite du coup d'État en Sierra Leone, reconnut « *que les principes de la bonne gouvernance, de la transparence et des droits de l'homme sont essentiels pour garantir des gouvernements représentatifs stables et pour contribuer à la prévention des conflits* »[754]. Cette décision fait référence à la Charte africaine des droits de l'homme et des peuples et à la Déclaration universelle sur la démocratie et l'Union interparlementaire[755].

---

[754] Déclaration n° AHG/Dec.141 et 142 (XXXV), 12-14 juillet 1999, § 4-5.

[755] *Ibidem,* § 2 et 3. Comme le précise Djacoba TEHINDRAZANARIVELO, la Déclaration universelle sur la démocratie et l'union interparlementaire ne fait aucune référence explicite au changement anticonstitutionnel de gouvernement. Elle se contente de développer les principes de la démocratie, la dimension internationale de la démocratie, etc. Disponible sur : http://www.ipu.org/cnl-f/161-dem.htm .

D'après Djacoba Liva TEHINDRAZANARIVELO, ces références consacrent une condamnation des changements anticonstitutionnels de gouvernement ainsi que le nécessaire respect du droit des peuples de choisir librement leur gouvernement et de participer à la gestion des affaires publiques, comme le préconisait déjà en 1994 la CADHP[756].

302. Dans le deuxième texte, la Conférence se montra déterminée à promouvoir des institutions fortes et démocratiques. Ainsi, elle décida, tout en rappelant la Déclaration d'Harare sur les changements anticonstitutionnels de régime, « *que les États membres dont les gouvernements ont accédé au pouvoir par des moyens anticonstitutionnels après le Sommet de Harare devraient restaurer la légalité constitutionnelle avant le prochain Sommet, faute de quoi l'OUA prendra des sanctions à l'encontre de ces gouvernements jusqu'à ce la démocratie soit rétablie* » [757]. Les coups d'État et les changements anticonstitutionnels de gouvernement devenaient des actes inacceptables et anachroniques en contradiction totale avec l'engagement désormais acté de l'OUA à promouvoir les principes et les pratiques démocratiques[758].

303. Lors de ce Sommet, les États membres avaient chargé l'organe central du Mécanisme de prévention, de gestion et de résolution des conflits de réactiver, en toute urgence, le sous-comité sur les changements anticonstitutionnels de gouvernement afin que celui-ci achève son travail sur les mesures à appliquer lorsque des situations de ce type se présentaient. Il a fallu cependant attendre les années 2000 pour que des précisions soient données sur les actions à mener en cas de changements anticonstitutionnels de gouvernement. Précisément, de telles précisions seront apportées par la Déclaration relative à la Conférence sur la sécurité, la stabilité, le développement et la coopération en Afrique (CSSDCA) et la Déclaration sur le cadre des réponses de l'OUA aux changements anticonstitutionnels de gouvernement[759].

---

[756]Djacoba Liva TEHINDRAZANARIVELO, *op. cit.* p. 264.

[757]Déclaration n° AHG/Dec.141 et 142 (XXXV), 12-14 juillet 1999, *préc.*

[758]Muna NDULO, *op. cit.*, p. 225.

[759]Cette déclaration a été adoptée alors qu'en 1999, la CEDEAO adopta son Protocole relatif au Mécanisme de prévention, de gestion, de règlement des Conflits, de maintien de la paix et de la sécurité. Celui-ci a également créé un Mécanisme d'action de l'organisation sous régionale en cas de renversement ou tentative de renversement d'un gouvernement démocratiquement élu (article 25).

2 - La déclaration relative à la Conférence sur la sécurité, la stabilité, le développement et la coopération en Afrique (CSSDCA)[760]

304. À travers cette déclaration, l'OUA affirma que la paix, la sécurité, la stabilité, l'intégration, la coopération et le développement sont étroitement liés (§ 7). La question des changements anticonstitutionnels de gouvernement fut abordée dans le volet stabilité. À cet égard, la Conférence déclara que l'instabilité dans un pays affecte la stabilité dans les pays voisins et a de ce fait de sérieuses implications sur l'unité, la paix et le développement du continent [761]. Par ailleurs, elle considéra que la démocratie, la bonne gouvernance, le respect de l'État de droit, des droits de l'homme et des peuples constituent des conditions premières à la stabilité, la sécurité et au développement du continent[762]. Une fois ces principes définis, la Conférence établit un plan d'action au regard de chaque élément de la CSSDCA (sécurité, stabilité, coopération, développement). Dans le volet stabilité, les États africains ont convenu : a) d'intensifier leurs efforts visant à renforcer le processus de démocratisation en Afrique, ce qui implique le renforcement des institutions appelées à soutenir la démocratie sur le continent et l'encouragement de la tenue d'élections libres et justes ; b) de l'adoption et de la mise en œuvre, conformément aux décisions prises lors de la 35e session ordinaire de la Conférence tenue à Alger en 1999, d'un ensemble de lignes directrices permettant de répondre aux changements anticonstitutionnels[763].

305. Il est à noter que cette Déclaration prôna un rejet clair et net de tout changement anticonstitutionnel ou antidémocratique de gouvernement sur le continent en le qualifiant de menace à la stabilité du continent africain dans son ensemble. Pour éviter une telle instabilité, la Déclaration proposa un programme d'action promouvant la tenue d'élections libres et transparentes.

---

[760]Déclaration solennelle de la Conférence sur la sécurité, la stabilité, le développement et la coopération en Afrique, adoptée lors de la 36e session de la Conférence de l'OUA, Lomé (Togo), 10-12 juillet 2000, Doc.AHG/Decl.4 (XXXVI), § 6, p. 3 : « *Les problèmes de sécurité et de stabilité, dans de nombreux pays africains, ont affecté la capacité de ces pays à atteindre le niveau de coopération intra et interafricaine requis pour la réalisation de l'intégration du continent, qui est indispensable pour le développement et la transformation socio-économiques du continent* ». Disponible sur le site de l'UA : http://www.africaunion.org/Official_documents/, consulté, le 7 avril 2014. Pour plus d'informations sur cette déclaration, voir Aderinwale AYODELE, « The CSSDCA, NEPAD and the African Union: A Tripod of Security, Stability and Development in Africa », *in* Aderinwale AYODELE (dir.), *Regional Conference for African Parliamentarians on Recent Strategic Development Initiatives in Africa*, Accra, Africa Leadership Forum, April 18-20, 2002, pp. 47-56.

[761]Voir le paragraphe 9 (c) de la Déclaration.

[762]Voir le paragraphe 9 (h) de la Déclaration.

[763]*Ibidem*

Elle invita également les responsables politiques à reconnaître et à respecter les résultats d'élections ne souffrant d'aucune irrégularité. Cette Déclaration traduisit ainsi la volonté des États africains de répondre désormais efficacement aux changements anticonstitutionnels de gouvernement. Elle sera précisée par une autre déclaration adoptée la même année. Avant de disparaître et de laisser la place à sa remplaçante, l'OUA avait donc tenu à prendre une position ferme vis-à-vis des coups d'État et autres changements anticonstitutionnels de gouvernement. C'est pourquoi, réunie dans le cadre de la 36e session ordinaire de la Conférence du 10 au 12 juillet 2000 au Togo[764], elle procéda à un examen de la situation politique sur le continent insistant sur l'exigence d'une consolidation de la démocratie en Afrique. Elle adopta alors la Déclaration pour une réaction de l'OUA aux changements anticonstitutionnels de gouvernement.

3 - La Déclaration pour une réaction de l'OUA aux changements anticonstitutionnels de gouvernement[765]

306. Préoccupée par la question de la démocratie sur le continent africain, l'OUA, à travers cette Déclaration, est venue préciser les mesures à prendre en cas de changement anticonstitutionnel de gouvernement. Rappelant sa position à Harare en 1997 et ses décisions à Alger en 1999, la Conférence des chefs d'État et de gouvernement exprima alors sa « *grave préoccupation face à la réapparition du phénomène des coups d'État en Afrique. Nous reconnaissons que cette situation constitue une menace à la paix et à la sécurité sur le continent, ainsi qu'une tendance très préoccupante et un sérieux revers pour le processus de démocratisation en cours sur le continent* »[766].

307. Elle reconnut par ailleurs « *que le phénomène des coups d'État a provoqué une violation flagrante des principes fondamentaux de notre Organisation continentale et de l'Organisation des Nations Unies. Ce phénomène est également en contradiction avec la position adoptée par notre Organisation en 1997 à Harare, à la suite du coup d'État intervenu en Sierra Leone, position par laquelle les États membres ont sans équivoque, condamné et rejeté tout changement anticonstitutionnel de gouvernement. Nous réaffirmons que les coups d'État sont regrettables et inacceptables sur notre continent, d'autant plus qu'ils surviennent au moment où nos peuples se sont*

---

[764]Déclaration de Lomé, AHG/Decl.5 (XXXVI), 36e session ordinaire, Lomé (Togo), 10-12 juillet 2000.
[765]*Ibidem*
[766]*Ibid.*

engagés à respecter l'État de droit fondé sur la volonté populaire exprimée par la voie des urnes et non par la force »[767].

308. Cette Déclaration posait donc, d'une part, un cadre pour une réaction de l'OUA aux changements anticonstitutionnels de gouvernement[768] et, d'autre part, des principes communs concourant à la démocratisation du continent africain[769]. Précisément, la Déclaration de Lomé retint quatre situations considérées comme constituant des changements anticonstitutionnels de gouvernement. Ces situations ont ensuite été reprises à l'article 30 de l'Acte constitutif de l'UA et dans le règlement intérieur de la Conférence des chefs d'État et de gouvernement à l'article 37. Dans le souci d'éviter des répétitions, nous procéderons à une analyse de ces situations lorsque nous aborderons en détail le contenu de ces textes. Cependant, précisons déjà que la Déclaration de Lomé posa les bases d'un cadre institutionnel permettant la réaction de l'organisation continentale en matière de changement anticonstitutionnel de gouvernement, qui sera renforcé par l'adoption de l'Acte constitutif de l'UA. Sans renier les efforts réalisés par l'OUA en la matière, force est de constater que la nouvelle organisation africaine s'est montrée encore plus ambitieuse. Dans le cadre de l'UA, l'État de droit, la démocratie et le refus de changement anticonstitutionnel de gouvernement occuperont une place de choix. L'inobservation de ces principes entraînera des sanctions. Parmi les principes consacrés par

---

767 *Ibid.*

768 Les éléments énoncés sont :
a) Un ensemble de valeur et de principes communs pour la gouvernance démocratique ;
b) Une définition de ce qui constitue un changement anticonstitutionnel ;
c) Des mesures et actions qui seraient graduellement prises par l'OUA face à un changement anticonstitutionnel de gouvernement ; et
d) Un mécanisme de mise en œuvre.

769 Il s'agit entre autres de :
i) adoption d'une constitution démocratique dont l'élaboration, le contenu et le mode de révision devraient être conformes aux principes généralement convenus de démocratie ;
ii) respect de la Constitution et des dispositions des lois et autres actes législatifs adoptés par le parlement ;
iii) séparation des pouvoirs et indépendances du judiciaire ;
iv) promotion du pluralisme politique et de toute autre forme de démocratie participative, y compris le renforcement du rôle de la société civile et la garantie de l'équilibre entre les hommes et les femmes dans le processus politique ;
v) admission du principe de l'alternance démocratique et reconnaissance d'un rôle pour l'opposition ;
vi) organisation d'élections libres et régulières, conformément aux textes en vigueur ;
vii) garantie de la liberté d'expression et de la liberté de presse, y compris la garantie de la liberté d'expression et de la liberté de presse, y compris la garantie de l'accès de tous les acteurs politiques aux médias ;
viii) reconnaissance constitutionnelle des droits fondamentaux et des libertés, conformément à la Déclaration universelle des droits de l'homme de 1948 et à la Charte africaine des droits de l'homme et des peuples de 1981.

l'organisation de Durban, relevons que l'article 4 (p) de son Acte constitutif fait référence à la condamnation et au rejet des changements anticonstitutionnels de gouvernement.

Paragraphe 2 : L'avènement des instruments de prohibition des coups d'État et autres changements anticonstitutionnels de gouvernement

309. L'obligation conventionnelle d'interdiction des coups d'État et autres changements anticonstitutionnels de gouvernement découle d'abord de l'Acte constitutif de l'UA, puis de la Charte africaine de la démocratie des élections et de la gouvernance. Ces textes obligent les États du continent à choisir un régime démocratique. Ceci implique « (…) *que les détenteurs effectifs du pouvoir ou ceux qui les contrôlent soient élus au terme d'un processus électoral libre, honnête, périodique, au suffrage universel et au scrutin secret, tout en leur laissant une certaine marge de liberté* »[770]. Précisons que ces initiatives sont intervenues à un moment où, en droit international, s'opérait une mutation.

310. En effet, à la suite de l'effondrement du mur de Berlin, la démocratie et l'État de droit étaient devenus des données avec lesquelles il fallait désormais compter en droit international[771]. La perception des changements anticonstitutionnels de gouvernement avait radicalement changé[772]. La communauté internationale ne voulait plus se taire face à des situations qui mettaient en péril l'ordre constitutionnel interne des États et entraînaient, dans la grande majorité des cas, un déséquilibre dans les relations interétatiques. L'ordre juridique international classique s'est bâti sur des principes mettant l'État au centre de toutes les attentions. Malgré les évolutions amorcées (apparition des organisations internationales et d'autres acteurs internationaux), les États ont toujours privilégié leur souveraineté. C'est ainsi qu'il fut difficile au niveau international de se saisir de la question des changements anticonstitutionnels de gouvernement[773]. Cependant, ne pouvant rester indifférent aux situations qui bouleversaient l'ordre établi, la paix et la sécurité des États, il a fallu s'adapter et proposer de nouvelles solutions, en particulier contre le fléau des coups d'État répandu sur le continent africain. Ce processus de prise de conscience a commencé par une réaffirmation de la

---

[770] *Ibidem*

[771] Linos-Alexandre SICILIANOS, *L'ONU et la démocratisation de l'État*, Paris, Pedone, pp. 16-17. Voir aussi : Jean d'ASPREMONT, *op. cit.*, p. 138 ; Linos-Alexandre SICILIANOS, « Le respect de l'État de droit comme obligation internationale » in SFDI, *L'État de droit en droit international*, Colloque de Bruxelles, Paris, Pedone, 2009, pp. 143-152.

[772] *Ibidem*, pp. 125-133.

[773] Voir Rafâa BEN ACHOUR, « Changements anticonstitutionnels de gouvernement », *RCADI*, vol. 379, 2016, pp. 397-548

doctrine de la non-reconnaissance des gouvernements qui accèdent au pouvoir par des moyens anticonstitutionnels[774]. En outre, sur le continent africain, un véritable droit a été affirmé (**A**). Cette consécration sera complétée par une précision des situations constitutives d'un changement anticonstitutionnel de gouvernement (**B**).

[774] Cette doctrine a vu le jour dans l'entre-deux-guerres (1918-1939), avec le développement des doctrines diplomatiques en réaction aux nombreux coups d'État qui ont sévi en Amérique latine. L'idée qui la sous-tend à l'époque est d'établir une relation entre la reconnaissance d'un gouvernement et sa constitutionnalité ou sa légitimité. Comme en Afrique, l'Amérique latine a connu un phénomène de changements anticonstitutionnels de gouvernement à la suite de mouvements révolutionnaires, putschs, etc... Il devenait donc urgent de trouver une solution à ce fléau. Cette doctrine fut initiée par le ministre des Affaires étrangères de l'Équateur, Carlos TOBAR, qui, à la fin de la Première guerre mondiale, proposa aux Républicains américains de ne pas reconnaître tous les gouvernements nés d'une révolution contre un régime constitutionnel. Ce vœu sera entendu,car sous la présidence Wilson, les États-Unis refuseront de reconnaître les gouvernements de fait issus des révolutions contre les pouvoirs constitutionnels. Ainsi, Carlos TOLBAR déclarait à ce propos que : « *Les Républiques américaines doivent intervenir dans les affaires intérieures du continent par le refus de reconnaître les gouvernements de fait issus de révolution contre la Constitution* ». C'est donc une doctrine d'intervention qui était ainsi prônée. Elle sera qualifiée par le professeur Georges SCELLE de « *doctrine de légitimité constitutionnelle* » (Georges SCELLE, « Théorie et pratique de la fonction exécutive en droit international », *RCADI*, vol. 55, 1936, pp. 87-202). Cette doctrine préconisait que les gouvernements soient confirmés par des élections pour pouvoir être reconnus sur le plan international. Elle rencontrera l'assentiment de certains pays d'Amérique latine. Elle se trouvera consacrée dans la Convention additionnelle au Traité général et d'amitié signée à Washington le 20 décembre 1907, par cinq pays (Costa Rica, Guatemala, Honduras, Nicaragua, Salvador et Équateur), rédigée comme suit : « *Les gouvernements des hautes parties contractantes ne reconnaîtront aucun gouvernement qui viendrait à s'établir dans l'une quelconque des cinq républiques à la suite d'un coup d'État ou d'une révolution contre un gouvernement reconnu, tant que la représentation du peuple, librement élue n'aura pas réorganisé le pays dans la forme constitutionnelle* ». Cette Convention sera par la suite complétée par une autre doctrine développée par le président vénézuélien Romulo BETANCOURT qui préconisait la non-reconnaissance des juntes militaires qui avaient pris le pouvoir par la force ainsi que leur exclusion des organisations et de la communauté internationale en général bien qu'intéressante à plusieurs égards, cette doctrine ne fera pas long feu en droit international et sera abandonnée dès 1933. Elle sera néanmoins appliquée par les États-Unis entre 1913 et 1920. Sur cette question, voir : Edward MC WHINNEY, Q.C: « la Déclaration sur l'inadmissibilité de l'intervention dans les affaires intérieures des États et la protection de leur indépendance et de leur souveraineté » (Résolution 2131 (XX) de l'Assemblée Générale des Nations Unies en date du 21 décembre 1965), disponible sur : http://www.idi-iil.org/idiF/resolutionF/1936_brux_01_fr.Pdfn visité le 05/07/2016 ; Remigiusz BIERZANEK, « La non-reconnaissance et le droit international contemporain », *AFDI*, vol. VIII, 1962 ; Rafâa BEN ACHOUR, « Changements anticonstitutionnels de gouvernement et droit international », *RCADI*, vol. 379, 2008 ; Abdulqawi. A. YUSUF « L'État, le coup d'État et l'Union africaine », *in* Sarah CASSELLA et Lucie DELABIE, *Faut-il prendre le droit international au sérieux ? Journée d'étude en l'honneur de Pierre Michel EISEMANN*, *op. cit.*, pp. 67-75.

A- Un cadre conventionnel d'interdiction des coups d'État et autres changements anticonstitutionnels de gouvernement

311. Pour son fonctionnement, une organisation internationale s'appuie sur des normes primaires ou conventionnelles, c'est-à-dire contenues dans sa charte constitutive, mais aussi sur des normes dérivées de ce texte et produites par elle[775]. Dans le cas de l'UA, divers textes consacrent une prise de conscience des dirigeants africains quant à l'importance des institutions démocratiques[776]. On distingue à cet égard des textes fondamentaux (**1**) et des textes secondaires (**2**).

1- Les textes fondamentaux

312. Les textes fondamentaux de l'organisation sont l'Acte constitutif de l'UA et à la Charte africaine de la démocratie, des élections et de la gouvernance. L'Acte constitutif concrétise l'évolution normative entreprise au niveau continental depuis les années 1990 rejetant les prises de pouvoir antidémocratiques. Les principes reconnus dans un traité (Acte constitutif) lient les États signataires qui sont tenus de les exécuter de bonne foi comme le prévoit le droit international[777]. Jusqu'alors, les décisions en matière de rejet des coups d'État et autres changements anticonstitutionnels de gouvernements étaient prévues par les organes de l'OUA. Cependant, la nature obligatoire de tels actes pouvait être contestée par ceux visés par les mesures. D'ailleurs, les principes condamnant les coups d'État ne figuraient pas dans la Charte d'Addis-Abeba. La seule allusion qui était faite à ces questions dans la Charte de l'OUA concernait le refus de l'assassinat politique qui n'avait de fait pas une grande force si l'on en croit la pratique en la matière avant un réveil des dirigeants africains sur la question dans les années 1990. Il faut dire que les responsables africains de l'époque étaient obnubilés par le pouvoir qu'ils avaient acquis après l'indépendance de leur pays respectif. Ils étaient donc avant tout soucieux de le conserver, voire même au détriment du respect de la démocratie et de l'État de droit[778]. Néanmoins, les sanctions prévues par l'Acte constitutif de l'UA ont révélé un changement de conception des chefs d'État et de gouvernement du continent exprimant désormais une volonté d'interdire les changements anticonstitutionnels de gouvernement en les qualifiant de menaces contre la paix et la sécurité internationales. On assista alors à une révolution sur le continent africain. Chaque mode d'accession au

---

[775]Mario BETTATI, *Le droit des organisations internationales*, Paris, PUF, 1987, p. 61.
[776]Muna NDULO, *op. cit*, p. 235.
[777]Conformément à la règle *Pacta sunt servenda.* Voir article 26 de la Convention de Vienne sur le droit des traités du 23 mai 1969.
[778]Pour aller dans le même sens, voir le Rapport de l'ancien Secrétaire des Nations Unies Kofi ANNAN sur les causes des conflits en Afrique, A/52/871-S/1998/318, § 8.

pouvoir dans les États membres de l'organisation sera maintenant scruté par l'institution continentale.

313. En ce sens, l'article 30 de l'Acte constitutif prévoit la non-participation aux activités de l'UA des gouvernements qui accèdent au pouvoir après un changement anticonstitutionnel. Le règlement intérieur de la Conférence complétera cette disposition. En effet, en vertu de l'article 8 de l'Acte constitutif[779], la Conférence, en vue d'appliquer l'article 30 de ce texte, est habilitée à interpréter et intégrer dans son règlement intérieur les situations considérées comme des changements anticonstitutionnels de gouvernement[780]. Une fois constatées, l'organisation pourra déclencher des sanctions.

2 - La Charte africaine de la démocratie, des élections et de la gouvernance (CADDG)

314. Cette Charte vient s'ajouter aux différents textes déjà adoptés sur le continent africain. À la différence des précédents, elle paraît plus complète et tente de poser le cadre d'une définition « universelle » de la démocratie tout en tenant compte des spécificités du continent africain où elle a vocation à s'appliquer. Ce faisant, elle est l'expression des « *valeurs et principes universels de la démocratie et du respect des droits de l'homme* »[781]. Un tour d'horizon de tous les systèmes régionaux mis en place après la Seconde Guerre mondiale nous permet de constater que l'UA et la CEDEAO[782] sont les seules à s'être dotées d'un texte contraignant en matière de démocratie. Même s'il est vrai que les autres systèmes régionaux (Conseil de l'Europe/Union européenne, Organisation des États américains) œuvrent également pour la sauvegarde de la démocratie et le rejet des changements anticonstitutionnels de gouvernement, aucune de ces organisations n'a adopté de texte spécifique en ce sens. La Charte démocratique interaméricaine de 2001, par exemple, a pris la forme d'une résolution de l'Assemblée générale de l'Organisation des États américains (OEA) dénuée de force contraignante[783].

---

[779]L'article 8 de l'Acte constitutif prévoit que « *la Conférence adopte son propre règlement intérieur* ».

[780]Faustin TABALA KITENE, *op. cit.*, p. 124.

[781] Hélène TIGROUDJA, « La Charte africaine de la démocratie, des élections et de la gouvernance », *in* Abdulqawi A. YUSUF et Fatsah OUGUERGOUZ, *op. cit.*, p. 243.

[782]Communauté économique des États de l'Afrique de l'Ouest.

[783]Bien qu'elle n'ait pas d'effet contraignant, la Cour interaméricaine des droits de l'homme est chargée de veiller au respect de la Convention américaine des droits de l'homme de 1969 de l'utiliser comme base d'interprétation des droits. Voir à cet égard l'arrêt de la Cour interaméricaine des droits de l'homme rendu dans l'*affaire Claude Reyes c/ Chili* (liberté

315. Le traité africain de 2007 est composé de onze chapitres portant sur la définition des termes employés, les objectifs, les principes, les exigences de démocratie, l'État droit, les droits de l'homme, la culture de la démocratie et de la paix, les institutions sur lesquelles doivent reposer un régime démocratique, les élections, les sanctions en cas de prise de pouvoir anticonstitutionnel, la gouvernance politique, économique et sociale ainsi que les mécanismes de mise en application de la Charte. Le dernier chapitre est réservé aux dispositions finales[784]. Entrée en vigueur le 15 février 2012, elle stipule dès son préambule que les États du continent sont « *préoccupés par les changements anticonstitutionnels de gouvernement qui constituent l'une des causes essentielles d'insécurité, d'instabilité, de crise et même de violents affrontements...* »[785]. Pour ce qui est de la démocratie, la Charte indique qu'il existe un lien consubstantiel entre les droits de l'homme et la démocratie. D'après elle, l'un ou l'autre serait vidé de sa substance s'il n'était pas respecté. L'article 6 de la Charte fait par ailleurs référence aux « *libertés et droits fondamentaux* » des « *citoyens* ». Elle recommande aussi aux États parties de veiller à « *la participation populaire par le biais du suffrage universel comme un droit inaliénable des peuples* »[786].

316. Cependant, malgré le rôle prépondérant des militaires dans les coups d'État et les changements anticonstitutionnels de gouvernement, la Charte ne s'est pas inspirée des dispositions de la CEDEAO dans son Protocole de 2001 qui visent à soumettre l'armée au pouvoir civil et au respect des dispositions légales et constitutionnelles [787] . Parmi les objectifs de la CADDG, mentionnons, entre autres, celui d'« *interdire, rejeter et condamner tout changement anticonstitutionnel de gouvernement dans tout État membre comme une menace grave à la stabilité, à la paix, à la sécurité et au développement* » [788] . Pour ce qui est des principes, l'article 4 de la Charte indique :

« *2. L'accès au pouvoir et son exercice conformément à la Constitution de l'État partie et au principe de l'État de droit ;*
La promotion d'un système de gouvernement représentatif.
La tenue régulière d'élections transparentes, libres et justes.

---

d'expression et démocratie), arrêt du 19 septembre 2006, série C n° 151, § 79 et s., commentaires par Hélène TIGROUDJA, *op. cit.*, p. 244.

[784] Source : http/www.africaunion.org/Official_documents/Treaties_Conventions_fr/Charte%20de%201a%

[785] Préambule de la CADDG.

[786] Article 4 (2) de la CADDG.

[787] Il s'agit des articles 19-24 du Protocole a/sp1/12/01 sur la démocratie et la bonne gouvernance additionnel au Protocole relatif au mécanisme de prévention, de gestion, de règlement des conflits, de maintien de la paix et de la sécurité du 21 décembre 2001.

[788] Article 2 (4) de la CADDG.

Le rejet et la condamnation des changements anticonstitutionnels de gouvernement.
Le renforcement du pluralisme politique, notamment par la reconnaissance du rôle, des droits et des obligations des partis politiques légalement constitués, y compris les partis politiques d'opposition qui doivent bénéficier d'un statut sous la loi nationale »[789].

317. S'agissant de la mise en œuvre de ces principes, la Charte prévoit deux sortes de mécanismes. L'un souple pour l'ensemble du texte ; l'autre plus contraignant, prenant la forme de sanction. En ce qui concerne les changements anticonstitutionnels de gouvernement, l'article 23 de la Charte fournit une liste des situations qui constituent un changement anticonstitutionnel de gouvernement sur lesquelles nous reviendrons ultérieurement. Dans le cas des situations prévues à l'article 23, le Conseil de Paix et de Sécurité (CPS) peut, le cas échéant, sanctionner un État en le suspendant de son droit de participer aux activités de l'organisation. Concernant la situation dans laquelle un État tiers apporterait son aide à un changement anticonstitutionnel de gouvernement, ce n'est plus le CPS qui la sanctionnerait, mais la Conférence des chefs d'États et de gouvernement comme le précise l'article 25 de la Charte.

318. La CADDG représente donc un autre texte majeur en matière de lutte contre les coups d'État et autres changements anticonstitutionnels de gouvernement. Malgré son importance, cette Charte soulève tout de même quelques interrogations ; notamment quant à l'idéal démocratique dont elle est porteuse. En effet, il est difficile de ne pas s'interroger sur le fait de savoir si elle emprunte cet idéal démocratique dont elle veut doter l'Afrique au modèle occidental ou si elle s'appuie sur une vision purement africaine ? Par ailleurs, la Charte accorde une place prédominante aux États membres pour sa pleine réalisation[790] mais voudront-ils véritablement mettre en œuvre un instrument qui peut se retourner contre eux ? Or, « *dès lors que les États refusent d'observer scrupuleusement les obligations nées de la Charte, son effectivité est inévitablement rendue problématique et aléatoire* »[791].

319. Ces différentes interrogations[792] n'enlèvent cependant rien au fait que cette Charte a le mérite d'exister et permet d'encadrer juridiquement la volonté de protéger la démocratie, la bonne gouvernance et des élections libres. Elle propose une vision unanime de ces questions sur le continent, ce

---

[789]Article 4 de la CADDG.
[790]Romuald LIKIBI, *La Charte africaine pour la démocratie les élections et la gouvernance. Analyse et commentaire*, Paris, Éditions Publibook, 2012, p. 88.
[791]*Ibidem*
[792]Pour plus d'informations sur les lacunes de ce texte, voir Romuald LIKIBI, *ibidem*, pp.79-170.

qui est essentiel considérant les interprétations diverses dont elles peuvent faire l'objet. Comme le souligne Nadjima F. NGARHODJIM, « *une Charte africaine de la démocratie, même imparfaite, que la pratique contribuera à améliorer vaut sans doute mieux que pas de Charte du tout* »[793]. D'ailleurs, tous les États du continent n'ont pas encore ratifié cette Charte. Sur les cinquante-quatre membres de l'UA, seuls vingt-trois l'ont fait. Depuis 2014, un autre texte est venu compléter le dispositif ainsi mis en place par l'organisation continentale en matière de lutte contre les coups d'État et autres changements anticonstitutionnels de gouvernement. Il s'agit du Protocole amendant le Protocole portant statut de la Cour africaine de justice et des droits de l'homme.

3 - Le Protocole amendant le Protocole portant statut de la Cour africaine des droits de l'homme et des peuples

320. Ce texte fera l'objet de développements détaillés dans la seconde partie de notre travail ; cependant, il convient dès à présent de préciser que le Protocole adopté lors de la 23e session du Sommet de l'UA, le 27 juin 2014[794], est venu concrétiser le nouveau pas franchi par l'organisation africaine en matière de lutte contre les coups d'État. Ce Protocole amende celui sur le statut de la Cour africaine de justice des droits de l'homme née de la fusion entre la Cour africaine des droits de l'homme et des peuples et la Cour de justice de l'Union. La nouveauté de ce dispositif est la création d'une « section du droit international pénal » pourvue d'une chambre préliminaire, d'une chambre de première instance et d'une chambre d'appel pour connaître de certains crimes, notamment du « crime relatif au changement anticonstitutionnel de gouvernement » (article 28 A). Voilà encore une avancée en matière de qualification et de sanction des coups d'État et des changements anticonstitutionnels de gouvernement dans le contexte africain désormais considérés comme des crimes ; une qualification qui témoigne de leur gravité et de la nécessité de prendre des mesures à leur encontre.

321. Il ressort de ce bref exposé des différents textes qui interviennent dans l'institutionnalisation de la lutte contre les coups d'État et autres changements anticonstitutionnels de gouvernement que l'organisation

---

[793]Nadjima F. NGARHODJIM, « La Charte africaine de la démocratie, des élections et de la gouvernance : une analyse critique », *Open society Institute, African governance Monotoring & advocacy project et Afrimap*, mai 2007, p. 4

[794]Voir le Protocole portant amendement au Protocole portant statut de la Cour de justice et des droits de l'homme du 27 juin 2014. Voir aussi : Abdulqawi. A. YUSUF « L'État, le coup d'État et l'Union africaine », *op. cit.*, p. 67 ; Blaise TCHIKAYA, « Le crime international de changement anticonstitutionnel de gouvernement. Quelques questions », *in* Rafâa BEN ACHOUR (dir), *Les changements anticonstitutionnels de gouvernement. Approches de droit constitutionnel et de droit international*, *op. cit.*, pp. 141-147.

continentale est toujours à la recherche de solutions nouvelles pour éradiquer ce phénomène. Reste à savoir si les mesures préconisées sont adéquates pour répondre à des situations aussi changeantes. Nous aurons l'occasion d'étudier, dans la seconde partie de notre travail, quelques cas spécifiques afin d'évaluer leur efficacité.

À présent, il convient d'analyser plus en détail les faits constitutifs d'un changement anticonstitutionnel de gouvernement au sein de l'UA.

B- Les faits constitutifs d'un changement anticonstitutionnel de gouvernement au sein de l'Union africaine

322. Dans l'Acte constitutif de l'UA, les situations pouvant être considérées comme des changements anticonstitutionnels de gouvernement ne sont pas précisées. Il faut alors se référer à la Déclaration de Lomé et au règlement intérieur de la Conférence pour les trouver. Ainsi, l'article 37, paragraphes 2 et 3, du règlement intérieur de la Conférence des chefs d'État et de gouvernement précise que :
« *2. Conformément à la déclaration sur le cadre d'action de l'OUA sur les changements anticonstitutionnels de gouvernement, les situations qui sont considérées comme des changements anticonstitutionnels de gouvernement sont entre autres*[795] *:*
a) Le coup d'État militaire ou tout autre coup d'État contre un gouvernement démocratiquement élu ;
b) L'intervention de mercenaires pour remplacer un gouvernement démocratiquement élu ;
c) Le remplacement d'un gouvernement démocratiquement élu par des groupes armés dissidents et des mouvements rebelles ;
d) Le refus d'un gouvernement en place de remettre le pouvoir au parti vainqueur après des élections libres et justes ; Le renversement ou le remplacement d'un gouvernement démocratiquement élu par des éléments, avec l'aide de mercenaires »[796].

323. À la lecture de cet article, on remarque que cette énumération reprend celle de la Déclaration de Lomé de 2000, notamment en ces

---

[795] Article 37, alinéa 2 du règlement intérieur de la Conférence des chefs d'État et de gouvernement de l'UA, doc.UA/Assembly/AU/2(I), adopté lors la Conférence de l'UA, 1re session ordinaire, Durban (Afrique du Sud), 9-10 juillet 2002. Voir doc.UA/AHG/Decl.5(XXXVI), *Déclaration sur le cadre pour une réaction de l'OUA face aux changements anticonstitutionnels de gouvernement*, Lomé (Togo), 10-12 juillet 2000, p. 4.

[796] Article 37 du règlement intérieur de la Conférence des chefs d'État et de gouvernement adopté lors de la 1re session ordinaire de la Conférence de l'UA à Durban (Afrique du Sud), 9-10 juillet 2002, doc. Assembly/AU/2 (I), article 37, alinéa 2, p. 16 ; disponible sur le site de l'UA : http://www.africaunion.org/Official_documents/, consulté le 26 juin 2016.

paragraphes 10, al b), i) à iv) ; une liste qui n'est pas exhaustive comme le suggère l'utilisation de la formule « entre autres ». Sont ici énoncés des principes directeurs permettant de qualifier une situation donnée de changement anticonstitutionnel de gouvernement. Elle concourt, en ce sens, à donner un effet pratique aux valeurs communes en vue d'une gouvernance démocratique des pays africains dont le strict respect devrait considérablement réduire les risques de changements anticonstitutionnels de gouvernement sur le continent[797]. Cependant, la réalité, notamment les crises malgaches de 2002 et togolaises de 2005[798], montrera les limites des cas envisagés comme des changements anticonstitutionnels de gouvernement.

324. Outre ces situations, l'article 23 de la Charte africaine de la démocratie, des élections et de la gouvernance prévoit que :
« *Les États parties conviennent que l'utilisation, entre autres, des moyens ci-après pour accéder ou se maintenir au pouvoir constitue un changement anticonstitutionnel de gouvernement et est passible de sanctions appropriées de la part de l'Union :*
Tout putsch ou coup d'État contre un gouvernement démocratiquement élu.
Toute intervention de mercenaires pour renverser un gouvernement démocratiquement élu.
Toute intervention de groupes dissidents armés ou de mouvements rebelles pour renverser un gouvernement démocratiquement élu.
Tout refus par un gouvernement en place de remettre le pouvoir au parti ou au candidat vainqueur à l'issue d'élections libres, justes et régulières.
Tout amendement ou toute révision des Constitutions ou des instruments juridiques qui portent atteinte aux principes de l'alternance politique »[799].
On peut constater une évolution par rapport à l'article précédemment analysé. Si les quatre premiers alinéas reprennent des dispositions déjà présentes dans le règlement intérieur de la Conférence, l'alinéa 5 est une nouveauté. Celui-ci considère en effet les amendements ou les révisions des constitutions comme des faits anticonstitutionnels de gouvernement. Cet ajout est sans doute une réponse aux difficultés qu'a connue l'organisation continentale dans la gestion des crises malgache et togolaise que nous aurons l'occasion d'étudier plus en détail.

325. En outre, mentionnons l'article 28 E du Protocole portant amendement au Protocole portant statut de la Cour africaine de justice et des droits de l'homme qui élargit cette liste. Jusqu'à l'édiction de ce texte, les

---

797 AHG/Decl. 5(XXXVI), alinéa 11. Voir également l'article de Djacoba Liva TEHINDRAZANARIVELO *op. cit.*, p 272.

798 Nous reviendrons sur ces deux crises plus loin dans notre travail.

799 Article 23 de la Charte africaine de la démocratie, des élections et de la gouvernance, 8e session ordinaire de la Conférence de l'UA, Addis Abeba (Éthiopie), 30 janvier 2007.

seules situations qui étaient qualifiées de crimes étaient celles prévues par l'article 4 (h) de l'Acte constitutif relatif aux crimes de guerre et crimes contre l'humanité qui justifient l'intervention de l'UA dans le pays concerné. Cependant, cet article 28 E introduira une nouvelle situation de changement anticonstitutionnel de gouvernement. De plus, à la différence des textes précédents, celui-ci tente de proposer une définition du crime relatif au changement anticonstitutionnel de gouvernement tout en y introduisant une précision particulière. Précisément, d'après ce Protocole, le « crime relatif au changement anticonstitutionnel de gouvernement » désigne « *le fait de commettre ou d'ordonner de commettre les actes suivants avec l'intention d'accéder ou de se maintenir illégalement au pouvoir* (...) *f) toute modification substantielle des lois électorales durant les six (6) mois précédant les élections sans le consentement de la majorité des acteurs politiques* »[800].

326. Ce Protocole reprend les cinq situations déjà inscrites dans la Charte africaine de la démocratie, des élections et de la gouvernance, mais ajoute un alinéa f. C'est donc la première fois qu'une modification substantielle des lois électorales durant les six mois précédant des élections est considérée comme un changement anticonstitutionnel de gouvernement. Cette définition large des changements anticonstitutionnels de gouvernement semble ainsi intégrer toutes les hypothèses. D'après l'auteur Abdulqawi YUSUF, il s'agirait de la définition la plus complète donnée à ce jour à ce type de phénomène par l'UA[801].

Ces différents faits constitutifs de changement anticonstitutionnel de gouvernement sont punis par diverses sanctions qu'il convient à présent d'analyser.

SECTION II : LES SANCTIONS CONTRE LES COUPS D'ÉTAT ET AUTRES CHANGEMENTS ANTICONSTITUTIONNELS DE GOUVERNEMENT : UN DROIT RENFORCE

327. Pendant de nombreuses années, l'organisation continentale africaine est restée impuissante face à l'expansion des coups d'État et autres changements anticonstitutionnels de gouvernement sur le continent. Cette impuissance, due à l'absence de mesures visant l'interdiction de tels agissements[802], a longtemps fragilisé les efforts de cette organisation en faveur

---

[800]Article 28 E du Statut de la Cour africaine de justice et des Droits de l'homme et des peuples.
[801]Abdulqawi. A YUSUF, « L'État, le coup d'État et l'Union africaine », *op. cit.*, p.70.
[802]Voir les développements de : Djacoba Liva TEHINDRAZANARIVELO, « Les sanctions de l'Union africaine contre les changements anticonstitutionnels de gouvernement. Potentialités et mesures de renforcement », *op. cit.* ; Muna NDULO, « L'interdiction des changements anticonstitutionnels de gouvernement », *in* Abdulqawi A. YUSUF et Fatsah OUGUERGOUZ,

de la promotion de la démocratie. Cependant, dès les années 1990, un changement s'opéra : la consécration de sanctions contre ce type d'agissements dans l'Acte constitutif de l'UA. Cette insertion consacre l'aboutissement des efforts débutés en faveur de la mise en place d'une norme conventionnelle d'obligation démocratique. Cette norme consacrée, il était important de la consolider et de la protéger. Cela se fera à travers l'édiction de sanctions prévues à cet effet (**Paragraphe 1**) qui devint pratiquement une constante **(paragraphe 2).**

Paragraphe 1 : Un renforcement à travers les sanctions prévues

328. En matière de changement anticonstitutionnel de gouvernement, une batterie de sanctions est prévue. La condition préalable à leur mise en œuvre est la reconnaissance d'un tel fait par les instances régionales. Une fois constatée, la sanction la plus communément envisagée est une suspension de la participation de l'État aux activités de l'organisation. De plus, en cas de refus du gouvernement fautif de rétablir l'ordre constitutionnel, la Conférence peut envisager l'imposition de sanctions ciblées à l'encontre des dirigeants de ce gouvernement et y ajouter des sanctions commerciales ou toute autre sanction qui pourrait être recommandée par le Conseil de paix et de sécurité de l'UA. Si, malgré ces mesures, l'ordre constitutionnel n'est toujours pas rétabli, l'UA peut utiliser son droit d'intervention[803]. Cette mesure ayant déjà fait précédemment l'objet d'une analyse, l'on n'y reviendra pas. Notons toutefois que les sanctions prévues contre cette violation sont pour la plupart contraignantes (**A**). Puis, une autre évolution des textes de l'organisation sera entreprise en vue d'une criminalisation des coups d'État et d'autres changements anticonstitutionnels de gouvernement (**B**).

A- Les mesures contraignantes

329. En cas de changement anticonstitutionnel de gouvernement, les sanctions prévues dans les textes de l'organisation varient en fonction de la gravité de la situation en cause. Elles vont de la suspension de la participation aux travaux des organes de l'Union (**1**) à l'imposition de sanctions ciblées

L'Union africaine : cadre juridique et institutionnel. Manuel sur l'organisation panafricaine, *op. cit.* ; Rafâa BEN ACHOUR (dir.), *Les changements anticonstitutionnels de gouvernement. Approches de droit constitutionnel et de gouvernement*, *op.cit.* ; Joseph KAZADI MPIANA, « L'Union africaine face à la gestion des conflits. Cas des changements anticonstitutionnels de gouvernement », *RQDI*, vol. 25, n° 12, pp. 101-141 ; Roland ADJOVI, « L'Union africaine : étude critique d'un projet ambitieux », *Revue de droit africain. Doctrine et Jurisprudence*, Volume VI, 2002, pp. 11-12.

[803]Règlement intérieur de la Conférence des chefs d'État et de gouvernement.

contre les dirigeants (**2**), des restrictions commerciales (**3**) et, enfin, l'intervention de l'UA pour restaurer la paix et la sécurité (**4**).

1 - La suspension de la participation aux travaux des organes de l'Union et les sanctions ciblées

330. Suivant les dispositions de l'article 37 du règlement intérieur de la Conférence des chefs d'État et de gouvernement de l'UA, en cas de changement anticonstitutionnel de gouvernement, le président de cette dernière et le président de la Commission procèdent à la suspension immédiate de la participation de l'État membre concerné aux organes de l'UA, sous réserve que sa non-participation aux organes de l'Union n'affecte pas la qualité d'État membre et ses obligations envers l'Union. Cette précision signifie tout simplement que malgré la suspension dont l'État est frappé, il doit continuer d'honorer ses engagements envers l'organisation ; notamment le paiement de ses contributions financières et le respect des décisions de l'organisation. La première fois que l'Union a utilisé cette sanction, elle l'a fait contre Madagascar[804]. En effet, dans une décision en date de juillet 2002 sur la « situation à Madagascar »[805], elle rappela, par le biais de la Conférence, la Décision d'Alger, la Déclaration de Lomé et les dispositions pertinentes de l'Acte constitutif. Des mesures à l'encontre de cet État ont ainsi été prises, notamment la suspension de sa participation aux activités de l'Union.

2- L'imposition de sanctions ciblées contre les dirigeants

331. L'article 37 du règlement intérieur de la Conférence consacre également des sanctions ciblées contre les dirigeants. Précisément, son alinéa 5 prévoit l'application immédiate par la Conférence des sanctions suivantes à l'encontre d'un régime qui refuse de restaurer l'ordre constitutionnel : refus de visas pour les auteurs du changement anticonstitutionnel ; restriction des contacts du gouvernement avec les autres gouvernements ; restrictions commerciales ; sanctions prévues à l'article 23 (2) de l'Acte constitutif et dans le présent règlement intérieur (ce sont celles relatives au respect des décisions et politiques de l'Union) ; toute sanction supplémentaire que pourrait recommander le Conseil de paix et de sécurité[806].

332. Cette évolution en matière de sanctions dans le cadre continental africain suit celle amorcée au niveau mondial, notamment par l'ONU avec l'abandon, dans les années 1990, de sanctions globales pour privilégier des sanctions à l'encontre des responsables qualifiées de « *smart sanctions* » ou «

---

[804]Arrêt n° O1-HCC/AR.

[805]Assembly/AU/Dec.4 (1), 14e session ordinaire, Durban (Afrique du Sud), 9-10 juillet 2002.

[806] Cf. article 37, alinéa 5 (a, b, c, d, e).

sanctions intelligentes ». Ce type de sanctions a été développé dans le cadre de cycles d'études externes à l'ONU. Les études menées ont été réalisées en collaboration avec l'ONU et leurs résultats examinés dans de nombreuses instances. Ces sanctions s'appuient sur la pratique du Conseil de sécurité afin d'en tirer des leçons pour l'avenir[807]. C'est donc en référence à la pratique de l'organisation mondiale que l'UA a fait évoluer son système de sanctions.

333. Il importe en effet de rappeler que pendant longtemps, les sanctions touchaient uniquement l'État en sa qualité de membre d'une organisation internationale. Désormais, elles punissent les auteurs des coups d'État et autres changements anticonstitutionnels de gouvernement. Ces sanctions s'appliquent à partir du moment où le gouvernement refuse de restaurer l'ordre constitutionnel. Les auteurs de ces actes répréhensibles se voient généralement imposer des restrictions de leurs déplacements extérieurs ainsi que les personnes en contact avec eux. Outre ces sanctions sont prévues des mesures supplémentaires à l'alinéa e de l'article 37 (5), par exemple le blocage des avoirs placés à l'étranger des responsables du régime inconstitutionnel. Par ailleurs, les restrictions des déplacements des responsables du régime inconstitutionnel peuvent être étendues aux membres de la famille des personnes visées ainsi qu'à toute personne leur fournissant un appui matériel ou militaire[808].

334. L'UA semble à cet égard abonder dans le sens de la CEDEAO qui prévoit qu'en cas de coup d'État contre un gouvernement démocratiquement élu, une liste nominative des personnes suspectées devrait être élaborée puis mise à jour de manière régulière afin de permettre de les sanctionner tout en leur donnant la possibilité de contester la mention de leur nom sur celle-ci[809]. L'organe central de l'OUA proposa également en juillet 2003, en vue de renforcer les sanctions contre les coups d'État, « *le rejet de toute participation, notamment comme candidats, des auteurs d'un coup d'État, ou de toute autre forme de changement anticonstitutionnel, aux élections organisées en vue de restaurer l'ordre constitutionnel* »[810]. Voilà une mesure intéressante que l'UA devrait approfondir et améliorer. Exclure ces personnes du jeu politique serait un signal fort donné aux auteurs de changements anticonstitutionnels de gouvernement. Cependant, comme nous le verrons en examinant la mise en

---

[807]Djacoba Liva TEHINDRAZANARIVELO, *Les sanctions des Nations Unies et leurs effets secondaires. Assistance aux victimes et voies juridiques de prévention*, Paris, PUF, 2005, p. 246.

[808]C'est du moins ce qui ressort de la pratique des Nations Unies en matière de sanctions. Il en a été ainsi pour l'Irak, le Liberia, la Sierra Leone, le Soudan, contre les membres de l'Unita en Angola, contre l'ex-président libérien Charles Taylor et ses partisans, etc.

[809]Djacoba Liva TEHINDRAZANARIVELO, *op. cit.*, p. 297.

[810]Décision sur la situation à Sao Tomé et Principe, 93e session ordinaire, Addis-Abeba (Éthiopie), 24 juillet 2003, Central Organ/MEC/AMB/COMM. (XCIII), § 6.

œuvre de ces sanctions, l'UA a éprouvé toutes les peines du monde à faire appliquer cette mesure. Si les sanctions ciblées s'avèrent insuffisantes, l'organisation peut user de sanctions commerciales.

3- Les restrictions commerciales

335. L'ONU a souvent privilégié les sanctions ciblées pour éviter que les populations ne souffrent des agissements de leurs dirigeants. L'organisation africaine a généralement procédé de la même manière. Cependant, l'ONU a aussi pu décider de restrictions commerciales prenant la forme d'embargos sur les armes, les véhicules militaires et matériels connexes ; de l'interdiction des importations et exportations de certains produits comme des ressources naturelles ; de l'interdiction de tout service en faveur des personnes, entreprises ou entités se trouvant sur le territoire de l'État concerné ainsi que de toutes transactions financières avec ces personnes[811]. S'il est vrai que l'embargo sur les armes ou tous biens à usage militaire peut empêcher la prolifération des armes dans l'État concerné et ainsi éviter que le conflit s'enlise, l'efficacité des autres mesures est quelque peu mitigée.

336. En effet, la pratique des sanctions restrictions commerciales s'est avérée désastreuse pour les populations civiles. Par ailleurs, ces sanctions n'ont pas souvent amené les dirigeants des États sanctionnés à changer leurs politiques, ce qui fait dire Mohammed BENOUNA que « *l'arme économique, par son caractère imprécis et systématique, peut occasionner des dégâts humains considérables sans qu'elle ne garantisse à l'organisation universelle la réalisation des objectifs qu'elle s'est assignés* »[812]. On peut citer comme exemple les effets désastreux des sanctions économiques prises contre l'Irak pendant la guerre du Golfe[813]. Pour Rafâa BEN ACHOUR, « *les sanctions économiques imposées à ce pays se sont en effet révélées non seulement inefficaces, mais elles ont entraîné en plus des effets pervers. Les droits les plus élémentaires du peuple irakien ont été sérieusement et dangereusement atteints en raison de l'application des sanctions à son encontre* »[814].

---

[811]Djacoba Liva TEHINDRAZANARIVELO, *op .cit.*, p. 247

[812]Mohammed BENNOUNA, « L'embargo dans la pratique des Nations unies : Radioscopie d'un moyen de pression », *in* Emile YAPKU et Tabar BOUNEDRA (dir.), *Liber Amicorum Juge Mohammed Bedjaoui*, La Haye, Kluwer Law International, 1999, pp. 555-583.

[813]Rafâa BEN ACHOUR, « Les sanctions contre l'Irak. Quelle efficacité ? », in Rostane MEHDI (dir.), *Les Nations Unies et les sanctions. Quelle efficacité ?*, Colloque des 10 et 11 décembre 1999, Paris, Pedone, 2000, p. 103.

[814]*Ibidem*

337. On peut également mentionner les cas d'Haïti ou encore de l'ex-Yougoslavie[815]. Consciente des effets pervers que peuvent avoir les sanctions économiques, l'OUA a envisagé, dans la Déclaration de Lomé, des dérogations afin que les populations civiles ne souffrent pas de l'imposition de telles mesures. Ainsi, il a été décidé qu'à l'occasion de l'application des sanctions contre les coups d'État, il été nécessaire de prêter attention à ce que les populations civiles ne souffrent pas de manière « disproportionnée ». Il est également important que l'imposition de sanctions économiques ou de restrictions commerciales ne méconnaisse pas les exemptions et exceptions humanitaires qui protègent les droits fondamentaux des populations civiles. Ainsi, certains produits ne peuvent subir de restrictions commerciales : les médicaments, les denrées alimentaires, les fournitures pour l'éducation, etc. ; en somme, tous les produits indispensables pour la survie des populations. C'est à l'issue de la guerre en Irak que l'ONU a développé une telle approche.

338. Sur le continent africain, des dérogations humanitaires ont été appliquées à propos des sanctions économiques globales qui avaient été prises contre le Burundi en réaction au coup d'État du 25 juillet 1996 par sept pays (Éthiopie, Kenya, Namibie, Ouganda, Rwanda, Tanzanie et République démocratique du Congo, à l'époque Zaïre)[816]. Il reste que l'organisation continentale doit encore développer la pratique des exemptions humanitaires, car rien de tel n'a été prévu dans la Déclaration de Lomé et les textes subséquents en la matière. Lorsque les mesures précitées ne sont pas suffisantes, l'organisation peut encore envisager une intervention au sein de l'État membre pour restaurer la paix et la stabilité.

4- L'intervention de l'Union africaine pour restaurer la paix et la sécurité

339. Mesure absente dans la première rédaction de l'article 4 de l'Acte constitutif, elle fera son apparition en 2003 dans le Protocole sur les amendements à l'Acte constitutif. Désormais, ce texte prévoit intervention de l'Union en cas de « *menace grave de l'ordre légitime afin de restaurer la paix et la stabilité dans un État membre de l'Union sur la recommandation du Conseil de Paix et de Sécurité* »[817]. Mesure innovante, elle reste toutefois, comme nous l'avons vu dans le chapitre précédent, délicate à mettre en œuvre en matière de violations graves des droits de l'homme. Si l'organisation

---

[815] Pour une étude approfondie de ces questions et cas, voir notamment : Djacoba Liva TEHINDRAZANARIVELO, *Les sanctions des Nations Unies et leurs effets secondaires. Assistance aux victimes et voies juridiques de prévention*, *op. cit.*, p. 520 ; Rostand MEHDI (dir.), *Les Nations Unies et les sanctions. Quelle efficacité ?*, *op. cit.*

[816] Voir Djacoba Liva TEHINDRAZANARIVELO, *Les sanctions des Nations Unies et leurs effets secondaires. Assistance aux victimes et voies juridiques de prévention*, *op. cit.*, p. 520.

[817] Voir article 4 (h) du Protocole sur les amendements à l'Acte constitutif de l'UA.

l'envisage, il est important qu'elle s'assure qu'elle ne servira pas à aider un régime dictatorial à mater les contestations populaires, mais plutôt à protéger les populations contre un régime anticonstitutionnel. Même si cette mesure demande à être davantage améliorée, elle constitue une avancée considérable en matière de lutte contre les coups d'État et autres changements anticonstitutionnels de gouvernement[818].

B- L'évolution des sanctions à l'encontre des coups d'État et autres changements anticonstitutionnels de gouvernement

340. La dynamique engagée avec le renforcement du dispositif continental en matière de coups d'État et autres changements anticonstitutionnels de gouvernement démontre que l'institution remplaçante de l'OUA a ancré la démocratie au cœur de son action. En effet, le dispositif normatif mis en place pour la lutte contre ce fléau ne laisse aucun doute quant à la volonté de la nouvelle instance continentale d'en finir avec ces périodes durant lesquelles les coups d'État étaient le mode privilégié d'accession au pouvoir. Ces sanctions ont ainsi ouvert des perspectives nouvelles pour une pratique africaine d'accession au pouvoir constitutionnelle. La stabilité politique indispensable aux respects des droits fondamentaux des citoyens et à l'établissement de la paix s'est également vue consacrée. L'UA ira même plus loin avec le Protocole qui amende le Protocole portant statut de la Cour africaine de justice et des droits de l'homme adopté le 27 juin 2014. Comme on l'a précédemment évoqué, ce mécanisme enfantera une catégorie juridique *sui generis*[819] : le crime de changement anticonstitutionnel de gouvernement.

341. Il faut dire que cette énième innovation n'a pas laissé insensible la doctrine. Un auteur souligne à ce propos qu'« *à dire vrai, on ignore si*

---

[818]Pour confirmer cette tendance, la Conférence adopta lors de sa 14e session à Addis-Abeba le 2 février 2010, la décision sur la prévention des changements anticonstitutionnels de gouvernement et le renforcement des capacités de l'UA à gérer de telles situations. À cet effet, les chefs d'État et gouvernement de l'Union « *Réitère, le rejet total par l'Union africaine des changements anticonstitutionnels de gouvernement et sa détermination à mettre un terme définitif à ce fléau, qui sape les avancées enregistrées dans les processus de démocratisation en cours sur le continent et constitue une menace à la paix et à la sécurité en Afrique. A cet égard, la Conférence réaffirme l'importance des décisions d'Alger de juillet 1999, de la Déclaration sur le Cadre d'action sur les changements anticonstitutionnels de gouvernements, adoptée par la 36ème session ordinaire de la Conférence des chefs d'État et de gouvernement de l'OUA, tenue à Lomé du 10 au 12 juillet 2000, ainsi que des dispositions pertinentes de l'Acte constitutif de l'UA et du protocole relatif à la création du Conseil de paix et de sécurité* » (Assembly/AU/Dec.269(XIV) Rev.1).

[819] Blaise TCHIKAYA, « Le crime international de changement anticonstitutionnel de gouvernement. Quelques questions », *in* Rafâa BEN ACHOUR (dir.), *Les changements anticonstitutionnels de gouvernement. Approches de droit constitutionnel et de droit international*, *op. cit.*, p. 141.

l'imprécision que présente la formulation de ce crime est inhérente aux caractères connus du domaine juridique international ou à une facilité rédactionnelle due à la quête, actuelle et accélérée, d'un droit nouveau de l'Union africaine »[820]. Or, la formulation choisie n'est pas commode en droit international. Sans s'y appesantir davantage, l'on note que l'article 3, alinéa 1er de ce texte indique que « *la Cour est investie d'une compétence originale et d'appel, y compris une compétence internationale pénale...* »[821]. L'article 28 A, quant à lui, précise que « *sous réserve du droit de faire appel, la Section du droit international pénal de la Cour a compétente pour juger* (...) [du] *Crime relatif au changement anticonstitutionnel de gouvernement...* »[822]. Des peines de prison ont été prévues par ce texte pour les auteurs de tels faits. C'est d'ailleurs l'objet de l'article 43 A qui prévoit que la Cour rend un jugement et prend à l'encontre des personnes reconnues coupables de crimes de portée internationale, et notamment du crime de changement anticonstitutionnel de gouvernement, des peines et/ou amendes autres que la peine de mort[823]. Ainsi, les peines prononcées doivent être limitées à l'emprisonnement et/ou à des amendes financières[824]. Ces peines et/ou amendes sont rendues en public et, lorsque cela est possible, en présence de l'accusé[825]. Par ailleurs, aucune poursuite ne sera engagée contre « *un chef d'État ou de gouvernement de l'Union africaine en fonction, ou toute personne agissant ou habilitée à agir en cette qualité ou tout autre responsable public en raison de ses fonctions* » (article 46 A bis). Ce Protocole est donc venu ajouter de nouvelles mesures à celles déjà existantes. Avec ce nouveau texte, la Cour de justice et des droits de l'homme de l'UA se positionne en concurrente de la Cour pénale internationale. Sans doute, les relations difficiles entre l'organisation continentale et cette Cour ont favorisé un tel positionnement de l'organisation continentale[826].

342. Ces dernières mesures en matière de sanctions des coups d'État et autres changements anticonstitutionnels de gouvernement, bien qu'ambitieuses, en sont néanmoins toujours au stade de la proclamation textuelle. En effet, le Protocole n'est pas encore entré en vigueur. Si cela

---

[820]*Ibidem*

[821]Article 3, § 1 du Protocole portant amendements au Protocole portant statut de la Cour africaine de justice et des droits de l'homme du 27 juin 2014.

[822]Article 28 A de l'annexe au Protocole portant amendements au Protocole portant statut de la Cour africaine de justice et des droits de l'homme du 27 juin 2014, § 1), 2), 3), 4).

[823]Article 43 A, alinéa 1 du Protocole portant amendements au Protocole portant statut de la Cour africaine de justice et des droits de l'homme du 27 juin 2014.

[824]Article 43 A, alinéa 2, *ibidem*

[825]Article 43 A, alinéa 3, *ibid.*

[826] Voir sur cette question Sara DEZALEY, « L'Afrique contre la Cour pénale internationale ? Éléments de sociogenèse sur les possibles de la justice internationale », *Politique africaine*, n° 146, 2017, pp. 165-182 ; disponible sur : https://www.cairn.info/revue-politique-africaine-2017-2-page-165.htm, consulté le 10/06/2018.

arrivait, il est important de préciser quelques interrogations essentielles sur les modalités de mise en œuvre de ces sanctions. Les personnes reconnues coupables effectueront leurs peines de prison dans quel pays ? L'organisation continentale a-t-elle les moyens d'assurer la sécurité et le respect des droits des personnes détenues ? Les amendes seront prononcées en fonction de quel barème ? Voilà autant de questions qui, si elles ne sont pas traitées par l'organisation, pourraient poser quelques difficultés et altérer l'efficacité[827] des mesures prises.

Pour autant, s'agissant des sanctions déjà consacrées, on peut constater une pratique continentale constante.

Paragraphe 2 : Une mise en œuvre systématique des sanctions dans le contexte continental

343. Il ne suffit pas de constater la consécration de sanctions dans un texte pour juger de leur effectivité. Il est essentiel qu'au corpus normatif s'ajoute une pratique probante. À cet égard, les occasions de mettre en pratique les sanctions prévues dans l'Acte constitutif n'ont pas manqué et en la matière, nous pouvons dire que la réactivité de l'organisation africaine est établie. De 2002, date d'entrée en vigueur de l'Acte constitutif, à 2014, de nombreuses situations de coups d'État ou de changements anticonstitutionnels de gouvernement ont été recensées : à Madagascar, le 16 décembre 2001, en République centrafricaine le 15 mars 2003, à São Tomé et Principe le 16 juillet 2003, en Guinée-Bissau le 14 septembre 2003, en Mauritanie le 3 août 2005, au Togo le 5 février 2005, en Mauritanie le 6 août 2008, en Guinée Conakry le 23 décembre 2008, en Guinée Bissau le 2 mars 2009, au Niger le 18 février 2010, au Mali le 22 mars 2012, en Guinée Bissau le 12 avril 2012, en République centrafricaine le 24 mars 2013, en Égypte le 3 juillet 2013, etc. Les situations énumérées ne sont pas exhaustives, elles donnent toutefois un aperçu de l'ampleur du phénomène sur le continent africain. Face à ces événements, la réactivité de l'UA est cependant acquise. Ne pouvant évoquer toutes ces situations au cas par cas, on étudiera les réactions de l'UA en cas de conquête anticonstitutionnelle du pouvoir (**A**), puis en cas de contestation électorale (**B**).

A- Les sanctions en cas de conquête anticonstitutionnelle du pouvoir

[827] Voir les analyses de Blaise TCHIKAYA, « Le crime international de changement anticonstitutionnel de gouvernement. Quelques questions », *in* Rafâa BEN ACHOUR (dir), *Les changements anticonstitutionnels de gouvernement. Approches de droit constitutionnel et de droit international*, *op. cit.* pp. 141-147.

344. L'on ne fait plus l'histoire des coups d'État sur le continent qui résultent en général de conflits politiques aux origines diverses. Ce sont des antagonismes ou des combats qui ont pour enjeu la conquête, l'exercice et le contrôle du pouvoir politique par des partis, des clans, des groupes ou des individus qui entendent imposer leur domination sur leurs adversaires[828]. Elles peuvent également résulter des imperfections d'un ordre institutionnel ou constitutionnel alimentées par des rivalités idéologiques, linguistiques, ethniques, religieuses, régionales purement internes[829]. Ainsi, la lutte acharnée de l'UA contre « *la résurgence du fléau endémique d'accession au pouvoir en Afrique au moyen des coups d'État* »[830] a été l'une des pierres angulaires de l'architecture institutionnelle de cette organisation. Aux fins de notre analyse, une autre subdivision sera faite : on exposera les réactions de l'organisation en cas de coups d'État militaires (**1**) et en cas de révision constitutionnelle considérée comme un changement anticonstitutionnel de gouvernement (**2**).

1- Les coups d'État militaires

345. Depuis 2002, date d'entrée en vigueur de l'Acte constitutif, on ne peut pas dire que l'institution de l'UA ait eu une influence sur le phénomène des coups d'État sur le continent, du moins dans les premiers temps. Hormis le cas de Madagascar en 2001, les coups d'État sur le continent ont été pour la plupart perpétrés par des militaires. Les premières sanctions seront prises en 2005, contre le coup d'État en Mauritanie, mais en 2003 l'UA s'était déjà saisie de plusieurs changements anticonstitutionnels de gouvernement. Ce fut notamment le cas de la République centrafricaine le 15 mars 2003[831], de São

---

[828]Célestin KEUTCHA TCHAPNGA, « Droit constitutionnel et conflits politiques dans les États francophones d'Afrique noire », *Revue française de droit constitutionnel*, 2005/3, n° 63, p. 453.

[829]*Ibidem*

[830]Joseph KAZADI MPIANA, « L'Union africaine face à la gestion des conflits. Cas des changements anticonstitutionnels de gouvernement », *RQDI*, vol.25, n° 12, p. 5.

[831] Doc. UA, Central Organ/MEC/AMB/Comm.(XC), 17 mars 2003, Addis-Abeba (Éthiopie). Ce coup d'État fut déploré par l'UA, car un dialogue national facilité par le CEN-SAD et la CEMAC était en cours (Voir Muna NDOLO, « L'interdiction des changements anticonstitutionnels de gouvernement », *op. cit.*, p. 228).

Tomé et Principe le 16 juillet 2003[832] et de la Guinée Bissau le 14 septembre 2003[833].

---

[832]Ce coup d'État fut bref. Le 16 juillet 2003, un groupe de soldats dirigé par le major Fernando Pereira, chef du centre d'instruction militaire de São Tomé, prit le pouvoir alors que le président de la République, Fradigue de MENEZES était en déplacement au Nigeria pour participer au 6e sommet de *Leone Sullivan of Influential African and African-American Leaders and Business People.* Ayant pris en otage plusieurs dignitaires du régime, les rebelles ont publié un communiqué annonçant qu'ils dissolvaient toutes les institutions nationales et la formation d'un nouveau gouvernement de transition. La raison de ce coup de force était la corruption généralisée dans le pays et la répartition inégalitaire des ressources. Face à ce coup d'État, la réaction de l'UA n'a pas tardé. L'UA a condamné sans réserve le coup d'État du 16 juillet 2003 et réaffirmé son attachement à la Déclaration de Lomé de juillet 2000 sur le cadre des réactions de l'organisation aux changements anticonstitutionnels de gouvernement ainsi qu'aux instruments pertinents de l'UA (voir Doc UA Central Organ/MEC/AMB/COMM.(XCIII), 93e session ordinaire au niveau des ambassadeurs de l'organe central du Mécanisme pour la prévention, la gestion et le règlement des conflits. Addis-Abeba (Éthiopie), 24 juillet 2003). Après de nombreuses médiations et un accord obtenu entre les rebelles et le président, le pouvoir fut remis aux mains du Président démocratiquement élu, Fradique de MENEZES. Dans ce cas précis, la rapidité et l'intensité des négociations pour le retour à l'ordre constitutionnel dans le pays semblaient être un bon point pour l'UA. Pourtant des critiques faisaient valoir que cette implication de l'UA et de la communauté internationale, les États-Unis en tête, était dû aux intérêts pétroliers sur représente ce pays (Voir: http://www.irinnews.org/report/45122/sao-tome-and-principe-coup-leaders-hand-power-back-civilian-president, consulté le 10/10/2017). Voir aussi les analyses de Muna NDULO, *op. cit.*, pp. 228-229) De plus, fait troublant, São Tomé et Principe n'a pas été suspendu des activités de l'UA alors que d'après les textes de l'organisation, en cas de coup d'État perpétré dans un État membre, l'UA doit condamner et exclure directement ce dernier de ses activités (articles 30 de l'Acte constitutif et 37 (5) du règlement intérieur de la Conférence). Mais ce ne fut pas le cas ici compte tenu de la rapidité avec laquelle l'ordre constitutionnel a été rétabli dans le pays.

[833]Dans cette affaire, le Président YALA a été renversé par l'armée sous l'autorité du Général Verrisimo CORREIA SEABRA, chef d'état-major. A la suite de ce coup d'État, le président déchu annonça sa démission volontaire et sera placé en résidence surveillée. Ce renversement du Président YALA a été salué par la population du fait du contexte interne extrêmement tendu. En effet, la population accusait le gouvernement de YALA d'être incompétent, corrompu répressif, moins enclin à entreprendre les réformes démocratiques nécessaires dans le pays. En effet, l'Assemblée nationale du pays avait adopté une nouvelle constitution en avril 2001. Le Président YALA ne s'y était pas opposé, mais en 2002 il limogea le Premier ministre Alamara NHASSE et son gouvernement et dissous également l'Assemblée nationale. Par la suite, il nomma un gouvernement de transition pour préparer des élections législations prévues en 2003. La situation s'enlisa lorsque, le 12 septembre 2003, le Président de la Commission nationale électorale annonça que les élections prévues en octobre 2003 n'auraient pas lieu. Au regard de cette situation, l'organe central du Mécanisme pour la prévention, la gestion et le règlement des conflits se réunira pour une 95e session ordinaire au niveau des ambassadeurs pour condamner le coup d'État : « *le coup d'État survenu en Guinée-Bissau le 14 septembre 2003, en violation des principes pertinents énoncés dans l'Acte constitutif de l'UA et de la Déclaration de Lomé sur les changements anticonstitutionnels de gouvernement...* »[833]. L'organisation demandera ainsi le retour à l'ordre constitutionnel dans le pays. Pourtant, elle ne suspendit pas la Guinée-Bissau des activités de l'organisation et se contenta juste de demander « *à toutes les parties de s'engager dans un dialogue constructif afin de surmonter les problèmes actuels, et d'assurer la sécurité des biens et des personnes...* ».

346. Pour revenir au cas de la Mauritanie, le 3 août 2005, Mouawiya OULD SID AHMED TAYA, au pouvoir depuis vingt et un ans, a été déposé par le colonel Ely OULD MOHAMMED VALL. C'est en effet lors du déplacement du président Ahmed TAYA en Arabie Saoudite pour les funérailles du roi FADH que le coup d'État a été perpétré et que le colonel Ely OULD MOHAMMED VALL se proclama président. Le CPS étant déjà opérationnel à cette date, sa réaction fut immédiate. Il condamna « *fermement le coup d'État intervenu en Mauritanie le 3 août 2005, et* [exigea] l*e retour rapide à l'ordre constitutionnel* »[834]. Il se réjouit en outre des condamnations exprimées par des membres de la communauté internationale et décida « *conformément à la Déclaration de Lomé et à l'Article 30 de l'Acte constitutif de l'UA, de suspendre la participation de la Mauritanie aux activités de l'UA jusqu'au retour à l'ordre constitutionnel dans ce pays* »[835]. De plus, l'organisation dépêcha une délégation en Mauritanie afin d'entrer en contact avec les auteurs du coup d'État et trouver une solution à cette crise. Cependant, durant la résolution de la crise, le CPS a agi en contradiction avec les textes de l'organisation.

347. En effet, il avait effectivement promis d'appuyer le nouveau gouvernement pour la préparation de nouvelles élections pourtant, les textes de l'organisation sont formels : en cas de coup d'État, l'organisation condamne les auteurs et demande le retour à l'ordre constitutionnel existant avant ce coup d'État. Cela implique que les autorités en place, en l'occurrence le colonel Ely OULD MOHAMMED VALL et ses partisans, ne pouvaient, d'après les textes de l'organisation, être en mesure d'organiser de quelconques élections dans ce pays. Ce cas montre la complexité de ce type de sanctions. En l'espèce, une grande majorité de l'opinion mauritanienne (plus de 95% d'après le référendum qui a été organisé dans le pays le 26 juin 2006) était favorable à établissement d'une nouvelle constitution limitant le nombre de mandats[836].

348. Par ailleurs, le colonel Ely OULD MOHAMMED VALL avait promis que ni lui ni ses partisans ne prendraient part aux futures élections[837], qu'ils respecteraient les résultats du référendum et remettraient le pouvoir à un gouvernement pacifiquement élu. Ce qu'il fit. Ainsi le résultat des élections organisées en mars 2007 verra la victoire de Sidi OULD CHEIKH

834Doc UA.PSC/PR/Stat.(XXXVI)-(ii), 36e réunion du CPS, 4 août 2005. Voir aussi Doc. UA.PSC/PR/2(XXXVII), CPS, 37e réunion du CPS, rapport du Président de la Commission sur la situation en République islamique de Mauritanie, Addis-Abeba, 8 septembre 2005.

835*Ibidem*

836 Voir Muna NDULO, *op. cit.*, p. 231. Voir aussi : https://lematin.ma/journal/2006/Mauritanie_Les-Mauritaniens-approuvent-le-referendum-constitutionnel/66176.html

837Doc.UA/PSC/PR/Comm.1(XXXVII), 37e réunion du CPS, Addis-Abeba, 8 septembre 2005.

ABDALLAHI. Devant ce résultat, le CPS, lors de sa 76e réunion le 10 avril 2007, prendra « *note avec satisfaction de l'évolution intervenue en Mauritanie depuis le coup d'État du 3 août 2005 et du bon déroulement du processus de transition démocratique, qui a culminé avec l'élection présidentielle des 11 et 25 mars 2007 et marqué le retour à l'ordre constitutionnel* [...] *décide de lever la mesure de suspension prise à l'encontre de la Mauritanie par sa 36e réunion tenue le 4 août 2005...* »[838].

Outre ces exemples de réaction de l'UA à l'encontre des coups d'État militaires, qui ne sont pas exhaustifs, il convient de s'intéresser à présent aux sanctions relatives à certaines situations de révisions constitutionnelles qui sont également considérées comme des changements anticonstitutionnels de gouvernement.

2- Les situations de révisions constitutionnelles

349. Les révisions constitutionnelles suspectes ne pas sont un phénomène nouveau sur le continent africain. Pendant longtemps, elles sont passées quasi inaperçues jusqu'à ce que l'organisation continentale décide de s'en saisir. Si une constitution apparaît comme « *l'instrument de la transparence du pouvoir, le point d'ancrage fixe, public et stable de la vie politique et juridique d'un pays* »[839], il est capital d'assurer sa stabilité même si l'on doit reconnaître qu'une nation doit préserver son « *droit imprescriptible de changer sa constitution* »[840]. Toutefois, ce droit ne doit pas simplement avoir pour but de modifier les règles de dévolution du pouvoir à l'approche d'une élection présidentielle ou encore le maintien au pouvoir d'un chef d'État.

350. En Afrique, les trente premières années d'indépendance ont été caractérisées par un engouement constitutionnel qui s'est traduit par une sacralisation et un fétichisme constitutionnels qui, plus tard, laisseront place à des instabilités constitutionnelles diversement justifiées [841] . Pourtant, au moment de l'adoption de l'Acte constitutif, seules les situations relatives aux coups d'État militaires et aux contestations électorales avaient été prévues, car elles avaient été considérées comme les seuls modes répréhensibles d'accession au pouvoir. Quant aux situations de révisions constitutionnelles, l'organisation africaine est restée impassible malgré plusieurs réformes

[838]Doc.UA, PSC/PR/Comm.(LXXVI), 76e réunion du CPS, Addis-Abeba, 10 avril 2007.
[839] Dominique ROUSSEAU, « Une résurrection : La notion de constitution », *RDP*, n° 1, 1990, p. 6.
[840]Voir Jean-Louis ATANGANA AMOUGOU, « Les révisions constitutionnelles dans le nouveau constitutionnalisme africain » ; disponible sur : http://www.droitconstitutionnel.org/congresmtp/textes7/ATANGANA.pdf,, consulté le 15 octobre 2017, p.4.
[841]*Ibidem.*

contestables[842]. La recrudescence de ce phénomène l'a finalement contrainte à sortir de l'inertie pour proscrire de telles pratiques. C'est la crise au Togo en 2005 qui lui donnera l'occasion de se saisir de telles situations.

351. Cette dernière est, en effet, assurément l'une des accessions au pouvoir les plus originales connues par le continent africain jusqu'à ce jour. À l'annonce du décès du président de la République, le Général Gnassingbé EYADEMA, le 5 février 2005, le chef d'état-major des armées constata quelques heures après « *la vacance totale du pouvoir* »[843]. Pourtant, d'après la Constitution de ce pays, notamment son article 65, « *en cas de vacance de la présidence de la République par décès, démission ou empêchement définitif, la fonction présidentielle est exercée provisoirement par le président de l'Assemblée nationale. La vacance est constatée par la Cour constitutionnelle...* »[844]. Or, en l'espèce, le président de l'Assemblée, M. Fambaré NATCHABA OUATTARA était absent du territoire au moment du décès du président. De retour au Togo pour assurer l'intérim comme le prévoit la Constitution, celui-ci a vu son avion détourné à Cotonou au Bénin du fait de la fermeture des frontières décrétée par le chef d'état-major. Cette absence du président de l'Assemblée nationale permit la proclamation de Faure Essozimna GNASSINGBE en tant que président de la République[845]. Cette situation, anticonstitutionnelle sur le plan interne[846], requérait une prise de position de l'UA.

---

[842]C'est le cas notamment au Tchad, au Gabon, en Tunisie, au Cameroun, etc.

[843]Rapport de l'Organisation des Nations Unies sur les violences et les violations des droits de l'homme du 29 août 2005 ; disponible sur : http : //www.republicoftogo.com, consulté en mai 2012 ; cité par Faustin TABALA KITENE, *Le statut des sanctions contre les changements anticonstitutionnels de gouvernement dans les textes et le pratique de l'Union africaine. Contribution à l'étude de la production des normes par les organisations internationales*, Thèse de doctorat, Université de Gand, 2013, p. 233.

[844]Article 65 de la Constitution togolaise du 14 octobre 1992, révisée par la loi n°2002-029 du 31 décembre 2002 ; disponible sur : http://www.antogo.tg.refer.org/IMG/pdf/CONSTITUTION.pdf, consulté le 25 octobre 2017.

[845]*Ibidem*

[846]En effet sur le plan interne, le texte constitutionnel togolais ne prévoyait en aucun cas l'intervention de l'armée dans la désignation du successeur du Président de la République en cas de vacance de poste. D'ailleurs, l'article 147 de la Constitution de ce pays prévoit que les forces armées constituant « *sont une armée nationale, républicaine et apolitique* » et « *sont entièrement soumises à l'autorité politique, constitutionnelle régulièrement établie* ». Ajoutons que les articles 148 et 150 disposent respectivement : « *Toute tentative de renversement du régime constitutionnel par le personnel des forces Armées ou de Sécurité publique, par tout individu ou groupe d'individus, est considérée comme un crime imprescriptible contre la Nation et sanctionnée conformément aux lois de la République* » (article 148) ; « *en cas de coup d'Etat, ou de coup de force quelconque, tout membre du Gouvernement ou de l'Assemblée nationale a le droit et le devoir de faire appel à tous les moyens pour rétablir la légitimité constitutionnelle, y compris le recours aux accords de coopération militaire ou de défense existants.*

352. L'organisation n'a pas manqué de le faire. Tout d'abord, par la voix du Président de la Commission qui déclara que l'UA « *n'acceptera aucun transfert anticonstitutionnel du pouvoir au Togo* »[847]. Ensuite, par celle du Président en exercice de l'UA, Olusegun OBASSANDJO, qui déclara pour sa part que l'UA n'accepterait pas de transfert de pouvoir anticonstitutionnel au Togo[848]. Quant au CPS, il attendra deux jours pour réagir. Ainsi, le 7 février 2005, à l'occasion de sa 24e réunion, il condamna « *fermement la manière dont les autorités togolaises de fait ont organisé la succession au Togo à la suite du décès du Président Gnassingbé EYADEMA, qui constitue une violation flagrante et inacceptable de la Constitution togolaise, ainsi que de la Déclaration de l'UA de juillet 2000 sur les changements anticonstitutionnels de gouvernement, des principes de l'Acte Constitutif de l'UA et du Protocole relatif à la création du Conseil de paix et de sécurité...* »[849]. Il condamna également « (...) *fermement la révision de la Constitution togolaise à laquelle ont procédé les autorités de fait en violation des dispositions pertinentes de la Constitution togolaise...* »[850]. En outre, il affirmera « *sa détermination, conformément à l'article 7 (g) du Protocole*

Dans ces circonstances, pour tout Togolais, désobéir et s'organiser pour faire échec à l'autorité illégitime constituent le plus sacré des droits et le plus impératif des devoirs. Tout renversement du régime constitutionnel est considéré comme un crime imprescriptible contre la nation et sanctionné conformément aux lois de la République » (article 150). Disponible sur : http://www.antogo.tg.refer.org/IMG/pdf/CONSTITUTION.pdf, consulté le 26 octobre 2017. Malgré cette inconstitutionnalité, le lendemain du décès du Président, une session extraordinaire de l'Assemblée fut convoquée. Lors de celle-ci, les députés modifièrent l'article 65 de la Constitution. D'après le nouvel article 65, « *le nouveau président de la République exerce ses fonctions jusqu'au terme du mandat de son prédécesseur* » ; une disposition qui permettait au nouveau Président d'exercer le mandat jusqu'en 2008. Par ailleurs, l'article 203 de la loi électorale de ce pays a été modifié pour permettre à Faure GNASSINGBE de démissionner de son poste ministériel et d'être réintégré en tant que député. Cet article permit également de destituer le président de l'Assemblée nationale au motif que son exil au Bénin créait un vide constitutionnel « *générateur de menace* » pour l'ordre constitutionnel du pays. Voir Jean Yaovi DEGLI, *Togo : à quand l'alternance politique* ? Paris, L'Harmattan, 2007, pp. 57-71. Voir également Roland ADJOVI, « Le Togo, un changement anticonstitutionnel savant et un nouveau test pour l'Union africaine », *Actualité et droit international, Revue d'analyse juridique de l'actualité internationale* ; disponible sur : http://www.ridi.org/adi/articles/2005/200502adj.pdf, consulté le 27 octobre 201.

[847] Déclaration du président de la Commission de l'UA disponible sur le site de l'Union africaine. Voir aussi Faustin TABALA KITENE, « Le statut des sanctions contre les changements anticonstitutionnels de gouvernement dans les textes et la pratique de l'Union africaine : contribution à l'étude de la production des normes par les organisations internationales », *op. cit.*, p. 236.

[848] *Ibidem*

[849] Voir Doc. UA, « Note d'information sur l'évolution de la situation au Togo », 25e réunion du CPS, Addis -Abeba, 25 février 2005 ; disponible sur : http://archive.au.int/collect/security/import/French/2005_25_PR_B1F.pdf, consulté le 27 octobre 2017.

[850] *Ibidem*

relatif à la création du CPS et à la Déclaration de juillet 2000, à imposer les sanctions prévues en cas de changement anticonstitutionnel, faute d'une action rapide de la part des autorités de fait pour assurer le rétablissement de la légalité constitutionnelle »[851].

353. Puis, lors de sa 25e réunion le 25 février 2005, le CPS « *réitèr*[a] *la ferme condamnation, par l'UA, du coup d'État militaire intervenu au Togo, ainsi que des modifications constitutionnelles visant à habiller juridiquement ce coup d'État, et son rejet de tout scrutin qui serait organisé dans les conditions déjà énoncées par les autorités de fait du Togo...* »[852]. Il exigera, en outre, « *le retour à la légalité constitutionnelle, qui passe par le départ de M. Faure Gnassingbé et le respect des dispositions de la Constitution togolaise relatives à la succession à la tête de l'État* »[853]. Il confirmera la suspension de la participation des autorités de fait du Togo aux activités de toutes les instances de l'organisation jusqu'au retour de l'ordre constitutionnel. Il est clair que ce cas togolais était une première sur le continent africain qui a donné l'occasion à l'organisation africaine de procéder à une interprétation extensive des changements anticonstitutionnels de gouvernement.

354. En effet, si l'on devait faire une interprétation littérale de l'article 37 du règlement intérieur de la Conférence des chefs d'État et de gouvernement, il y a changement anticonstitutionnel dans les cas suivants : coup d'État militaire ou tout autre coup d' État contre un gouvernement démocratiquement élu ; intervention de mercenaires pour remplacer un gouvernement démocratiquement élu ; remplacement d'un gouvernement démocratiquement élu par des groupes armés dissidents ou des mouvements rebelles ; refus d'un gouvernement en place de remettre le pouvoir au parti vainqueur après des élections libres et justes ; ou encore, renversement ou remplacement d'un gouvernement démocratiquement élu, avec l'aide de mercenaires. Or, le cas de figure togolais n'entrait *a priori* dans aucune de ces catégories.

355. Toutefois, dans cette affaire, afin de pouvoir sanctionner la situation, l'UA a opté pour une interprétation *lato sensu* de la disposition. En effet, la qualification retenue par le communiqué du CPS lors de sa 25e réunion tenue le 25 février 2005 est celle de coup d'État militaire[854]. C'est ainsi que

---

[851] *Ibid.*

[852] Doc.UA, PSC/PR/Comm.(XXV) 25e réunion du CPS, Addis-Abeba, Éthiopie, 25 février 2005.

[853] *Ibid.*

[854] Communiqué de la 25e réunion du CPS : « *Le Conseil de Paix et de Sécurité (CPS) de l'Union africaine (UA), réuni en sa 25e réunion, le 25 février 2005, a adopté la décision qui suit sur la situation au Togo.*
Le Conseil,

l'intervention de l'armée, aussi bien dans la constatation de la vacance que le fait pour celle-ci d'avoir fermé les frontières empêchant ainsi le retour du président de l'Assemblée pour assurer l'intérim comme le prévoit le texte constitutionnel togolais, constitua pour l'UA une intrusion dans le processus démocratique et, de ce fait, un coup d'État militaire. Il est clair ici que l'UA a procédé à une interprétation finaliste en s'appuyant sur la théorie dite « des pouvoirs implicites »[855], c'est-à-dire que les droits et devoirs ou encore les

---

1.Réitère la ferme condamnation, par l'UA, du coup d'État militaire intervenu au Togo, ainsi que des modifications constitutionnelles visant à habiller juridiquement ce coup d'État, et son rejet de tout scrutin qui serait organisé dans les conditions déjà énoncées par les autorités de fait du Togo ;
2. Exige le retour à la légalité constitutionnelle, qui passe par le départ de M. Faure Gnassingbé et le respect des dispositions de la Constitution togolaise relatives à la succession à la tête de l'État ;
3. Confirme la suspension de la participation des autorités de fait du Togo et de leurs représentants aux activités de toutes les instances de l'UA jusqu'au retour à la légalité constitutionnelle dans ce pays et demande à la Commission d'assurer la mise en œuvre scrupuleuse de cette mesure de suspension (...) »

[855]Ces pouvoirs consacrés par la doctrine tirent leurs origines d'une jurisprudence ancienne de la Cour suprême des États-Unis dans l'affaire *Mc Culloc vs. Maryland* à propos de la répartition des compétences entre l'État fédéral et les États fédérés. Cette juridiction a reconnu à l'État fédéral, le droit d'adopter des actes qui n'étaient pas expressément autorisés par la Constitution fédérale « *pourvu que les fins soient légitimes, qu'elles soient dans la sphère de la constitution, tous les moyens qui sont appropriés (...) à ces fins, qui ne sont pas interdits, mais qui sont compatibles avec la lettre et avec l'esprit de la constitution sont constitutionnels* »[855]. Par la suite, la CPJI a transposé cette méthode aux relations internationales, notamment dans son avis du 23 juillet 1926 (Compétences de l'OIT, série B n° 13, p. 18)[855] . Par la suite, la CIJ donnera une nouvelle ampleur à cette théorie. En effet, un haut fonctionnaire des Nations Unies (NU), le Comte Bernadotte, a été assassiné dans le cadre d'une mission de l'ONU en Palestine. À la suite de cet événement, les NU ont interrogé la CIJ afin de savoir si elle avait qualité pour présenter des réclamations pour préjudice subi au gouvernement concerné. A cette question, la Cour s'est déclaré d'avis que : « *Cinquante États, représentant (à cette époque) une très large majorité des membres de la communauté internationale, avaient le pouvoir, conformément au droit international, de créer une entité possédant une personnalité internationale objective et non pas simplement une personnalité reconnue par eux seuls* »[855]. Elle a ainsi estimé que la question de savoir si l'organisation était ou non « *une entité capable d'être bénéficiaire d'obligation incombant à ses membres* », « *n'est pas tranchée par les termes même de la Charte...* ». Il est à reconnaître que ces fonctions d'organisation et la jouissance de ses droits « *ne peuvent s'expliquer que si l'Organisation, possède une large mesure de personnalité et la capacité d'agir sur le plan international. On doit admettre que ses membres, en lui assignant certaines fonctions, avec les devoirs et les responsabilités qui les accompagnent, l'ont revêtue de la compétence nécessaire pour lui permettre de s'acquitter effectivement de ces fonctions* ». Ainsi « (...) *Les droits et devoirs d'une entité telle que l'Organisation doivent dépendre des buts et fonctions de celle-ci, énoncés ou impliqués par son acte constitutif et développés dans la pratique* ». Dès lors, l'« *Organisation doit être considérée comme possédant ces pouvoirs qui s'ils ne sont pas expressément énoncés dans la Charte, sont par une conséquence nécessaire conférés à l'Organisation en tant qu'essentiels à l'exercice des fonctions de celle-ci* ». Voir : Jorge CASTENADA, « La valeur juridique des résolutions des Nations Unies », *RCADI*, vol. 129, 1970 ; Avis consultatif du 11 avril 1949, *Réparation des dommages subis au service des Nations Unies*, CIJ Recueil 1949, p. 182. Voir aussi l'avis consultatif du 13 juillet 1954, *Effet de jugement du tribunal administratif des Nations Unies accordant indemnité*, CIJ Recueil

principes et idéaux d'une entité telle que l'UA doivent dépendre des buts et fonctions de celle-ci, énoncés ou impliqués par son Acte constitutif et développés dans la pratique. Dans ce cas, l'UA « *doit être considérée comme possédant ces pouvoirs qui s'ils ne sont pas expressément énoncés dans [l'Acte constitutif], sont par une conséquence nécessaire conférés à l'Organisation en tant qu'essentiels à l'exercice des fonctions de celle-ci* »[856]. Néanmoins, si l'on admet un tel raisonnement, l'organisation africaine n'est pas allée au bout du sien. En effet, la condamnation par les instances régionales avait pour but de permettre un retour à l'ordre constitutionnel violé. Cependant, la direction prise dans le cas togolais a été différente.

356. En l'espèce, les prises de position de l'UA avaient plutôt permis le renforcement, voire la légitimation, des auteurs du changement inconstitutionnel dans le pays comme le laisse entendre un communiqué du 27 mai 2005 pris à l'occasion de sa 30e réunion sur la situation au Togo. Le CPS considéra que « (...) *les conditions de la reprise de la participation des autorités de fait du Togo et de leurs représentants aux activités de toutes les instances de l'UA* [étaient remplies], *et* [demandera], *en conséquence, à la Commission de prendre les dispositions nécessaires pour assurer la reprise de la participation du Togo...* »[857]. Pourtant, le but des sanctions contre cet État était le retour à l'ordre constitutionnel violé avec l'installation du président de l'Assemblée Mr Fambaré Natchaba OUATTARA dans ses fonctions comme le prévoyait l'article 65 de la Constitution togolaise modifiée. Or, comme l'a constaté un auteur, « *l'UA n'a plus réitéré son injonction sur le retour à l'ordre constitutionnel qui conditionnait pourtant la levée des sanctions jusqu'au moment où les auteurs du changement anticonstitutionnel de gouvernement devaient restaurer la légalité constitutionnelle plutôt que de conférer la présidence intérimaire à Abass BONFOH. En lieu et place du retour à l'ordre constitutionnel revendiqué par l'UA, le Togo s'est retrouvé devant un « nouvel ordre constitutionnel » qui tire son origine de la décision initiale des forces armées togolaises en violation de la constitution* »[858]. Ce qui est regrettable dans cette situation est que le positionnement de l'UA, bien que louable, s'est révélé inefficace. La finalité de la mesure initiale n'a pas été accomplie réduisant ainsi tous les efforts réalisés en amont par l'organisation continentale. Cette situation révèle les lacunes du pouvoir de sanction de l'UA, surtout dans les cas de révisions constitutionnelles. Le Togo reste une exception, l'organisation ne s'étant pas souvent saisie de situations similaires sur le continent. Pour preuve, les

---

1954, p 47 ; cité par Paul De VISSCHER, *in* René jean DUPUY, « État et organisation internationale », in René jean DUPUY, « Manuel sur les organisations internationales », *RCADI*, 1988, p. 316

856 *Ibidem*

857 Doc.UA. PSC/PR/Comm.(XXX), 30e réunion du CPS, Addis-Abeba, 27 mai 2005

858 Faustin TABALA KITENE, *op. cit.*, p. 238.

révisions contestables de constitutions intervenues en Tunisie, Tchad, Cameroun, Congo, etc. n'ont pas été condamnées par celle-ci[859].

Toutefois, des situations de contestations électorales donneront l'occasion à l'UA de réagir plus fréquemment.

B- Le cas des contestations électorales

357. Comme nous l'avons vu dans nos précédents développements, depuis l'entrée en vigueur de son Acte constitutif, l'UA a été beaucoup sollicitée en matière de sanctions politiques. À travers nos différentes analyses, nous avons pu constater que les sanctions politiques se déclinent en plusieurs types. Après l'étude des réactions et sanctions des coups d'État militaires ainsi que des révisions de constitutions considérées comme des changements anticonstitutionnels de gouvernement, il nous paraît également important d'analyser les réactions de l'organisation africaine face aux contestations électorales. Les contestations électorales sont considérées par l'article 37 du règlement intérieur de la Conférence comme des changements anticonstitutionnels de gouvernement. Précisément, c'est alors le refus d'un gouvernement en place de remettre le pouvoir au parti vainqueur après des élections libres et justes qui est considéré comme constituant un changement anticonstitutionnel de gouvernement. Pour mettre cette situation en évidence, l'on s'appuiera sur le cas de la Côte d'Ivoire au début de la décennie.

358. La contestation électorale dans ce pays débute avec l'élection présidentielle du 28 novembre 2010 opposant le président sortant Laurent GBAGBO à son opposant Alassane OUATTARA. Après un premier tour sans encombre, le second tour de cette élection réserva des surprises tant sur le plan du droit interne ivoirien que celui du droit de l'UA. En effet, la crise survint à la suite de la publication, par la Commission électorale indépendante (CEI), des résultats provisoires du second tour de l'élection présidentielle, le 2 décembre 2010. Ces résultats proclamés donnèrent Alassane OUATTARA vainqueur avec 54,1% des suffrages exprimés alors que Laurent GBAGBO avait obtenu 45,9% des voix[860]. Or, bien avant la publication de ces résultats par la CEI, le parti du président sortant avait déjà contesté l'issue du scrutin en soulevant diverses irrégularités. Finalement, les deux candidats se déclarèrent vainqueurs de l'élection présidentielle. Comme l'y autorise la Constitution ivoirienne, le président sortant introduisit auprès du président du Conseil constitutionnel cinq requêtes en vue de l'annulation du second tour dans certaines circonscriptions du fait des irrégularités constatées[861]. Ainsi

---

[859]Voir Jean Louis ATANGANA AMOUGOU, *op. cit.*, p. 4.

[860]Voir Charles ONANA, *op. cit.*, p. 130.

[861]*Ibidem*. Les irrégularités alléguées porteront notamment sur l'absence de représentants de Laurent Gbagbo et des délégués dans les bureaux de vote, l'arrestation des représentants des

saisi, le Conseil constitutionnel examina et annula les résultats du scrutin dans sept départements. Par la suite, il proclama, le 3 décembre 2010, Laurent GBAGBO vainqueur avec 51,45% des suffrages exprimés contre 48,55% pour Alassane OUATTARA[862]. À l'issue de cette proclamation et conformément à la Constitution ivoirienne[863], Laurent GBAGBO prêta serment devant le Conseil constitutionnel, le 4 décembre 2010.

359. Cependant, malgré cette proclamation du Conseil Constitutionnel en conformité avec la Constitution ivoirienne[864], Alassane OUATTARA, soutenu par la communauté internationale, contesta les nouveaux résultats proclamés. Il adressa une note de prestation de serment au Conseil constitutionnel ivoirien[865]. Face à cette situation, le CPS de l'UA, réuni le 9 décembre 2010, se prononça en faveur de « *l'exigence du respect de la volonté populaire et des résultats de l'élection présidentielle tels que proclamés par la commission électorale indépendante (CEI) ainsi que tous les instruments pertinents de l'UA* »[866]. Par la suite, il entérina la décision prise par la Conférence des chefs d'État de la CEDEAO réunie en session extraordinaire en « *reconnaissant les résultats proclamés par la CEI, tels que certifiés par le représentant spécial du Secrétaire général des Nations unies, conformément à la résolution 1765 (2007) du Conseil de sécurité des Nations Unies du 16 juillet 2007, et M. Alassane Dramane Ouattara comme président élu de la Côte d'Ivoire* »[867]. À cet effet, il décida, « *sur la base des instruments pertinents de l'UA, de suspendre la participation de la Côte d'Ivoire à toutes les activités de l'UA, jusqu'à ce que le président démocratiquement élu, Alassane Dramane Ouattara, assume effectivement le pouvoir d'État* »[868]. Le

---

candidats, les bourrages des urnes, les refus d'admettre les observateurs internationaux pour assister au recomptage des voix, etc.

[862]Voir décision du Conseil Constitutionnel de Côte d'Ivoire du 3 décembre 2010.

[863]Article 39 de la Constitution ivoirienne du 23 juillet 2010 « (...) *Dans les quarante-huit heures de la proclamation définitive des résultats, le Président de la République élu prête serment devant le Conseil Constitutionnel réuni en audience solennelle...* ». Constitution ivoirienne disponible sur : http://www.unesco.org/education/edurights/media/docs/ea778cb20fbdd7a77fe62ae0c85bbd87c0757abd.pdf, consulté le 13 novembre.

[864]En effet, l'article 94 de la Constitution ivoirienne prévoit que « *le Conseil constitutionnel contrôle la régularité des opérations de référendum et en proclame les résultats, Le Conseil statue sur : - L'éligibilité des candidats aux élections présidentielles et législatives ; - Les contestations relatives à l'élection du Président de la République et des députés. Le Conseil constitutionnel proclame les résultats définitifs des élections présidentielles* ».

[865]Sayeman BULA, « L'affaire de l'élection du Président de la Côte d'Ivoire du 28 novembre 2010 en droit international » ; disponible sur : https://sbulabula.wordpress.com/2010/12/20/laffaire-de-lelection-du-president-de-la-cote-divoire-du-28-novembre-2010-en-droit-international/, consulté le 10 novembre 2017.

[866]Doc/ UA, PSC/PR/Comm.1(CCLII), § 1, 252e réunion du CPS, Addis-Abeba, 9 décembre 2010.

[867]*Ibidem*, § 3, p. 1.

[868]*Ibid.* § 4.

CPS demanda par ailleurs à Laurent GBAGBO « (...) *qu'il respecte les résultats de l'élection et facilite, sans délai, la passation de pouvoir au Président élu, et ce dans l'intérêt supérieur de la Côte d'Ivoire, de la région et de l'Afrique dans son ensemble...* »[869]. Cette décision semble inédite dans les annales du droit de l'UA.

360. En effet, il est très surprenant que l'instance continentale ait pris position dans cette crise. La Cour constitutionnelle ivoirienne avait été saisie dans cette affaire et avait annulé le scrutin dans certaines régions du pays. Par ailleurs, comme le prévoit la Constitution de ce pays, c'est à cette Cour que revient la charge de proclamer les résultats définitifs des élections présidentielles. Partant, l'on s'interroge sur le fondement juridique de la décision de l'UA de sanctionner la Côte d'Ivoire sur les seules bases de la proclamation de résultats provisoires et de la certification de ceux-ci par le représentant des Nations Unies.

361. Cette question se pose d'autant plus que selon la Constitution ivoirienne, la CEI, est une autorité administrative ayant la charge d'assurer l'organisation et la supervision des élections. D'après la loi et le code électoral du pays[870], la CEI est un organe politique chargé de proclamer les résultats provisoires de l'élection présidentielle et de communiquer, dans les trois jours qui suivent la clôture du scrutin, les procès-verbaux des résultats accompagnés de toutes les pièces justificatives au Conseil constitutionnel qui, comme nous l'avons précédemment mentionné, est le seul organe judiciaire, d'après la Constitution ivoirienne, compétent pour proclamer les résultats définitifs de l'élection présidentielle dans ce pays.

362. Si l'on considère que dans la crise ivoirienne il y a changement anticonstitutionnel de gouvernement, pourquoi dans son communiqué du 9 décembre 2010 le CPS ne qualifie-t-il pas la situation comme telle ? Pourquoi dans ce communiqué le CPS sanctionne-t-il la Côte d'Ivoire alors que dans sa pratique en matière de contestation électorale, l'UA s'est toujours référée à

[869] *Ibid.*

[870] Loi électorale ivoirienne de 2000, article 59 : « *La commission électorale indépendante procède au recensement général des votes et à la proclamation provisoire des résultats du scrutin, au niveau de circonscription administrative, en présence des représentants présents des candidats. Trois exemplaires du procès-verbal accompagnés des pièces justificatives sont transmis au président de la Commission électorale indépendante. Celui-ci procède aux opérations de collecte et à la proclamation provisoire des résultats en présence des représentants des candidats. Le Président de la Commission électorale indépendante communique au Conseil constitutionnel, au Représentant spécial du facilitateur un exemplaire des procès-verbaux accompagnés des pièces justificatives dans les trois jours qui suivent le scrutin. Les autres exemplaires du procès-verbal respectivement dans les archives de la commission électorale de la circonscription administrative, de la commission nationale chargée des élections et du ministère de l'Intérieur* ».

l'ordre constitutionnel prévalant dans le pays pour prendre position. Il s'agit là d'un paradoxe dans le droit de l'UA en matière de sanctions. Par ailleurs, la gestion de la crise ivoirienne interpelle sur un autre point. En effet, le pays a connu une crise politique en 2005 qui s'est soldée par la conclusion de deux accords. L'un à Marcoussis en France et l'autre le 4 mars 2007 à Ouagadougou au Burkina Faso. Ces accords conclus entre le président GBAGBO et les forces rebelles ont eu pour finalité la restauration de l'autorité de l'État sur l'ensemble du territoire afin d'y établir des listes électorales fiables, la mise en place d'une Commission électorale mixte, etc. [871] L'accord de Ouagadougou a conduit à l'organisation effective d'élections présidentielles le 28 novembre 2010 et la fin des hostilités entre les parties[872].

363. Cet accord de Ouagadougou fut donc endossé par le Conseil de sécurité de l'ONU à travers l'adoption de la résolution 1765 du 16 juillet 2007[873] dont le paragraphe 6 précise qu'il « *décide en conséquence que le Représentant spécial du Secrétaire général en Côte d'ivoire certifiera que tous les stades du processus électoral fourniront toutes les garanties nécessaires pour la tenue d'élections présidentielles et législatives ouvertes, libres, justes et transparentes, conformément aux normes internationales* »[874]. Il s'agit là d'un fait marquant, car c'est la première fois que le Conseil de sécurité donne mandat au Représentant du Secrétaire général des Nations Unies pour valider les résultats d'une élection présidentielle dans un pays. Ne s'agit-il pas, dans ce cas précisément, d'une violation de l'article 2 § 7 de la Charte des Nations Unies qui pose comme principe la non-ingérence dans les affaires internes d'un État ? Par ailleurs, cette certification par le Représentant du Secrétaire général des Nations ne peut-elle pas faire l'objet d'une contestation devant l'instance judiciaire reconnue par la Constitution ivoirienne comme étant compétente en matière de contentieux électoral ? Dans cette affaire, les Nations Unies n'ont-elles pas outrepassé leur neutralité juridique ? Outre ces questionnements, la mission du Représentant du Secrétaire général des Nations Unies ne porte-t-elle pas atteinte au droit du peuple ivoirien à l'autodétermination qui doit lui permettre de choisir librement ses dirigeants ?[875]

---

[871] Faustin TABALA KITENE, *op. cit.*, p. 274.

[872] Sayeman BULA, « L'affaire de l'élection du Président de la Côte d'Ivoire du 28 novembre 2010 en droit international », *op. cit.*

[873] Résolution 1765 (2007) adoptée par le Conseil de sécurité en sa 5716e séance, le 16 juillet 2007, Doc.S/Res.1765 (2007) ; disponible sur le site des Nations Unies : http://www.un.org/fr/documents/view_doc.asp?symbol=S/RES/1765(2007), consulté le 25 novembre 2017.

[874] Résolution 1765 (2007), § 6.

[875] En effet, le droit des peuples à disposer d'eux-mêmes relève en droit international de la catégorie des normes impératives de *jus cogens* pour lesquelles aucune dérogation n'est permise. Au regard de la Convention de Vienne du 23 mai 1969 en son article 53, « *est nul tout traité qui, au moment de sa conclusion, est en conflit avec une norme impérative du droit*

364. Autant d'interrogations qui montrent que la gestion de la crise ivoirienne par l'instance continentale et par les acteurs internationaux a été faite au mépris du droit interne ivoirien, donc en violation de sa souveraineté, et en ignorant les dispositions constitutionnelles nationales en matière de proclamation des résultats et de contentieux électoral. Il s'agit aussi d'un mépris du droit international général avec le non-respect du droit du peuple ivoirien de choisir librement ses dirigeants. Enfin, d'un mépris du droit de l'UA en matière de changement anticonstitutionnel de gouvernement[876]. À cet égard, les auteurs Olivier CORTEN et Pierre KLEIN se demanderont « *ce qu'il reste de la souveraineté de l'État et du droit et du droit à l'autodétermination en pareilles circonstances, où une organisation internationale peut imposer des formes particulières d'organisations politiques à un État au nom du maintien de paix* (…). *Il semble ainsi permis de se demander si, entre la figure classique de l'État pleinement souverain et celle, récemment réactivée, de l'administration internationale de territoire, le précédent de l'intervention des Nations unies en Côte d'ivoire ne marque pas la création d'une situation médiane dans laquelle un État, sans voir son indépendance formellement remise en cause, se trouverait soumis pendant une période plus ou moins longue à une nouvelle forme de tutelle-ou tout au moins de contrôle-international*(e) »[877].

---

international général (...) acceptée et reconnue par la communauté internationale des États dans son ensemble en tant que norme à laquelle aucune dérogation n'est permise et qui ne peut être modifiée que par une nouvelle norme du droit international général ayant le même caractère ».

[876]Pour plus d'amples développements, voir : Faustin TABALA KITENNE, *op. cit.* ; Sayeman BULA, « l'affaire de l'élection du Président de la Côte d'Ivoire du 28 novembre 2010 en droit international », *op. cit.*

[877]Olivier CORTEN, Pierre KLEIN, « L'action des Nations unies en Côte d'Ivoire : jusqu'où le Conseil de Sécurité peut-il intervenir dans l'ordre juridique interne des États ? », in Maurice KAMGA, Makane Moise MBENGUE (dirs), Liber Amicorum en l'honneur de Raymond RANJEVA, L'Afrique et le droit international : variations sur l'Organisation internationale, Paris, Pedone, 2013, pp. 98-99.

Conclusion de la Partie 1

365. Il ressort de cette première partie que la consécration de la sanction dans l'organisation continentale africaine s'est faite par étapes. En effet, après des débuts timides, voire inexistants, l'OUA mise en place à Addis-Abeba n'ayant jamais véritablement ambitionné de faire respecter les principes et idéaux de l'organisation[878], celle-ci a néanmoins pris des mesures inédites afin de faire respecter son droit interne. Cependant, les mesures décidées, novatrices (sanctions pour non-paiement des contributions financières, coups d'État, conflits interétatiques, etc.), n'étaient pas en accord avec la logique de coopération promue par l'OUA. Il aura donc fallu renforcer son cadre institutionnel à travers l'institution de l'UA. Ce renforcement a eu pour conséquence, entre autres, l'affirmation de sanctions pour manquement au droit conventionnel. Loin de se contenter de sanctions purement statutaires, l'UA ira en effet plus loin que l'OUA en adoptant des sanctions touchant au droit interne des États membres, en l'occurrence en agissant contre les coups d'État et autres changements anticonstitutionnels de gouvernement. S'agissant des atteintes aux droits de l'homme, un renforcement des sanctions contre leur violation a aussi été prévu. À cet effet, une sanction spécifique sera même envisagée. Pour juger de la pertinence de ce dispositif innovant en matière de sanctions, il convient à présent d'interroger sa mise en œuvre effective.

366. Ainsi, après une première partie consacrée à l'édiction de la sanction, c'est-à-dire à l'entreprise qui reconnaît en une situation une violation à la fois d'obligations statutaires et des principes et idéaux de l'organisation par l'un de ses États membres, il importe que des mesures soient prises pour faire cesser le comportement inapproprié[879]. La seconde partie de notre étude sera l'occasion d'apprécier l'effectivité et l'efficacité des mesures décidée.

---

[878]Joseph ESSOMBE EDIMO, « Les résolutions 1279 (LII) et 1580 (LXII) de l'OUA et la question du pouvoir de sanctions des organisations internationales », *RADIC*, 1997, pp. 1-14 ; Maurice KAMTO, « Les mutations institutionnelles de l'OUA », *in* Maurice KAMTO, Jean-Emmanuel PONDI, Laurent ZANG, « l'OUA : *rétrospective et perspectives africaines* », Paris, Economica, 1990, pp. 15-44 ; Jean MFOULOU, *L'OUA triomphe de l'unité ou des nationalités ? Essai d'une sociologie politique de l'Organisation de l'Unité africaine*, Paris, l'Harmattan, 1986 ; Michel-Cyr DJIENA WEMBOU, *L'OUA à l'aube du XXIe siècle. Bilan, diagnostic et perspectives*, Paris, LGDJ, 1995 ; Yacouba ZERBO, « La problématique de l'unité africaine. (1958-1963) », *Guerres mondiales et conflits contemporains*, 2003/4, n° 212, pp. 113-127.
[879]Jean COMBACAU, *op. cit.*, p. 63.

SECONDE PARTIE : UNE EXÉCUTION CONTRASTÉE DU POUVOIR DE SANCTION DE L'UNION AFRICAINE

367. Toute organisation - qu'elle soit universelle, mondiale, régionale, spécialisée ou non - est « (...) *premièrement une institution juridique, établie par un acte juridique et gouvernée par des règles de droit qui soumettent à leur contrainte aussi bien le fonctionnement des organes que le jeu des acteurs, la science juridique a de bons titres à faire valoir pour s'instituer maître d'œuvre* »[880]. Elle repose sur un cadre institutionnel adapté aux objectifs qu'elle se fixe. C'est en cela que l'on parle de droit interne de l'organisation qui « (...) *régit les rapports internes entre les organes de l'organisation, leur compétence, l'éventuelle subordination d'un organe à un autre, les limites de cette subordination* (...) *les moyens de résoudre les éventuelles controverses avec ceux-ci ; en un mot tout ce qui a trait à la vie interne de l'organisation et ne sort pas du cadre de celle-ci* »[881].

368. Pour assurer la stabilité du cadre institutionnel mis en place, le droit proclamé doit être garanti par la mise en œuvre de sanctions s'il n'était pas respecté[882]. À cet effet, une procédure particulière et des organes dédiés à l'application de sanctions sont indispensables et doivent reposer sur des bases solides afin d'assurer le respect du droit conventionnel adopté. Cependant, dans le contexte africain, une fois la proclamation textuelle des sanctions actée, leur mise en œuvre s'est avérée compliquée, déséquilibrée **(Titre I)** et malaisée **(Titre II)**.

---

[880]Michel VIRALLY, « La notion de fonction dans la théorie de l'organisation internationale », *in La communauté internationale. Mélanges offerts à Charles ROUSSEAU*, Paris, Pedone, 1974, p. 277.
[881]Balladore PALLIERI, « Le droit interne des organisations internationales », *RCADI*, vol. 127, 1969, p. 8.
[882]Riccardo MONACO, « Les principes régissant le fonctionnement et la structure des Organisations internationales », *op. cit.*, p. 314.

TITRE I : UNE APPLICATION DÉSÉQUILIBRÉE DU POUVOIR DE SANCTION DE L'UNION AFRICAINE

369. Si les États membres de l'UA doivent, conformément à son Acte constitutif, respecter et mettre en œuvre les sanctions décidées par celle-ci, l'on constate qu'entre les énoncés de l'Acte constitutif et l'application qui en est faite, il existe un certain décalage. Or, l'efficacité du pouvoir de sanction de l'UA dépend de la réalité de son exercice. Il ne suffit pas d'adopter des textes listant les comportements réprimés par l'organisation pour que cela suffise à annihiler lesdits comportements. Il est donc nécessaire que les mesures énoncées s'accompagnent d'institutions ou d'organes capables de les mettre en œuvre.

370. Si le dispositif normatif de l'UA comble de nombreuses lacunes et innove en matière de sanctions, cet arsenal ne peut déployer tout son potentiel qu'à travers une effectivité constatée. Comme le précise le Professeur VIRALLY, une « (...) *organisation internationale est toujours établie en vue de l'action et comme un instrument d'action. Ce qui ne peut être éludé dans l'analyse de son fonctionnement. À côté des règles, il y a leur application. C'est-à-dire le comportement concret observé par les acteurs. Le processus de décision, par exemple, ne peut être examiné sous le seul angle des règles procédures, car la véritable signification de ces règles dépend de la configuration des forces politiques qui les utilisent ou se heurtent à elles et du jeu des acteurs de ce que le juriste connaît sous le nom de « pratique ». Celui-ci ne peut pas davantage se désintéresser de l'efficacité des règles qu'il énonce, c'est-à-dire du respect (ou des violations) dont elles sont l'objet et des rapports qui s'établissent entre les fins prescrites par le droit et les fins effectivement poursuivies dans la "pratique", même si l'évaluation des résultats atteints en fait relève d'autres disciplines* »[883]. C'est une telle évaluation qui fera l'objet de l'analyse qui suivra. Le préalable à une décision de sanctionner un État membre pour non-respect des obligations statutaires, des principes et idéaux de l'organisation, des violations des droits fondamentaux et autres est l'instauration d'une architecture organique solide et équilibrée qui permet effectivement et efficacement de la prendre. Comme la majorité des organisations internationales, l'UA a été mise en place selon un schéma institutionnel particulier : d'abord une énumération, plus ou moins précise, des fonctions de l'organisation ; ensuite, une description spécifique

[883]Michel VIRALLY, *op. cit.*, p. 278.

des organes chargés de remplir ces fonctions[884]. L'organisation africaine est ainsi caractérisée par une structure composée d'organes distincts appelés par ses textes à entretenir entre eux des relations suivies. L'UA existe à travers ses organes. S'ils venaient à disparaître, l'organisation n'y survivrait pas[885]. L'étude du pouvoir de sanction de cette organisation passe donc indubitablement par celui des organes chargés de sa mise en œuvre. Or, l'étude de l'architecture organique de l'UA en matière de sanctions laisse entrevoir un déséquilibre en faveur des organes politiques, ce qui peut être un frein à l'adoption de sanctions (**Chapitre 1**). Cependant, afin de faciliter l'édiction de sanctions par les organes habilités à cet effet, une procédure particulière a été mise en œuvre ; néanmoins, celle-ci recèle des lacunes fonctionnelles qui nécessitent que l'on s'y intéresse **(Chapitre II)**.

---

[884] Jean-Marie DEHOUSSE, *Les organisations internationales. Essai de théorie générale*, Liège, Librairie Paul Gothier, 1968, p. 127.
[885] *Ibidem*

CHAPITRE I : LE CRITÈRE ORGANIQUE COMME VECTEUR DE DÉSÉQUILIBRE

371. Une fois le contexte et le contenu des sanctions dans le cadre continental africain précisés, il convient à présent d'étudier la réalité de leur mise œuvre. Il est évident qu'une organisation comme l'UA a besoin, comme on l'a précédemment relevé, d'une « *structure articulée interne* »[886]. Cela « *suppose nécessairement l'exercice* [en son sein] *d'une fonction juridictionnelle, par laquelle les actes des États sont jugés au regard de la légalité institutionnelle* »[887]. Cependant, et comme dans la plupart des organisations internationales, la mise en œuvre des sanctions est l'œuvre d'organes qui parallèlement exercent des fonctions délibératives, réglementaires ou exécutives[888]. Elle n'est donc pas confiée à des organes judiciaires composés de membres indépendants chargés de prendre des décisions sur la base du droit, mais s'appuie surtout sur des organes politiques qui feront intervenir dans leurs décisions d'autres considérations que des éléments juridiques tirés du droit de l'organisation.

372. Ne dérogeant pas à la règle, l'entité africaine s'est beaucoup appuyée sur des organes politiques dans la mise en œuvre de ses sanctions. Des textes de la défunte OUA à ceux de la nouvelle organisation, une grande place a toujours été accordée aux organes politiques dans l'application des sanctions. Pourtant, l'adoption de l'Acte constitutif en 2000 n'était pas un acte uniquement dédié à convenir d'une nouvelle forme de coopération interétatique sur le continent. Il s'agissait aussi, plus fondamentalement, de conférer à l'organisation africaine une nouvelle armature institutionnelle[889] « *en vue de lui permettre de remplir sa fonction le plus efficacement possible, compte tenu du milieu dans lequel elle doit fonctionner et des obstacles qu'elle aura à surmonter* »[890]. Si des innovations certaines ont été apportées à son architecture organique, il n'en demeure pas moins que la prééminence atypique persistante des organes interétatiques en matière de sanctions est un facteur de déséquilibre (**Section 1**) tandis que les organes représentant les intérêts de l'organisation ont été marginalisés dans ce domaine (**Section II**).

---

[886]*Ibid.*
[887]Charles LEBEN, *op. cit.*, p. 223.
[888]*Ibidem*
[889]Guy Fleury NTWARI, *L'Union africaine et la promotion de la paix, de la sécurité et de la stabilité en Afrique*, Thèse de doctorat de l'Université Lyon III, Jean Moulin, 2014, p. 82.
[890]Michel VIRALLY, *op. cit*, p. 291.

SECTION I : LA PRÉÉMINENCE ATYPIQUE DES ORGANES POLITIQUES EN MATIÈRE DE SANCTIONS

373. Dans la mise en œuvre de ses sanctions, l'UA doit procurer aux organes agissant en la matière les moyens de capter, d'encadrer et de favoriser toutes les forces nécessaires à l'accomplissement de cette fonction. À cette fin, il est indispensable de ne pas laisser s'installer d'oppositions trop fortes en son sein et surtout de « *neutraliser celles qui pourraient en surgir* »[891]. Il est donc nécessaire que son architecture organique « *opère un équilibre dynamique entre les éléments moteurs et les éléments retardateurs avec lesquels* »[892] celle-ci doit compter. Dans cette perspective, son armature institutionnelle doit favoriser un équilibre entre les différents organes qui interviennent en la matière.

374. Or, loin de procéder à un tel équilibre, l'UA a opté pour une revalorisation fonctionnelle[893] à travers une centralisation du pouvoir de sanction en faveur des organes politiques ou souverains ; c'est-à-dire des organes constitués sur une base interétatique et qui consacrent une représentation institutionnelle des intérêts étatiques[894]. Ainsi, l'on parle de double incarnation de la prééminence (**Paragraphe 1**). De plus, on a pu constater une amplification des pouvoirs des organes politiques en matière de sanctions à travers l'institutionnalisation d'un organe singulier (**Paragraphe 2**).

Paragraphe 1 : La double incarnation de la prééminence

375. Par définition, toute organisation internationale est créée dans l'optique d'atteindre un but commun fixé par ses membres. Dès lors, il est donc normal que « *chaque organisation dispose d'au moins un organe où chaque membre puisse se rendre compte de tous développements affectant l'organisation et où il puisse manifester sa volonté de définir ce but d'une façon plus précise en confortant le cas échéant ses intérêts particuliers à ceux de ces partenaires* »[895]. Ainsi, une décision aussi importante que celle de sanctionner un État membre ne peut qu'être prise au sein de l'organe plénier. Toutefois, il peut exister une collaboration entre l'organe plénier et un organe restreint conduisant à ce que la décision de sanctionner revienne à ce dernier.

---

[891] Michel VIRALLY, *op. cit.*, p. 291.
[892] *Ibidem*
[893] *Ibid.*
[894] Guy Fleury NTWARI, *op. cit.*, p. 86.
[895] Ignaz SEIDL-HOHENVELDERN, « The organs of international Organizations », *in* René-Jean DUPUY (dir.), *Manuel sur les organisations internationales/A Handbook on International Organizations*, The Hague, Martinus Nijhoff Publishers, 2e éd., 1998, p. 81.

C'est la configuration que l'on retrouve entre la Conférence et le CPS de l'UA en matière de sanctions contre les coups d'État et autres changements anticonstitutionnels de gouvernement. À cet égard, il est important d'étudier les larges compétences dévolues à la Conférence[896] qui, en matière de sanctions, dispose d'une primauté organique (**A**). Dans la mise en œuvre de ses missions, elle est accompagnée par le Conseil exécutif conçu en tant qu'organe d'exécution qui a connu une revalorisation fonctionnelle en matière de sanctions (**B**).

A- Une centralisation des pouvoirs en matière de sanctions : le rôle de la Conférence

376. Dans la plupart des organisations internationales, la « (...) *dimension politique de la décision de sanction apparaît immédiatement, par la simple constatation que dans aucune d'elles, il n'existe un organe juridique* stricto sensu, *investi d'une compétence générale pour se prononcer en première instance sur les infractions commises par les États et bien évidemment édicter des sanctions* »[897]. Il ne s'agit donc pas d'une spécificité africaine. Dans beaucoup d'organisations, la sanction est souvent une décision politique qui relève de la compétence de l'organe plénier de l'organisation. Dans le cadre de l'UA, la Conférence de l'Union dispose d'un pouvoir de sanction à la fois lorsque l'organisation édicte elle-même les sanctions, mais aussi lorsqu'elle met à contribution les États membres ou encore les autres organisations internationales[898].

377. Cette primauté de la Conférence dans le système institutionnel de l'organisation continentale africaine n'est pas une nouveauté. Déjà à l'époque de l'OUA, elle jouait un rôle similaire. Toutefois, « *la Conférence des chefs d'État et de gouvernement est progressivement apparue bien loin en pratique d'être le moteur de l'Organisation* »[899] en tant qu'« *organe décisionnel collectif* »[900]. Organe suprême de l'organisation, la Conférence disposait dans le cadre de l'OUA d'une prééminence sur le plan matériel. Ainsi, l'article 2 de la Charte de l'OUA prévoyait que la Conférence des chefs d'État et de gouvernement disposait d'une marge de manœuvre très grande, car elle

[896]L'Acte constitutif, en son article 5, a prévu neuf organes à savoir : la Conférence de l'Union ; le Conseil exécutif ; le Parlement panafricain ; la Cour de justice ; la Commission ; le Comité des représentants permanents ; les comités techniques spécialisés ; le Conseil économique et social et enfin des institutions financières. Voir le Protocole sur les amendements à l'Acte constitutif de l'Union africaine. Cette énumération sera complétée par l'ajout, en tant qu'organe de l'UA, du Conseil de paix et de sécurité.
[897]Charles LEBEN, *op. cit.*, p. 224.
[898]Voir en ce sens les développements de Charles LEBEN, *ibidem*
[899]Guy Fleury NTWARI, *op. cit.*, p. 40.
[900]Maurice KAMTO, « Les mutations institutionnelles de l'OUA », *op. cit*, p. 110.

définissait la politique générale et les grandes orientations de l'organisation. Cette situation semblait être le reflet de la situation politique qui prévalait sur le continent où l'État était incarné en la personne de son chef[901]. Comme le souligne le Professeur Pierre-François GONIDEC, « *on retrouve toujours au sommet de l'État en position dominante tel Moise sur le mont Sinaï un seul personnage, à la fois Chef d'État et de gouvernement* »[902]. En ce sens, Kwam KOUASSI note que « (...) *la vertu du présidentialisme, qui prévaut en Afrique et qui concentre les pouvoirs étatiques entre les mains d'un seul homme, se retrouve à la conférence des Chefs d'États et de gouvernement de l'OUA qui détiennent collégialement toutes les possibilités de prendre des décisions sans jamais être contrôlés par personne* »[903]. Malheureusement, une telle primauté de la Conférence ne s'est pas matérialisée dans la pratique, car l'évolution institutionnelle de l'organisation au regard de ses prérogatives n'a pas permis de résoudre les problèmes du continent. Ainsi, « *au fil des ans et sans que l'on puisse en fixer avec exactitude le repère chronologique, la Conférence des Chefs d'État et de gouvernement a vu se dégrader son identité organique...* »[904].

378. Pourtant, les aménagements prévus par l'Acte constitutif de l'UA semblent avoir conforté la Conférence en tant qu'organe suprême de l'organisation en précisant notamment ses attributions et compétences en matière de sanctions. Cependant, d'un point de vue substantiel, le changement de dénomination de Conférence des chefs d'État et de gouvernement en Conférence de l'Union n'a rien changé ; celle-ci demeure toujours, au regard de l'Acte constitutif de l'UA, l'organe suprême de l'Union (composée des chefs d'État et de gouvernement ou de leurs représentants dûment accrédités)[905]. Ceci fait d'elle l'organe politique au cœur du dispositif de sanction dont (**1**) l'extrapolation des fonctions a conduit à l'institutionnalisation de la fonction de président en exercice (**2**).

1 - Les pouvoirs de la Conférence en matière de sanctions

379. L'idée même d'organisation internationale implique l'existence d'un organe au sein duquel chaque État membre peut, à tout le moins, s'informer et donner son point de vue au sujet des activités de l'organisation. De plus, dans la plupart des organisations, les rapports d'activité des autres organes sont soumis à une assemblée plénière. C'est aussi à cet organe que

[901]Sur cette question, voir entre autres Maurice KAMTO, *Pouvoir et droit en Afrique noire- Essai sur les fondements du constitutionnalisme dans les États d'Afrique Noire francophone*, Paris, LGDJ, 1987, 545 p.

[902]Pierre-François GONIDEC, *op. cit.*, p. 330.

[903]Kwam KOUASSI, *op. cit.*, p. 167.

[904]Maurice KAMTO, « Les mutations institutionnelles de l'OUA », *op. cit.*, p. 18.

[905]Article 6, § 1 et 2 de l'Acte constitutif de l'Union africaine.

reviennent, en principe, le droit et le devoir de concevoir la politique future de l'organisation. En tant que « *porte-parole de la volonté de tous ses États membres* [l'assemblée plénière] *est autorisée à clarifier cette volonté en n'exerçant pas seulement les compétences que ceux-ci lui ont* expressis verbis *conférées, mais également les pouvoirs implicites nécessaires pour la réalisation de ces buts que l'on doit présumer avoir été voulus par eux* »[906].

380. Dans le cas de l'UA, la Conférence est « *le dépositaire ultime et le détenteur de l'autorité collective des États membres* »[907], c'est pourquoi l'Acte constitutif lui confère de larges pouvoirs. Ainsi, l'article 9 de ce texte indique : « *Les pouvoirs et attributions de la Conférence sont les suivants : a) Définir les politiques communes de l'Union ; b) Recevoir, examiner et prendre des décisions sur les rapports et les recommandations des autres organes de l'Union et prendre des décisions à ce sujet ; c) Examiner les demandes d'adhésion à l'union ; d) Créer tout organe de l'Union ; e) Assurer le contrôle de la mise en œuvre des politiques et décisions de l'Union, et veiller à leur application par tous les États membres ; e) Assurer le contrôle de la mise en œuvre des politiques et décisions de l'Union, et veiller à leur application par tous les États membres ; f) Adopter le budget de l'Union ; g) et autres situations d'urgence ainsi que sur la restauration de la paix ; h) Nommer et mettre fin aux fonctions de juge de la Cour de justice ; i) Nommer le Président, le ou les vice-présidents et les Commissaires de la Commission , et déterminer leurs fonctions et leurs mandats. 2. La Conférence peut déléguer certains de ses pouvoirs et attributions à l'un ou l'autre des organes de l'Union* »[908]. La Conférence définit l'orientation et l'harmonisation de la politique socio-économique des États membres. Elle est également investie de la fonction de « *discussion de sujets présentant un intérêt commun pour les pays d'Afrique* »[909].

381. Spécifiquement, en matière de sanctions, ses fonctions sont définies à l'article 23 de l'Acte constitutif : « (…) *la Conférence détermine* (…) *les sanctions appropriées à imposer à l'encontre de tout État membre...* »[910]. Par ailleurs, l'article 4 de son règlement intérieur précise : « *1. La Conférence* (…) *décide de l'intervention dans un État membre dans des circonstances graves, à savoir les crimes de guerre, le génocide et les crimes contre l'humanité ; f) décide de l'intervention dans tout État membre, à sa demande, pour rétablir*

---

[906] Ignaz SEIDL-HOHENVELDERN, *op. cit.*, p. 88.
[907] Joram MUKAMA BISWARO, « La Conférence, le Conseil exécutif et la Commission », *in* Abdulqawi A YUSUF *et alii*, *L'Union africaine : cadre juridique et institutionnel manuel sur l'Organisation panafricaine*, *op. cit.*, p. 82.
[908] Article 9 de l'Acte constitutif de l'UA
[909] Article 3, i) du règlement intérieur de la Conférence des chefs d'État et de gouvernement relatif aux fonctions de la Conférence des chefs d'État et de gouvernement de l'OUA.
[910] Article 23 de l'Acte constitutif.

la paix et la sécurité ; g) détermine les sanctions à imposer à l'encontre de tout État membre en cas de non-paiement de ses contributions statutaires, de violation des principes consacrés dans l'Acte constitutif et le présent Règlement intérieur, et en cas de non-respect des décisions de l'Union et de changement anticonstitutionnel de gouvernement... »[911]. Ainsi, la Conférence dispose d'un pouvoir de sanction en matière de contributions financières, de changements anticonstitutionnels de gouvernement, de manquements aux principes et idéaux de l'organisation. Seules lui échappent, avec l'instauration d'une Cour, les sanctions concernant les violations des droits de l'homme. De fait, la Conférence concentre donc pratiquement tous les pouvoirs en matière de sanctions. Afin que sa réaction soit rapide dans l'exercice de cette fonction, un aménagement de son fonctionnement a été prévu par l'Acte constitutif.

2- Les aménagements prévus par l'Acte constitutif

382. Les aménagements prévus pour l'exercice du pouvoir de sanction de la Conférence sont de deux ordres : d'une part, une densification de ses réunions (**a**) ; d'autre part, l'institutionnalisation de la fonction de président en exercice (**b**).

a. La densification des réunions de la Conférence

383. La rareté des réunions de l'organe suprême était l'une des critiques majeures formulées à l'encontre de l'ancienne organisation. En réponse, l'Acte constitutif de l'UA a introduit de nouvelles pratiques. Ainsi, à la lecture des alinéas 1,2 et 3 de l'article 6 de ce document, les réunions de la Conférence ont lieu au moins une fois par an en session ordinaire. La Conférence peut également se réunir en session extraordinaire à la demande d'un État membre et sur approbation des deux tiers des États membres[912]. On voit là une similitude avec les dispositions de l'article 9 de la Charte de l'OUA. Toutefois, l'article 6 consacre deux nouveautés.

384. La première porte sur la fréquence des réunions. En effet, lors de sa troisième session ordinaire en juillet 2004, il a été décidé que l'UA étant désormais « (...) *consciente des responsabilités croissantes de la Conférence en ce qui concerne les défis auxquels le continent est confronté* »[913], les réunions de cette dernière se feront deux fois par an en session ordinaire,

---

[911]Article 4 du règlement intérieur de la Conférence des chefs d'État et de gouvernement.
[912]Article 6 (3) de l'Acte constitutif.
[913] Doc. UA/Conf. Décision sur la fréquence des sessions ordinaires de la Conférence, Assembly/AU/dec.53(III), 3e session ordinaire, Addis-Abeba (Éthiopie), 6-8 juillet 2004.

d'après les dispositions de l'article 6 (3) de l'Acte constitutif et de l'article 7 du règlement intérieur de la Conférence[914].

385. La seconde est prévue à l'article 11, alinéa 1er du règlement intérieur de la Conférence qui prévoit qu'une session extraordinaire peut être convoquée à la demande du président de la Conférence[915]. On peut relever que les aménagements constatés, quant à la fréquence des réunions de cet organe, présentent le double avantage de permettre une régularité et une promptitude de la réaction de l'organisation face à une situation donnée nécessitant une prise de décision de sa part. Cette nouvelle disposition est importante, surtout en matière de coups d'État et autres changements de gouvernement, car l'imprévisibilité dans la survenance de tels événements requiert une souplesse du cadre institutionnel afin de permettre à l'organe suprême de réagir rapidement. Un autre élément qui semble important au regard de la pratique de la Conférence est celui de l'institutionnalisation de la fonction de président en exercice.

b- L'institutionnalisation de la fonction de président en exercice

386. Comme le souligne un auteur, « *le développement progressif des activités des organisations internationales et le souci de faire face aux contingences de la vie internationale du moment, ont entraîné la création d'organes subsidiaires ou non statutaires dont l'incidence sur le fonctionnement de l'Organisation déborde souvent le cadre tracé par l'acte constitutif* »[916]. Dans le cadre de notre réflexion ce point est important, car la fonction, ou plus précisément la personne qui l'incarne joue un rôle majeur en

[914]Sur cette question, il semble important de relever que le Protocole sur les amendements à l'Acte constitutif de l'UA adopté lors de la 2e session ordinaire de la Conférence de l'Union à Maputo (Mozambique), le 11 juillet 2004, avait entamé une réflexion concernant l'assouplissement de la règle sur la fréquence des réunions. A l'entrée en vigueur de ce Protocole, l'article 6 § 3 sera désormais libellé comme suit : « *La Conférence se réunit au moins une fois par an en session ordinaire* ». On note dans ce nouvel article 6 la suppression de la deuxième phrase du sous-paragraphe et l'ajout des paragraphes 4, 5, 6 et 7. A la suite de la décision de juillet 2004, la pratique a scellé la tenue de deux sessions par an. La « session de janvier » relative aux questions financières et administratives se tient au siège de l'organisation tandis que la « session de juin », qui a lieu dans un État membre, est dédiée à l'examen de problèmes et enjeux plus politiques même si d'autres sujets peuvent être mis à l'ordre du jour. Voir aussi sur ce sujet Delphine LECOUTRE, « La présidence en exercice de l'Union africaine. Enjeux et perspectives d'une institutionnalisation », *ISS Papier*, n° 208, décembre 2009, p. 3.

[915]Article 11.1 du règlement intérieur de la Conférence : « *La Conférence ses réunît en session extraordinaire, à la demande du Président de la Conférence ou de tout État membre. La session extraordinaire est convoquée en cas d'approbation par les deux tiers des États membres de l'Union* ».

[916]Jean Emmanuel PONDI, Dodo BOUKARI A. KARIMOU, « L'évolution de la fonction de Président en exercice de l'OUA », *in* Maurice KAMTO et *alii*, *op.cit.*, p. 45.

matière de sanctions et notamment contre les coups d'État et autres changements anticonstitutionnels de gouvernement. Afin de mieux comprendre l'influence que peut avoir le président en exercice en matière de sanctions, il importe d'exposer au préalable en quoi consiste cette fonction particulière dans le cadre continental africain.

387. La fonction de président en exercice est un phénomène particulier de l'organisation continentale africaine dans la mesure où « *sa véritable signification politique et institutionnelle n'est perceptible qu'à travers une analyse historique, dans la mesure où cette institution a été façonnée par la pratique pour acquérir sa stature et son poids actuels* »[917]. Il est vrai qu'au fil des années et des « *nécessités fonctionnelles, il fallait à l'organisation continentale, un représentant auréolé du prestige de Chef d'État pour lui servir de porte-parole dans les enceintes internationales : dans la conception interétatique du régionalisme africain, le Secrétaire général de l'Organisation ne pouvait jouer ce rôle quelle fut sa personnalité* »[918]. C'est pourquoi, dans le règlement intérieur de la Conférence des chefs d'État et de gouvernement de l'ancienne organisation, il était fait mention d'un « *président de la Conférence* » sans toutefois que cette fonction n'ait fait l'objet d'une mention dans la Charte. Elle fut en effet une émanation de l'organe suprême de l'organisation qui s'imposa par la pratique avant d'être institutionnalisée avec l'avènement de l'Acte constitutif et le règlement intérieur de la Conférence de l'UA[919]

388. Ainsi, l'article 6 (4) de l'Acte constitutif prévoit que « *la Présidence de la Conférence est assurée pendant un an par un chef d'État et de gouvernement élu, après consultations entre les États membres* »[920]. À la lecture des textes de l'organisation, cette fonction semble plus procédurale

---

917Delphine LECOUTRE, *op. cit.*, p. 1.

918Maurice KAMTO, « Les mutations institutionnelles de l'OUA », *in* Maurice KAMTO et *alii*, *op. cit.*, p. 25. Par ailleurs, certains États en 1964 soutenaient la création d'une fonction de président en exercice. C'est le cas, par exemple, du Sénégal qui militait en pour la création d'une « *autorité politique et morale permanente de la Conférence des Chefs d'État et de Gouvernement* (La Conférence) » du fait qu'« *une OUA sans Président en exercice serait une organisation avec un vide politique que le Secrétaire général occuperait entre les sessions des Sommets, au-delà même des attributions (strictement administratives) qui lui seraient conférées par la Charte* ». Pour le Maroc, « *lorsqu'un événement surviendrait sur la scène internationale, les États membres pourraient ne pas réagir dans la mesure où ils privilégieraient leurs propres préoccupations nationales, voire feraient des évaluations différentes des événements continentaux et mondiaux, et ce d'autant plus, qu'à la différence des Nations Unies, l'OUA n'avait pas de représentants permanents pouvant être réunis à tout moment pour prendre une position, en temps opportun, sur une situation donnée* ».Voir Amate COC, *Inside the OAU. Pan-Africanism in Practice,* London & Basingstoke, Macmillan Publishers, 1986, p. 73.

919Le Président en exercice a d'abord un rôle procédural dans les réunions de la Conférence qu'il préside selon l'article 16 du règlement intérieur de la Conférence.

920 Article 6, alinéa 4 de l'Acte constitutif

qu'autre chose. En effet, le président en exercice préside les réunions de la Conférence et veille à leur bon déroulement[921]. Toutefois, ce qui attire l'attention n'est ni les attributions ni les pouvoirs du président en exercice précisés dans les textes ; c'est surtout l'influence des personnalités qui ont incarné cette fonction. Plus intéressantes encore sont les prises de position de ces personnalités au sein de l'organisation de Durban en matière de sanctions[922].

389. De prime abord, l'article 37, alinéa 4 du règlement intérieur de la Conférence donne un rôle significatif au président de la Conférence, qui est le président en exercice de l'organisation en matière de condamnation des coups d'État et autres changements anticonstitutionnels de gouvernement. À cet égard, on peut noter que lors de la crise politique au Togo en 2005 caractérisée par l'accession anticonstitutionnelle au pouvoir de Faure GNASSINGBE, des tensions sont apparues entre le président en exercice de l'UA, le président du Nigeria Olusegun OBASANJO, et le président de la Commission de l'époque et ancien président du Mali, Alpha Oumar KONARÉ. Le premier reprochait au second d'avoir nommé l'ancien président zambien Kenneth KAUNDA envoyé spécial de l'UA au Togo sans l'en avoir informé. Le président en exercice Olusegun OBASANJO considéra alors « nulle et non avenue » ladite nomination au motif que si les nouvelles autorités togolaises remplissaient les conditions de participation et si la CEDEAO poursuivait ses bons offices pour faciliter le dialogue entre les parties togolaises, il n'existait aucun intérêt à nommer un envoyé spécial de l'UA[923]. Pourtant, au regard des textes l'organisation, le président de la Commission, en consultation avec le président en exercice, « (...) *sollicite la contribution des dirigeants et des personnalités africains pour amener les auteurs du changement anticonstitutionnel à coopérer avec l'Union...* »[924]. Dans cette situation, le président de la Commission, certes, n'avait pas consulté le président en exercice, mais il était en phase avec les textes de l'organisation. Cette situation révèle les rapports complexes qui peuvent s'établir entre deux personnalités

---

[921] *Ibidem*

[922] Sur ce point, Delphine LECOUTRE fait savoir que deux thèses se sont affrontées. L'une militait pour un Président de la Commission « fort» par rapport au Président en exercice car d'après ses partisans« *les textes étaient clairs* (...) *il n'y a pas de relation de subordination entre le Président de la Commission et le Président en exercice et que, d'après le règlement intérieur, le président de la Commission (n'était) responsable que devant la Conférence des Chefs d'État* ». Pour l'auteur, cet argument n'était pas tenable dans la mesure où le président de la Commission est directement responsable devant le Conseil exécutif (article 7, alinéa 2) qui peut lui conférer des tâches. D'après l'auteur, parce que le Conseil exécutif est responsable devant la Conférence et que le Président en exercice de l'Union est le représentant dans les sommets, cette situation crée forcément un lien de subordination

[923] Voir Delphine LECOUTRE, « La présidence en exercice de l'Union africaine. Enjeux et perspectives d'une institutionnalisation », *op. cit.*, p. 6

[924] Article 37, alinéa 6 (c)

dont l'un représente l'organe politique de l'organisation et l'autre, président de la Commission, représente les intérêts de l'organisation.

390. Un autre cas intéressant est celui du coup d'État en Mauritanie en 2009. Dans cette situation, l'UA avait pris des sanctions contre les auteurs du coup d'État. Le Président Mouamar KADHAFI, alors président en exercice de l'UA et médiateur dans ce conflit, se déclara en faveur de la non-application de sanctions contre les putschistes du Général Mohamed OULD ABDEL AZIZ. Or, la position du président KADHAFI intervint alors que le CPS avait au préalable décidé, lors de sa 168e séance du 5 février 2009, de sanctions ciblées contre les membres civils et militaires de la junte comprenant une prohibition de leurs déplacements, un refus systématique de visas et le contrôle de leurs comptes bancaires[925]. Cependant, pour conforter sa position, le président KADHAFI déclara à la presse : « *je me suis assuré que les autorités militaires* [junte] *sont déterminées à organiser les élections présidentielles le 6 juin, ce dossier* [des sanctions] *est désormais clos* » ; et d'ajouter que « *ce qui est fini est fini, le chef de l'État déposé, Sidi Ould Cheikh Abdallahi doit accepter le fait accompli et nous devons regarder devant, vers la Mauritanie nouvelle qui va naître après le 6 juin* »[926]. Ce point de vue du président en exercice n'a pas manqué de faire réagir l'organisation, notamment le CPS par la voix de son président. En, effet, celui-ci déclara à l'occasion de la 182e réunion de cet organe : « *Nous avons réitéré notre décision sur la prise de sanction à l'égard des renversements anticonstitutionnels de régime, et à l'égard de la Mauritanie nous avons réaffirmé que nous allons prendre des sanctions à l'égard des gens au pouvoir, civils et militaires, impliqués dans ce renversement de régime. Le CPS est un organe qui prend ses décisions en toute connaissance de cause et les fait appliquer. Maintenant, au niveau de l'UA, le Président Kadhafi est un autre organe, et il a pris ses propres dispositions. Toujours est-il que nous ne sommes pas au courant de la décision ou d'une position de M. Kadhafi à ce propos* ». Outre un manque de coordination entre les organes de l'UA, cette situation révèle que certains dirigeants africains, avant tout soucieux d'assurer leur influence sur le continent, ont souvent confondu le rôle de président en exercice avec leurs pouvoirs dans leur pays respectif. La nature de cette fonction mérite donc quelques précisions.

391. Comme nous l'avons précédemment précisé, le président en exercice joue un rôle procédural pendant les sessions de la Conférence. À cet

[925]Cf, CPS, PSC/PR/(CLXVIII), 168e réunion, Addis-Abeba, 5 février 2009. Voir aussi CPS, PSC/MIN/3(CLXIII), 163e réunion, Addis-Abeba, 22 décembre 2008.

[926] Said HADDAD, « Les quarante ans d'un régime normalisé sur le plan international », *L'année du Maghreb*, Open Edition ; disponible : https://journals.openedition.org/anneemaghreb/919

égard, il dispose d'un pouvoir de contrôle sur la prise de parole des orateurs ainsi que sa durée[927]. Par ailleurs, d'après les textes de l'organisation : « *Dans l'intersession, le Président en consultation avec le président de la Commission, assure la représentation de l'Union, conformément aux objectifs et principes fondamentaux énoncés dans l'Acte constitutif* »[928]. On déduit de la lecture de cette disposition que ce qui est ici privilégié est la collaboration entre ces deux autorités afin, justement, d'éviter les tensions et surtout que le président en exercice outrepasse ses prérogatives et mette l'organisation en difficulté. De plus, il s'agit seulement d'une fonction et non d'un organe au sens de l'article 5 de l'Acte constitutif. Même si les textes énoncent une préférence pour un chef d'État ou de gouvernement pour l'accomplir, le président en exercice « (...) *ne pourra être assimilé à un organe commun à l'UA et à son État d'origine* »[929]. On en conclut que la présidence en exercice est « *une institution dérivée de la Conférence remplissant un rôle supplétif de l'organe suprême durant l'intersession* »[930]. Afin d'éviter des prises de position comme celle du président KHADAFI, le Protocole sur les amendements à l'Acte constitutif (lorsqu'il entrera en vigueur) limitera le rôle du président en exercice à la promotion des objectifs et des principes de l'UA, tel que le prévoient les articles 3 et 4 de l'Acte constitutif, et le cantonnera à exercer, en collaboration avec le président de la Commission, les attributions de la Conférence conformément à l'article 9 (e) et (g) de l'Acte Constitutif[931]. Les prérogatives du Président en exercice ne doivent en aucun cas mettre en péril la prise de sanction de l'organisation continentale. Espérons qu'avec ce Protocole, les chefs d'État choisis pour remplir cette fonction se contenteront de faire ce qui est prévu par les textes et ne l'utiliseront pas comme un prétexte pour asseoir leur influence continentale.

392. De tout ce qui précède, il appert que le pouvoir de sanction de la Conférence ne fait aucun doute dans les textes. Toutefois, des interrogations persistent quant à l'appréciation que fait la Conférence du comportement des États. Depuis l'entrée en vigueur de l'Acte constitutif, il semble en effet curieux qu'aucune sanction n'ait été prise à l'encontre d'un État membre, par exemple, pour non-conformité aux décisions et politiques de l'Union ou non-respect des principes consacrés dans l'Acte constitutif. Les situations qui ont fait l'objet d'une réaction de la part de l'organisation sont de fait celles relatives aux violations des droits de l'homme et aux coups d'État et changements anticonstitutionnels de gouvernement ; une réaction qui, comme on le verra ultérieurement, n'a cependant pas souvent été à la hauteur des

---

[927]Cf les dispositions de l'article 16 du règlement intérieur de la Conférence des chefs d'État et de gouvernement.
[928]Article 16, alinéa 3 du règlement intérieur.
[929]Guy Fleury NTWARI, *op. cit.*, p. 88.
[930]*Ibidem*
[931]Cf article 7 bis de l'Acte constitutif sur les amendements.

événements. Cela témoigne à suffisance que malgré les mesures prévues dans les textes de l'Union en matière d'imposition de sanction, la pratique de la sanction reste encore très fragile. Il importe de préciser que la Conférence est active dans tous les domaines de la sanction dans le cadre de l'UA. Elle se distingue ainsi de l'Assemblée générale de l'ONU qui n'agit qu'en ce qui concerne les sanctions financières et les sanctions pour non-respect des principes et idéaux de l'organisation conduisant à l'exclusion, mais qui nécessitent une recommandation du Conseil de sécurité. Cependant, en matière de paix et de sécurité, c'est à ce dernier que revient la responsabilité principale. Dans l'UA, la Conférence est donc l'organe majeur en matière de sanctions ; elle est assistée dans sa tâche par le Conseil exécutif.

B- Une centralisation accompagnée : la valorisation fonctionnelle du Conseil exécutif en matière de sanctions

393. Dans les organisations internationales, à côté de l'organe plénier principal, il existe ce que l'on appelle des « *organes pléniers subordonnés composés de délégués gouvernements ou d'experts* »[932] dont les missions peuvent être à la fois préparatoires et exécutives. Les activités de ces organes peuvent couvrir les compétences en général de l'organisation ou être restreintes à un secteur particulier de celle-ci. Elles peuvent prendre le qualificatif d'organe restreint. De ce fait, une relation de collaboration se dessine entre ces deux types d'organes. Pour Charles LEBEN, cette collaboration peut prendre deux formes : dans la première, l'organe plénier n'est habilité à prendre une décision en matière de sanctions uniquement sur recommandation de l'organe restreint ; dans la seconde, l'organe plénier reçoit compétence pour se prononcer en appel sur une décision de l'organe restreint[933]. En se basant sur cette division et au regard des textes de l'UA, deux organes semblent relever de ce schéma. Il s'agit du CPS, que nous analyserons ultérieurement, et du Conseil exécutif de l'UA sur lequel nous nous attarderons à présent.

394. Composé des ministres des Affaires étrangères, ou de tout autre ministre ou autorité désignés par les gouvernements des États membres[934], le Conseil exécutif assiste la Conférence et constitue avec elle l'ensemble interétatique de l'organisation. Remplaçant le Conseil des ministres de l'OUA, il assiste la Conférence dans la préparation des décisions relatives aux sanctions. L'article 35 du règlement intérieur de la Conférence des chefs d'États et de gouvernement de l'UA dispose que « *1. La Conférence*

[932]Ignaz SEIDL-HOHENVELDERN, *op. cit.*, p. 90.
[933]Charles LEBEN, *Les sanctions privatives de droit ou de qualité dans les organisations internationales spécialisées*, *op. cit.*, p. 228.
[934]Article 10 de l'Acte constitutif.

détermine, sur la base des recommandations du Conseil exécutif (...) *les sanctions à imposer conformément à l'article 23 (1) de l'Acte constitutif...* »[935]. On note ainsi une similitude avec le système des Nations Unies où les articles 5 et 6 de la Charte prévoient qu'un État membre ne peut être suspendu ou exclu que par l'Assemblée générale sur recommandation du Conseil de sécurité[936]. Cependant, la similitude avec le Conseil de sécurité ne va pas plus loin, car celui-ci dispose de pouvoirs que le Conseil exécutif de l'UA ne possède pas. Par ailleurs tout le mécanisme de sanction des Nations Unies, notamment en matière de paix et de sécurité, tourne autour de cet organe ce qui fait de lui un acteur essentiel dans la procédure de règlement des différends pouvant conduire à une sanction. Le Conseil de sécurité, en ce sens, n'est donc pas un organe restreint responsable devant l'Assemblée générale.

395. Dans le cadre de l'UA, l'organisation mise en place est révélatrice d'un système dans lequel l'organe restreint est principalement chargé du fonctionnement de l'organisation sous le contrôle de l'organe plénier auquel il doit rendre des comptes[937]. C'est ainsi que l'article 13 (2) de l'Acte constitutif dispose que « (...) *Le Conseil exécutif est responsable devant la Conférence. Il se réunit pour examiner les questions dont il est saisi et contrôle la mise en œuvre des politiques arrêtées par la Conférence...* »[938]. En tant qu'organe restreint de l'organisation, le Conseil exécutif prépare les décisions de la Conférence et lui fait des recommandations sur l'adoption des mesures qu'il juge nécessaires. De ce fait, il dispose dans une certaine mesure d'un pouvoir de sanction indirect tandis que la Conférence ou le CPS exercent un pouvoir de sanction direct. Ainsi, s'il revient à la Conférence la prise de décision finale en matière de sanctions, c'est sur le Conseil exécutif que repose la charge de juger et de contrôler la conduite des États membres au regard de leurs obligations vis-à-vis de l'organisation. Dans ce cas de figure, il recommande des mesures coercitives et propose à la Conférence d'adopter les sanctions prévues en fonction de l'obligation violée par l'État mis en cause. C'est notamment le cas en matière de sanctions pour cause d'arriérés de contributions, domaine dans lequel le Conseil exécutif joue un rôle essentiel. On se souvient, entre autres, des résolutions CM/Res 1279 ou encore CM/Res 1311 (LII) du Conseil des ministres de l'ancienne organisation qui ouvriront véritablement la voie à la mise en place d'un système consolidé de sanction institutionnel au sein de cette organisation. De plus, les modalités de prise de

---

[935]Cf. article 35 du règlement intérieur de la Conférence des chefs d'État et de gouvernement de l'UA et article 36 du règlement intérieur.

[936]Cette pratique se retrouve également à l'Agence internationale de l'énergie atomique (article XIV, B) ou encore à l'OIT (article 83). Cette pratique se retrouve aussi dans des institutions comme la Banque mondiale où la suspension d'un État membre selon l'article VI, section 2, ressort de la compétence exclusive du Conseil des gouverneurs.

[937]Charles LEBEN, *op. cit.*, p. 228.

[938]Article 13 (2) de l'Acte constitutif de l'UA.

décisions sont similaires à celles de la Conférence[939]. Dans le nouveau dispositif de l'UA, le Conseil exécutif, malgré l'amplification et le renforcement de ses missions[940], joue un rôle important en matière de sanctions dans la mesure où c'est lui qui décide du maintien ou de la levée des sanctions contre les États membres en matière de contributions financières[941].

396. En définitive, l'on constate que le Conseil, agent d'exécution de la Conférence, dispose d'un réel pouvoir en matière de sanctions que l'on peut qualifier d'indirect. En effet, comme le constate Albert BOURGI « (...) *dans les faits, les décisions* [de la Conférence de l'Union] *sont toutes adoptées sans vote, dès lors qu'elles ont été, au préalable, retenues par le Conseil exécutif et soumises formellement à l'approbation de la Conférence...* »[942]. On voit donc que les sanctions décidées par le Conseil exécutif sont validées pas la Conférence qui est l'organe habilité par les textes en la matière. Même si la Conférence n'est pas tenue par les recommandations du Conseil exécutif, il n'en demeure pas moins que l'on peut lui reconnaître un rôle important en matière de sanctions. Par ailleurs, la spécificité de certaines sanctions et l'impossibilité pour les organes politiques de se saisir rapidement des situations mettant en péril le droit conventionnel de l'UA ont conduit à un renforcement de la primauté des organes politiques à travers, en particulier, l'institutionnalisation d'un organe opérationnel en matière de sanctions.

---

[939]Voir l'article 19 du règlement intérieur du Conseil exécutif

[940]Ainsi, aux termes de l'article 13 de l'Acte constitutif, « *1. Le Conseil exécutif assure la coordination et décide des politiques dans les domaines d'intérêts communs pour les États membres, notamment les domaines suivants : (a) Commerce extérieur ; (b) Énergie, industrie et ressources minérales ; (c) Alimentation, agriculture, ressources animales, élevage et forêts ; (d) Ressources en eau et irrigation ; (e) Protection de l'environnement, action humanitaire et réaction et secours en cas de catastrophe ; (f) Transport et communication ; (g) Assurances ; (h) Éducation, culture et santé et mise en valeur des ressources humaines ; (i) Science et technologie ; (j) Nationalité, résidence des ressortissants étrangers et questions d'immigration ; (k) Sécurité sociale et élaboration de politique de protection de la mère et de l'enfant, ainsi que de politiques en faveur des personnes handicapées ; (i) Institution d'un système médailles et de prix africains...* ».

[941]Voir : les décisions de la 2e session ordinaire du Conseil exécutif , Ndjamena (Tchad), du 3-6 mars 2003 ; décision sur le rapport du sous-comité sur les contributions, Doc.EX.CL/7 (II) ; décision sur le rapport du sous-comité des contributions de la 3e session ordinaire du Conseil des ministres, Maputo (Mozambique), 4-8 juillet 2003 ; décision Doc.EX.CL/27(III) ; décision DOC.EX.CL/175(VII)_b, 7e session ordinaire, Syrte (Libye), 28 juin-2 juillet 2005 ; décision EX.CL/Dec.818(XXV) de la 35e session ordinaire du Conseil exécutif, Malabo (Guinée équatoriale), 20-24 juin 2014 ; décision, EX.CL/Dec.788 (XXIV) du Conseil exécutif de la 24e session ordinaire, Addis-Abeba (Éthiopie), 21-28 janvier 2014.

[942]Albert BOURGI, « L'Union africaine entre textes et réalité », *AFRI*, vol. 5, janvier 2004, pp. 327-344, p 333.

Paragraphe 2 : Une prééminence renforcée par l'institutionnalisation d'un organe singulier en matière de sanctions : le Conseil de paix et de sécurité (CPS)

397. La mise en place du CPS constitue sans doute une innovation importante au sein de l'organisation africaine. De prime abord, il s'agit d'un organe institué pour agir dans le domaine de la paix et de sécurité. Sans distinguer les changements anticonstitutionnels de gouvernement des questions de paix et de sécurité, les textes de l'organisation lui reconnaissent le pouvoir d'adopter des sanctions. Cependant, l'idée d'un mécanisme dédié à la paix et la sécurité à travers le règlement des conflits n'est pas nouvelle ; était déjà présente lors des débats précédents la mise en place d'une organisation continentale en 1963. Dès cette époque, le président Kwame NKRUMAH se positionnait déjà en faveur d'un Pacte de défense continental et d'une armée africaine unique dans le cadre de la création immédiate des États-Unis d'Afrique[943]. Il semblait en effet évident pour le président NKRUMAH qu'il convenait sans attendre de mettre en place un système de défense collective du continent africain afin de lutter « *contre les agressions extérieures, avec un haut commandement militaire unifié responsable devant les chefs d'État et de gouvernement, dans le cadre d'une politique continentale commune de défense et de sécurité* »[944]. Cependant, cette vision du président ghanéen ne se concrétisera pas. Elle se confronta à des oppositions fortes portant sur la nature de l'organisation qu'il fallait mettre en place. Toutefois, de ces oppositions naîtra un compromis. De ce compromis naîtront deux mécanismes (**A**) dont les insuffisances conduiront à la mise en place du CPS (**B**).

A- Les préludes à la mise en place du CPS

398. L'instauration du CPS sera précédée de la création de mécanismes. Dans le cadre de l'OUA, l'article XIX de la Charte entérina l'idée de doter le continent d'un mécanisme permanent de résolution des conflits interétatiques en envisageant la création de la Commission de médiation, de conciliation et

---

[943]Delphine LECOUTRE, « Vers un gouvernement de l'Union africaine. Maximalistes vs. Gradualistes », *ISS Occasional Paper*, Addis-Abeba, Institut d'études de sécurité, n° 147, juin 2007, p. 1.

[944]Cf le contenu des débats relatifs à la proposition ghanéenne lors de la Première réunion de la Commission de Défense de l'OUA tenue à Accra (Ghana) du 29 octobre au 2 novembre 1963 in T.A. IMOBIGHE, « An African High Command: The Search for a Feasible Strategy of Continental Defence », *African Affairs*, vol. 79, n° 315, Avril 1980, pp. 242-245 ; lire aussi, Colin Legum, *Pan-Africanism. A Short Political Guide*, New York, Washington et London, Praeger, 2ème edition 1965 ; C.O.C Amate, *Inside de OAU.Pan-Africanism in Practise*, London et Basingstoke, Macmillan Publishers Ltd, 1986, pp. 170-189.

d'arbitrage[945] (1), puis sera institué un mécanisme permanent pour la prévention, la gestion et le règlement des conflits (2).

1- La Commission de médiation, de conciliation et d'arbitrage de l'OUA : un organe aux pouvoirs limités

399. Comme sa dénomination l'indique, cette Commission a été mise en place dans l'optique de régler les différends qui surgiraient entre les États membres. Ainsi, « *la Commission de médiation, de conciliation et d'arbitrage devait être la raison d'être de l'organisation elle-même car la résolution pacifique des conflits, petits et grands, dans le cadre établi par l'organisation, fournit les conditions nécessaires au bon ordre, non seulement dans les États membres pris individuellement mais aussi dans l'ensemble du continent africain* »[946]. Pourtant, de nombreuses difficultés[947] ne permettront pas à cet organe de fonctionner[948]. Forts de ce premier constat d'échec, les impératifs de paix, de sécurité et de stabilité ont conduit les dirigeants africains à réévaluer le système de règlement des conflits dans l'organisation africaine. C'est ainsi que fut institué, quelques années plus tard, en juin 1993, un mécanisme permanent pour la prévention, la gestion et le règlement des conflits. Comme le souligne Djiena WEMBOU, « *la 29e session ordinaire de la Conférence des chefs d'État et de gouvernement marque, à n'en point douter, un tournant dans la vie de l'Organisation panafricaine. Pour la première fois, les leaders africains acceptent de se dépouiller d'une partie de*

---

[945]Cet article XIX (« Commission de médiation, de conciliation et d'arbitrage ») prévoit que « *les États membres s'engagent à régler leurs différends par des voies pacifiques. A cette fin, ils créent une Commission de médiation, de conciliation et d'arbitrage, dont la composition et les conditions de fonctionnement sont définies par un protocole distinct, approuvé par la Conférence des chefs d'État et de gouvernement. Ce protocole est considéré comme faisant partie intégrante de la présente Charte* » de l'Organisation de l'unité africaine, « Charte de l'OUA », Addis-Abeba (Éthiopie), 25 mai 1963, *in* Organisation de l'unité africaine, *Charte de l'OUA et règlements intérieurs*, Addis-Abeba, Division de la presse et de l'information, Organisation de l'unité africaine, 1992, p. 10 ; cité par Delphine LECOUTRE, *Le fonctionnement du Conseil de paix et de sécurité : jeux de puissance et d'influence dans le cadre multilatéral de l'Union africaine*, Thèse, Université Paris 1, 2012, p. 33).

[946]*Ibidem*

[947]Des faiblesses de cette institution, on peut noter le fait que la Commission détenait un mandat très limité dans la résolution des conflits interétatiques. Par ailleurs, elle était perçue comme un organe rendant les décisions juridiques dans la mesure où elle était composée de vingt-et-un juriste élus par la Conférence des chefs d'État et de gouvernement pour un mandat de cinq ans (article II, alinéas 1et 3 et article III, alinéa 1 du Protocole de médiation, de conciliation et d'arbitrage). Elle n'a cependant ni pouvoir d'auto-saisine, ni pouvoir d'interprétation de la Charte de l'OUA, ni celui d'imposer l'entrée en vigueur de ses décisions.

[948] Maurice KAMTO, « Le mécanisme de l'O.U.A. pour la prévention, la gestion et le règlement des conflits : l'esquisse d'un nouvel instrument régional pour la paix et la sécurité en Afrique », *Arès, Défense et sécurité de la France : sécurité européenne et internationale : course aux armements et désarmements*, vol. XV, n° 2, 1996, p. 62.

leur souveraineté au profit de l'OUA, qui doit désormais jouer un rôle de premier plan dans toutes les actions visant à instaurer la paix et la stabilité sur le continent, et mener en cas de besoin, une action rapide pour prévenir, gérer et régler les conflits lorsqu'ils surviennent »[949]. Il s'agissait donc, pour les dirigeants africains, de créer un mécanisme « *en vue de donner un nouveau dynamisme institutionnel à l'Organisation et de fournir à celle-ci les moyens de sa politique, en lui accordant une place de choix dans le cadre de tous les efforts visant la prévention, la gestion et le règlement des conflits en Afrique* »[950].

2- Le mécanisme permanent pour la prévention, la gestion et le règlement des conflits de l'OUA : un outil à l'action insuffisante

400. Malgré l'avancée manifeste que représente ce mécanisme dans le cadre de l'OUA et au regard de la question de la souveraineté à laquelle les dirigeants africains sont attachés, les objectifs assignés à ce mécanisme ne furent pas assez probants pour s'imposer dans l'architecture institutionnelle continentale. Par exemple, dans l'hypothèse de conflits qui s'enliseraient au point de dégénérer et de nécessiter une intervention, l'organisation d'Addis-Abeba aurait dû solliciter une intervention collective internationale dans la mesure du possible, conformément aux dispositions de la Charte de l'ONU[951]. Il appert donc que ce mécanisme avait des « *objectifs assez modestes, qui excluaient les opérations de maintien de la paix en privilégiant les actions préventives et les mesures destinées à geler les hostilités en attendant l'aboutissement des médiations qui seraient alors entreprises. L'OUA cherchait également à créer un climat de confiance entre les belligérants, en déployant en temps opportun des missions d'observation et de vérification civiles et militaires selon les cas* »[952].

401. Les dirigeants africains n'ont pas envisagé des missions plus larges. Sans doute ont-ils pensé qu'il était un peu prématuré, dans le contexte politique[953] de l'époque, d'imposer un tel mécanisme sur le plan continental. Pour eux, le plus important était de faire un premier pas. Ainsi s'explique le choix d'objectifs peu ambitieux dans la mesure où une action prompte et décisive dans ces domaines permettrait d'éviter l'éclatement des conflits et,

---

[949]Michel-Cyr DJIENA WEMBOU, « Le nouveau mécanisme pour la prévention, la gestion des conflits », in Michel-Cyr DJIENA WEMBOU, *Le droit international dans un monde en mutation. Essais écrits au fils des ans*, Paris, L'Harmattan, 2003, p. 202.

[950]Michel-Cyr DJIENA WEMBOU, *L'OUA à l'aube du XXIe siècle*..., *op. cit.*, p. 244.

[951] Cf le paragraphe 16 de la Déclaration du Caire lors de la 29e session ordinaire de la Conférence des chefs d'État et de gouvernement de juin-juillet 1993.

[952]Michel-Cyr DJIENA WEMBOU, « Le nouveau mécanisme de l'OUA pour la prévention, la gestion et le règlement des conflits », *op. cit.*, p. 203.

[953]Avènement du multipartisme dans une grande partie des pays africains.

au cas où ils surviendraient, d'empêcher qu'ils ne dégénèrent en conflits intenses ou généralisés[954]. Toutefois, ce mécanisme mis en place au milieu des années 1990 avec la convocation de plusieurs réunions pour examiner les carences de l'OUA montra assez vite ses limites au regard de son manque d'efficacité dans la conduite de ses activités de gestion des conflits.

402. La première limite est sans doute les pouvoirs restreints de ce mécanisme. En effet, aux termes du paragraphe 15 de la Déclaration du Caire, l'organisation peut « *constituer et déployer que des missions civiles et militaires d'observation et de vérification de taille et de durée limitée* »[955]. S'il advenait que le conflit s'aggravât, l'organisation s'en remettrait à l'organisation mondiale. Il est donc clair que ce mécanisme jouait un rôle de prévention, de dialogue entre les parties plutôt que celui d'action concrète passant, par exemple, par une intervention pour restaurer la paix. Ceci est assez surprenant, car il n'a pas échappé aux dirigeants du continent que les conflits sur le continent évoluaient très rapidement en conflits armés[956]. Il devenait alors indispensable d'envisager la mise en place d'une force d'interposition ou de maintien de la paix, mais cela n'a pas pu se concrétiser sans doute en raison des difficultés financières connues par l'organisation qui constituent ; la seconde limite de ce mécanisme. En effet, avec le défaut ou le retard de paiement des contributions des États au budget de l'organisation, il était difficile d'envisager un dispositif solide. Ainsi, dans un rapport de 1990, le Secrétaire général de l'OUA attirait l'attention sur la situation alarmante des contributions financières[957]. Avec un budget qui n'avait pas augmenté depuis cinq ans puis une aggravation de la situation pour l'exercice 1992-1993, il était impossible de financer une mission entreprise sous les auspices de ce mécanisme. En outre, Djiena WEMBOU émettra quelques réserves quant au fondement juridique de ce mécanisme.

403. Pour lui, en le créant, la Conférence avait outrepassé les pouvoirs qui lui étaient reconnus par la Charte et son règlement intérieur[958]. L'auteur relève en effet que le règlement des conflits et le maintien de la paix ne figuraient pas parmi les buts et objectifs de l'organisation[959]. On pourrait penser que l'article 8 de la Charte constituait la source des pouvoirs de la Conférence, cette disposition lui accordant le pouvoir de procéder à une révision de la structure, des fonctions et des activités de tous les organes de

---

[954]Michel-Cyr DJIENA WEMBOU, *op. cit.*, p. 204.
[955]Déclaration du Caire, § 15.
[956] Cf. les crises au Liberia, Somalie, Sierra Leone, Angola, RDC, etc.
[957]Voir le rapport du Secrétaire général pour la période allant de juillet à février 1990, Addis-Abeba, février 1990 (Doc CM/1570 (LT) PART II).
[958] Michel-Cyr DJIENA WEMBOU, *L'OUA à l'aube du XXIe siècle...*, *op. cit.*, p. 256.
[959]*Ibidem*, p.257.

l'organisation [960]. Cependant, aucun article de la Charte n'autorisait effectivement cette organisation à jouer un rôle dans le maintien de la paix et de la sécurité. Par conséquent, l'article 8 ne pouvait fonder le pouvoir de la Conférence dans ce cas précis. Nous convenons donc, avec cet auteur, que « *la Conférence du Caire n'était donc pas juridiquement fondée à décider de la création d'un organe chargé des conflits à l'OUA par une simple déclaration, sans procéder au préalable à la révision de la Charte de l'Organisation* »[961]. D'ailleurs, plusieurs délégations avaient soulevé cette question, qui est restée sans réponse[962]. Dès lors, quelle valeur donner aux décisions d'un mécanisme qui lui-même n'avait pas de fondement juridique dans la Charte de l'organisation ? Même si l'on tentait de trouver dans la théorie des pouvoirs implicites un tel fondement, on devrait considérer, à la lumière des arguments développés par plusieurs auteurs, que « *la doctrine des pouvoirs implicites a pour rôle de donner effet, dans les limites raisonnables, aux pouvoirs explicites et non de les supplanter ou de les modifier* »[963].

404. Il va donc sans dire que le mécanisme mis en place pour le règlement des conflits comportait dès le début trop de carences conceptuelles pour être efficace. En effet, selon le Professeur Pierre-François GONIDEC, la Charte de l'OUA « *se* [contentait] *de faire une brève allusion à la coordination et à l'harmonisation des politiques de défense et de sécurité (article 2)* »[964]. On peut toutefois lui reconnaître une volonté de combattre le fléau des coups d'État sur le continent. On en veut pour preuve sa réaction lors de la tentative de coup d'État survenu au Burundi dans la nuit du 21 au 22 octobre 1993.

405. L'organe central du mécanisme décida alors de se réunir au niveau des ambassadeurs afin d'adopter une déclaration condamnant « *vigoureusement ce coup d'État militaire contre un Président démocratiquement élu* » et en exigeant « *des auteurs du coup d'État militaire de respecter le caractère sacré de la vie humaine, de mettre fin immédiatement à leur acte illégal et de permettre un retour à la normale, à la démocratie et à un État de droit au Burundi...* »[965]. Par ailleurs, il fut demandé au Secrétariat exécutif de l'OUA auprès de l'ONU, ainsi qu'à d'autres acteurs, d'alerter le Conseil de sécurité qui endossa la déclaration de l'OUA le 22 octobre 1993 et

---

960 *Ibid.*
961 *Ibid.*
962 Il s'agit notamment des délégations du Cameroun, du Soudan, de l'Éthiopie, etc.
963 Voir l'opinion dissidente du juge HACKWORTH dans l'avis consultatif du 13 juillet 1954, *Effet des jugements du tribunal administratif des Nations Unies accordant indemnités*, Résumé des avis consultatifs et ordonnances de la Cour Internationale de justice, 1948-1991, Nations unies, ST/LEG/SEX.F/I, New York 1992, pp. 41-43.
964 Pierre-François GONIDEC, « Existe-t-il un droit international africain ? », *RADIC.*, t. 5, n° 2, juin 1993, p. 250.
965 Voir Michel-Cyr DJIENA WEMBOU, « Le nouveau mécanisme de l'OUA pour la prévention, la gestion et le règlement des conflits », *op. cit.*, pp. 83-84.

envoya un émissaire dans la capitale du Burundi afin de trouver une solution à cette situation[966]. Dans cette configuration précise, on doit reconnaître les efforts déployés par ce mécanisme pour que le Conseil de sécurité sanctionne les auteurs de la tentative de coup d'État. Pour autant, cela n'a pas suffi à dépasser les limites inhérentes à ce mécanisme. Il devenait ainsi urgent de trouver les voies et moyens de mettre sur pied un organe plus adapté tant dans sa conception qu'au regard de ses compétences et attributions. L'organisation continentale devait se doter d'un organe restreint chargé de délibérer dans le domaine de la paix et de la sécurité qui serait par ailleurs l'équivalent au niveau continental du Conseil de sécurité. Cet organe se réunirait dans des délais très courts et prendrait des décisions collectives au nom de l'ensemble des États membres.

B- Le « maillon opérationnel » en matière de sanctions : le Conseil de paix et de sécurité

406. Le CPS représente « *sans doute l'innovation institutionnelle la plus ambitieuse de l'Union africaine* » [967] . Organe clé du système africain d'intégration, sa création « *marque une étape historique dans les efforts déployés par l'Afrique en vue du règlement de ses conflits et de la promotion d'une paix et d'une sécurité durables* »[968]. Il incarne l'attachement de ce continent à la « *promotion d'une Afrique stable sûre, pacifique et développée et un pas significatif dans la réalisation des idéaux énoncés dans l'Acte constitutif de l'Union et dans le Protocole relatif à la création du Conseil de Paix et de Sécurité.* [Par ailleurs sa création] *atteste également du désir du* [continent] *de jouer un plus grand rôle dans le maintien de la paix et de la sécurité en Afrique* »[969]. Cependant, lors de l'adoption de la Charte de Lomé, les chefs d'État et de gouvernement ne l'avaient pas prévu. Il était pourtant déjà indispensable, non seulement de revoir les réactions de l'organisation en cas de crise, mais aussi de procéder à un dépassement du caractère classique des rapports interétatiques dans les réponses apportées à la survenance de

---

[966] *Ibidem*

[967] Delphine LECOUTRE, « Les enjeux du Conseil de paix et de sécurité », *Le Monde diplomatique*, septembre 2009, p. 1

[968] Voir DOC.UA/CPS, *Déclaration d'engagement, en faveur de la paix et de la sécurité en Afrique, des chefs d'État et de gouvernement des États membres du Conseil de paix et de sécurité de l'Union africaine*, PSC/AHG/ST.(X) Lancement solennel du Conseil de paix et de sécurité, 25 mai 2004, Addis-Abeba (Éthiopie), § 1.

[969] *Ibidem*

conflits sur le continent. Si l'on admet que « (...) *toute règle de compétence désigne en premier lieu l'organe habilité à la mettre en œuvre* »[970], comment comprendre « *l'absence d'une structure chargée spécifiquement de cet objectif au rang des organes expressément prévus par l'Acte constitutif (...) dans la mesure où (...) le mécanisme du Caire au moment de la transformation institutionnelle, était relativement fonctionnel* »[971] ? Si la Conférence des chefs d'État et de gouvernement, avec la Déclaration d'Alger, envisageait le mécanisme pour la prévention et le règlement des conflits comme « *un précieux acquis qu'il s'agi*[ssait]*de conforter et de consolider* »[972], il semble donc curieux que lors de l'adoption du texte de Lomé, un tel organe ne fût pas envisagé compte tenu des points positifs du mécanisme de l'OUA pour la prévention et le règlement des différends.

407. C'est afin de pallier cette lacune qu'en juillet 2001, à la demande des chefs d'État et de gouvernement, il sera décidé d'inclure dans l'architecture institutionnelle un nouvel organe, conformément à l'article 5 (2) de l'Acte constitutif[973], chargé de la prévention, de la gestion et du règlement des conflits. Cette initiative se concrétisera en 2004 avec la création du CPS qui consacrera la mise en place d'un système africain de sécurité collective[974]. Néanmoins, dès l'institution de cet organe, des interrogations naîtront notamment quant à sa nature juridique. Cependant, le fait que le Protocole créant cet organe ait été greffé à l'Acte constitutif a permis d'évacuer cette question [975] . L'intégration de cet organe par sa

---

[970]Vlad CONSTANTINESCO, *Compétences et pouvoirs dans les communautés européennes. Contribution à l'étude de la nature juridique des communautés, Thèse de doctorat,* Paris, LGDJ, 1974, p. 72.

[971]Guy-Fleury NTWARI, *op. cit.*, p. 117.

[972]V. Doc. OUA/ CEG, Déclaration d'Alger, AHG/Decl.1(XXXV), 35e session ordinaire de la Conférence des chefs d'État et de gouvernement, Alger (Algérie), 12-14 juillet 1999, § 14, p. 3.

[973]« La Conférence peut décider de créer d'autres Organes ». Ainsi, en juillet 2001 à Lusaka, lors de la Conférence des chefs d'État et de gouvernement, en soulignant que « *les objectifs et les principes définis dans la Déclaration du Caire (...) font partie intégrante des objectifs et principes déclarés de l'Union africaine* », il a été « *décidé d'incorporer l'organe central du Mécanisme pour la prévention, la gestion et le règlement des conflits en tant qu'un des organes de l'Union, conformément à l'article 5(2) de l'Acte constitutif de l'Union africaine* » (cf. Doc.OUA/Conférence des chefs d'État et de gouvernement, Décision sur la mise en œuvre de la Décision du Sommet de Syrte sur l'Union africaine. AHG/Dec. 160 (XXXVII), 37e Conférence des chefs d'État et de gouvernement, Lusaka (Zambie), 9-11 juillet 2001, 7 p. ; § 8 (a) (i), p. 3.

[974]Didace A. LIBOKO, « L'émergence du système de sécurité collective régionale africaine ou la pax africana », *Revue juridique et politique des États d'Afrique francophones*, avril-juin 2009, p. 239.

[975] Pour le professeur Maurice KAMTO, si le Protocole créant cet organe avait été séparé de l'Acte constitutif, se serait alors posée la question de savoir si « *le CPS est un "accord" ou "organisme régional" distinct de l'UA* » (Maurice KAMTO, « Le rôle des "accords et

« constitutionnalisation »[976] intervenue le 11 juillet 2003 avec le Protocole sur les amendements à l'Acte constitutif[977] a en effet réglé cette problématique : le CPS est un organe politique par nature. Il verra ses fonctions s'étoffer et s'affiner au point d'apparaître comme un organe technique [978] à la composition et au fonctionnement singuliers **(1)** et dont les attributions en matière de sanctions ont été progressivement renforcées **(2).**

1- La singularité de la structure organique du CPS

408. Le CPS est un organe central pour la conception et la mise en œuvre des décisions adoptées en matière de paix et de sécurité ; en particulier de rétablissement de la paix et de consolidation et prévention des conflits[979]. Sa singularité ressort de sa composition et de son fonctionnement. En effet, aux termes de l'article 2 (1) du Protocole sur la création du Conseil de paix et de sécurité, il est « *un organe de décision permanent pour la prévention, la gestion et le règlement des conflits* » et constitue « *un système de sécurité collective et d'alerte rapide, visant à permettre une réaction rapide et efficace aux situations de conflit et de crise en Afrique* »[980]. Il est composé de quinze États membres dont dix sont élus pour un mandat de deux ans et cinq membres élus pour un mandat trois ans afin de préserver la continuité de l'organe[981]. Les membres du CPS sont élus par la Conférence. Cependant, depuis la décision Assembly/AU/Dec.16 (II) adoptée lors de la 2e session ordinaire de la Conférence de l'UA en juillet 2003[982], cette dernière a délégué ses pouvoirs au Conseil exécutif pour élire les membres du CPS. Par ailleurs, il n'a été mis en place ni de droit de veto au regard de la composition du CPS ni de permanence de ses membres. L'exclusion d'un droit de veto a été guidée par deux considérations.

---

organismes régionaux" en matière de maintien de la paix et de la sécurité internationales à la lumière de la Charte des Nations unies et de la pratique internationale », *RGDIP*, 2004, p. 780

[976] *Ibidem*

[977] Cf. Doc.UA/Assembly/AU/Dec. 26 (II) adopté à la 2e session ordinaire de la Conférence des chefs d'État et de gouvernement de l'UA, Maputo (Mozambique), 10-12 juillet 2003.

[978] Voir à ce propos les développements de Guy-Fleury NTWARI, *op. cit.*, pp. 128-134.

[979] Jean KENFACK, « Le Conseil de paix et de sécurité de l'Union africaine », *in* Jean Didier BOUKONGOU et Jean Claude TCHEUWA (dir.), *De la paix en Afrique au 21e siècle, Journées scientifiques du Centre d'études et de recherche en droit international et communautaire (CEDIC)*, Yaoundé, 19-20 juillet 2006, p. 137.

[980] Union africaine, *Protocole relatif à la création du Conseil de paix et de sécurité de l'Union africaine*, 1re session ordinaire de la Conférence des chefs d'État et de gouvernement de l'Union africaine, Durban (Afrique du Sud), 9 juillet 2002, p. 7.

[981] Cf. article 5, alinéa 1 a et b du Protocole relatif à la création du CPS.

[982] Doc. UA/Conférence de l'Union, Décision sur la mise en œuvre opérationnelle du Protocole relatif à la création du Conseil de paix et de sécurité, Assembly/AU/Dec.16(II), 2e session ordinaire de la Conférence de l'Union africaine, Maputo (Mozambique), 10-12 juillet 2003.

409. D'une part, en raison du risque de manipulation de ce droit par certains États africains ; d'autre part, le caractère non permanent des membres du CPS serait lié à l'opposition vigoureuse des États de petite taille qui craignaient, en acceptant le statut de membres permanents, de cautionner l'octroi de pouvoirs exorbitants à certains États[983]. Comme le souligne Serge SUR à propos du Conseil de sécurité de l'ONU, « *le droit de veto paraît critiquable, que l'on se place sur le terrain de l'efficacité ou sur celui de la représentativité.* [Du point de vue de l'efficacité], *il est clair qu'il constitue une entrave à la capacité de décision du Conseil, qui se trouve hors d'état d'intervenir dès lors que son action ne conviendrait pas à un membre permanent, quelles que soient par ailleurs les menaces ou atteintes à la sécurité internationale. Quant à la représentativité, comment accepter cette prérogative exorbitante reconnue aux seuls membres permanents, qui fait du Conseil leur otage tout en les plaçant au-dessus de la Charte ? Le procès est classique, et il n'est guère besoin d'y insister. Il se conclut par un jugement négatif pour l'organisation onusienne de la solidarité collective. Elle suppose que tous soient solidaires de la sécurité de chacun, que les États membres subordonnent, à tout le moins accommodent leurs intérêts nationaux aux objectifs de la Charte. Or, le droit de veto affirme la suprématie de quelques intérêts nationaux sur l'ensemble* »[984]. C'est justement cette suprématie de quelques États sur les autres que l'on a voulu éviter avec la création du CPS. Néanmoins, Serge SUR nuance tout de même sa position en reconnaissant que : « *Le Conseil de sécurité n'est pas détruit par le veto, mais encore il est sauvé par le veto. Que se passerait-il en effet si le droit de veto n'existait pas ? Il serait possible à une majorité d'imposer ses décisions contre l'opposition de certains membres permanents. Mais le prix à payer serait lourd : les membres visés ne s'inclineraient vraisemblablement pas, et l'on aggraverait la crise au lieu de la résoudre. On irait donc directement à l'inverse du but recherché, éviter le recours à la force armée. On pourrait même déboucher sur un conflit entre membres permanents, qui détruirait vraisemblablement la Charte. Rien n'interdirait aux membres récalcitrants de quitter l'organisation, ce qui mettrait fin au Conseil lui-même. Le veto est ainsi en réalité une mesure de sauvegarde du système de sécurité collective et du conseil. Ils sont mis à l'écart, mais en conservant toutes leurs virtualités*

---

[983]Voir Delphine LECOUTRE, « Le Conseil de paix et sécurité de l'Union africaine, clef d'une nouvelle architecture de stabilité en Afrique ? », *Afrique contemporaine*, n° 212, hiver 2004, pp 142 et s., pp 131-162. Voir aussi : Guy Fleury NTWARI, *L'Union africaine et la promotion de la paix et la sécurité et de la stabilité en Afrique*, *op. cit*., pp. 116-134 ; Parfait OUMBA, « L'effectivité du rôle du Conseil de paix et de sécurité de l'Union africaine dans la résolution des conflits », *HAL archives ouvertes* ; disponible sur : https://hal.archives-ouvertes.fr/hal-01319654/document, pp. 1-22.

[984]Serge SUR, « Le Conseil de sécurité : blocage, renouveau et avenir », *Pouvoirs*, n° 109, 2004/2, p. 66.

pour l'avenir, comme le montre l'histoire de l'ONU. Elle montre aussi que le droit de veto est à l'origine même de la Charte. À Yalta, c'est la seule question relative à la future organisation qui ait vraiment intéressé les trois grands - en d'autres termes, pas d'ONU sans droit de veto. Enfin, les éventuels futurs nouveaux membres le revendiquent pleinement pour eux-mêmes »[985]. Cette nuance pourrait-elle s'appliquer au contexte africain ?

410. En l'état actuel des choses, on ne pourrait l'affirmer. Cependant, la pratique a révélé, comme le souligne Delphine LECOUTRE, que des États bénéficient d'une certaine permanence en siégeant pendant plusieurs années consécutives[986] au sein du CPS ; une situation qui leur octroie de fait un quasi-droit de veto dans la mesure où l'adoption des communiqués par consensus permet aux États membres ayant un intérêt stratégique dans un conflit ou dans une crise politique particulière de bloquer telle ou telle action ou intervention du CPS[987]. Pour en revenir à la composition de cet organe, on note que d'après les textes de l'organisation, la formule retenue pour l'élection de ses membres se décline de la façon suivante : quatre pour l'Afrique de l'Ouest, trois pour l'Afrique australe et deux pour l'Afrique du Nord[988]. On relève donc une composition variable de cet organe, avec un renouvellement de ses membres réalisé à travers des élections au sein du Conseil exécutif et de la Conférence après une présélection des candidats dans chacune des cinq régions que compte le continent. Sans toutefois analyser en profondeur cette question, soulignons que la composition du CPS a été sujette à d'âpres débats au sein de l'organisation sur le nombre de sièges à allouer à chaque région et sur les modalités de rotation de ses membres. Ainsi, d'après le point 9 des « *Modalités d'élection des membres du Conseil de paix et de sécurité* », les candidats à l'élection au statut de membres du CPS sont, dans un premier temps, présélectionnés dans le cadre de consultations préalables au niveau de chacune des cinq régions. Puis, lesdites candidatures sont soumises à la Conférence ou, le cas échéant, au Conseil exécutif sur délégation du pouvoir d'élire les membres du CPS[989].

---

[985] *Ibidem*

[986] *Ibid.* p. 142.

[987] Kathryn STURMAN et Aissatou HAYATOU, « The Peace and Security Council of the African Union: From Design to Reality », *in* U. ENGEL, J-G PORTO (dir.), *Africa's New Peace and Security Architecture. Promoting Norms, Intitutionalizing Solutions*, Farnham (UK) et Burlington (US), Ashgate Publishing Limited, 2010, p. 67 ; cité par Delphine LECOUTRE, « Le fonctionnement du Conseil de paix et de sécurité : jeux de puissance et d'influence dans le cadre multilatéral de l'Union africaine », *op. cit.*, p.70.

[988] UA, *Modalités d'élection des membres du Conseil de paix et de sécurité de l'Union africaine*, 4e session ordinaire du Conseil exécutif, Addis-Abeba (Éthiopie), 12-16 mars 2004, p. 2.

[989] *Ibidem*, p. 4.

411. Au-delà de sa composition, il est manifeste que son fonctionnement se démarque des autres organes politiques de l'organisation. Le CPS s'appuie sur d'autres organes, à savoir le Groupe des sages dont la mission est de « *venir en appui aux efforts du Conseil de paix et de sécurité et à ceux du président de la Commission dans le domaine de la prévention des conflits* »[990]. Constitué de cinq personnalités africaines hautement respectées et venant de diverses couches de la société qui ont apporté une contribution exceptionnelle dans le domaine de la paix, la sécurité et le développement sur le continent[991], le Groupe des sages se positionne comme un organe consultatif du CPS et du président de la Commission. En effet, il donne son avis à ces organes sur des questions relatives au maintien et à la promotion de la paix, de la sécurité et de la stabilité en Afrique[992]. Il peut aussi, à la demande du CPS, du président de la Commission ou de sa propre initiative, entreprendre des actions appropriées en vue d'appuyer les efforts du CPS et du président de la Commission dans le domaine de la prévention de la paix et la sécurité sur le continent africain. Il fait un rapport au CPS et donc, par ricochet, à la Conférence[993].

412. Organe multilatéral en matière de paix et de sécurité, le CPS a un mode de fonctionnement particulier dans la conduite de ses missions. Il peut se réunir « au niveau des ambassadeurs » aussi souvent que nécessaire et au moins deux fois par mois[994]. Les ministres et les chefs d'État et de gouvernement quant à eux se réunissent au moins une fois par an, les ambassadeurs pouvant se réunir au moins quatre fois dans le mois et plus si nécessaire[995]. Le CPS fonctionne avec des structures subsidiaires et sous-comités qu'il crée lorsqu'il le juge nécessaire dans l'exercice de ses fonctions. Ses structures peuvent être des comités *ad hoc* de médiation, de conciliation ou d'enquête composés d'un État ou d'un groupe d'États. La présidence de cet organe est attribuée à tour de rôle à ses membres dans l'ordre alphabétique de leurs noms. Chaque président demeure en fonction pendant un mois.

---

[990]Article 11 du Protocole créant le CPS.

[991]*Ibidem*. Ils sont sélectionnés par le Président de la Commission, après consultation des États membres concernés, sur la base de la représentation régionale et nommés pour une période de trois ans par la Conférence.

[992]*Ibid.*, § 3.

[993] Il (Groupe des sages) se réunit en tant que besoin pour l'exercice de son mandat. Il tient normalement ses réunions au siège de l'Union. En consultation avec le Président de la Commission, le Groupe des sages peut tenir des réunions en dehors du siège de l'Union.

[994]Cf. Article 2 du règlement intérieur du CPS.

[995] A ce propos, voir par exemple, la 23e réunion des 10 et 11 janvier 2005 au niveau des chefs d'État et de gouvernement pour traiter de la situation en Côte d'Ivoire. Ces réunions de ministres ont pour but de mettre une pression médiatique sur les auteurs des faits répréhensibles, notamment en matière de changement anticonstitutionnel de gouvernement.

413. Il faut ajouter que l'ordre du jour de cet organe est provisoire et est établi par le président du CPS sur la base des propositions soumises par le président de la Commission. Un État ne peut s'opposer à l'inscription d'une question à l'ordre du jour provisoire. Les débats de cet organe se font à huis clos. Tout membre de celui-ci, partie à un conflit ou à une situation examinée en son sein, ne participe ni aux débats ni au processus de prise de décision relatif au conflit ou à la situation examinés[996]. Chaque État membre du CPS dispose d'une voix. Cet organe peut être saisi ou s'autosaisir à tout moment, de façon continue et rapidement sur simple convocation de son président[997]. Le caractère permanent de sa structure lui permet ainsi d'assurer une continuité dans la gestion et le règlement des conflits continentaux[998].

414. Aux côtés du Groupe des sages, a aussi été mis en place un Système d'alerte rapide prévu à l'article 12 (1) du Protocole « *pour faciliter la prévision et la prévention des conflits...* »[999]. Ce système est composé « *d'un centre d'observation et de contrôle dénommé "salle de veille"...* »[1000] dont la mission principale est d'alerter le CPS et les organes habilités lorsqu'une situation de crise pourrait survenir et préconiser des solutions avant que la crise ne se déclenche. Ainsi, « *le Président de la Commission utilise les informations recueillies par le Système d'alerte rapide pour informer le Conseil de paix et de sécurité des conflits potentiels et des menaces à la paix et à la sécurité en Afrique et pour recommander les mesures à prendre. Le Président de la Commission utilise également ces informations pour s'acquitter des responsabilités et fonctions qui lui sont confiées au terme du présent Protocole* »[1001]. On note également la contribution des États membres qui « *s'engagent à faciliter l'action rapide entreprise par le Conseil de paix et de sécurité et/ou le Président de la Commission sur la base des informations recueillies dans le cadre du Système d'alerte rapide* »[1002].

415. Il convient de souligner qu'au niveau africain, le CPS constitue, à l'instar du Conseil de sécurité au niveau mondial, le cadre dans lequel est mis en œuvre le système de sécurité collective et d'alerte rapide du continent (article 2 du Protocole)[1003]. Par ailleurs, il convient de souligner la mise en

---

[996] Cf. le Protocole relatif à la création du CPS, Article 8, alinéas 1-14.

[997] Comme exemple, citons la convocation par le CPS d'une réunion dès le lendemain du lancement par la Cour pénale internationale d'un mandat d'arrêt contre le Président Omar Hassan AL-BASHIR.

[998] Delphine LECOUTRE, *op. cit.*, p. 71.

[999] Article 12, alinéa 1.

[1000] *Ibidem*

[1001] Article 12, alinéa 5 du Protocole relatif à la création du CPS.

[1002] Article 12, alinéa 6 du Protocole relatif à la création du CPS.

[1003] Article 2 du Protocole portant création du Conseil de paix et de sécurité de l'Union africaine : « *Il est créé, au sein de l'Union, conformément à l'Article 5(2) de l'Acte constitutif, un Conseil de paix et de sécurité, qui est un organe de décision permanent pour la prévention,*

place d'une Force africaine prépositionnée, un autre organe d'appui qui constitue en quelque sorte le « bras armé » du CPS. Les modalités de fonctionnement de cet organe sont prévues à l'article 13 du Protocole relatif au CPS. Cependant, malgré les différentes innovations relevées avec la mise en place du CPS au sein de l'UA, il appert que celui-ci ne remplace ni le Conseil de sécurité des Nations Unies qui assure la responsabilité principale dans le maintien de la paix et de la sécurité internationales ni les mécanismes régionaux africains de résolution des conflits sur lesquels il s'appuie pour déployer des missions de bons offices, de médiation, etc. Organe singulier dans l'architecture continentale, les attributions qui lui sont dévolues lui permettent toutefois d'être au cœur du dispositif continental en matière de sanctions.

2- L'exercice d'attributions significatives en matière de sanctions

416. Le CPS est un organe qui concerne tous les États africains sans exception. Ayant une vocation qui déborde la conception traditionnelle de la sécurité collective[1004], le CPS, assure à un ensemble de fonctions dans différents domaines selon l'article 6 du Protocole : la promotion de la paix, de la sécurité et de la stabilité en Afrique ; la prévention, la gestion et le règlement des conflits ; le rétablissement de la paix ; les opérations d'appui à la paix et le droit d'intervention de l'Union dans un État membre en cas de circonstances graves telles que les crimes de guerre, le génocide et les crimes contre l'humanité ; la consolidation des processus de paix et la reconstruction post-conflit ; l'action humanitaire et la gestion des catastrophes[1005]. Par ailleurs, afin de mener à bien les missions qui lui ont été dévolues, le CPS dispose d'un ensemble de pouvoirs énoncés à l'article 7 du Protocole. Il s'agit pour cet organe d'anticiper, de prévenir les différents conflits ainsi que les politiques susceptibles de conduire à un génocide et à des crimes contre l'humanité ; d'entreprendre les activités de rétablissement et de consolidation de la paix lorsque des conflits éclatent et à cet effet de faciliter leur règlement. Il autorise aussi l'organisation à déployer des missions d'appui à la paix. De ce fait, il élabore des directives générales relatives à la conduite de ces missions, y compris au mandat desdites missions, et procède à la révision périodique de ces directives.

---

la gestion et le règlement des conflits. Le Conseil de paix et de sécurité constitue un système de sécurité collective et d'alerte rapide, visant à permettre une réaction rapide et efficace aux situations de conflit et de crise en Afrique ».

[1004]Blaise TCHIKAYA, « Le Conseil de paix et de sécurité de l'Union africaine », *in L'homme dans la société internationale. Mélanges en l'honneur du Professeur Paul TAVERNIER*, Bruxelles, Bruylant, 2013, p 389, pp. 387-405.

[1005]Article 7 du Protocole relatif au CPS.

417. Conformément à l'article 4 (h) de l'Acte constitutif, il recommande à la Conférence l'intervention au nom de l'Union dans un État membre en cas de crimes de guerre, de génocide ou de crimes contre l'humanité[1006]. En outre, il met en œuvre la politique africaine commune de défense et sécurité et assure une harmonisation, une coordination et une coopération étroites entre les mécanismes régionaux et l'Union dans la promotion et le maintien de la paix, de la sécurité et de la stabilité Afrique[1007]. Il assure également la mise en œuvre de la Convention de l'OUA sur la prévention et la lutte contre le terrorisme et des autres Conventions et instruments internationaux, continentaux et régionaux pertinents[1008]. Il harmonise et coordonne les efforts visant à combattre le terrorisme international, au niveau continental et régional. C'est à lui que revient, enfin, la responsabilité de la promotion et du renforcement d'un partenariat solide pour la paix et la sécurité entre l'UA et les Nations Unies[1009].

418. Il doit tenir compte, dans le cadre de ses responsabilités en matière de prévention des conflits, des progrès réalisés par les États membres en matière de promotion des pratiques démocratiques, de bonne gouvernance, d'État de droit, de protection des droits de l'homme et des libertés fondamentales, du respect du caractère sacré de la vie humaine, ainsi que du droit international humanitaire[1010]. Il met en œuvre les conventions et traités internationaux sur le contrôle des armes et le désarmement. En s'acquittant de ses devoirs, le CPS agit au nom des États membres[1011] qui conviennent d'accepter et d'appliquer les décisions de celui-ci conformément à l'Acte constitutif[1012].

419. Bien que les textes lui accordent une très grande responsabilité dans le domaine du maintien de la paix, de la stabilité et de la sécurité sur le continent, le paragraphe g de l'article 7 du Protocole créant cet organe prévoit qu'il « *impose, conformément à la Déclaration de Lomé des sanctions chaque fois qu'un changement anticonstitutionnel de gouvernement se produit dans un État membre* »[1013]. C'est également à lui que revient la charge d'établir et d'apprécier des faits susceptibles de mener à une sanction en matière de coups d'État et autres changements anticonstitutionnels de gouvernement. Il adresse également des recommandations à la Conférence quant aux mesures

---

[1006]Article 7, alinéa 1 (e) du Protocole relatif à la création du CPS.
[1007]Article 7, alinéa (i) du Protocole relatif à la création du CPS.
[1008]Article 7, alinéa 1 (n) du Protocole relatif à la création du CPS.
[1009]Article 7, Alinéa (j) du Protocole relatif à la création du CPS.
[1010]*Ibidem*
[1011]Article 7, alinéa 2 du Protocole portant création du CPS.
[1012]Cf. article 7 du Protocole relatif à la création du CPS.
[1013]*Ibidem*

coercitives à prendre[1014]. On constate ici que le cadre d'action du Conseil est manifestement plus large que celui de l'ancien mécanisme de prévention, de gestion et de règlement des conflits qui était limité à la diplomatie préventive et avait abandonné les opérations de maintien de la paix jugées trop coûteuses.

420. Outre la disposition précitée, l'article 24 de la Charte africaine de la démocratie, des élections et de la gouvernance prévoit qu'« (...) *au cas où il survient, dans un État partie, une situation susceptible de compromettre l'évolution de son processus politique et institutionnel démocratique ou l'exercice légitime du pouvoir le Conseil de paix et de sécurité exerce ses responsabilités pour maintenir l'ordre constitutionnel conformément aux dispositions pertinentes du Protocole...* »[1015]. Lorsque le CPS constate qu'il y a eu changement anticonstitutionnel de gouvernement dans un État partie, il prend la décision de suspendre les droits de participation de l'État partie concerné aux activités de l'Union[1016].

421. Il semble ainsi que l'organisation continentale a voulu renforcer son dispositif en matière de sanctions en instituant un organe spécifique. L'idée qui sous-tend cette création est sans doute de permettre une réaction rapide lorsque les situations précédemment évoquées se posent au niveau continental. Le renforcement des réactions du CPS a d'ailleurs fait l'objet d'une rencontre des États membres au sujet des réactions de l'UA et des sanctions de l'organisation en matière de coups d'État et autres changements anticonstitutionnels de gouvernement ; une rencontre qui a été également qualifiée de retraite d'EZulwini[1017]. Toutes ces prérogatives font du CPS un organe majeur dans le système africain.

De ces développements, il ressort donc une primauté certaine des organes à vocation politique s'agissant de la prise de sanction. Comme on a pu le constater, c'est autour d'eux que tourne le dispositif de l'UA en la matière, reléguant les organes non représentatifs des intérêts des États membres qui se retrouvent ainsi marginalisés.

SECTION II : LA MARGINALISATION CONTRE-PRODUCTIVE DES ORGANES INTÉGRÉS EN MATIÈRE DE SANCTIONS

[1014] *Ibid.*
[1015] Article 24 de la Charte africaine de la démocratie, des élections et de la gouvernance.
[1016] Article 25, alinéa 1 de la Charte africaine de la démocratie, des élections et de la gouvernance.
[1017] Voir *supra* première partie, titre 2, chapitre 1.

422. Si la plupart des organisations internationales sont dotées d'organes exécutifs intergouvernementaux, les organes qui feront l'objet de notre analyse sont propres à l'organisation africaine. Ce sont en effet des organes singuliers qui se distinguent des organes exécutifs des organisations internationales classiques. Dans le cadre africain, l'entité continentale ne se limite pas simplement à coordonner les intérêts étatiques ; elle s'investit également dans la promotion et le respect de valeurs propres. C'est pour cela qu'ont été institués des organes indépendants chargés de porter les intérêts spécifiques de l'organisation.

423. Entités d'un type nouveau en droit des organisations internationales en général et en droit de l'UA en particulier, ils constituent sans doute « *l'innovation la plus marquante qui soit intervenue dans le droit des relations internationales institutionnelles* »[1018]. La doctrine les qualifie d'organes intégrés ou supranationaux, car « *de par leur indépendance vis-à-vis des États, de par leur permanence aussi, elles font figure de noyaux institutionnels, d'emblème, et parfois de preuve tangible de l'existence corporative de l'organisation* »[1019]. Il existe donc des « *organisations d'intégration, des organisations supranationales, qui possèdent, au stade suprême de leur évolution, un organe parlementaire qui représente les individus auxquels leurs actes s'adressent directement et un organe judiciaire qui est le gardien de l'ordre juridique* »[1020]. En plus de ceux précités, il convient de mentionner une autre entité qui est l'organe exécutif ou administratif de l'organisation. La structure institutionnelle de l'UA comprend tous ces types d'organes. Il convient donc à présent de préciser quel rôle leur confie l'organisation en matière de sanctions. On constatera qu'au sein de l'UA, même si ces organes disposent d'un pouvoir de sanction, celui-ci est soit excessivement circonscrit (**Paragraphe 1**) soit fragile (**Paragraphe 2**).

Paragraphe 1 : L'excessive circonscription du pouvoir de sanction des organes intégrés

424. S'il est évident que les organes politiques disposent de prérogatives importantes en matière de sanctions dans le cadre de l'UA, l'on ne peut occulter de cette analyse le rôle également important d'autres organes, en l'occurrence les organes intégrés. Il n'est pas question ici de minimiser les efforts consentis par cette organisation en matière de répartition du pouvoir de sanction, cependant la pratique révèle une mise en retrait des organes

[1018]Constantin P. ECONOMIDES, *op. cit.*, p. 39.
[1019]Évelyne LAGRANGE, *La représentation institutionnelle dans l'ordre international. Une contribution à la théorie de la personnalité morale des organisations internationales*, The Hague/ London/ New York, Kluwer Law international, 2002, p. 32.
[1020]*Ibidem*

représentant les intérêts de l'organisation. Pourtant, « *la préoccupation exclusive de l'intérêt de l'organisation, conçu comme intérêt distinct des intérêts particuliers des États membres, donne aux organes intégrés une place à part : ils sont ceux qui assurent à l'organisation un rapport d'extériorité vis-à-vis des États et lui permettent d'exister face à eux et de mener une politique propre* »[1021]. Par organes intégrés, l'on fera référence ici à la Commission de l'UA, puis au Parlement panafricain et aux organes juridictionnels qui feront l'objet d'une analyse ultérieure. S'agissant de la Commission de l'UA, il est important d'exposer, même sommairement, les attributions et fonctions de cet organe sein de l'UA (**A**), ce qui permettra de constater qu'en matière de sanctions, son pouvoir est partagé et sa portée relative (**B**).

A- La Commission en tant expression de la vitalité intégrative de l'Union africaine

425. Le renouveau de l'organisation continentale africaine a mis en évidence d'autres organes qui n'existaient pas dans le cadre l'OUA. La finalité qui sous-tendait la création de l'UA était de parvenir à l'intégration de tous les États du continent. Or, une telle intégration nécessite l'institution d'organes voués à la réalisation de cet objectif auxquels sont conférés les pouvoirs nécessaires. Dans une organisation internationale, le rôle accordé aux organes intégrés est l'un des critères essentiels qui permettent de jauger la puissance de celle-ci ainsi que son autorité à l'égard de ses États membres. La nature d'une organisation internationale dépend directement de la place accordée aux organes intégrés dans sa structure institutionnelle[1022]. Comme le rappelle justement Guy Fleury NTWARI, en ce qui concerne l'instance continentale africaine, « *la substitution d'une organisation réputée très attachée à des mécanismes d'inspiration interétatique, par une autre dont l'optique d'intégration* [était] *clairement proclamée* [et] *ne pouvait que braquer l'attention sur l'importance et l'autonomie accordées à l'organe censé à titre principal incarner la volonté propre de celle-ci face aux États membres* »[1023]. Il agit de la Commission dont il est important de présenter le rôle.

426. En tant qu'organe représentant les intérêts de l'organisation, on n'aurait pu penser à juste titre que les textes de l'entité africaine accorderaient de larges compétences à cet organe en matière de sanctions, car il est composé d'individus agissant exclusivement en qualité de membres de cet organe et

---

[1021]Paul REUTER, Jean COMBACAU, *Institutions et relations internationales*, Paris, PUF, 1980, p. 311.
[1022]Michel VIRALLY, *L'organisation mondiale*, Paris, Amand Colin, 1972, p. 56.
[1023]Guy-Fleury NTWARI, *op. cit.* p. 105.

tenus d'exercer leurs fonctions à l'abri de toute influence extérieure à commencer par celle des États individuellement concernés[1024]. Cependant, il convient de constater, de prime abord, que la Conférence et le Conseil exécutif, principaux organes décisionnels de l'organisation, sont mieux définis dans l'Acte constitutif que la Commission qui représente les intérêts de l'UA. La détermination de sa structure et de ses compétences est reportée à l'adoption ultérieure de protocoles et de statuts[1025]. Le décor est ainsi planté. Les textes de l'organisation semblent reléguer au second plan un organe représentant la dynamique intégrative de l'organisation. Pour le comprendre, il importe de s'intéresser à ce que représente cet organe au sein de l'institution africaine (**1**) et aux évolutions qu'elle a connues au regard de sa devancière, le Secrétariat de l'OUA (**2**).

1- Un organe exécutif de l'Union africaine

427. Organe gouvernemental, « *la Commission est le Secrétariat de l'Union africaine et agit en tant que tel, conformément aux articles 5 et 20 de l'Acte constitutif de l'Union africaine* ». Toutefois, elle se démarque du Secrétariat général de l'OUA en ce qu'elle est l'organe exécutif, administratif et représentatif de l'Union et dispose à cet égard de compétences politiques et d'un pouvoir d'initiative dans des domaines qui lui sont souvent spécifiques. Elle est dirigée par un président élu par la Conférence accompagné d'un vice-président et de huit commissaires[1026] chargés de divers portefeuilles, dont ceux relatifs à la « paix et sécurité » (prévention, gestion et règlement des conflits et lutte contre le terrorisme) et aux affaires politiques (droits de l'homme, démocratie, bonne gouvernance, institutions électorales, organisations de la société civile, affaires humanitaires, réfugiés, rapatriés et personnes déplacées)[1027]. Dans le cadre de l'UA, les attributions dévolues à la Commission sont nombreuses. Elle agit en tant que dépositaire de l'Acte constitutif, des protocoles, des traités et des autres instruments juridiques et décisions adoptées par l'Union et hérités de l'OUA. Par ailleurs, elle élabore des propositions examinées par les organes et met en œuvre les décisions prises par ces derniers.

[1024]Michel VIRALLY, *op. cit.* p. 4.

[1025]Stéphanie DUJARDIN, *op. cit.*, p. 141.

[1026]Article 20 de l'Acte constitutif : « *1. Il est créé une Commission qui est le Secrétariat de l'Union.*

2. La Commission est composée de Président, du ou des vice-présidents et des commissaires. Ils sont assistés par le personnel nécessaire au bon fonctionnement de la Commission. 3. La structure, les attributions et les règlements de la Commission sont déterminés par la Conférence ».

[1027]Voir, Djacoba Liva TEHINDRAZANARIVELO, *op. cit.*, p. 96 et les articles 3.2.c),f), aa),q),w) des statuts de la Commission.

428. Par ailleurs, la Commission est en contact permanent avec les organes de l'organisation afin d'orienter, soutenir et contrôler l'action de l'UA et d'en garantir la conformité avec les politiques, stratégies, programmes et projets convenus. Elle gère le budget de l'Union après approbation par les organes délibérants. Elle s'occupe de la gestion des ressources budgétaires et financières, ainsi que des actifs et passifs de l'Union. Elle prépare un rapport annuel sur les activités de l'Union à la Conférence, et elle négocie avec les pays hôtes, en consultation avec le COREP (Comité des représentants permanents), les accords de siège[1028]. La Commission est également active dans le renforcement des capacités des acteurs de l'intégration et assure une cohérence d'ensemble des programmes visant à accélérer le processus d'intégration. De plus, elle anime une réflexion et assure une veille stratégique sur les questions clés pour l'avenir du continent. La Commission est également chargée de la mise en œuvre des décisions de sanction prises par la Conférence et le Conseil exécutif.[1029] Par ailleurs, en vertu de l'article 3.2.a de ses statuts, la Commission « (...) *représente l'Union et défend ses intérêts, sous l'autorité et le mandat de la Conférence et du Conseil exécutif* ». Entre autres fonctions, précisons aussi qu'elle est appelée à jouer un rôle essentiel dans le domaine de la paix et de la sécurité. À cet effet, elle « (...) *œuvre à la promotion de la paix, de la démocratie, de la sécurité et de la stabilité* »[1030] et apporte un appui opérationnel au CPS [1031]. Pour mener à bien ces prérogatives, un encadrement plus strict des modalités de révocation de ses membres a été prévu.

2- La sauvegarde de la vitalité intégrative par un durcissement des modalités de révocation des membres

429. Il résulte d'une analyse des attributions de la Commission une difficulté de véritablement cerner son rôle en matière de sanctions, si ce n'est celui d'organe d'exécution des organes interétatiques. Toutefois, ce propos doit être nuancé étant donné que la Commission, ou plutôt son Président a un rôle à jouer en matière de sanctions, ce qui explique que son président et ses

---

[1028]Article 3.2.e),j),k),l),o),u),y) des statuts de la Commission.

[1029]*Ibidem*

[1030]Article 3.2.r) des Statuts de la Commission.

[1031]Voir l'article 3.2.s) des statuts de la Commission. Il est également à noter que le rôle de la Commission ne s'arrête pas à ce niveau. En effet, elle doit vulgariser les objectifs de l'Union et de ce fait, « *elle collecte et diffuse les informations sur l'Union* » (article 3.2.bb) des statuts de la Commission). Elle est également chargée du renforcement de la coopération et la coordination des activités des États membres dans les domaines d'intérêts communs et leur apporte son assistance dans la mise en œuvre des programmes et politiques de l'Union (article 3.2.h) des statuts de la Commission). Elle assure aussi l'élaboration, la promotion, la coordination et l'harmonisation des programmes et politiques de l'Union ceux des Communautés économiques régionales (article 3.2.t des statuts de la Commission)

membres soient davantage protégés du point de vue de leur révocabilité. Aux termes de l'article 41 du règlement intérieur de la Conférence, pour mettre fin aux fonctions des membres de la Commission (Président, vice-président, commissaires), deux conditions doivent être remplies.

430. La première requiert que la procédure de révocation soit enclenchée par le Conseil exécutif devant laquelle la Commission est responsable et n'aboutira qu'au terme d'un vote à la majorité des deux tiers. La seconde exige que la révocation soit motivée par des faits d'incompétence, de mauvaise conduite ou d'incapacité à exécuter leur fonction certifiée par un Conseil médical. Cette disposition place les membres de la Commission dans une position plus favorable que le Secrétaire de l'OUA dont la révocation pouvait se faire au gré des humeurs des chefs d'État et de gouvernement et sans qu'il fût nécessaire d'avancer des motifs valables[1032]. Cette sécurité de la position du président de la Commission devrait avoir pour effet de la mettre en situation favorable en matière de sanctions. Il dispose notamment d'un pouvoir de sanction en matière de changements inconstitutionnels de gouvernement.

431. En effet, au regard de l'article 30 de l'Acte constitutif, le président de la Commission est mentionné aux côtés du président en exercice de l'UA pour prendre les sanctions nécessaires en cas de changement anticonstitutionnel de gouvernement. De plus, l'article 37 (4) du règlement de la Conférence indique : « *Chaque fois qu'il y a un changement anticonstitutionnel de gouvernement, le Président de la Conférence et le Président de la Commission : a) condamnent immédiatement au nom de l'Union, ce changement et demandent instamment le retour rapide à l'ordre constitutionnel* (...) *e) suspendent immédiatement l'État membre de l'Union*

[1032] Ce fut notamment le cas du secrétaire général Diallo TELLI à qui avait été reproché un excès de zèle. En effet, celui-ci avait tenté de dynamiser le rôle de Secrétaire de l'OUA qui était souvent resté cantonné à celui de secrétariat de l'organisation. Pour cela, il renforça la fonction avec une participation active aux débats des organes interétatiques, selon une interprétation des résolutions qui lui laissait une marge de manœuvre assez grande. Mais c'est sur cette interprétation qu'il fut révoqué. La Résolution AHG1965/33(§4) donnait au Secrétaire général le droit « *de tout entreprendre pour que cette coopération* [entre l'ONU et l'OUA] *soit la plus étroite possible* ». Pour Diallo TELLI, il avait reçu de la Conférence des chefs d'État et de gouvernement un mandat très général, y compris celui de signer des traités de coopération. Il fut alors désavoué par le Conseil des ministres qui déclara qu'il ne fallait pas « *perdre de vue que le représentant juridique de l'O.U.A. n'est que le Secrétaire général administratif et qu'il n'est donc pas sur un pied d'égalité avec le Secrétaire général de l'O.N.U.* » (O.U.A., Doc.Off. C.M./Cté B./S.R 1VII, p. 9). Ainsi en 1972, la Conférence des chefs d'État et de gouvernement refusa d'accorder un second mandat à Diallo TELLI. Voir François BORELLA, « L'évolution de l'O.U.A. » *AFDI*, 1974, p. 217. Le second désaveu fut celui de M. EKANGAKI qui, en 1974, conclut un accord au nom de l'O.U.A. avec une importante société pétrolière anglo-rhodésienne. De nombreux États critiquèrent cette décision et celui-ci démissionna « pour convenance personnelle ».

et sa participation aux activités de l'Union... »[1033]. En outre, l'article 7 du Protocole portant création du CPS prévoit : « *Conjointement avec le Président de la Commission, le Conseil de paix et de sécurité* (...) *imposent, conformément à la Déclaration de Lomé des sanctions chaque fois qu'un changement anticonstitutionnel de gouvernement se produit dans un État membre...* »[1034]. Il semblerait que la Commission, par l'entremise de son président, dispose donc d'un pouvoir de sanction partagé avec le président de la Conférence et, par la suite, avec le président du CPS en cas de changement anticonstitutionnel de gouvernement. Toutefois, cette affirmation suffit-elle à reconnaître un pouvoir de sanction à cet organe ? C'est la question à laquelle l'on tentera à présent d'apporter des réponses.

B- Le double handicap du pouvoir de sanction de la Commission : une attribution partagée et limitée

432. De prime abord, il semble difficile, au regard des statuts de la Commission et des attributions qui lui sont dévolues, d'affirmer qu'elle dispose explicitement d'un pouvoir de sanction. Toutefois, au regard de l'article 37 (4) du règlement intérieur de la Conférence, la Commission, par le biais de son président, intervient en matière de condamnation des coups d'État et autres changements anticonstitutionnels de gouvernement. Précisément, d'après l'article 37 (6) du règlement intérieur de la Conférence, il est chargé, en consultation avec le président de la Conférence de « *a. rassembl*[er] *les faits concernant le changement anticonstitutionnel de gouvernement ; b)* [d'] *établir des constats appropriés avec les auteurs en vue de s'informer de leurs intentions concernant la restauration de l'ordre constitutionnel dans le pays, sans reconnaître ni légitimer les auteurs) ; c) sollicite*[r] *la contribution des dirigeants et des personnalités africaines pour amener les auteurs du changement anticonstitutionnel à coopérer avec l'union; d) s'assure[r] de la coopération des CER dont le pays est concerné* »[1035].

433. D'autre part, l'article 7, alinéa 1 (g) du Protocole créant le CPS réaffirme le pouvoir du président de la Commission d'imposer conjointement avec le président du CPS des sanctions contre les coups d'État et autres changements anticonstitutionnels de gouvernement. En matière de paix et de sécurité, elle recommande à travers son président et celui du CPS la mise en œuvre de l'article 4 (h) en cas de circonstances graves : crime de guerre, crime contre l'humanité, génocide. De ces deux articles, on peut déduire qu'un pouvoir de sanction lui est reconnu. Cependant, l'article 37 (6) du règlement

[1033]Article 37. 4 du règlement intérieur de la Conférence des chefs d'État et de gouvernement.
[1034]Article 7, alinéa 1 (g) du Protocole portant création du CPS.
[1035]Cf. article 37 (6) du règlement de la Conférence.

intérieur de la Conférence précise davantage son rôle en indiquant que la Commission est associée à la délibération et à la décision par ses travaux de documentation et de préparation.

434. Son rôle reste ainsi celui d'un organe de préparation en vue de la décision des organes habilités. Il ne lui est reconnu aucun pouvoir d'initiative, ce qui est en contradiction avec la posture que prend l'UA qui se positionne comme une organisation d'intégration. Il aurait donc fallu qu'au moins en matière de changement anticonstitutionnel de gouvernement, domaine dans lequel elle intervient, une latitude lui soit accordée dans la mise en œuvre des sanctions. Comme le souligne effectivement Jacques SCHWOB, « *dans les organisations d'intégration, c'est l'organe intégré qui est le titulaire exclusif du pouvoir d'initiative, dans la mesure où celui-ci constitue l'instrument essentiel de sa fonction de promotion des intérêts communs* »[1036]. Il ne s'agit pas ici d'omettre l'évolution fonctionnelle de la Commission comparée au Secrétariat de l'OUA, simplement nous pensons qu'au lieu que son action en matière de sanctions soit toujours subordonnée à celle de la Conférence ou du CPS, elle aurait pu gagner en autonomie dans ce domaine. D'ailleurs, lorsqu'on s'intéresse à l'Union européenne dont s'inspire l'organisation africaine, on constate que les organes intégrés disposent d'un pouvoir de sanction. Dans cette organisation, le système mis en place n'exclut pas les organes interétatiques. Il existe plutôt un équilibre entre ces différents organes ou institutions et les organes intégrés que sont la Commission et le Parlement qui disposent de réelles prérogatives en matière de sanctions.

435. Dans le cadre de l'Union européenne, pour que l'organe politique prenne la décision de sanctionner un État membre, il faut en effet un avis motivé à la fois des États membres, de la Commission et le Parlement européens pour que le Conseil constate la violation après avis conforme du Parlement. Par la suite, l'existence d'une violation grave et persistante doit être constatée, une étape qui une fois de plus fait intervenir la Commission et le Parlement. Cependant, la prise de décision revient à l'organe interétatique[1037], à savoir le Conseil. Il apparaît donc à l'évidence que sans

[1036] Jacques SCHWOB, *op. cit.*, p. 93.

[1037] Dans le cadre de l'Union européenne, en matière de suspension d'un État membre, on constate une implication certaine des organes intégrés. En effet s'il revient soit au Conseil européen soit au Conseil des ministres de prendre la décision de suspendre un État ayant violé les dispositions de l'article 7 du Traité sur l'Union européenne (TUE) on constate que cette décision se fait au terme d'une procédure faisant intervenir la Commission et le Parlement. En effet, d'après l'article 7 paragraphe 1 du TUE, le premier volet de la procédure de constatation consiste en ce que, sur proposition motivée d'un tiers des États membres (9) du Parlement européen et de la Commission, le Conseil statuant à la majorité des quatre cinquièmes de ses membres et après avis conforme du Parlement peut constater qu'il existe un risque clair de violation des valeurs visées à l'article 2 TUE et lui adresser des recommandations. Le deuxième volet de la procédure, prévu à l'article 7 paragraphe 2 du TUE, consiste en ce que le Conseil

l'avis des organes intégrés, la décision de suspension ne peut être prise par le Conseil. Cela est caractéristique d'une organisation dans laquelle l'intégration est plus poussée que celle qui caractérise le système continental africain. Certains auteurs vont même jusqu'à soutenir que les organes interétatiques ne devraient plus intervenir dans le processus de sanction. À cet égard, Diemut THEATO, ancienne présidente de la commission du contrôle budgétaire du Parlement européen, a pu considérer que « *dans la Communauté* [européenne], *l'imposition des sanctions par un législateur irrégulier comme le Conseil, composé de représentants gouvernementaux, constituerait une violation de ce principe (*nulla poena sine lege*) et serait l'expression d'un déficit démocratique* »[1038]. Cette situation est, semble-t-il, difficilement compatible avec l'élaboration d'un régime général de sanction[1039].

436. Si l'on revient au cadre africain, on constate qu'à part les sanctions pour changement anticonstitutionnel de gouvernement pour lesquelles le président de la Commission dispose d'un pouvoir partagé de condamnation avec le président de la Conférence et celui du CPS, la Commission n'intervient ni en matière de sanctions financières ni de sanctions pour non-respect des principes et idéaux de l'organisation. Pourtant, et même s'il revient, comme dans le cadre européen, à l'organe interétatique (Conférence) de prendre la décision finale, la Commission de l'UA aurait dû avoir un rôle à jouer en tant que dépositaire de l'Acte constitutif. Il semble qu'en matière de sanctions, la Commission se positionne donc comme un organe intégré « d'assistance », c'est-à-dire qu'elle ne dispose d'aucune initiative, ni au regard de l'origine ni dans la conduite des tâches qui lui sont confiées. Ce faisant, l'UA s'aligne peut-être sur la conception que prônait la SDN en 1921 à travers le Rapport Noblemaire selon lequel le Secrétariat « *doit considérer comme son premier devoir de réunir des documents qui se rapportent à une affaire, de préparer les bases de la décision, sans suggérer ce que peuvent être ces décisions. Lorsque les décisions ont été prises par les corps qui en ont la seule responsabilité, il doit se limiter à les exécuter dans leur lettre et leur esprit* »[1040]. Par ailleurs, le rapport ajoutait que toute initiative de la part de

---

européen, sur proposition d'un tiers des États membres ou de la Commission, peut constater l'existence d'une violation grave et persistante par un État membre des valeurs visées à l'article 2 TUE, après avoir invité cet État membre à présenter toute observation en la matière. Cette constatation n'est effectuée qu'au terme d'un vote à l'unanimité et après approbation du Parlement européen. Le troisième volet de la procédure, prévu à l'article 7 paragraphe 3 TUE, correspond à la décision de sanction par le Conseil (informations tirées de l'ouvrage de Chahira BOUTAYEB, *Droit institutionnel de l'Union européenne : institutions, ordre juridique contentieux*, Paris, LGDJ, 5ème éd *op. cit.*, p. 164).

[1038]Diemut THEOTO ; cité par Maiténa POELEMANS, *La sanction dans l'ordre juridique communautaire. Contribution à l'étude du système répressif de l'Union européenne*, Paris, LGDJ, 2004, p. 164.

[1039]*Ibidem*

[1040]Georges LANGROD, *La fonction publique internationale*, Leide, Sijthoff, 1963, p. 148.

l'organe intégré « *aurait comme grave danger d'éveiller les susceptibilités nationales les plus légitimes* »[1041]. De plus, le fait que la Conférence puisse mettre fin à la fonction du président de la Commission[1042], même si cette procédure est encadrée, constitue une situation qui place ce dernier dans un lien de subordination avec l'organe interétatique.

437. À notre sens, il aurait fallu que le président et les commissaires soient indépendants et qu'ils ne tiennent pas leur position de la Conférence. C'est d'ailleurs ce que pensent certains auteurs lorsqu'ils affirment que « *les organes intégrés sont ceux composés d'agents de l'organisation. Ceux-ci ne dépendent, dans l'exercice de leurs fonctions, que de l'organisation elle-même, pour le compte de laquelle ils agissent, ils doivent conserver une totale indépendance à l'égard des États membres* »[1043]. L'Union africaine semble ainsi de fait vouloir continuer à garder son caractère interétatique dont elle entend pourtant se détacher[1044]. Ce constat est d'ailleurs partagé par certains membres du CPS lorsqu'ils déclarent qu'« (...) *il faut que la Commission de l'UA cesse d'être un Secrétariat qui exécute les ordres des gouvernements et il faut qu'elle intervienne en amont. Il faut donner à la Commission les pleins pouvoirs pour qu'elle puisse condamner les actions des autorités de fait et qu'elle puisse gérer les changements anticonstitutionnels de gouvernement sans que les États membres ne puissent lui opposer le principe de la souveraineté en la matière* »[1045].

438. Malgré les nombreuses attributions conférées à la Commission de l'UA, on ne peut donc que constater l'insignifiance de son pouvoir de sanction. Ce constat est encore plus perceptible si on le compare aux

---

[1041]Daniel VIGNES, « La place des Pactes de défense dans la société internationale », *AFDI.*, 1959, pp. 76-77.
[1042]Article 4.1 m) du règlement intérieur de la Conférence.
[1043]Jean COMBACAU, Serge SUR., *Droit international public*, Paris, Montchrestien, 5e éd., 2001, p. 734.
[1044]Stéphanie DUJARDIN, *op. cit.*, p. 172. Par ailleurs, il semblerait que le Protocole sur les amendements à l'Acte constitutif, s'il entre en vigueur, réduirait encore plus le rôle du Président de la Commission pour en transférer une partie au Président de la Conférence. En effet, l'article 7.1 de ce Protocole dispose que « *Le Président représente l'Union pendant son mandat en vue de promouvoir les objectifs et les principes de l'Union africaine, tels que stipulé dans l'article 3et 4 de l'Acte. En collaboration avec le Président de la Commission, il/elle exerce les attributions de la Conférence conformément à l'article 9 (e) et (g) de l'Acte* ». Cette disposition semble ainsi accroître les attributions du Président de la Conférence et réduire davantage celles de la Commission. Toutefois, cette collaboration semble réapparaître en matière de contrôle et de mise en œuvre des politiques et décisions de l'Union et dans le domaine de la gestion des conflits. Or, sachant que les textes de l'organisation confèrent au Président de la Commission le soin de représenter l'Union, on se demande bien en quoi il était utile de conférer la même mission au Président de la Conférence
[1045]Delphine LECOUTRE, *op. cit.*, p. 216. Propos tirés de l'entretien avec des États membres de l'UA, Addis-Abeba, 2 février 2010.

attributions dévolues à son homologue européenne dont pourtant elle s'inspire. Les analyses précédentes convergent toutes vers l'idée selon laquelle l'UA est une organisation internationale dans laquelle les organes intégrés sont institutionnellement subordonnés[1046]. Comme les organisations de même type, sa structure institutionnelle semble simple et « *comporte essentiellement un organe composé des représentants des États...* »[1047]. Dans ce cas l'organe intégré, en l'occurrence la Commission de l'UA, présente les qualités d'organe auxiliaire, c'est-à-dire d'« *organes qui fonctionnent sous l'autorité des organes dits principaux* (...). *Ici, l'idée de subordination doit être retenue comme le critère par excellence de l'organe auxiliaire* »[1048]. Cela explique sans doute pourquoi son pouvoir de sanction est circonscrit et partagé avec les organes politiques. Peut-on voir dans le peu d'empressement des dirigeants africains à conférer plus de pouvoir en matière de sanctions à la Commission le choix d'en accorder davantage à d'autres organes ? C'est du moins dans cette direction que semblent converger les textes de l'organisation.

Paragraphe 2 : La fragilité du pouvoir de sanction des organes intégrés

439. Comme on l'a mentionné, l'instauration d'organes intégrés représente un marqueur important du passage de l'OUA à l'UA. De nombreuses attributions ont en principe été conférées à ces organes, mais l'on a pu constater dans la pratique qu'ils n'ont pas encore acquis suffisamment d'autonomie en la matière. Après un exposé des attributions de la Commission, il semble important d'étudier celles d'autres organes de l'organisation pour essayer de préciser leurs fonctions en matière de sanctions. On constatera que le rôle réservé aux organes juridictionnels est encore restreint (**A**). En ce qui concerne l'organe en principe porteur de légitimité démocratique, le Parlement panafricain, il convient de noter qu'en matière de sanctions son pouvoir est encore inexistant (**B**).

A- La restriction du pouvoir de sanction des organes juridictionnels

440. L'une des nouvelles rhétoriques du droit international est celle de l'institutionnalisation d'organes dégagés de tout contrôle des États membres, notamment des organes judiciaires[1049]. Comme le souligne un auteur, « *ce*

[1046] Jacques SCHWOB, *op. cit.*, p. 155.

[1047] Paul REUTER, *Organisations européennes*, Paris, PUF, 1970, p. 36.

[1048] Constantin. P. ECONOMIDES, *Le pouvoir de Décision des organisations internationales européennes*, Leyde, Sijthoff,1964, p. 19 et s.

[1049] Sur cette question, voir Louis CAVARÉ, « La notion de juridiction internationale », *AFDI*, vol. 2, 1956, pp. 496-509.

phénomène est certainement l'un des facteurs les plus importants de l'évolution du droit international public à l'époque contemporaine »[1050]. L'organisation de Durban semble suivre une orientation vers des structures plus proches des structures internes que des structures intergouvernementales classiques[1051]. Ainsi, « *un droit des gens moderne* [implique] *la nécessité fondamentale de reconnaître l'intérêt de la société internationale tout entière à faire respecter son droit. Les atteintes à celui-ci ne doivent plus être considérées comme l'affaire du seul État qui est directement et principalement concerné. Il faut une notion équivalente au concept national de droit pénal, dans laquelle la communauté en tant que telle conjugue ses forces pour agir contre quiconque enfreint les éléments de son droit qui sont nécessaires à la sauvegarde de la tranquillité publique* »[1052]. Pouvoir saisir un tribunal déjà institué, dont les procédures et compétences sont fixées, ne peut que hâter la solution du différend et conduire à une sanction plus certaine des comportements reconnus comme illégaux[1053].

441. Dans la première partie de cette étude, l'on a déjà exposé le rôle des organes juridictionnels en matière de sanctions. De cette analyse, il est ressorti que ces derniers avaient été mis en place essentiellement dans le domaine de la protection contre les violations des droits de l'homme. Si l'on peut se satisfaire de l'affirmation d'une Cour en matière de sanctions contre les violations des droits de l'homme, cet optimisme doit être relativisé lorsque l'on aborde les autres types de sanctions. En effet, lors de l'adoption du Protocole sur le statut de la Cour africaine de justice et des droits de l'homme le 1er juillet 2008, des mesures autres que celles relatives aux droits de l'homme n'ont pas été envisagées. Ainsi, « (...) *l'entrée en vigueur de CJUA*[1054] *sera éclipsée par l'adoption du Protocole portant Statut de la Cour de justice et des droits de l'homme (CAJDH) ; si ce nouveau Protocole tient dûment compte de la Cour africaine des droits de l'homme et des peuples (CrADHP), il semble en revanche faire l'impasse sur la Cour de justice de l'Union africaine (CJUA), en ne lui aménageant aucune existence transitoire. Par voie de conséquence, il annihile la perspective de l'effectivité fonctionnelle même provisoire, d'une cour qui avait tout de même compétence sur tous les différends et requêtes portant notamment sur « l'interprétation,*

[1050] Christian PHILIP, Jean-Yves DE CARA, « Nature et évolution de la juridiction internationale. Rapport général », *in* SFDI, Colloque de Lyon, *La juridiction internationale permanente*, Paris, Pedone, 1987, p. 3, pp. 3-43.

[1051] Chahira BOUTAYEB, *Droit institutionnel de l'Union européenne : institutions, ordre juridique contentieux*, LGDJ, 5e éd, 2018, p. 441.

[1052] Philip C. JESSUP ; cité par Christian PHILIP, Jean-Yves DE CARA, *op. cit.*, p. 4.

[1053] *Ibidem*

[1054] Voir Doc. UA/Conf de l'Union, *Décision sur le rapport relatif à l'instrument juridique unique relatif à la fusion de la Cour africaine et de la Cour de justice de l'Union africaine des droits de l'homme et des peuples, Assembly/AU/Dec.196 (XI), 11 session ordinaire de la Conférence de l'Union*, Sharm El-Sheikh (Égypte), 30 juin-1er juillet 2008, 1 p., § 2.

l'application ou la validité des traités de l'Union et de tous les instruments juridiques subsidiaires adoptés dans le cadre de l'Union »[1055]. Cela témoigne de la place privilégiée accordée à la lutte contre les violations des droits de l'homme au détriment d'autres d'instruments clés. Conscient de cet état de choses, le Protocole amendant le Protocole portant le statut de la Cour africaine de justice et des droits de l'homme de 2014 viendra introduire une nouveauté en consacrant le crime de changement anticonstitutionnel de gouvernement. Cette reconnaissance représente une avancée significative en matière de sanctions contre les coups d'État et autres changements anticonstitutionnels de gouvernement. Cependant, ce Protocole n'étant pas encore entré en vigueur, le pouvoir de sanction des organes intégrés reste encore de fait limité à la protection contre les violations des droits de l'homme.

B- L'inexistence d'un pouvoir de sanction du Parlement panafricain

442. L'on ne s'attardera pas sur l'étude de cet organe, car en matière de sanctions il n'a pour l'instant aucun pouvoir. Toutefois, le Parlement panafricain fait partie des organes créés par l'Acte constitutif de l'UA[1056]. Il est la matérialisation du vœu de l'organisation continentale de voir les peuples africains participer aux activités de l'Union [1057]. Les parlementaires représentent ainsi toutes les populations africaines ainsi que les intérêts de la diaspora[1058]. Parmi les objectifs de cet organe, l'on note ceux de faciliter la mise en œuvre effective des politiques et objectifs de l'Union[1059] ; de promouvoir les principes des droits de l'homme et des peuples et la démocratie en Afrique[1060] ; d'encourager la bonne gouvernance, le respect de l'État de droit, la transparence et l'obligation redditionnelle dans les États membres[1061] ; ou encore de promouvoir la paix, la sécurité et la stabilité[1062]. En tant qu'organe législatif de l'Union, la Conférence détermine les sujets/domaines pour lesquels le Parlement peut proposer des projets types-lois[1063]. De sa propre initiative, il peut faire des propositions à la Conférence sur de nombreux sujets et lui proposer à cet effet des recommandations.

443. De ce qui précède, il semble difficile de mettre en évidence un pouvoir de sanction reconnu à cet organe. Son rôle semble cantonné, d'après

---

[1055]Voir Guy Fleury NTWARI, *op. cit.* p. 155.
[1056]Article 5 du Protocole relatif au Parlement panafricain.
[1057]Article 4, alinéa c, *ibidem*
[1058]Article 2, *ibid.*
[1059]Article 3, alinéa, *ibid.*
[1060]Article 3, alinéa c, *ibid.*
[1061]Article 3, alinéa d, *ibid.*
[1062]Article 3, alinéa f, *ibid.*
[1063]Article 8, alinéa 1 (a), *ibid.*

les attributions qui lui sont conférées, à un rôle consultatif sans grande influence sur la sanction. D'ailleurs, le Protocole relatif à cet organe met en avant son rôle de promotion en matière de paix et de sécurité, de droits de l'homme, de démocratie et de bonne gouvernance. Il semble ainsi curieux que l'organe représentant en principe la légitimité démocratique de l'organisation ne soit davantage impliqué dans la procédure conduisant à la sanction des États membres fautifs. Privé de pouvoir budgétaire, comme celui de contrôle de l'organisation interne de l'UA[1064], le Parlement panafricain est encore trop soumis aux desiderata de la Conférence. Par ailleurs, le fait que les membres de cet organe ne soient pas élus par les populations africaines, mais choisis parmi les parlementaires dans chaque État membre de l'organisation tend également à le fragiliser. L'UA pourrait, à l'instar de sa consœur européenne, donner un peu plus de place au Parlement panafricain. Il s'agit sans aucun doute d'un défi d'avenir essentiel pour cette organisation.

[1064]Guy Fleury NTWARI, *op. cit.*, p. 143.

CHAPITRE II : LES INSUFFISANCES FONCTIONNELLES DE LA PROCÉDURE DE DÉCLENCHEMENT DES SANCTIONS

444. Le déclenchement du pouvoir de sanction de l'organisation africaine s'apparente à une procédure de suivi et de contrôle du respect du droit de l'UA, comme tel est habituellement le cas dans les organisations internationales. En effet, « *le contrôle international de l'application du droit se décompose au moins en deux éléments : d'une part, la vérification, qui consiste dans l'établissement des faits constitutifs d'un comportement étatique ; d'autre part, la qualification, qui consiste dans l'appréciation de ce fait au regard du droit afin d'établir s'il lui est conforme. Un troisième élément, la réaction consécutive à la qualification, ne fait ne pas partie au sens strict du contrôle dont elle constitue seulement une conséquence directe* »[1065].

445. Longtemps laissée aux États qui contrôlaient l'application du droit, il est apparu important de confier cette tâche à une « *autorité extérieure aux États en cause, dotée pour ce faire d'une compétence spéciale et, de la sorte, qualifiée pour exercer un contrôle objectif de l'application du droit* »[1066]. Cependant, au sein de nombreuses organisations, le pouvoir de contrôler l'application du droit conventionnel et celui de prendre des sanctions pour non-respect de celui-ci sont encore confiés aux organes interétatiques. Même si cette configuration ne préjuge pas de l'inapplicabilité du droit conventionnel, il n'est pas exclu de penser qu'il pourrait exister une complaisance des organes interétatiques à l'égard de l'État fautif du fait des intérêts qui le lie avec d'autres États membres de l'organisation, mais aussi du poids politique que celui pourrait avoir au sein de l'organisation.

446. Suivant cette logique, le processus qui mène à l'adoption de sanctions au sein de l'UA, en dehors des violations des droits de l'homme, est confié à des organes interétatiques. Le déclenchement de la sanction fait suite à une décision de l'organisation de sanctionner les violations de son droit interne. Le suivi de cette décision « *implique l'existence de procédures, mécanismes ou modalités encadrant la mise en œuvre, comme celle de procédures, mécanismes ou modalités permettant de sanctionner la non-mise*

[1065]Pierre-Marie DUPUY, Yann KERBRAT, *Droit international public*, Paris, Dalloz, 10e éd., 2010, p. 575.
[1066]*Ibidem*

en œuvre... »[1067]. Parce qu'il s'agit d'une décision importante, la sanction tient compte à la fois de l'histoire, de l'architecture institutionnelle et des procédures existantes au sein de l'organisation qui la met en œuvre[1068]. Il apparaît alors que « *la procédure qui mène à l'adoption des sanctions est plus ou moins complexe selon l'organisation en cause et varie en fonction d'un certain nombre de paramètres* »[1069]. Du fait des domaines concernés par les sanctions de l'UA, la procédure aboutissant à l'édiction de sanctions s'avère être complexe, tant durant la phase de détermination de l'acte illicite (**Section I**) que dans celle de l'adoption des sanctions **(Section II)**.

SECTION I : LA COMPLEXITÉ IMMANENTE À LA PROCÉDURE

447. Devant une obligation générale de l'UA, les États ont le choix soit d'adopter une conduite conforme à celle-ci, soit un comportement contraire. Dans le premier cas, le résultat voulu par la norme étant respecté, l'organisation n'a aucune raison de prendre des sanctions[1070]. Dans le second cas, la conduite correspondant à une violation de l'ordre juridique mis en place par l'organisation, il est du devoir de celle-ci d'intervenir[1071]. Tirant sa substance de l'idée selon laquelle la réaction de l'Union africaine doit trouver sa source dans un seul fondement qui est l'Acte constitutif, la procédure de déclenchement de la sanction répond à plusieurs variables qu'il importe d'examiner. Cependant, il convient au préalable d'exposer brièvement la phase préliminaire de cette procédure qui consiste à déterminer l'acte illicite (**Paragraphe 1**), puis à rattacher la situation en cause à une violation définie par l'Acte constitutif (**Paragraphe 2**).

Paragraphe 1 - La détermination de l'acte illicite de l'Union africaine

---

[1067]Brigitte STERN, « Conclusions », *in* Hélène RUIZ FABRI, Louis Alexandre SICILIANOS, Jean-Marc SOREL (dir.), *L'effectivité des organisations internationales : mécanismes de suivi et de contrôle*, Athènes/Paris, Sakkoulas/Pedone, 2000, p. 111.

[1068]Robert W.COX, Harold K. JACOBSON, Gerard and Victoria CURZON, Joseph S. NYE, Laurence SCHEINMAN, James P. SEWELL, Susan STRANGE, *The anatomy of influence. Decision making in international organization*, New Haven and London, Yale University Press. 1973, p. 5.

[1069]Guillaume LE FLOCH « L'adoption de sanctions », *in* Évelyne LAGRANGE, Jean Marc SOREL (dir.), *Droit des organisations internationales, op. cit.*, p. 847.

[1070]Gagiran MEHMET EMIN, *Les sanctions non militaires de l'article 41 de la Charte au pouvoir du Conseil de sécurité à la lumière de la pratique récente*, Thèse de doctorat, Université de Reims, 1996, p. 102. Voir aussi Jérôme AUSLENDER, *Les sanctions non militaires des Nations unies : fondements, mise en œuvre et conséquences pour les États tiers et les droits de la personne*, Thèse de doctorat, Université Paris II Panthéon-Assas, 2006,

[1071]*Ibidem*

448. La détermination de l'acte illicite est un préalable indispensable à l'adoption de sanctions. Ainsi, pour qu'un État soit sanctionné, l'organisation doit être capable de réunir les faits litigieux et de les faire entrer dans une catégorie juridique bien déterminée afin d'être en mesure de prendre des sanctions adéquates. Cet acte est pris par l'organisation qui a reçu ce pouvoir des États membres à travers l'Acte constitutif. Il constitue une première forme de sanction collective. Ainsi, la dénonciation institutionnelle de la violation et l'imputation de cette violation à un État sont assimilées à une sanction au sens propre du terme[1072]. Il s'agit, pour ainsi dire, d'une reconnaissance officielle du caractère illicite du comportement[1073]. La décision de sanctionner « *constitue ainsi des moyens juridiques de mise en œuvre des compétences et attributions dont les organisations ont été dotées en vue de remplir la mission qui leur a été impartie, on peut dire que toute décision, quelle qu'elle soit, est toujours prise en vertu d'une compétence explicite ou implicite de l'organisation et que tout acte pris par l'organisation en vertu de ses compétences est une décision* »[1074]. Ce processus sera examiné sous l'angle des règles de procédures et des organes ou acteurs qui utilisent les règles ou se heurtent à elles. Ayant procédé, dans le chapitre précédent, à une analyse des compétences et pouvoirs des organes de l'organisation africaine, l'on s'intéressera uniquement ici au rôle de ceux-ci en matière de déclenchement des sanctions. La procédure s'articule autour de deux éléments clés : la constatation (**A**) et la qualification (**B**).

A- La constatation de faits litigieux : un préalable indispensable au déclenchement des sanctions au sein de l'Union africaine

449. La constatation est une opération intellectuelle consistant à relever l'existence d'un fait ou à caractériser aussi objectivement que possible une situation de fait[1075]. Dans cette opération, le fait est une donnée capitale. Comme le souligne Jean RAY, « (...) *dans la vie juridique le pur fait et le pur droit sont introuvable : le fait n'a d'existence que dès l'instant où il devient matière à l'application du droit, le droit n'a d'intérêt que dès l'instant où il vient s'appliquer au fait ; et par suite, dès qu'un juriste pense le fait, il le pense comme matière du droit, dès qu'il pense le droit, il le pense comme forme destinée au fait* »[1076]. Ce lien entre le fait et le droit se retrouve dans

[1072]Éric DAVID, *Droit des organisations internationales*, Bruxelles, Bruylant, 2016, p. 418.
[1073]*Ibidem*
[1074]*Ibid.*, p. 25.
[1075]Gérard CORNU, *Vocabulaire juridique*, Paris, PUF, coll. « Quadrige », 11e éd. (mise à jour), 2016.
[1076]Jean RAY, *Essai sur la structure logique du Code civil français*, Paris, F. ALCAN, 1926, p. 115 ; cite par Jean SALMON, « La construction juridique du fait en droit international », *Archives de philosophie du droit*, t. 32, Le droit international, Paris, Sirey, 1987, pp. 135-151.

l'opération de constatation qui, d'après David RUZIE[1077], comprend plusieurs phases : la première consiste en l'information (**1**) et la seconde réunit à la fois l'injonction et la décision (**2**).

1- L'information

450. La phase d'information vise à avertir les organes de décision de l'UA de l'existence d'une violation du droit conventionnel. Lorsqu'un État est déclaré coupable d'une infraction au droit de l'Union africaine, l'organisation le met en demeure de présenter ses observations. Il s'agit de permettre à l'État en cause de se justifier voire d'éviter la poursuite de la procédure s'il apporte des réponses satisfaisantes concernant les mesures incriminées. S'agissant des sanctions concernant le non-respect des principes et idéaux de l'organisation, cette phase d'information se traduit par la possibilité donnée aux « (…) *États membres sous sanctions d'exposer leur situation à la Conférence* »[1078]. S'agissant des sanctions contre les coups d'État et autres changements anticonstitutionnels de gouvernement, cette phase se résume au rassemblement de faits relatifs à la situation en question par la Commission[1079] et à la possibilité donnée d'« *établir des contacts appropriés avec les auteurs en vue de s'informer de leurs intentions concernant la restauration de l'ordre constitutionnel dans le pays, sans reconnaître ni légitimer les auteurs* »[1080]. Toutefois, lorsque l'UA est avertie d'une infraction à son droit conventionnel, elle peut prendre une sanction sans procéder à une quelconque mise en demeure. C'est, par exemple, le cas en matière de sanctions pour arriérés de contributions. Alors, lorsqu'un retard dans le paiement des contributions dues à l'organisation est observé, la Conférence, sur la base des recommandations des organes (Conseil exécutif et COREP) et surtout des informations fournies par la Commission, prend les mesures appropriées sans qu'une mise en demeure ne soit envisagée.

2- L'injonction et la décision

451. L'injonction est la phase qui suit l'information dans l'opération de constatation. Durant cette phase, les informations recueillies sont destinées à permettre à la Conférence ou au CPS d'adresser une injonction à l'État fautif. Or, si celui-ci ne respecte pas l'injonction, l'organisation prendra la décision d'adopter des sanctions. Cette phase correspond à une disposition contenue dans le règlement intérieur de la Conférence qui donne mandat à cet organe

---

[1077] David RUZIE, *op. cit.*, p. 97.

[1078] Article 36, alinéa 4 du règlement intérieur de la Conférence des chefs d'État et de gouvernement.

[1079] Article 37, alinéa 6 (a), *ibidem*

[1080] Article 37, alinéa 6 (b), *ibid.*

d'accorder à « *l'État membre concerné un délai pour respecter les décisions et les politiques et indique le moment où, à défaut du respect de cette décision, le régime des sanctions prévues à l'article 23 (2) de l'Acte Constitutif et au présent article sera mis en œuvre* »[1081]. On voit là une similitude avec le processus de déclenchement de la sanction au sein l'ONU où ce procédé est appliqué par le Conseil de sécurité lorsque celui-ci a la volonté politique et la capacité opérationnelle de procéder à l'étape suivante, c'est-à-dire l'édiction et l'application de mesures[1082].

452. Comme évoqué, le processus de déclenchement des sanctions de l'ONU comporte trois étapes. La première est la constatation, la seconde l'injonction, et la troisième la prise de la sanction proprement dite. Ici, le déclenchement s'appuie sur le constat d'une menace contre la paix, d'une rupture de la paix ou d'un acte d'agression. Cette opération, qui permet le rattachement d'une situation à une catégorie juridique déterminée, est la situation la plus fréquente dans les organisations internationales. C'est le même organe qui reconnaît l'existence de la situation et qui tire les conséquences de celle-ci en déclenchant les sanctions.

453. À ce stade, il n'y a encore aucune conséquence pratique pour les États suspectés. Puis, le Conseil de sécurité s'adresse à ces derniers en leur demandant d'arrêter les agissements qui troublent la paix et la sécurité internationales. Il peut aussi prendre des mesures provisoires comme celles prévues à l'article 40 de la Charte[1083]. Si cette injonction est respectée, la procédure de constatation prend fin. Si tel n'est pas le cas et que l'État fautif ne met pas lui-même fin à son comportement fautif, le Conseil de sécurité va prendre des mesures pour le contraindre à arrêter l'action répréhensible au regard des textes de l'organisation. Les sanctions ainsi prises peuvent être des mesures non militaires (article 41 de la Charte)[1084] ou de nature militaire

---

[1081] Article 36, alinéa 3, *ibid.*

[1082] Linos Alexandre SICILIANOS, « Sanctions institutionnelles et contre-mesures : tendances récentes », *in* L.-P. FORLATI, Linos Alexandre SICILIANOS (dir.), *Les sanctions économiques en droit international*, La Haye, Nijhoff, 2004, p. 21.

[1083] Article 40 de la Charte : « *Afin d'empêcher la situation de s'aggraver, le Conseil de sécurité, avant de faire les recommandations ou de décider des mesures à prendre conformément à l'article 39, peut inviter les parties intéressées à se conformer aux mesures provisoires qu'il juge nécessaires ou souhaitables. Ces mesures provisoires ne préjugent en rien les droits, les prétentions ou la position des parties intéressées. En cas de non-exécution de ces mesures provisoires, le Conseil de sécurité tient dûment compte de cette défaillance* ».

[1084] Article 41 de la Charte : « *Le Conseil de sécurité peut décider quelles mesures n'impliquant pas l'emploi de la force armée doivent être prises pour donner effet à ses décisions, et peut inviter les Membres des Nations Unies à appliquer ces mesures. Celles-ci peuvent comprendre l'interruption complète ou partielle des relations économiques et des communications ferroviaires, maritimes, aériennes, postales, télégraphiques, radioélectriques et des autres moyens de communication, ainsi que la rupture des relations diplomatiques* ».

(article 42 de la Charte)[1085]. Depuis la création de l'ONU, le processus de sanction est arrivé à son terme dans seize situations, dont quatorze à partir de la décennie 1990. De plus, six de ces régimes de sanction sont encore en vigueur malgré la suspension de certains (Libye) et la levée partielle d'autres (Rwanda, Afghanistan)[1086].

454. Dans le cadre de l'organisation continentale africaine, la procédure est similaire notamment en ce qui concerne le déclenchement des sanctions contre les coups d'État et autres changements anticonstitutionnels de gouvernement. Cependant, à la différence des Nations Unies, ce n'est pas l'État membre qui commet l'infraction, mais des individus n'exerçant pas le pouvoir de manière adéquate dans cet État. Dans ce cas, dans un premier temps, l'organisation va constater une rupture de l'ordre constitutionnel, puis elle enverra une injonction aux auteurs des faits. C'est le refus de ceux-ci de respecter l'injonction de l'UA qui entraînera le déclenchement de sanctions. Cette procédure fut notamment appliquée lors de la crise aux Comores en 2007.

455. En effet, la crise dans ce pays composé de trois grandes îles - à savoir la Grande Comore, Anjouan et Mohéli – a débuté lorsque, le 10 juin 2007, Mohamed BACAR s'autoproclama président de l'île d'Anjouan à l'issue du premier tour de l'élection présidentielle organisée en violation du décret du président de l'Union des Comores reportant lesdites élections au 17 juin de la même année[1087]. Parce que les textes de ce pays prévoient une présidence tournante, chaque île organise, chacune leur tour, des primaires pour déterminer les candidats qui se présenteront à l'élection présidentielle. Or, l'auto-proclamation de Mohamed BACAR est allée à l'encontre des textes dans la mesure où l'environnement local n'était pas « *propice à la tenue*

1085 Article 42 de la Charte : « *Si le Conseil de sécurité estime que les mesures prévues à l'article 41 seraient inadéquates ou qu'elles se sont révélées telles, il peut entreprendre, au moyen de forces aériennes, navales ou terrestres, toute action qu'il juge nécessaire au maintien ou au rétablissement de la paix et de la sécurité internationale. Cette action peut comprendre des démonstrations, des mesures de blocus et d'autres opérations exécutées par des forces aériennes, navales ou terrestres de Membres des Nations unies* ».

1086 Voir les développements de Djacoba Liva TEHINDRAZANARIVELO, « Le droit des Nations Unies et les limites au pouvoir de sanction du Conseil de sécurité », *The Centre for Studies and Research in International Law and International Relations*, 2016 ; disponible sur le site : https://referenceworks.brillonline.com/entries/centre-for-studies-and-research-in-international-law-and-international-relations/le-droit-des-nations-unies-et-les-limites-au-pouvoir-de-sanction-du-conseil-de-securite-ej.9789004137011.ch03, consulté le 09 septembre 2017, p. 215. Voir aussi : Philippe WECKEL, « Le Chapitre VII de la Charte et son application par le Conseil de sécurité », *AFDI*, 1991, pp. 165- 202 ; Pierre D'ARGENT, Jean D'ASPREMONT LYNDEN, Frédéric DOPAGNE, Raphael VAN STEENBERGHE, « Article 39 », *in* Jean-Pierre COT, Alain PELLET, Mathias FORTEAU, *La Charte des Nations unies, commentaire article par article*, Paris, Economica, 3e éd, 2005, pp. 1131-1170.

1087 Cf. Faustin TABALA KITENE, *op. cit.*, p. 248.

d'élections libres, régulières et transparentes »[1088] ; raison pour laquelle elles avaient été reportées. Comme il fallait s'y attendre, Mohamed BACAR ne fut donc reconnu ni par l'Union des Comores ni par l'UA.

456. Ainsi, la Cour constitutionnelle du pays rendit un arrêt le 18 juin 2008 dans lequel elle déclara que « (...) *les opérations électorales pour l'élection présidentielle de l'île d'Anjouan n'ont pas eu lieu et ordonn*[a] *à l'autorité compétente de convoquer le corps électoral pour l'élection du président de l'île autonome d'Anjouan* »[1089]. Cette position de la Cour constitutionnelle ne trouvera cependant aucun écho auprès de Mohamed BACAR. Au regard de cette situation, le CPS, réuni pour sa 82e réunion, mit en garde les autorités anjouanaises contre l'organisation de l'élection et indiqua que l'Union africaine et la Communauté internationale ne reconnaîtraient pas les résultats d'un tel scrutin[1090]. Malgré cet avertissement de l'organisation, les autorités de l'île d'Anjouan maintiendront leur position, comme le constata le CPS durant sa 87e réunion en « *regrett*[ant] *que les efforts entrepris dans le cadre du règlement de la crise comorienne, défini par le Comité ministériel des pays de la région lors de ses réunions susmentionnées au Cap et à Pretoria, n'ont pas rencontré l'écho favorable escompté de la part des autorités de fait anjouanaises* [et] *déplore l'intransigeance dont ont fait montre les autorités de fait d'Anjouan, ainsi que leur manque de coopération avec l'initiative régionale sur les Comores et avec le Conseil de paix et de sécurité* »[1091]. Le CPS ira plus loin en prenant, quelques mois plus tard, des mesures contraignantes à l'encontre des autorités illégales d'Anjouan.

457. Précisément, à l'occasion de sa 95e réunion, il décida que « *a) tous les États membres prendront immédiatement les mesures nécessaires pour empêcher l'entrée ou le passage en transit sur leurs territoires des autorités illégales d'Anjouan ; b) tous les États membres gèleront immédiatement les fonds, autres avoirs financiers et ressources économiques appartenant aux ou sous contrôle des autorités illégales d'Anjouan ; d) toutes les liaisons aériennes et maritimes en provenance ou à destination d'Anjouan seront surveillées...* »[1092]. Le CPS donna un délai de quarante-cinq jours aux autorités d'Anjouan pour rétablir l'ordre constitutionnel. Si, dans ce délai, les autorités de cette île acceptaient d'organiser des élections, les sanctions seraient

---

[1088] *Ibidem*
[1089] *Ibid.*
[1090] Doc/UA, PSC/PR/PS(LXXXII), 82e réunion du CPS, Addis-Abeba, 23 juillet 2007.
[1091] Doc/UA, Rév. 1 PSC/PR/Comm(LXXXVII), 87e réunion du CPS, Addis-Abeba, 13 août 2007, p. 1.
[1092] DOC/UA, PSC/PR/Comm (XCV), 95e réunion du CPS, Addis-Abeba, 10 octobre 2007, § 5, pp. 1-2.

levées[1093] mais, dans le cas contraire, le CPS décidera « *d'autres mesures, y compris le blocus maritime et aérien de l'île, ainsi qu'un appui de la mission d'assistance électorale et sécuritaire (MAES) au gouvernement comorien pour lui permettre de prendre toutes les mesures nécessaires pour restaurer son autorité à Anjouan* »[1094]. Face au refus persistant de Mohamed BACAR, le CPS décida finalement de mettre en œuvre « (...) *la décision de la Conférence et a convenu des mesures militaires en vue d'appuyer la décision prise par le Gouvernement de l'Union des Comores pour restaurer son autorité à Anjouan* »[1095]. L'UA s'aligna ainsi sur la pratique de l'ONU qui, si elle constate une situation qu'elle estime intolérable et justifiant une réaction collective, procède à une opération préliminaire au déclenchement de la procédure de sanction [1096] qui s'appuie sur un élément essentiel : la qualification.

B- La qualification, une étape fondamentale avant la prise de décision

458. La qualification consiste en une opération intellectuelle d'analyse juridique. Il s'agit d'un outil essentiel de la pensée juridique qui consiste à prendre en considération un élément qu'il s'agit de qualifier (fait brut, acte, règle, etc.) et à le faire entrer dans une catégorie juridique préexistante (ce qui a pour conséquence de lui appliquer un régime juridique particulier) en reconnaissant en lui les caractéristiques essentielles de la catégorie de rattachement[1097]. L'opération de qualification demande ainsi de se référer à une catégorie juridique à laquelle il s'agit de confronter le fait, l'acte ou la situation pour vérifier qu'il ou elle s'insère dans cette dernière[1098]. Autrement dit, cette opération consiste à « *traduire les faits en langage juridique* »[1099], suivant une logique qui consiste à donner une étiquette aux hommes, aux actes et aux choses[1100]. Elle constitue alors le *casus foederis*[1101] ; le motif permettant

[1093] *Ibidem*
[1094] *Ibid.*
[1095] Communiqué de la réunion ministérielle sur les Comores, Addis-Abeba (Éthiopie), 20 février 2008, § 7.
[1096] Jean COMBACAU, *op. cit.*, p. 65.
[1097] Gérard CORNU, *Vocabulaire juridique*, *op. cit.* ; voir aussi Thomas JANVILLE, *La qualification juridique des faits*, Aix-en-Provence, PUAM, 2004, p 21.
[1098] Mathias FORTEAU, *Recherche sur les relations entre le droit de la Charte des Nations Unies et le droit de la responsabilité de l'État pour fait internationalement illicite*, Thèse de doctorat, Université Paris X Nanterre, 2002, p. 88.
[1099] Philippe JESTAZ, *Le droit*, Paris, Dalloz, coll. « Connaissance du droit », 4e éd., 2002, p. 85.
[1100] *Ibidem*
[1101] C'est-à-dire l'« *expression désignant le fait ou la situation , expressément ou implicitement prévu dans un traité d'alliance, qui, lorsqu'il se produit ou qu'elle se réalise, donne lieu à*

le déclenchement de mécanismes de réaction à la violation d'une norme (fondamentale) du système[1102].

459. Face à une violation de son Acte constitutif justifiant une réaction de l'organisation africaine, celle-ci procède à une opération préliminaire qui vise à déclencher une action menant à une sanction. Cette opération consiste, avant toute prise de décision, à constater l'existence d'une situation (violation des principes et idéaux de l'Acte constitutif) justifiant une réaction de sa part (sanctions). Les situations déclenchant un processus de sanction ne sont que des « *faits matériels, juridiquement neutres, ne portant en eux-mêmes aucune aptitude à entraîner le déclenchement des sanctions; même quand ils tombent dans une catégorie juridique prédéterminée, telle que l'infraction, cette qualité ne permet pas à elle seule à l'organisation d'entreprendre une action coercitive: pour qu'elle le fasse, il est nécessaire qu'elle reconnaisse dans cette situation l'une de celles contre lesquelles* [l'Acte constitutif] *l'habilite à prendre des sanctions. Par conséquent deux actes se succèdent : la constatation d'une situation de fait ou de droit qui reste neutre au regard de la sanction et son rattachement à un cas de sanction* »[1103].

460. Cette opération, qui permet de rattacher une situation à une catégorie juridique, et donc de la soumettre à un régime défini, est une étape préalable indispensable. L'édiction de sanctions est ainsi précédée d'une qualification objective de la situation ou infraction en question par l'organe habilité par l'Acte constitutif pour ce faire[1104]. Cette phase est importante en ce que « *la qualification, en tant qu'elle s'insère dans une opération de sanctions dont elle constitue la première étape, est un acte opératoire grave, à défaut duquel* [l'Union Africaine][1105] *ne pourra pas mettre en œuvre de sanctions conformes à* [l'Acte constitutif][1106] *et devra, si elle entend poursuivre une action coercitive, recourir aux sanctions non conventionnelles...* »[1107].

---

l'exécution des obligations d'assistance assumées en vertu de ce traité» (VEROSTA, *Casus Foederis* ; explication tirée de Mirko ZAMBELLI, *La constatation des situations de l'article 39 de la Charte des Nations Unies par le Conseil de Sécurité. Champ d'application des pouvoirs prévus au chapitre VII de la Charte des Nations Unies*, Genève/Bâle/Munich, Helbing/Lichtenhahn, 2002, p. 83.

1102 *Ibidem*. Pour des informations complémentaires sur la notion de qualification, voir : Charles VAUTROT-SCHWARZ, *La qualification juridique en droit administratif*, Paris, LGDJ, 2009, 685 p. ; Henri DUPEYROUX, « Sur la généralité de la loi », *in Mélanges Carré de Malberg*, Paris, Sirey, 1933, p. 137.

1103 Jean COMBACAU, *op. cit.*, p. 65.

1104 Linos Alexandre SICILIANOS, « Sanctions institutionnelles et contre-mesures : tendances récentes », *op. cit.*, p. 21.

1105 Ajouté par nous.

1106 *Ibidem*

1107 Jean COMBACAU, *op. cit.*, p. 107.

Paragraphe 2 : La qualification comme autorisation de déclencher les sanctions de l'Union africaine

461. L'opération de qualification est un point de départ vers des sanctions[1108] uniquement mises en œuvre contre les situations prévues par l'Acte constitutif. On peut ainsi l'entendre comme une autorisation qui, en droit international, désigne le « *pouvoir délivré ou accordé par une autorité ou un organe supérieur ou détenteur de ce pouvoir à une autre personne, représentant ou organe, en vue de l'habiliter à accomplir une action ou un acte juridique* »[1109]. Autrement dit, il s'agit de la « *décision d'un organe d'une organisation internationale accordant à un autre organe ou à une personne distincte le droit d'accomplir un acte, d'entreprendre une action* »[1110].

462. Dans le cadre de cette réflexion, on l'entendra comme le pouvoir ou la permission accordé/e par les États membres de l'UA aux organes de celle-ci de mettre en œuvre des sanctions qu'individuellement ils ne pourraient prendre ; ou s'ils y parvenaient, la portée des sanctions décidées serait moindre. Dans le second cas, il s'agirait de la décision accordée par la Conférence au CPS d'entreprendre des actions lorsqu'un changement anticonstitutionnel de gouvernement survient sur le continent. Alors, il s'agirait simplement, pour les organes de l'organisation compétents en matière de sanctions, de rattacher les faits incriminés aux dispositions de l'Acte constitutif qui les habilitent à prendre des sanctions. Pour Christian DOMINICE, elle constitue le sésame sans lequel il n'est pas possible d'accéder au pouvoir de sanction[1111]. Or, cette opération est parfois confondue avec l'interprétation qui consiste à préciser le sens d'un texte juridique. En effet, comme le souligne Jean SALMON, « *si interprétation et qualification sont des notions en principe distinctes, il n'est pas toujours aisé de déterminer leur part respective dans l'action. Les actes de qualifications sont une forme d'interprétation et l'interprétation d'une notion dans un sens déterminé restreindra ou élargira le champ de la qualification* »[1112]. Sans confondre les

---

[1108] *Ibidem*, p. 66.
[1109] Jean SALMON, *Dictionnaire de droit international public*, *op. cit.*, p. 113.
[1110] *Ibidem*. Une autre définition donnée est celle de l'autorisation conçue en tant que « *consentement donné par un État à un autre pour lui permettre d'accomplir un acte* ». En droit interne, il s'agit de la loi votée par un parlement et celle adoptée par voie référendaire, en vue de permettre la ratification ou l'approbation d'un accord international, souvent dit « loi d'autorisation ». Cette dernière définition s'inscrit dans le sillage de celle donnée par le *Vocabulaire juridique* qui considère l'autorisation comme la « *permission accordée par une autorité qualifiée à une personne d'accomplir un acte que celle-ci ne pourrait normalement faire seule, soit en raison d'une incapacité d'exercice soit en raison des limites de ses pouvoirs ordinaires ou de sa compétence* » (Gérard CORNU, *Vocabulaire juridique*, *op. cit.*, p. 107).
[1111] Christian DOMINICE, « Le Conseil de sécurité et l'accès aux pouvoirs qu'il reçoit du Chapitre VII de la Charte des Nations Unies », *RSDIE*, 1995, p. 425.
[1112] Jean SALMON, « La construction juridique du fait en droit international », *op. cit.*, p. 144

deux notions, il convient néanmoins de noter que l'opération de rattachement permet de saisir les réalités dans un univers conceptuel du droit pour tenter d'en déduire les conséquences juridiques. Il est alors question ici de mettre en présence deux systèmes conceptuels différents dont l'un décrit une situation de la vie et l'autre confère à cette situation sa qualification juridique[1113]. C'est ainsi que dans le cadre de l'UA, lorsqu'un État membre agit de façon contraire aux principes et idéaux de l'organisation, celle-ci doit rassembler tous les faits afin de lui permettre de les analyser et, éventuellement, d'édicter une sanction. Cette opération est présente dans la décision qui déclenche la sanction. L'organe de sanction s'attellera seulement à appliquer les mesures prévues. Il s'agit de l'hypothèse la plus simple en ce que c'est le même organe qui procède au rattachement et au déclenchement des sanctions[1114]. Cependant, il arrive que cette opération de rattachement fasse intervenir un ou plusieurs organes dont certains se contenteront de procéder au constat de la violation et d'autres se chargeront de déclencher des sanctions.

463. À cet égard, l'organe qui prend les sanctions peut être invité par un autre organe estimant que la situation mise en cause nécessite une sanction. Cet acte n'a cependant aucune portée obligatoire, ni dans la qualification de la situation ni dans l'invitation à en tirer les conséquences. L'organe déclencheur de la sanction est toujours obligé de procéder lui-même à une qualification « *quitte à endosser s'il le juge bon la qualification donnée par un autre que lui, mais en prenant alors la responsabilité d'une décision qu'il fait ainsi sienne* »[1115]. Opération à la fois simple et complexe, elle varie dans le cadre de l'UA en fonction des obligations violées. On constatera, en effet, une ambivalence de la procédure de qualification qui oscille entre la simplicité, s'agissant de l'opération de rattachement concernant les sanctions de l'article 23 de l'Acte constitutif (**A**), et la complexité, s'agissant de l'opération de rattachement en matière de coup d'État et autres changements anticonstitutionnels de gouvernement (**B**).

[1113] Jean-Louis BERGEL, *Méthodologie juridique*, Paris, PUF, 2001, p. 103. Ainsi, « *pour donner à un fait, à un acte, à une situation, à une personne sa qualification, il faut donc procéder à une opération logique dite de "subsomption"* (...). *Alors que l'on admet couramment que la qualification est un passage du fait au droit, on peut également considérer qu'elle constitue plutôt une transposition de l'appareil conceptuel du droit à des situations de fait car pour pouvoir capter les faits, le droit doit d'abord disposer d'un arsenal suffisant des concepts* ». Voir aussi « qualification », *in* André-Jean ARNAUD (dir.), *Dictionnaire encyclopédique de la théorie et de la sociologie du droit*, Paris, LGDJ, 2e éd., 1993.
[1114] Jean COMBACAU, *op. cit.*, p. 108.
[1115] *Ibidem*

A- L'absence de formalisme de l'opération de rattachement concernant les sanctions de l'article 23 de l'Acte constitutif

464. Qualifiée de « *tâche principale du juge* »[1116], l'opération de rattachement ou qualification des faits est le fait d'organes politiques, à l'exception d'une partie des sanctions touchant aux violations des droits de l'homme pour lesquelles des sanctions militaires sont envisagées. Les sanctions ici envisagées touchent aux obligations statutaires, des situations apparemment simples étant donné, comme le souligne Jean COMBACAU, que « (...) *les organes compétents se contentent de confronter la situation de l'espèce avec celle prévue par* [l'Acte constitutif] *et de reconnaître dans ce cas particulier une application du cas général, transformant ainsi une règle abstraite en règle concrète...* »[1117]. Cela est vrai lorsque les sanctions concernent des arriérés de contributions (**1**) mais aussi, de façon plus variable, pour les mesures touchant aux décisions et politiques de l'organisation (**2**).

1- L'hypothèse des arriérés de contributions

465. Dans le cadre de l'UA, lorsqu'un manquement d'un État à ses obligations financières est constaté, il n'est pas prévu de procédure d'exclusion comme cela existe dans d'autres organisations internationales[1118]. Ici, tous les comportements qui donnent lieu à des sanctions sont prévus par l'Acte constitutif. Il s'agirait donc, tout simplement, pour les organes compétents de les constater afin de pouvoir mettre en œuvre des sanctions. Cependant, l'Acte constitutif n'est pas prolixe quant à la procédure de constatation du défaut de paiement des contributions financières. En effet, à la différence de l'UA, l'ONU précise dans son texte fondateur les modalités de mise en œuvre de ce type de sanctions[1119] tandis que l'organisation régionale africaine a préféré renvoyer ce type de dispositions dans un texte annexe. L'article 23 de l'Acte constitutif se contente juste de préciser que c'est à la Conférence qu'il revient le soin de déterminer les sanctions à appliquer aux États membres en cas de défaut de paiement des obligations

[1116]Philipe JESTAZ, « La qualification en droit civil », *Droits*, n° 18, 1993, p. 46.
[1117]Jean COMBACAU, *op. cit.*, pp. 67-68.
[1118]C'est par exemple le cas de l'article 6 de la Charte des Nations Unies qui prévoit que « *si un Membre de l'Organisation enfreint de manière persistante les principes énoncés dans la présente Charte, il peut être exclu de l'Organisation par l'Assemblée générale sur recommandation du Conseil de sécurité* ».
[1119]L'article 19 de la Charte des Nations Unies stipule que « *Un membre des Nations Unies en retard dans le paiement de sa contribution aux dépenses de l'Organisation ne peut participer au vote à l'assemblée générale si le montant de ses arriérés est égal ou supérieur à la contribution due par lui pour les deux années complètes écoulées. L'Assemblée générale peut néanmoins autoriser ce Membre à participer au vote si elle constate que le manquement est dû à des circonstances indépendantes de sa volonté* ».

financières[1120]. Pour trouver des précisions sur cette procédure de constatation et de rattachement, il est nécessaire de se référer aux dispositions du règlement intérieur de la Conférence des chefs d'État et de gouvernement et à l'article 126 du règlement financier de l'UA. Aux termes de l'article 35 du règlement intérieur de la Conférence, il revient à cette dernière de déterminer, sur la base des recommandations du Conseil exécutif et du COREP ainsi que des informations fournies par la Commission, les sanctions à imposer conformément à l'article 23 (1) de l'Acte constitutif. Le paragraphe 2 de cet article ajoute que sous réserve des dispositions du paragraphe 1, les sanctions sont appliquées en fonction de la durée du retard constatée par l'organisation[1121]. On voit là une petite différence avec l'article 19 de la Charte des Nations Unies selon lequel l'Assemblée Générale ne joue aucun rôle en matière de déclenchement des sanctions pour arriérés de contributions, d'où le caractère automatique[1122] que l'on peut prêter à la première phase de cet article d'après les conclusions du Conseiller juridique de l'ONU[1123].

[1120] Article 23 de l'Acte constitutif de l'UA : « *1. La Conférence détermine comme suit les sanctions appropriées à imposer à l'encontre de tout État membre qui serait en défaut de paiement de ses contributions au budget de l'Union : privation du droit de prendre la parole aux réunions, du droit de vote, du droit pour les ressortissants de l'État membre concerné d'occuper un poste ou une fonction au sein des organes de l'Union...* ».

[1121] Article 35 du règlement intérieur de la Conférence des chefs d'État et de gouvernement de l'UA.

[1122] L'article 19 de la Charte des Nations Unies prévoit qu'« *Un membre des Nations Unies en retard dans le paiement de sa contribution aux dépenses de l'Organisation ne peut participer au vote à l'assemblée générale si le montant de ses arriérés est égal ou supérieur à la contribution due par lui pour les deux années complètes écoulées. L'Assemblée générale peut néanmoins autoriser ce Membre à participer au vote si elle constate que le manquement est dû à des circonstances indépendantes de sa volonté* ».

[1123] En effet, le problème de l'automaticité des sanctions pour arriérés de contributions au sein de l'ONU fut posé à l'Assemblée générale des Nations Unies en 1963 lorsque le président de l'Assemblée considéra que la sanction était automatique tandis que l'URSS soutenait qu'était nécessaire une décision spéciale de l'Assemblée générale prise à la majorité des deux tiers au motif que la suspension du droit de vote correspondait à une suspension des droits et privilèges faisant partie des questions importantes requérant une décision à la majorité des deux tiers. En effet, lors de la XIXe session de l'Assemblée générale des Nations Unies, les États-Unis ont tenté de faire appliquer l'article 19 de la Charte à un certain nombre d'États, parmi lesquels l'Union soviétique et la France. Toutefois, en raison de la situation financière de ces États, liée à la crise financière de 1961, ils ont refusé, suivis par beaucoup d'autres, de financer des dépenses de l'ONUC ; une situation aggravée par leur hostilité à accepter l'avis consultatif de la CIJ du 20 juillet 1962 qui ne leur donnait pas gain de cause. Toutefois, avant l'ouverture de la session, une controverse s'engagea entre l'Union soviétique et les États-Unis au sujet de l'applicabilité de l'article 19. Après deux reports de l'ouverture de la XIXe session, un compromis fut finalement mis au point à la veille de l'ouverture de la session. Ainsi, il a été convenu que tant que durerait la discussion générale, les membres de l'Assemblée ne soulèveront que les questions pouvant être adoptées sans opposition. C'est ce que l'on appela la procédure de « non-objection ». Par la suite, en 1968, le caractère automatique des sanctions financières fit à nouveau l'objet de polémiques au sein de l'organisation. En effet, lors d'un vote par appel nominal, les noms d'Haïti et de la République dominicaine ne furent pas cités, car ceux-ci étaient en retard dans le paiement de leurs contributions. L'URSS contesta alors

466. Dans le cadre de l'UA, la procédure fait intervenir quatre organes que l'on réduira à trois, car la Commission joue en réalité un rôle purement administratif en fournissant des informations à la Conférence. Les organes qui interviennent donc effectivement sont : la Conférence, le Conseil exécutif et le COREP. On envisage l'hypothèse selon laquelle la Conférence, en tant qu'organe plénier de l'organisation, déclenche les sanctions. Les autres organes procèdent à la constatation et par la suite invite la Conférence à adopter des mesures. Sachant que cette invitation ne lie pas la Conférence, celle-ci qualifie elle-même le fait avant de déclencher les sanctions. Tel que formulé, cet article suppose un pouvoir d'appréciation même si le déclenchement des sanctions est inéluctable dès que le seuil de retard prévu par l'organisation est franchi. Alors, la Conférence se contente de préciser les sanctions à prendre dès que le seuil de retard est constaté. Les organes cités par l'article 35 du règlement intérieur ne déclenchent pas la sanction en constatant le retard mais ne font aussi que transmettre à la Conférence cette constatation et c'est cette dernière qui décidera ensuite de l'application ou non de sanctions.

467. L'article 126, alinéa 1er, du règlement financier de l'UA est plus précis lorsqu'il prévoit que « (...) *la Conférence détermine, après recommandation*

---

l'application automatique de l'article 19 en invoquant les mêmes arguments qu'en 1963. Il s'agissait pour l'URSS de savoir si la simple constatation du retard par le personnel administratif de l'organisation était suffisante pour sanctionner l'État fautif - dans ce cas, la sanction aurait alors un caractère purement automatique - ou s'il fallait indubitablement une décision explicite de l'organe plénier ou restreint ? En réponse à ce cas soulevé par l'URSS, le conseiller juridique de l'ONU fit valoir que l'automaticité de la sanction résultait des termes de l'article 19 dont la comparaison entre la première et la seconde phase confirmait cette interprétation, en indiquant que, la première phase de l'article 19 était automatique et ne nécessitait pas de décision préalable de l'Assemblée générale. C'est ce que nous tirons de l'affirmation selon laquelle « *la première phase est impérative alors que la seconde prévoit un pouvoir d'appréciation* [de l'Assemblée générale] (...) *la perte du droit de vote en tant que pénalité obligatoire est énoncée dans la première phrase, tandis que la seconde phrase permet à l'Assemblée générale de déroger à cette règle si elle constate que le manquement est dû à des circonstances indépendantes de la volonté de l'État membre* » (Avis du 26 juillet 1968, in *Avis juridiques choisis*, A.J.N.U., 1968, p. 201). A cette polémique, le conseiller juridique de l'ONU apporta une réponse en ces termes : « *si les auteurs de la Charte avaient voulu qu'il en fût autrement, l'article 19 aurait été rédigé tout différemment, de manière à prévoir une décision de l'Assemblée générale. Ainsi, au lieu de dire que le membre en question ne peut participer au vote, la Charte aurait dit peut avoir son vote suspendu par l'Assemblée générale, ou bien l'Assemblée générale peut décider que* [ledit membre] *ne peut participer au vote* (...) *comme la Charte le fait lorsqu'elle entend laisser à l'Assemblée générale un pouvoir d'appréciation comme à l'article 5* ». Voir sur cette question : Éric DAVID, *op. cit.* ; Jean-Luc FLORENT « L'article 19 de la Charte des Nations Unies », *in* Jean Pierre COT, Alain PELLET, Mathias FORTEAU, *La Charte des Nations Unies. Commentaire article par article*, *op. cit.*, pp. 815-821 ; Jean CHARPENTIER, « La procédure de non-objection. (A propos d'une crise constitutionnelle) », *RGDIP*, 1966, p. 862.

du Conseil exécutif et du COREP, ainsi que suite aux informations fournies par la Commission, les sanctions à imposer en application des dispositions pertinentes de l'Acte constitutif... »[1124]. Ainsi, les sanctions ne seraient pas déclenchées automatiquement dès qu'un seuil de retard est constaté ; une décision de la Conférence en ce sens est nécessaire. Cela suppose que celle-ci procède à une qualification avant de décider des mesures à appliquer pour non-paiement des obligations financières. Si elle ne le fait pas, elle serait « (...) *réduit à l'enregistrement et l'interprétation de* [l'Acte constitutif][1125]*donné par un autre que lui [et] aurait un pouvoir nul et nulle responsabilité dans l'action de sanction...* »[1126]. Toutefois, cela n'est jamais le cas dans la mesure où le déclenchement de la sanction implique systématiquement une qualification par l'organe de déclenchement lui-même[1127]. C'est d'ailleurs de cette façon que procéda la Conférence en 2009 lorsqu'elle décida d'imposer des sanctions à des États conformément l'article 126 (a)[1128] du règlement financier de l'UA[1129]. Précisément, la Conférence s'était ici réservé le droit d'apprécier les différentes informations fournies par les organes précités avant de prendre des sanctions contre les États n'ayant pas payé leurs contributions dues à l'organisation[1130]. Par ailleurs, le pouvoir d'appréciation de la Conférence lui permet d'accorder des exemptions aux États membres dont la situation interne ne permet pas d'honorer leurs engagements financiers auprès de l'organisation. C'est ce qui a, par exemple, été décidé pour la Somalie en 2006, à l'occasion de la 9e session du Conseil

---

[1124]Doc.UA/EX.CL/250(IX)Rev.1, Règlement financier de l'Union africaine, adopté lors de la 9e session ordinaire du Conseil exécutif, Banjul (Gambie), 25-29 juin 2006.

[1125]Ajouté par nous.

[1126]Jean COMBACAU, *op. cit.*, p. 139.

[1127]*Ibidem*

[1128]L'article 126 (a) prévoit que « *lorsque les arriérés de paiement concernent une période de deux (2) à cinq (5) ans pour les contributions statutaires, l'État membre se voit privé des droits suivants : i). Prendre la parole, voter et recevoir des documents lors de réunions à l'Union ; ii). Proposer d'accueillir des sessions de la Conférence ou du Conseil exécutif, ou toute autre réunion de l'Union ; et iii). Présenter des candidats pour tout poste au sein de l'Union. b) Lorsque les arriérés de paiement datent de cinq (5) ans et plus, en plus des sanctions contenues dans le paragraphe 2(a) du Règlement intérieur, les droits suivants de l'État membre sont suspendus : I. Le renouvellement des contrats de ses ressortissants ; et II. L'apport de fonds de la part de l'Union pour des projets dans ces États membres. 2. Lorsqu'un État membre se trouve sous le coup de sanctions pour non-paiement de ses contributions comme décrit dans les paragraphes précédents, ces sanctions peuvent être levées temporairement si l'État membre règle au moins 50% de ses arriérés, et à condition qu'un tel paiement soit fait dans un délai de trente (30) jours avant le début de la session du Conseil exécutif précédant celle de la Conférence* ». Cf. Doc.UA/EX.CL/250(IX)Rev.1, Règlement financier de l'Union africaine, préc.

[1129]Cf. Doc.UA/Assembly/AU/Dec.265(XIII), adopté lors de la 13e session de la Conférence, Syrte (Libye), tenue 3 juillet 2009. Voir aussi, Doc.UA.Assembly/AU/Dec.410 (XVIII), adopté lors de la 18e session ordinaire de la Conférence, Addis Abeba (Éthiopie), 29-30 janvier 2012.

[1130] Les États sanctionnés lors de cette session étaient : l'Érythrée, la République démocratique du Congo, les Seychelles.

exécutif durant laquelle l'organisation annula les arriérés de contributions du fait de la situation spéciale prévalant dans le pays et indiqua que celui-ci devra recommencer à payer ses contributions à partir de 2007[1131]. Les sanctions pour arriérés de contributions « *laisse[*nt*] apparemment encore moins de place au rôle créateur de la sanction dans la définition des obligations des États ; aucune faille, semble-t-il, par où pourrait passer le pouvoir discrétionnaire des organes chargés d'appliquer la sanction, puisque le montant des arriérés qui la justifient est fixé dans le texte même, qui ne laisse pas à l'organisation le soin de déterminer par exemple ce que serait un arriéré excessif...* »[1132].

468. Toutefois, l'on pourrait s'interroger sur le rôle des recommandations du COREP dans le cadre de cette procédure. Selon les textes de l'UA, cet organe est placé sous l'autorité du Conseil exécutif, ce qui suppose que les recommandations que le Conseil fait à la Conférence intègrent déjà celles de cet organe. Quelle est alors l'utilité pour la Conférence de disposer de recommandations émanant finalement de la même instance ? De notre point de vue, l'UA devrait rationaliser cette procédure en ne retenant que deux organes intervenant dans le déclenchement des sanctions pour arriérés de contributions sachant que dans la pratique, ce sont dans les décisions du Conseil exécutif que l'on retrouve la majorité des sanctions prises à l'encontre des États membres pour non-paiement de leurs contributions financières. Ainsi, d'après les décisions de cet organe, c'est lui qui décide du maintien des sanctions contre les États membres qui n'ont pas réglé leurs contributions[1133]. Toutefois ces décisions ne doivent pas être perçues comme la consécration d'un pouvoir de déclenchement reconnu au Conseil exécutif mais comme une décision de la Conférence en tant organe de déclenchement lui accordant le droit de décider du maintien des sanctions prises contre les États membres fautifs.

469. En tout état de cause, comme le remarque Charles LEBEN, si dans les textes la différence est nette entre les dispositions prévoyant l'appréciation de l'organisation pour le déclenchement de la sanction et celles prévoyant une automaticité dans le déclenchement des sanctions, « *la pratique estompe*

[1131]Cf. Doc/UA.EX.CL/Dec.279(IX), adopté lors de la 9e session ordinaire du Conseil exécutif, Banjul (Gambie), 28-29 juin 2006.

[1132]Jean COMBACAU, *op. cit.*, p. 72. Voir aussi David RUZIE, *Organisations internationales et sanctions internationales, op. cit.*, p. 18.

[1133]Voir notamment : DOC/UA, Conseil exécutif, 2e session ordinaire ; Ex.CL/Dec.2-19(II) ; Ex.CL/Decl.1 (II), N'Djamena (Tchad), 3-6 mars 2003 ; Doc/UA.EX/CL/Dec.25(III), 3e session ordinaire du Conseil exécutif, Maputo (Mozambique), 4-8 juillet 2003 ; Doc/UA.EX.CL/Dec.97(V), 5e session ordinaire du Conseil exécutif, Addis- Abeba (Éthiopie), 25juin-3 juillet 2004 ; Doc/UA.EX.CL/Dec.279(IX), 9e session ordinaire du Conseil exécutif, Banjul (Gambie), 28-29 juin 2006 ; Doc/UA,EX.CL/Dec.377(XI), 11e session ordinaire du Conseil exécutif, 25-29 juin 2007, etc.

beaucoup cette différence... »[1134]. L'autre hypothèse prévue par l'Acte constitutif est celle concernant les décisions et politiques de l'organisation.

2- L'hypothèse des sanctions pour non-respect des décisions et politiques de l'Union africaine

470. Encore une fois, l'UA fait preuve d'originalité dans le choix des sanctions à infliger aux États membres qui ne respectent pas ses décisions et politiques. Si la procédure concernant le défaut de contributions financières semble claire, le second volet de l'article 23 de l'Acte constitutif, qui aborde les sanctions concernant le non-respect des décisions et politiques, manque quant à lui quelque peu de précisions. On souligne ici une certaine similitude avec l'article 6 de la Charte de l'ONU qui prévoit la possibilité d'exclusion d'un État membre de l'organisation qui enfreint de manière persistante les principes énoncés dans la Charte[1135].

471. Cependant, sans parler d'exclusion, car l'Acte constitutif ne prévoit pas cette sanction, le paragraphe 2 de l'article 23 indique tout de même que « (...) *tout État membre qui ne se conformerait pas aux décisions et politiques de l'organisation peut être frappé de sanctions notamment en matière de liens avec les autres États membres dans le domaine des transports* (...) *et de toute autre mesure déterminée par la Conférence* »[1136]. On constate ici une différence d'approche entre les paragraphes 1 et 2 de cet article 23 de l'Acte constitutif. Dans le premier, le déclenchement de la sanction, malgré le pouvoir de qualification de la Conférence, est inéluctable ; alors que dans le second paragraphe, il est flou. En réalité, il n'existe donc pas véritablement de procédure concernant la qualification des sanctions pour non-respect des politiques et décisions de l'organisation. Le déclenchement de celles-ci est soumis à l'appréciation, par la Conférence, du comportement d'un État membre qui n'applique pas les décisions et politiques de l'UA. Dans la mesure où l'Acte constitutif ne donne pas de précisions sur le contenu des décisions et politiques de l'UA, celles-ci peuvent correspondre aux actes pris en matière de changements anticonstitutionnels de gouvernement, de respect et de promotion des droits de l'homme, ou encore de paiement des arriérés de contributions dont la violation entraînerait des sanctions.

472. À la différence des sanctions pour arriérés de contributions, le déclenchement de ces sanctions n'est pas inéluctable. Il est important, dans ce

---

[1134] Charles LEBEN, *op. cit.*, p. 182.

[1135] L'article 6 de la Charte de l'ONU prévoit que « *Si un membre de l'Organisation enfreint de manière persistante les principes énoncés dans la présente Charte, il peut être exclu de l'Organisation par l'Assemblée générale sur recommandation du Conseil de sécurité* ».

[1136] Article 23 (2) de l'Acte constitutif de l'UA.

cas, que la Conférence procède à une qualification pour décider « (...) *sur recommandation du Conseil exécutif, l'imposition de sanctions conformément à l'article 23 (2) de l'Acte Constitutif, à l'encontre d'un État membre qui, sans une cause valable et raisonnable ne respecte pas les décisions et politiques de l'Union...* »[1137]. Cette procédure est plus aléatoire. De plus, au lieu de quatre organes, elle en fait intervenir deux : le Conseil exécutif, en tant qu'organe de constatation qui fera des recommandations, et la Conférence, en tant qu'organe de déclenchement.

473. Le déclenchement des sanctions se fait lorsque l'État, sans aucune « *cause valable et raisonnable* », ne respecte pas les décisions et politiques de l'organisation. Se pose alors la question de savoir ce que l'UA entend par « sans aucune cause valable et raisonnable » qui pourrait donner lieu à l'édiction de sanctions. Par exemple, dans une situation de crise, la violation des droits des personnes par un État membre peut-elle constituer une « cause valable et raisonnable » de ne pas respecter les décisions et politiques de l'UA ? La réponse à la question posée est délicate ; elle est tributaire de l'appréciation, dans un premier temps, du Conseil exécutif et, ensuite, de celle de la Conférence qui décidera si la situation en cause est un cas dans lequel l'État membre n'a aucune « raison valable et raisonnable » de ne pas respecter les décisions et politiques de l'UA. On voit là une différence avec l'ONU dans le cadre de laquelle c'est à l'organe qui procède à la constatation de la violation que revient la tâche de déclencher lui-même l'adoption de sanctions[1138].

474. Or, dans le cadre de l'UA, outre la constatation de l'organe restreint, en l'occurrence le Conseil exécutif, la Conférence procède également à sa propre qualification avant de déclencher les sanctions et, lorsqu'elle prend une telle décision, elle donne un délai à l'État pour s'exécuter. Voilà, en substance, ce que prévoit le paragraphe 2 de cet article. Aucune autre précision n'est donnée. La pratique n'étant pas développée concernant ce type de sanctions, il n'est pas évident de saisir tous les contours de la procédure. Toutefois, on peut relever qu'elle contraste avec la procédure prévue en cas de sanctions contre les coups d'État et autres changements anticonstitutionnels de gouvernement qui consacre des aménagements en matière de détermination de l'acte illicite.

[1137] Article 36 (1) de l'Acte constitutif de l'UA.

[1138] Sur la question du pouvoir discrétionnaire du Conseil de Sécurité de l'ONU, voir : Christian DOMINICE, « Le Conseil de sécurité et l'accès aux pouvoirs qu'il reçoit du Chapitre VII de la Charte des Nations Unies », *op. cit.*, pp. 417-439 ; Benedetto CONFORTI, « Le pouvoir discrétionnaire du Conseil de sécurité en matière de constatation d'une menace contre la paix, d'une rupture de la paix ou d'un acte d'agression », in René-Jean DUPUY, *Le développement du rôle du Conseil de sécurité*, Colloque de La Haye, 21-23 juillet 1992, Dordrecht/Boston/London, Martinus Nijhoff Publishers, 1993, pp. 51-60.

B- De la difficulté de l'opération de rattachement

475. La complexité de l'opération de qualification résulte du fait que plusieurs organes interviennent à la fois dans la qualification et le déclenchement de la même sanction. Même si l'on convient que les organes qui n'ont pas le pouvoir de déclencher les sanctions constatent les conditions dans lesquelles celles-ci peuvent être déclenchées et demandent à l'organe de déclenchement d'en tirer les conséquences[1139], les hypothèses que l'on va maintenant étudier ajoutent une dose de complexité à cette procédure. En effet, en matière de coups d'État et autres changements anticonstitutionnels de gouvernement, l'opération de rattachement est envisagée comme une opération politique se concrétisant dans un acte juridique soumis à la fois à des conditions de forme et de compétence[1140]. Cette opération complexe, en raison du domaine concerné par la sanction envisagée, oblige à des aménagements particuliers. D'abord, tous les organes ne peuvent pas reconnaître dans une situation celle pour laquelle l'Acte constitutif autorise le déclenchement d'une sanction. Ainsi, avant l'adoption de la Charte africaine de la démocratie des élections et de la gouvernance en 2007, des révisions et amendements constitutionnels portant atteinte à l'alternance politique dans différents pays du continent, bien que constatés par les organes de l'organisation, n'ont pas donné lieu au déclenchement de sanctions[1141]. Sans s'y appesantir, les situations ici étudiées sont celles pour lesquelles l'Acte constitutif prévoit des sanctions et, en la matière, ce n'est ni un ni deux mais trois organes qui interviennent dans la procédure. S'agissant de la procédure de déclenchement des sanctions pour coup d'État et autres changements anticonstitutionnels de gouvernement, plusieurs hypothèses se dégagent.

476. Une première est tirée de l'article 34 du règlement intérieur de la Conférence des chefs d'État et de gouvernement qui prévoit que « *chaque fois qu'il y a un changement anticonstitutionnel de gouvernement, le Président de la Conférence, et le Président de la Commission condamne, au nom de l'Union africaine* »[1142] envoient ainsi un avertissement clair et sans équivoque à l'État membre concerné et « *demandent au CPS de se réunir pour examiner*

[1139]Jean COMBACAU, *op. cit.* p. 117.
[1140]*Ibidem*, p. 107.
[1141]L'on fait référence aux modifications constitutionnelles intervenues en Guinée Conakry le 11 novembre 2001, en Tunisie le 26 mai 2002, au Tchad le 26 mai 2004, au Gabon le 30 juillet 2003, etc. Voir sur ces questions Jean-Louis ATANGANA AMOUGOU, « Les révisions constitutionnelles dans le nouveau constitutionnalisme africain » ; disponible sur : http://www.droitconstitutionnel.org/congresmtp/textes7/ATANGANA.pdf, consulté le 15 octobre 2017, pp. 1-27
[1142]Article 34, alinéa 4 du règlement intérieur de la Conférence des chefs d'État et de gouvernement de l'UA.

la question »[1143], puis suspendent éventuellement la participation de l'État membre aux activités de l'organisation[1144]. Ici, deux organes possèdent un pouvoir similaire de qualification et de déclenchement de la sanction et le CPS intervient comme un simple organe d'exécution des décisions de ces deux organes. En effet, la condamnation des coups d'État et autres changements anticonstitutionnels de gouvernement requiert, au préalable, les qualifications respectives des présidents de la Conférence et de la Commission qui finalement s'imposent au CPS.

477. Or, le Protocole portant création du CPS vient ajouter un élément de complexité à cette procédure. Ce texte reconnaît le pouvoir d'imposer des sanctions conformément à la Déclaration de Lomé chaque fois qu'il y a un changement anticonstitutionnel de gouvernement[1145]. Pourtant, dans l'article 34 précité, il n'est reconnu ni de pouvoir de qualification ni de pouvoir de déclenchement au CPS. Par ailleurs, sans lui reconnaître un pouvoir de qualification, le Protocole lui accorde celui d'adopter des sanctions et on pourrait ainsi envisager que ce faisant, il lui concède aussi un pouvoir implicite de qualification qui permet de déclencher des sanctions. Même si le Protocole reconnaît le pouvoir de déclencher des sanctions au CPS, il ne place pas cet organe au-dessus des deux autres. Il aurait alors été nécessaire, pour son action effective, que la même appréciation des faits soit opérée par le président de la Conférence et le président de la Commission et, ensuite, qu'il y ait une convergence avec la qualification implicite du CPS[1146]. Cette pratique paraissait compliquée dans la mesure où ces institutions relèvent, pour l'une, d'une logique de relations interétatiques (président de la Conférence) et, pour l'autre, d'une logique d'intégration[1147] (président de la Commission). De ce fait, elles peuvent donner des qualifications différentes, ce qui compliquerait le travail du CPS. En tout état de cause, si cette configuration se produisait, il semble clair que ce serait la qualification donnée par la Conférence qui l'emporterait en tant qu'organe suprême de l'organisation et surtout parce que les chefs d'État entendraient conserver leur leadership sur l'Union « (…) *et réduire à peu de choses la marge de manœuvre et les pouvoirs effectifs du président de la Commission* » [1148] . Consciente de cette ambiguïté,

---

[1143]Article 34, alinéa (d), *ibidem*

[1144]Article 34, alinéa 4 (e), *ibid.*

[1145]Cf. article 7, alinéa 1 (g) du Protocole portant création du CPS adopté par la Conférence de l'Union le 9 juillet 2002.

[1146]Delphine E. EMMANUEL ADOUKI, « Les sanctions ciblées du Conseil de paix et de sécurité de l'Union africaine », *Annales de l'Université Marien Ngouabi*, vol. 14, n° 3, 2013 ; disponible sur : www.anales-umng.org, consulté le 29/05/2017.

[1147]Voir René-Jean DUPUY, « Communauté internationale et disparités de développement », *RCADI*, tome 165, 1979, pp. 9-231.

[1148]Koffi AHADZI, « Réflexions critiques sur l'Union africaine », *RBSJA*, n° 16, 2006, p. 100.

l'organisation procéda à des aménagements en la matière. C'est l'objet de la seconde hypothèse.

478. Celle-ci est consacrée par la Charte africaine de la démocratie des élections et de la gouvernance (CADEG)[1149] qui a octroyé un pouvoir de qualification exclusif au CPS. Ainsi, aux termes de l'alinéa 1er de l'article 25 de ce texte, « *si le CPS constate qu'il y a eu changement anticonstitutionnel de gouvernement dans un État partie et que les initiatives diplomatiques ont échoué, il prend la décision de suspendre les droits de participation de l'État partie concerné aux activités de l'Union en vertu des dispositions des articles 30 de l'Acte constitutif et 7(g) du Protocole* ». Cet article précise par ailleurs que la décision de suspension prend effet immédiatement et subordonne le pouvoir de déclenchement des sanctions du CPS à des initiatives diplomatiques qui, si elles sont fructueuses, mettront fin à la procédure. Ce qui est ici privilégié est donc de trouver une solution rapide à une situation répréhensible. Il est vrai que le but de l'engagement des États dans une organisation internationale n'est pas, de prime abord, celui d'accepter d'être sanctionné. Par conséquent, toute initiative qui viserait à régler une situation par des voies pacifiques est toujours à privilégier. On voit très clairement que l'UA s'inscrit ici dans une logique particulière. Le pouvoir de qualification reconnu au CPS en matière de changements anticonstitutionnels de gouvernement, qualifiés de menace grave à la stabilité, à la paix, à la sécurité et au développement en Afrique[1150] a souvent été insuffisant pour qualifier certaines situations[1151]. En tout état de cause, un État ne peut voir déclencher contre lui des sanctions de l'UA sans que le CPS ait constaté lui-même que la situation en cause correspond bien à l'une de celles qui peuvent être sanctionnées[1152].

479. La troisième combinaison en la matière est celle qui découle du Protocole de 2014, amendant celui portant sur le statut de la Cour africaine de justice et des droits de l'homme, qui reconnaît cette dernière compétente pour juger de crimes relatifs à des changements anticonstitutionnels de gouvernement. Si ce texte entrait en vigueur, la qualification et le déclenchement de cette sanction reviendraient à un organe juridictionnel. Ainsi, pour une même sanction, on assisterait à un enchevêtrement de compétences au moment de qualifier la situation répréhensible et de déclencher une sanction. Pour l'heure, la pratique depuis l'adoption de la Charte de la démocratie reconnaît une compétence exclusive au CPS.

1149 Charte africaine de la démocratie, des élections et de la gouvernance adoptée le 30 janvier 2007 à Addis Abeba (Éthiopie).

1150 Article 2, § 4 de la Charte africaine de la démocratie, des élections et de la gouvernance. Voir aussi Delphine E. EMMANUEL ADOUKI, *op. cit.* p. 6.

1151 Cf. la situation au Togo en 2005, la crise en Côte d'Ivoire en 2011, etc.

1152 Jean COMBACAU, *op. cit.*, p. 109.

Néanmoins, si le Protocole précité entrait en vigueur, il pourrait se poser un problème de compétence avec le CPS qui, pour la bonne marche de l'organisation, devrait probablement, dans certains cas, se dessaisir en faveur de l'organe juridictionnel.

480. Outre les situations de changements anticonstitutionnels de gouvernement, la procédure conduisant à l'adoption de mesures militaires, en l'occurrence celle prévue par l'article 4 de la Charte africaine des élections, de la démocratie et de la gouvernance, pose quelques questions. Ayant déjà procédé à une analyse de fond de cette question, l'on ne s'y appesantira pas. Toutefois, il convient de noter qu'en la matière, le pouvoir de déclenchement revient à la Conférence. Ainsi, le CPS constate les situations de crimes graves et recommande à l'organe suprême de déclencher l'intervention de l'UA. Cependant, la particularité de cette procédure est que la Conférence, bien qu'organe suprême de cette organisation, n'a pas de compétence au regard du droit international pour procéder au déclenchement de cette sanction. Malgré les imperfections de l'Acte constitutif, il semble qu'en ce domaine, la Conférence de l'UA joue le rôle d'organe de constatation et il reviendra au Conseil de sécurité de l'ONU, en tant qu'organe principal pour le déclenchement de ce type de sanctions, de faire sienne la qualification de la Conférence et d'autoriser la prise de telles mesures. Or, la pratique continentale étant encore inexistante dans une telle situation l'on ne peut l'évaluer. Pour autant, certaines situations notamment au niveau sous continental ont donné l'occasion d'apprécier les relations entre le Conseil de sécurité et celle-ci dans le déclenchement de sanctions militaires[1153]. Une fois les faits répréhensibles qualifiés, des sanctions doivent être déclenchées et adoptées.

Section II : Un enchevêtrement de compétences

481. Un enchevêtrement de compétences intervient au niveau des organes habilités à déclencher les sanctions. Cette procédure est particulière en ce que le déclenchement de la sanction « (...) *constitue la charnière autour de laquelle s'articule toute opération : avant lui, il y'a qu'une activité juridique sans effet sur la situation contre laquelle l'Organisation réagit ; après lui,*

[1153] Sur la question, voir : Ana Peyro LLOPIS, *Force, ONU et organisations régionales. Répartition des responsabilités en matière coercitive*, Bruxelles, Bruylant, 2012, 518 p. ; Mesmer LUTHER GUEYOU, *Les rapports entre l'Organisation des Nations Unies et l'Organisation de l'Union africaine au regard du Chapitre VIII de la Charte de l'ONU*, Thèse, Université Paris X Nanterre, 2002, 604 p. ; BOISSON DE CHARZOUNES (L.), « Les relations entre organisations régionales et organisations universelles », *RCADI*, vol. 347, 2011, pp. 79-406.

qu'une activité mi-juridique, mi-matérielle, mal différenciée de celle que pourraient mener les États individuellement »[1154]. Pour rendre compte de cette situation, il importe d'analyser tant le déclenchement de la sanction (**Paragraphe 1**) que la prise de décision de sanctionner proprement dite (**Paragraphe 2**).

Paragraphe 1 : Le déclenchement comme conséquence de l'autorisation

482. En tant que conséquence de l'autorisation, cette opération devient une formalité. Il suffit simplement que l'organe chargé de déclencher une sanction d'après l'Acte constitutif en déduise sa compétence pour ce faire. Elle est la conséquence logique de l'opération de qualification. Ainsi, la responsabilité de l'organe de déclenchement est déduite de l'obligation qui lui est faite de qualifier lui-même la situation. Dans la plupart des organisations, cette tâche revient souvent à l'organe plénier, car la décision qui sera prise intéresse l'ensemble des membres de l'organisation [1155]. Cependant, la procédure peut associer à la fois l'organe plénier et un organe restreint, le premier adoptant la décision sur proposition ou recommandation du second[1156]. Toutefois, la recommandation de l'organe restreint ne lie pas l'organe plénier. Il s'agit d'un acte qui n'a aucune portée obligatoire. Telle est la combinaison privilégiée dans le cadre de l'UA, avec quelques variables. Ici, plusieurs organes distincts interviennent, en effet, dans le processus de déclenchement et d'adoption de sanctions. Or, du fait de la sensibilité de certaines situations, la réaction de l'organisation a souvent suscité des incompréhensions en matière de déclenchement dans la mesure où, dans ce domaine, les actes de ces organes sont discrétionnaires (**B**). Avant de développer ce point, il convient de déterminer contre qui l'organisation déclenche les sanctions (**A**).

A- L'attribution

483. Une fois les sanctions déclenchées, elles doivent être attribuées à un destinataire précis. Il s'agit ici de rattacher à un sujet de droit international le comportement d'individus, de particuliers ou de groupe[1157]. Cette opération consiste à mettre à la charge d'un État les conséquences d'un élément objectif

---

[1154]Jean COMBACAU, *op. cit.*, p. 127.

[1155]Anne-Thida NORODOM, « Les droits et obligations statutaires du membre, leur protection et leur sanction », *in* Évelyne LAGRANGE et Jean Marc SOREL (dir.), *Droit des organisations internationales*, *op.cit.*, p. 343.

[1156]*Ibidem*

[1157]Jean SALMON, *op. cit.*, p. 565.

(le fait illicite) à l'origine de la responsabilité[1158] afin d'établir un rapport entre le fait illicite et l'État à l'origine de ce fait[1159]. Comme pour la détermination de l'acte illicite, cette opération se déroule également durant la phase de qualification et permet de faire le lien entre l'obligation violée et l'État dont ce fait émane. L'attribution peut concerner la situation (**1**) autant de que l'entité sanctionnée (**2**).

1- L'attribution de la violation à une situation sanctionnée par l'Union africaine

484. L'opération d'attribution consiste à relier une infraction à un sujet de droit international et constitue à cet égard l'élément subjectif de la responsabilité[1160]. Afin que cette opération soit entreprise, il est nécessaire que la situation que l'État membre de l'UA viole à travers son comportement soit appréciée par l'organisation. Jusqu'à présent, toutes les sanctions que nous avons étudiées constituent différentes réactions de l'UA contre les comportements des États membres. Face à ces situations, il est évident que l'UA adopterait les sanctions correspondantes. Il s'agit de la violation d'obligations inhérentes à la qualité de membre de l'organisation. Dans ce cas précis, la sanction émane des dispositions statutaires de l'UA qui établissent le motif et désignent les destinataires de l'obligation violée. La violation contre laquelle l'organisation prend des sanctions consiste à chaque fois « *en un acte, (...) ou une succession d'actes...* »[1161] d'un État au mépris de l'Acte constitutif. Il s'agit de la réaction de l'UA contre un État membre coupable et non contre la situation née de son infraction. Le retour en l'état de l'obligation violée suivra ou non l'imposition de la sanction. Même si elle constitue le but de l'action coercitive, la sanction ne porte pas sur la situation, mais sur l'acte illégal qui l'a rendue possible[1162].

485. Ainsi, en cas de changement anticonstitutionnel de gouvernement, par exemple, ce que l'UA sanctionne est le non-respect, par l'un de ses États membres, de l'obligation de ne pas accéder au pouvoir par un coup d'État ou

---

[1158] Gilles COTTEREAU, « Système juridique et notion de responsabilité » *in* SFDI, *La responsabilité dans le système international*, Colloque du Mans, 1990 p. 54.

[1159] Sur cette question, voir les travaux de la Commission de droit international des Nations Unies ; principalement les travaux du rapporteur spécial Roberto AGO sur la responsabilité des États pour fait internationalement illicite. Voir aussi, Luigi CONDORELLI, « L'imputation à l'État d'un fait internationalement illicite : solutions classiques et nouvelles tendances », *RCADI.*, vol. 189, 1984, pp. 9-221.

[1160] Gagiran MEHMET EMIN, *op. cit.*, p. 136. Voir aussi, Mathias FORTEAU, *Recherche sur les relations entre le droit de la Charte des Nations Unies et le droit de la responsabilité de l'État pour fait internationalement illicite*, *op. cit.*, pp. 87-122.

[1161] Jean COMBACAU, *op. cit.* p. 130.

[1162] *Ibidem*

une manœuvre illégale et non l'instabilité politique née de la violation de l'obligation conventionnelle, car celle-ci ne cause pas directement un préjudice à l'organisation ou aux autres États membres[1163]. À l'appui de cette analyse, on constate, en effet, que les situations de changements anticonstitutionnels qui ont été constatées et sanctionnées par l'organisation continentale n'ont pas, dans la grande majorité des cas, permis le retour à l'ordre constitutionnel existant avant la survenance du coup d'État ou du changement anticonstitutionnel. En effet, malgré les sanctions prononcées par l'organisation, un nouvel ordre constitutionnel a souvent été mis en place par les auteurs du coup d'État sanctionné et conforté par une réadmission au sein de l'organisation. Outre l'attribution à la situation sanctionnée, il serait intéressant d'analyser celle réalisée au regard de l'entité.

2- L'attribution de la violation à une entité

486. Contrairement au premier point abordé concernant le rattachement à une situation sanctionnée, il s'agit ici de chercher le responsable du manquement au droit de l'UA, car chaque fois qu'une sanction est prise elle doit être imputable à une entité. Cela paraît être une évidence dans la mesure où la violation en cause est imputable à l'État membre de l'organisation et non aux individus qui ne sont pas membres de l'organisation. Toutefois, à y regarder de près, les choses ne sont pas aussi évidentes.

487. Dans le premier cas de figure, les organes de déclenchement indiqueront précisément la responsabilité de l'auteur de la violation de l'Acte constitutif. Ainsi, lorsque l'obligation violée concerne les arriérés de contributions ou encore le non-respect des principes et idéaux de l'organisation, il est évident que l'entité à qui sera imputé ce manquement est l'État membre fautif. De ce point de vue, aucune objection n'est à soulever. Dans ces types de sanctions, l'UA identifie les États membres fautifs et les prive du droit de prendre la parole, suspend leur participation aux activités de l'organisation et va même jusqu'à procéder au non-renouvellement des contrats des nationaux des États visés par les sanctions.

488. En revanche, lorsque le manquement concerne les coups d'État et autres changements anticonstitutionnels de gouvernement, l'attribution devient complexe. Lorsqu'un tel fait survient dans un État membre, l'UA condamne et suspend celui-ci de ses activités. Ce faisant, l'organisation impute le manquement au droit de l'UA à cet État, pourtant la violation, en l'occurrence le coup d'État ou le changement anticonstitutionnel de gouvernement, n'est pas le fait des représentants de cet État mais d'individus qui n'exercent pas même encore le pouvoir. En suspendant l'État membre

[1163] Ana PEYRO LLOPIS, *Force, ONU et organisations régionales…*, *op.cit.*, p. 75

concerné, l'UA anticipe quant au processus de légitimation des auteurs du changement qui aura lieu dans le pays. Par l'adoption de sanctions, elle indique que ceux-ci ne seront pas reconnus comme représentants de l'État membre de l'organisation. En agissant de la sorte, l'UA constate l'établissement d'un gouvernent de fait qui constitue, pour la majorité de la doctrine, une force contraire à l'idée de droit[1164]. Un tel gouvernement est « *celui qui s'est constitué illégalement mais qui existe en fait et exerce ses pouvoirs comme organe suprême de l'État* » [1165]. Il faut dire qu'ici l'organisation n'a pas le choix dès lors que les chefs d'État déchus sont soit décédés soit ont abandonné le pouvoir pour s'exiler. L'UA ne peut qu'établir un dialogue avec les autorités de fait. Toutefois, elle prendra des sanctions ciblées contre les auteurs du changement anticonstitutionnel en cas d'absence de retour à un ordre constitutionnel. Ces sanctions consisteront essentiellement en un refus de visas pour les auteurs du changement anticonstitutionnel et leurs proches[1166].

489. Dans la pratique, l'organisation a adopté ce genre de mesures lors de la crise survenue en Mauritanie en 2008. Le CPS décida alors que si à la date indiquée par lui (5 février 2009), l'ordre constitutionnel n'était pas rétabli, il « *(...) imposera des mesures, y compris des sanctions ciblées* »[1167] contre les auteurs du changement anticonstitutionnel. Elle adoptera la même position dans la crise survenue en guinée en 2009[1168]. Toutefois, dans les faits, ces mesures n'ont pas eu l'effet escompté. Avant de développer cette question, il convient de préciser que les décisions prises en matière de sanctions relèvent du pouvoir discrétionnaire des organes de l'organisation.

1164Joe VERHOEVEN, *La reconnaissance internationale dans la pratique contemporaine. Les relations publiques internationales*, *op. cit.*, p.1. Voir aussi Karl STRUPP « Règles générales sur le droit de la paix », *RCADI*, vol. 47, 1934, p. 522. Sur la question de la reconnaissance, voir : Éric WYLER, *Théorie et pratique de la reconnaissance d'État. Une approche épistémologique du droit international*, Bruxelles, Bruylant, 2013 ; Williams John FISCHER, « La doctrine de la reconnaissance en droit international et ses développements récents », *RCADI*, vol. 47, 1934, pp. 199-314 ; Georges SCELLE, « Théorie et Pratique de la fonction exécutive en Droit international », *RCADI*, t. 55, 1936, p. 112 ; Noël HENRY, *Les gouvernements de fait devant le juge*, Paris, Librairie R. GUILLON, 1927, p. 1 ; Charles ROUSSEAU, « Théorie générale de la reconnaissance», *in Droit international public*, t. 3, Paris, Dalloz, 1977, Chapitre II, pp. 528-529.

1165Jesus Maria YEPES, « Les problèmes fondamentaux du droit des gens en Amérique », *RCADI*, vol 47, 1934, p. 39.

1166Cf. l'article 37, alinéa 5 (a) du règlement intérieur de la Conférence des chefs d'État et de gouvernement.

1167Doc.UA/CPS/PSC/MIN/Comm.(CLXIII), 163e réunion du CPS relative à l'examen de la situation en Mauritanie, 22 décembre 2008.

1168Doc.UA/CPS/PSC/PR/Comm.(CCIV) 204e réunion du CPS sur l'examen de la situation en Guinée, 17 septembre 2009.

B- Le pouvoir discrétionnaire reconnu aux organes de déclenchement des sanctions au sein de l'Union africaine

490. Le pouvoir discrétionnaire désigne un pouvoir « *reconnu à un sujet de droit ou à un organe qui ne sont pas liés par une règle de droit, et dont, par conséquent, l'usage n'a pas à être motivé et n'est pas susceptible de contrôle* »[1169]. L'exercice de ce droit par un organe présuppose ainsi que celui-ci est compétent pour adopter l'acte à propos duquel le caractère discrétionnaire du pouvoir est affirmé[1170] . Dans le cadre de l'UA, ce pouvoir est exercé par la Conférence et le CPS en matière de déclenchement des sanctions (1). Une fois reconnu, il est important de s'interroger sur la nature de ce pouvoir (**2**).

1- Une mise en concurrence des attributions

491. L'importance de la Conférence des chefs d'État et de gouvernement en matière de sanctions ne fait plus de doute. Toutefois, on constate que la décision de cet organe, qui ouvre la voie au déclenchement de la sanction, est un acte discrétionnaire qui ne repose pas souvent sur des arguments juridiques ou conventionnels, mais davantage sur des considérations politiques. Dès lors, l'appréciation de la Conférence, influencée par des questions politiques, peut être très éloignée du droit interne de l'UA. Une telle situation s'est d'ailleurs vérifiée à plusieurs reprises dans la pratique. La Conférence peut décider ou non de déclencher des sanctions contre un État. Ce caractère facultatif est perceptible dans le paragraphe 2 de l'article 23 de l'Acte constitutif[1171] selon lequel la Conférence peut prendre des sanctions à l'encontre des États qui ne se conformeraient pas aux décisions et politiques de l'organisation. L'emploi du verbe « pouvoir » peut être lu comme une volonté des rédacteurs de l'Acte constitutif d'atténuer le caractère péremptoire de la décision de sanctionner un État membre. Le déclenchement des sanctions est laissé à l'appréciation de la Conférence qui est, notamment, seul maître de l'appréciation et du déclenchement de sanctions en matière de non-respect des principes et idéaux de l'organisation. Toutefois, une exception, ou plutôt une certaine atténuation du caractère discrétionnaire de l'acte de déclenchement peut être relevée en matière d'arriérés de contribution.

[1169]Voir Jean SALMON, *Dictionnaire de droit international public*, *op. cit.*, p. 858.
[1170]*Ibidem*
[1171]Article 23 (2) de l'Acte constitutif : « *En outre, tout État membre qui ne se conformerait pas aux décisions et politiques de l'Union peut être frappé de sanctions notamment en matière de liens avec les autres États membres dans le domaine des transports et communications, et de toute autre mesure déterminée par le Conférence dans les domaines politique et économique* ».

492. Dans ce domaine, l'UA s'est inspirée de la procédure mise en place par l'ONU qui a prévu un seuil allant de pair avec une sévérité des sanctions envisagées. Or, cet aménagement donne l'impression d'une inéluctabilité des sanctions en la matière sans appréciation de la Conférence. C'est au sous-comité sur les contributions des États membres du Conseil exécutif à qui il revient de procéder à un état des lieux des paiements des contributions[1172]. En s'appuyant sur le rapport du sous-comité, le Conseil exécutif recommande des sanctions à prendre à l'encontre des États qui ne sont pas en règle au regard de leurs contributions. Puis, sur la base des recommandations du Conseil exécutif, du COREP et des informations fournies par la Commission, la Conférence détermine les sanctions applicables. Rien ne l'oblige, cependant, à tenir compte des recommandations de ces divers organes qui ne font qu'inviter la Conférence à imposer des sanctions aux États membres. De plus, il n'est pas exclu que la Conférence procède également à sa propre qualification avant de déclencher les sanctions. Les recommandations des autres organes donnent toutefois des indications pertinentes à la Conférence, d'autant plus que ceux-ci sont plus au fait que l'organe suprême sur le respect par les États membres de leurs obligations statutaires. Ainsi, si d'aventure il y avait une discordance dans les appréciations du Conseil exécutif, du COREP et de la Commission, cela n'impacterait pas la décision de la Conférence de déclencher les sanctions. D'ailleurs, le verbe « détermine » utilisé ici ne pose aucun doute sur le fait que la Conférence qualifie elle-même la situation et c'est sur la base de celle-ci qu'elle déclenche les sanctions. Néanmoins, les textes de l'organisation semblent consacrer une particularité en matière de déclenchement des sanctions contre les coups d'État et autres changements anticonstitutionnels de gouvernement.

493. Cette particularité, davantage perceptible en matière de qualification, consiste en une continuité entre l'opération de qualification et celle de déclenchement. Ayant déjà abordé la question de la qualification, nous n'y reviendrons pas. S'agissant du déclenchement, jusqu'à présent, il a été admis qu'il peut y avoir une différence entre l'organe de constatation et celui de déclenchement de la procédure. Mais dans ce cas précis, et comme nous l'avons rappelé, si l'organe de déclenchement devait s'appuyer uniquement sur la qualification des autres organes, son pouvoir en la matière serait nul et il n'aurait aucune responsabilité dans le déclenchement des sanctions. En ce qui concerne ce type de sanctions, l'Acte constitutif, comme le règlement intérieur de la Conférence, donnent un pouvoir de déclenchement des sanctions à la Conférence. Cependant, la pratique réserve au CPS le droit de qualifier et de déclencher les sanctions comme le prévoit l'alinéa 1er de l'article 25 de la Charte africaine de la démocratie, et de la gouvernance[1173].

[1172]Voir le règlement intérieur du Conseil exécutif.

[1173]Cf. Charte africaine, *op.cit.*

Ainsi, la responsabilité du CPS dans le domaine de la prévention, de la gestion, et du règlement des conflits est assumée au nom des États[1174]. L'UA s'inspire ici du Conseil de sécurité de l'ONU à qui la Charte des Nations Unies reconnaît un pouvoir similaire dans son article 24[1175].

494. Afin de développer ce point, l'on traitera essentiellement des sanctions prises contre les coups d'États et autres changements anticonstitutionnels de gouvernement. Comme on l'a déjà mentionné, plusieurs organes interviennent dans cette opération. En effet, la Conférence, la Commission et le CPS procèdent à la qualification et au déclenchement des sanctions. Cependant et, contrairement au Conseil de sécurité de l'ONU, le CPS, organe central dans ce dispositif, ne détermine pas discrétionnairement l'ordre du jour de ses réunions. Celui-ci est défini provisoirement par son président sur proposition du président de la Commission et des États membres[1176]. Cependant, l'article 7 alinéa 1er g du Protocole créant cet organe lui accorde le pouvoir d'imposer, conformément à la Déclaration de Lomé, des sanctions chaque fois qu'un changement anticonstitutionnel se produit dans un État membre. Le règlement intérieur de la Conférence, quant à lui, réserve ce pouvoir à cette dernière[1177] à travers son président et celui de la Commission. Dès lors, on peut se demander comment un organe qui n'a pas la maîtrise de son ordre du jour et qui partage ses pouvoirs de qualification et de déclenchement de sanctions peut-il assurer sa mission de façon efficace ? Le pouvoir de déclenchement de cet organe est-il discrétionnaire ou cet organe est-il lié par les décisions de la Conférence et de la Commission ?

495. À toutes ces interrogations, la Charte africaine de la démocratie, des élections et de la gouvernance répondra en reconnaissant, sans aucune ambiguïté, un pouvoir de qualification et de déclenchement de la sanction au CPS. Ainsi, d'après cet article, lorsque le CPS constate un changement anticonstitutionnel de gouvernement et que les initiatives diplomatiques ont échoué, il suspend immédiatement l'État fautif. Le pouvoir de déclenchement de sanctions par du CPS ne fait alors aucun doute quant à son caractère discrétionnaire ; il n'est plus soumis aux qualifications respectives du président de la Conférence et de celui de la Commission. Ainsi, dans une situation de changement anticonstitutionnel, même si le président de la Conférence et celui de la Commission ont procédé à une qualification, le CPS procède à sa propre qualification avant de déclencher les sanctions. Autrement

[1174]Article 8, alinéa 1 du Protocole relatif à la création du CPS.
[1175]Cet article stipule : « *1. Afin d'assurer l'action rapide et efficace de l'organisation, ses membres confèrent au Conseil de sécurité la responsabilité principale du maintien de la paix et de la sécurité internationales et reconnaissent qu'en s'acquittant des devoirs que lui impose cette responsabilité le Conseil de sécurité agit en leur nom...* ».
[1176]Article 8, alinéa 7 du Protocole relatif à la création du CPS.
[1177]Article 37 du règlement intérieur de la Conférence.

dit, le CPS procède, en toute exclusivité, à la constatation et au déclenchement de la sanction sur le continent[1178]

496. *In fine*, il appert que le contexte continental africain est caractérisé par une dualité en matière de déclenchement de la sanction : cette compétence revient en premier lieu à la Conférence et en second au CPS qui joue un rôle ambivalent. En effet, s'agissant des sanctions contre les coups d'État et autres changements anticonstitutionnels de gouvernement, il se trouve au cœur du processus en tant qu'organe de constatation et de déclenchement à qui il est reconnu un pouvoir discrétionnaire lui permettant de déclencher les sanctions sans forcément tenir compte des considérations juridiques et sans faire l'objet d'un contrôle par un autre organe. Pour ce qui est du droit d'intervention, notamment celui mentionné à l'article 4 (h) de l'Acte constitutif, il est uniquement un organe de constatation, la décision de déclencher une sanction revenant ici à un autre organe. Cependant, le pouvoir discrétionnaire du CPS dans le déclenchement de sanctions, qui permet en principe à ses décisions d'échapper au contrôle d'autres organes, notamment de la Conférence, est à relativiser. En effet, en plus de ne pas maîtriser l'ordre du jour de ses réunions, les membres du CPS tiennent leur place de la Conférence. En outre, la Conférence peut modifier, entériner ou rejeter les actes adoptés à cet effet dans la mesure où elle peut donner des directives au CPS[1179]. Ceci entraîne, de ce fait, une dépendance de ce dernier vis-à-vis de la première. Ainsi, la Conférence dispose d'outils de pression qui peuvent influencer les décisions et les qualifications retenues par le CPS. Malgré cela, celui-ci est susceptible d'exercer des compétences générales et sans limites, la Conférence pouvant lui déléguer des pouvoirs au sens des articles 9, alinéa 2 de l'Acte constitutif[1180] et 4, alinéa 2 du règlement intérieur[1181]. La pratique tend en outre de plus en plus à reconnaître un champ d'action plus étendu au CPS. Qu'en est-il de la nature de l'acte discrétionnaire ?

2- Un acte obligatoire

497. On ne pouvait aborder l'acte de déclenchement de la sanction sans questionner sa nature. Si l'on a convenu que le déclenchement de la sanction était, dans le cadre de l'UA, réservé à la Conférence et au CPS, il reste à déterminer quelle est la nature juridique de ces décisions. D'après l'article 33 du règlement intérieur de la Conférence, les actes obligatoires sont les

[1178]Cf. article 25, alinéa 1 de la Charte de la démocratie, des élections et de la gouvernance ; voir Delphine E. EMMANUEL ADOUKI, *op. cit.*, pp. 1-15.
[1179]Cf. article 4, alinéa 1 (d) du règlement intérieur de la Conférence.
[1180]Article 9 (2) de l'Acte constitutif, p. 9.
[1181]Article 4, alinéa 2 du règlement intérieur de la Conférence.

règlements et les directives[1182]. Les résolutions, les recommandations, les déclarations et les opinions, quant à elles, n'ont pas de valeur obligatoire ; elles ont pour but d'harmoniser et orienter les points de vue des États membres. Dès lors, dans quelle catégorie doit-on situer les actes sanctionnant les États membres ?

498. Comme on a ou le relever, il ne peut guère y avoir de débat quant à l'acte par lequel l'UA qualifie une situation : il s'agit d'un acte préparatoire au déclenchement d'une action de l'organisation envers l'État fautif. Le problème semble se poser différemment concernant l'acte qui déclenche effectivement la sanction. D'après nos précédentes analyses sur la nature et la portée des actes dans le cadre de l'article 33 du règlement intérieur de la Conférence, seules les directives et les résolutions sont obligatoires tandis que les autres actes constituent des actes institutionnels pris dans l'optique d'harmoniser les politiques de l'organisation dans les États membres. S'agissant de la décision, elle n'existe pas dans la classification donnée par l'article 33 du règlement intérieur. Pourtant, l'acte de déclenchement de la sanction s'inscrit dans une logique décisoire dans le sens où il est pris en vue de permettre de sanctionner un comportement contraire au cadre institutionnel prescrit par l'organisation africaine et notamment les règlements et directives édictés par elle. Cette affirmation s'inscrit dans la logique de la définition de la décision donnée dans le cadre du droit de l'UE.

499. En effet, l'article 288 du Traité sur le fonctionnement de l'Union européenne définit la décision « *comme un acte obligatoire dans tous ses éléments et lorsqu'elle désigne des destinataires, elle n'est obligatoire que pour ceux-ci* »[1183]. Par ailleurs, dans le vocabulaire du droit international, celle-ci est appréhendée comme « *l'action de décider effectuée par un sujet de droit international, notamment par un État, de manière unilatérale ou par plusieurs États agissant collectivement ou par un organe internationale* »[1184]. Ces définitions impliquent l'édiction d'un acte normatif obtenu en conclusion

---

[1182]Article 33 du règlement intérieur de la Conférence : « *1. Les décisions de la Conférence sont prises sous les formes suivantes : a) Les règlements : ils sont directement applicables dans les États membres qui doivent prendre toutes les mesures appropriées pour leur mise en œuvre. b) Les directives : elles sont adressées à un État membre ou à l'ensemble des États membres, aux groupements et aux individus. Elles ont un caractère obligatoire pour les États membres pour ce qui est des objectifs à atteindre, tandis que les autorités nationales ont le pouvoir de déterminer la forme et les moyens à utiliser pour leur mise en œuvre. c) Les recommandations, déclarations, résolutions, opinions etc. : elles n'ont pas un caractère obligatoire et sont destinées à orienter et à harmoniser les points de vue des États membres. 2. La non-application des règlements et des directives est passible des sanctions appropriées, conformément à l'article 23 de l'Acte constitutif* ».
[1183]Article 288 du Traité sur fonctionnement de l'Union européenne (TFTUE). Voir aussi Chahira BOUTAYEB, *op. cit.*, p. 531.
[1184]Jean SALMON, *op. cit.*, p. 297.

d'une discussion ou d'une délibération [1185]. En ce sens, l'acte de déclenchement de sanctions est un acte obligatoire pris par les instances habilitées par l'UA et adressé à un État membre fautif. Ainsi, les décisions de la Conférence et du CPS sont obligatoires pour les États qui se sont engagés à les respecter et à les appliquer[1186].

500. La jurisprudence internationale conforte cette idée. En effet, la CIJ, dans l'affaire sur les conséquences juridiques pour les États de la présence continue de l'Afrique du Sud en Namibie, « (...) [rappellera] *que, dans le Préambule de la résolution 269 (1969), le Conseil de Sécurité s'est déclaré conscient qu'il a le devoir de prendre les mesures voulues pour que les États membres des Nations unies s'acquittent fidèlement des obligations qu'ils ont assumées conformément à l'article 25 de la Charte des Nations unies. La Cour en conclut que les décisions prises par le Conseil de sécurité aux paragraphes 2 et 5 de la résolution 276 (1970), rapprochés du paragraphe 3 de la résolution 264 (1969) et du paragraphe 5 de la résolution 269 (1969), ont été adoptées conformément aux buts et principes de la Charte et de ses articles 24 et 25. Elles sont par conséquent obligatoires pour tous les États membres des Nations unies, qui sont ainsi tenus de les accepter et de les appliquer* »[1187]. S'agissant de l'UA, Blaise TCHIKAYA admet que la Conférence adopte « *des décisions qui ne peuvent être qu'exécutoires...* »[1188]. Pour lui, il ne peut en être autrement dans la mesure où l'expression « *décision de la Conférence* » signifie qu'une fois que la Conférence a pris cette décision, elle pourrait même l'exécuter *manu militari* « *afin de faire valoir la légalité internationale africaine* »[1189]. Mais, s'il arrivait qu'une décision de la Conférence ne soit pas exécutée, cela n'enlèverait rien à son caractère exécutoire. Cette analyse répond à notre interrogation sur la nature de l'acte de déclenchement de la sanction[1190]. Toutefois, peut-on appliquer la même analyse aux décisions du CPS ?

501. Les décisions du CPS sont qualifiées de « communiqués », ce qui peut créer une certaine ambiguïté quant à la détermination de leur nature

---

1185 *Ibidem*

1186 Voir article 23 (2) de l'Acte constitutif ; article 7, alinéa 3 du Protocole relatif à la création du CPS : « *les États membres conviennent d'accepter et d'appliquer les décisions du Conseil de paix et de sécurité conformément à l'Acte constitutif* ».

1187 CIJ, AC, 21 juin 1971, *Conséquences juridiques pour les États de la présence continue de l'Afrique du Sud en Namibie* (Rec. CIJ, 1971, pp. 52-56). Voir aussi Blaise TCHIKAYA, *Le droit de l'Union africaine. Principes, institutions et jurisprudence*, *op. cit.*, p. 134.

1188 Blaise TCHIKAYA, *ibidem*

1189 *Ibid.*

1190 Cf. par exemple les situations de crises aux Comores en 2008 ou encore au Zimbabwe en 2009 pour lesquelles le caractère exécutoire des décisions de la Conférence ne faisait aucun doute. Voir : Assembly/AU/Dec.186(X), 2 février 2008 ; Assembly/AU/Dec.288(XIV) Rev.1, 3 février 2009.

juridique. Sans doute, les rédacteurs du Protocole portant création du CPS avaient à l'esprit de se démarquer de la terminologie utilisée pour les actes du Conseil de sécurité qui, d'après l'article 25 de la Charte de l'ONU, sont des décisions. Mais, à y regarder de plus près, on s'accorde avec Delphine ADOUKI EMMANUEL sur le fait que « *ces communiqués observent à l'origine, une démarche particulière qui ne correspond pas à la structure du syllogisme juridique et au raisonnement déductif* »[1191]. Ces actes ont un caractère à la fois prescriptif et sanctionnateur. Les communiqués du CPS prescrivent, dans la plupart des cas, des recommandations ; un pouvoir qui se traduit par l'emploi de formules telles que le Conseil « *se félicite* », « *réitère son appréciation* », « *réaffirme* », « *lance un appel* », « *demande* », « *encourage* », etc. Au regard de ces formulations, ces communiqués ont un caractère prescriptif. Toutefois, lorsque le CPS envisage de prendre des sanctions, la terminologie employée est beaucoup plus incisive et péremptoire, avec l'emploi de termes comme « *exige* », « *confirme* », « *entérine* », « *donne mandat* », « *décide* »[1192]. Dans ces cas, ces actes ont un caractère contraignant. Il est à préciser qu'un même communiqué du CPS déclenchant des sanctions peut avoir un caractère prescriptif et un caractère contraignant. Cet organe doit toujours chercher un équilibre entre ces deux caractères et parfois il peut faire preuve de hardiesse dans la condamnation d'un coup d'État comme ce fut le cas en Mauritanie 2008.

502. En l'espèce, dans son examen de la situation, le CPS avait déclaré nul et de nul effet toutes les mesures de nature institutionnelle, constitutionnelle et législative prises par les autorités militaires qui avaient découlé du coup d'État du 6 août 2008[1193]. Le CPS a sans doute voulu suivre ici la logique du Conseil de sécurité qui, par exemple, dans sa résolution 276 du 30 janvier 1970, déclara illégale la présence continue de l'Afrique du Sud en Namibie et invalida ainsi les mesures prises par le gouvernement sud-africain tant qu'il n'était pas mis fin à cette présence[1194]. Le Conseil de sécurité considéra donc qu'il détenait le pouvoir implicite de déclarer la nullité des actes pris en Namibie, par conséquent les autorités sud-africaines encouraient « *des responsabilités internationales pour violation persistante d'une*

[1191] Delphine E. ADOUKI EMMANUEL, *op.cit.*, p. 7. Voir aussi Jean SALMON, « La construction du fait juridique en droit international », *op. cit.*, p. 137.

[1192] Termes tirés des communiqués du CPS : 25e réunion sur la situation au Togo du 25 février 2005, PSC/PR/Comm.(XXV)CPS ; 23e réunion sur la situation en RDC du 10 janvier 2005, PSC/AHG/Comm.(XXIII), para g. B-7 ; 168e réunion sur la situation en Mauritanie du 5 février 2009, PSC/PR/CL(XVIII) ; 33e réunion sur la situation en République centrafricaine PSC/PR/Comm.(XXXIII)-(ii), etc.

[1193] CPS, 151e réunion relative à la situation en Mauritanie, PSC/MIN/Comm.2(CLI), 22 septembre 2008.

[1194] *Ibidem*

obligation internationale »[1195]. Dans le cas mauritanien, l'interprétation finaliste du CPS ne respectait en rien l'esprit et les textes de l'UA, confirmant de fait un pouvoir discrétionnaire en la matière. Toutefois conscient de la sévérité de sa position dans cette crise, le CPS fera preuve de plus de retenue et décidera, quelques mois plus tard de[1196] « *réitérer sa ferme condamnation du coup d'État et de toutes les mesures prises par ses auteurs pour consolider la situation née de ce coup d'État* »[1197].

503. Les décisions du CPS semblent donc être des actes contraignants pris par un organe de l'organisation. Par conséquent, il sied de leur reconnaître la même force exécutoire ou obligatoire que celle reconnue à la Conférence[1198]. Cependant, en l'absence de mécanisme de contrôle ou de suivi, point que l'on traitera en détail ultérieurement, on peut s'interroger quant au caractère véritablement contraignant des décisions du CPS[1199] ; d'autant plus si l'on prend en compte l'intérêt pour le consensus et la souveraineté au sein de cette organisation comme modes privilégiés de prise de décision.

Paragraphe 2 : La prise de décision en matière de sanctions

504. La procédure d'adoption de sanctions diffère d'une organisation à une autre. Comme on l'a précédemment souligné, cette procédure peut faire intervenir divers organes : l'organe plénier, en l'occurrence la Conférence, mais aussi l'organe restreint, ici le CPS. Ainsi, la décision de suspendre les droits d'un membre de l'Union « *est un acte unilatéral de portée obligatoire d'un organe de l'organisation* (...) *désigné par l'Acte constitutif...* »[1200]. Dans la plupart des cas, c'est à l'organe plénier que revient cette tâche. Comme pour la qualification et le déclenchement de sanctions, la prise de décision au sein de l'UA obéit à une procédure qu'il convient de préciser.

505. À la différence d'autres organisations internationales, tous les organes représentatifs des États au sein de cette organisation prennent leurs décisions suivant des modes similaires : par consensus ou, à défaut, à la majorité des deux tiers[1201]. Ces règles de prise de décision ne sont cependant

---

[1195] CIJ, AC, 27 juin 1971, *Conséquences juridiques pour les États de la présence continue de l'Afrique du Sud en Namibie (Sud-ouest africain) malgré la résolution 276 (1970)*, p. 54, § 118.
[1196] Delphine E. EMMANUEL ADOUKI, *op. cit.*, p. 8.
[1197] CPS, 163e réunion, Rapport du président de la Commission sur la situation en Mauritanie, 22 décembre 2008, PSC/MIN/Comm.3(CLXIII), § 6.
[1198] Article 7, alinéa 3 du Protocole relatif à la création du CPS.
[1199] Faustin TABALA KITENE, *op. cit.*, p. 140.
[1200] Anne-Thida NORODOM, *op. cit.*, p. 343.
[1201] Stéphanie DUJARDIN, « L'Union africaine, un ordre juridique panafricain refondé par les États en quête de nations », *op. cit.*, p. 306.

pas une particularité africaine ; elles se sont développées dans le cadre d'autres organisations internationales (**A**) avant que l'UA ne se les approprie (**B**).

A- Le consensus : une pratique constante dans les organisations internationales

506. En droit international, le consensus est entendu comme la « *procédure d'adoption d'un texte par un organe déterminé, sans recours au vote, en l'absence de toute objection formelle exprimée par un participant, et ce à la suite de consultations officieuses entre les participants les représentatifs des groupes d'intérêts de l'organe concerné* » [1202] . Il s'apparente ainsi à une sorte d'unanimité tacite, visant à rechercher un accord général des États membres marqué par l'absence d'opposition à l'égard d'un texte, sans vote[1203]. Cependant, l'absence de vote ne traduit pas forcément un consensus. L'absence de vote peut parfois traduire l'évidence d'une majorité qui s'est formée de sorte que le vote est perçu comme inutile et que la minorité préfère l'éviter. Dans ce cas, la majorité fait toutefois connaître qu'elle n'adhère pas à un consensus[1204]. Le consensus au sein des organisations internationales (ONU, OIT, institutions spécialisées) traduit « (...) *à la fois une volonté de dialogue, de tolérance et la persistance des antagonismes dans la société internationale : à défaut d'atteindre l'unanimité et face à l'inefficacité de la majorité, on se résigne au consensus* »[1205].

507. Ainsi, lorsqu'un texte est adopté par consensus, cela suppose qu'aucun des participants à cette procédure n'a souhaité voter contre ce texte et que personne ne demande un vote formel. Dans cas il faut l'existence d'un compromis entre les parties. Selon Jean COMBACAU et Serge SUR, on peut distinguer deux types de consensus : le premier est le consensus « *sine qua non* », qui traduit la situation dans laquelle, en l'absence de consensus, aucune décision ne peut être prise ; le second est le « *consensus si possible* », qui traduit la situation dans laquelle, en l'absence de consensus, un vote formel à la majorité soit, en dernier recours, envisageable[1206]. En tout état de cause, le consensus est davantage un « (...) *compromis entre groupes d'États, voire entre États représentatifs d'un groupe, qu'entre des États agissant*

[1202]Jean SALMON, *op. cit.*, p. 239.

[1203]Jean COMBACAU, Serge SUR, *Droit international public*, Paris, LGDJ, 12e éd, 2016, p.747.

[1204]*Ibidem*

[1205]Daniel DORMOY, *Droit des organisations internationales*, Paris, Dalloz, 1995, p. 78. Voir aussi Jean d'ASPREMONT, « La composition des organes et le processus décisionnel », *in* Évelyne LAGRANGE, Jean-Marc SOREL (dir.), *Droit des organisations internationales*, *op. cit.*, pp. 424-426.

[1206]Ces distinctions sont faites par les professeurs Jean COMBACAU et Serge SUR dans leur ouvrage précité.

individuellement »[1207]. Il s'agirait donc d'une sorte d'unanimité adaptée à une communauté empiriquement instituée en groupes d'États, sur une base idéologique ou en fonction d'une convergence de situations ou d'intérêts[1208]. Comment cette modalité de vote particulière s'exerce-t-elle au sein de l'UA, notamment en matière de sanctions ?

B- Une pratique entérinée par l'Union africaine en matière de sanctions

508. Le consensus est la modalité favorisée par l'organisation continentale africaine en matière de sanctions. Cette règle a été introduite pour la première fois dans le cadre du Traité d'Abuja instituant la Communauté économique africaine. Le but recherché est de concilier le principe démocratique de la majorité et le respect de la souveraineté étatique[1209]. Elle est aussi la résultante de la tradition africaine de « l'arbre à palabres » consistant à exposer les problèmes à régler sur la place publique, qui tient lieu d'assemblée, en respectant ainsi des valeurs démocratiques, en l'occurrence la liberté d'expression et l'égalité[1210]. L'objectif de cette pratique était d'installer un dialogue constructif et de dégager un consensus propice à la réconciliation, l'unité et l'intégration de tous les membres de la communauté[1211].

509. Selon cette tradition africaine, il était important de trouver des solutions satisfaisantes et adéquates pour les parties au litige afin de prendre des décisions qui s'imposent d'elles-mêmes à toute la communauté concernée[1212]. C'est pourquoi, comme le souligne, Ahmed MAHIOU, l'Afrique avait depuis longtemps « (...) *codifié la pratique des Nations Unies qui s'efforce, avant de recourir au vote à la majorité des deux tiers conformément à la Charte, d'obtenir un consensus parmi ses membres* »[1213]. Ainsi, conformément à l'article 18 de son règlement intérieur, « *la Conférence prend ses décisions par consensus ou, à défaut, à la majorité des deux tiers des États membres jouissant du droit de vote. Les abstentions des États membres jouissant du droit de vote n'empêchent pas la Conférence d'adopter*

[1207]*Ibidem*

[1208]*Ibid.*

[1209]Stéphanie DUJARDIN, « L'Union africaine, un ordre juridique panafricain refondé par les États en quête de nation s», *op. cit.*, p. 306.

[1210]N.F. MUKOKA, *Discours et pratique du développement au Congo. Interrogation et ré interrogation politologiques*, Kinshasa, éd. MES, 2004, p. 60 ; cité par Faustin TABALA, *op. cit.*, p. 143.

[1211]*Ibidem*

[1212]*Ibid.*

[1213]Ahmed MAHIOU, « La Communauté économique africaine », *op.cit.*, p. 802.

les décisions qui nécessitent un consensus »[1214]. Par ailleurs, l'article 18, paragraphes 12 et 13, du Protocole créant le CPS prévoit que « *chaque membre du Conseil de paix et de sécurité dispose d'une voix* » et que « *les décisions du Conseil de paix et de sécurité sont généralement guidées par le principe du consensus. À défaut de consensus, le Conseil de paix et de sécurité adopte ses décisions sur les questions de procédure à la majorité simple, tandis que les décisions sur toutes les autres questions sont prises à la majorité des deux tiers de ses membres votants* ». L'UA proclame à travers ces dispositions son attachement à la prise de décision par consensus.

510. Elle est privilégiée parce que, d'une part, le cadre institutionnel de l'UA repose sur le principe d'égalité selon lequel « un État égale une voix ». Or, si le mode de vote favorisé était le vote à la majorité, il mettrait à l'écart une partie des États membres qui seraient alors tentés de ne pas appliquer les décisions prises qu'ils pourraient considérer comme illégitimes, notamment en matière de sanctions. D'autre part, si on était tenté de privilégier « le consensus si possible », il serait nécessaire d'accompagner ce mode de décision de modalités qui, sans doute, relativiseraient la portée du consensus et bloqueraient la possibilité pour les États membres de voter, notamment des sanctions, à la majorité des deux tiers[1215].

511. Cependant, dans les textes de l'UA, il est précisé que les États faisant l'objet de sanctions perdent leur droit de vote au sein de la Conférence et du CPS s'ils y siègent. Or, si un grand nombre d'États sont simultanément sanctionnés pour non-paiement de contributions financières et changement anticonstitutionnel de gouvernement, une telle configuration fausse la prise de décision par consensus. Comment, en effet, parler de véritable consensus si une grande partie des États sanctionnés ne participent pas au vote ? On pourrait alors, dans ce cas précis, privilégier le vote à la majorité qualifiée. Cependant, celui-ci pourrait être détourné[1216], le nombre de votes recueillis pouvant ne pas être suffisant. La conséquence d'une telle hypothèse est que l'on pourrait adopter des décisions aussi importantes que des sanctions à la majorité simple pourtant en principe réservée aux questions de procédures[1217]. Il est donc important pour l'UA de privilégier la prise de décision par consensus dans le domaine de la sanction. Si l'on part du principe que les États membres ont témoigné leur volonté d'éradiquer les violations au droit de l'UA, il n'est pas utile que des débats s'ouvrent lorsqu'on doit prendre des mesures aussi importantes. En effet, de fortes oppositions pourraient bloquer

---

[1214] Article 18 du Protocole relatif à la création du CPS.
[1215] Stéphanie DUJARDIN, *op. cit.*, p. 307.
[1216] Par exemple, en janvier 2005, 14 États ont été sanctionnés et privés de droit de vote au sein de l'UA. Cf. Décision de la 8e session extraordinaire du Conseil exécutif sur l'état des contributions des États, Khartoum (Soudan), 19 janvier 2005, EXT.EX.CL.Dec.2(VIII).
[1217] Stéphanie DUJARDIN, *op. cit.*, pp. 304-307.

la prise de décision et avoir une incidence sur l'efficacité des mesures décidées en matière de sanctions.

Conclusion du Titre I

512. Entamer une réflexion sur le pouvoir de l'UA sans s'intéresser à la mise en œuvre de celui-ci aurait été, à notre sens, une démarche incomplète. Effectivement, la mise en œuvre de ce pouvoir demande, d'une part, l'existence d'organes dédiés à cette tâche et, d'autre part, une procédure adaptée ; sachant que la mise en commun du destin des pays africains « *implique une réflexion mûrie sur les procédures communes de décisions* »[1218]. Nous avons ainsi pu ainsi constater que les rédacteurs de l'Acte constitutif ont élaboré un système centré sur la Conférence des chefs d'État et de gouvernement. Pourtant, de notre point de vue, il aurait fallu procéder à un meilleur partage du pouvoir qui aurait accordé davantage de responsabilités à l'organe représentant les intérêts de l'organisation, en l'occurrence la Commission ; encore mieux, à l'organe juridictionnel qui serait ainsi le garant du respect du droit conventionnel.

513. Grâce à nos analyses, nous avons pu relever que la prééminence des organes politiques est encore marquée, même si un aménagement de leurs pouvoirs a été réalisé afin d'accorder un rôle plus important au CPS qui est le garant de la paix et de la sécurité sur le continent. Dispositif innovant, il ne demande qu'à être davantage perfectionné pour mieux répondre aux défis de stabilité, de sécurité et de paix qui caractérisent le continent[1219]. Outre l'étude de ces organes, nous avons également analysé que l'adoption de sanctions est l'aboutissement d'une procédure qui va de la détermination du fait illicite à travers la constatation et la qualification du fait répréhensible jusqu'au déclenchement de la sanction elle-même. Concernant cette procédure, nous avons pu apporter des précisions, notamment sur le pouvoir de qualification et de déclenchement détenu par le CPS en relevant son évolution. Néanmoins, bien des choses restent encore à améliorer au regard du dispositif de sanction de l'organisation africaine. Cependant, avant d'en faire le bilan et de proposer quelques pistes pour le consolider, intéressons-nous à présent aux effets et à la portée du pouvoir de sanction exercé dans le cadre de l'UA

.

1218Blaise TCHIKAYA, « La juridictionnalisation du règlement des conflits internationaux en Afrique », *op. cit.*, p. 131.

1219 Sur le CPS en tant qu'organe de l'UA pour la promotion de la paix et la sécurité sur le continent, voir les études de Delphine LECOUTRE, « Le Conseil de paix et sécurité de l'Union africaine, clef d'une nouvelle architecture de stabilité en Afrique ? », *op. cit.* pp. 131-162 et Guy Fleury NTWARI, *L'Union africaine et la promotion de la paix, de la sécurité et de la stabilité en Afrique*, *op. cit.*, pp. 116-137.

Conclusion du Titre I

TITRE II : UNE MISE EN ŒUVRE IMPARFAITE DE LA SANCTION

514. En dehors de l'intérêt théorique indiscutable qu'il y a à analyser les sanctions dans un ordre juridique en plein développement comme l'est celui de l'organisation africaine, il semble tout aussi indispensable de consacrer une autre partie de notre réflexion à l'exécution de celles-ci. On a pu constater que les aménagements apportés ont tendu vers un renforcement du pouvoir de sanction tel que prévu dans le texte fondateur. Dans un souci d'effectivité et d'efficacité, l'édiction de sanctions doit suivre un processus particulier, tant au regard de sa mise en œuvre par les organes de l'organisation que de son déclenchement. Une fois cette étape accomplie, la sanction adoptée entre dans une autre phase qui est celle de son exécution. Il s'agit ici de la matérialisation concrète des sanctions à travers l'action de l'organisation continentale.

515. Dans cette phase, les États à qui s'adresse la sanction ont une idée de la conduite à tenir[1220] et l'organisation continentale peut mettre en œuvre les sanctions qu'elle a édictées. Le bon déroulement de cette opération repose sur la nature du lien qui existe entre l'organisation africaine et les États concernés. Les actes alors pris produisent une disparité d'effets qu'il convient d'analyser (**Chapitre I**). Si les effets découlant des sanctions décidées sont importants, la portée de celles-ci dans le cadre continental africain est, quant à elle, à relativiser (**Chapitre II**).

[1220] Jean COMBACAU, *op. cit.*, p. 307.

CHAPITRE I : UNE SUBTILE DISPARITÉ DES EFFETS DU POUVOIR DE SANCTION

516. Une fois les sanctions édictées et mises en œuvre par les différents organes compétents de l'organisation, celles-ci doivent être exécutées. Il s'agit ici de l'accomplissement d'une opération qui a débuté avec la constatation d'un comportement d'un État membre contraire aux principes et idéaux de l'organisation africaine. Il est à rappeler qu'en cas de violation de leurs engagements, les États membres de l'UA sont soumis au pouvoir disciplinaire de celle-ci. La discipline est, en effet, indispensable pour assurer, comme dans toute communauté, une cohésion et un fonctionnement normal[1221] de ses institutions. Or, ce pouvoir n'a de sens que si les sanctions édictées sont mises en œuvre ; à tout le moins dans la grande majorité des cas. En effet, « *rien ne sert à un système de contenir un certain arsenal de sanctions si celles-ci ne sont pas utilisées par les organes compétents du système, quand les conditions de leur emploi se trouvent réunies* »[1222]. La mise en œuvre des sanctions met à contribution l'organisation et les entités que celle-ci charge de son exécution. Elle transforme ainsi une action unilatérale en action collective. La configuration de l'opération dépend du caractère que les agents d'exécution entendent donner à l'acte de sanction. Les effets de ce dernier différeront selon que l'organisation assurera elle-même l'exécution de l'acte de sanction ou qu'elle utilisera les États ou d'autres entités comme agents d'exécution de ses sanctions. Dès lors, on peut distinguer une efficacité graduée des effets de l'acte de sanction : certaine sur les seuls membres de l'organisation (**Section I**) et atténuée, voire inexistante, sur les États non-membres de l'organisation (**Section II**).

SECTION I : UNE EFFICACITÉ CERTAINE DES SANCTIONS SUR LES SEULS MEMBRES DE L'ORGANISATION

517. Il est évident qu'à l'intérieur de l'organisation, la sanction déploie tous ses effets. Cela s'explique par le concept d'appartenance qui « (...) *n'est*

[1221] Safwat Farid AYOUB, *Le problème de l'octroi de la suspension et du retrait du statut consultatif aux organisations non gouvernementales : Étude comparative de la situation à l'O.N.U. et à l'U.N.E.S.CO.*, Thèse de doctorat, Université Panthéon-Sorbonne, 1974, p. 56.
[1222] Charles LEBEN, *op. cit.*, p. 26.

pas nécessairement conditionné à la qualité de partie à l'acte constitutif»[1223]. Il existe entre l'organisation et les États membres soit un lien d'allégeance des membres à l'égard de l'organisation qui ressort des dispositions statutaires pesant sur les États ; soit un lien de dépendance de l'organisation vis-à-vis de ses membres qui apparaît de manière plus manifeste s'agissant des ressources de l'organisation ou de ses propres capacités opérationnelles qui sont réduites [1224]. Le lien d'allégeance conditionne la vie de membre de l'organisation. Les sanctions édictées au sein de l'organisation continentale africaine ne sont pas neutres ; elles sont tributaires du lien qui existe entre l'organisation et ceux à qui elles s'adressent. Pour rendre compte de cet état des choses, l'on procédera de façon graduelle : il s'agira d'abord d'étudier les situations dans lesquelles on constate une densification du pouvoir de sanction de l'UA, puis d'analyser des situations caractérisées par une densité de moins en moins prononcée de ce pouvoir. On constatera une verticalité dans le rapport qui se crée entre l'organisation et ses États membres. Lorsque l'UA met elle-même à exécution l'acte de sanction, les États membres lui sont subordonnés du fait de leur appartenance (**Paragraphe 1**). Il existe cependant une particularité concernant la relation entre l'organisation et les organisations subrégionales africaines (CER) (**Paragraphe 2**).

Paragraphe 1 : L'appartenance : facteur de densification du pouvoir de sanction

518. Toute sanction a pour finalité de renforcer l'efficacité du droit, punir ses violations, et dissuader les infractions futures. Elle est donc, en principe, un élément essentiel permettant le bon fonctionnement d'un système juridique ; même si parfois elle est peu appliquée si les individus se comportent spontanément de façon conforme au droit[1225]. Toutefois, pour que les sanctions déploient tous leurs effets, deux conditions doivent être remplies : d'une part, une organisation habilitée à prendre des mesures et, d'autre part, des destinataires qui acceptent de s'y soumettre. Même s'il n'a pas toujours été évident d'aboutir à ce résultat, les sanctions adoptées par l'UA et les effets produits par elles ont tout de même eu un impact sur le comportement de ses membres. Tout n'a pas été parfait, l'on y reviendra en détail dans les prochains développements, toutefois la soumission des membres de l'UA à ses décisions découle indubitablement de leur appartenance à celle-ci. On appréciera cette appartenance au regard des effets

---

[1223]Sabrina CUENDET, « La qualité de membre. Acquisition, évolution, perte », *in* Évelyne LAGRANGE, Jean-Marc SOREL (dir.), *Droit des organisations internationales*, Paris, LGDJ, 2013, p. 290.

[1224]*Ibidem*

[1225]Charles LEBEN « Réactions à l'illicite dans la société internationale », *AFDI*, 1982, p. 40.

de la sanction sur les États (**A**) et sur les organes de l'organisation africaine (**B**).

A- Les destinataires directs du pouvoir de sanction : les États membres

519. Il est clair qu'une réflexion sur le pouvoir de sanction de l'UA ne peut être correctement menée sans une interrogation sur les effets de ce pouvoir à l'égard de ses destinataires, en l'occurrence ses États membres. L'appellation « État membre » permet de les différencier des tiers à l'organisation. En effet, une OI « *est toujours constituée par les États en vue d'atteindre en commun certains objectifs. Pour ses membres, qui apparaissent ainsi également comme les acteurs "primaires", ou "premiers", du système international, l'organisation n'est pas seulement un autre acteur d'une nature différente parce que composite - acteur "secondaire". Elle est ainsi un instrument par lequel ils cherchent à atteindre leurs propres fins* »[1226]. Cette réflexion envisage donc l'OI selon un « (...) *double point de vue d'où il faut la considérer pour comprendre son fonctionnement et son action. De l'extérieur, elle présente une certaine opacité, qui dissimule les forces qui agissent en elle et influent sur son processus de décision : elle est un acteur parmi d'autres. De l'intérieur, elle est transparente : ce sont les États membres qui sont sous la lumière et qui apparaissent comme les véritables acteurs. Elle ne constitue plus elle-même qu'un cadre où s'inscrit leur action* »[1227]. Ainsi, pour reprendre l'expression du Professeur Michel VIRALLY, l'État membre participe au « *milieu intérieur que constitue l'organisation* »[1228]. Dès lors, « *l'entité membre composante de l'organisation, n'est plus appréhendée comme une individualité mais par rapport à l'entité collective, en participant notamment à la formation de sa volonté propre* »[1229]. La participation des membres à l'organisation à laquelle ils appartiennent semble évidente, c'est d'ailleurs la raison pour laquelle la doctrine lui a probablement accordé peu d'intérêt[1230].

[1226]Michel VIRALLY, « Le rôle des organisations internationales dans l'atténuation et le règlement des crises internationales », *Politique étrangère*, n° 6, 1976, p 530 ; disponible sur : http://www.persee.fr/docAsPDF/polit_0032-342x_1976_num_41_6_1698.pdf, consulté le 03/09/2017.

[1227]*Ibidem*

[1228]Michel VIRALLY ; cité par Sabrina CUENDET, *op. cit.*, p. 291.

[1229]Sabrina CUENDET, *ibidem*

[1230] Pour une analyse approfondie de la participation au sein des organisations internationales, voir : Riad DAOUIDI, *La représentation en droit international*, Paris, LGDJ, 1980, 405 p ; Boutros BOUTROS-GHALI, « Le principe de l'égalité des États et les organisations internationales », *RCADI*, 1960 (II), pp. 1-73 ; Antoine Henri ZARB, *Les institutions spécialisées du système des Nations unies et leurs membres*, Paris, Pedone, 1980, 598 p. ; Robert KOVAR, « La participation des territoires non autonomes aux organisations internationales», *AFDI*, 1969, pp. 522-549 ; Pierre-Marie DUPUY, Mario BETTATI (dir), *Les ONG et le droit international*, Paris, Economica, 1986, 318 p. ; Fernand DEHOUSSE: « Le

Il existe ainsi une influence réciproque et de nombreux liens entre l'organisation et ses membres. Notre analyse se limitera à la participation et à la subordination, que l'on étudiera plus loin.

520. La notion de membre ne doit pas être confondue avec celle d'association ou encore avec celle de représentation[1231]. L'appartenance renvoie à une proximité statutaire très forte entre le membre et l'organisation là où, par exemple, une relation d'association repose sur des liens moins étroits[1232]. Ainsi, les règles qui s'appliquent à l'accès au statut de membre mettent en évidence deux exigences contradictoires : à savoir, d'une part, l'universalité de l'organisation qui exige une structuration souple et, d'autre part, l'homogénéité de sa composition pour sauvegarder une similitude entre ses membres[1233]. Cela implique des règles d'adhésion sélectives[1234] en distinguant les organisations dites « ouvertes » telles que l'ONU, les institutions spécialisées[1235], ou l'UA, des organisations dites « fermées » comme, par exemple, l'Organisation des Pays Arabes Exportateurs de Pétrole (OPAEP). En effet, ne peuvent être acceptés dans cette dernière organisation que des pays qui remplissent les conditions cumulatives d'être un pays arabe, exportateur de pétrole et pour lequel le pétrole constitue une ressource importante de son produit national brut[1236].

521. Appartenant à la catégorie des organisations de type ouvert, l'UA regroupe des membres de diverses natures. On distingue les membres pléniers et les membres admis. Les membres pléniers - ou membres de plein temps ou membres effectifs selon la terminologie retenue par les textes fondateurs de l'organisation -, constituent le point névralgique de l'organisation. Ce statut

---

droit de retrait des Nations Unies », *RBDI*, 1965, pp. 30-48 ; Marie-Claude DOCK, « Le retrait des États membres des organisations internationales de la famille des Nations Unies », *AFDI*, 1994, pp. 106-155.

1231 Nous voulons ici faire référence à la représentation des entités non étatiques ou encore à celle des entités privées. Sur ces questions, voir Robert KOVAR, « La participation des territoires non autonomes aux organisations internationales », *op. cit.*, pp. 522-549.

1232 *Ibidem*

1233 Saidou NOUROU TALL, *Droit des organisations internationales africaines. Théorie générale, droit communautaire comparé, droit de l'homme, paix et sécurité, op. cit.*, p. 77.

1234 *Ibidem*

1235 L'article 3 de la Constitution de l'Organisation mondiale de la santé (OMS) stipule à cet effet que la qualité de membre est accessible à tous les États. L'Organisation mondiale du commerce (OMC) quant à elle va un peu plus loin, l'article 12 de l'Accord de l'OMC indiquant que « *tout État ou territoire douanier distinct, jouissant d'une entière autonomie dans la conduite de ses relations commerciales extérieures et pour les autres questions traitées dans le présent Accord et dans les accords commerciaux multilatéraux, pourra accéder au présent Accord à des conditions à convenir entre lui et l'OMC* » (voir Accord de Marrakech, 1994 ; voir aussi article 305 de la Convention des Nations Unies sur le droit de la mer du 10 décembre 1982…)

1236 Cf article 7 du Statut de l'Organisation des pays arabes exportateurs de pétrole (OPAEP)

est en principe réservé aux États, mais il peut être octroyé à d'autres entités comme les organisations internationales. Les membres de l'OI bénéficient de l'entièreté des droits qui peuvent être reconnus au sein de celle-ci. Ils disposent de prérogatives dont l'exercice à de fortes incidences sur l'existence de l'organisation. C'est d'eux que cette dernière tire l'essentiel de ses ressources. Parmi les membres pléniers, on distingue les membres originaires ou membres fondateurs qui ont pris part à l'élaboration de l'Acte fondateur et l'ont ratifié à l'issue de sa négociation[1237].

522. Les textes de l'UA ne consacrent pas de dénomination particulière. L'Acte constitutif parle uniquement « d'État membre ». Par ailleurs, une autre particularité de l'UA est que la majorité de ses États membres était présente à l'adoption de l'Acte constitutif, ce qui fait d'eux des membres fondateurs ; à l'exception du Soudan du Sud qui adhéra à l'organisation le 27 juillet 2001 et du Maroc qui y adhéra le 30 janvier 2017 après être sorti de l'ancienne organisation (OUA) en 1984 à la suite de la reconnaissance par celle-ci de la République arabe sahraouie démocratique (RASD). La distinction entre membre fondateur et membre admis n'a cependant aucune incidence statutaire au sein l'UA. Les membres fondateurs comme les membres admis sont soumis aux mêmes obligations qui découlent de leur subordination à l'organisation.

523. Outre l'appartenance, il importe d'aborder la question de la subordination, car ces deux éléments doivent se retrouver dans l'acte qui produit des effets obligatoires. Il s'agit ici d'interroger la valeur de la décision d'une organisation sur un État membre. Cela consiste à se référer au critère classique d'appréciation de la force obligatoire des normes en droit international. Les effets produits par l'acte de sanction sont obligatoires pour les États du fait de la libre adhésion de ceux-ci à l'Acte constitutif, mais il ne saurait y avoir une obligation d'adhérer à l'UA. En revanche, en adhérant, il y a acceptation par les États des obligations découlant de l'Acte constitutif[1238]. C'est grâce à eux que l'organisation existe. Dans les textes internationaux, notamment la Convention de Vienne sur le droit des traités, les organisations internationales sont qualifiées d'« intergouvernementales ». Cette appellation traduit une approche classique selon laquelle seuls les États sont représentés dans les organisations, leur volonté ne pouvant s'exprimer que par la voix de délégués désignés par leur gouvernement respectif[1239]. L'appartenance peut cependant prendre fin par le retrait volontaire de l'État, car un « (...) *État*

[1237]Sabrina CUENDET, « La qualité de membre. Acquisition, évolution, perte », *in* Évelyne LAGRANGE, Jean-Marc SOREL (dir.), *Droit des organisations internationales, op.cit.*, p. 292.

[1238]Voir Daniel VIGNES, « La participation aux organisations internationales », *in* René-Jean DUPUY, « Manuel sur les organisations internationales », *RCADI*, vol 1.,1988, p. 57.

[1239]Nguyen QUOC DINH, Patrick DAILLIER, Mathias FORTEAU, Alain PELLET, *Droit international public*, Paris, LGDJ-Lextenso, 8e édition, 2009, p 650.

souverain ne saurait être contraint de rester dans un système qu'il refuse »[1240]. L'État souverain étant lié par des obligations parce qu'il les a acceptées, on pourrait considérer qu'il est évident qu'il puisse en apprécier la portée. Lui imposer de respecter des obligations ou même l'obliger à rendre compte de la manière dont il respecte ses engagements serait susceptible de limiter sa souveraineté. Pour autant, dans la mesure où les États ont signé volontairement l'Acte constitutif de l'UA, ils sont appelés à déployer leurs activités au sein de l'organisation africaine et acceptent d'être sanctionnés par elle.

524. Un acte ou une norme n'est opposable à son destinataire, en l'occurrence les États membres d'une OI, que si ceux-ci l'acceptent ou qu'ils se trouvent dans une situation hiérarchique qui permet de se passer de leur consentement. À titre d'exemple, un acte émanant des Nations Unies et ayant un caractère de sanction n'est opposable à ses destinataires que si ceux-ci appartiennent aux Nations Unies[1241]. Cela est également le cas pour l'UA. Toutefois, l'acte de sanction pris par l'UA, comme par d'autres OI, envers un État membre n'est pas automatiquement assorti de sanction. C'est donc ces deux caractères que l'on essayera de faire ressortir. Pour cela, l'on s'appuiera sur la distinction faite par Jean COMBACAU qui consiste à différencier les résolutions incontestables **(1)** des résolutions contestables **(2)** afin de déterminer quels effets découlent de l'acte de sanction selon qu'il s'agisse d'une résolution incontestable ou d'une résolution contestable au sein de l'organisation africaine.

1- L'acte de sanction : une résolution incontestable

525. Il ne s'agit pas ici de revenir sur la catégorisation des actes de l'organisation africaine, que l'on a précédemment analysée, mais on examinera ces actes en tant qu'ils placent les États dans une position de subordination par rapport à l'organisation. À cet égard, si un même acte peut avoir une pluralité de destinataires, de contenu et d'autorités, la question de ses effets se pose en fonction des sujets qu'il atteint et de la façon dont il les atteint. C'est ce que l'on essaiera de déterminer dans le cadre continental africain. La résolution tire son origine des dispositions particulières de chaque traité. L'autorité de ces résolutions dépend de l'importance du pouvoir reconnu à l'organisation par son traité constitutif et, à l'intérieur de l'organisation, à l'organe dont l'acte émane[1242]. Au sein de l'organisation, ces actes s'imposent aux États membres « *non pas en tant qu'ils sont extérieurs à l'organisation, face à elle, mais en tant qu'ils y sont intégrés et qu'ils*

[1240] *Ibidem*

[1241] *Ibid.*, p. 229.

[1242] Jean COMBACAU, Serge SUR, *Droit international public*, *op. cit.*, p 102.

participent aux organes »[1243]. Ces actes sont donc en capacité de produire leurs effets statutaires à l'endroit des États membres que dans la mesure où ces derniers les ont acceptés, ce qui contribue à rendre moins étroite la distinction entre les décisions considérées comme obligatoires pour les États et la catégorie des recommandations[1244]. Au niveau mondial, la liste des décisions ayant des effets obligatoires pour les États membres de l'ONU comprend : les décisions du Conseil de sécurité prévues par le chapitre VII et par l'article 94, paragraphe 2 de la Charte[1245] ; les résolutions qui adoptent les règlements intérieurs ; les délibérations de l'Assemblée générale qui donnent lieu à la procédure d'amendement de la Charte (article 108) ; les actes relatifs au statut de membre de l'ONU tels que l'admission, la suspension ou l'expulsion[1246]. Ces actes sont qualifiés par Jean COMBACAU de résolutions incontestables, car les États membres sont soumis à ces dernières du fait de leur subordination à l'organisation[1247].

526. Dans le cadre de l'UA, cette subordination vient de l'adhésion des États membres à l'organisation et ne peut résulter que d'un acte par lequel ces derniers ont accepté de se soumettre aux décisions de l'organisation. Les décisions que l'on qualifie ici d'incontestables sont celles de la Conférence des chefs d'État et de gouvernement (sanctions pour arriérés de contributions, sanctions pour violation des principes et idéaux de l'organisation, sanctions pour coups d'État et autres changements anticonstitutionnels de gouvernement). Il convient d'y ajouter les communiqués du CPS dans le domaine de la paix et de la sécurité et en matière de changements anticonstitutionnels de gouvernement. Dans ce domaine précisément, il est évident que les sanctions prises sont des résolutions incontestables. En effet, la terminologie utilisée et la réaction rapide de l'organisation dans ces situations ne laissent planer aucun doute.

527. À titre illustratif, on a choisi, parmi tant d'autres, d'étudier le communiqué de la 25e réunion du CPS concernant le changement anticonstitutionnel de gouvernement intervenu au Togo le 5 février 2005, qui a fait suite au communiqué de la 24e réunion du CPS. Dans ce communiqué, on peut constater que la terminologie utilisée par le CPS est explicite quant à

1243 *Ibidem*

1244 Benedetto CONFORTI, « Le rôle de l'accord dans le système des Nations Unies », *RCADI*, vol 142, 1974.

1245 Article 94 de la Charte de l'ONU « 1. *Chaque membre des Nations unies s'engage à se conformer à la décision de la Cour internationale de justice dans tout litige auquel il est parti. 2. Si une partie à un litige ne satisfait aux obligations qui lui incombent en vertu d'un arrêt rendu par la Cour, l'autre partie peut recourir au Conseil de sécurité et celui-ci, s'il le juge nécessaire, peut faire des recommandations ou décider des mesures à prendre pour faire exécuter l'arrêt* ».

1246 Benedetto CONFORTI, *op. cit.*, p. 259.

1247 *Ibidem*, p.232.

son caractère obligatoire. Après avoir rappelé la situation identifiée sur laquelle il doit de nouveau se prononcer ou encore le travail réalisé par la Commission, le ton du CPS devient plus incisif : « *Le Conseil, 1.Réitère la ferme condamnation, par l'UA du coup d'État militaire intervenu au Togo, ainsi que les modifications constitutionnelles visant à habiller juridiquement ce coup d'État, et son rejet de tout scrutin qui serait organisé dans les conditions déjà énoncées par les autorités de fait du Togo ; Exige le retour à la légalité constitutionnelle* (...) *; 3. Confirme la suspension de la participation des autorités de fait du Togo et leurs représentants aux activités de toutes instances de l'UA jusqu'au retour à la légalité constitutionnelle dans ce pays* (...) *; 8. Décide de rester saisi de la situation et de la réexaminer à la lumière de son évolution et des décisions que pourraient prendre les autorités de fait au Togo* »[1248].

528. Un autre cas est illustratif du caractère véhément des termes employés par le CPS, à l'occasion duquel il a pu souligner sa nouvelle stature avec l'entrée en vigueur de la Charte africaine de la démocratie, des élections et de la gouvernance. En effet, lors de sa 216e réunion concernant le coup d'État intervenu au Niger le 18 février 2010[1249], le CPS procéda de la même façon que dans la situation précédemment mentionnée en indiquant : « *Le Conseil de paix et de sécurité de l'Union africaine (UA) en sa 216e réunion tenue le 19 février 2010 a adopté la décision qui suit sur la situation en République du Niger* (...) *; condamne la prise de pouvoir par la force intervenue au Niger le 18 février 2010* (...) *; Souligne que les instruments pertinents de l'UA condamnent systématiquement tout changement anticonstitutionnel, exige le retour rapide à ordre constitutionnel fondé sur des institutions démocratiques*(…) *décide* (...) *de suspendre la participation du Niger à toutes les activités de l'Union africaine jusqu'à la restauration effective de l'ordre constitutionnel, tel qu'il existait avant le référendum du 4 août 2004* [...] »[1250]. Ces deux exemples confirment de manière significative le caractère de résolution incontestable qu'il convient de reconnaître aux communiqués du CPS dont les effets touchent les deux pays concernés en tant que membres de l'organisation africaine. Ce caractère est également reconnu aux décisions de la Conférence en matière de sanctions pour non-paiement des arriérés de contribution ainsi que pour les autres types de sanctions. Ceci n'est pas le cas pour les résolutions contestables.

[1248]CPS, 25e réunion, PSC/PR/Comm.(XXV), Addis-Abeba, 25 février 2005.

[1249]Il s'agit du coup d'État qui a renversé le président Mamadou TANDJA en poste depuis 2009. Ce coup d'État fait suite à la décision du Président TANDJA de modifier la Constitution pour se maintenir au pouvoir. Sur la question, voir l'article publié par Radio France international (RFI), « Coup d'État au Niger, le président Tandja est tombé » ; disponible sur : http://www.rfi.fr/contenu/20100218-coup-etat-niger-le-president-tandja-est-tombe

[1250]CPS, 216e réunion, PSC/PR/COMM.2(CCXVI), Addis-Abeba, 19 février 2010.

2- Le régime des résolutions contestables

529. Il ne s'agit pas de considérer que les résolutions contestables ne touchent pas les États en tant que membres de l'organisation, mais que ces actes s'apparentent plutôt à des recommandations correspondant aux types d'actes dont l'emploi est préféré en droit international. Pour ces actes, la possibilité pour les États de refuser de les appliquer n'a jamais été mise en cause. Pour ne pas appliquer les résolutions, deux arguments peuvent être mis en avant.

530. Tout d'abord, les États peuvent avoir des doutes quant à la légalité de celles-ci. D'ailleurs, Benedetto CONFORTI dit d'elles qu'elles ne lient pas les États auxquels elles s'adressent et que l'effet le plus important que l'on puisse leur attribuer, par exemple d'après la Charte, peut être qualifié d'effet de licéité[1251]. Autrement dit, dans le cadre de l'UA, elles peuvent être considérées comme une conséquence du devoir de coopération que ses États membres ont accepté lors de leur adhésion à l'Acte constitutif et du pouvoir donné à l'UA de poursuivre, même au moyen d'actes qui ne lient pas, des buts généraux. Dans le cadre de l'ONU, il s'agit de la possibilité accordée au Conseil de sécurité comme à l'Assemblée générale de demander aux membres de cette organisation de se conduire d'une certaine façon dans la poursuite de l'intérêt commun[1252]. Lorsque l'argument de la licéité est insuffisant, c'est sur celui de l'opportunité que s'appuient les États membres pour ne pas appliquer une résolution de l'organisation[1253].

531. Toutefois, il peut arriver que certaines décisions ou résolutions « incontestables », c'est-à-dire qui normalement ont une portée étendue envers les États membres, soient libellées dans des termes qui peuvent prêter à confusion : « *demande* », « *invite* » ou « *recommande* », etc. Ceci soulève quelques questions quant à leur force obligatoire. La terminologie utilisée porte à croire que la force juridique découlant de ces actes est amoindrie. Ainsi, elles apparaissent plus comme des recommandations que comme des décisions qui requièrent des États de s'exécuter[1254]. Il ne faut cependant pas s'attarder davantage sur ce point dans la mesure où pour certaines résolutions comme celles qui touchent à la paix et la sécurité internationales, le Conseil

---

[1251]Benedetto CONFORTI, *op. cit.*, p. 262.
[1252]*Ibidem*
[1253]Jean COMBACAU, *op. cit.*, p. 233.
[1254]C'est l'exemple des résolutions du Conseil de sécurité des Nations Unies en matière de maintien de la paix. Celles-ci sont généralement obligatoires, mais lorsqu'elles sont libellées dans les termes que nous venons d'analyser, elles s'apparentent plus à des opérations d'interposition ou encore d'observation sans que l'usage de la force ne soit autorisé. Cela est évidemment différent lorsque dans les résolutions des termes comme « décide », « exige » sont utilisés.

de sécurité de l'ONU peut lui aussi utiliser des termes tels que « *invite* » ou « *recommande* » comme il peut décider directement d'imposer des sanctions. Tout dépend de la violation en cause. Pour Benedetto CONFORTI[1255], on pourrait introduire une autre catégorie d'actes qualifiés de résolutions « opérationnelles » désignant des résolutions qui prévoient une action directement menée par l'ONU[1256]. D'après cet auteur, ces actes ne produisent pas immédiatement des obligations pour les États membres, c'est pourquoi elles ne sont pas incluses dans la catégorie des résolutions obligatoires. Ainsi, « *lorsque l'Assemblée générale et le Conseil de sécurité délibèrent d'entreprendre une action, on se trouve aussi et surtout en dehors du domaine des recommandations. Il est très facile de comprendre cette distinction si l'on pense qu'agir et recommander sont deux choses différentes, que dans le premier cas on donne vie à un événement et dans l'autre on adopte une règle de conduite, que l'acte par lequel on décide une action ne s'adresse pas aux États membres, dès qu'il appartient à la phase structurale* (...) *et non plus à la phase normative du système des Nations unies »*[1257]. Cette idée semble rejoindre le choix qui a été fait par l'organisation du Durban qui a préféré la jonction de ces deux types de résolutions pour former l'acte de sanction.

532. En effet, à la lecture des résolutions de l'UA en matière de sanctions, l'on constate que ces dernières comprennent des éléments obligatoires - comme l'illustre l'emploi, on l'a vu, de termes comme « *condamne* », « *exige* » « *décide* », etc. - et des éléments de caractère non obligatoire - mis en évidence par la terminologie utilisée qui oscille autour des verbes « invite », « lance un appel », « exhorte », « encourage », « félicite », etc.[1258]. Par ailleurs l'organisation doit souvent faire attention à la manière dont elle s'adresse à ses États membres. Comme on l'a rappelé, c'est volontairement que ceux-ci y adhèrent et, de ce fait, ils pourraient aussi en sortir à leur gré. C'est sans doute l'une des raisons pour laquelle l'organisation nuance la terminologie utilisée pour ses décisions. L'UA peut à la fois décider ou recommander des sanctions contre un État membre du fait de son appartenance à l'organisation, le but étant d'arriver à l'objectif de faire cesser le comportement illicite.

1255 Benedetto CONFORTI, *op. cit.*

1256 Pour l'auteur, il s'agit d'une action qui serait entreprise par le Conseil de sécurité, l'Assemblée générale, ou encore par le Secrétaire général chargé par ces deux organes, ou un organe subsidiaire mis en place sur la base de l'article 22 selon lequel « *l'Assemblée générale peut créer les organes subsidiaires qu'elle juge nécessaires à l'exercice de ses fonctions* », ou 29 qui stipule que « *le Conseil de sécurité peut créer les organes subsidiaires qu'il juge nécessaires à l'exercice de ses fonctions* ». L'auteur en donne d'ailleurs des exemples pratiques ; notamment la création du Fonds d'Urgence des Nations Unies (FUNU) en 1956, l'Opération des Nations Unies au Congo (ONUC) en 1960, ou encore la Force des Nations unies à Chypre en 1964, etc.

1257 Benedetto CONFORTI, *op. cit.*, pp. 261-262.

1258 Pierre François GONIDEC, *L'OUA trente ans après*, *op. cit.*, p. 17.

533. En tout état de cause, comme le précise Jean COMBACAU, la classification des résolutions des organisations internationales en décisions ou recommandations confond deux catégories d'actes dans une même hiérarchie faisant ainsi des secondes une variété anodine des premières. Pour lui, deux sortes d'actes juridiques opératoires existent : ceux qui permettent et ceux qui invitent ; chaque type d'acte comportant des variétés et des gradations sans pour autant conduire à des catégories « *opposées, inconciliables et mutuellement hétérogènes* »[1259]. Ainsi poursuit-il, « *résolutions obligatoires et invitation généralement associées dans l'acte unique désigné par le mot de décision sont deux notions rattachables l'une à la nature formelle de l'acte, l'autre à son contenu matériel : la résolution obligatoire est un acte incontestable, quel que soit son contenu, c'est-à-dire que les destinataires sont tenus d'en reconnaître l'autorité et de l'appliquer ; l'invitation est un acte par lequel les destinataires sont sollicités de faire ou de ne pas faire quelque chose, quelle que soit la force obligatoire de cette sollicitation. Résolution obligatoire et invitation sont donc deux concepts placés sur des plans différents et susceptibles par conséquent de se combiner pour donner la décision au sens courant du mot c'est-à-dire l'invitation obligatoire : mais susceptible aussi de se dissocier, et de s'associer respectivement à l'un des deux éléments de l'autre paire : résolution non obligatoire et habilitation* »[1260]. Il ressort de cette classification que l'acte de sanction peut à la fois contenir des éléments obligatoires et des éléments non obligatoires. La terminologie utilisée ne doit pas enlever à l'acte de sanction son caractère de résolution incontestable dont les effets seront densifiés sur les États membres de l'organisation africaine.

534. Ainsi, lorsque l'Acte constitutif de l'UA habilite expressément l'un de ses organes à exercer un pouvoir de sanction - comme ses articles 23, 35, 36, mais aussi l'article 37 du règlement intérieur de la Conférence, ou encore l'article 7 du Protocole portant création du CPS -, il est évident que le consentement des États membres à ces sanctions découle toujours de leur appartenance à l'organisation africaine. C'est donc sans dire qu'à leur encontre, l'organisation dispose d'un pouvoir de sanction étendu. La suspension ou encore l'intervention de l'UA est l'expression d'une sanction de celle-ci pour non-respect par l'État membre de ses obligations conventionnelles. À ce sujet, l'article 7, paragraphes 2 et 3, du Protocole portant création du CPS est très clair lorsqu'il précise que : « *les États membres reconnaissent qu'en s'acquittant de ses devoirs au terme du présent Protocole, le Conseil de paix et de sécurité agit en leur nom. Les États membres conviennent d'accepter et d'appliquer les décisions du Conseil de paix et de sécurité, conformément à l'Acte constitutif* ». On y voit une

---

[1259]Jean COMBACAU, *op. cit.*, pp. 226-227.
[1260]*Ibidem*

similitude avec les articles 24 et 25 de la Charte de l'ONU[1261]. Dans ces cas de figure également, le consentement de l'État est indispensable ; il l'est d'autant plus s'il porte sur l'obligation de fond que l'État s'engage à respecter et sur l'obligation de rendre compte à un organe de contrôle et d'exécution de ladite obligation[1262]. Les effets reconnus à l'acte de sanction touchent ainsi les droits que l'organisation octroie à ses membres du fait de leur participation. Elles aussi des destinataires indirects que sont les organes de l'organisation.

B - Les destinataires indirects du pouvoir de sanction : les organes de l'organisation

535. Comme les États, les organes de l'UA sont également soumis au pouvoir de sanction de l'organisation. Cependant, pour ces organes, les effets de l'acte de sanction sont appréciés non pas parce qu'ils appartiennent à l'organisation africaine, mais par rapport à l'organe dont découle cet acte. Dans le cadre de l'ONU, par exemple, seuls les actes du Conseil de sécurité et de l'Assemblée générale ont le pouvoir de déclencher des sanctions[1263]. Par analogie, dans le cadre de l'UA, ce sont ceux de la Conférence et du CPS et, dans une moindre mesure, ceux de la Commission de l'UA concernant les sanctions contre les coups d'État et autres changements anticonstitutionnels de gouvernement. S'agissant des autres organes, ils n'ont ni le pouvoir juridique ni les moyens de déclencher des sanctions. Toutefois, ils peuvent être chargés d'appliquer celles décidées par les organes de déclenchement de sanctions. Il en est, par exemple, des sanctions pour arriérés de contributions qui sont décidées par la Conférence et appliquées par le Conseil exécutif. C'est encore ce dernier qui décide du maintien ou de la levée des sanctions contre les États membres en matière de contributions financières[1264]. Se pose tout de même la question de l'autorité des décisions de la Conférence et du CPS sur les autres organes au sein de l'UA. Plus particulièrement, les décisions des organes supérieurs s'imposent-elles aux organes inférieurs ?

536. Il est peu pertinent, dans le cadre de notre réflexion, d'analyser quel organe est supérieur à tel autre, car les textes de l'organisation de Durban l'indiquent précisément. Relevons ainsi qu'à la lumière de ces textes, la

---

[1261]Charte des Nations Unies : Fonctions et pouvoirs du Conseil de sécurité. Article 24 : « *1. Afin d'assurer l'action rapide et efficace de l'Organisation, ses membres confèrent au Conseil de sécurité la responsabilité principale du maintien de la paix et de la sécurité internationales et reconnaissent qu'en s'acquittant des devoirs des devoirs que lui impose cette responsabilité le Conseil de Sécurité agit en leur nom...* » ; Article 25 : « *Les membres de l'Organisation conviennent d'accepter les décisions du Conseil de sécurité conformément à la présente Charte* ».

[1262]Jean CHARPENTIER, *op. cit.*, p. 176.

[1263]Voir Jean COMBACAU, *op. cit.*, pp. 230-232.

[1264]Voir *supra*

Conférence est l'organe suprême de l'UA ; statut qui suppose que ses décisions ont a priori une autorité supérieure à celles des autres organes. D'ailleurs, l'ensemble des organes clés de l'organisation sont responsables devant elle. Cependant, la Conférence n'agit pas seule en matière de sanctions ; on l'a vu, le CPS intervient également. Dès lors, une question se pose : les décisions du CPS bénéficient-elles alors de la même autorité que celles de la Conférence ?

537. Comme on a pu déjà le relever, en matière de paix et de sécurité, le CPS jouit d'une autonomie et d'une autorité certaines. Du fait des fonctions qui lui sont dévolues par les textes, il ne semble pas que son action soit en concurrence avec celle de la Commission dont le président agit sous l'autorité du CPS d'après l'article 10, paragraphe 1, du règlement intérieur du CPS[1265]. La seule limite à l'autorité des décisions du CPS pourrait venir de la Conférence qui s'impose en tant qu'organe suprême de l'organisation, d'autant plus que le président du CPS est responsable devant celle-ci. Le critère d'allégeance est perceptible dans l'acte de sanction dont la nature obligatoire ne fait aucun doute au regard du pouvoir hiérarchique qu'exerce l'organisation à la fois sur les États membres et les organes. Toutefois, plutôt que de parler de supériorité, on préfère employer le terme de collaboration, car les organes de déclenchement des sanctions ont besoin de la collaboration des autres organes de l'UA pour les mettre en œuvre. Outre les États membres et les organes, d'autres destinataires interviennent en matière de sanctions dans le cadre continental africain ; il s'agit des organisations subrégionales africaines. Dès lors, l'acte de sanction s'applique-t-il à ses entités en tant que résolution incontestable ou résolution contestable ? La réponse à cette question fera l'objet des développements suivants.

Paragraphe 2 : Le cas complexe des organisations subrégionales africaines

538. L'organisation continentale est chargée de mettre en œuvre les sanctions qu'elle édicte à l'encontre de ses membres, toutefois il peut arriver que d'autres entités interviennent dans ce processus. C'est le cas, notamment, des organisations subrégionales africaines (CER). L'on a relevé que les effets de la sanction étaient dépendants de l'entité qui la met en œuvre, en transformant ainsi une action unilatérale en action collective. Cette analyse convient s'agissant de la mise en œuvre des sanctions prises à l'encontre des

[1265] Article 10, paragraphe 1 du Protocole portant création du CPS : « *Le Président de la Commission, sous l'autorité du Conseil de paix et de sécurité et en consultation avec toutes les parties impliquées dans un conflit, déploie tous les efforts et prend toutes les initiatives jugées appropriées en vue de la prévention, de la gestion et du règlement des conflits...* ».

coups d'État et autres changements anticonstitutionnels de gouvernement ou encore en matière de paix et de sécurité ; des questions pour lesquelles les CER sont parfois mises à contribution.

539. Ce fait est intéressant dans la mesure où ces organisations sont autonomes, donc extérieures à l'organisation, mais dans le même temps, on peut considérer qu'elles font « (...) *partie intégrante de l'architecture de sécurité de l'Union, qui assume la responsabilité principale pour la promotion de la paix, de la sécurité et de la stabilité en Afrique...* »[1266]. Dès lors, comment doit-on analyser les effets du pouvoir de sanction à leur égard ? Doit-on considérer que les sanctions de l'UA s'imposent aux organisations subrégionales en tant qu'actes incontestables ou peuvent-elles être remises en cause ?

540. L'une des particularités du cadre continental africain, on l'a vu, est que plusieurs entités interviennent en matière de sanctions contre les coups d'État et dans le domaine de la paix et de la sécurité sur le continent. Il s'agira plus précisément de mettre en lumière les relations qui existent entre l'UA et les organisations subrégionales africaines. Voilà en effet quelques années maintenant que celles-ci ont investi le domaine des sanctions concernant la paix et la sécurité ainsi que celles portant sur les coups d'État et autres changements anticonstitutionnels de gouvernement. Pour les besoins de la présente réflexion, deux hypothèses doivent être envisagées : une première consiste à envisager les CER comme des entités autonomes et donc extérieures à l'organisation (**A**) ; une seconde, plus singulière, les insère dans cet ensemble qu'est l'Architecture de paix et de sécurité de l'UA (APSA) (**B**).

A- Les organisations subrégionales africaines : des entités autonomes vis-à-vis de l'Union africaine

541. Les CER s'inscrivent dans le prolongement du Traité d'Abuja instituant la Communauté économique africaine (CEA)[1267] qui vise à « *passer à une vitesse supérieure dans l'entreprise d'intégration, de substituer, à des organisations classiques de "coopération", requérant relativement peu de sacrifices de souveraineté de la part des États membres, à des organisations plus ambitieuses, dont la caractéristique « supranationale», au moins dans les traités qui les instituent, est une donnée d'évidence* »[1268]. Précisément, l'un

---

[1266]Article 16, paragraphe 1 du Protocole créant le CPS intitulé « Relations avec les mécanismes régionaux pour la prévention, la gestion et le règlement des conflits ».
[1267]Traite d'Abuja du 3 juin 1991.
[1268]Alioune SALL, « Aspects institutionnels de l'intégration en Afrique de l'Ouest », *in* Catherine FLAESCH-MOUGIN, Joël LEBULLENGER, *Regards croisés sur les intégrations régionales. Europe, Amériques, Afrique,* Bruxelles, Bruylant, 2010, p. 159.

des objectifs de cette Communauté était de « *créer, à l'échelle continentale, un cadre pour le développement, la mobilisation et l'utilisation des ressources humaines et matérielles de l'Afrique en vue d'un développement auto-suffisant* »[1269]. L'évolution de ce texte a laissé place à des CER qui n'inscrivent plus uniquement leur action dans le domaine économique, mais s'intéressent également à la paix, la sécurité, les droits de l'homme ainsi qu'à la bonne gouvernance.

542. De l'Est à l'Ouest, du Nord au Sud, le continent comprend plusieurs CER. L'ambition de chacune d'elle est la création d'un ensemble intégré propre ; néanmoins, ces organisations visent à long terme une fusion et une harmonisation des législations des États membres[1270]. À l'origine, ces entités ont été créées pour permettre une intégration économique des États africains en fonction de leur position géographique. Cependant, les crises à répétition connues par ces derniers les ont contraints à investir d'autres champs que celui de l'économie ; plus particulièrement ceux de la paix, de la sécurité et de la promotion des droits de l'homme. En s'intéressant à la paix et à la sécurité, les CER ont ainsi investi un terrain *a priori* réservé à l'organisation continentale. Conscient de ce développement, la première conférence des ministres africains de l'intégration recommanda de ne retenir que huit CER et adopta un moratoire afin de mettre fin à la création de nouvelles entités subrégionales[1271]. Les huit CER ainsi choisies sont : la Communauté économique des États de l'Afrique centrale (CEMAC)[1272], la Communauté des États sahélo-sahariens (CEN-SAD)[1273], la Common Market for Eastern

[1269] Article 4, alinéa 1 (b) du traité d'Abuja.

[1270] Saidou NOUROU TALL, *op. cit.*, p. 43.

[1271] Cf Doc.UA.Rapport.COMAI/Min/Rpt (1), 1re Conférence des ministres africains de l'intégration (COMAI), 30-31 mars 2006, Ouagadougou (Burkina Faso), 15 p., sp. p. 14.

[1272] La CEMAC a été créée par le Traité du 18 avril 1983 signé à Libreville (Gabon). Organisation à vocation économique, elle investira au fur et à mesure les terrains de la paix et de la sécurité.

[1273] Instituée le 4 février 1998 à Tripoli. Cette organisation réunit 21 États (Bénin, Burkina Faso, Côte d'Ivoire, Djibouti, Égypte, Érythrée, Gambie, Gabon, Libye, Liberia, Mali, Maroc, Niger, Nigeria, République Centrafricaine (RCA), Sénégal, Somalie, Soudan, Tchad, Togo, Tunisie). Au regard de toutes les CER, cette organisation est assez particulière, car elle ne rassemble pas uniquement les pays partageant une même sphère géographique. Elle donne l'impression d'être une « organisation continentale bis ». À cet effet, « l'UA *semble s'être livrée à une concurrence déloyale. L'élargissement continu de l'organisation à de nouveaux États qui se recrutent sans aucune limite géographique ainsi que la formulation des projets dont la prétention panafricaine est clairement affichée atteste, certes de la complémentarité organique de la CEN-SAD, mais surtout de ses velléités concurrentielles à l'égard de l'UA* » (Frédéric Joël AIVO, « La Communauté des États sahélo-sahariens (CEN-SAD). Acteur complémentaire ou concurrentiel de l'Union africaine ? », *in* Mathieu FAU-NOUGARET, *La concurrence des organisations régionales en Afrique*, *op. cit.*, pp. 71-102 ; sp p. 75). C'est pourquoi elle aura ainsi du mal à trouver sa place entre « *une UA ambitieuse et des rapports sous régionaux dynamiques avec la multi-appartenance des États à deux ou plusieurs OI ayant les mêmes buts économiques et monétaires* » (Saidou NOUROU TALL, *op. cit.*, p. 47).

and Southern African States (COMESA), l'Intergovernmental Authority for Development (IGAD) [1274], la Southern African Development Conférence (SADC) [1275], l'Union du Maghreb Arabe (UMA) [1276], la Communauté d'Afrique de l'Est (CAE) [1277] et enfin la Communauté économique des États de l'Afrique de l'Ouest (CEDEAO)[1278]. L'on s'arrêtera tout particulièrement sur cette dernière qui, de toutes les CER, est sans aucun doute celle qui est caractérisée par le degré d'intégration le plus avancé.

543. Créée en 1975[1279] par le traité de Lagos, qui entra en vigueur en 1977, la CEDEAO avait pour vocation principale l'intégration économique

---

[1274]Elle regroupe Djibouti, l'Érythrée l'Éthiopie, le Kenya, l'Ouganda, la Somalie et le Soudan. Toutefois, elle n'a pas pu ramener la paix au Soudan où elle s'investit depuis 1993. Elle a également été impuissante lors du conflit entre l'Éthiopie et l'Érythrée. Par ailleurs les diverses tensions entre le Soudan et l'Égypte ou entre l'Ouganda et le Soudan ont aussi du mal à être résolues par cette organisation.

[1275]Créée en 1992 à Windhoek en Namibie, en remplacement de la Conférence de Coordination pour le Développement de l'Afrique Australe, elle regroupe : l'Angola, l'Afrique du Sud, le Botswana, le Lesotho, le Malawi, Maurice, le Mozambique, la Namibie, le Swaziland, la Tanzanie, la Zambie et le Zimbabwe. En 1997, la Conférence des chefs d'État et de gouvernement de cette organisation a adopté un mécanisme pour la prévention, la gestion et le règlement des conflits. Son organe central est le Comité des ministres qui se réunit au moins une fois par an en session ou sur convocation d'un État lorsqu'existe une menace à la paix et à la stabilité dans la sous-région. Toutefois, la SADC n'a pas pu trouver de solution à la crise angolaise. Voir e Florent DONGOMBE « La redynamisation des organisations régionales en Afrique », *in* Mathieu FAU-NOUGARET, *La concurrence des organisations régionales en Afrique*, *op. cit.*, pp.

[1276]Il s'agit de la moins dynamique des CER. Elle a été créée par le traité signé à Marrakech le 17 février 1989.

[1277]Cette communauté a été créée en 1967. Par la suite, elle sera de nouveau instituée le 7juin 2000 puis un Traité en date du 20 août 2007 viendra modifier les traités précédents.

[1278]Cf, Doc.UA/Conf. De l'Union, Décision relative au moratoire sur la reconnaissance des Communautés économiques (CER).ASSEMBLY/AU/DEC.112(VII), 7e session ordinaire de la Conférence de l'Union, Banjul (Gambie), 1-2 juillet 2006, p. 1.

[1279]Toutefois, avant cette organisation, il fut créé au lendemain des indépendances l'Union douanière de l'Afrique occidentale (UDAO) le 9 juin 1959 qui, par la suite, sera transformée par le traité du 14 mars 1966 en Union douanière des États de l'Afrique de l'Ouest (UDEAO). Celle-ci disparaîtra elle aussi pour laisser la place à la Communauté économique de l'Afrique de l'Ouest dont le traité constitutif sera signé à Abidjan le 17 avril 1973 entre la Côte d'Ivoire, la Haute-Volta (actuel Burkina Faso), le Mali, la Mauritanie, le Niger et le Sénégal. En 1984, le Bénin adhérera à la Communauté. Voir notamment Eloi DIARRA, *Les aspects financiers de la CEAO*, Thèse, Université Paris I, 1982. Ainsi, fort de l'expérience européenne (CEE), les États de cette région ont envisagé la création d'une communauté similaire comme le traduisent bien les propos du ministre nigérian de l'époque : « *Nous sommes aujourd'hui, ici pour détruire le mythe qui veut que les différences linguistiques, culturelles et le niveau de développement économique rendent nécessairement impossible l'achèvement de la significative coopération en Afrique de l'Ouest. Des précédents peuvent nous guider. C'est un fait historique qu'après la Seconde Guerre Mondiale, les pires ennemis comme l'Allemagne et la France sont en train de travailler ensemble sous le couvert de la CEE. Un pays relativement petit comme le Luxembourg est en train de coopérer également avec des géants comme la France et l'Allemagne. Dans la CEE, il y a plusieurs langues, 9 environ, et ces pays ne présentent pas*

des États de l'Afrique de l'Ouest[1280]. Cependant, avec la recrudescence des conflits dans cette région du continent, les membres de la CEDEAO ont pris conscience que la paix et la sécurité étaient des préalables au développement économique. Depuis lors, cette organisation est devenue très active pour régler de nombreux conflits. Elle commença à agir au Liberia, puis continuera sur sa lancée avec d'autres pays comme le Niger, la Côte d'Ivoire, la Guinée, etc.[1281].

544. En 1990, elle créa un Mécanisme de médiation afin de régler les conflits qui pourraient naître entre ses États membres. Outre ce Mécanisme, elle institua une force militaire pour pouvoir intervenir lorsque les circonstances l'exigent en vue de rétablir la paix dans les pays concernés. Ce Mécanisme sera mis en œuvre, comme le précise son article 27 (e), « (...) *en cas de renversement ou de tentative de renversement d'un Gouvernement démocratiquement élu* » [1282]. Puis, le Protocole sur la démocratie et la bonne gouvernance additionnel au Protocole relatif au mécanisme de prévention, de gestion, de règlement des conflits, de maintien de la paix et de la sécurité ajouta, dans son article 45, qu'« *en cas de rupture de la Démocratie par quelque procédé que ce soit et en cas de violation massive des Droits de la Personne dans un État membre, la CEDEAO peut prononcer à l'encontre de l'État concerné des sanctions. Lesdites sanctions à prendre par la Conférence des Chefs d'État et de Gouvernement peuvent aller par graduation : Refus de soutenir les candidatures présentées par l'État membre concerné à des postes électifs dans les organisations internationales ; Refus de tenir toute réunion de la CEDEAO dans l'État membre concerné ; Suspension de l'État membre concerné dans toutes les instances de la CEDEAO ; pendant la suspension, l'État sanctionné continue d'être tenu au paiement des cotisations de la période de suspension. Pendant ladite période, la CEDEAO continuera de suivre, d'encourager et de soutenir tout effort mené par l'État membre suspendu aux fins de retour à la vie institutionnelle démocratique normale...* »[1283]. Rappelant, à quelques spécificités près, les

---

moins d'hétérogénéité culturelle... Aujourd'hui hui, la CEE constitue le regroupement économique le plus prospère de par le monde entier parce que, ses membres ont appris à partager leurs connaissances technologiques et scientifiques qui ont accéléré leur croissance économique... ». (Adebayo ADEDEJI, *The Evolution of a West African Economic Community*, Discours prononcé lors la Conférence ministérielle de la CEDEAO tenue le 16 décembre 1973 à Lomé, Togo ; Document cité par O. ANUKPE OVRAWAH, « Harmonisation of Laws within the Economic Community of West African States (ECOWAS) », *RADIC*, Volume 6 (1), mars 1994, p. 76.

[1281] La crise libérienne a débuté en décembre 1989. Elle a également ressurgi dans ce pays en 2000.

[1282] Article 27 (e) du mécanisme de la CEDEAO.

[1283] Article 45 du Protocole sur la démocratie et la bonne gouvernance additionnel au Protocole relatif au mécanisme de prévention, de gestion, de règlement des conflits, de maintien de la paix et de la sécurité.

dispositions de l'Acte constitutif de l'UA, ces articles témoignent de l'intérêt que cette organisation subrégionale porte notamment à la stabilité politique et au respect de la démocratie. Sur ce plan, elle rejoint les préoccupations de l'UA.

545. Ainsi, lorsqu'une situation mettant en danger la démocratie ou la paix survient dans la région ouest-africaine, l'UA et CEDEAO prennent chacune, conformément à leurs textes de référence respectifs, des sanctions. L'État fautif est alors suspendu de son droit de vote en fonction des dispositions des textes de l'UA et de la CEDEAO. Il n'y a donc, à ce niveau, aucune interférence. L'acte de sanction ne s'impose pas à la CEDEAO, même si celle-ci tient compte de son propre chef des dispositions pertinentes de l'UA en la matière, ce qui correspond aux situations prévues par les articles 34 et 35 de la Convention de Vienne[1284]. D'ailleurs, la pratique de ces deux organisations concernant ce type de sanctions témoigne d'une mise en œuvre de l'autonomie fonctionnelle que leur confèrent leurs textes fondateurs dans la réalisation des objectifs qui leur sont assignés[1285]. Si la CEDEAO est si impliquée en la matière, c'est sans doute parce que jusqu'en 2014, la région ouest-africaine a connu un regain de crises déclenchées par des prises de pouvoir anticonstitutionnelles. La proximité des différentes dispositions de ces deux organisations fait de la CEDEAO une organisation qui se situe sur un pied d'égalité avec l'organisation continentale. Disposant d'une personnalité juridique, elle doit prendre toutes les mesures nécessaires, y compris des sanctions, afin de parvenir à l'accomplissement des missions prévues dans son traité constitutif. De ce fait, elle n'est pas subordonnée à l'organisation régionale. L'acte de sanction de l'UA aura des effets sur cette CER seulement si celle-ci consent à l'appliquer. Les choses diffèrent toutefois si l'on envisage les CER comme des entités imbriquées dans le système régional, notamment dans le domaine de la paix et de la sécurité.

B- Les CER : des organisations imbriquées avec l'Union africaine

546. On ne saurait aborder cette question sans prendre appui sur la pratique de l'ONU. En effet, l'article 53 de la Charte des Nations Unies permet au Conseil de sécurité d'utiliser les accords ou organismes régionaux pour

---

[1284] Les articles 34

[1285] Exemple de la situation au Mali, Cf. le Communiqué pris lors du mini-sommet d'urgence des chefs d'État et de gouvernement de la CEDEAO sur la situation au Mali, Abidjan (Côte d'Ivoire), 29 mars 2012. Voir également : Communiqué final, session Extraordinaire de la Conférence des chefs d'État et de gouvernement sur la situation au Burkina Faso, Accra (République du Ghana), 6 novembre 2014 ; Réunion extraordinaire du Conseil de médiation et de sécurité de la CEDEAO, Abuja, 9 janvier 2009.

l'application de mesures coercitives prises sous son autorité[1286]. Dès lors, Jean COMBACAU souligne que « *les organisations régionales sont placées par cet article dans une position d'exécutants des mesures décidées par d'autres qu'elles pour répondre à des situations qu'elles n'ont pas elles-mêmes qualifiées; mais contrairement au cas des États non membres, il n'y a là rien d'anormal, car elles sont par rapport à l'ONU dans une situation de semi-dépendance: constituées sans action de sa part, elles tirent pourtant de son intervention leur qualité d'accords régionaux au sens de la Charte, ayant les mêmes buts qu'elle et obtenant par leur association certains droits que n'ont pas individuellement les États qui les composent; de leur qualité de la hiérarchie du système des Nations Unies, l'ONU tire le droit de les utiliser comme tels en leur déléguant le pouvoir d'appliquer les sanctions qu'elle déclenche; c'est en somme un système de déconcentration internationale, du moins au stade de l'exécution* »[1287]. Ce système a aussi démontré une indépendance des organisations régionales qui pouvaient déclencher leur propre sanction avec une autorisation préalable du Conseil de sécurité[1288]. Est-ce le cas dans le cadre régional africain si l'on considère l'UA et les CER ?

547. Au regard de l'article 16 du Protocole relatif à la création du Conseil de Paix et de Sécurité de l'Union africaine, « *les mécanismes régionaux font partie intégrante de l'architecture de sécurité de l'Union, qui assume la responsabilité principale pour la promotion de la paix, de la sécurité et de la stabilité en Afrique* »[1289]. On y voit là une « version africaine » de la mission dévolue au Conseil de sécurité par la Charte des Nations Unies. Cette affirmation fait-elle des CER des agents d'exécution des mesures décidées par l'UA ?

548. Il semble que les rédacteurs de l'Acte constitutif ont eu à l'esprit cette préoccupation, car l'un des objectifs prévus est de « *coordonner, harmoniser les politiques entre les Communautés économiques régionales existantes et futures en vue de la réalisation graduelle des objectifs de l'union* »[1290]. À cette fin, il a été adopté un Protocole en juillet 2007 portant sur les relations entre l'UA et les CER[1291] et un autre en juin 2008 relatif à la coopération dans le domaine de la paix et de la sécurité ; des documents qui

---

[1286]Jean COMBACAU, *op. cit.*, p. 199.
[1287]*Ibidem*
[1288] Voir *supra* : partie I, titre II, chap. II section II, para II.
[1289]Article 16 du Protocole portant création du Conseil de paix et de sécurité de l'Union africaine
[1290]Article 3 (1) de l'Acte constitutif de l'UA.
[1291]Doc.UA/Conf. de l'Union, Décision relative au Protocole sur les relations entre l'Union africaine et les Communautés Économiques Régionales (CER) - Doc.EX.CL/348(XI).Assembly/AU/Dec.166 (IX), 9e session ordinaire de la Conférence de l'Union, Accra, (Ghana), 1-3 juillet 2007, 1 p.

semblent poser une subordination des CER vis-à-vis de l'UA dans ce domaine. En effet, le Protocole de 2007 impose aux CER qui ne l'ont pas encore fait une révision de leurs traités pour y inclure un lien organique avec l'UA et aligner leurs programmes et stratégies avec ceux de l'organisation régionale[1292]. En ce qui concerne le Protocole de 2008, ses signataires le présentent « *comme un instrument contraignant énonçant les principes, droits et obligations devant, dans le respect de leurs compétences respectives régir les relations entre l'Union, les CER, et les mécanismes de coordination en ce qui concerne les questions liées à la promotion et au maintien de la paix, de la sécurité et de la stabilité en Afrique* »[1293]. Cette disposition est complétée par des principes au rang desquels figure celui du « *respect scrupuleux des principes et dispositions de l'Acte constitutif et du Protocole relatif au CPS, ainsi que des autres instruments pertinents convenus au niveau continenta*l »[1294]. Il convient encore d'ajouter « *la reconnaissance et le respect de la responsabilité principale de l'Union dans le maintien et la promotion de la paix, de la sécurité et de la stabilité en Afrique, conformément à l'article 16 du Protocole relatif au CPS* »[1295].

549. Ces divers textes semblent convenir d'une primauté des textes continentaux sur ceux des CER concernant le domaine de la paix et de la sécurité. Si l'on s'en tient à ce constat, les sanctions décidées au niveau continental concernant la paix et la sécurité s'imposent aux CER même si celles-ci n'ont pas procédé à la qualification du fait répréhensible entraînant le déclenchement des mesures décidées. La CEDEAO reconnaît ainsi « (...) *son mandat et sa légitimité à élaborer des politiques de prévention des conflits de divers documents normatifs régionaux et internationaux. Ceux-ci incluant des documents de base et autres documents juridiques connexes* (...) de l'UA »[1296]. Comme le souligne Guy Fleury NTWARI, « (...) *il s'agit de s'assurer que par leur comportement concret, ces CER respectent le droit de l'Union. Cela suppose d'exercer des prérogatives de contrôle des actions menées par les CER et le cas échéant de réagir face à la violation* »[1297]. D'ailleurs, l'article 22, paragraphe 1, du Protocole de 2007 habilite l'Union à prendre des mesures, à travers ses principaux organes politiques, à l'encontre d'une CER dont les politiques et les programmes seraient incompatibles avec les objectifs du traité d'Abuja et de l'UA. De ce fait, il est envisagé que les

---

[1292]Article 5, paragraphe 1 du Protocole sur les relations entre les CER et l'UA.

[1293]Article 2 du Protocole relatif à la coopération dans le domaine de la paix et de la sécurité.

[1294]*Ibidem*

[1295]Article 5, paragraphe (i), (ii) du Protocole de 2008.

[1296]Doc.CEDEAO/Conseil de Médiation et de Sécurité, Cadre de prévention des conflits de la CEDEAO. Règlement MSC/REG. 1/01/08, Abuja ; Commission de la CEDEAO, 10/01/2008, 66p. ; cf para. 30, p. 14.

[1297]Guy Fleury NTWARI, *L'Union africaine et la promotion de la paix, de la sécurité et de la stabilité en Afrique*, *op. cit.*, p. 352.

décisions de la Conférence et du Conseil exécutif de l'UA puissent inclure des sanctions jugées appropriées, conformément à son Acte constitutif[1298].

550. Ces différentes mesures touchent donc à l'aspect normatif des relations entre l'UA et les CER. L'objectif est d'éviter que celles-ci s'écartent des objectifs définis au niveau continental. Même si les CER disposent d'une autonomie fonctionnelle avérée, en tant que parties intégrantes de l'APSA, d'après l'article 16 du Protocole portant création du CPS, les mesures décidées par ce dernier doivent s'appliquer à elles. Cela suppose en conséquence un rapport vertical et des mesures de contrôle. Le Protocole de 2008 paraît converger dans ce sens lorsqu'il souligne qu'il échoit aux mécanismes subrégionaux la soumission « (...) *chaque fois de besoin et au moins tous les six mois* [d'] *un rapport exhaustif sur les activités dans le domaine de la paix, de la sécurité au Président de la Commission et à travers lui au Conseil de Paix et de Sécurité* »[1299]. Au regard de cette disposition, l'on convient avec Guy Fleury NTWARI qu'il n'est pas « *exagéré de considérer qu'au moyen de ces rapports et informations, les mécanismes sous régionaux soumettent les situations dont ils gèrent, à l'appréciation du CPS, non seulement au titre de la responsabilité principale de la promotion de la paix, de la sécurité et de la stabilité sur le continent, mais également en tant qu'ils sont liés à elle par un rapport hiérarchique dans le cadre de l'APSA* »[1300].

551. Sur le plan institutionnel, le Protocole de 2007 pose des modalités de coordination des activités des CER en vue d'acter leur contribution à la réalisation des objectifs de l'Acte constitutif de l'UA et du Traité d'Abuja[1301]. Ce cadre[1302] est défini afin promouvoir une harmonisation des activités et programmes des CER afin d'atteindre l'objectif de maintien de la paix et de la sécurité sur le continent[1303]. Toutefois, dans le domaine de la paix et de la sécurité, d'après l'article 16 du Protocole le créant, la responsabilité principale

---

1298 Article 22, paragraphe 1 du Protocole sur les relations entre l'UA et les CER.

1299 Article 16, paragraphe 2 du Protocole relatif à la coopération dans le domaine de la paix et de la sécurité.

1300 Guy Fleury NTWARI, *op. cit.*, p. 355.

1301 Cf. article 2, paragraphe 2, alinéa v du Protocole d'accord sur les relations entre l'UA et les CER et également l'article 16, paragraphe1 du Protocole relatif à la création du CPS.

1302 Ce cadre est composé d'un comité de coordination qui, d'après l'article 7, paragraphe 1 du Protocole sur les relations entre l'UA et les CER, est composé du président de la Commission de l'UA, des chefs de secrétariats des CER, le Secrétariat exécutif de la Commission économique des Nations Unies pour l'Afrique (UNECA), du président de la Banque africaine de développement (BAD), ainsi que des directeurs exécutifs des institutions financières de l'UA. A cela s'ajoute des hauts fonctionnaires des institutions (cf. article 9 du Protocole sur les relations en l'UA et les CER). Le premier comité se réunit au moins deux fois par an et sa mission est de fixer les grandes orientations dans la mise en œuvre du Protocole de 2007. Le second, quant à lui, joue un rôle de secrétariat.

1303 *Ibidem*

en la matière revient au CPS. En effet, c'est sur lui que repose la charge de coordonner et d'harmoniser toutes les activités des CER en tant qu'elles font partie intégrante de l'ASPA. Le rôle principal de l'UA à travers le CPS est d'ailleurs accepté par la CEDEAO qui reconnaît que ses propres mécanismes de maintien de la paix constituent un bloc fonctionnel et font partie de l'architecture de sécurité continentale telle que définie par les dispositions pertinentes et statuts dérivés de l'Acte constitutif de l'UA[1304]. Les différents textes évoqués privilégient en réalité une collaboration entre les CER et l'UA dans le domaine de la paix et de la sécurité, ce qui tend à atténuer l'idée d'un lien de subordination qui existerait entre les CER et l'UA.

552. Les textes précités prévoient d'éventuelles sanctions de l'UA à l'encontre des CER mais quels types de sanctions pourrait-elle effectivement prendre ? En l'état actuel de la pratique africaine, il semble délicat d'apporter des éléments concrets de réponse à cette question. Cependant, la supériorité dont se prévaut l'UA « (…) *ne quitte que très rarement le plan normatif pour s'étendre au plan fonctionnel. L'organisation dont la Charte de base est reconnue comme le principe dominant dans un domaine déterminé, ne puisse pas nécessairement dans cette primauté normative un droit d'intervention dans le fonctionnement des organes de celles qui lui font hommage. Hiérarchie normative, indépendance fonctionnelle, telles semblent être les deux normes essentielles* [qui s'appliquent à la relation entre l'UA et les CER] »[1305]. Pour l'heure, il est donc préférable de parler de coopération et d'harmonie entre l'UA et les CER dans le cadre du maintien de la paix et de la sécurité sur le continent. Ainsi, il ne paraît pas si évident d'affirmer que l'acte de sanction de l'UA s'impose à elles.

553. En effet, la grande majorité des CER ont prévu des mécanismes similaires à ceux de l'UA dans leur texte fondateur respectif. Ainsi, lorsqu'une situation répréhensible survient, l'UA comme les CER déclenchent leurs propres mécanismes de réaction. L'État fautif est ainsi doublement sanctionné : dans le cadre de la CER à laquelle il appartient et dans celui de l'UA. La situation se complique néanmoins lorsqu'un même État appartient à plusieurs CER[1306]. Dans le cadre de notre réflexion, l'on ne s'attardera pas sur ce point, mais on se pose la question du choix de la sanction à alors appliquer : celle de l'organisme régional ou de celle de l'organisation continentale ?

[1304]Cf. Protocole relatif à la coopération dans le domaine de la paix et de la sécurité.

[1305]René-Jean DUPUY, « Le droit des relations entre les organisations internationales », *RCADI*, vol. 100, 1960, p. 565.

[1306]C'est le cas, par exemple, de la République démocratique du Congo qui est membre de la CEEAC, de la SADC et de la CEDEAO.

554. La réponse pertinente à cette question doit, il nous semble, privilégier une logique de collaboration et de coopération entre ces deux entités. En ce sens, l'acte de sanction apparaît comme une recommandation faite par l'UA aux CER. Il appartiendra ainsi à celle à qui elle s'adresse de la mettre en œuvre sans y être obligée. L'acte de sanction apparaît donc vis-à-vis des CER comme une résolution contestable, ce qui est bien loin des situations que l'on va à présent étudier.

Il s'agira, en effet, de déterminer dans les développements qui suivront si les effets d'un acte de sanction peuvent dépasser le cadre institutionnel dans lequel ils ont été édictés pour s'adresser à des entités extérieures à l'organisation.

SECTION II : UNE EFFICACITÉ INCERTAINE SUR LES MEMBRES ET LES NON-MEMBRES DE L'ORGANISATION

555. Après avoir exposé les effets du pouvoir de sanction de l'UA sur ses principaux destinataires en son sein, il convient de déterminer si ceux-ci peuvent s'étendre hors de l'organisation ; notamment s'ils peuvent-ils se déployer aux entités non-membres de l'organisation. Précisément, il sera ici question de savoir si les effets d'un acte de sanction de l'UA touchent les États tiers dans les relations qu'ils entretiennent avec un État membre sanctionné. Il est vrai que divers types de relations s'établissent entre les États, par exemple des relations contractuelles. Or, par essence, la mise en œuvre de sanctions à l'encontre d'un co-contractant, qui peut être une personne physique ou morale, peut porter préjudice à l'autre[1307]. Suivant cette logique, les États co-contractants pourraient être victimes du pouvoir de sanction exercé par l'organisation sur ses États membres. On se demande alors : l'acte de sanction s'impose-t-il à ceux-ci ou ses effets dépendent-t-ils du poids que les tiers veulent donner à cet acte ? (**Paragraphe 1**). Par ailleurs, il serait également intéressant de déterminer si les effets des actes de sanction ont effectivement dépassé le cadre continental africain dans lequel ils ont été envisagés et produisent des effets secondaires. On se demandera enfin si, dans ces cas, l'UA a prévu des aménagements afin de pallier les éventuels effets nocifs de l'application de ses sanctions (**Paragraphe 2**).

Paragraphe 1 : L'atténuation du pouvoir de sanction de l'Union africaine

[1307] Jérôme AUSLENDER, *op. cit.*, p. 389.

556. Un acte de sanction émanant de l'UA et ayant un caractère obligatoire n'est opposable qu'à ses destinataires qu'elles constituent en agents d'exécution. Cet acte n'est incontestable que si ces agents appartiennent à l'UA et lui sont subordonnés. Ils cessent de l'être dès que ceux-ci n'ont plus cette qualité. Ce postulat sonne comme une évidence tant il est difficile d'imaginer que le pouvoir de sanction de l'UA puisse avoir des effets sur des entités qui ne sont pas membres de cette organisation[1308]. Cette question ne semble pas être une nouveauté en droit international, la doctrine y ayant déjà consacré plusieurs études[1309]. Si l'on s'arrête à cette affirmation, tout semble écrit. Pourtant, la communauté internationale en général et la communauté africaine en particulier sont caractérisées par des interactions nombreuses. Dès lors, il semble peu pertinent d'affirmer que le pouvoir de sanction de l'UA ne touche pas du tout les tiers. Pour la doctrine internationaliste, la règle de principe est que les traités n'ont d'effets qu'entre les parties à ce dernier. Des exceptions à cette règle se sont cependant développées[1310]. C'est donc en s'appuyant sur la doctrine internationale, la pratique de l'ONU et celle d'autres organisations que l'on abordera cette question au regard du cadre continental africain.

557. Plusieurs questions liminaires se posent alors : les entités qui ne sont pas membres de l'UA peuvent-elles être amenées à se conformer à l'Acte constitutif ou à d'autres textes de l'organisation en matière de sanctions alors qu'elles ne sont pas signataires de ces actes ? Peut-on les obliger à appliquer les sanctions ? Ces sanctions peuvent-elles leur être opposables ? Si elles se rendent coupables d'un fait répréhensible selon le droit de l'UA, celle-ci peut-elle leur appliquer des sanctions ? Pour répondre à ces questions, deux hypothèses doivent être envisagées : une première, simple, est celle de l'inopposabilité du pouvoir de sanction aux non-membres de l'UA **(A)** ; une seconde envisage des situations dans lesquelles le pouvoir de sanction de l'UA peut avoir des effets sur les tiers à l'organisation **(B)**.

A - L'inopposabilité du pouvoir de sanction aux non-membres de l'Union africaine

558. Par tiers à l'organisation africaine, il convient d'entendre les entités qui n'en sont pas membres à part entière, c'est-à-dire celles qui ne bénéficient pas des droits inhérents à la qualité de membre de l'UA et ne se trouvent donc pas dans une position de subordination par rapport à elle. N'appartenant pas à l'organisation, on ne peut *a priori* reconnaître une valeur obligatoire, aussi

---

[1308]Cf. Article 2, paragraphe 1 (h) de la Convention de Vienne sur le droit des traités.
[1309]Voir notamment Paul REUTER, *Droit international public*, Paris, PUF, 1963, p. 125.
[1310]Philippe CAHIER, « Le problème des effets des traités à l'égard des États tiers », *RCADI.*, t. 143, 1974 (III), p. 595.

infime soit-elle, à des résolutions qui ne leur sont pas juridiquement opposables[1311]. À cet égard, l'article 2, paragraphe 1, alinéa h, de la Convention de Vienne souligne que « *l'expression État tiers s'entend d'un État qui n'est pas partie au traité* »[1312]. Cette définition prend tout son sens lorsqu'on la met en relation avec l'alinéa g du même article qui précise que « *l'expression partie s'entend d'un État qui a consenti à être lié par le traité et à l'égard duquel le traité est en vigueur* »[1313]. L'État tiers est alors un État qui n'a ni signé ni ratifié une convention qui le lierait[1314]. Par ailleurs, aux termes de l'article 34 de la Convention de Vienne sur le droit des traités, « *un traité ne crée ni obligations ni droits pour un État tiers sans son consentement* »[1315]. L'article 35 de la même Convention ajoute qu'« *une obligation naît pour un État tiers d'une disposition d'un traité si les parties à ce traité entendent créer l'obligation au moyen de cette disposition et si l'État tiers accepte expressément par écrit cette obligation* »[1316].

559. Ainsi, l'État tiers n'est concerné que s'il reconnaît l'organisation comme représentant l'intérêt collectif de ses États membres ou de ses intérêts propres[1317]. Dans l'ordre juridique international, « (...) *cette règle se justifie non pas simplement par ce principe général du droit contractuel, mais par la souveraineté et l'indépendance des États qui leur confèrent le pouvoir de vouloir et par la suite de décider librement* »[1318]. Plus précisément, on distingue dans la catégorie des États non-membres les entités ayant des droits restreints ou membres associés et les pays observateurs.

560. Le statut de membre ayant des droits restreints concerne les membres associés ou affiliés qui participent de l'intérieur aux travaux et à la vie de l'organisation. Cependant, leur qualité de membre associé est caractérisée par l'octroi de droits limités et l'imposition d'obligations souvent aménagées[1319]. Ce statut peut être accordé à tout territoire ou groupe de territoires qui n'assument pas eux-mêmes la responsabilité de la conduite de leurs relations ; soit sur demande d'un État membre, soit de l'autorité qui

---

[1311]Jean COMBACAU, *op. cit.*, p. 235.
[1312]Article 2, paragraphe 1 (h) de la Convention de Vienne sur le droit des traités
[1313]Article 2, paragraphe 1 (g), *ibidem*
[1314]Philippe CAHIER, *op. cit.*, p.596.
[1315]Article 34 de la Convention de Vienne sur le droit des traités
[1316]Article 35, *ibidem*
[1317]Jean. COMBACAU, Serge SUR, *Droit international public*, *op. cit.*, p. 712.
[1318]Maurice KAMTO, « La volonté de l'État en droit international », *RCADI*, vol. 310, 2004, p. 302. La jurisprudence internationale est également allée dans ce sens, voir notamment : l'*affaire du Plateau continental de la mer du Nord*, arrêt du 20 février 1969, CIJ Recueil 1969, pp. 25-28, § 28 ; l'*affaire de la Frontière terrestre et maritime entre le Cameroun et le Nigeria*, arrêt du 10 octobre 2002, CIJ Recueil 2002, § 55, etc.
[1319]*Ibidem*

assure cette responsabilité[1320]. Cette pratique n'est pas habituelle dans les organisations régionales africaines, à quelque exception près[1321]. Les membres associés ont généralement des droits semblables aux membres fondateurs de l'organisation, sauf en ce qui concerne le droit de vote. Même s'ils participent aux travaux de l'organisation, leur point de vue n'est en effet pas pris en compte au moment de la délibération, quelle que soit la forme juridique du membre associé[1322]. Par ailleurs, le membre associé n'est pas contraint par toutes les obligations qui pèsent sur le membre plénier dans la mesure où son statut est régi par les dispositions de la convention d'association signée entre lui et l'organisation[1323]. C'est notamment le cas pour Haïti qui, après avoir obtenu le statut de pays observateur lors du 22e sommet de l'UA qui s'est tenu les 23 et 30 janvier 2014, s'est vu octroyer un an plus tard le statut de membre associé[1324].

1320 Voir par exemple : article 2, § 3 de l'Acte constitutif de l'UNESCO et aussi l'article 2, § 2 de l'Acte constitutif de la FAO.

1321 Par exemple pour de l'Organisation africaine de la propriété intellectuelle (OAPI), l'association d'État est permise par le Traité révisé de Bangui toutefois, l'article 21, § 2 de ce traité prévoit que « *les États associés ne sont pas les États membres* ». La demande de candidature d'un État pour association doit être adressée au Conseil d'administration qui statue à la majorité de ses membres. L'article 25 ajoute que l'État associé a « *le droit* (...) *de bénéficier des services offerts par l'Organisation en matière de documentation et d'information relative à la propriété intellectuelle* » et de l'obligation de s'acquitter d'une contribution financière initiale fixée par le Conseil d'administration (article 26), voire de verser une contribution financière exceptionnelle si l'équilibre budgétaire l'exige (article 26, § 2).
Dans le cadre de l'UEMOA, le Titre V, chapitre I de son traité de base prévoit que « *l'admission de nouveaux États membres et des membres associés* ». L'article 104 ajoute que « *Tout État africain peut demander à participer à une ou plusieurs politiques de l'Union en qualité de membre associé* ». Ce statut particulier résulte d'un accord entre les États membres et l'État demandeur, après avis conforme du Parlement de l'UEMOA et la conclusion favorable de la Conférence des chefs d'État et de gouvernement (article 104 du traité).
S'agissant de la COMESSA, il est admis que « *tout État tiers en vue de l'association de ce pays avec le marché commun* » (article 183 du Traité de base de la COMESSA). En revanche la Communauté des États de l'Afrique de l'Est offre le statut de membre associé à des tiers qui en font la demande. Toutefois, l'admission est subordonnée à l'acceptation de la CAE, à la contribution potentielle dudit État à l'intégration de la sous-région, à sa proximité géographique et son indépendance avec les États membres, à la création et au maintien d'une économie de marché, à l'adhésion à la bonne gouvernance, la démocratie, la justice sociale et le respect des droits de l'homme et aussi à la compatibilité de ses politiques économiques et sociales avec celles de la CAE (article 3, § 1, 2, 3 du Traité de la CAE).

1322 Christian CAHIER, « Une typologie des statuts de membre dans les organisations internationales », *Revue québécoise pour le droit international*, Société québécoise de droit international, Vol. 1, 1984, p. 46 ; disponible également sur : https://www.sqdi.org/wp-content/uploads/01-christian_philip.pdf

1323 *Ibidem*, p. 52.

1324 Cf. le site de l'Union africaine, https://au.int/fr/node/3587 ; mais aussi http://afrique.lepoint.fr/actualites/haiti-dans-l-union-africaine-un-reve-evanoui-21-09-2016-2070161_2365.php , visités le 30 juin 2017.

561. Les membres observateurs, quant à eux, peuvent être des États ou des organisations internationales jouissant dans certains cas de droits plus étendus au sein de l'organisation dans laquelle ils ont le statut d'observateur. Contrairement aux membres associés, les observateurs disposent de droits plus limités et participent en général aux activités de l'organisation à propos de questions qui les concernent. Les règles qui organisent le statut de pays observateur sont multiples. Par exemple à l'ONU, leur origine est coutumière. Pour d'autres organisations, elles sont prévues dans leur Charte constitutive respective ou dans certains textes[1325]. En règle générale, ce statut est accordé à des États non-membres d'une organisation internationale dans l'optique de donner à celle-ci une visibilité plus vaste. Dans le cadre de l'ONU, il constitue un stage de préadmission[1326]. Toutefois, contrairement à ce que l'on pourrait penser, les entités jouissant de ce statut sont loin d'être passives. Leur rôle ne se limite pas qu'à observer l'action de l'organisation à laquelle elles sont associées ; elles agissent également en vue de peser sur les décisions de cette dernière. À l'exception du droit de vote, ces pays détiennent en général des droits de participation proches de ceux des membres. Le Conseil Économique et Social de l'ONU (ECOSOC) qualifie ainsi leur statut de « *participation sans droit de vote* »[1327]. Les États observateurs peuvent assister aux délibérations des organes dans lesquels ils sont admis et reçoivent à cet effet la documentation distribuée aux membres. Ils peuvent également distribuer des documents, prendre la parole, faire des propositions. Toutefois, ils ne se situent pas sur un pied d'égalité avec les membres de l'organisation[1328]. Cette infériorité se manifeste de deux principales manières.

562. D'abord, d'un point de vue normatif, les droits des pays observateurs sont souvent issus de la pratique et apparaissent dès lors comme des privilèges dont ils peuvent difficilement toujours se prévaloir. Du point de vue formel, ensuite, leur intervention est généralement soumise à l'acceptation par la présidence de la réunion et ne peut le plus souvent avoir lieu qu'après que tous les États membres se soient exprimés. Ces limites permettent aux États

---

[1325]Cf. par exemple l'article 3 du statut de la FAO ou encore l'article 67 du règlement général de l'UNESCO.

[1326]Ce fut le cas pour les États comme l'Italie, le Japon, la Guinée-Bissau. Par ailleurs, des organisations comme la CAE prévoient que le statut de pays observateur peut être octroyé soit à un État tiers (voir l'article 3, § 4 du Traité établissant la CAE de 1967 modifié le 20 août 2007). Par exemple, le Togo était observateur de la CEAO. Dans le cadre de l'ONU ce statut a été accordé à la Ligue des États Arabes en 1950, à l'OUA en 1965, etc. L'OUA, par exemple, a reconnu le FRLIMO, l'ANC, le PAIGC. Voir notamment Saidou NOUROU TALL, *op. cit.*, p. 83.

[1327]Cf. Résolution de l'ESCOSOC, 1996/31.

[1328]Saida EL BOUDOUHI, « Les qualités autres que celle(s) de membre », *in* Évelyne LAGRANGE, Jean-Marc SOREL (dir), *Droit des organisations internationales*, Paris, LGDJ, 2013, p. 357.

membres de garder une main mise sur le processus de décision[1329]. L'un des avantages qu'un État tire de sa participation à une organisation internationale est le droit de vote que l'organisation lui octroie, qui lui permet de peser sur les décisions de celle-ci. Le fait que les membres associés ou observateurs ne possèdent pas ce droit montre bien qu'ils restent des entités extérieures à l'organisation. Quant à savoir si, dans le cadre de l'UA, les effets du pouvoir de sanction les touchent, tout dépend de la conception juridique que l'on se fait de l'Acte constitutif ou des autres textes de l'UA en matière de sanctions.

563. En effet, si l'on considère ces textes comme des contrats entre les États membres et l'organisation, il est évident que seuls les signataires de celui-ci se trouvent obligés par les obligations qu'il contient. Ainsi, l'adage « *pacta tertiis nec nocent nec prosunt* »[1330] prend tout son sens en ce que le contrat est l'expression de la volonté qui lie ; une volonté qui ne s'est pas exprimée ne pouvant être engagée[1331]. En ce sens, seuls les États membres de l'UA doivent appliquer les sanctions. Les autres pays sont neutres, ils n'ont pas à les appliquer et ne peuvent se les voir opposer. Elles ne peuvent ni leur nuire ni leur profiter, mais ils ne doivent rien faire pour les entraver[1332]. Toutefois, on pourrait envisager l'hypothèse selon laquelle le pouvoir de sanction serait susceptible d'avoir des effets sur les États non-membres de l'organisation. Cette hypothèse découle du postulat selon lequel l'Acte constitutif de l'UA ne serait pas un contrat s'imposant aux membres de l'organisation mais un « acte-loi » ; c'est-à-dire, une sorte d'acte établi au nom et dans l'intérêt de tout le continent africain. On pourrait ainsi faire le parallèle avec la loi dans l'ordre interne qui s'applique à tous, même à ceux qui ne l'ont ni élaborée ni acceptée expressément. Néanmoins, pour la doctrine, on ne peut envisager que trois cas dans lesquels les traités produisent des effets à l'égard des non-membres.

564. Dans un premier cas, il est probable que les traités conclus entre les États membres de l'organisation imposent des obligations à des organisations internationales. Dans un second cas, les traités qui créent des OI peuvent avoir des effets à l'égard des États non-membres de ces organisations. Dans un troisième cas, les traités conclus entre une organisation internationale et un ou plusieurs États sont susceptibles de produire des effets à l'égard d'États non partis à ces traités[1333]. Pour ces trois situations, il est nécessaire de poser quelques préalables. En effet, l'Acte constitutif de l'UA n'a pas prévu

---

[1329] *Ibidem*

[1330] Cf. article 34 de la Convention de Vienne sur le droit de traité : « un traité ne crée ni obligations ni droits pour un État tiers sans son consentement ».

[1331] Djafar NIAKI, *Les sanctions dans la cadre de l'Organisation des Nations unies*, Thèse, Université de Paris, 1958, p. 222.

[1332] *Ibidem*

[1333] Philippe CAHIER, *op. cit.*, p. 698.

l'extension de son pouvoir de sanction aux États non-membres de l'organisation tel que le prévoit l'article 2, alinéa 6, de la Charte de l'ONU qui stipule que « *l'Organisation fait en sorte que les États qui ne sont pas membres des Nations Unies agissent conformément à ces principes dans la mesure nécessaire au maintien de la paix et de la sécurité internationale* »[1334]. À la lecture de cet article, on ne peut s'empêcher de s'interroger sur le point de savoir à quel principe il est fait ici référence.

565. Précisions que l'article 2 de la Charte est composé de sept alinéas qui posent chacun des principes. Le premier concerne le principe d'égalité des États, le deuxième précise que les États doivent remplir de bonne foi leurs obligations qui découlent de la Charte. À partir du troisième alinéa, la Charte fait référence à l'interdiction du recours à la force. L'alinéa 5, notamment, indique que les États membres doivent s'abstenir de prêter assistance à un État contre lequel l'organisation entreprend une action coercitive. Il semblerait que ce soit uniquement ces obligations qui soient à la charge des États non-membres de l'organisation. Une partie de la doctrine semble abonder en ce sens[1335]. Toutefois, cette affirmation ne semble pas faire l'unanimité parmi les auteurs et est contredite par les travaux préparatoires à la Charte[1336]. Précisément, la doctrine s'interroge encore sur le point de savoir si cet alinéa impose une obligation à l'ONU ou si cette obligation vise aussi les États non-membres de l'organisation.

566. Les travaux préparatoires à la Charte des Nations Unies sembleraient montrer que l'intention de ses rédacteurs était de permettre à l'ONU d'exercer ses pouvoirs aussi sur des États non-membres dans l'optique d'atteindre son objectif essentiel : le maintien de la paix et de la sécurité internationales. Pour autant, cette volonté n'est pas tout à fait explicite dans les travaux préparatoires. L'hésitation perdure : les rédacteurs ont-ils réellement voulu

---

1334On y voit une similitude avec l'article 17 du Pacte de la SDN qui prévoyait que, « *1. En cas de différend entre deux États, dont un seulement est membre de la Société ou dont aucun n'en fait partie, l'État ou les États étrangers à la Société sont invités à se soumettre aux obligations qui s'imposent à ses membres aux fins de règlement du différend, aux conditions estimées justes par le Conseil. Si cette invitation est acceptée, les dispositions des articles 12 et 16 s'appliquent sous réserve des modifications jugées nécessaires par le Conseil.* [...] *3. Si l'État invité, refusant d'accepter les obligations de membre de la Société aux fins de règlement du différend, recourt à la guerre contre un membre de la société, les dispositions de l'article 16 (concernant les sanctions) lui sont applicables. 4 Si les deux parties invitées refusent d'accepter les obligations de membre de la Société aux fins de règlement du différend, le Conseil peut prendre toutes les mesures et faire toutes propositions de nature à prévenir les hostilités et à amener la solution du conflit* ».

1335C'est d'ailleurs ce que soutient Hans KELSEN, *in The Law of the United Nations*, Londres, Stevens and Sons, 1951, p. 108 : « (...) *then all obligation of the members are obligations of the non-members; and there is a difference between the status of a Member and that of a non-member only in so far as the latter has all the obligations but not the rights of a Member* ».

1336Philippe CAHIER, *op. cit.*, p. 710.

mettre une obligation à la charge des États non-membres ou celle-ci incombe-t-elle seulement aux États membres ?[1337] Sur cette question, plusieurs points de vue ont été envisagés et l'analyse des travaux préparatoires n'a pas permis d'apporter des réponses claires et précises[1338]. Peu d'auteurs sont finalement allés dans le sens d'une obligation à l'encontre d'États non-membres[1339]. Ainsi, « *selon la doctrine qui a cours au sujet des traités de droit international, cette disposition n'engendre aucune obligation juridique pour les États qui ne sont pas membres (...) le Conseil de sécurité peut exiger d'États non-membres qu'ils adoptent une attitude solidaire des sanctions des Nations Unies, mais sans pouvoir les obliger juridiquement* »[1340].

B- L'hypothèse de l'effet du pouvoir de sanction de l'Union africaine sur les États non-membres

567. Cette question est abordée en partant de l'hypothèse qui découle de l'article 23 (2) de l'Acte constitutif de l'UA, qui indique que « (...) *tout État membre qui ne se conformerait pas aux décisions et politiques de l'Union peut être frappé de sanctions notamment en matière de liens avec les autres États membres dans le domaine des transports et communications, et de toute autre mesure déterminée par la Conférence dans les domaines politique et économique* ». De plus, l'article 37 (5), alinéa b du règlement intérieur de la

---

[1337]*Ibidem*

[1338]D'un côté, l'examen de la proposition de la Belgique indique qu'il était question de rendre les principes susmentionnés obligatoires pour les tiers. Toutefois, le compte rendu de certaines discussions donne l'impression que l'obligation pèse plutôt sur l'organisation. Citons à cet égard le rapport du sous-Comité qui examina le Chapitre II en ces termes : « (...) *le sous-Comité a admis que l'association des Nations Unies, représentant l'expression la plus élevée de la Communauté légale internationale, a le droit d'agir d'une façon qui permette d'assurer la collaboration effective des États non-membres dans la mesure nécessaire pour le maintien de la paix et de la sécurité internationale...* ». Ainsi, une étude des travaux préparatoires permet d'affirmer que l'intervention de l'ONU à l'égard des tiers ne se justifie que si elle a pour objet de maintenir la paix internationale.

[1339]Voir le point de vue de Hans KELSEN, *op. cit.* p. 108. Voir aussi l'opinion du juge Jiménez de Aréchaga qui s'exprimait déjà en ce sens au sein de la Commission du droit international : « (…) *Il est légitime d'imposer une obligation ou de modifier les droits des États non-membres en interdisant le recours à la force et en créant l'obligation de régler tous les différents internationaux uniquement par des moyens pacifiques, parce que telle est la volonté de la grande majorité des membres de la communauté internationale qui a parlé au nom de l'indivisibilité de la paix et imposé à tous les États une règle fondamentale de droit…* ». Et d'ajouter qu'« (...) *en créant une organisation mondiale, la charte a prévu que ces obligations liaient aussi les États non membres. Il est vrai que le paragraphe 6 de la Charte n'impose des obligations directes qu'aux seuls États non-membres. Cela est prouvé par l'article 39 qui prévoit que le Conseil de sécurité peut ordonner des mesures de contrainte même contre un État non-membre si celui-ci viole les principes fondamentaux de la Charte* ». Pour plus de développements sur le sujet, voir « Comptes rendus analytiques de la seizième session du 11 mai-24 juillet 1964 », *Annuaire de la Commission du droit international*, Vol. I, 1964 p.74.

[1340]*Ibidem*

Conférence des chefs d'État et de gouvernement prévoit la « *restriction des contacts du gouvernement avec les autres gouvernements* » et le paragraphe c des « *restrictions commerciales* ». Même si l'UA a privilégié les sanctions ciblées[1341], elle a également prévu des mesures économiques globales.

568. Il ne s'agit pas de revenir sur l'analyse de celles-ci, cependant ces mesures nous intéressent en tant qu'elles mettent l'État auquel elles sont destinées dans une situation qui l'oblige à se conformer aux conditions définies par l'organisation. Dès lors sont concernés les États à l'intérieur comme à l'extérieur de l'organisation. Ces situations « (...) *tiennent soit aux effets mécaniques de l'application des sanctions, qui se trouve imposer à certains États, du fait de leur situation particulière, un sacrifice plus grave que celui que la communauté* [africaine][1342] *est en droit d'attendre d'eux, soit aux effets juridiques inhérents à certains actes de sanction* »[1343]. La situation particulière que l'on veut retenir ici est celle des États qui sont en relation commerciale avec un État membre sanctionné par l'UA. Afin de procéder à son étude, il convient, en premier lieu, de préciser quelques éléments.

569. Premièrement, l'article 23 (2) de l'Acte constitutif fait uniquement référence aux liens qui existent entre un État membre sanctionné et les autres États membres de l'organisation africaine. Quant à l'article 37 (5), alinéa b, c du règlement intérieur de la Conférence des chefs d'État et de gouvernement, il est moins précis dans la mesure où il ne fait référence à aucun État ; un silence qui laisse supposer que de telles restrictions des contacts et relations de nature commerciale peuvent également toucher les liens existants entre un État sanctionné et des États tiers à l'organisation. Dans ce cas de figure, qu'en est-il des effets néfastes que le pouvoir de sanction causerait aux tiers à l'organisation africaine ? Afin d'apporter quelques éléments de réponse à cette interrogation, on abordera la pratique onusienne (**1**) avant d'analyser une telle situation dans le cadre continental africain (**2**).

1- L'expérience onusienne

570. Les sanctions économiques sont un type de sanction qui touchent aux relations privées et influent sur les contrats passés par un État membre sanctionné d'une organisation avec des États qui n'en sont pas membres. C'est pourquoi, l'article 50 de la Charte des Nations Unies prévoit que « *si un État est l'objet de mesures préventives ou coercitives prises par le Conseil de sécurité, tout autre État qu'il soit ou non membre des Nations unies, s'il se trouve en présence de difficultés économiques particulières dues à l'exécution*

[1341] Voir notamment l'article 37 (5), alinéa a.
[1342] Ajouté par nous.
[1343] Jean COMBACAU, *op. cit.*, p. 340.

desdites mesures, a le droit de consulter le Conseil de sécurité au sujet de la solution de ces difficultés »[1344]. Libellé d'une manière peu précise, cet article a donné lieu à plusieurs interprétations. Pour certains auteurs, il s'agit d'un droit d'assistance ; pour d'autres, d'un simple droit de consultation. Sans procéder à une analyse détaillée des différents points de vue de la doctrine à ce sujet, nous nous contenterons, cependant, de relever quelques points essentiels qui nourriront notre analyse du cadre continental africain. Cette précision faite, il ressort de l'article 50 précité que cette disposition ouvre expressément le droit à des États victimes indirects de sanctions de consulter le Conseil de sécurité au sujet des difficultés économiques ainsi subies[1345]. Toutefois, une interrogation persiste sur le fait de savoir si le droit ouvert aux États est celui d'un droit d'assistance ou d'un droit de se plaindre des difficultés qu'ils connaissent du fait des sanctions décidées par le Conseil de sécurité.

571. Une lecture attentive de cette disposition laisse à penser que ce droit accordé aux États est celui d'une simple consultation et qu'il n'est pas ouvert à tous. En effet, toutes les entités ne peuvent pas consulter le Conseil de sécurité. Les seules habilitées à le faire sont les États qui rencontrent des difficultés du fait de l'application des sanctions du Conseil de sécurité. Les entités autres que les États ne sont donc pas concernées par cette disposition[1346]. Cependant, la reconnaissance de ce droit à des États non-membres est justifiée par le fait que ceux-ci sont invités par le Conseil de sécurité aux actions de l'ONU au regard de l'article 2 (6) de la Charte qui précise que : « *l'Organisation fait en sorte que les États qui ne sont pas membres des Nations Unies agissent conformément à* [s]*es principes dans la mesure nécessaire au maintien de la paix et de la sécurité internationale* »[1347].

572. Par ailleurs, les difficultés rencontrées mentionnées dans l'article 50 de la Charte, condition de l'exercice de ce droit de consultation, doivent effectivement être la conséquence des sanctions imposées par le Conseil de sécurité. Dès lors, trois hypothèses peuvent être dégagées. Une première envisage que les mesures dont il est question ressortissent du chapitre VII de la Charte, car l'article 50 fait référence aux mesures prévues aux articles 41 et

---

[1344]Article 50 de la Charte des Nations Unies.

[1345]Djacoba Liva TEHINDRAZANARIVELO *Les sanctions des Nations Unies et leurs effets secondaires. Assistance aux victimes et voies juridiques de prévention*, Paris, PUF, 2005, p. 71.

[1346]Les entités infraétatiques telles que les entreprises nationales ou les particuliers doivent s'adresser à leur État respectif qui pourra prendre en compte les difficultés que rencontrent ces derniers parmi leurs difficultés directes. Voir : Djacoba Liva TEHINDRAZANARIVELO, *op. cit.*, p. 73 ; Abdoullah. CISSE, « Les effets des sanctions économiques des Nations unies sur les contrats », *in The Centre for Studies and Research in International Law and International Relations*, Leiden/Boston, Brill/Nijhoff, 2004, pp. 683-715.

[1347]*Ibidem*

42 de celle-ci[1348]. Une seconde considère que les États qui font face à des difficultés économiques doivent, dans tous les cas, continuer d'appliquer les sanctions dans la mesure où « *l'article 50 ne peut pas être invoqué comme base d'auto-exemption de la part des États, mais encore, l'application des sanctions est une condition préalable à l'ouverture des consultations avec le Conseil de Sécurité. Cette ouverture n'a pas non plus un effet suspensif sur l'application des sanctions. Si une telle suspension ou même une exemption peut être envisagée en raison de la situation particulière d'un État, possibilité ouverte par l'article 48, par.1, de la Charte, la décision y afférente appartient au Conseil de sécurité, qui juge en toute liberté* »[1349]. Une troisième hypothèse consiste à considérer que les difficultés mentionnées doivent uniquement être des difficultés économiques particulières, ce qui d'après Djacoba Liva TEHINDRAZANARIVELO exclut « (...) *du champ d'application de cet article la recherche de solution aux autres types de difficultés. Et le terme "particulières" semble restreindre ces difficultés à celles qui sont d'une telle gravité qu'elles pourraient menacer l'équilibre social, économique et même politique de l'État qui en est victime...* »[1350].

573. Malgré des conditions et un encadrement semblent-ils bien définis[1351], l'application de cette disposition n'est toutefois pas évidente et pose encore quelques problèmes. Il en ressort que les États qui rencontrent des difficultés du fait de l'application de mesures décidées par le Conseil de sécurité ne peuvent encore compter sur une assistance effective et matérielle de l'organisation mondiale. Cette assistance dépend toujours, dans la majorité des cas, de la volonté des États contributeurs qui peuvent l'accorder individuellement ou collectivement dans le cadre des organismes et institutions du système des Nations Unies[1352]. On constate que la pratique tend à vouloir dépasser le cadre de la simple consultation pour consacrer un droit d'assistance. Les choses semblent néanmoins, pour l'heure, encore complexes. Sans doute, à l'avenir, ces travaux permettront de mieux encadrer

---

1348 La Commission chargée des mesures collectives, créée par l'Assemblée générale sous les auspices de la résolution « Union pour la paix », avait émis l'opinion selon laquelle le droit de consultation pourrait également être ouvert aux États souffrant de l'application des mesures décidées par l'Assemblée générale dans le cadre du maintien de la paix et de la sécurité internationales (voir A/2215, Doc.off.AG(VII), supplément n° 17, p. 6). Voir aussi les explications fournies par Djacoba Liva TEHINDRAZANARIVELO, *op. cit.*, p. 74.

1349 *Ibidem*

1350 *Ibid.* Par ailleurs, ce droit semble laisser aux États le soin de déterminer en fonction du degré de difficultés si le CS doit ou non être saisi. Dès lors, « *Il semble donc y avoir une contradiction entre l'exigence de gravité des difficultés et la procédure d'auto-évaluation de celles-ci par les États. Cela a pour conséquence l'assouplissement de la condition de gravité des difficultés économiques subies pour pouvoir saisir le Conseil de sécurité* ».

1351 Pour une étude approfondie de cette question, voir Djacoba Liva TEHINDRAZANARIVELO, *ibid.*, pp. 70-135.

1352 *Ibidem*

les effets que les sanctions pourraient avoir sur les États membres ou tiers à l'organisation.

Il convient à présent de s'interroger sur le fait de savoir si des mesures similaires à celles consacrées par l'article 50 de la Charte des Nations Unies sont également prévues dans le cadre de l'UA.

2- La tendance africaine

574. La Charte de l'ONU reconnaît que l'application des sanctions décidées par cette dernière peut dépasser le cadre dans lequel elles ont été prises et ainsi toucher des États non-membres[1353]. Il est cependant difficile de trouver des États qui ne sont pas membres de l'organisation mondiale à qui de telles mesures ont été appliquées. La même réflexion développée dans le cadre d'une organisation continentale peut conduire à une analyse différente. Il peut *a priori* sembler quelque peu ubuesque de parler d'une « tendance africaine » sur ce point ; néanmoins, l'Acte constitutif fait mention de telles mesures qui méritent attention.

575. On l'a vu, même dans le cadre de l'ONU, cette question n'est pas tout à fait réglée. Par ailleurs, l'organisation mondiale prévoit d'agir lorsque les difficultés de l'État non-membre résultent de l'application des mesures du chapitre VII, notamment les articles 41 et 42, de la Charte de l'ONU. Dans le contexte africain, même si de telles précisions n'ont pas été prévues, un parallèle peut être fait avec le droit d'intervention indiqué à l'article 4, h de l'Acte constitutif, qui envisage une intervention militaire en tant qu'ultime recours lorsque d'autres sanctions n'ont pas permis de faire cesser le comportement de l'État mis en cause. Si l'UA décidait de sanctions économiques globales telles que des restrictions commerciales prévues à l'article 23, alinéas 1 et 2 de l'Acte constitutif de l'UA, ou encore à l'article 37, alinéas b et c du règlement intérieur de la Conférence des chefs d'État et de gouvernement [1354], celles-ci impacteraient les relations de l'État sanctionné avec les États membres de l'organisation, mais aussi les tiers en ce qu'elles pourraient vraisemblablement avoir des conséquences ou effets indirects sur la production, l'investissement ou encore l'emploi[1355]. Il est évident que des sanctions économiques provoquent une désorganisation de

---

[1353]Voir Seconde partie, titre II, chapitre II, section II, paragraphe, II, A.

[1354]Cf. article 23, alinéa 1 et 2 de l'Acte constitutif de l'UA.

[1355]Sur les effets de la sanction sur les tiers à l'organisation, voir Mohamed BENNOUNA, « Les sanctions économiques des Nations Unies », *RCADI*, vol. 300, 2002, pp. 9-77. Djacoba Liva TEHINDRAZANARIVELO, *Les sanctions des Nations Unies et leurs effets secondaires. Assistance aux victimes et voies juridiques de prévention*, Paris, PUF, 2005, p. 540.

l'économie, par exemple lorsque des livraisons sont bloquées en raison d'un embargo ou en cas de majoration du coût de certaines marchandises. Elles peuvent encore entraîner des pertes de recettes ou une dévaluation des devises, empêcher la livraison de commandes déjà payées, ne pas permettre la livraison de marchandises dont la production est en cours, etc. On pourrait ajouter à cette liste les pertes consécutives à l'interruption de transferts de capitaux ou encore des retards dans le paiement de la dette.

576. De telles mesures toucheraient bien évidemment les contrats passés entre l'État sanctionné par l'UA et le ou les États membres mais aussi non-membres de l'organisation. Cependant, envisager des solutions pour parer à ces difficultés collatérales semble pour l'heure impossible dans le cadre continental africain. En effet, aucune mesure n'a été prévue à cet égard, ni même le droit de consulter l'organe chargé de prononcer des sanctions, en l'occurrence le CPS. L'organisation africaine n'a pas été aussi prévoyante que l'ONU. Or, si de telles situations advenaient, l'UA n'aurait de toute façon pas les moyens financiers d'apporter des solutions concrètes aux États membres comme aux États non-membres pour pallier les difficultés auxquelles ils seraient confrontés du fait de l'application des sanctions qu'elle aurait décidées. En outre, même si des solutions étaient envisagées, combien d'États du continent seraient prêts à apporter leur contribution ? Cette question n'est pas à négliger dans la mesure où l'UA, en recherche constante de mesures efficaces lui permettant d'atteindre les objectifs de promotion de la paix, de la sécurité et du respect des droits de l'homme sur le continent, se retrouve de fait confrontée à des difficultés, notamment financières, qui l'empêche de réaliser effectivement ces objectifs. C'est sans doute afin d'éviter une telle configuration qu'au niveau mondial l'ONU a entamé une réflexion. En effet, un groupe d'expert a été mandaté pour réfléchir sur « *des mesures d'assistances novatrices et pratiques que les organismes compétents du système des Nations Unies et de l'extérieur pourraient prendre en faveur des États tiers subissant le contrecoup de l'application des sanctions* »[1356]. Nous espérons que dans le futur l'UA pourra prendre exemple sur l'ONU s'agissant de cette délicate question.

577. En définitive, on considère qu'un État non-membre de l'UA ne peut se voir imposer ni droits, ni obligations, ni sanctions. Son consentement n'est présumé qu'en cas d'indication contraire : « (...) *Ainsi, qu'il s'agisse d'obligations ou de droits pour un État tiers, la volonté de ce dernier est à l'œuvre; non pas dans la formation de la règle, mais dans le déclenchement de ses effets à son égard cette volonté n'est donc pas au début du processus normatif, mais plutôt à la fin; elle s'exprime au stade opérationnel de la norme*

[1356]A/RES/52/162, §4. La réunion du groupe d'experts a été convoquée à New York du 24 au 26 juin 1998.

sur laquelle elle n'a aucun pouvoir de façonnage, sauf à entrer dans un processus nouveau de négociation en vue de la conclusion d'un nouvel accord... »[1357]. Mais qu'en est-il des effets secondaires du pouvoir de sanction par l'UA sur les populations civiles vivant sur le territoire de l'État sanctionné ?

Paragraphe 2 - Les effets secondaires du pouvoir de sanction de l'Union africaine

578. La mise en œuvre des sanctions économiques prévues à l'encontre d'un État membre dans le cadre de l'UA, comme on a pu le montrer dans la première partie de ce travail, peut altérer le droit des personnes vivant sur son territoire. Rappelons que la sanction adoptée par l'UA vise à mettre l'État fautif à qui elle s'applique dans une situation telle qu'il sera amené à respecter les dispositions de l'Acte constitutif et d'autres textes de l'organisation continentale qu'il aurait violés. À cette fin, l'organisation prendra toutes les mesures nécessaires pour faire respecter son droit.

579. Or, les sanctions ainsi décidées mettront l'État à qui elles s'appliquent dans une situation désavantageuse, mais peuvent aussi toucher les droits des personnes visant sur son territoire ou même parfois ressortissantes d'un État tiers. Ainsi, des sanctions qui étaient destinées à toucher un État, plus précisément les auteurs de l'infraction aux dispositions de l'organisation, auront des conséquences pour d'autres entités faisant d'elles des victimes collatérales des sanctions de l'UA. Parmi ces victimes figurent les populations civiles sur lesquelles l'impact des sanctions peut être catastrophique. Une autre question intéressante, qu'il conviendra cependant d'examiner sommairement, de nombreuses études ayant déjà été consacrées à la question[1358] **(A)**, est de savoir si l'organisation continentale a prévu des mesures de sécurité **(B)**.

[1357]Maurice KAMTO, « La volonté de l'État en droit international », *RCADI.*, vol. 310, pp. 302-304.

[1358] Sur la question, voir : Rafaa BEN ACHOUR, « Les sanctions contre l'Irak. Quelle efficacité ? », *in* Rostane MEHDI (dir), *Les sanctions de l'ONU. Quelle efficacité ?*, Colloque huitièmes rencontres internationales d'Aix-en-Provence des 10 et 11 décembre 1999, Paris, Pedone, 2000, pp 95-108 ; Mohamed. BENOUNA, « L'embargo dans la pratique des Nations Unies. Radioscopie d'un moyen de pression », *in* Emile. YAPKU, Tahar BOUNEDRA, *Liber Amicorum Judge Mohammed Bedjaoui*, La Haye, Kluwer Law International, 1999, pp. 555-583 ; Mohamed BENNOUNA, « Les sanctions économiques des Nations Unies », *op. cit.*, pp. 9-77., Ralph ZACKLIN, « Les Nations Unies et la crise du Golfe », *in* Brigitte STERN, *Les aspects juridiques de la crise et de la guerre du Golfe*, Paris, CEDIN, Montchrestien , 1991, pp. 57-76 ; Elias DAVIDSSON, « The economic sanctions against the Iraqi people consequences and legal findings », *in* Leila EZZARQUI, *Résolution 986. Pétrole, contre nourriture*, Paris, Montchrestien, 1998.

A- L'impact des sanctions sur les populations civiles dans le cadre de l'Union africaine

580. Comme on l'a déjà mentionné, l'article 23, alinéa 2 de l'Acte constitutif, complété par l'article 37 alinéa 5, b et c du règlement intérieur de la Conférence des chefs d'État et de gouvernement, prévoient des sanctions économiques visant les États qui ne se conformeraient pas aux décisions et politiques de l'organisation. Une fois adoptées, de telles mesures n'affecteraient plus uniquement le statut de l'État sanctionné au sein de l'organisation, mais pourraient également avoir un impact sur les populations civiles qui deviendraient alors des victimes collatérales du pouvoir de sanction de l'UA. Comme le constatent certains auteurs, les mesures économiques « (...) *s'adressent à tout un pays sans distinction entre les dirigeants ou les responsables politiques et le reste de la population, surtout la partie la plus démunie d'entre elle* »[1359]. C'est pourquoi cette question est depuis maintenant quelques années une préoccupation constante de l'ONU.

581. Pour l'ancien Secrétaire général des Nations Unies Boutros BOUTROS GHALI, les sanctions économiques sont des instruments imprévisibles, car « *leur application soulève, sur le plan moral, la question de savoir si les souffrances infligées à des groupes vulnérables dans le pays visé constituent un moyen légitime d'exercer des pressions sur des dirigeants politiques dont la position ne sera pas infléchie par la situation critique dans laquelle se trouve la population* »[1360]. Cette affirmation interpelle d'autant plus que ce sont généralement des populations qui sont déjà les plus touchées par d'autres phénomènes[1361]. En effet, les privations de nombreux produits essentiels qu'engendrent les sanctions sont effectivement un problème majeur, surtout au regard de questions liées à la protection et la promotion des droits de l'homme. On a pu constater dans la pratique internationale les effets désastreux des sanctions de l'ONU sur les populations civiles, par exemple en Irak dans les années 1990.

582. Ainsi, dès 1991, le Secrétaire général adjoint Martti AHTISAARI attirait l'attention sur le fait que « *le conflit a eu des effets quasi apocalyptiques sur l'infrastructure économique de ce qui était jusqu'en janvier 1991 une société hautement urbanisée et mécanisée [...] l'Irak a été renvoyé, pour assez longtemps, à une ère préindustrielle, mais avec tous les*

[1359]Mohamed BENNOUNA, « Les sanctions économiques des Nations unies », *op. cit.*, p. 40.
[1360]Supplément à l'Agenda pour la paix (A/50/60-S/1995/1), 3 janvier 1995, § 70 ; Eric ROULEAU, « Le peuple irakien première victime de l'ordre américain », *Le Monde diplomatique*, novembre 1994, pp. 10-11.
[1361]Mohamed BENNOUNA, *op. cit.*, p. 40.

inconvénients que présente une dépendance postindustrielle, à l'égard d'une utilisation intensive de l'énergie et de la technologie »[1362]. Dans ce pays, tous les aspects de la vie des populations[1363] ont été affectés par les sanctions de l'ONU. La crise humanitaire qui y est survenue du fait de ces sanctions a d'ailleurs été telle que l'ONU a été conduite à procéder à un assouplissement de leur régime[1364].

583. Outre le cas irakien, des effets négatifs similaires sur les populations ont par exemple été constatés en ex-Yougoslavie et en Haïti ; en tant que conséquences de restrictions commerciales, du gel des avoirs financiers, de l'imposition d'un blocus, de la restriction des moyens de transport ou encore de la limitation de la libre circulation des produits et services, etc. Toutes ces mesures ont eu un impact considérable sur la structure socio-économique de ces États[1365]. Sur le continent africain, des sanctions économiques ont été appliquées par l'organisation mondiale sur un ensemble de pays[1366] ; notamment à l'égard des Comores en 2007. Cependant, une évaluation précise et complète des effets de telles mesures sur les populations civiles reste encore difficile à réaliser.

B- La pratique embryonnaire de l'organisation continentale africaine

584. Une fois admit que les populations civiles peuvent être des victimes collatérales des sanctions prises par l'UA, il est important de déterminer quels types de mesures provoquent ces effets. Comme on l'a déjà précisé, en cas de changement anticonstitutionnel de gouvernement, l'article 37, alinéa 5, du règlement intérieur de la Conférence prévoit que cette dernière applique immédiatement un ensemble de sanctions ciblées à l'encontre des auteurs du changement anticonstitutionnel[1367]. Toutefois, si les mesures énoncées à

[1362]Voir S/22366, annexe, 20 mars 1991, § 8. Par ailleurs, du fait des sanctions économiques en Iraq, relevons par exemple qu'en 1989, le taux de mortalité était de 65 pour 1000 naissances vivantes (S/1999/356, § 13) mais qu'entre 1990 et 1995, ce taux est passé à 129 pour 1000 naissances. Les cas d'insuffisances pondérales à la naissance (- 2,5 kilos) sont également passés de 4% en 1990 pour arriver en 1997 à environ un quart des naissances déclarées, du fait de la malnutrition maternelle. Pour d'amples informations, voir Djacoba Liva TEHINDRAZANARIVELO, *op. cit.*, p. 147.

[1363]Droit à la santé, droit à la nourriture, droit à l'éducation. Pour des analyses complémentaires sur l'impact des sanctions en Irak, voir Rafaa BEN ACHOUR, « Les sanctions contre Irak. Quelle efficacité », *op. cit.*, pp. 104-106.

[1364]Cet assouplissement té traduit par le dispositif « Pétrole contre nourriture » mis en place par la résolution 986 du 15 avril 1995 qui consistait à assouplir l'embargo imposé à l'Irak (voir Rafaa BEN ACHOUR, *ibid.*)

[1365]*Ibid.*

[1366]Voir *supra* : partie 1, chapitre III.

[1367]Article 37, alinéa 5 (a) du règlement intérieur de la Conférence.

l'article 37 ne sont pas efficaces, l'organisation peut adopter en dernier ressort, même si cela n'est pas clairement exprimé dans les textes de l'organisation, des sanctions économiques générales. Une telle approche a été retenue lors de la crise constitutionnelle qui a eu lieu aux Comores en 2007. L'impact de telles mesures sur les populations civiles n'a cependant pu être vérifié dans ce cas.

585. Comme on l'a déjà mentionné, durant cette crise, le CPS avait envisagé des mesures en collaboration avec les États qui consistaient notamment dans le gel immédiat des fonds et avoirs financiers ainsi que ressources économiques appartement ou sous le contrôle des autorités illégales de ce pays[1368]. En cas de refus des autorités de fait de respecter les décisions de l'organisation, le CPS avait par ailleurs envisagé de durcir ses sanctions. Il était en particulier envisagé un blocus maritime et aérien de l'île, ainsi qu'un appui de la mission d'assistance électorale et sécuritaire aux Comores (MAES) du gouvernement légitime comorien afin de lui permettre de prendre toutes les mesures nécessaires pour restaurer son autorité à Anjouan[1369]. Même si dans ce cas l'organisation n'a pas fait le choix de sanctions économiques globales, les mesures envisagées, si elles avaient été prolongées, auraient sans doute eu des conséquences négatives sur les populations civiles. Comme le souligne Mohamed BENNOUNA, « *l'impact humanitaire dépendra de l'objet et de la portée des sanctions adoptées. Et c'est surtout dans le cas de mesures destinées à isoler entièrement un pays de son environnement, à le placer en quelque sorte en situation d'assiégé, que de graves conséquences peuvent en résulter pour la population, qui peut être même privée de moyens de subsistance et de soins. Aussi, plus les sanctions sont globales, plus les dommages sont occasionnés à la population civile, et surtout aux catégories les plus vulnérables de celle-ci (les enfants et les vieillards)...* »[1370]. Pour l'heure, de telles mesures n'ont cependant pas été prises dans le cadre continental africain. Or, considérant la situation économique de la plupart des pays du continent et leur tissu social, il est évident que de telles sanctions auraient un impact désastreux sur les populations de l'État visé. Lorsque de telles mesures sont envisagées, il est donc important que leurs conséquences négatives sur les populations soient minimisées[1371]. Mais, pour l'heure, une telle pratique dans le cadre continental africain n'a pas encore été réellement constatée.

[1368]DOC/UA, PSC/PR/Comm (XCV), 95e réunion du CPS, Addis Abeba, 10 octobre 2007, § 5, pp. 1-2.
[1369]*Ibid.*
[1370]*Ibidem*, p. 41.
[1371] C'est cette préoccupation qui ressort du communiqué du CPS réuni en sa 544e réunion tenue le 18 septembre 2015 sur la situation au Burkina Faso lorsqu'il « *demande à tous les partenaires bilatéraux et multilatéraux de suspendre tous les programmes de coopération militaire et sécuritaire avec le Burkina Faso, ainsi que les programmes de coopération économique, étant entendu que tout devra être mis en œuvre pour minimiser l'impact sur la*

population civile » (Doc.UA/PSC/PR/COMM.3(DXLIV), Communiqué sur la situation au Burkina Faso, 544e réunion du CPS, Addis Abeba (Ethiopie), 18 septembre 2015.

CHAPITRE II : LES FAIBLESSES INHÉRENTES AUX MÉCANISMES DE SANCTION

586. L'une des avancées majeures de l'organisation continentale africaine a été l'introduction de sanctions dans son texte fondateur dont le régime n'a eu de cesse d'être modulé pour répondre au mieux aux crises qui surgissaient sur le continent. D'innovations en variations, les sanctions ont mobilisé des ressources tant matérielles qu'intellectuelles du continent dans l'optique de les rendre plus efficaces et surtout mieux adaptées aux situations en cause. Or, comme le souligne le Professeur Hans MORGENTHAU, « *toute norme part tacitement de la supposition que l'ordre voulu par elle ne soit pas spontanément réalisé par les individus qui en sont capables. Pour qu'une norme atteigne son but de voir réaliser l'ordre prescrit par elle, il ne suffit pas qu'elle soit valable, c'est-à-dire qu'elle ait la faculté abstraite de déterminer la volonté, il faut de plus qu'une telle norme soit en mesure de réaliser en fait l'ordre effectif qu'elle prescrit en dirigeant d'une façon effective la volonté vers cet ordre, en un mot : il faut qu'elle soit efficace* »[1372]. C'est pourquoi, il est nécessaire que la sanction soit de nature à entraîner une dissuasion suffisante pour que les règles de droit soient, en effet, respectées[1373]. Il est donc évident que l'efficacité attachée à une sanction est primordiale afin d'assurer le respect de l'ordre juridique mis en place par cette organisation. L'évaluation de l'efficacité du droit de l'UA doit se faire à l'aune d'une analyse de la pratique continentale.

587. Or, il convient, en premier lieu, de préciser que la réalité des relations internationales africaines a mis en évidence des difficultés pour l'organisation continentale de préserver une certaine constante dans l'édiction de sanctions. Malgré une volonté affichée de sanctionner les États récalcitrants à respecter son droit, de nombreux paramètres sont venus de fait compliquer la tâche. Face aux crises, l'UA a eu du mal à s'imposer et a souvent demandé le concours, soit des États occidentaux, soit d'autres organisations (ONU, UE), soit même des CER pour pouvoir imposer des sanctions. En soi, ces sollicitations n'ont rien de problématique dans la mesure où elles concourent à l'efficacité des sanctions. Toutefois, elles interrogent quant à la capacité réelle de l'UA à prendre et à mettre en œuvre elle-même des sanctions. En effet, il appert que l'efficacité des sanctions décidées par l'organisation

---

[1372] Hans MORGENTHAU, « Théorie des sanctions internationales », *Revue de droit international et de législation comparée*, n° 324 1935, p. 490.

[1373] Charles LEBEN, *Les sanctions privatives de droits ou de qualité dans les organisations internationales non politiques*, *op. cit.*, p. 26.

continentale africaine est à nuancer au regard de leur application ambivalente (**Section I**). Plusieurs éléments mériteraient une rationalisation afin de les rendre plus efficaces (**Section II**).

SECTION I : UN POUVOIR DE SANCTION AUX APPLICATIONS AMBIVALENTES

588. Dans l'ordre juridique interne, l'efficacité des mesures est assurée par une certaine centralisation de la force qui permet un effet de dissuasion réel[1374]. En revanche, en droit international, une telle force n'existe pas. Ainsi, « *toute sanction n'impliquant pas l'usage de la force, devra être jugée par rapport à son potentiel de dissuasion. Plus ce potentiel sera élevé, plus on s'acheminera vers un ordre juridique dont les normes seront respectées* »[1375]. Qu'en est-il s'agissant des sanctions prises dans le cadre de l'organisation continentale africaine ?

589. Depuis la consécration des sanctions dans les textes de l'organisation, plusieurs changements ont pu être constatés. Ses États membres ont notamment été plus attentifs à la question des arriérés de contributions, à la protection des droits de l'homme et à la promotion de la démocratie sur le continent. Même si de nombreuses améliorations restent à faire, l'on ne peut ainsi dénier une certaine effectivité de la sanction dans le cadre continental. Dans les faits, cette organisation a été le plus souvent sollicitée en matière de sanctions relatives aux coups d'État et autres changements anticonstitutionnels de gouvernement. Pour autant, cela ne veut pas dire que les sanctions concernant les arriérés de contributions, le respect des principes et idéaux de l'organisation ou encore celles relatives aux violations des droits de l'homme ont été ignorées. Dans le cadre de notre analyse, nous nous concentrerons sur une évaluation de l'efficacité des sanctions en matière d'arriérés de contributions et de non-respect des principes et idéaux de l'organisation panafricaine. Nous ne nous attarderons pas sur les sanctions concernant la violation des droits de l'homme, celles-ci ayant déjà fait l'objet de nombreuses études spécifiques[1376]. L'analyse se

---

[1374] *Ibidem*, p. 27.

[1375] *Ibid.*

[1376] Sur la question, voir : Thiaw THIACA, Kaba SIDIKI, *La protection internationale des droits de l'homme dans les situations de crises en Afrique : le droit à l'épreuve des faits*, Paris, L'Harmattan, 2014, 441 p ; Sandra GONDI-GANDZION, Camille KUYU MWISSA, *L'Afrique dans la protection internationale des droits de l'Homme* , Mémoire de DEA, Université Panthéon-Sorbonne, Paris 1, 2002, 89 p. ; Mutoy MUBIALA, *Le système régional africain de protection des droits de l'homme*, Bruxelles, Bruylant, 2005, 324 p. ; Dramane SANOU, *La juridictionnalisation des organisations régionales d'intégration économique en Afrique*, Thèse de doctorat, Université Panthéon-Sorbonne, Paris 1, 2012.

concentrera davantage sur un questionnement de l'efficacité des sanctions relatives aux coups d'État et autres changements anticonstitutionnels de gouvernement dont il se dégage une hétérogénéité des mesures décidées affaiblissant de fait le pouvoir de sanction de l'organisation (**Paragraphe 1**). Ce constat contraste avec la dynamique affichée s'agissant des sanctions relatives aux arriérés de contribution et pour non-respect des principes et idéaux de l'organisation, avec néanmoins une pondération en ce qui concerne ces dernières (**Paragraphe 2**).

Paragraphe 1 : L'hétérogénéité des sanctions contre les coups d'État et autres changements anticonstitutionnels de gouvernement

590. Les sanctions prises contre les coups d'État et autres changements anticonstitutionnels de gouvernement sont des mesures phares du nouveau dispositif mis en place avec l'UA. Il faut dire que les coups d'État se sont particulièrement multipliés en Afrique « *où l'on assiste à une sorte d'occurrence des pratiques des coups d'État dont l'Amérique latine s'était fait une spécialité au cours de la première moitié du XXe siècle et qui avaient ensuite marqué la scène politique africaine jusqu'à la fin des années 1980* »[1377]. Afin de mettre fin à ce fléau, il était urgent pour l'organisation continentale d'apporter des réponses adéquates. En ce sens, de nombreuses mesures ont été prises comme on a pu le constater dans la première partie de ce travail. À présent, il est question de se demander si, dans la pratique, les mesures décidées ont été suffisamment dissuasives.

591. Entre 1999 et 2014, plus d'une dizaine de coups d'État ont eu lieu sur le continent africain[1378], sans compter les situations de changements anticonstitutionnels de gouvernement ayant dégénéré dans certains cas en de véritables guerres civiles[1379]. Or, les réponses qui y ont été apportées par l'organisation africaine ont mis en évidence une disparité de réactions. Au besoin de notre réflexion, l'on se concentrera uniquement sur les coups d'État et autres changements anticonstitutionnels de gouvernement intervenus dans le cadre de la nouvelle organisation (UA). Pour ce faire, plusieurs situations

---

[1377]Maurice KAMTO, *Droit international de la gouvernance*, Paris, Pedone, 2013, p. 123.

[1378] Le 9 avril 1999 eut lieu un coup d'État au Niger. Le président Ibrahim BARE MAINASSARA est alors tué par les éléments de la garde présidentielle dirigée par Daouda Mallam WANKE. Toujours la même année, le 30 avril 1999, l'armée dirigée par son chef d'état-major, le colonel Azali ASSOUMANI, prend le pouvoir aux Comores. Le 7 mai 1999, en Guinée-Bissau, le général Joao Bernardo VIEIRA est renversé par une junte dirigée par Ansumane MANE en rébellion depuis 1998. Le 24 décembre 1999, une mutinerie de soldats se transforme en coup d'État qui voit arriver au pouvoir le Général Robert GUEI qui annonce la destitution du président démocratiquement élu Henri Konan BEDIE, etc.

[1379]Cas de la Côte d'Ivoire en 2010 ou encore de la Libye en 2011.

de crises à l'égard desquelles les sanctions prises par l'organisation n'ont pas été uniformes retiendront notre attention (**A**). Pourtant, on ne peut réfuter une certaine constance de celles-ci confirmant un enracinement progressif de la pratique continentale africaine en la matière malgré une incohérence encore persistante de ses décisions (**B**).

A- La diversité des réactions de l'Union africaine

592. L'analyse de la disparité des réactions de l'UA se fera en prenant l'exemple de certaines situations particulières. Dans la première partie de ce travail, on a déjà exposé des situations dans lesquelles l'UA avait adopté des sanctions à l'encontre de coups d'État et autres changements anticonstitutionnels de gouvernement afin de jauger l'effectivité des mesures proclamées dans les textes. À présent, l'analyse se bornera à évaluer l'efficacité des sanctions de l'organisation à partir de l'étude de trois situations représentatives. Proclamées dans l'Acte constitutif, les sanctions de l'UA possèdent *a priori* une autorité juridique incontestable. Cependant, l'application pratique de celles-ci n'a eu de cesse de connaître des difficultés de telle sorte que l'autorité reconnue aux sanctions contre les coups d'État et autres changements anticonstitutionnels de gouvernement a pu être remise en question. Mais d'une situation à l'autre, les réactions de l'organisation continentale n'ont pas été similaires. Dans certains cas, l'UA a condamné de façon virulente le changement anticonstitutionnel de gouvernement alors que dans d'autres elle est apparue hésitante[1380]. Cette disparité de réactions, liée à la faiblesse du système de sanctions de l'UA, est souvent amplifiée par la singularité des situations à sanctionner. Les trois situations que nous retiendrons ici sont : la crise à Madagascar en 2001 (1), le coup d'État en République centrafricaine en 2003 (**2**) et le printemps arabe en 2011 (**3**).

1- La « situation de Madagascar »

593. Cette crise a débuté avec la contestation des résultats des élections présidentielles du 16 décembre 2001 qui ont donné vainqueur l'ancien maire de la capitale, Marc RAVALOMANANA, contre le président sortant, Didier RATSIRAKA[1381]. Saisie de cette affaire, dans sa décision rendue en juillet

[1380] Voir la situation au Togo en 2005 ; voir *supra* : partie I, titre II, chapitre IV, section II, paragraphe II.

[1381] Arrêt n° O1-HCC/AR ; cité par Djacoba Liva TEHINDRAZANARIVELO, « Les sanctions de l'Union africaine contre les coups d'État et autres changements anticonstitutionnels de gouvernement : potentialités et mesures de renforcement », *op.cit.*, p. 287. Voir aussi Tiyanjana MALUWA, « The Constitutive Act of the African Union and Institution-Bulding in postcolonial Africa », *Leiden Journal of International Law*, n° 16, 2007), pp 164-165.

2002 sur la « situation à Madagascar »[1382], l'organisation rappela, par le biais de la Conférence, la Décision d'Alger, la Déclaration de Lomé et les dispositions pertinentes de l'Acte constitutif. De plus, elle prit des mesures à l'encontre de cet État et décida de la suspension de sa participation aux activités de l'Union. Cependant, cette première mesure prise par l'organisation continentale en matière de coup d'État et autres changements de gouvernement appelle plusieurs observations.

594. D'abord, lors de la prise de position de l'organisation continentale vis-à-vis de Madagascar, celui-ci n'était pas encore membre de l'organisation. Comme le rappelle en effet Tiyanjana MALUWA, à l'époque de cette décision, Madagascar n'avait pas encore ratifié l'Acte constitutif et donc, d'un point de vue strictement technique, n'était pas encore membre de la nouvelle organisation. Par conséquent, Madagascar n'était en principe pas tenu par les décisions et obligations émanant de l'UA. C'est pourquoi, d'après cette auteure, le fait d'exclure cet État de la « *Session inaugurale était superflu d'un point de vue juridique* »[1383]. Les traités conclus au sein d'une organisation internationale sont des actes de l'organisation. Ainsi, ils n'auraient pas de caractère obligatoire vis-à-vis des États tant que ceux-ci ne les ont pas approuvés[1384]. Seuls ceux qui ont adhéré à ces traités devraient être considérés comme parties à celui-ci[1385].

595. Or, dans ce cas précis, le passage de l'OUA à l'UA n'a pas porté atteinte aux diverses conventions signées sous les auspices de la première. Ainsi, les conventions ou actes conclus dans le cadre de l'OUA continuaient de s'appliquer au moment de la décision prise contre la situation à Madagascar. D'ailleurs, l'ensemble des décisions prises au regard de cette crise l'ont été par des organes appartenant à la défunte organisation. En effet, comme le souligne un auteur, les « (…) *les traités conclus sous les auspices des organisations internationales normalement ne déchoient pas à leur disparition* »[1386]. Dans le cas malgache, seule la décision finale de suspension fut effectivement prise par la nouvelle organisation (UA) lors de sa 1re session et non à l'occasion de la 38e session de la Conférence de l'OUA. Or, plusieurs États avaient pris part à cette session inaugurale alors même qu'ils n'avaient

---

1382Assembly/AU/Dec.4(1), 14e session ordinaire, Durban (Afrique du Sud), 9-10 juillet 2002.

1383Tiyanjana MALUWA, « La transition de l'Organisation de l'Unité africaine à l'Union africaine », in Abdulqawi A. YUSUF et Fatsah OUGUERGOUZ, *op. cit.* pp. 35-56.

1384 Dandi GNAMOU-PETAUTON, *Dissolution et succession entre organisations internationales. Contribution à théorie de la succession entre organisations internationales*, Bruxelles, Bruylant, 2008, p.305.

1385*Ibidem*

1386 A.-G. MOCHY ONORY, *La succession d'États aux traités et notes sur la succession entre organisation internationales*, Milan, Milano-Dott. A. Giuffrè Editore, 1968, p 154.

pas encore ratifié l'Acte constitutif de l'UA. Au regard de cela, l'organisation continentale était donc en droit de prendre des mesures contre Madagascar.

596. La deuxième remarque porte sur la suspension de la participation de Madagascar aux activités de l'organisation. Ce qui est puni ici, ce n'est pas un changement anticonstitutionnel de gouvernement, mais une crise électorale. Cependant, la Conférence s'est appuyée sur le communiqué de l'organe central en considérant que les élections présidentielles organisées dans ce pays en 2001 ne s'étaient pas traduites par la mise sur pied d'un gouvernement légalement constitué. En effet, dans un communiqué en date du 21 juin 2002, l'organe central avait préconisé de n'autoriser aucun des deux candidats à représenter Madagascar à l'OUA et donc à laisser vacant son siège « *jusqu'à ce qu'un gouvernement soit établi conformément aux dispositions* (de son) *communiqué* »[1387]. Ces dispositions concernaient donc la mesure de sortie de crise proposée par l'organe central de l'OUA qui proposait : « *la tenue, avec l'aide des Nations Unies, de l'OUA, de 1'UE et de la communauté internationale dans son ensemble, d'élections libres et équitables afin de permettre à la population malgache de choisir son dirigeant ; la mise en place d'arrangements transitoires, dont les modalités seront convenues entre les deux parties* »[1388].

597. Considérant les faits, cette décision de l'entité continentale paraît très surprenante. En effet, l'article 37, alinéa d du règlement intérieur de la Conférence définit le changement anticonstitutionnel de gouvernement comme « *le refus d'un gouvernement en place de remettre le pouvoir au parti vainqueur après des élections libres et justes* » [1389]. Dans ce différend, l'organisation continentale n'avait reconnu aucun des deux candidats comme représentants du peuple malgache. Si le gouvernement de Marc RAVALOMANANA sortit vainqueur, d'après le décomptage en principe officiel des voix n'était pas reconnu comme représentant légal de Madagascar, celui de Didier RATSTIRAKA aurait dû continuer à endosser le rôle de représentant jusqu'à ce qu'une solution soit trouvée et la transition opérée. Or, dans cette affaire, l'organisation continentale a estimé, d'une part, que le gouvernement de Didier RATSTIRAKA était arrivé au terme du mandat qui lui avait été confié par le peuple et, du fait de la constatation et de l'incapacité des autorités constitutionnelles malgaches à se prononcer sur l'issue du scrutin, le nouveau processus électoral tel que prévu dans les textes avait été interrompu. Le gouvernement sortant tombait ainsi dans l'illégalité. Si les

---

[1387]Communique du 21 juin 2002, Central Organ/MEC/AHG/Comm. (VI), § 7 ; consulté sur : http://hrlibrary.umn.edu/africa/Fcomm6-2002.html

[1388]*Ibidem*, § 5.

[1389] Article 37, alinéa d du règlement intérieur de la Conférence des chefs d'État et de gouvernement de l'UA.

résultats officiels avaient été donnés, le gouvernement de Didier RATSTIRAKA aurait pu se baser sur le texte proclamant les résultats pour continuer à représenter Madagascar en attendant la cérémonie de passation de pouvoir dans le pays. D'autre part, le processus électoral n'apportait pas suffisamment de gages pour reconnaître la victoire de Marc RAVALOMANANA. C'est finalement en juillet 2003 que l'instance continentale reconnut Marc RAVALOMANANA en tant que « président légitime de Madagascar » et décida que ce pays devait reprendre son siège au sein de l'Union[1390].

598. Cette reconnaissance arriva après une recommandation du 15 janvier 2003 de l'organe central qui avait pris note de l'évolution de la situation à Madagascar depuis le sommet de Durban[1391]. Elle intervint après la tenue d'élections législatives dans le pays. Ainsi, dans un rapport du 9 juin 2002 sur la médiation de la crise malgache, était préconisée l'organisation d'élections anticipées pour permettre « *au peuple malgache, par le biais d'une consultation populaire de désigner une nouvelle majorité et une nouvelle légitimité dont il faudra tirer les conséquences* »[1392]. Dans cette situation, l'UA a pris une position suffisamment forte en matière de lutte contre les coups d'État et autres changements anticonstitutionnels de gouvernement, qu'elle réitéra à l'égard d'autres crises, notamment celle survenue aux Comores en 2007[1393]. Cependant, l'UA a aussi pu se montrer moins sévère en matière de lutte contre les coups d'État et autres changements anticonstitutionnels de gouvernement dans d'autres situations telles celles qui feront à présent l'objet de notre analyse.

2- La situation en République centrafricaine : la crise du 15 mars 2003

599. La crise en République centrafricaine survint lorsque François BOZIZE, chef d'état-major des armées en rébellion depuis la fin de l'année 2001, déposa le président Ange Felix PATASSE au pouvoir depuis 1993. Le général prit la capitale Bangui et s'autoproclama président de la République. Puis, l'Assemblée fut dissoute et la Constitution suspendue. Institué

1390 Décision sur Madagascar, Assembly/AU/Dec. 6 (II), 2e session ordinaire de la Conférence, Maputo (Mozambique), 10-12 juillet 2003, § 1 et 2,

1391 Central Organ/MEC/MIN/Comm. (VII), 7e session ordinaire, Addis-Abeba, 15 janvier 2003, § 1.

1392 Rapport sur la médiation de la crise malgache du 9 juin 2002, § 4.1, 1.2, 1.3 ; consulté sur : http://hrlibrary.umn.edu/africa/Fmalgachereport.html, visité le 1er août 2018.

1393 cf. Doc/UA, Rév. 1 PSC/PR/Comm(LXXXVII), 87e réunion du CPS, Addis-Abeba, 13 août 2007, p. 1 ; DOC/UA, PSC/PR/Comm.(XCV), 95e réunion du CPS, Addis-Abeba, 10 octobre 2007, § 5, pp.1-2. Voir aussi Faustin TABALA KITENE, *op. cit.*, p. 248.

officiellement le 24 mai 2004, le CPS n'a pu malheureusement se saisir de ce cas. Ce fut donc à l'organe central du Mécanisme de Prévention, de Gestion et de Règlement des Conflits à qui est revenue la tâche de régler cette situation.

600. En effet, le 17 mars 2003, celui-ci se réunit pour sa 90e session ordinaire au niveau des ambassadeurs à Addis-Abeba, sous la présidence de l'ambassadeur Baso SANGQU, représentant permanent de l'Afrique du Sud auprès de l'Union[1394]. Après s'être informé de l'évolution de la situation en RCA, à l'issue des délibérations, l'organe central condamna « *fermement le coup d'État survenu à Bangui, en RCA, le samedi 15 mars 2003. À cet égard* [il confirmera] *le rejet total et la condamnation sans équivoque par l'Union africaine de tout changement anticonstitutionnel de gouvernement, conforment aux décisions et déclarations adoptées par les sommets d'Alger (juillet 1999) et de Lomé (juillet 2000) et aux dispositions pertinentes de l'Acte constitutif de l'Union africaine* »[1395]. L'UA déplora ce coup d'État tandis qu'un dialogue national facilité par le CEN-SAD et la CEMAC était en cours [1396] . L'UA appela les auteurs du coup d'État à réinstaller le gouvernement démocratiquement élu tout en recommandant « *dans l'intervalle et conformément à la lettre et à l'esprit de la déclaration de Lomé, la suspension de la participation de la RCA aux activités des organes de décision de l'UA, jusqu'à la restauration de l'ordre constitutionnel dans le pays* »[1397]. Dans ce même document, l'UA tenta également de mettre la pression sur les auteurs du coup d'État en prévenant qu'ils seront individuellement et collectivement tenus pour responsables de toutes les violations des droits de l'homme dans le pays. Enfin, l'organe central demanda au président de la Commission d'entrer en contact avec toutes les parties dans ce conflit afin qu'une solution rapide à cette crise puisse être trouvée.

601. Néanmoins, malgré les appels incessants de l'UA pour un retour à l'ordre constitutionnel, rien ne se passa comme a pu le souligner Muna NDULO en indiquant que « *l'UA n'avait pas pu agir avec plus de force et d'efficacité contre les auteurs du coup de force de 2003 ; les appels réitérés de l'Organe central au retour à l'ordre constitutionnel et à la restauration du gouvernement élu démocratiquement avaient été ignorés et aucune sanction ou conséquence n'avait été prise depuis* »[1398]. Et l'auteur d'ajouter que « *pire encore l'UA n'avait même pas réussi à suspendre la République*

[1394]Cf DOC.UA, Central Organ/MEC/AMB/Comm.(XC), Addis-Abeba (Éthiopie), 17 mars 2003.
[1395]*Ibidem*
[1396]Muna NDOLO ; « L'interdiction des changements anticonstitutionnels de gouvernement », *op.cit.*, p. 228.
[1397] Cf DOC.UA, Central Organ/MEC/AMB/Comm.(XC), préc., § 4.
[1398]Muna NDOLO, *op. cit.*, p. 228.

centrafricaine de ses instances au mépris de la Déclaration de Lomé »[1399]. Sans doute dépassée par cette situation, l'UA accepta un compromis politique entre le général BOZIZE et les partis politiques de RCA sur la mise en place d'un gouvernement de transition dirigé par celui-ci[1400]. Ce compromis prévoyait la tenue d'élections supervisées par une Commission électorale mixte indépendante (CEMI) composée de trente et un membres, accompagnée d'un engagement du général, fait à Libreville (Gabon) en avril 2003, de ne pas prendre part à l'élection présidentielle qui sera organisée[1401].

602. Cette position était contenue dans le rapport du président de la Commission sur la mise en place d'une Architecture continentale de paix et de sécurité et sur l'état des processus de paix en Afrique de 2004[1402] qui souligna qu'il était « (...) *urgent que l'UA marque son attachement à un véritable retour de l'ordre constitutionnel, à travers l'organisation d'élections libres et transparentes* »[1403]. Le rapport ajouta qu'« *il importe d'assurer une plus grande cohérence dans l'action entre l'UA et les groupements régionaux concernés. Une telle cohérence, qui doit être basée sur le respect scrupuleux de la Déclaration de Lomé sur les changements anticonstitutionnels de gouvernement, faciliterait grandement le retour à une stabilité durable en RCA. Il convient, à cet égard, de rappeler l'engagement pris par le Général BOZIZE, à Libreville, en avril 2003, de ne pas prendre part à l'élection présidentielle qui sera organisée à l'issue de la transition* »[1404]. Malgré ces précautions, une nouvelle Constitution fut adoptée par référendum en décembre 2004. Puis, en mars 2005, les élections organisées verront la victoire de François BOZIZE malgré sa promesse de ne pas participer à celles-ci. Ainsi, à la rigueur exprimée par les leaders du continent dans la condamnation des changements anticonstitutionnels de gouvernement qui ont eu lieu à Madagascar, ou encore à Sao Tomé et Principe et aux Comores, ont succédé dans cette crise des hésitations et une passivité de l'UA dans l'imposition de sanctions. Une attitude que l'on retrouvera lors du « printemps arabe ».

3- Le « printemps arabe »

[1399] *Ibidem*

[1400] Voir les développements de Djacoba Liva TEHINDRAZANARIVELO, « Les sanctions contre les changements anticonstitutionnels de gouvernements ... », *op. cit.*, p. 288.

[1401] *Ibidem*

[1402] Rapport du président de la Commission sur la mise en place d'une Architecture continentale de paix et de sécurité et sur l'état des processus de paix en Afrique, PSC/AHG/3(IX), 25 mai 2004, p. 10, § 38.

[1403] *Ibidem*

[1404] *Ibid.*

603. Les événements qui ont eu lieu dans plusieurs pays du Maghreb, que l'on qualifie communément de « *printemps arabe* »[1405], ont une fois de plus mis à l'épreuve l'organisation continentale. En effet, le mois de février 2011 a marqué un tournant sur le continent africain. Les pays du Nord de l'Afrique ont connu plusieurs manifestations et soulèvements populaires exprimant un mécontentement des habitants modestes de ces pays qui ne supportaient plus les injustices et les inégalités sociales dont elles étaient victimes. Face à de telles situations, l'UA devait prendre position au risque, par son silence, que ces nouvelles aspirations soient discréditées. Pourtant, l'Acte constitutif n'avait pas prévu de telles situations.

604. En Tunisie, les événements commencèrent le 17 décembre 2010, lorsqu'un jeune vendeur ambulant, Mohamed BOUAZIZI, s'immola à Sidi Bouzid (Tunisie) en contestation de la saisie par la police de sa marchandise. C'est à partir de ce moment que débuta la vague de contestations qui conduira, le 11 janvier 2011, au départ du président BEN ALI au pouvoir depuis

---

[1405] Cette expression est utilisée pour parler des différents soulèvements qui ont eu lieu dans trois pays du Nord de l'Afrique ; à savoir la Tunisie le 17 décembre 2010, l'Égypte le 25 janvier 2011 et la Libye le 15 février 2011. Sur la situation en Tunisie, voir : Doc. PSC/PR/COMM.2(CCLVII), adopté lors de la 257e réunion du CPS, le 15 janvier 2011, à Addis-Abeba (Éthiopie) ; Doc. PSC/PR/BR.2(CCLXVIII), adopté lors de la 268e réunion du CPS, le 23 mars 2011, à Addis-Abeba (Éthiopie). Sur la situation en Égypte, voir : Doc. PSC/PR/COMM.(CCLX), adopté lors de la 260e réunion du CPS, le 16 février 2011, à Addis-Abeba (Éthiopie). Sur la situation en Libye, voir : Doc. PSC/PR/COMM.(CCLXI), adopté lors de la 261e réunion du CPS, le 23 février 2011, à Addis-Abeba (Éthiopie), § 2, p. 2 ; Doc. PSC/PR/COMM.2(CCLXV), adopté lors de la 265e réunion du CPS, le 10 mars 2011, à Addis-Abeba (Éthiopie), § 5, p. 1 ; Communiqué de la 268e, réunion du Conseil de paix et de sécurité tenue à Addis-Abeba (Éthiopie), le 23 mars 2011 ; Doc. PSC/PR/BR.1(CCLXVIII), § 2, p. 1. Le Comité *ad hoc* de haut niveau de l'UA sur la Libye a été créé à l'occasion de la 265e réunion du Conseil de paix et de sécurité tenue le 10 mars 2011 et réaffirmé par la session extraordinaire de la Conférence de l'UA le 25 mai 2011. Le Comité *ad hoc* était composé des chefs d'État de cinq pays membres de l'UA, à savoir : République islamique de Mauritanie, République du Congo, République du Mali, République d'Afrique du Sud et République d'Ouganda. Les membres de ce Comité ont effectué une visite à Tripoli et à Benghazi respectivement les 10 et le 11 avril 2011. Le gouvernement libyen et Mouammar Kadhafi ont accepté la feuille de route de l'UA et le cessez-le-feu ainsi que le déploiement d'un mécanisme de surveillance efficace et crédible. A cette occasion, le Comité *ad hoc* a eu des discussions approfondies avec le président et des membres du Conseil national de transition à Benghazi le 11 avril 2011, puis avec une délégation du Conseil national de transition à Addis-Abeba (Éthiopie) le 25 avril 2011. La Commission de l'UA a eu également des entretiens réguliers avec les dirigeants du Conseil national de transition. Voir Rapport du président de la Commission sur les activités du Comité *ad hoc* de haut niveau de l'UA sur la situation en Libye lors de la 275e réunion du Conseil de paix et de sécurité tenue à Addis-Abeba (Éthiopie), le 26 avril 2011, Doc. PSC/PR/2(CCLXXV), § 16, p. 4 ; Communiqué de la 275e réunion du Conseil de paix et de sécurité tenue à Addis-Abeba (Éthiopie), le 26 avril 2011, Doc. PSC/MIN/COMM.(CCLXXV), § 6, p. 1 ; Décision de la 17e session ordinaire de la Conférence, à Malabo (Guinée équatoriale), du 30 juin au 1er juillet 2011, Doc. Assembly/AU/Dec.385(XVII), § 3, p. 1 ; Communiqué de la 291e réunion du Conseil de paix et de sécurité tenue à Addis Abeba (Éthiopie), le 26 août 2011, Doc. PSC/AHG/COMM. (CCXCI), § 2, p. 1.

1987[1406]. En Égypte, le 25 janvier 2011 commença la première d'une série de manifestations sur la Place Tahrir au Caire qui aboutira, le 11 février 2011, au départ du président Hosni MOUBARAK au pouvoir depuis 1981[1407]. En Libye, la situation dérapa en véritable guerre civile. Le 15 février 2011 débutèrent des émeutes dans la ville de Benghazi. La crise se soldera plus tard par le décès du président Mouammar KADHAFI. Ces événements, qui auraient pu au départ s'apparenter à de simples grèves comme c'est le cas dans la plupart des pays, ont pris une tournure inattendue. De simples revendications sociales, elles se sont transformées en revendications politiques demandant le départ des présidents en place et l'installation de nouveaux gouvernements. Ces situations, qualifiées par certains auteurs de « révolution arabe »[1408], ont mis à mal l'effectivité des textes de l'organisation continentale africaine. L'intérêt de la réflexion qui suivra est de comprendre le prisme à travers lequel l'UA s'est saisie de ces situations. Sans négliger l'intérêt doctrinal de ces événements[1409], l'on se focalisera uniquement sur les appréciations concrètes qu'en a fait l'organisation continentale.

605. De prime abord, les articles 30 de l'Acte constitutif de l'organisation panafricaine, 37 du règlement intérieur de la Conférence des chefs d'État et de gouvernement, mais aussi 23 de la Charte africaine n'ont pas prévu le cas de figure de soulèvements populaires entraînant le départ des dirigeants. Dans les cas tunisiens, égyptiens, libyens, il ne s'agissait pas d'une période électorale et les présidents n'avaient pas été déclarés incapables de gouverner leur pays respectif. Enfin, aucune vacance du pouvoir n'avait été constatée. Cependant, en Tunisie comme en Égypte, les présidents ont été contraints de laisser le pouvoir. En Libye, la situation a basculé dans une guerre civile. Face à de telles situations, quelle a été la position de l'UA ? Certes, il n'est pas évident de répondre avec précision à cette interrogation, néanmoins l'on tentera tout de même d'esquisser quelques éléments d'analyse qui nous éclairerons davantage.

606. Un premier constat est que, selon les textes de l'organisation, il était difficile pour celle-ci de se saisir de telles situations. Pourtant, en tant qu'organisation continentale, elle se devait de les qualifier et, peut-être, de

---

1406 Voir le résumé de ces événements sur le site : https://www.scienceshumaines.com/printemps-arabe-la-chronologie-pays-par-pays_fr_27710.html, consulté le 29 octobre 2017.

1407 *Ibidem.*

1408 Il s'agit du titre de l'article de Nidhal MEKKI, « Les révolutions arabes et le droit international », *in* Rafâa BEN ACHOUR (dir.), *Les changements anticonstitutionnels de gouvernement : approches de droit constitutionnel et de droit international,* Colloque international des 4 et 5 avril 2013 à Tunis, PUAM, 2014, pp. 149-153.

1409 Voir aussi Rahim KHERAD, « Réflexions sur le changement anticonstitutionnel de gouvernement : cas libyen », *in* Rafâa BEN ACHOUR (dir.), *ibidem*, pp. 155-164.

prendre des sanctions. En effet, on l'a vu, l'acte de sanction est un acte de caractère discrétionnaire, en ce sens il revenait aux organes compétents d'apprécier la situation et de décider si oui ou non il convenait de déclencher des sanctions. Précisément, dans cette affaire, ils devaient prendre position entre deux principes cardinaux de l'Acte constitutif ; à savoir, d'une part, la promotion de la démocratie, de l'État de droit et du respect des droits de l'homme et de l'autre, la protection des gouvernements légitimes.

607. L'adoption de deux Chartes - l'une pour la protection et la promotion des droits de l'homme et l'autre pour la démocratie, les élections et la gouvernance - témoigne effectivement de l'intérêt de l'organisation qui, « [continue] *de mettre en œuvre des programmes et activités visant à promouvoir des principes et pratiques démocratiques et à consolider la culture démocratique en Afrique, en ayant à l'esprit que la démocratie est un système fondé sur la liberté, le libre choix, l'esprit d'initiative, l'absence de la peur et l'amélioration de la situation économique, sociale et culturelle des peuples africains…* »[1410].

608. Ainsi, d'un côté l'article 4, m de l'Acte constitutif consacre le « *respect des principes démocratiques, des droits de l'homme, de l'état de droit et de la bonne gouvernance* » comme un droit essentiel dans les pays du continent et, d'un autre, l'article 4, h de l'Acte constitutif prévoit le droit de l'Union d'intervenir en cas de « […] *une menace grave contre l'ordre légitime afin de restaurer la paix et la stabilité dans l'État membre de l'Union sur recommandation du Conseil de Paix et de Sécurité* »[1411]. De ces deux droits, lequel privilégier : la protection des droits de l'homme ou celle de l'ordre légitime ? Pour les crises tunisiennes et égyptiennes, l'organisation a fait le choix de favoriser la première en considérant qu'au regard de la situation dans ces deux pays, l'ordre légitime n'était pas menacé. Si cela était le cas, la responsabilité reposait sur les présidents en place et non les peuples tunisien ou égyptien parce que finalement, ce sont eux les véritables détenteurs du pouvoir. En effet, dans les cas soulevés, les organes de déclenchement des sanctions ont estimé que les « peuples » tunisiens et égyptiens étaient les titulaires légitimes de la « souveraineté ». S'ils décidaient de retirer le pouvoir qu'ils avaient confié à leurs représentants, cela ne devrait pas poser de problème même si les conditions légales prévues à cet effet n'étaient pas respectées. Ces situations ne correspondaient donc pas à des cas de changements anticonstitutionnels de gouvernement prévus par les textes de l'UA. Par conséquent, le silence de l'Union dans la condamnation de ces faits se justifiait. De plus ces deux présidents ont démissionné. Or, dans la mesure

---

[1410]Charte africaine des élections, la démocratie, et la gouvernance en Afrique section VI, § 6 (1).

[1411]Article 4 (h) du protocole sur les amendements à l'Acte constitutif de l'Union africaine.

où la démission est un acte légal au regard de la constitution respective de ces pays[1412], l'UA n'avait pas à émettre des sanctions. L'on considère donc, avec Rafaa Ben ACHOUR, « *qu'il* [n'était] *pas convenable de qualifier les changements de gouvernement intervenus suite à une révolution populaire d'anticonstitutionnels. Du point de vue du droit constitutionnel il s'agit d'une intervention du peuple souverain détenteur du pouvoir constituant originaire exerçant son droit naturel et imprescriptible de résistance à l'oppression ou à l'insurrection et son droit à changer de constitution...* »[1413]. Face à ses situations, le CPS est resté vague et a reconnu le caractère exceptionnel de la situation égyptienne[1414]. Il s'est alors « *réservé le droit à la lumière de l'évolution du processus de transition et sur la base des instruments pertinents de l'UA, de prendre toute mesure qu'appellerait la situation, dans le respect des aspirations légitimes du peuple égyptien à la démocratie...* »[1415]. Ainsi, l'Égypte ne fut pas suspendue de participer aux activités de l'organisation continentale. La Tunisie ne sera pas non plus exclue de l'exercice des activités de l'organisation.

609. S'agissant de la Libye, les choses prendront une tournure différente. La révolte populaire a dégénéré et l'UA a été confrontée à un double enjeu : politique et juridique. On s'intéressera particulièrement au second enjeu, mais on ne peut réaliser une analyse juridique du cas libyen sans évoquer de manière liminaire son cadre politique. Rappelons que Muhammar KHADAFI, « Guide de la révolution libyenne », est l'un des artisans majeurs de la création de l'Union africaine. Dans son esprit, il s'agissait de mettre en place des « États unis d'Afrique ». C'est pourquoi, au moment du déclenchement de la

---

[1412]L'article 84 de la Constitution tunisienne prévoit qu' « (...) *en cas de présentation par le Président de la République de sa démission écrite au Président de la Cour constitutionnelle (...), la Cour constitutionnelle se réunit sans délai, constate la vacance définitive et en informe le Président de l'Assemblée des représentants du peuple qui sans délai investi des fonctions de Président de la République par intérim, pour une période de quarante – cinq jours au moins et de quatre-vingt-dix jours au plus* ». Disponible sur : http://www.legislation.tn/sites/default/files/news/constitution-b-a-t.pdf, consulté le 02 novembre 2017. L'article 83 de la Constitution égyptienne de 1971 prévoit qu'« *en cas de démission du président de la République, il adressera sa lettre de démission à l'Assemblée du Peuple* » ; disponible sur : http://mjp.univperp.fr/constit/eg1971i.htm. Et l'article 158 de la Constitution de 2014 prévoit que « *Le Président de la République peut présenter sa démission à la Chambre des représentants. Si la Chambre est dissoute, il la soumet à l'Assemblée générale de la Haute cour constitutionnelle* » ; disponible sur : http://www.etudesgeopolitiques.com/sites/default/files/pdf/Texte_de_la_Constitution_2014.pdf, consulté le 02 novembre 2017.

[1413] Rafaa BEN ACHOUR, « Changements anticonstitutionnels de gouvernement et droit international », *op. cit.*, p. 417.

[1414]Cf. § 5 du Communiqué de CPS, PSC/PR/COMM.(CCLX), 260e réunion du CPS, 16 février 2011.

[1415]*Ibidem*

crise libyenne, il était particulièrement intéressant d'analyser comment les autres chefs d'État allaient se comporter face à cette situation. Se sont-ils rangés du côté de Mouammar KADHAFI ou du peuple libyen ? À cet égard, plusieurs hypothèses peuvent être envisagées.

610. Dans un premier cas de figure, on considère qu'il y a eu violation des droits de l'homme[1416]. La communauté internationale dans son ensemble n'a alors pu rester insensible à cette situation. Elle a réagi en adoptant la résolution 1973[1417] du Conseil de sécurité des Nations Unies demandant à une coalition d'États d'intervenir afin de protéger les populations. L'UA s'est alignée sur la position de la communauté internationale en condamnant les violations faites aux populations civiles sans pour autant envisager une intervention comme le sollicitait la résolution précitée. Ainsi, le communiqué du CPS du 23 février 2011 s'insurge contre « *l'utilisation indiscriminée de la force et des armes contre les manifestants pacifiques, en violations des droits de l'homme et du droit international humanitaire, causant les pertes importantes en vies humaines et la destruction de biens* »[1418]. L'UA aurait même pu, en se basant sur son Acte constitutif qui fait de la protection des droits de l'homme, de la bonne gouvernance et la démocratie[1419] des principes majeurs, qualifier la répression des autorités libyennes sur sa population de crimes contre l'humanité justifiant ainsi l'exercice de son droit d'intervention. C'est ce que prévoit effectivement l'article 4 (h) de l'Acte constitutif qui donne « *le droit à l'Union d'intervenir dans un État membre sur décision de la Conférence, dans certaines circonstances graves, à savoir : les crimes de guerre, le génocide et les crimes contre l'humanité* »[1420]. Si elle avait choisi cette option, l'organisation aurait réagi en conformité avec ses textes et le régime libyen aurait pu être sanctionné. Si l'Union se reconnaît un droit d'intervention avec ou sans le consentement de l'État concerné dans certaines circonstances graves, c'est qu'elle constate une défaillance de celui-ci ; en l'espèce de son obligation de protéger sa propre population. Il y avait bien violation des textes de l'organisation de Durban et, de ce fait, la participation de la Libye aux activités de l'Union aurait dû être suspendue.

[1416]Cf. La déclaration à la presse du Conseil de sécurité : « *Les membres du Conseil de sécurité ont condamné la violence et l'usage de la force contre les civils* (...) *regrettés vivement la répression exercée à l'encontre de manifestants pacifiques*(...) *exhorté le gouvernement libyen à s'acquitter de la responsabilité qui lui incombe de protéger le peuple libyen, appelé à la cessation immédiate de la violence et demandé que des mesures soient prises pour tenir compte des exigences légitimes de la population* » (SC/10180 , Déclaration à la presse du Conseil de sécurité, 22 février 2011).

[1417] CS, résolution, S/RES/1973, CS/200, 17 mars 2011.

[1418]Doc UA, PSC/PR/COMM(CCLXI), Communiqué de la 261e réunion du CPS, Addis-Abeba (Éthiopie), 23 février 2011.

[1419]Article 3 (g), (h) de l'Acte constitutif de l'UA.

[1420]Article 4 (h) de l'Acte constitutif de l'UA.

611. La seconde hypothèse est, comme on l'a déjà signifié, celle d'un changement anticonstitutionnel de gouvernement. L'article 37 (c) du règlement intérieur de la Conférence définit un changement anticonstitutionnel de gouvernement comme « *le remplacement d'un gouvernement démocratiquement élu par des groupes armés dissidents et des mouvements rebelles* ». Par ailleurs, l'article 23, paragraphe 3, de la Charte africaine des élections, la démocratie et la gouvernance entend par changement anticonstitutionnel de gouvernement « (...) *toute intervention des groupes dissidents armés ou mouvements rebelles pour renverser un gouvernement démocratiquement élu* »[1421]. Il ne s'agit pas ici de qualifier le régime du colonel KADHAFI mais notons que si son gouvernement était reconnu par l'instance continentale c'est qu'il remplissait *a priori* les conditions démocratiques exigées par elle ; tandis que le Conseil national de transition (CNT) n'a pas été apparenté à un conseil national de transition ni à un gouvernement provisoire, et encore moins reconnu par les instances régionales. Par exemple, pour les autorités allemandes de l'époque, il ne s'agissait que d'un « conseil de rebelles »[1422]. De plus, on constate dans le cas libyen qu'il y a eu une utilisation de la force armée dans les deux camps ; à la fois par le régime du président Mouammar KADHAFI pour protéger l'intégrité de son territoire et par les rebelles. Finalement, avec l'aide d'organisations extérieures, en l'occurrence l'OTAN, le colonel a été chassé du pouvoir. Quelle a été alors la réaction de l'UA ?

612. Au regard des textes de l'organisation continentale, cette situation pouvait correspondre à un cas de changement anticonstitutionnel de gouvernement : un nouveau gouvernement s'est mis en place, mais il y avait une interrogation sur le fait de savoir si ce gouvernement auto-proclamé pouvait être considéré, au regard des textes de l'Union, comme celui qui dorénavant allait représenter la Libye. Sur cette question, l'institution panafricaine est apparue divisée. D'une part, elle prônait un règlement pacifique du différend et n'était pas d'accord avec les frappes de l'OTAN, comme a pu le souligner à l'époque Jean PING, président de la Commission de l'UA, lorsqu'il déclara que la résolution 1973 « [était] *pratiquement violée dans l'esprit et la lettre* »[1423]. D'autre part, elle ne condamna pas le nouveau

---

[1421]Cf. Article 23 al 3 de la Charte africaine des élections, de la démocratie et de la gouvernance.
[1422]Voir Fatma RAACH « Crise libyenne, le développement de la situation en marge de la répression des manifestations pacifiques », *Sentinelle*, n° 258, bulletin du 13 mars 2011 ; disponible sur : http://sentinelle-droit-international.fr/bulletins/a2011/20110313_bull_258/sentinelle_258.htm#10430. Voir aussi les développements de Rahim KHERAD, « Réflexions sur le changement anticonstitutionnel de gouvernement : cas libyen », in Rafâa BEN ACHOUR (dir.), *Les changements anticonstitutionnels de gouvernement : approches de droit constitutionnel et de droit international*, *op.cit.*, pp. 155-164.
[1423] Déclaration de Jean PING ancien président de la Commission de l'UA ; cité par Rahim KHERAD, *ibidem*, p. 162.

gouvernement en place. Certains pays du continent l'avaient reconnu (CNT) mais l'Union elle-même était encore hésitante[1424] : le reconnaître l'aurait mise en défaut avec ses propres textes. L'organisation de Durban souffrait déjà d'un manque de crédibilité au regard de ses décisions et admettre alors un gouvernement non élu démocratique aurait jeté encore plus le discrédit sur toutes ses sanctions à venir sur des questions similaires.

613. Dès le début de la crise libyenne, les hésitations de l'organisation continentale ont eu un impact négatif sur l'efficacité de ses propositions dans la résolution de ce conflit. Dès les premières utilisations de la force armée sur les populations, elle aurait dû réagir et adopter une ligne claire. Une telle réaction aurait sans doute réduit les divisions qui sont apparues au niveau des États membres. En effet, pendant que le président sénégalais et d'autres gouvernants reconnaissaient le CNT, le président sud-africain, lui, dénonçait l'intervention occidentale[1425]. Apparaissant impuissante devant cette situation, le 20 octobre 2011, l'Union africaine reconnut finalement le CNT comme autorité de fait de la Libye[1426]. Or, quand on sait qu'en droit international, pour la grande majorité de la doctrine, le gouvernement de fait sous-tend l'idée d'une force contraire à l'idée de droit[1427], cette position peut paraître contestable. Un gouvernement de fait est, en effet, « *celui qui s'est constitué illégalement, mais qui existe en fait et exerce ses pouvoirs comme organe suprême de l'État* »[1428]. Cette définition s'oppose à celle de gouvernement *de jure*, c'est-à-dire qui est constitué en conformité avec les dispositions constitutionnelles. Pour le professeur HENRY, la distinction entre gouvernement de fait ou *de facto* et gouvernement *de jure* « *éveille immédiatement à l'esprit une idée de légitimité ou de régularité constitutionnelle. Le gouvernement de fait est celui dont le pouvoir est entaché d'irrégularité, le gouvernement de droit celui dont la régularité n'est pas discutée* »[1429].

614. Cependant, cette expression a fait l'objet de diverses interprétations. Elle s'utilise parfois pour désigner un gouvernement réel par opposition à un gouvernement fictif[1430]. On l'utilise également pour désigner un gouvernement non reconnu. Elle désigne alors le gouvernement qui s'est

---

[1424]Cas du Sénégal alors présidé par le président Abdoulaye WADE.

[1425] Informations disponibles sur : https://www.pambazuka.org/fr/governance/lafrique-et-la-reconnaissance-du-cnt-libyen

[1426] Doc UA, PSC/PR/COMM/2. (CCXCVII), Communiqué du CPS, 297e réunion, Addis-Abeba, 20 octobre 2011.

[1427]*Ibidem*, p. 1.

[1428]Jesus Maria YEPES, « Les problèmes fondamentaux du droit des gens en Amérique », *RCADI*, vol. 47, 1934, p. 39.

[1429]Noel HENRY, *Les gouvernements de fait devant le juge*, Paris, Librairie R. GUILLON, 1927, p.1.

[1430]*Ibidem*

emparé effectivement du pouvoir étatique en violation de la légalité constitutionnelle. Ce sont donc « *des gouvernements "rebelles", "illégaux", "révolutionnaires". Toutes épithètes qui semblent exclusivement viser l'illégalité constitutionnelle interne de l'autorité gouvernementale. La reconnaissance de gouvernement aurait pour objet ces gouvernements inconstitutionnels* »[1431]. Ainsi, pour une partie de la doctrine, le gouvernement de fait renvoie directement à un gouvernement illégal. En ce sens, le professeur Charles ROUSSEAU lui donne les caractéristiques suivantes : « *l'irrégularité de l'investiture, l'effectivité du pouvoir et l'exclusivité des nouveaux gouvernants à soulever de nombreux débats* »[1432].

615. D'après la doctrine, la reconnaissance par l'UA du CNT en tant qu'autorité de fait correspondrait à la reconnaissance d'un gouvernement illégal, même si, d'après la Commission de droit international, « *un État dont le gouvernement a été créé dans la pleine observance des formes constitutionnellement prévues et un État dont le gouvernement est issu d'un changement révolutionnaire se trouvent confrontés avec la responsabilité internationale exactement dans les mêmes conditions et aux mêmes titres* »[1433]. Ces situations nées du printemps arabe, et principalement la crise en Libye, ont donc été très difficiles à gérer pour l'organisation continentale. Il est clair que dans le cas libyen, les considérations politiques ont pris le dessus sur des éléments de droit. Pourquoi, dans ce cas de figure, les actions perpétrées par le gouvernement libyen ont-elles été mises en avant et non celles commises par les forces opposées ? La qualification de populations civiles ne pouvait être reconnue aux forces qui se sont rebellées en utilisant des armes contre le gouvernement libyen. Que l'on ne soit pas d'accord avec le régime mis en place en Libye par le colonel KADHAFI, cela est une chose ; toutefois, on pense que la crise libyenne, au regard des textes de l'organisation, pouvait être qualifiée de changement anticonstitutionnel de gouvernement. Mais, sans doute, dans son appréciation de la situation, le CPS avait pris en compte d'autres paramètres pour imputer la responsabilité de cette situation uniquement au gouvernement libyen légitime avant la reconnaissance du CNT.

616. Bien que l'on ne soit pas d'accord avec la qualification retenue par l'organisation continentale, il convient toutefois de reconnaître qu'en tant qu'organes de déclenchement des sanctions, le CPS comme la Conférence

---

[1431] *Ibid.*, p. 84.

[1432] Charles ROUSSEAU, « Théorie générale de la reconnaissance », *in Droit international public*, t. 3, Chapitre II, Paris Dalloz, 1977, pp. 528-529.

[1433] *Annuaire de la Commission du droit international* (1971), vol. II, partie I, p. 262. Voir également Jean-Denis. MOUTON, « L'État selon le droit international : diversité et unité », *in L'État souverain à l'aube du XXIe siècle*, Colloque de la SFDI à Nancy, 3, 4 et 5 juin 1993, Paris, Pedone, 1994, p. 94, note 64.

disposent effectivement d'un pouvoir discrétionnaire pour qualifier les situations de changement anticonstitutionnel de gouvernement. De ce point de vue, aucune illégalité procédurale n'a pu être relevée. Pourtant, l'on doit tout de même convenir que ces situations sont la preuve que la pratique, notamment du CPS, en matière de déclenchement des sanctions n'est pas encore suffisamment étoffée pour permettre que l'UA prenne toute la mesure des fonctions qui lui sont dévolues en tant que garante de la paix et de la sécurité sur le continent. Qualifier la situation en Libye de changement anticonstitutionnel de gouvernement aurait contraint l'organisation continentale à adopter des mesures à l'encontre des nouvelles forces au pouvoir. Le risque aurait alors été de fractionner l'action de ses membres et de ses organes, mais aussi celle du Conseil de sécurité de l'ONU qui avait déjà qualifié la situation dans ce pays de menace à la paix et la sécurité internationale au regard des multiples violations des droits de l'homme qui y avaient été perpétrées. Cet organe n'a pas eu le courage de le faire, pourtant nombreuses ont été les critiques sur les modalités d'adoption de la résolution 1973[1434].

617. Comme le relève, à juste titre, un auteur, ces différentes situations « *ont montré les limites du rejet des changements anticonstitutionnels de gouvernements* »[1435], car « (...) *le constitutionnalisme sur lequel l'Union africaine s'est basée dans la promotion de la démocratie ne fournit plus une réponse adéquate aux soulèvements populaires* (...) *qui avaient pour slogans, la liberté, la dignité et la démocratie* »[1436]. Par ailleurs, il ajoute que ces situations échappent aux principes de la démocratie constitutionnelle sur lesquels s'étaient jusque-là appuyées l'UA et les autres OI en matière de changement anticonstitutionnel de gouvernement[1437]. À l'appui de cette affirmation, Rafaa Ben ACHOUR ajoute que le dispositif textuel de l'UA s'est retrouvé limité pour répondre positivement aux « printemps arabes ». Pour lui, « (...) *la question de savoir si les révolutions arabes peuvent être qualifiées de changements anticonstitutionnels de gouvernements outrepasse le champ matériel d'application de l'article 23 la Charte (CDDG). Par ailleurs, la réponse négative équivaut à une méconnaissance des voies constitutionnelles de changements de gouvernements conformément aux principes démocratiques, en l'occurrence la consultation électorale comme mode par*

1434 Voir : Rahim KHERAD, « Réflexions sur le changement anticonstitutionnel de gouvernement : cas libyen », *op. cit.*, p. 162 et s. ; Carlo SANTULLI, « la Libye : l'heure d'un bilan critique», disponible sur : www .affaires-stratégiques.info/spip.php?article5441.

1435 Propos d'ouverture de Hardy OSTRY, représentant résident de la fondation Konrad-Adenauer à Tunis lors au Colloque international organisé les 4 et5 avril 2013 à Tunis.

1436 *Ibidem*

1437 *Ibid.*

excellence de la participation populaire »[1438]. Il poursuit en constatant le rôle limité de « (...) *l'UA en insistant sur le caractère anticonstitutionnel de changements survenus suite à des mouvements révolutionnaires tels ceux intervenus en Tunisie et en Égypte respectivement janvier et février 2011. Ces deux événements majeurs ont mis en évidence les limites de l'architecture de l'UA en vue de promouvoir la démocratie* »[1439].

618. On émet toutefois une réserve à cette position en tenant compte de la forme choisie par le peuple de ces différents pays pour se révolter. Si le peuple est le véritable détenteur du pouvoir souverain, il existe néanmoins un cadre juridique adapté dans le cadre duquel celui-ci doit exprimer sa souveraineté ; encore faut-il que le droit souverain du peuple soit effectivement mis en œuvre. Dans tous les cas, il est indispensable que le peuple s'exprime dans le respect du cadre juridique pour éviter des situations comme celle de la crise en Libye où les soulèvements populaires ont dégénéré. Il est vrai que dans ces situations, l'UA se retrouva dans une mauvaise posture ; elle n'avait pas beaucoup de choix. Il aurait été mal vu qu'elle prenne des sanctions alors que sur la scène internationale ces événements avaient généralement été accueillis avec beaucoup d'enthousiasme.

619. Quelques années plus tard, le CPS reconnaîtra ainsi que « *les soulèvements populaires qui sont intervenus en Afrique du Nord en 2010-2011* [représentaient] *la volonté librement exprimée des peuples des pays concernés.* [Par ailleurs,] *ils ont relevé les faiblesses et les lacunes du cadre normatif actuel de l'UA, qui ont affecté la réponse de l'Union à ces soulèvements. À cet égard, ils ont reconnu l'existence d'une lacune sur comment traiter les révoltes populaires dans le contexte des instruments actuels de l'UA sur les changements anticonstitutionnels de gouvernements. Ils ont noté que la flexibilité et l'incohérence observées dans l'interprétation et l'application des instruments ont créé un problème de crédibilité pour l'UA* »[1440]. À la suite de ces événements, l'organisation créa un sous-comité chargé de procéder à un examen approfondi du dispositif normatif existant, afin d'élaborer un cadre consolidé apportant de meilleures réponses aux changements anticonstitutionnels de gouvernement et aux soulèvements

[1438]Sofie Baker DJOUMESSI KENFACK, « La Charte africaine de la démocratie, des élections et de la gouvernance à l'épreuve des révolutions arabes : l'UA face au dilemme de la démocratie et du constitutionnalisme », disponible sur : http://www.slideserve.fr/l-ua-face-au-dilemme-de-la-d-mocratie-et-du-constitutionalisme, consulté le 31/07/2016.

[1439]Rafâa BEN ACHOUR, *op. cit.*, p. 17. Voir aussi Cathryn STURMAN, « Unconstitutional changes of government: The Democrat's Dilemma in Africa », *SAIIA policy briefing*, n° 30, mars 2011, p. 2 ; cité par Rafâa BEN ACHOUR, *ibidem*

[1440]Doc UA, PSC/PR/BR.(CDXXXII), 432e réunion du CPS, Addis-Abeba (Éthiopie), 22 avril 2014.

populaires[1441]. Les situations ici étudiées ont, en effet, mis en évidence l'incohérence des décisions de l'UA en matière de coups d'État et autres changements anticonstitutionnels de gouvernement.

B- L'incohérence des décisions

620. Une fois exposée la disparité des réactions de l'UA en matière de changements anticonstitutionnels de gouvernement, il semble intéressant d'en déterminer les raisons et de comprendre l'incohérence des décisions qui en résulte. La sanction, une fois déclenchée, ne peut durer indéfiniment. Si le choix de sanctionner est dicté par le comportement inapproprié d'un État appartenant à l'organisation africaine, il semble évident que la sanction doit prendre fin dès que ledit comportement a cessé. Or, cette affirmation semble difficile à confirmer dans le cadre de l'UA caractérisée par une incohérence décisionnelle due à plusieurs facteurs, parmi lesquels l'impermanence de la notion de changement anticonstitutionnel de gouvernement (1), l'altération de l'autorité juridique des sanctions (2), mais aussi l'absence des mécanismes de suivi et de contrôle des sanctions (3).

1- L'instabilité de la notion de changement anticonstitutionnel de gouvernement dans le cadre de l'Union africaine

621. Notion majeure du dispositif de sanctions de l'UA, le changement anticonstitutionnel de gouvernement a connu une telle extension dans la pratique continentale qu'il est devenu difficile, pour l'organisation continentale elle-même, de lui donner un contenu fixe. Cet état de fait a transformé l'application de sanctions en une équation à plusieurs inconnues. Il faut dire qu'aucune disposition de l'Acte constitutif ne donne une définition précise du changement anticonstitutionnel de gouvernement. L'Acte constitutif et les textes qui suivront se contenteront de mentionner des situations considérées comme des changements anticonstitutionnels de gouvernement[1442]. En raison de cette appréhension limitée par les textes de l'organisation continentale, il a donc souvent été difficile pour cette dernière d'appréhender la notion. Pour l'organisation africaine, celle-ci a souvent été limitée au refus d'un dirigeant en place de quitter le pouvoir après une élection

---

[1441] *Ibidem*

[1442] Nous faisons ici référence au Protocole portant création du CPS, de la Charte africaine de la démocratie, des élections et de la gouvernance, mais aussi du Protocole amendant le Protocole portant statut de la Cour africaine de justice et des peuples même si celui-ci n'est pas encore entré en vigueur

libre et équitable[1443], à l'ascension au pouvoir par un coup d'État militaire ou encore à l'intervention de mercenaires pour renverser un pouvoir légitime. Cependant, les amendements et manipulations constitutionnelles visant à perpétrer un changement de gouvernement, les soulèvements populaires comme ceux du « printemps arabe » en 2011, ou encore la situation au Burkina Faso en 2014 ont aussi fréquemment posé un problème à l'organisation continentale. Les États membres, inflexibles sur le respect de leur souveraineté nationale ont généralement affiché leur préférence pour les pouvoirs déjà en place. Même si la Commission, en tant que gardienne des normes et des principes fondateurs de l'UA, a souvent affiché sa préférence pour les transitions démocratiques, cette position n'a pas toujours été retenue au sein de l'organisation continentale, ce qui a énormément fragilisé son pouvoir de sanction[1444].

622. Cette instabilité de la définition de changement anticonstitutionnel de gouvernement donnera toutefois lieu à un aménagement dans le Protocole portant amendements au Protocole portant statut de la Cour africaine de justice et des droits de l'homme de 2014. La définition proposée dans ce texte ne parle plus de changement anticonstitutionnel de gouvernement, mais de crime relatif au changement anticonstitutionnel[1445]. À la différence des autres textes, celui-ci introduisit un élément nouveau au regard des situations considérées comme des changements anticonstitutionnels de gouvernement[1446]. En effet, l'article 28 E, alinéa f, du Protocole précité indique que « *toute modification substantielle des lois électorales durant les six mois (6) précédant les élections sans le consentement de la majorité des acteurs politiques...* »[1447] constituerait un changement anticonstitutionnel de gouvernement. À la lecture de ce texte, plusieurs constats s'imposent.

623. Un premier concerne le délai mentionné. Pour l'instance continentale, le délai de six mois précédant les élections semble réduire la marge de manœuvre des dirigeants africains qui souhaiteraient changer la loi électorale pour se représenter. Étant entendu qu'un certain temps est nécessaire pour procéder à la rédaction d'un projet de modification

---

[1443] Les textes de l'organisation continentale ont souvent retenu les coups d'État militaires comme un critère par excellence pour apprécier un changement anticonstitutionnel de gouvernement, comme ce fut le cas en Centrafrique en 2003 et 2013, au Mali en 2012, en Guinée-Bissau 2012, ou encore en Mauritanie en 2008, etc. Toutefois, la situation togolaise est venue changer la donne et étendre cette notion au cas des révisions de la Constitution. Voir *supra* : Partie, Chapitre III, section II, paragraphe II.

[1444] Article « International Crisis Group », *op. cit.*, p. 8.

[1445] Article 28 E qui prévoit le crime relatif au changement anticonstitutionnel de gouvernement en le définissant comme « *le fait de commettre ou d'ordonner de commettre les actes suivants avec l'intention d'accéder ou de se maintenir illégalement au pouvoir...* ».

[1446] Voir *supra* : partie II, chapitre II, section, II, paragraphe II.

[1447] Article 28 E, alinéa f.

constitutionnelle, puis pour le soumettre aux personnes concernées en vue de son adoption et de sa promulgation, il semblerait que ce délai ne soit pas forcément une garantie. Si l'on procède à une analyse stricte de cet alinéa, une modification qui interviendrait, par exemple, un an précédant les élections ne serait pas considéré comme un changement anticonstitutionnel de gouvernement. Ainsi envisagé, ce délai ne semble pas être un apport significatif, car les chefs d'État qui envisagent de réviser les lois électorales ou même la Constitution de leur pays pour se représenter sont assez malins pour le faire bien avant la limite des six mois prévue par ce texte s'il venait à entrer en vigueur. De ce point de vue, l'alinéa f envisagé comme un frein au changement anticonstitutionnel de gouvernement ne réglerait en réalité pas le problème.

624. Un second constat a trait à l'exigence de consentement de la majorité des acteurs politiques. Cette exigence suppose le consentement des partis d'opposition pour qu'une modification des lois électorales intervienne. Le problème avec cette mesure est que, dans la plupart des pays du continent, les parlementaires majoritaires à l'assemblée sont généralement membres du parti au pouvoir. Ainsi, les contestations des parlementaires des partis d'opposition ne sont pas souvent entendues. Il est alors difficile, dans cette situation, de ne pas procéder à une modification des lois électorales ou même de la Constitution. C'est d'ailleurs une telle situation qui a provoqué une crise au Burkina Faso en 2014.

625. En effet, les soulèvements populaires qui se sont produits dans ce pays ont fait suite à l'annonce du Président Blaise COMPAORÉ, au pouvoir depuis 1987, d'un projet de révision constitutionnelle lui permettant de se représenter à la prochaine élection présidentielle dans le pays. La validation de ce projet par le Conseil exécutif, le 14 octobre 2014, entraîna une mobilisation des partis d'opposition et de la société civile. Le 30 octobre, date prévue pour le vote des députés concernant cette révision, les « flammes de la révolution » embrasèrent le pays tout entier. Après de nombreuses tentatives infructueuses de résolution de la crise, le président Blaise COMPAORE se retrouva contraint à la démission le 31 octobre 2014. À la suite de cette démission, l'armée, avec à sa tête le lieutenant-colonel ZIDA, s'empara du pouvoir. Cette prise de pouvoir sera condamnée par l'organisation, comme en témoigne un communiqué du CPS dans lequel il déclara qu'elle « *déplore la déclaration de l'Armée annonçant la suspension de la Constitution et sa prise du pouvoir, à la suite de la démission du Président du Faso, qui constitue un coup d'État que le Conseil condamne fermement...* »[1448]. L'organisation

[1448]Doc. UA, PSC/PR/COMM. (CDLXV), 465e communiqué du CPS, Addis-Abeba (Éthiopie), 3 novembre 2014.

donnera alors un délai de quinze jours au lieutenant-colonel ZIDA pour remettre le pouvoir aux civils[1449].

626. Fait rare, l'UA procéda ici à une nouvelle qualification, car en plus de réaffirmer son rejet des changements anticonstitutionnels comme le prévoient ses textes, elle accorda : « (...) *sa reconnaissance du droit des peuples à se soulever pacifiquement contre des systèmes politiques oppressifs* »[1450] et exprima ainsi sa solidarité avec le peuple burkinabé dont elle reconnut l'aspiration profonde à l'approfondissement de la démocratie ainsi que son attachement au respect de la constitution de son pays. S'agissant de la crise du Burkina Faso, on constate donc que malgré les contestations des partis d'opposition, s'il n'y avait pas eu de vagues de contestation populaire dans le pays, la disposition prévoyant la modification de la constitution en vue d'un nouveau mandat aurait été adoptée par les parlementaires. Si le Protocole de 2014 venait à entrer en vigueur, il serait donc utile que l'UA entoure son application de garde-fous solides. Peut-être dans un tel cas, l'organisation se réserverait le droit d'apprécier elle-même si la modification des lois électorales ou de la constitution intervenue dans le délai de six mois précédant l'élection devait recevoir ou non l'aval de la majorité des acteurs politiques et de ce fait serait ou non qualifiée de changement anticonstitutionnel de gouvernement.

627. Cependant, le nouveau Protocole n'a pu prendre en compte cette crise. En effet, il a été adopté en juin 2014 alors que la crise au Burkina Faso est intervenue en octobre de la même année. Par ailleurs, dans cette situation précise, si l'armée, par l'intermédiaire du colonel ZIDA, ne s'était pas emparée du pouvoir, l'organisation continentale n'aurait pas adopté de sanction. Même si le Protocole n'était pas encore entré en vigueur, le simple fait d'adopter un tel texte, avec une disposition pareille, aurait suffi à dissuader le chef d'État burkinabé en fonction de ne pas modifier la constitution de son pays pour se représenter. Cette situation témoigne ainsi d'une faiblesse de l'organisation dont les dispositions en matière de lutte contre les coups d'État et autres changements anticonstitutionnels de gouvernement ne semblent pas vraiment inquiéter les dirigeants.

628. Un autre élément à relever, à la lecture du même article, est que ce Protocole n'a pas prévu de nouvelles situations comme celles concernant les actes visant à modifier les organes de l'État ; par exemple l'organe judiciaire qui, dans le cadre d'un contentieux post-électoral, peut s'avérer déterminant. Ce point de vue est d'ailleurs partagé par certains auteurs pour qui le

[1449]Concernant cette situation, voir Emmanuel MOUBITANG, « La révolution burkinabé et la communauté internationale », *Sentinelle*, bulletin n° 412, 28 novembre 2014.
[1450]Communiqué du CPS, 3 novembre 2014, préc.

changement anticonstitutionnel de gouvernement s'appréhende aussi comme une mutation intervenue dans les organes de l'État en dehors du processus prévu à cet effet[1451]. Par mutation des organes de l'État, il conviendrait ici de considérer les changements intervenus dans l'un des trois pouvoirs qui composent l'État entendu au sens classique : exécutif, législatif ou judiciaire. Si les changements de gouvernement semblent toucher, la plupart du temps, les pouvoirs exécutifs et législatifs, une mutation du pouvoir judiciaire pourrait être aussi considérée comme un changement anticonstitutionnel de gouvernement. Ainsi, un changement de composition du Conseil constitutionnel ou de la Cour Suprême, des autorités qui, dans la plupart des pays du continent, disposent de la compétence de proclamer les résultats électoraux, devrait également être considéré comme un changement anticonstitutionnel de gouvernement. En ce sens, rappelons deux situations intéressantes ; l'une survenue à l'issue de l'élection présidentielle au Gabon le 27 août 2016 et l'autre au Cameroun le 7 octobre 2018, de lourds soupçons ayant alors pesé sur la partialité des membres du Conseil constitutionnel.

629. Dans le cas gabonais, les résultats de cette élection qui opposait le président sortant Ali BONGO au candidat Jean PING, par ailleurs ancien président de la Commission de l'UA, donnèrent vainqueur le président sortant avec 50,66% de voix contre 47,24% pour son adversaire. Ces résultats ont cependant été contestés par Jean PING qui, bien avant la proclamation des résultats officiels, s'était autoproclamé vainqueur. Il avait ainsi saisi le Conseil constitutionnel pour un recomptage des voix dans certaines régions du fait d'irrégularités constatées. Saisi, le Conseil constitutionnel gabonais confirma néanmoins la victoire du président sortant. Dans cette affaire, il est manifeste que le Conseil constitutionnel a joué son rôle en matière de contentieux postélectoral. Cependant, ce qui semble concentrer les soupçons ici, c'est le manque d'impartialité dont seraient frappés les juges de cette instance. Fait anecdotique ou pas, la présidente de cette Cour était la belle-mère du président proclamé vainqueur. Certains des membres de celle-ci ont été nommés ou reconduits par lui[1452]. Parce qu'ils devaient leur place au président en fonction, il semblerait donc dans cette affaire que les juges constitutionnels n'aient pas fait preuve d'impartialité.

630. Au Cameroun, le 7 octobre 2018, une situation similaire s'est posée. À l'issue de l'élection présidentielle qui opposa le président Paul

---

[1451] Roland ADJOVI, « Union africaine et démocratie : aspects constitutionnels internes et internationaux », *in* Dominique BANGOURA (dir.), *L'Union africaine face aux enjeux de paix, de sécurité et de défense*, Actes de la Conférence de l'OPSA les 18 juin et 13 novembre et 19 novembre 2002, Paris, L'Harmattan, 2003 p. 78.

[1452] Pour des informations complémentaires sur cette situation, voir : http://www.lefigaro.fr/international/2016/09/23/01003-20160923ARTFIG00381-gabon-la-cour-constitutionnelle-arbitre-la-presidentielle.php.

BIYA, au pouvoir depuis trente-six ans, et divers candidats d'opposition, l'un d'eux, Maurice KAMTO, au lendemain de l'élection présidentielle, se déclara vainqueur de celle-ci. Sans procéder à une analyse du bien-fondé de cette déclaration, notons que de nombreux partis avaient en effet relevé des irrégularités. Certains ont, par conséquent, demandé une annulation partielle du scrutin dans les zones où des irrégularités avaient été constatées ; tandis que d'autres requéraient l'annulation totale de cette élection. Ce qui interpelle dans ce cas est le fait que certains membres du Conseil constitutionnel camerounais ou leurs proches étaient soit des membres dirigeants du parti au pouvoir, soit des parlementaires de celui-ci. De plus, les membres de cette Cour avaient tous été nommés par le président sortant six mois avant la tenue de ladite élection[1453]. Dans ces conditions, comment accorder du crédit à la régularité d'un tel processus électoral quand de nombreux éléments interrogeaient l'impartialité des membres du Conseil constitutionnel amenés à jouer un rôle important en matière électorale. Les deux situations évoquées attirent ainsi l'attention sur l'importance de ces cours en matière de proclamation de résultats des élections présidentielles dans les différents pays du continent. À cet égard, il conviendrait d'ajouter dans la catégorie des changements anticonstitutionnels de gouvernement le fait de modifier ou même de nommer les membres de l'organe compétent pour la proclamation définitive des résultats d'une élection présidentielle dans les six mois précédant le scrutin. Cette mesure serait, en effet, une autre garantie que le processus électoral initié dans les différents pays du continent offre les garanties d'une élection libre et transparente. Encore faut-il que les juges chargés de proclamer les résultats fassent preuve d'une grande probité morale pour assurer la sincérité des résultats qu'ils auront proclamés.

631. En tout état de cause, ce Protocole n'étant pas encore entré en vigueur, l'organisation africaine ne peut toujours pas se saisir des situations de révision de constitution visant à permettre à un président en place de se représenter. Outre cette difficulté, il importe d'ajouter que l'organisation continentale pêche aussi en la matière par la divergence des points de vue de ses chefs d'État et de gouvernements en matière de sanctions.

2- L'altération de l'autorité juridique des sanctions de l'Union africaine

[1453]Cf. Décret n°2018/105 du 07 février 2018 portant nomination des membres du Conseil constitutionnel et le Décret n° 2018/106 du 07 février 2018 portant nomination du président du Conseil Constitutionnel. Textes disponibles sur le site de la Présidence de la République du Cameroun : https://www.prc.cm/fr/actualites/actes/decrets/2669-decret-n-2018-106-du-07-fevrier-2018-portant-nomination-du-president-du-conseil-constitutionnel

632. L'altération de l'autorité juridique de l'UA se manifeste notamment à travers deux éléments : un défaut d'unité politique entre les membres de l'organisation au sujet des sanctions décidées et la conclusion d'accords politiques qui participe d'une relativisation des effets des sanctions juridiques.

a- Le défaut d'unité politique

633. L'absence d'unité entre les membres de l'organisation au sujet des sanctions décidées s'est manifestée à plusieurs reprises au sein de l'organisation. Par exemple, en 2003, après un coup d'État en Mauritanie, le guide libyen Mouammar KADHAFI avait témoigné son désaccord au sujet des sanctions imposées à ce pays par l'organisation continentale alors qu'il effectuait une médiation dans le conflit[1454]. Une situation qui se répéta en 2008.

634. Cette nouvelle crise débuta avec le coup d'État perpétré par le général Ould Abdel AZIZ contre le président démocratiquement élu Sidi Ould Cheikh ABDALLAHI le 6 août 2008, rompant ainsi le processus démocratique initié avec les élections législatives de novembre 2006 et présidentielles de mars 2007[1455]. Le CPS organisa alors sa 144e réunion, le 7 août 2008, à Addis-Abeba, durant laquelle il condamna le coup d'État et demanda « *le retour rapide à l'ordre constitutionnel et le rétablissement sans délai des institutions que le peuple mauritanien s'est démocratiquement choisi* »[1456]. Rappelant les dispositions pertinentes l'Acte constitutif et ceux de la Déclaration de Lomé, le CPS ordonna « *la suspension automatique de la participation* [de la Mauritanie] *aux activités de l'UA jusqu'au rétablissement de l'ordre constitutionnel* »[1457]. Il exigea, en outre, le rétablissement inconditionnel du président déposé au plus tard à la date du 6 octobre 2008. Le CPS mit par ailleurs en garde les auteurs du coup d'État contre les risques de sanctions et d'isolement et décida d'annuler les mesures de nature constitutionnelle qui pouvaient être prises par les autorités militaires responsables du coup d'État[1458]. À la différence du coup d'État survenu dans le même pays en 2003, le CPS s'est ici montré plus ferme. Il est en effet allé jusqu'à déclarer que si, d'ici au 5 février 2009, l'ordre constitutionnel n'était pas rétabli, il imposerait des « (…) *des mesures, y compris des sanctions ciblées, en particulier le refus d'accorder des visas, des restrictions sur les voyages et le gel des avoirs, à l'encontre de toutes les personnes, aussi bien civiles que militaires, dont les*

[1454]Voir *supra* : partie I.

[1455]Doc. UA/PSC/MIN/Comm.2 (CLI), Communiqué de la 151e réunion du CPS, New York, 22 septembre 2008, § 5.

[1456]Doc.UA/PSC/PR/COMM(CLIV), Communiqué de la 144e réunion du CPS sur la situation en Mauritanie, Addis Abeba (Éthiopie), 7 août 2008.

[1457] *Ibidem*

[1458] *Ibid.*

activités ont pour objet de maintenir le statu quo anticonstitutionnel en Mauritanie... »[1459]. Le CPS affirma également sa volonté d'imposer des sanctions à l'encontre « *a) des membres du Haut Conseil d'État ; b) des membres du gouvernement ; c) de toutes les personnes, aussi bien civiles que militaires, dont les activités ont pour objet de maintenir le statu quo constitutionnel en Mauritanie* »[1460].

635. Cependant, à la suite de cette décision, le président sénégalais WADE exprimera son désaccord avec les mesures prises à des journalistes, lors d'un entretien, en déclarant : « *moi je ne suis pas d'accord avec les sanctions* (...). *Les sanctions n'atteignent jamais les dirigeants* (...). *Depuis qu'on les applique, ça n'a jamais touché un dirigeant. Un dirigeant a tous les moyens d'y échapper, lui et sa famille. Ce sont les peuples qu'on sanctionne* »[1461]. Il poursuivit ses critiques en affirmant qu'« *il y a quand même des institutions qu'on ne doit pas ignorer, il y a l'Assemblée nationale et le Sénat. Ce qui s'est passé en Mauritanie, ce n'est pas la même chose que ce qui se passe ailleurs.* (…) *dans ce pays, il y a des institutions qui sont là, on ne peut pas les dissoudre, il faut leur demander* [leur avis] »[1462]. Comment comprendre cette réaction du président sénégalais alors que le coup d'État en Mauritanie violait l'article 37 du règlement intérieur de la Conférence ? Le Sénégal ayant ratifié les textes de l'organisation en la matière, cette position visant à se démarquer de la position continentale est critiquable. Des prises de position, comme celle du président WADE en l'espèce, sont en effet de nature à fragiliser le pouvoir de sanction de l'organisation et témoignent de dissensions entre les chefs d'État et de gouvernement sur les sanctions à prendre ; des divergences qui sont néfastes à l'unité africaine. Ainsi, les différentes sanctions décidées dans ce cas n'ont pas abouti au retour à l'ordre constitutionnel violé. Cette crise s'est finalement soldée par un règlement politique signé le 26 juin 2009 entre les autorités de ce pays[1463].

[1459]*Ibid.*, § 9.

[1460]Doc.UA/ CPS/PSC/PR/COMM.(CLXXXII), 182e réunion du CPS, Addis Abeba (Éthiopie), 24 mars 2009, § 4.

[1461]Interview donnée par le président Wade sur la situation en Mauritanie le 22 août 2008 ; disponible sur : http://fr.ufpweb.org/2008/10/22/wade-oppose-a-des-sanctions-contre-la-mauritanie/.

[1462]*Ibidem*

[1463]Voir Organisation internationale de la francophonie, Délégation à la paix, à la démocratie et aux droits de l'homme. Rapport de la mission d'observation de l'élection présidentielle en Mauritanie, 18 juillet 2009 ; disponible sur : https://www.google.fr/search?q=document+de+l'organisation+international+de+la+francophonie.+D%C3%A9l%C3%A9gation+%C3%A0+lA+paix,+%C3%A0+la+d%C3%A9mocratie+et+aux+droits+de+l%E2%80%99homme.+Rapport+de+la+mission+d%E2%80%99observation+de+l%E2%80%99%C3%A9lection+pr%C3%A9sidentielle+en+Mauritanie+le+18+juillet+2009.&spell=1&sa=X&ved=0ahUKEwju2M7Yn6PfAhVESxoKHYw9ACwQBQgpKAA&biw=1366&bih=501#.

Malheureusement, cette prise de position n'est pas une première. Comme on l'a précédemment évoqué, le guide libyen avait eu une attitude similaire en 2003. Plus tard, en 2011, au moment de la crise en Libye des points de vue divergents ont également surgi au sein de l'organisation, ce qui a conduit à paralyser l'action de l'organisation continentale.

b- La conclusion d'accords politiques

636. La conclusion par l'organisation africaine d'accords politiques pour la résolution des crises tend également à relativiser la force contraignante des sanctions juridiques. À de nombreuses reprises, l'UA a en effet eu recours aux organisations internationales, régionales, et à des personnalités africaines pour jouer le rôle de médiateurs ou facilitateurs en vue de la résolution de crises nées de coups d'État ou de changements anticonstitutionnels de gouvernement. Le recours à ces différentes méthodes n'a, en soi, rien de problématique ; ce qui interpelle est le recours de l'organisation africaine aux accords politiques lorsque son droit interne est violé alors que les dispositions de ses textes en la matière prévoient la possibilité d'édicter des sanctions claires et précises.

637. Dans de nombreuses situations - notamment les crises à Madagascar en 2001, en République centrafricaine en 2003, en Guinée-Bissau en 2003, en Mauritanie en 2008, etc. - cela s'est produit. L'organisation continentale a eu recours à des accords politiques pour trouver une solution probablement plus facile aux conflits. Si ces accords conduisent à la résolution des conflits, ils peuvent cependant avoir pour conséquence de légitimer des acteurs politiques contestables tels ceux qui accèdent au pouvoir par des moyens anticonstitutionnels[1464]. Dans de telles situations, le droit de l'UA se trouve altéré dans sa nature et ses effets, l'ordre politique prenant le pas sur l'ordre continental[1465]. Ces accords issus de négociations entre acteurs politiques impliqués dans la résolution d'un conflit en vue de rétablir l'ordre constitutionnel dans un État membre revêtent effectivement un caractère purement politique et tirent leur force du consensus obtenu entre les parties signataires [1466]. S'ils étaient davantage employés par l'organisation continentale, ces accords risqueraient de reléguer au second plan le droit interne de l'organisation et surtout de donner l'impression que ce droit n'est pas suffisant et pertinent pour résoudre les situations de coups d'État et autres changements anticonstitutionnels de gouvernement sur le continent. Il est donc souhaitable que l'UA réopère un équilibre entre cette pratique et le

---

[1464]Cf. la situation en RCA en 2003.
[1465]Faustin TABALA, *op. cit.*, p. 349.
[1466]Jean DU BOIS DE GAUDUSSON, « L'Accord de Marcoussis, entre droit et politique », *Afrique contemporaine*, n° 206, 2003/2, p. 47.

respect de son droit interne, car comme le souligne un auteur, « *le recours au droit, qui est une des caractéristiques des régimes contemporains, trouve sa place dans ces nouveaux processus de sortie de crise enclenchés et mis en œuvre pour résoudre ces tensions, conflits et guerres échappant aux catégories traditionnelles. La résolution de ces nouvelles crises suscite et nécessite, de nouvelles approches et procédures ; elles sont un dosage subtil, et variable, de légalité et de recours au droit et de négociation politique...* »[1467]. À cette question problématique s'ajoute celle de l'absence de mécanismes de suivi et de contrôle des sanctions édictées par l'UA.

3- L'absence de mécanismes de suivi et de contrôle des sanctions de l'Union africaine

638. Certes, « *le développement des mécanismes de contrôle (le contrôle recouvrant, avec toutes sortes de nuances, l'exécution qui concerne des obligations individuelles et instantanées et le suivi qui vise des obligations normatives et étalées dans le temps) du respect par les États de leurs obligations internationales constitue, par le renforcement de leur effectivité qu'il favorise, un des progrès les plus sensibles du droit international contemporain* »[1468] ; cependant, dans le cadre de l'organisation continentale africaine, de tels mécanismes sont absents. On constate, en effet, un certain tropisme concernant les modalités de levée des sanctions et de réintégration de ses membres à la suite de coups d'État et autres changements anticonstitutionnels de gouvernement.

639. La levée de sanctions en cas de changement anticonstitutionnel de gouvernement n'est pas mentionnée dans l'Acte constitutif,mais sommairement, dans la Charte africaine de la démocratie des élections et de la gouvernance. Toutefois, telle que libellée dans ce texte, elle ne renseigne ni n'aide à la compréhension de ses modalités. La Charte précise simplement que lorsque la situation qui a motivé la sanction est résolue, la sanction doit être levée. On pourrait donc en déduire une automaticité de ces mesures dans le contexte africain étant donné que lorsqu'il n'existe plus aucun motif (le coup d'État) ou encore si le but poursuivi a été atteint (la restauration de l'ordre constitutionnel), « *il est certain que l'Organisation* (UA) *est tenue d'abroger l'acte de sanction qui n'a plus aucune base légale* »[1469]. Cela paraît simple, néanmoins la pratique de l'UA, loin de conforter les termes de l'article 26 de

---

[1467] *Ibidem*

[1468] Jean CHARPENTIER, « Les comités des sanctions du Conseil de sécurité », *in* Hélène RUIZ FABRI, Louis Alexandre SICILIANOS, Jean-Marc SOREL (dir), *L'effectivité des organisations internationales : mécanismes de suivi et de contrôle*, *op. cit.*, p. 1.

[1469] Jean COMBACAU, *Le pouvoir de sanction de l'ONU*, *op. cit.*, p. 214.

la Charte africaine de la démocratie, des élections et de la gouvernance, s'en est éloignée au point de créer de nombreuses confusions qui rendent difficile la compréhension des modalités de levée de sanction et donc de réintégration des États en cas de sanctions contre les coups d'État et autres changements anticonstitutionnels de gouvernement. Se pose alors indubitablement la question de savoir comment se matérialise effectivement le processus de levée des sanctions en cas de telles sanctions ? Comment les États sanctionnés sont-ils réintégrés dans l'organisation ? Les modalités de levée des sanctions respectent-elles les conditions de durée et de limitation prévues ? Autant de questionnements qui méritent une attention particulière. Afin de pouvoir apporter des éléments de réponse et de réflexion, notre analyse s'appuiera sur l'exemple du coup d'État intervenu en Égypte le 3 juillet 2013.

640. Après le soulèvement de 2011 qui a vu le départ du Président Hosni MOUBARAK, des élections présidentielles ont été organisées dans ce pays. En juin 2012, Mohamed MORSI a ainsi été élu président de la République à l'issue d'élections très contestées[1470]. Un an après son élection, de nouvelles manifestations ont eu lieu dans le pays. Une partie de la population lui reprochait notamment une dérive autoritaire. C'est ainsi que le 3 juillet 2013, un coup d'État a été perpétré par les forces armées égyptiennes avec, à leur tête, le général Abdelfatah Khalil AL-SISI[1471]. Réuni le 5 juillet 2013, le CPS affirma que « (...) *le renversement du Président démocratiquement élu n'est pas conforme aux dispositions de la Constitution égyptienne et correspond par conséquent à la définition d'un changement anticonstitutionnel de gouvernement* »[1472]. Par conséquent, il décida de suspendre la participation de l'Égypte aux activités de l'organisation jusqu'au rétablissement de l'ordre constitutionnel[1473]. Par ailleurs, il exhorta « *les acteurs politiques égyptiens à persévérer sur la voie de la réconciliation nationale de façon à contribuer à la préparation harmonieuse des élections devant conduire à la restauration de l'ordre constitutionnel* »[1474]. En ce sens, le CPS demanda aux « (...) *nouvelles autorités égyptiennes à initier, sans délai, des consultations inclusives en vue de l'adoption d'un calendrier consensuel pour l'organisation d'élections libres, régulières et transparentes* »[1475].

641. À ce stade de l'analyse, on peut constater, sur le plan formel, que la démarche du CPS est *a priori* conforme aux textes pertinents de l'organisation

[1470]Voir Bernard GUETTA, *L'an I des révolutions arabes*, Paris, éd. Belin, 2012, pp. 229-302 ; cité par Faustin TABALA, *op. cit.*, p. 305.
[1471]Doc.UA. PSC/PR/COMM. (CCCLXXXIV), 384e réunion du CPS, Addis-Abeba, 5 juillet 2013, § 6. p. 1.
[1472]*Ibidem*
[1473]*Ibid.*
[1474]*Ibid.*
[1475]*Ibid.*

avec la suspension de la participation de l'Égypte aux activités de l'organisation jusqu'au retour à l'ordre constitutionnel. Cependant, le CPS s'est de fait écarté des textes de l'organisation. Si l'on procède à une analyse littérale de l'article 26 de la CADDG au regard de cette situation et en conformité avec les textes de l'UA, il apparaît que l'événement qui a motivé la suspension de l'Égypte dans ce cas précis est le coup d'État perpétré par les militaires. Or, cette situation aurait pu être résolue, comme le prévoient les textes de l'organisation, par le retour à l'ordre constitutionnel, c'est-à-dire par la réinstallation du président démocratiquement élu Mohamed MORSI.

642. Cependant, dans un communiqué en date du 5 juillet 2013, soit deux jours après le coup d'État, le CPS n'a pas exigé le retour du président déchu, mais invita plutôt « (...) *les nouvelles autorités égyptiennes à initier...* » des consultations en vue de l'organisation de nouvelles élections. Dès son premier communiqué, le CPS semblait avoir déjà abandonné l'hypothèse d'un retour du président démocratiquement élu, reconnaissant ainsi implicitement les autorités nouvellement en place en Égypte comme étant désormais des entités aptes à parler au nom du peuple égyptien. Le CPS ira plus loin dans cette position, notamment dans le rapport du Groupe de haut niveau créé pour la gestion de la crise égyptienne. Dans ce document, il soulignera, en effet, « *que l'objectif de l'UA était d'aider l'Égypte à assurer un retour rapide à l'ordre constitutionnel* (...) *l'UA n'avait pas appelé au retour au pouvoir du Président MORSI mais plutôt à une transition inclusive devant culminer avec la tenue d'élections libres, régulières et transparentes* »[1476]. Cet objectif clair appelle deux constats.

643. Le premier est que cette position du Groupe de haut niveau est en totale contradiction avec les dispositions pertinentes de l'UA en la matière qui prévoient que les sanctions en cas de coup d'État devraient persister jusqu'au retour à l'ordre constitutionnel. Le second est que, dans ce cas précisément, l'UA a privilégié la piste de la tenue d'élections libres, régulières et transparentes pour conclure à un retour à l'ordre constitutionnel dans ce pays alors que ses textes, encore une fois, prévoient le contraire. De plus, le droit de l'organisation s'oppose à ce que les auteurs des changements anticonstitutionnels se présentent aux futures élections ainsi organisées[1477].

[1476]Doc. UA/CPS. PSC/AHG/4.(CDXVI), Rapport intérimaire du Groupe de haut niveau de l'Union africaine pour l'Égypte, 416e réunion du CPS au niveau des chefs d'État et de gouvernement, Addis-Abeba (Éthiopie), 20 janvier 2014, § 32. p. 12.

[1477]Voir notamment Doc.UA. Assembly/AU/Dec.269(XIV)Rev.1, Conférence des chefs d'État et de gouvernement, Décision sur la prévention des changements anticonstitutionnels de gouvernement et le renforcement des capacités de l'Union africaine à gérer de telles situations, 14e session ordinaire de la Conférence de l'Union, Addis-Abeba, 31 janvier-2 février 2010, § 6 (a) dans laquelle la Conférence décide : « (...)à *en cas de changements anticonstitutionnels de gouvernement, que les mesures suivantes seront prises en sus de la suspension du pays*

C'est en tout cas ce qui ressort de l'article 25, alinéa 4 de la CADDG aux termes duquel « *les auteurs du changement anticonstitutionnel de gouvernement ne doivent ni participer aux élections organisées pour la restitution de l'ordre démocratique ni occuper des postes de responsabilités dans les institutions politiques de leur État* »[1478]. Dans le cas égyptien, le CPS surprend par son inertie.

644. En effet, le général Abdelfatah Khalil AL-SISI, l'un des auteurs du coup d'État, se présentera et gagnera les élections présidentielles organisées en mai 2014. Or, chose curieuse, le CPS, dans son 442e communiqué sur la situation en Égypte, procédera à la « *levée de la suspension de l'Égypte, compte tenu (a) des progrès accomplis dans le rétablissement de l'ordre constitutionnel, (b) du fait que la suspension du pays pendant un an a envoyé un message sans équivoque aux parties prenantes égyptiennes quant à l'attachement de l'UA à ses principes et à ses instruments, et (c) la nécessité pour l'UA de continuer à interagir avec l' Égypte et à accompagner les efforts des autorités égyptiennes en vue de la mise en œuvre intégrale de la feuille de route...* »[1479]. De ce fait, l'Égypte a été réadmise au sein de l'organisation. Si le CPS se félicite ici du dénouement de la situation en Égypte, il appert que cela s'est en réalité fait au mépris du respect des textes de l'organisation africaine. Ce précédent égyptien ne fait que conforter une pratique préjudiciable à l'efficacité des mécanismes de sanctions émises dans le cadre de l'UA. Ce n'est toutefois pas la première fois que la levée de sanctions et la réadmission consécutive des États sanctionnés au sein de l'UA se réalisent sans que le retour à l'ordre constitutionnel prôné par les textes de l'organisation soit effectivement constaté. Déjà en 2005, le Togo a été réadmis dans l'organisation sur des bases similaires[1480]. Pourtant, l'organisation avait dans un premier temps demandé au gouvernement de fait de rétablir la constitution modifiée. Si elle s'en était tenu à cette première position, Faure GNASSINGBE n'aurait pu se présenter aux élections. Pour l'organisation continentale, la tenue d'élections présidentielles a donc semblé ici suffire à « redorer le blason » de gouvernements pourtant jugés inconstitutionnels au départ. Le cas togolais n'est pas le seul. Les situations en RCA en 2003 ou en Mauritanie en 2008 confortent cette pratique. Il est tout de même étonnant que

---

concerné : a. *la non-participation des auteurs du changement anticonstitutionnel aux élections organisées pour restaurer l'ordre constitutionnel...* ».

1478 Article 25, alinéa 4 de la CADDG.

1479 Doc.UA/CPS/ PSC/PR/COMM.2(CDXLII), 442e réunion du CPS, Addis-Abeba, 17 juin 2014.

1480 En effet, après les élections du 25 avril 2005 qui a vu la victoire de Faure Gnassingbé, l'UA a estimé que « *les conditions de la reprise de la participation des autorités de fait du Togo et leurs représentants aux activités de toutes les instances de l'UA sont remplies et demande, en conséquence, à la Commission de prendre les dispositions nécessaires pour assurer la reprise de la participation du Togo* » (Doc.UA/CPSPSC/PR/Comm. (XXX), Communiqué de la 30e réunion du CPS, Addis-Abeba, 27 mai 2005).

depuis l'entrée en vigueur de l'Acte constitutif, seules deux situations aient finalement abouti à un retour effectif à l'ordre constitutionnel violé. Il s'agit des cas de São Tomé et Principe en 2003[1481] et du Mali en 2012[1482].

645. De ce qui précède, il appert qu'en matière de sanctions, comme l'observe un auteur, l'UA a « *observ*[é] *une interprétation extensive et dénaturée du rétablissement de l'ordre constitutionnel qui ne correspond nullement à la remise en état de la situation juridique antérieure* »[1483] ; ce en contradiction avec la politique reposant sur une *tolérance zéro* pour les coups d'État apparemment proclamée dans les textes de l'organisation[1484]. Ces différentes situations étudiées, qui ne sont pas exhaustives, mettent en évidence la faiblesse de l'application effective des textes de l'organisation en matière de sanctions. Or, même si le CPS détermine discrétionnairement les conditions de maintien ou de levée des sanctions et, par ricochet, de réadmission de l'État sanctionné au sein de l'organisation, il semble important que ces conditions soient déterminées dans le respect du droit de l'UA. Sinon, l'organisation s'expose à l'avenir à une résurgence de situations comme celle de la crise égyptienne de 2013.

L'organisation se montre cependant plus véhémente en matière de sanctions contre les arriérés de contributions ou le non-respect de ses principes et idéaux.

Paragraphe 2 : Le dynamisme des sanctions de l'Union africaine en matière d'arriérés de contributions et concernant les principes et idéaux de l'organisation

646. L'étude des sanctions prises dans le cadre de l'organisation africaine se focalise souvent sur la mise en œuvre de sanctions contre les coups d'État et autres changements anticonstitutionnels de gouvernement reléguant ainsi les sanctions édictées pour arriérés de contributions et celles touchant aux

---

1481 Voir *supra* Partie 1, Titre II, Chapitre IV, section II, paragraphe II.

1482 Le 22 mars 2012, le Président démocratiquement élu Amadou TOUMANI TOURÉ est déposé par une junte militaire avec à sa tête le capitaine Amadou SANOGO au motif que le gouvernement du Président TOUMANI TOURÉ avait été incapable de donner, d'une part, les moyens nécessaires aux forces militaires pour assurer la défense de l'intégrité du territoire national et, d'autre part, de gérer la crise qui oppose le gouvernement aux Touaregs au nord du pays. Face à cette situation, le CPS réuni en sa 315e réunion le 23 mars 2012, soit le lendemain du coup d'État, suspendit le Mali au regard des instruments pertinents de l'UA, de la Charte africaine de démocratie, des élections et de la gouvernance (DOC.UA PSC/PR/COMM.2 (CCCXV), Communiqué de la 315e réunion du CPS, Addis-Abeba, 23 mars 2012, § 7, pp. 1-2) et exigea le retour à l'ordre constitutionnel.

1483 Delphine EMMANUEL ADOUKI, *op. cit.*, p. 13.

1484 Voir document de la Conférence de l'Union sur la prévention des changements anticonstitutionnels de gouvernements et le renforcement des capacités de l'Union africaine à gérer de telles situations, *op. cit.*

principes et idéaux de l'organisation au second plan. Pourtant, les contributions financières permettent l'effectivité de l'action de l'institution africaine. Quant au second type de sanctions, l'imprécision qui caractérise la notion de « principes et idéaux » de l'organisation dans la pratique rend sans doute leur application problématique. Cependant, afin de se faire une idée plus précise de l'efficacité de ces sanctions, il s'agira de relever la vitalité des sanctions prises pour arriérés de contributions (**A**) avant de s'intéresser à l'application des sanctions touchant aux principes et idéaux de l'organisation (**B**).

A- La vitalité des sanctions pour arriérés de contributions

647. De toutes les sanctions étudiées dans le cadre de ce travail, celles prises contre les arriérés de contributions sont caractérisées par un effet dissuasif important guidant ainsi le comportement des États en la matière[1485]. Comme on a pu le relever à plusieurs reprises, le passage de l'OUA à l'UA a permis la création et l'amélioration des mécanismes de sanctions au sein de cette organisation. Toutefois, contrairement aux autres sanctions nées avec la mise en place de la nouvelle organisation, les sanctions financières, bien que méconnues, étaient déjà prévues dans l'ancienne organisation. L'application laborieuse de celles-ci par le Conseil des ministres de l'OUA a néanmoins certainement participé à leur réaffirmation explicite dans l'Acte constitutif de l'UA. Cette consécration a-t-elle eu l'effet escompté ? Les arriérés de contributions ont-ils effectivement diminué sous la menace de sanctions à l'ère de l'organisation de Durban ? Telles sont les questions qui guideront la présente analyse.

648. Quelques mois après l'entrée en vigueur de l'Acte constitutif, l'application des sanctions pour arriérés de contributions ne s'est pas fait attendre. L'organisation, par le biais du Conseil exécutif réuni pour sa 2e session ordinaire du 3 au 6 mars 2003, félicita tous les États membres à jour de leurs contributions et exhorta les autres à honorer leurs engagements financiers vis-à-vis de l'Union[1486]. La même année, le Conseil exécutif décida de maintenir les sanctions des États qui n'étaient pas à jour de leurs contributions financières[1487]. Il invita, en outre, les États membres ayant présenté un plan de rééchelonnement à s'y conformer tout en continuant à

[1485]Charles LEBEN, *Les sanctions privatives de droit et de qualité..., op. cit.*, p. 337.

[1486]Voir DOC/UA, Conseil exécutif, 2e session ordinaire Ex.CL/Dec.2-19(II) ; Ex.CL/Decl.1 (II), N'Djamena (Tchad), 3-6 mars 2003.

[1487]Les États ayant fait l'objet de sanctions furent : la Guinée-Bissau, le Liberia, le Niger, la République démocratique du Congo, Sao Tomé et Principe, les Seychelles, la Sierra Leone, la Somalie, et l'Union des Comores.

payer leurs contributions au titre de l'exercice courant. Une équipe restreinte composée des membres du sous-comité et de la Commission sera même dépêchée dans les pays sous sanctions qui ne s'étaient pas présentés à Addis-Abeba afin d'encourager ceux-ci à régler leurs contributions[1488].

649. Pour autant, le sous-comité des sanctions recommandera que soient maintenues des sanctions à l'encontre des États membres en défaut de paiement. Trois mois plus tard, à l'occasion de la 3e session ordinaire à Maputo au Mozambique, le Conseil exécutif réitéra les sanctions contre les pays sanctionnés. Par la suite, lors de la session de mars à N'Djamena, à l'exception du Niger dont les sanctions furent levées et la Sierra Leone à qui une exemption temporaire et efficace fut accordée, les autres pays étaient toujours sous le coup des sanctions de l'organisation [1489]. Les recommandations du Conseil exécutif à travers le sous-comité des sanctions seront entérinées quelques mois plus tard, à l'occasion de la 2e session ordinaire de la Conférence de l'Union, durant laquelle celle-ci prendra note et fera siennes ces recommandations[1490].

650. Après deux ans d'existence, un premier bilan a montré une timide amélioration de la pratique en matière de paiement des arriérés de contributions. Les sanctions n'ont sans doute pas enrayé totalement le phénomène des retards de paiement, mais on note une évolution comparée à la pratique qui avait cours au sein de l'OUA. En effet, des dix pays sanctionnés au moment de la session du Conseil exécutif de N'Djamena au Tchad en 2003, seul un pays, le Niger, avait honoré ses engagements et vu ses sanctions levées lors de la session de Maputo au Mozambique la même année. Les autres pays, à l'exception de la Sierra Leone qui bénéficiait d'une exemption, étaient donc toujours sous le coup de sanctions. La 5e session ordinaire du 25 au 3 juillet 2004 à Addis-Abeba en Éthiopie verra les mêmes pays sanctionnés pour non-paiement de leurs contributions financières (République centrafricaine, République démocratique du Congo, Guinée-Bissau, Liberia, São Tomé et Principe, Seychelles, Somalie). Durant cette session, le Conseil décida que « *la sanction imposée à l'Union des Comores soit levée à la suite du paiement par ce pays de ses arriérés de contributions ; L'exemption à titre temporaire et exceptionnel accordée à la Sierra Leone soit maintenue parce que ce pays respecte la mise en œuvre de son plan de rééchelonnement* »[1491].

[1488] Voir DOC/UA, Conseil exécutif, 2e session ordinaire Ex.CL/Dec.2-19(II) ; Ex.CL/Decl.1 (II), N'Djamena (Tchad), 3-6 mars 2003 § v.

[1489] Cf. Doc/UA. EX/CL/Dec.25(III), 3e session ordinaire du Conseil exécutif, Maputo (Mozambique), 4-8 juillet 2003.

[1490] DOC/UA, Assembly/AU/Dec.31(II), 2e session ordinaire de la Conférence de l'Union africaine, Maputo (Mozambique), 10-12 juillet 2003.

[1491] Cf Doc/UA. EX.CL/Dec.97(V), 5e session ordinaire du Conseil exécutif, Addis-Abeba (Éthiopie), 25 juin- 3 juillet 2004.

651. L'imposition de sanctions en matière d'arriérés de contributions financières se poursuivra à chaque session du Conseil exécutif[1492]. Ainsi, la pratique de l'organisation de prise de sanctions contre les États pour non-paiement de leurs contributions financières a révélé des résultats plutôt encourageants. On constate, en effet, une réduction du nombre des pays en retard dans le paiement de leurs contributions du fait de la rigueur de l'organisation dans l'imposition de sanctions. Pour étayer ce propos, rappelons que lors des premières sessions du Conseil exécutif de l'UA, le nombre de pays sanctionnés pour arriérés de contributions s'élevait à dix[1493] ; un contingent qui diminuera progressivement. Par exemple, lors de la 16e session ordinaire du Conseil exécutif du 25 au 29 janvier 2010, le nombre de pays sanctionnés pour non-paiement de leurs contributions financières se résumait à deux États : Érythrée et Seychelles. Les autres États avaient fait l'effort de régulariser leur situation afin d'éviter des sanctions de l'organisation[1494]. La même année, durant la 17e session du Conseil exécutif du 18 au 23 juillet 2010 au Mozambique, seules les Seychelles étaient encore sanctionnées pour non-paiement de leurs contributions financières auprès de l'organisation [1495]. Même si l'UA souffre généralement d'un déficit

[1492]Lors de la 9e session ordinaire du CPS, les 28-29 juin 2006 à Banjul à Gambie, les États frappés de sanctions pour arriérés de contributions étaient : Le Cap Vert, la République Centrafricaine, la République démocratique du Congo, l'Érythrée, la Guinée-Bissau, le Liberia, la Mauritanie, Sao Tomé et Principe, les Seychelles. Lors de cette session, la Somalie verra tous ses arriérés de contributions annulés du fait de la situation spéciale prévalant dans ce pays. Elle recommencera à payer ses contributions à partir de 2007. Cf. Doc/UA. EX.CL/Dec.279 (IX), 9e session ordinaire du Conseil exécutif, Banjul (Gambie), 28-29 juin 2006.
Lors de la 11e session ordinaire du Conseil exécutif du 25-29 juin 2007, les pays frappés de sanctions pour arriérés de contributions accumulés de plus de deux ans étaient : Le Cap Vert, République démocratique du Congo, Érythrée, São Tomé et Principe et les Seychelles. Lors de cette session, trois pays (Guinée, Guinée-Bissau et République centrafricaine) ont vu leurs sanctions levées car ils avaient réglé la totalité de leurs arriérés de contributions et effectués le paiement de leurs contributions partielles au titre de l'exercice à venir (2005). Cf. Doc/UA, EX.CL/Dec.377(XI), 11e session ordinaire du Conseil exécutif, Accra (Ghana), 25-29 juin 2007. Lors de la session ordinaire du Conseil exécutif des 24-28 juin 2008 à Sharm El-Sheikh en Égypte, les pays sanctionnés étaient au nombre de cinq (Cap Vert, République démocratique du Congo, Érythrée, Sao Tomé et Principe, Seychelles). Cf. Doc/UA. EX.CL/Dec.418(XIII), 13e session ordinaire du Conseil exécutif, Sharm El-Sheikh (Égypte), 24-28 juin 2008. Voir également Doc/ UA. EX.CL/Dec.457, 14e session ordinaire du Conseil exécutif, Addis-Abeba (Éthiopie), 26-30 janvier 2009.

[1493]Cf. 2e session du Conseil exécutif, N'Djamena, préc.

[1494] Doc/UA. EX.CL/Dec.521, 16e session ordinaire du Conseil exécutif, Addis-Abeba (Éthiopie), 25-29 janvier 2010.

[1495]Cf. Doc/UA. EX.CL/Dec.580(XVII), 17e session ordinaire du Conseil exécutif, Kampala (Mozambique), 19-23 juillet 2010. Dans le même sens, cf. Doc/UA. EX.CL/Dec.601(XVIII), 18e session ordinaire du Conseil exécutif, Addis-Abeba (Éthiopie), 24-28 janvier 2011 ; Doc/UA. EX.CL/Dec.644(XIX), 19e session ordinaire du Conseil exécutif, Malabo (Guinée Équatoriale), 23-28 juin 2011 ; Doc/UA. EX.CL/Dec.731(XXII), 22e session du Conseil exécutif, Addis-Abeba (Éthiopie), 24-25 janvier 2013 ; Doc/UA. EX.CL/Dec.771(XXIII), 23e

budgétaire, il convient toutefois de reconnaître une constance dans l'imposition des sanctions aux États qui ne respectent pas leurs engagements financiers. On peut donc en conclure que cette pratique a eu un effet plus tôt positif comparé à celle qui a existé pendant longtemps dans l'ancienne organisation.

Cela n'est cependant pas le cas pour les sanctions touchant aux principes et idéaux de l'organisation dont on ne saisit pas la matérialité.

B- La plasticité et la souplesse des sanctions touchant aux principes et idéaux de l'Union africaine

652. Dans l'Acte constitutif de l'UA, sont énoncés seize principes dont le non-respect conduit à l'imposition de sanctions. Or, ces principes sont intimement liés aux sanctions contre les coups d'État et autres changements anticonstitutionnels de gouvernement et à celles touchant à la paix, la sécurité et les droits de l'homme. Il ressort de ce constat qu'en cas de coup d'État sur le continent ou encore de violations des droits de l'homme, il y a donc non-respect des principes et idéaux de l'organisation. Mais, pour l'heure l'organisation africaine, n'a pas encore véritablement pris de mesures en ce domaine. Pourtant, lors de la crise au Burundi en 2015, elle s'était saisie de la question sans toutefois avoir été au bout de sa démarche. La situation au Burundi n'avait en effet pas été qualifiée de changement anticonstitutionnel de gouvernement. On en déduit que le fondement de la réaction de l'organisation avait été le non-respect des principes et idéaux de l'organisation.

653. La crise a été déclenchée par le Président Pierre NKURUNZIZA qui, en 2015, décida de se porter candidat pour un troisième mandat. Cette décision a provoqué des manifestations violentes et massives, des tentatives de coup d'État, des attaques par l'opposition armée et une répression brutale qui a fait près de 1115 morts[1496]. Le conflit s'est par la suite enlisé avec la multiplication d'assassinats ciblés, de disparitions, ou d'actes de torture. Face à cette situation, l'UA n'a pas manqué de prendre position. Saisie de cette affaire, l'organisation, à travers la présidente de la Commission Dlamini ZUMA, a en

---

session ordinaire, Addis-Abeba (Éthiopie), 19-23 mai 2013 ; Doc/UA. EX.CL/Dec.788(XXIV), 24e session ordinaire du Conseil exécutif, Addis-Abeba (Éthiopie), 21-24 janvier 2014.

[1496]Selon le rapport de l'ONG Acled (Armed Conflict Location and Event Data Project). Voir aussi l'article « Union africaine et crise au Burundi : entre ambition et réalité », *International crisis Group/Afrique Briefing de Crisis Group*, Addis-Abeba/ Nairobi/Bruxelles, n° 122, 28 septembre 2016, p. 1.

effet entamé plusieurs pourparlers avec le Président NKURUNZIZA afin de trouver une issue à la crise[1497].

654. En parallèle de ces efforts déployés par l'organisation continentale, la Communauté des États de l'Afrique de l'Est (CAE) organisa également des médiations pour trouver une solution à la crise. À l'issue de ces différentes concertations et au regard de l'entêtement des parties, le CPS durcira sa position. Ainsi, dans son communiqué du 17 octobre 2015 pris à l'occasion de sa 551e réunion, il rappela les principes consacrés à l'article 4 du Protocole relatif à sa création qui mentionne notamment le « (...) *respect de l'État de droit, des droits de l'homme et des libertés fondamentales, du caractère sacré de la vie humaine et du droit international humanitaire...* »[1498]. À ces principes, il importe d'ajouter ceux indiqués à l'article 4 (m) de l'Acte constitutif qui prévoit le « (...) *respect des principes démocratiques, des droits de l'homme, de l'état de droit et de la bonne gouvernance* »[1499] et son article 4 (j) qui mentionne la « *condamnation et* [le] *rejet des changements anticonstitutionnels de gouvernement* »[1500]. Évoquons aussi les principes consacrés par la Charte africaine de la démocratie des élections et la bonne gouvernance qui se rapportent au respect des droits de l'homme et de la démocratie[1501], à l'accès au pouvoir et à son exercice conformément à la constitution de l'État partie et au principe de l'État de droit[1502]. Tout en

[1497]Nous faisons ici référence à la prise de position de la présidente de la Commission de l'UA de l'époque Dlamini ZUMA qui en 2015, au plus haut de la crise, s'était rendue à Bujumbura la capitale avec le commissaire aux affaires politiques pour exhorter le Président NKURUMZIZA de respecter la Constitution et l'accord d'Arusha pour la paix et la réconciliation au Burundi le 28 août 2000, dont l'article 5 prévoyait comme solutions : « *L'instauration d'un nouvel ordre politique, économique, social, culturel et judiciaire au Burundi, dans le cadre d'une nouvelle constitution* (...) *fondée sur les valeurs de justice, de la primauté du droit, de démocratie, de bonne gouvernance, de pluralisme, de respect des droits et libertés fondamentaux des individus, d'unité, de solidarité, d'égalité entre les différentes composantes politiques et ethniques du peuple burundais. 2 Une nouvelle organisation des institutions de l'État afin qu'elles soient à même d'intégrer et de rassurer toutes les composantes de la société burundaise. 3 La mise en place rapide des institutions de transition, conformément aux dispositions du Protocole II de l'Accord. 4. L'orientation des programmes des partis politiques vers les idéaux d'unité et de réconciliation nationales ainsi que de développement socio-économique plutôt que vers la défense d'une composante particulière du peuple burundais. 5 L'adoption de dispositions constitutionnelles consacrant le principe de la séparation des pouvoirs (exécutif, législatif, judiciaire), conformément aux dispositions du Protocole II de l'Accord. 6 La promulgation d'une loi électorale prenant en compte les préoccupations et les intérêts de toutes les composantes de la nation, sur la base des dispositions du Protocole II de l'Accord. 7 La prévention des coups d'État* ».

[1498]Cf. Doc.UA. PSC/PR/COMM.(DLI), 551e réunion du CPS, Addis-Abeba, 17 octobre 2015.

[1499]Article 4 (M) de l'Acte Constitutif.

[1500]Article 4 (J) de l'Acte Constitutif.

[1501]Article 3 (1) de la Charte africaine de la démocratie des élections et de la bonne gouvernance.

[1502]Cf. article 3 (2) de la Charte africaine de la démocratie des élections et de la bonne gouvernance.

rappelant les principes ici énoncés[1503], le CPS, dans ce même communiqué, condamna « *fermement toutes les violations des droits de l'homme et les actes de violence commis au Burundi tant par les forces de sécurité que par les milices et d'autres groupes armés illégaux et* [exprimera] *sa détermination à assurer que les auteurs de ces exactions rendent compte de leurs actes, y compris devant les juridictions internationales compétentes* »[1504]. Il décida, sur cette base, « (...) *d'imposer* (...) *des sanctions ciblées, y compris des interdictions de voyage et le gel d'avoirs, contre tous les auteurs burundais dont l'action et les propos contribuent à la persistance de la violence et entravent la recherche d'une solution. À cet égard, le Conseil prie la Commission de compiler une liste d'individus et d'entités du Burundi devant être visés par ces sanctions...* »[1505]. Par ailleurs, dans ce communiqué, le CPS envisagea aussi, une fois n'est pas coutume, une collaboration avec la CAE et la Force en attente de l'Afrique de l'Est (EASF) pour le « (...) *déploiement, au cas où la situation l'exigerait, d'une mission sous conduite africaine au Burundi, afin de prévenir une violation généralisée dans le pays. Le Conseil* [priera ainsi][1506] *la Commission de l'informer de l'évolution de ses efforts dans un délai maximum d'un mois...* »[1507]. Le CPS réitéra sa position dans des communiqués ultérieurs[1508]. Cette position de l'UA sera d'ailleurs entérinée avec l'adoption, par le Conseil de sécurité de l'ONU, de la résolution 2248 le 12 novembre 2015. C'est fort de ce texte que, le 17 décembre de la même année, le CPS franchira un cap dans la résolution de la crise au Burundi.

655. En effet, lors de sa 565e réunion, il décida « (...) *d'autoriser le déploiement d'une mission africaine de prévention et de protection au Burundi (MAPROBU), pour une durée initiale de six mois renouvelables* »[1509]. Cette mission avait, entre autres, pour mandat de prévenir toute détérioration de la situation sécuritaire, d'en surveiller l'évolution, de rendre compte des développements intervenant sur le terrain, de contribuer dans la limite de ses moyens et dans ses zones de déploiement à la protection des populations civiles sous menace imminente, de protéger les personnalités politiques et d'autres acteurs dont la sécurité serait menacée, et de protéger le personnel de l'UA, ses biens et ses installations[1510]. Le CPS prévit, en outre, que l'effectif de la MAPROBU pouvait aller jusqu'à 5000 personnes, militaires et policiers,

---

[1503]Cf. § 4 du communiqué de la 551e réunion du CPS, préc.

[1504]*Ibidem*

[1505]*Ibid.*

[1506]Ajouté par nous.

[1507]*Ibid.*

[1508]Cf Doc.UA. PSC/PR/COMM. (DLVII), 557e réunion du CPS, Addis-Abeba, 13 novembre 2015.

[1509]Cf. Doc.UA PSC/PR/COMM. (DLXV), 565e réunion du CPS, Addis-Abeba, 17 décembre 2015.

[1510]*Ibidem*

mais aussi que des observateurs des droits de l'homme et des experts militaires seront déployés au Burundi en application des décisions pertinentes du Conseil et placés sous l'autorité spéciale de la présidente de la Commission[1511]. Le CPS posa un délai de 96 heures au gouvernement burundais pour accepter un tel déploiement de la MAPROBU et confirmer sa collaboration à ce dispositif. Déterminé à prendre toutes les mesures appropriées contre toute partie ou tout acteur, quels qu'ils soient, qui feraient obstacle à la mise en œuvre de la décision du CPS, il décidera, en cas de non-acceptation du déploiement de la MAPROBU, de « *recommander à la Conférence de l'Union (...) la mise en œuvre de l'article 4(h) de l'Acte constitutif relatif à l'intervention dans un État membre dans certaines circonstances graves. Le Conseil décid[a] (...) sur la base d'une communication de la Présidente de la Commission confirmant la non-acceptation du déploiement [de recommander] à la Conférence de l'Union des mesures additionnelles. (...) Le Conseil [décidera] enfin que tous ceux dont l'action pourrait compromettre le dialogue interburundais (...) feront l'objet de sanctions tel que prévu par les décisions pertinentes du Conseil et d'autres mesures à convenir...* »[1512]. Cette décision du CPS est inédite, parce qu'elle posa un ultimatum à un président en exercice et brandit la menace de l'utilisation de l'article 4 (h). Face à cette menace, le président du Burundi refusa d'autoriser le déploiement de troupes étrangères[1513]. Si cette décision constitue une première, elle s'est toutefois soldée par un échec jetant encore une fois le discrédit sur le pouvoir de sanction de l'UA. La menace d'une intervention militaire sera, en effet, finalement abandonnée et la situation au Burundi restera très tendue. Ces différents atermoiements, et bien d'autres mettent en évidence la nécessité d'une rationalisation du pouvoir de sanction de l'UA.

SECTION II : LA NÉCESSITÉ D'UNE RATIONALISATION DU POUVOIR DE SANCTION

656. L'affirmation d'un système de sanction dans l'Acte constitutif de l'UA a été une avancée considérable dans la prise en main des problèmes africains. Cependant, loin des proclamations textuelles, la pratique a démontré de nombreuses lacunes dans l'application des sanctions telles qu'énoncées dans les textes. De cette évaluation, il apparaît que de nombreux points nécessitent l'attention de l'organisation dans l'optique de les améliorer. Ainsi, envisager une rationalisation du pouvoir de sanction de l'UA consiste à

[1511] *Ibid.*
[1512] *Ibid.*
[1513] Voir l'article *International crisis Group, op. cit.* p. 8.

dégager des pistes qui pourraient servir de bases de réflexion à l'organisation continentale en vue d'améliorer ses mécanismes de sanction. Il ne s'agit, en aucun cas, de vérités absolues. Néanmoins, les lacunes constatées méritent néanmoins quelques propositions. Pour expliciter cette pensée, deux grands axes de rationalisation du pouvoir de sanction ont été dégagés : d'une part, une clarification des compétences des organes intervenant en matière de sanctions (**Paragraphe 1**) ; d'autre part, un renforcement des mécanismes de prise de décision de la sanction dont dépendront les modalités de levée des sanctions et de réadmission des États au sein de l'organisation continentale (**Paragraphe 2**).

Paragraphe 1 : La recherche d'une rationalisation organique de l'organisation africaine

657. Une réflexion sur les organes intervenant dans le processus de sanction au sein de l'UA met en évidence une multiplicité d'entités avec toutefois une prédominance des organes à caractère politique, en l'occurrence de la Conférence. Rappelons, en effet, que l'on a pu constater que c'est finalement la Conférence qui contrôle tout le mécanisme de sanctions à l'encontre des États membres, que ce soit en matière d'arriérés de contributions ou de coups d'État et autres changements anticonstitutionnels de gouvernement. Les seuls domaines qui lui échappent en matière de sanctions sont ceux des droits de l'homme, pour lesquels une juridiction a été instituée, et ceux des sanctions prises contre les fonctionnaires, pour lesquelles un tribunal administratif *ad hoc* a été mis en place. Il ne s'agit pas de méconnaître le travail des autres organes. Par exemple, l'application par le Conseil exécutif des sanctions pour arriérés de contributions a fortement contribué à améliorer le comportement des États membres face à ce phénomène. Toutefois, une implication moins prégnante des organes à caractère politique en matière de sanctions est une solution à envisager pour le perfectionnement des mécanismes de sanction au sein de l'UA. Il s'agirait alors de renforcer les capacités des organes non représentatifs des États membres à travers notamment la promotion d'une indépendance institutionnelle de ces organes (**A**) et une centralisation des sanctions autour du CPS (**B**).

A- Une indépendance institutionnelle des organes non représentatifs des États membres en matière de sanctions

658. Il ressort des précédentes analyses exposées que dans le cadre continental africain, les organes non représentatifs des États membres étaient moins impliqués dans la procédure de sanction. Pourtant, la place conférée aux organes intégrés au sein d'une organisation internationale constitue un

excellent instrument de mesure de son autonomie[1514], de sa « (...) *puissance et de son autorité à l'égard de ses membres* »[1515]. Au sein de l'UA, il s'avère qu'une grande liberté d'appréciation en matière de sanctions, notamment celles concernant les coups d'État, a été accordée à la Conférence et au CPS, même si la Commission est associée au processus. Pour rappel, le rôle de la Commission en matière de coup d'État et autres changements anticonstitutionnels de gouvernement débute avec une condamnation conjointe de son président avec ceux de la Conférence et du CPS[1516]. Par la suite, elle est chargée de rassembler les faits concernant le coup d'État ou le changement anticonstitutionnel de gouvernement, d'établir les contacts avec les auteurs et de solliciter la contribution des dirigeants et personnalités pour permettre la résolution du conflit[1517]. Dans ce cas, elle est placée à la fois sous l'autorité de la Conférence et celle du CPS[1518]. Pourtant, comme sa consœur

---

[1514]Franck LATTY, « L'organe administratif intégré de l'organisation internationale », in Évelyne LAGRANGE, Jean Marc SOREL, *Droit des organisations internationales*, *op. cit.*, p. 492.

[1515]Jean COMBACAU, Serge SUR, *Droit international public*, *op. cit.*, p 736

[1516]Voir *supra* : Partie II, Chapitre II, section I, paragraphe II.

[1517] Article 37, alinéa 6 (a), (b) du règlement intérieur de la Conférence des chefs d'État et de gouvernement de l'Union africaine.

[1518]Voir les dispositions de l'article 10 du Protocole portant création du CPS, intitulé « Rôle du Président de la Commission » : « *Le Président de la Commission, sous l'autorité du Conseil de paix et de sécurité et en consultation avec toutes les parties impliquées dans un conflit, déploie tous les efforts et prend toutes les initiatives jugées appropriées en vue de la prévention, de la gestion et du règlement des conflits. 2. A cette fin, le Président de la Commission: a. peut attirer l'attention du Conseil de paix et de sécurité sur toute affaire qui, à son avis, pourrait mettre en danger la paix, la sécurité et la stabilité sur le continent ; b. peut attirer l'attention du Groupe des sages sur toute affaire qui, à son avis, mérite leur attention ; c. peut, de sa propre initiative ou à la demande du Conseil de paix et de sécurité, user de ses bons offices, soit personnellement, soit par l'intermédiaire d'Envoyés spéciaux, de Représentants spéciaux, du Groupe des sages ou des Mécanismes régionaux pour prévenir les conflits potentiels, régler les conflits en cours et promouvoir les initiatives et les efforts de consolidation de la paix et de reconstruction post-conflit. 3. Le Président de la Commission assure : a. la mise en œuvre et le suivi des décisions du Conseil de paix et de sécurité, y compris l'organisation et le déploiement des missions d'appui à la paix autorisées par le Conseil de paix et de sécurité. A cet égard, le Président de la Commission tient le Conseil de paix et de sécurité informé des développements relatifs au fonctionnement de ces missions. Tous les problèmes susceptibles d'affecter le fonctionnement continu et efficace de ces missions sont soumis au Conseil de paix et de sécurité pour examen et la suite utile à donner, le cas échéant ; b. la mise en œuvre et le suivi des décisions prises par la Conférence, conformément à l'Article 4 (h) et (j) de l'Acte constitutif ; c. la préparation de rapports et de documents exhaustifs et périodiques, telle que requise, afin de permettre au Conseil de paix et de sécurité et aux autres structures subsidiaires d'assumer leurs fonctions avec efficacité. 4. Dans l'exercice de ses fonctions et pouvoirs, le Président de la Commission est assisté du Commissaire chargé des questions de paix et de sécurité, qui est le responsable des questions du Conseil de paix et de sécurité. Le Président de la Commission fait également recours aux autres ressources humaines et matérielles disponibles au sein de la Commission pour prêter au Conseil de paix et de sécurité, les services techniques et le soutien requis. A cet égard, un Secrétariat du Conseil de paix et de sécurité sera mis en place au sein*

européenne, elle est sans doute une entité « (...) *porteuse d'une forte originalité* (...) *qui démontre une approche singulière des relations interétatiques, affranchies des règles de la coopération et s'inscrivant résolument dans une logique d'intégration* »[1519]. À cet égard, elle doit « (...) *bénéficier d'une indépendance absolue. Celle-ci doit être garantie non seulement à l'égard des États mais également à l'encontre des organes interétatiques eux-mêmes* »[1520]. Cela est d'autant plus important que la place prépondérante qu'occupe la Conférence dans le processus de sanction n'a pas permis un développement homogène de la pratique, notamment en matière de coup d'État et autres changements anticonstitutionnels de gouvernement. Ainsi, on a vu que dans une situation, la Conférence pouvait sanctionner de façon virulente un État pour changement anticonstitutionnel de gouvernement mais que dans une autre pourtant similaire, se montrer hésitante voire muette quant aux mesures à prendre. Cette variabilité est sans doute due au fait qu'un grand nombre de chefs d'État et de gouvernement au sein de la Conférence ont accédé au pouvoir dans des conditions ne respectant pas toujours la légalité constitutionnelle de leurs États ou même les textes de l'organisation. Il est alors difficile pour ceux-ci de prendre position en faveur de mesures qui pourront un jour leur être appliquées.

659. C'est donc pourquoi il semble pertinent, dans l'optique de rationaliser le pouvoir de sanction de l'UA, de dessaisir la Conférence de son leadership en la matière au profit de la Commission qui représente les intérêts de l'organisation. Pour ce faire, un préalable est indispensable : affranchir la Commission de sa dépendance vis-à-vis de la Conférence et du Conseil exécutif, car « *la nature des missions conférées à l'organisation ne peut pas être sans relation sur la répartition de l'autorité entre les organes interétatiques et les organes intégrés...* »[1521] ; surtout que « *l'importance du rôle des organes intégrés est un bon critère de la puissance de l'organisation et de son autorité face aux États membres* »[1522]. Dans le cadre de cette réflexion, il nous semble nécessaire de repenser la répartition des compétences au sein de l'édifice continental africain et de placer la Commission dans une situation dans laquelle elle « *dispose d'une vaste sphère d'autorégulation et d'auto-organisation, qui semble inhérente à la qualité* [d'organe exécutif majeur de l'UA], *lorsque qu'*[elle] *n'est pas soumis*[e] *à une responsabilité*

---

de la Direction traitant des questions liées à la prévention, à la gestion et au règlement des conflits ».

1519 Chahira BOUTAYEB, *Droit institutionnel de l'Union européenne*, *op. cit.*, p. 285.

1520 Jacques SCHWOB, *Les organes intégrés de caractère bureaucratique dans les organisations internationales*, *op. cit.*, p. 231.

1521 *Ibidem*, p. 151.

1522 Hubert THIERRY, Jean COMBACAU, Serge SUR, Charles VALLEE, *Droit international public*, Paris, Montchrestien, 1979, p. 689.

politique devant les organes interétatiques »[1523]. Cela n'aurait de sens dans le contexte africain que si les modalités d'élection des commissaires sont revues, qu'un rôle d'exécutif continental soit véritablement consacré à la Commission (**1**) et qu'une vitalité des organes juridictionnels en matière de sanctions soit encouragée (**2**).

1- La refondation de la Commission

La refondation de la Commission passe par une révision des modalités d'élection des commissaires **(a)** et par la proclamation d'un exécutif continental **(b)**.

a- La révision des modalités d'élections des commissaires

660. C'est une pure utopie de penser l'indépendance des organes non représentatifs des États dans le contexte africain sans revoir les modalités de nomination de ses membres. À l'heure actuelle, la dépendance consacrée des organes représentant les intérêts de l'organisation vis-à-vis des organes interétatiques n'est pas de nature à permettre une réelle efficacité du pouvoir de sanction. Comme on a pu le constater, la Commission est responsable devant le Conseil exécutif, même si les modalités de révocation de son président et de ses membres sont mieux encadrées que celles qui existaient au sein de l'OUA[1524]. Il est vrai que l'Acte constitutif (article 5) fait de la Commission un organe clé de l'organisation ; cependant, sa structure, son organisation et ses attributions restent déterminées par la Conférence. Une situation qui ne lui permet pas de bénéficier d'une véritable indépendance vis-à-vis de ces organes.

661. Ainsi, la piste de réflexion proposée est de dépasser cet assujettissement de la Commission aux organes interétatiques. Pour ce faire, cet organe doit assurer son propre fonctionnement. La reconnaissance d'un pouvoir d'autorégulation lui permettrait de fixer librement, sans ingérence des organes interétatiques, ses modalités de fonctionnement et d'organisation. Elle instituerait ainsi sa propre organisation, fixerait en toute liberté son ordre du jour, organiserait librement ses services et désignerait ses fonctionnaires. Ainsi, la nomination au poste clé de président de la Commission gagnerait à ne plus être le fait de la Conférence. Il pourrait aussi être envisagé un système dans lequel les communautés économiques régionales, en tant qu'elles font partie de l'Architecture de paix et de sécurité de l'UA, ainsi que le Parlement

---

[1523] *Ibidem*, p. 233.

[1524] Voir *supra* : Partie II, Chap. II, section II, paragraphe II.

panafricain, en tant organe représentant les peuples du continent, aient un rôle à jouer dans la désignation des membres de la Commission. Ainsi, on envisage l'hypothèse selon laquelle chaque région proposerait un candidat au poste de président de la Commission. Les différents candidats retenus devraient alors passer une audition devant les parlementaires africains qui, par la suite, procéderaient à l'élection de celui-ci. Puis, compte tenu des moyens limités, on pourrait envisager que celui ou celle arrivé(e) en second sur la liste serait choisi(e) comme vice-président(e) de la Commission, pour un mandat de quatre ans renouvelables une fois. Pour le poste clé de commissaire à la paix et la sécurité, le président choisi pourrait proposer des candidatures respectant l'équilibre continental. Pour ce poste particulier, il pourrait ainsi être envisagé de réunir à la fois le vote des parlementaires africains et celui du président de la Commission. Ainsi, le commissaire choisi le serait pour un mandat de quatre ans, renouvelable une fois. Pour les autres commissaires, il reviendrait par la suite au président de la Commission de proposer des candidats à la Conférence des chefs d'État et de gouvernement. Le choix des commissaires se ferait par les votes réunis de la Conférence des chefs d'État et de gouvernement et du président de la Commission. Les commissaires choisis devraient y exercer leurs fonctions en toute impartialité et indépendance sans aucune pression des chefs d'État et de gouvernement. Si le choix du président de la Commission, du vice-président et du commissaire à la paix et la sécurité échappaient aux organes interétatiques, cela ne voudrait en aucun cas dire que la responsabilité de la Commission ne serait pas engagée. Étant donné que dans cette hypothèse, le Parlement panafricain représenterait la légitimité démocratique et la Commission serait en quelque sorte l'exécutif continental, il est logique que le contrôle de son activité soit réalisé par les parlementaires. Toutefois, pour que cette hypothèse soit pertinente, il est aussi important que le Parlement panafricain soit davantage impliqué au sein de l'édifice continental au lieu de se contenter de faire des recommandations sur des domaines qui lui sont soumis par la Conférence et qui, par ailleurs, nécessitent l'approbation de cette dernière. Il semble, en effet, important dans ce contexte de développer davantage le pouvoir du Parlement panafricain et que la Commission, en tant qu'organe intégré, soit responsable devant lui. Si le Parlement panafricain doit « *promouvoir les principes des droits de l'homme et des peuples et de démocratie en Afrique* [ou encore], *encourager la bonne gouvernance, le respect de l'État de droit, la transparence et l'obligation redditionnelle dans les États membres (...), promouvoir la paix, la sécurité et la stabilité...* »[1525] sur le continent africain, il importe donc de lui donner toutes les compétences et les pouvoirs nécessaires à la réalisation de cette tâche.

[1525]Article 3, alinéa (c), (d), (f), du Protocole à l'Acte constitutif de l'Union africaine relatif au Parlement panafricain du 27 juin 2014.

662. Or, à l'heure actuelle, le Parlement panafricain n'incarne encore aucune légitimité démocratique ; si ce n'est virtuelle au regard de sa dénomination. Les parlementaires africains sont désignés au sein des parlements nationaux. Par ailleurs, leurs missions sont soumises aux *desiderata* de la Conférence[1526]. Pour que la rationalisation envisagée soit effective, une volonté tenace des chefs d'État et de gouvernement de se dessaisir de leurs prérogatives au profit de ces parlementaires, à qui il reviendrait donc la lourde tâche d'asseoir l'indépendance institutionnelle de la Commission vis-à-vis de la Conférence et du Conseil exécutif semble donc nécessaire. Si le système prôné ici est résolument semblable à celui existant dans le cadre européen, c'est bien parce que les organes mis en place dans le contexte africain se sont fortement inspirés de l'organisation européenne. On peut, en effet, relever le dynamisme de la Commission européenne dans la mise en œuvre des politiques dans l'intérêt de l'Union[1527] . Il est donc intéressant d'envisager, dans le cadre continental africain, de donner suffisamment de pouvoir à la Commission afin qu'elle ne soit plus perçue comme un organe subsidiaire, annexe[1528] , ou au service des organes interétatiques, mais comme un organe au service de l'organisation dans son ensemble[1529]. En ce sens, il nous semble pertinent d'accroître son rôle en matière de sanctions.

b - La proclamation d'un exécutif continental

663. Plus qu'un secrétariat, la Commission devrait jouer un rôle indispensable en matière de sanctions. Dans la continuité de l'hypothèse posée plus haut, elle disposerait, par exemple en matière de sanctions contre les coups d'État et autres changements anticonstitutionnels de gouvernement, d'une responsabilité conjointe avec le CPS et la Conférence comme prévu dans les textes. Cependant, au lieu que ce soit la Conférence qui détermine les sanctions applicables, ces compétences pourraient être transférées à la Commission et au CPS. Ainsi, la Commission ne serait plus placée sous l'autorité du CPS mais agirait en collaboration avec lui. Parce que les textes font du CPS l'organe principal de l'Architecture de paix et de sécurité, il en resterait, de ce fait, l'organe principal afin d'éviter des conflits de compétences. Les décisions seraient prises conjointement par le CPS, organe central dans le maintien de la paix et de sécurité sur le continent, et la Commission, gardienne des traités. L'avantage de cette configuration serait

[1526]Cf. article 8 du Protocole à l'Acte constitutif de l'Union africaine relatif au parlement panafricain du 27 juin 2014 relatif aux attributions et pouvoirs du Parlement panafricain.
[1527]Voir Chahira BOUTAYEB, *op. cit,* p. 287.
[1528] Jacques SCHWOB, *op. cit.*, p. 199.
[1529]*Ibidem*

d'éviter que les intérêts partisans prennent le pas sur les intérêts de l'organisation. L'indépendance institutionnelle de la Commission ainsi envisagée, si elle est effectivement appliquée, permettrait au regard de la mise en œuvre de sanctions aussi délicates que celles contre les coups d'État, d'intégrer les critères objectifs promut dans les textes de l'organisation continentale.

664. En ce sens, notons que consciente de la nécessité de rationaliser les compétences de la Commission, la Conférence, sous l'impulsion du gouvernement libyen, avait souhaité une transformation de cet organe pour lui accorder beaucoup plus de prérogatives. Cette initiative, approuvée à Syrte (Libye) en juillet 2009, d'une évolution de la Commission de l'UA en « *Autorité de l'Union africaine* » [1530] ne s'est cependant jamais concrétisée [1531], jusqu'à son abandon définitif en janvier 2013. Ce peu d'empressement à étudier les réelles possibilités de renforcer les pouvoirs de cet organe sont peut-être le signe d'une volonté manifeste de maintenir les choses en l'état alors qu'en tant qu'organe intégré, celle-ci n'existe en principe que par et pour l'organisation. Elle est étroitement subordonnée aux buts et fonctions de l'UA, exprime son autonomie et n'agit qu'au nom de cette institution[1532]. Par ailleurs, la réussite d'un tel système dépend aussi des personnes chargées d'une telle mission. Il faudrait à ces postes des hommes et femmes dont la personnalité et la volonté de faire avancer l'organisation soient fortes pour pouvoir s'imposer aux États membres.

665. Au demeurant, il est évident que pour qu'il soit envisagé dans le contexte africain actuel un transfert de compétences de la Conférence à la Commission, une véritable volonté des chefs d'État et de gouvernement du continent est indispensable. La réforme de l'organisation continentale africaine est sans doute le plus grand obstacle à surmonter pour permettre une

---

[1530]Voir Doc UA/Conférence de l'Union, Décision sur la transformation de la Commission de l'Union africaine en l'Autorité de l'Union africaine. Assembly/AU/Dec.263(XIII), 13e session ordinaire de la Conférence de l'Union, 1er-3 juillet 2009, p. 1.

[1531]Ce projet a été reporté de nombreuses fois comme en témoignent ces décisions. Voir : Doc UA/Conférence de l'Union, Décision sur la transformation de la Commission de l'Union africaine en Autorité de l'Union africaine. Assembly/AU/Dec. 298(XV), 15e session ordinaire de la Conférence de l'Union, 25- 27 juillet 2010, p. 1. Voir : Doc UA/ Conférence de l'Union, Décision sur la transformation de la Commission de l'Union africaine en Autorité de l'Union africaine. Assembly/AU/Dec.341(XVI), 16e session ordinaire de la Conférence 30-31 janvier 2011 ; Doc.UA/Conférence de l'Union, Décision sur la transformation de la Commission de l'Union africaine en Autorité de l'Union africaine. Assembly/AU/Dec(XVIII), 18e session ordinaire de la Conférence de l'Union, 29-30 janvier 2012 ; Doc.UA/Conf de l'Union. Décision sur le rapport intérimaire sur la transformation de la Commission de l'Union africaine en Autorité de l'Union africaine. Assembly/AU/Dec.454(XX), 20e session ordinaire de la Conférence de l'Union 27-28 janvier 2013.

[1532]Serge SUR, *Relations internationales*, Paris, Montchrestien, 2e éd., 2000, p. 301.

amélioration des mécanismes de sanctions de l'UA. La question de la réforme du système institutionnel de l'UA a ainsi refait son apparition récemment. Lors de la réunion des chefs d'État et de gouvernement de l'Union à Kigali en juillet 2016, il fut acté d'ouvrir à nouveau ce dossier. La Conférence décida ainsi de confier à Paul KAGAME, alors président en exercice, la mission de « (…) *soumettre un rapport sur les réformes à envisager en vue d'asseoir une gouvernance à la hauteur des défis de l'Union…* »[1533].

666. En 2018, lors de la 30e session ordinaire de la Conférence, de premières pistes de réflexion ont été émises[1534]. Les premières pistes envisagées touchent, entre autres, les sessions de la Conférence qui passeront, à partir de 2019, à un sommet ordinaire. Les réformes portent aussi sur les quotas de personnel de l'organisation, sur le financement de l'organisation, etc.[1535]

Un autre élément nécessaire à un renforcement du mécanisme de sanctions de l'UA serait une meilleure implication des organes juridictionnels.

2- Un plus grand investissement des organes juridictionnels en matière de sanctions

667. Suivant une conception dominante, la règle de droit est celle dont la violation appelle l'intervention du juge[1536] et « *de cette intervention, elle tire sa spécificité théorique par rapport aux autres règles de conduite, et son efficacité pratique...* »[1537]. En droit international, le développement des organisations internationales a conduit à donner une place de plus en plus importante à la sanction juridictionnelle. De ce fait, il est revenu à des juridictions internationales la tâche importante de contrôler le respect des

---

[1533] Voir : Doc. UA/Assembly/AU/Dec. 606(XXVII), 27e session ordinaire de la Conférence de l'Union, Kigali (Rwanda), 17-18 juillet 2016. Voir aussi Doc. UA/Assembly/AU/ Dec. 650(XXIX), Doc. Assembly/AU//2 (XXIX), Décision sur le rapport de S.E.M. Paul KAGAME, président de la République du Rwanda, sur la réforme institutionnelle de l'Union africaine sur la mise en œuvre de la décision, adoptée lors de la 29e session ordinaire du 2-4 juillet 2017 à Addis-Abeba (Éthiopie).

[1534] Ces pistes concerneront l'approfondissement du processus de consultation, le quota féminin, les quotas en faveur des jeunes et le financement des programmes pour l'emploi des jeunes à l'Union africaine, Cf Doc.UA/ Assembly/AU/Dec.687(XXX), Décision sur le Rapport intérimaire sur l'état d'avancement de la mise en œuvre de la décision Assembly/AU/Dec.635(XXVIII) sur la réforme institutionnelle de l'Union africaine, 30e session ordinaire de la Conférence tenue le 28-29 janvier 2018 à Addis-Abeba (Éthiopie).

[1535] *Ibidem*

[1536] Jean RIVERO, S*anction juridictionnelle et règle de droit. Études juridiques offertes à Léon JULLIOT DE LA MERANDIER, Extrait*, Paris, Dalloz, 1964, p.457.

[1537] *Ibidem*

traités constitutifs par les États membres[1538]. Or, cette fonction constitue une manifestation du pouvoir[1539]. En effet, selon le professeur VIRALLY, « *le juge est probablement avec le chef militaire chargé de diriger les entreprises collectives et avec le sorcier chargé des rapports avec les puissances numineuses la première autorité sociale que l'humanité ait connue* »[1540].

668. Toutefois, cette perception a pris du temps pour se cristalliser dans le droit des organisations internationales et en particulier de l'organisation africaine. Sans revenir en détail sur la naissance et les compétences des organes juridictionnels précédemment analysées, rappelons juste que l'institutionnalisation d'une juridiction dans ce contexte particulier n'a pas été évidente[1541]. Bien que les choses aient évolué, il s'avère, pour l'heure, que l'organe juridictionnel africain n'exerce pas encore concrètement toute l'étendue des compétences qui lui sont reconnues.

669. En matière de protection des droits de l'homme, un certain activisme a néanmoins été constaté. Quant à l'efficacité des décisions juridictionnelles, il semble aujourd'hui encore difficile de déterminer leur véritable impact sur le comportement des États membres, car de nombreuses carences sont encore perceptibles sur le continent. Tout de même, il importe de relever que la Cour a été saisie de nombreuses requêtes concernant les violations des droits de l'homme dans les États membres de l'organisation. En effet, elle a pris environ quarante-deux arrêts sur ce sujet[1542] et de nombreuses requêtes sont en cours d'instruction[1543]. Mais cela peut paraître toujours peu au regard des nombreuses violations perpétrées sur le continent, c'est pourquoi une plus grande vitalité des organes juridictionnels en matière de sanctions semble plus que nécessaire. Ainsi, tout en reconnaissant les progrès réalisés en matière de protection des droits de l'homme, il est également important de reconnaître qu'il conviendrait d'impliquer encore davantage cette Cour dans le contrôle et les sanctions d'un manquement au droit interne de l'UA. Le Protocole de 2014 amendant le Protocole portant statut de la Cour africaine des droits de l'homme et des peuples va dans ce sens avec l'introduction du crime de changement anticonstitutionnel. On l'a vu, ce nouveau texte qualifie, en effet, les changements anticonstitutionnels de gouvernement de crimes nécessitant une réaction en accord avec la

---

[1538] Joël RIDEAU, *Juridictions internationales et contrôle du respect des traités constitutifs des organisations internationales*, Paris, LGDJ, 1967, p.1

[1539] *Ibidem*, p. 41.

[1540] Michel VIRALLY, *La pensée juridique*, Paris, LGDJ, 1960 p. 104.

[1541] Voir *supra*, Partie I, Tire II, Chapitre I et Partie II, Titre I, Chapitre I, Section II, paragraphe II.

[1542] Chiffres disponibles sur le site de la Cour africaine des droits de l'homme et des peuples : http://fr.african-court.org/, consulté le 24/01/2018.

[1543] *Ibidem*

qualification juridique retenue. À cet effet, il a été prévu des peines et des amendes pour les auteurs de changement anticonstitutionnel de gouvernement. Toutefois, au stade où en est la procédure de ratification de ce Protocole[1544], il semble qu'il faille attendre encore longtemps pour que celui-ci entre en vigueur et donc que les mesures envisagées soient effectivement appliquées.

670. En parallèle du développement de la Cour de l'UA, les Communautés économiques régionales ont également investi le champ de la protection des droits de l'homme[1545]. C'est, par exemple, le cas de la Cour de justice de la CEDEAO dont le Protocole complémentaire adopté en 2005[1546] a élargi les compétences à la protection des droits de l'homme. Le système ouest-africain étant dépourvu de textes spécifiques en matière de droits de l'homme, cette Cour agit en prenant comme texte de référence la Charte africaine des droits de l'homme et des peuples. Ainsi, on constate que depuis, la Cour de justice de la CEDEAO a pris de nombreuses décisions en matière de protection des droits de l'homme[1547]. Il est vrai que les cours subrégionales ont été prévues à un moment où le système de protection continentale des droits de l'homme vacillait. Cependant, à l'heure l'actuelle, on peut à juste titre poser la question des relations existantes entre les cours de justice subrégionales, à l'instar de la Cour de justice de la CEDEAO, et celle de l'UA. Cette coexistence ne pose-t-elle pas de problèmes quant à l'interprétation de la Charte africaine des droits de l'homme et des peuples ? En matière de protection des droits de l'homme, les cours subrégionales doivent-elles se dessaisir au profit de la Cour de l'UA ? En se fondant sur l'article 56 de la Charte qui permet aux ONG de saisir la juridiction continentale, celle-ci autoriserait-elle cette procédure ? La Cour africaine des droits de l'homme est-elle un degré de juridiction plus élevé que celui des cours subrégionales ? Ce

---

[1544]Au 03 juin 2017, seuls 10 États l'avaient ratifié sachant que la ratification de 15 États membres est nécessaire pour que ce Protocole puisse entrer en vigueur. Les informations concernant l'état d'avancement de la ratification de ce Protocole par les États membres de l'UA sont disponibles sur le site de l'UA : https://au.int/sites/default/files/treaties/7804-sl-protocol_on_amendments_to_the_protocol_on_the_statute_of_the_african_court_of_justice_and_human_rights.pdf

[1545]On note que le Tribunal de la SADC est prévu à l'article 9 (f) du traité de la SADC. Les textes portant création du Tribunal et ses règles de procédure ont été adoptés en 2000 et sont entrés en vigueur en 2001 mais c'est en 2005 que ce tribunal est devenu opérationnel. Mentionnons également la Cour de justice de la CAE établie par l'article 9 du Traité établissant la Communauté de l'Afrique de l'Est. Cette Cour est devenue opérationnelle en 2001 et ses règles de procédures ont été adoptées en 2004.

[1546]Prévu aux articles 6 et 15 du Traité révisé de la CEDEAO, le Protocole relatif à la Cour n'est toutefois signé que le 06 juillet 1991 et il est entré en vigueur le 5 novembre 1996. En janvier 2005, sa compétence est étendue à la protection des droits de l'homme (Article 9 (4) du Protocole de 2005).

[1547]Voir les affaires *Dame Hadijatou Mani Koraou c/ la République du Niger*, arrêt rendu le 27 octobre 2008, et *Chief Ebrimah Manneh c/ la République de Gambie*.

sont autant de questionnements non exhaustifs auxquels qu'il convient de répondre dans l'optique d'une rationalisation de l'organe juridictionnel continental.

671. Une telle rationalisation exige qu'un texte continental précisant les relations entre la Cour africaine et les cours subrégionales soit adopté pour régler notamment la question de l'interprétation de la Charte africaine des droits de l'homme et des peuples. On pourrait envisager la mise en place d'un système homogène de protections des droits de l'homme avec, à un niveau supérieur, la Cour africaine de justice et des droits de l'homme, à laquelle viendraient se greffer les cours subrégionales en faisant donc d'elle « (...) *la clef de toute* [l'] *organisation social*e »[1548], qui serait en l'occurrence l'UA. Cette configuration contribuerait, sur le long terme, à la construction d'un véritable droit communautaire continental comme ce fut le cas dans l'ordre juridique européen.

Un autre élément important de cette rationalisation est la centralisation de la prise de décisions en matière de sanctions autour du CPS.

B- Une centralisation de la prise de décisions en matière de sanctions autour du CPS

672. La force d'une sanction dépend de la place qu'on lui accorde dans le dispositif institutionnel dans lequel elle s'inscrit. En droit international, leur efficacité est fonction du rapport de force qui existe entre les États membres et l'organisation[1549]. Or, dans le cadre de l'organisation africaine, on a pu constater et analyser une variabilité des sanctions décidées par cette entité. Autant une certaine constance se dégage de l'application des sanctions pour arriérés de contributions ; autant l'application des sanctions pour coups d'État et autres changements anticonstitutionnels de gouvernement est caractérisée par une certaine flexibilité. Un tel constant appelle un renforcement des dispositifs de sanction indispensable. Précisément, il serait souhaitable que ces mesures soient prises par un seul organe, en l'occurrence le CPS.

673. À l'heure actuelle, le CPS constitue l'organe principal de l'UA en matière de paix et de sécurité. Toutefois, on ne peut ignorer l'influence de plus en plus croissante des organisations subrégionales en matière de paix de sécurité, de protection des droits de l'homme, mais surtout de sanction contre

---

[1548]Voir Georges SCELLE, Préface à Charles CARABIBER, *Les juridictions internationales de droit privé.* Neuchatel, Ed. De la Baronnière, 1947, p. 21.

[1549] Lire l'étude générale de Stanley HOFFMAN sur les *Organisations internationales et pouvoirs politiques des États*, Paris, A. Colin, date ? ; cité par Charles LEBEN, *Les sanctions privatives de droits ou de qualités dans les organisations internationales spécialisées*, Bruxelles, Bruylant, 1979. p. 297.

les coups d'État et autres changements anticonstitutionnels de gouvernement. Le principal exemple de cette tendance est l'influence de plus en plus grandissante de la CEDEAO en tant principal acteur du maintien de la paix et la sécurité sur le continent. Cette influence, qui en soi n'est pas néfaste, tend tout de même à faire de l'ombre à l'organisation continentale. La coexistence de l'UA avec les organisations subrégionales poursuivant des objectifs similaires sera vraisemblablement, à un moment ou à un autre, une source inévitable de conflits de leadership entre ces diverses entités. Il n'y a qu'à rappeler comment, dans le cadre de certaines crises qui ont marqué le continent, le CPS s'est retrouvé à entériner les décisions prises par la CEDEAO. Tel a été notamment lors de la crise survenue au Niger en 2009.

674. En effet, le président TANGA avait en l'espèce modifié la constitution dans l'optique de briguer un nouveau mandat. Le refus du Conseil constitutionnel et de l'Assemblée nationale de cette époque conduira à la dissolution de ces deux organes par le président. Alors que la CEDEAO sanctionna le pays en l'excluant de ses activités pour changement anticonstitutionnel de gouvernement[1550], le CPS est resté plutôt passif et s'est contenté d'entériner, lors de sa 207e réunion le 29 octobre 2009, les décisions prises par la CEDEAO[1551]. Ce n'est que plus tard qu'il sanctionnera le Niger[1552]. Ce cas, comme bien d'autres, est symptomatique de la montée en puissance de la CEDEAO au détriment du CPS. Même si les textes de l'organisation considèrent la CER comme intégrant l'Architecture de paix et de sécurité de l'UA, si de telles situations persistent, au lieu d'une collaboration, c'est plutôt un déséquilibre qui s'installera au niveau continental avec des disparités entre les sous-régions dans la gestion des crises et la prise de sanctions.

675. Ainsi, la rationalisation proposée devrait permettre une centralisation en matière de paix et de sécurité et de tous les sujets qui s'y rapportent au niveau continental. Précisément, en cas de coup d'État dans une

---

[1550]Durant la Conférence des chefs d'État et de gouvernement de la CEDEAO, celle-ci avait « *invité (...) les autorités du Niger à s'abstenir de commettre d'autres actes qui pourraient approfondir les divisions dans le pays et exacerber l'atmosphère politique* ». En vertu de son Protocole additionnel sur la démocratie et la bonne gouvernance elle décida des sanctions qui consistaient dans un premier temps au « *refus de soutenir les candidatures présentées par l'État membre concerné à des postes électifs dans les organisations internationales* » et « *le refus de tenir toute réunion de la CEDEAO dans l'État membre concerné* » (Doc CEDEAO, Communiqué final, session extraordinaire de la Conférence des chefs d'État et de gouvernement de la Communauté économique des États de l'Afrique de l'Ouest (CEDEAO), Abuja (Nigeria), 17 octobre 2009).

[1551]Doc.UA. PSC/AHG/COMM.2(CCVII), 207e réunion du CPS, Addis-Abeba, 29 octobre 2009.

[1552]Doc. UA.PSC/PR/COMM.2(CCXVI), 216e du CPS, Addis-Abeba, 16 février 2010. Voir aussi Doc.UA. PSC/PR/BR.2(CCXX), 220e réunion du CPS, Addis-Abeba, 11 mars 2010.

sous-région du continent, il conviendrait que ce soit uniquement le CPS qui condamne et prenne les sanctions qui seront mises en œuvre au niveau subrégional. Ainsi, on pourrait envisager un système similaire à celui de l'UE avec une répartition des compétences entre l'organisation continentale et les organisations subrégionales en matière de paix et de sécurité. De ce fait, tout le mécanisme continental de sanctions au niveau de l'acte de déclenchement, des modalités de levée, serait de la compétence exclusive de l'organe continental ; tandis que la mise en œuvre des sanctions et de leur éventuelle prorogation en cas de non-respect, par l'État membre sanctionné, des mesures décidées au niveau continental, mais aussi des modalités de réintégration des États sous sanctions, pourrait faire l'objet de compétences partagées entre le CPS et les CER. Ainsi, la suspension décidée au niveau continental devrait s'appliquer automatiquement au niveau subrégional. La réintégration de l'État se ferait après examen à la fois du CPS et de la CER à laquelle l'État appartient. Pour cela, il faudrait régler au préalable la question de l'adhésion des États à plus d'une CER. Toutefois, si de telles interrogations se posaient, c'est-à-dire lors d'une crise qui surviendrait dans un État appartenant à plusieurs CER, la compétence reviendrait à la CER dont le système institutionnel est mieux outillé pour répondre à la situation en question. Dès lors, la stratégie à privilégier est celle de la localisation des forces de paix. Ainsi, chaque armée nationale, ou à défaut, l'armée nationale d'un « État leader » dans chaque sous-région, mettrait à disposition du Mécanisme continental de prévention des conflits un contingent de soldats formés et équipés pour toute opération, ainsi que les moyens d'agir pour un état-major africain placé sous le contrôle direct du CPS dans le but de limiter les coûts inhérents à la projection des forces[1553].

676. *In fine*, les matières qui reviendraient à la compétence exclusive des CER relèveraient du domaine économique pour lesquelles ces dernières ont été créées. Un tel système permettrait sans doute une harmonisation et une visibilité des mesures décidées, qui dépendraient d'un seul organe. Leur mise en œuvre nécessiterait, cependant, la volonté autant des chefs d'État et de gouvernement que de l'UA et des CER de se départir de leurs compétences respectives au profit du couple CPS/Commission de l'UA.

Paragraphe 2 : La recherche d'une consolidation des mécanismes de sanction

677. La rationalisation envisagée des structures de l'UA agissant en matière de sanctions doit être accompagnée d'un renforcement juridique en la matière. En effet, les textes de l'organisation touchent de nombreux domaines

---

[1553] Mwayila TSHIYEMBE, « Difficile gestation de l'Union africaine », *Le Monde diplomatique*, juillet 2002, pp. 22-23.

en matière de sanctions, toutefois une mise en œuvre effective de ces mesures nécessite de préciser la force contraignante de ces actes dans le droit de l'UA (**A**). Par ailleurs, il paraît également important que davantage de précisions soient données concernant les modalités de levée des sanctions à travers l'introduction d'un mécanisme de suivi et contrôle des décisions de l'UA (**B**).

A- Une plus grande acuité de la force contraignante des décisions de l'Union africaine

678. La pratique continentale africaine en matière de sanctions a démontré de nombreuses difficultés parmi lesquelles l'impermanence de la notion de coup d'État et autres changements anticonstitutionnels de gouvernement déjà envisagée plus haut. Outre ce constat, on a remarqué une certaine imprécision quant à la force juridique des décisions de l'organisation panafricaine, mais aussi l'absence de mécanisme de suivi de ces décisions. Ainsi, dans un premier temps, ce qui retiendra ici notre attention est la nécessité de préciser la force contraignante des différentes décisions de l'organisation continentale.

679. L'article 33 du règlement intérieur de la Conférence procède à une classification des décisions de l'UA. Précisément, d'après cette disposition, trois catégories d'actes sont prises par l'organisation : les règlements ; les directives ; et les autres actes, c'est-dire les recommandations, les déclarations, les opinons, etc.[1554] . Des types d'actes précités, seuls les deux premiers sont obligatoires trente jours après leur publication au *Journal officiel de l'Union africaine* ou à la date spécifiée dans la décision[1555]. Au regard des définitions qui ont été précédemment données de ces différents actes, l'on s'interroge sur le point de savoir dans quelle catégorie doit-on classer les décisions portant des sanctions à l'encontre d'États membres. Il ne s'agit pas de revenir sur cette question déjà abordée en détail, néanmoins l'on rappellera que le règlement tel qu'il est envisagé dans le cadre continental peut être appréhendé, comme l'équivalent de la loi en droit interne en ce qu'il s'applique directement aux États membres. Les directives le sont également

---

[1554]Voir article 33 du règlement intérieur de la Conférence. Pour rappel, cet article prévoit que : « 1. *Les décisions de la Conférence sont prises sous les formes suivantes : a) Les règlements : ils sont directement applicables dans les États membres qui doivent prendre toutes les mesures appropriées pour leur mise en œuvre. b) Les directives : elles sont adressées à un État membre ou à l'ensemble des États membres, aux groupements et aux individus. Elles ont un caractère obligatoire pour les États membres pour ce qui est des objectifs à atteindre, tandis que les autorités nationales ont le pouvoir de déterminer la forme et les moyens à utiliser pour leur mise en œuvre. c) Les recommandations, déclarations, résolutions, opinions etc. : elles n'ont pas un caractère obligatoire et sont destinées à orienter et à harmoniser les points de vue des États membres. 2. La non-application des règlements et des directives est passible des sanctions appropriées, conformément à l'article 23 de l'Acte constitutif* »

[1555]Article 24 du règlement intérieur de la Conférence.

mais, à la différence des premières, les États ont le choix des moyens de leur mise en œuvre. La grande absente de cette liste est la décision, qui est obligatoire dans tous ses éléments pour son destinataire[1556].

680. En ce qui concerne les sanctions, il serait envisageable que l'organisation précise davantage dans quelle catégorie se classe ce type d'actes pris par la Conférence, le Conseil exécutif et le CPS. À cet égard, relevons que la décision portant sur le rapport intérimaire sur l'état d'avancement de la mise en œuvre des réformes de l'UA envisage une évolution dans ce sens lorsqu'elle souligne que « *les fonctions décisionnelles seront convenablement définies pour assurer une dissociation des types de décisions prises au niveau de la Conférence, conformément à l'article 9 de l'Acte constitutif et au niveau du Conseil exécutif conforment à l'article 13 sur le Conseil exécutif. Les décisions seront convenablement catégorisées conformément à l'article 33 du règlement intérieur de la Conférence et de l'article 34 du règlement intérieur du Conseil exécutif, le type de décision ainsi que les obligations correspondantes en termes de conformité et de force exécutoire seront explicites dans toute décision prise* »[1557]. Même si, d'après le Protocole portant création du CPS, les États reconnaissent qu'en agissant ce dernier agit en leur nom, il semble toutefois important que l'UA se donne réellement les moyens de mettre en œuvre ses sanctions. Cela implique aussi une nécessaire précision des modalités de levée des sanctions et de réintégration des États membres sanctionnés.

B - Une meilleure définition des modalités de levée des sanctions et de réintégration des États membres sanctionnés

681. L'étude de la pratique de l'UA dans ce domaine n'a pas permis de dégager avec exactitude les modalités de levée des sanctions, surtout en matière de coup d'État et autres changements anticonstitutionnels de gouvernement. Pourtant, l'efficacité des sanctions décidées passe également par une précision des modalités de leur abrogation enfin d'éviter tout discrédit des mesures décidées par l'organisation continentale. Pour proposer des pistes de solutions, l'on s'intéressera à la pratique d'autres organisations internationales ; en l'occurrence, ici, l'Organisation des Nations Unies. Les modalités de levée des sanctions n'ont pas souvent été précisées dans les organisations internationales. Ainsi, l'ONU, qui fait pourtant figure

[1556]Article 288 du Traité sur fonctionnement de l'Union européenne (TFTUE). Voir aussi : Chahira BOUTAYEB, *op. cit.*, p. 531 ; Jean SALMON, *op. cit.*, p. 297.

[1557]Cf DOC. UA/ Assembly/AU/Dec. 687(XXX), 30e session de la Conférence de l'Union, Décision sur le rapport intérimaire sur l'état d'avancement de la mise en œuvre de la décision Assembly/AU/Dec.635 (XXVIII) sur la réforme institutionnelle de l'Union africaine, Addis Abeba (Éthiopie), 28-29 janvier 2018, § 16 et 17, p. 3.

d'exemple au regard de son mécanisme de sanction, n'a pas prévu de disposition en la matière. Par ailleurs, l'article 60 de la Convention de Vienne de 1969 sur le droit des traités ou encore l'article 288 du Traité instituant la Communauté européenne sont silencieux quant à la procédure qui organise la levée des mesures coercitives dont ces deux textes prévoient l'adoption (suspension du traité en cas de violation substantielle pour le premier, prononcé d'astreintes en cas de non-exécution des arrêts du juge communautaire pour le second), sans toutefois qu'un vide juridique n'ait été constaté[1558].

682. Lorsque l'organisation mondiale a pris ses premières sanctions, leurs modalités n'ont pas véritablement intéressé la doctrine. Il a fallu attendre l'ouvrage de Jean COMBACAU pour que soit théorisée, pour la première fois, la question de l'abrogation de la sanction. D'après cet auteur, l'abrogation de « *l'acte de sanction* [peut] *résulté aussi bien de la modification de la situation qui le fondait que celle de l'acte de déclenchement* »[1559]. On peut déduire deux hypothèses de cette définition.

683. Une première serait celle d'une situation donnant lieu à une sanction qui disparaît de telle sorte qu'elle ne justifie plus cette sanction. Il est alors certain que l'organisation est tenue d'abroger l'acte de sanction qui n'a plus aucune base légale[1560]. Dans le cadre de l'ONU, une telle appréciation est réalisée en premier lieu par les États, qui interpréteront individuellement le changement de situation et interpelleront ensuite le Conseil de sécurité, qui est le seul à pouvoir juridiquement mettre fin au régime de sanction[1561].

684. Dans la seconde hypothèse, une levée de la sanction ferait suite à une modification de l'acte de sanction. Ici, « *la disparition ou la disqualification de la situation justifiant la sanction, si elle demeure suffisante pour retirer l'acte de sanction n'est plus nécessaire. En effet en vertu de son pouvoir discrétionnaire dans le déclenchement des sanctions le Conseil de sécurité n'est pas obligé de maintenir celles-ci même si la situation n'a pas beaucoup changé. Il peut dès lors, pour une raison ou pour une autre, mettre fin à son action coercitive par le retrait de l'acte initial déclenchant la sanction* »[1562]. Ce second cas semble accorder plus de place à des considérations politiques qu'à des raisonnements juridiques. Toutefois, la

[1558]Mathias FORTEAU, « La levée et la suspension des sanctions internationales », *AFDI*, 2005, p. 59.
[1559]*Ibidem*
[1560]Jean COMBACAU, *op. cit.*, p. 214.
[1561]*Ibidem*
[1562]Djacoba Liva TEHINDRAZANARIVELO, *Les sanctions des Nations unies et leurs effets secondaires*, *op. cit.*, p. 267.

pratique de l'organisation mondiale a permis de dégager plusieurs situations concrètes.

685. Tout d'abord, le recours constant du Conseil de sécurité à des sanctions a mis en lumière que « *les objectifs aux fins desquels des régimes de sanctions ont été institués dans des cas particuliers n'ont pas toujours été clairement définis. De fait, ils semblent parfois changer avec le temps. Compte tenu du caractère à la fois imprécis et changeant desdits objectifs, il* [était] *difficile pour le Conseil de sécurité de convenir du moment où l'on* [devait] *considérer qu'ils ont été atteints et que l'on* [pouvait] *lever les sanctions* »[1563]. Un second constat est l'absence de positions convergentes des États à ce sujet.

686. Ainsi, à défaut de vision uniforme des modalités de levée des sanctions[1564], c'est à travers la pratique que l'organisation mondiale les a progressivement peaufinées[1565]. Après des hésitations s'agissant des modalités de levée des sanctions prises contre la Rhodésie du Sud et l'Afrique du Sud[1566] du fait de l'absence de dispositions en la matière dans la Charte de l'ONU, on constate une timide avancée à ce sujet au regard des sanctions prises contre le Soudan[1567]. Plus tard, le Conseil de sécurité privilégiera la levée partielle des sanctions en ne les appliquant qu'à l'une des parties au conflit, par exemple,

---

[1563]Doc Assemble générale/Conseil de sécurité de l'ONU. A/50/60/S/1995/1, L'agenda pour la paix : rapport de situation présenté par le Secrétaire général à l'occasion du cinquantenaire de l'Organisation des Nations Unies, 25 janvier 1995, § 68, p. 16.

[1564]En effet en la matière, il y a eu des divergences entre certains États dont les uns (France Russie) militaient pour une limitation des sanctions dans le temps tandis que les autres (États-Unis, Royaume-Uni) étaient favorables à une prolongation illimitée des sanctions. Sur cette question, voir : Mohamed BENOUNA, « Les sanctions économiques des Nations Unies », *op. cit.*, pp. 9-77, Mathias FORTEAU, « La levée et la suspension des sanctions internationales », *AFDI*, 2005 pp. 57-84, Djacoba Liva TEHINDRAZANARIVELO, *Les sanctions des Nations Unies et leurs effets secondaires*, *op. cit.*

[1565]Sur ces questions, voir notamment les modalités de levée des sanctions prises contre la Rhodésie du Sud (1966-1979) qui fut le premier cas. En l'espèce, les résolutions 232 (1966) et 253 (1968) imposaient un ensemble de mesures obligatoires contre la Rhodésie du Sud. Il faut dire que dans ce cas, les conditions de levée des sanctions n'étaient pas explicitées du fait de l'absence d'un tel dispositif dans la Charte. Toutefois, il découlait des résolutions précitées que la levée des sanctions serait conditionnée à la réalisation de l'objectif qui était de mettre fin au régime raciste et de permettre l'exercice par le peuple de la Rhodésie du Sud de son droit à l'autodétermination. Voir aussi les modalités de levée des sanctions prises contre l'Afrique du Sud (1977-1994), sur la base des résolutions 181(1963) et 418 (1977) qui visaient à mettre fin au régime d'apartheid dans ce pays, etc.

[1566]*Ibid.*

[1567]Dans le cas des sanctions contre le Soudan (1996-2000), malgré l'absence de disposition expresse dans la Charte, la levée des sanctions contre ce pays était soumise au fait que, d'une part, le pays devait extrader les suspects de la tentative d'assassinat du président égyptien commise à Addis-Abeba le 26 juin 1995 et, d'autre part, le gouvernement soudanais devait renoncer à soutenir et faciliter les activités terroristes et leur accorder asile (voir S/RES/1044 (1996), Décision similaire faite par l'organe central du mécanisme de l'OUA pour la prévention, la gestion et la résolution des conflits).

après la formation d'un gouvernement provisoire, d'un gouvernement démocratique ou encore le rétablissement d'un gouvernement légitime[1568].

687. Ainsi, une pratique s'est peu à peu consolidée en droit international consistant en ce qu'une mesure défavorable à son destinataire ne peut le frapper aveuglément, arbitrairement[1569] et surtout indéfiniment. Il a donc fallu tenir compte des « (...) *contraintes de formes et de procédures auxquelles le Conseil de sécurité a finalement dû se plier...* »[1570]. Dans le cadre de l'ONU, le Conseil de sécurité est le seul organe compétent pour décider de la levée ou de la suspension des mesures décidées en vertu du chapitre VII de la Charte[1571]. Son silence ne doit signifier en aucun cas leur défaut d'application ou d'abrogation[1572].

688. L'idée dominante en la matière consistait à considérer que les sanctions du Conseil de sécurité devaient être assorties d'une limite temporelle, généralement de douze mois, accompagnée d'une procédure de vérification avant son terme. Par ailleurs, il était dûment précisé dans les résolutions prises par le Conseil de sécurité la possibilité d'une levée des sanctions si l'État en question satisfaisait aux conditions posées avant la fin prévue des mesures. Le Conseil de sécurité devait disposer de la latitude nécessaire pour apprécier les conditions de levée des sanctions sans que cela ne donne l'impression que « *les sanctions ont pour objectif de punir plutôt que de modifier un comportement politique, ou que les critères sont changés pour servir des fins autres que celles qui sont à l'origine de la décision* »[1573]. De ce qui précède, il appert que l'organisation mondiale a mis empiriquement en place une véritable procédure en matière de levée des sanctions.

689. Dans la pratique de l'UA, on l'a vu, l'article 25 de la Charte africaine de la démocratie, des élections et de la gouvernance ne précise pas les modalités d'abrogation des sanctions. Il semble que les modalités de levée des sanctions et de réintégration des États membres fluctuent, créant ainsi une dissymétrie entre les textes et la pratique du CPS en la matière. Dès lors, il paraît important que le CPS détermine désormais de façon précise les conditions qui doivent justifier la levée des sanctions prises contre un État fautif. Si, bien évidemment, les situations diffèrent d'un cas à l'autre, il semble indispensable, à chaque fois, que l'acte de déclenchement des sanctions du CPS prévoit également des modalités relatives aux sanctions contre les coups

---

[1568]Voir les cas des résolutions de l'ONU contre le Rwanda (1994-1996), S/RES/1011 (1995).
[1569]Mathias FORTEAU, « La levée et la suspension des sanctions internationales », *op. cit.*, p. 60.
[1570]*Ibidem,* p. 73.
[1571]*Ibid.*
[1572]Jean COMBACAU, *op. cit.*, p. 210.
[1573]Doc Assemblc générale/Conseil de sécurité de l'ONU. A/50/60/S/1995/1, préc., § 68, p. 16.

d'État et autres changements anticonstitutionnels de gouvernement précisant notamment les conditions de levée de ces mesures et comment l'État suspendu peut-il être réintégré au sein de l'organisation.

690. Précisément, il serait bon que le CPS dégage des critères objectifs que les États devraient satisfaire pour qu'il procède à la levée des sanctions édictées pour coup d'État ou autres changements anticonstitutionnels de gouvernement. Le premier critère à respecter, sans doute, serait un critère temporel. Toute opération coercitive implique une certaine limitation de sa durée en fonction de l'objectif qui lui est assigné[1574]. De ce point de vue, le CPS remplit cette condition, cependant il est moins regardant quant aux critères permettant la levée des sanctions. Il semble alors impératif pour cet organe d'apprécier de façon objective ces critères, ce qui permettrait sans doute de ne pas discréditer les mécanismes de sanction de l'organisation comme ce fut le cas dans la majorité des situations étudiées au regard desquelles la pratique du CPS était en totale opposition avec les dispositions des textes de l'UA. À cet égard, les réflexions amorcées lors du dixième anniversaire du CPS le 25 mai 2014 sont intéressantes. Il y a, en effet, reconnu « *la nécessité urgente d'introduire de sérieuses améliorations dans la façon et la manière avec lesquelles il répond aux menaces à la paix et à la sécurité sur le continent et les foyers de conflits violents en faisant un plus grand usage de son mandat, en particulier dans les aspects qui n'ont pas reçu une plus grande attention* »[1575]. De plus, le CPS « *a noté avec préoccupation la faible, l'insuffisante ou l'absence de mise en œuvre de certaines de ses décisions et a exprimé sa ferme détermination à lutter contre ce phénomène en prenant des mesures spécifiques, y compris la tenue d'une session spéciale à cet égard. Par ailleurs, le Conseil a appelé à accorder une plus grande volonté politique et davantage de ressources au CPS et à tous les autres aspects de l'Architecture africaine de paix et de sécurité, afin de mettre en œuvre efficacement les décisions sur la paix et la sécurité* »[1576].

691. En ce sens, le rapport sur la réforme de l'UA indique que « *le suivi et le contrôle de la mise en œuvre des décisions et des politiques deviendront un élément central des travaux de la Conférence, du Conseil exécutif, du COREP et de la Commission de l'UA, selon les modalités suivantes : i) La Commission de l'Union africaine et le COREP se réuniront mensuellement pour discuter de l'état d'avancement de la mise en œuvre des décisions et des politiques ; ii) La réunion de coordination semestrielle du Conseil exécutif en juin-juillet fera le point sur l'état de mise en œuvre ;iii) La réunion*

[1574]*Ibid.*
[1575]Doc. UA/PSC/PR/BR. (CDXXXVII), 437e réunion du CPS, dixième anniversaire du CPS, Addis-Abeba, 25 mai 2014.
[1576]*Ibid.*

semestrielle du Conseil exécutif fera le point sur l'état de mise en œuvre des décisions et des politiques ; iv) Le sommet de janvier évaluera l'état de mise en œuvre des décisions et des politiques et prendra des décisions en ce qui concerne le respect de celles-ci ; v) Les États membres prendront toutes les mesures nécessaires pour renforcer les capacités de mise en œuvre et de rapport des États membres, y compris à travers la désignation des points focaux »[1577]. Reste maintenant à espérer que ces mesures soulevées dans ce rapport trouvent une matérialisation concrète au sein de l'UA.

[1577]Cf Doc.UA/Assembly/AU/Dec.687(XXX), Décision sur le Rapport intérimaire sur l'état d'avancement de la mise en œuvre de la décision Assembly/AU/Dec.635(XXVIII) sur la réforme institutionnelle de l'Union africaine, 30e session ordinaire de la Conférence, préc., § 24.

Conclusion de la seconde partie

692. Au terme de cette partie, il apparaît avec évidence que la proclamation textuelle d'un système de sanctions s'est accompagnée d'un cadre organique et d'une procédure uniquement dédiée à cette fin. La mise en œuvre de ce dispositif pour l'application des sanctions a toutefois révélé quelque part d'ombres.

693. D'une part, le système a conféré d'énormes pouvoirs aux organes interétatiques, et ce au détriment des organes représentant les intérêts propres de l'organisation. Même s'il existe des notes positives, en l'occurrence en matière de sanctions pour arriérés de contributions où une certaine pratique s'est mise en place et a laissé entrevoir une certaine amélioration des comportements des États membres dans ce domaine, l'on note toutefois que la prédominance des organes politiques est un frein à l'évolution de la sanction dans ce cadre. Comme on a pu le constater, l'ambivalence qui se dégage de l'application des sanctions contre les coups d'État et autres changements anticonstitutionnels de gouvernement tend à annihiler les efforts consentis par l'organisation continentale dans la consécration d'une norme d'obligation démocratique continentale. Cela fait d'ailleurs dire à Stéphane DOUMBE BILLE que « *la boulimie des chantiers ouverts n'a d'égale que l'impuissance dans laquelle les organes et autorités de l'Union se trouve parfois de faire vivre tout simplement le projet panafricain dans sa nouvelle phase* »[1578]. C'est fort de ces constats qu'une rationalisation de ce système est à envisager dans l'optique de conforter tant les institutions que les mécanismes œuvrant en la matière.

[1578]Stéphane DOUMBE BILLE, « l'Union africaine : objectifs et principes », *in* Abdulqawi A. YUSUF et Fatsah OUGUERGOUZ, *L'Union africaine, cadre juridique et institutionnel. Manuel sur l'organisation panafricaine*, Paris, Pedone, 2013, p. 76.

Conclusion de la seconde partie

CONCLUSION GÉNÉRALE

694. À l'issue de cette réflexion sur le pouvoir de sanction de l'UA, divers éléments du mécanisme de répression de l'organisation continentale ont été exposés. À cet effet, il s'est très nettement dégagé que l'instauration de sanctions au sein de cette organisation a constitué un appareil juridique[1579] indispensable pour le bon fonctionnement de celle-ci. La recherche réalisée avait ainsi une double ambition.

695. Une première était de présenter et analyser le processus ayant conduit à l'avènement de la sanction au sein de l'organisation continentale africaine. Ainsi, on a vu que la première organisation continentale n'avait pas accordé de place à la sanction dans son texte fondateur. Il était alors difficile pour elle d'agir lorsqu'une atteinte était portée à son droit interne. Toutefois, par la suite, des difficultés financières l'on amenée à s'intéresser de très près aux contributions financières des États membres. Il est alors apparu que beaucoup d'entre eux n'étaient pas à jour de leurs cotisations et que la seule façon de les conduire à honorer leurs engagements était d'adopter des sanctions à leur encontre. Cependant, la Charte de l'OUA ne prévoyait pas de tels mécanismes. Il a donc fallu chercher dans les textes internes de l'organisation des mesures permettant de sanctionner les États pour non-respect de leurs engagements. Il faut dire que l'OUA, tel qu'elle a été mise en place en 1963, n'avait pas pour ambition de sanctionner ses États membres. L'urgence pour elle était de consolider les indépendances nouvellement acquises et d'asseoir la souveraineté encore fragile des États africains sur la scène internationale[1580]. Compte tenu de ce contexte, il fut alors difficile de mettre sur pied des dispositions visant à sanctionner leurs comportements. Mais un tel dispositif ne pouvait s'installer dans la durée si un minimum de règles et une sanction de celles-ci n'étaient pas déterminés au sein de l'édifice continental.

696. Confrontée à de nombreuses difficultés, l'OUA a ainsi amorcé dans les années 1990 une petite révolution en condamnant pour la première fois, à travers son Conseil des ministres, certains États pour défaut de paiement de leurs cotisations et en prévoyant des sanctions à leur encontre. C'est donc par cette mesure que l'OUA « activa » pour la première fois la sanction de son

[1579]Louis DELBEZ, « Le mécanisme juridique des sanctions internationales », *Revue du droit public et de la science politique*, 1937, p. 273.
[1580]*Ibidem*

droit interne. Malgré la réticence de certains États[1581], les premières sanctions adoptées s'ancreront dans le paysage institutionnel africain. Encouragée par ces premières sanctions, l'organisation engagea plusieurs réformes visant à améliorer le dispositif de sanctions qui investiront d'autres domaines que celui des contributions financières contribuant ainsi à rendre l'organisation plus dynamique.

697. Influencée par le contexte international et continental des années 1990, l'organisation s'investira de plus en plus en faveur du respect des droits de l'homme, et surtout d'un environnement politique propice au développement et à la promotion de la démocratie. À cet égard, elle débutera son engagement pour l'affirmation d'une norme en faveur du respect de la démocratie[1582]. Cependant, l'OUA instaurée en 1963 ne disposait pas du dispositif adéquat pour mettre en place ces nouvelles aspirations. Il a donc fallu la remplacer.

698. C'est ainsi avec l'avènement de la nouvelle organisation, l'UA, que les changements amorcés se réaliseront et qu'un système de sanction sera réellement affirmé. À travers la nouvelle organisation, il s'agissait de donner un nouveau souffle aux relations interafricaines, car la coopération telle qu'elle existait au sein de l'OUA n'était plus adaptée au contexte politique et social du continent. Le nouvel édifice continental à construire devait donc s'appuyer sur des valeurs de paix, de démocratie et de respect des droits de l'homme s'il voulait prétendre conduire les États du continent vers la croissance et le développement.

699. Conscients de ces attentes, les chefs d'État et de gouvernement proclameront, à travers la mise en place de cette nouvelle organisation, le vœu de dépasser le simple cadre de la coopération prôné au sein de l'OUA pour tendre vers une intégration. Pour cela, un nouveau texte a été adopté et une nouvelle architecture mise en place. Afin de consolider le dispositif consacré, un ensemble de sanctions sera proclamé dans le texte fondateur et concernera, pratiquement, tous les domaines d'activités de l'organisation. Un accent particulier sera mis sur les sanctions contre les coups d'État et les changements anticonstitutionnels de gouvernement, ainsi que sur la protection des droits de l'homme. Dans la même lancée, l'organisation consacrera une disposition nouvelle avec l'affirmation d'un droit d'intervention de l'UA dans un État membre en cas de circonstances graves telles que les crimes de guerre, crimes contre l'humanité, génocide. Disposition innovante, elle viendra remettre en cause la norme westphalienne de la non-intervention dans les affaires

---

[1581] Voir *supra* Partie I, Titre I, chapitre I, Section I Paragraphe II.

[1582] Sayeman BULA, « La mise hors la loi ou mise en quarantaine des gouvernements anticonstitutionnels par l'Union africaine », *in AYIL*, *op. cit.*, pp. 23-78.

intérieures des États ; norme affirmée dans le cadre africain à Addis-Abeba en 1963 qui a sous-tendu le respect de la souveraineté des États, l'intangibilité des frontières coloniales, l'anticolonialisme, le non-alignement et les principes fondamentaux de l'ordre international africain[1583]. L'organisation affirma ainsi un droit qui était alors exclusivement réservé au Conseil de sécurité des Nations Unies. Même si celui-ci reste le principal acteur en matière de paix et de sécurité mondiales, l'UA s'inscrira tout de même comme un acteur majeur dans le maintien de la paix sur le continent. Sans oublier son personnel, car la nouvelle organisation réadaptera le statut de ses fonctionnaires pour qu'il soit en adéquation avec ses nouveaux principes tout en maintenant une discipline par des sanctions et une protection de ceux-ci contre les abus de l'organisation par l'institutionnalisation d'un tribunal *ad hoc*. À travers l'affirmation de la sanction, la nouvelle organisation enverra un signal fort : le non-paiement des contributions financières, les coups d'État, les violations des droits de l'homme, qui étaient autrefois somme toute tolérés dans l'ancienne organisation, ne trouveront désormais plus lieu d'être sur le continent. Une telle réforme donnait donc toutes les armes à l'organisation continentale pour s'imposer face aux États membres. D'où la seconde ambition de la présente réflexion.

700. L'étude s'est par ailleurs concentrée sur une analyse des différentes sanctions proclamées dans la nouvelle organisation africaine. Les mesures décidées tournaient autour de la suspension de la participation des États aux activités de l'organisation, des interdictions de voyages pour les auteurs de coups d'État, des sanctions économiques, mais aussi des sanctions militaires avec le droit d'intervention de l'organisation dans certaines circonstances. Une fois cette première analyse effectuée, il était question d'apprécier son enracinement au sein de la nouvelle organisation continentale. Pour ce faire, l'on s'est intéressé à la procédure qui, nécessitant une centralisation de la force, devait toutefois composer avec la volonté des États membres de l'organisation. À partir du moment où un État membre de l'UA exerce une action, jouit d'un droit, reçoit un service quelconque de l'organisation africaine, celle-ci détient automatiquement un moyen de pression à son encontre. La panoplie de mesures, dont elle dispose et dont elle peut user de façon « douce » ou « sévère », ira de la simple suspension d'un droit de vote, la suspension de la participation aux activités de l'organisation, le non-renouvellement des contrats des nationaux des pays sanctionnés, à la possibilité pour l'organisation d'intervenir au sein d'un État membre dans certaines circonstances. Cependant, les sanctions actées dans les textes rencontreront une application quelque peu difficile. L'UA n'a pas toujours

---

[1583] Parfait OUMBA, « L'effectivité du rôle du Conseil de Paix et de sécurité de l'Union africaine dans la résolution des conflits », *Revue africaine d'études politiques et stratégiques*, 2014, p. 8.

semblé être dans la possibilité d'exercer concrètement le pouvoir qui lui a été conféré. Le problème qui s'est posé a donc été celui de l'effectivité des sanctions décidées.

701. En la matière, les résultats de la pratique ont révélé une certaine ambivalence. Si l'on ne conteste pas l'intérêt de ces procédures, elles ont plutôt conforté la prédominance des organes interétatiques tendant à maintenir une certaine coopération entre les États, comme cela se faisait au sein de l'OUA, au lieu de consacrer un dépassement pour aller vers une intégration renforcée, voulue et souhaitable. Pour preuve, les mesures concrètes examinées ont aussi révélé une pratique *contra legem* venant contredire les bonnes intentions et ruiner la valeur des principes retenus[1584]. Les nombreuses situations de changements anticonstitutionnels de gouvernement dans lesquelles l'organisation n'a pu faire la preuve d'une pratique claire, précise et uniforme en sont une illustration. Le mécanisme de sanctions proclamé est ainsi apparu, dans certaines situations, dépassé (cas du Togo en 2005, de la Côte d'Ivoire en 2010, etc.), inadapté (cas du printemps arabe en 2011), voire contradictoire (cas de la RCA en 2003, de l'Égypte en 2013).

702. Face à ce constat, l'urgence semble donc aujourd'hui de redéfinir le cadre d'application des sanctions décidées par l'organisation africaine. L'étude du pouvoir de sanction de l'UA nous a en effet permis de mettre en évidence le caractère aussi limité qu'indispensable de ce système juridique. En effet, « *(…) si le droit reste, en tant que tel, impuissant à empêcher effectivement sa violation, il permet indéniablement d'offrir un argument permettant de s'y opposer* »[1585]. C'est pourquoi l'affirmation des sanctions dans l'UA a été une avancée significative pour le continent africain, mais l'enjeu est aujourd'hui de les perfectionner afin de les rendre plus efficaces. Cet objectif passe indubitablement par une redéfinition mais surtout un rééquilibrage des compétences au profit des organes non représentatifs des États membres en matière de sanctions, d'une précision des diverses modalités qui entourent la sanction dans ce cadre, mais surtout d'une volonté de mettre un seul organe juridique au cœur du dispositif de sanction. De tels ajustements permettraient, sans doute, d'édifier un nouvel ordre juridique à « *l'intérieur duquel la fonction d'interprétation du droit* [sera] *centralisée au profit de certains organes sociaux habilités à se prononcer sur l'existence d'une infraction éventuelle à la légalité institutionnelle, et habilités également dans la plupart des cas, soit à édicter eux-mêmes des sanctions, soit à autoriser*

[1584] Stéphane DOUMBE BILLE « L'Union africaine : objectifs et principes », *op.cit.*, p. 76.

[1585] Olivier CORTEN et Anne LAGERWALL, « article 16 », *in* Robert KOLB (dir), *Commentaire sur le pacte de la Société des Nations*, Bruxelles, Bruylant, 2015, p.715.

leurs membres à y avoir recours »[1586]. Ce nouvel ordre juridique devrait tenir compte des particularités culturelles, juridiques et judiciaires de son espace, ainsi que s'ouvrir à d'autres systèmes juridiques et à la modernité, car « *le droit ne peut être vivant que s'il évolue pour s'adapter constamment aux besoins des rapports sociaux. La codification n'est pas une pétrification, elle n'en est pas moins utile lorsqu'elle est le support d'un progrès* »[1587]. C'est pourquoi tenter une réforme du système de sanctions de l'UA requiert de déterminer les facteurs qui peuvent objectivement le rendre plus efficace afin d'investir l'organisation continentale d'une plus grande responsabilité en l'engageant dans une action dans laquelle son devoir l'oblige et son intérêt la pousse[1588].

1586Charles LEBEN, *Les sanctions privatives de droits ou de qualité dans les organisations internationales spécialisées*, *op. cit.*, p. 355.
1587Paul-Gérard. POUGOUE, *Introduction critique à l'OHADA*, PUA, 2008.
1588Charles LEBEN, *op. cit.*, p. 360.

BIBLIOGRAPHIE

I. OUVRAGES

A. Ouvrages généraux

- ADOUKI (D.-E.), *Le droit international public. Tome I. Les sources*, Paris, L'Harmattan, 2002.

- ARDANT (PH.) et MATHIEU (B.), *Droit constitutionnel et institutions politiques*, Paris, LGDJ, 30e éd., 2018.

- ANZILOTTI (D), *Cours de droit international. Introduction, théories générales*, traduction française d'après la troisième édition italienne, revue et mise à jour par l'auteur, par Gilbert GIDEL, Paris, Recueil Sirey, 1929.

- BASTID (S.), *Droit international public. Principes généraux*, Paris, Collection université Institut d'études politiques, 1974

- BLUNTSCHLI (J-C), *Le droit international codifié*, Paris, Librairie Guillaumin et Cie, 1886

- CAVARÉ (L.), *Le droit international public positif*, tome I, Paris, Pedone, 1951.

- COMBACAU (J.), SUR (S.), *Droit international public*, Paris, Montchrestien, 5e éd., 2001.

- COMBACAU (J.), SUR (S.), *Droit international public*, Paris, LGDJ, 12e éd., 2016.

- DAILLIER (P.), FORTEAU (M.), PELLET (A.), *Droit international public,* Paris, LGDJ, 8e éd., 2009.

- DUPUY (P.-M.), *Droit international public*, Paris, Dalloz, 9e éd., 2008.

- DUPUY (P-M), KERBRAT (Y.), *Droit international public*, Paris, Dalloz, coll. « Précis », 10e éd., 2010.

- DUPUY (P.-M.), KERBRAT (Y.), *Droit international public*, Paris, Dalloz, coll. « Précis », 13e éd., 2016.

- REUTER (P.), *Droit international public*, Paris, PUF, 1968.

- RIVERO (J.), *Les mesures d'ordre intérieur administratives. Essai sur les caractères juridiques de la vie intérieure des services publics*, Paris, Sirey, 1934.

- ROUSSEAU (C.), *Droit international public*, Tome 3, Chapitre II, 1977.

- THIERRY (H.), COMBACAU (J.), SUR (S.), VALLEE (Ch.), *Droit international public*, Paris, Montchrestien, 1979.

- VEDEL (G.), *Essai sur la notion de cause en droit administratif français*, Paris, Librairie du "Recueil Sirey", 1934.

- WEBER (M.), *La savant et le politique. Une nouvelle traduction, la profession et la vocation de savant, la profession et la vocation de politique*, préface, traduction et notes de Catherine COLLIOT-THELENE, Paris, La Découverte, 2003.

B. Ouvrages spécifiques

- ABI SAAB (G.) (dir.), *La notion d'organisation internationale. Essai de synthèse « le concept d'organisation internationale »*, Paris, UNESCO, 1980.

- AYISSI (A.) et THINDRAZANARIVELO (L. D.) (dir.), *Les défis de l'Afrique au XXIe siècle. Relever les obstacles au progrès*, Actes du colloque de GENÈVE, 28-29 mai 2004, Genève, IUHEI, 2005.

- BAKPETU (Th.), DAVIDSON (B.), *Africa and Unity. The evolution of pan-Africanism*, London, Longman, 1977.

- BALLALOUD (J.), *Droits de l'homme et organisations internationales. Vers un nouvel ordre humanitaire mondial*, Paris, Montchrestien, 1994.

- BASTID (S.), *La condition juridique des fonctionnaires internationaux*, Paris, Sirey 1930.

- BASTID (S.), *Les fonctionnaires internationaux*, Paris, Sirey, 1931.

- BEDJAOUI (M.), *Le nouvel ordre mondial et le contrôle de la légalité des actes du Conseil de sécurité,* Bruxelles, Bruylant, 1994.

- BEN ACHOUR (R.) (dir.), *Les changements anticonstitutionnels de gouvernement. Approches de droit constitutionnel et de gouvernement,* Aix-en-Provence, Presses Universitaires d'Aix-Marseille, coll. « Les cahiers de l'Institut Louis Favoreu », 2014.

- BENTHAM (J.), *Introduction to the principles of morals and legislation*, Oxford, Clarendon Press, 1996.

- BERGEL (J-L.), *Méthodologie juridique*, Paris, PUF, 2001.

- BIPOUN-WOUM (J.-M.), *Le droit international africain et le règlement des conflits,* Paris, LGDJ, 1970.

- BONTEMS (C.), (dir.), Le juge : une figure d'autorité, Paris, L'Harmattan, 1996.

- BOUTAYEB (Ch.), *Droit institutionnel de l'Union européenne. Institutions, ordre juridique, contentieux*, Paris, LGDJ, 4e éd., 2015.

- BOUTAYEB (Ch.), *Droit institutionnel de l'Union européenne. Institutions, ordre juridique, contentieux*, Paris, LGDJ, 5e éd., 2018.

- BROWN (J.), LLOYD (C.), *Multilateral Sanctions in International Law. A Comparative Analysis*, New York, Washington et Londres, Praeger Publishers, 1975.

- CABALLERO (F.), *Essai sur la notion juridique de nuisance*, Paris, LGDJ, 1981.

- CAMARA KINE (F.), *Pouvoir et justice dans la tradition des peuples noirs. Philosophie et pratique*, Paris, L'Harmattan, 2004.

- CARRÉ de MALBERG (R.), *Contribution à la théorie générale de l'État*, Tome I, Paris, Sirey, 1920.

- COMBACAU (J.), *Le pouvoir de sanction de l'O.N.U. Etude théorique de la coercition non-militaire*, Paris, Pedone, 1974.

- CORTRIGHT (D.) et LOPEZ (G.A.), *The Sanctions Décade. Assessing UN Stratégies in the 1990s*, Boulder, Londres, Lynne Rienner Publ., 2000.

- COT (J.-P.), PELLET (A.), FORTEAU (M.), *La Charte des Nations Unies. Commentaire article par article*, Paris, Economica, 3e éd., 2005.

- COUTRON (L.) (dir.), *Charte des droits fondamentaux de l'Union européenne et convention européenne des droits de l'homme*, Bruxelles, Bruylant, 2012.

- COX (R.W.), JACOBSON (H.K.), CURZON (G.V.), NYE (J.S.), SCHEINMAN (L.), SEWELL (J.P.) et STRANGE (S.), *The Anatomy of Influence. Decision making in International Organization*, New Haven and London, Yale University Press, 1973.

- CULOT (H.), *Les sanctions dans le droit de l'organisation mondiale du commerce*, Bruxelles, éd. Larcier, 2014.

- DABIN (J.), *Théorie générale du droit,* Bruxelles, Bruylant, 1953.

- DALLE-CRODE (D.), *Le fonctionnaire communautaire. Droits, obligations et régime disciplinaire*, Bruxelles, Bruylant, 2008.

- D'ASPREMONT (J.), *L'État non démocratique en droit international. Étude critique du droit international positif et de la pratique contemporaine*, Paris, Pedone, 2008.

- DAVID (E.), *Droit des organisations internationales*, Bruxelles, Bruylant, 2016.

- DEHOUSSE (J.-M.), *Les organisations internationales. Essai de théorie générale*, Liège, Librairie Paul Gothier, 1968.

- DE VISSCHER (Ch.), *Théories et Réalités en Droit international public,* Paris, Pedone, 1970.

- DIEZ DE VELASCO VALLEJO (M.), *Les organisations internationales,* Paris, Economica, 2002.

- DJIENA-WEMBOU (M.-C.), *L'OUA à l'aube du XXIe siècle : bilan, diagnostic et perspectives*, Paris, LGDJ, 1995.

- DJIENA-WEMBOU (M.-C.), *Le droit international dans un monde en mutation. Essais écrits au fil des ans,* Paris, L'Harmattan, 2003.

- DOLLAT (P.), *Droit européen et droit de l'Union européenne,* Paris, Sirey, 3e éd., 2010.

- DORMOY (D.), *Droit des organisations internationales*, Paris, Dalloz, 1995.

- DUSSEY (R.), *L'Afrique malade de ses hommes politiques*, Paris, éd. Jean Picollec, 2008.

- ECONOMIDES (L.), *Le pouvoir de décision des organisations internationales européennes*, Leyde, Sijthoff, 1964.

- FAU-NAUGARET (M.), *La concurrence des organisations régionales en Afrique*, Paris, L'Harmattan, 2012.

- FAVREAU (B.) (dir.), *La Charte des droits fondamentaux de l'Union européenne après le traité de Lisbonne*, Bruxelles, Bruylant, 2010.

- FEUER (G.), *L'Afrique et le droit international,* Cours de l'Institut des Hautes Études Internationales, Paris, 1963-1964.

- FLAUSS (J-F.), LAMBERT-ABDELGAWAD (E.) (dir.), *L'application nationale de la Charte africaine des droits de l'homme et des peuples*, Bruxelles, Nemesis/Bruylant, 2004.

- GHALI (B.-B.), *L'Organisation de l'Unité Africaine*, Paris, PUF, 1984.

- GLÉLÉ-AHANZO (M.), *Introduction à l'Organisation de l'Unité Africaine et aux organisations régionales africaines*, Paris, LGDJ, 1986.

- GNAMOU-PETAUTON (D.), *Dissolution et succession entre organisations internationales. Contribution à la théorie de la succession entre organisations internationales*, Bruxelles Bruylant, 2008.

- GONIDEC (P.-F.), *Les organisations internationales africaines, étude comparative*. Paris, L'Harmattan, 1987.

- GONIDEC (P.-F.), *L'OUA. 30 ans après*, Paris, Karthala, 1993.

- HART (H.L.A.), *Le Concept de droit*, Bruxelles, Publications des Facultés universitaires Saint-Louis, 1976.

- HENRY (N.), *Les gouvernements de fait devant le juge*, Paris, Librairie R. Guillon, 1927.

- HAURIOU (M.), *La théorie de l'institution et de la fondation. Essai de vitalisme social,* Paris Cahiers de la nouvelle journée, 1925.

- HUGON (Ph.), *Géopolitique de l'Afrique*, Paris, Armand Colin, 4e éd., 2007.

- HUGON (Ph.), *Afriques. Entre puissance et vulnérabilité*, Paris, Armand Colin, 2016

- JANVILLE (Th.), *La qualification juridique des fait*s, PUAM, Aix-en-Provence, 2004.

- JEAN XXIII, *Pacem in terris, lettre encyclique sur la paix entre toutes les nations fondée sur la vérité, la justice, la charité, la liberté*, disponible sur le site http://w2.vatican.va/content/john-xxiii/fr/encyclicals/documents/hf_j-xxiii_enc_11041963_pacem.html

- JACQUE (J.-P.), *Éléments pour une théorie de l'acte juridique en droit international public*, Paris, LGDJ, 1972.

- JESTAZ (Ph.), *Le droit*, Paris, Dalloz, coll. « Connaissance du droit », 2002.

- KAMTO (M.), *Pouvoir et droit en Afrique noire. Essai sur les fondements du constitutionnalisme dans les États d'Afrique Noire francophone*, Paris, LGDJ, 1987.

- KAMTO (M.), *La Charte africaine des droits de l'homme et des peuples et le protocole y relatif portant création de la Cour africaine des droits de l'homme. Commentaire article par article*, Bruxelles, Bruylant, 2011.

- KAMTO (M.), PONDI (J-E.), ZANG (L.), *L'OUA. Rétrospective et perspectives africaines*. Paris, Economica, 1990.

- KELSEN (H), *The Law of the United Nations*, London Stevens and Sons, 1951.

- KLEIN (P.), *La responsabilité des organisations internationales dans les ordres juridiques internes et en droit des gens*, Bruxelles, Bruylant, 1998.

- KOLB (R.), *Réflexions de philosophie du droit international. Problèmes fondamentaux du droit international public. Théorie et philosophie du droit international*, Bruxelles, Bruylant, 2003.

- KOLB (R.), *Théorie du droit international*, Bruxelles, Bruylant, 2e éd., 2013.

- KI ZERBO (J.), *L'histoire de l'Afrique noire : d'hier à demain*, Paris, Hatier, 1972.

- LANGROD (G.), *La fonction publique internationale*, Leide, Sijthoff, 1963.

- LAGRANGE (E.), *La représentation institutionnelle dans l'ordre international. Une contribution à la théorie de la personnalité morale des organisations internationales*, The Hague/ London/ New-York, Kluwer Law international, 2002.

- LAGRANGE (E.) et SOREL (J-M.) (dir.), *Droit des organisations internationales*, Paris, LGDJ, 2013.

- LEBEN (Ch.), *Les sanctions privatives de droit ou de qualité dans les organisations internationales spécialisées*, Bruxelles, Bruylant, 1979.

- LEGUM (C.), *Pan-Africanism. A Short Political Guide*, New York, London, Praeger, 2e éd., 1965.

- LIKIBI (R.), *La Charte africaine pour la démocratie les élections et la gouvernance : analyse et commentaire*, Paris, Editions Publibook, 2012.

- LLOPIS (A.P.), *Force, ONU et organisations régionales. Répartition des responsabilités en matière collective*, Bruxelles, Bruylant, 2012.

- MALONE (L.-A.), *Les droits de l'homme dans le droit international*, Paris, Nouveaux Horizons, 2004.

- MARTIN (P.-M.), *Les échecs du droit international*, PUF, 1996.

- MBAYE (K.), *Les droits de l'homme en Afrique*, Paris, Pedone, 1980.

- MBAYE (K.), *Les droits de l'homme en Afrique*, Paris, Pedone, 2e éd., 2002.

- MOCHY ONORY (A.-G.), *La succession d'États aux traités et notes sur la succession entre organisation internationales*, Milan, Milano-Dott. A. Giuffrè Editore, 1968.

- MOURGEON (J.), *Les droits de l'homme*, Paris, PUF, coll. « Que sais-je », 2003.

- MVELLE (G.), *L'Union africaine. Fondements, organes, programmes et actions* Paris, L'Harmattan, 2007.

- MUBIALA (M.), *Le système régional africain de protection des droits de l'homme,* Bruxelles, Bruylant, 2005.

- OGBAMI (F.), *La problématique de la construction des États-Unis d'Afrique*, Paris, L'Harmattan, 2009.

- OSENGA BADIKABE (T.), *Pouvoir des organisations internationales et souveraineté des États. Cas de l'Union africaine*, Paris, L'Harmattan, 2010.

- OUGUERGOUZ (F.) et ABDULQAWI (A.Y.), *L'Union africaine. Cadre juridique et institutionnel*, Paris, Pedone, 2013.

- PERNICE (I.), *Fondements du droit constitutionnel européen*, Paris, Pedone, 2004.

- PEPY (D.), *Les États africains et leurs problèmes*, Paris, Fondation Nationale de Sciences politiques, 1966-1967.

- PLANTEY (A.), *Droit et pratique de la fonction publique internationale*, Paris, CNRS, 1977.

- PLANTEY (A.), LORIOTF (F.), *Fonction publique internationale. Organisations mondiales et européennes*, Paris, CNRS, 2005.

- POELEMANS (M.), *La sanction dans l'ordre juridique communautaire. Contribution à l'étude du système répressif de l'Union européenne*, Paris, LGDJ, 2004.

- POUGOUE (P.-G.), KALEU ELONGO (Y.-R.), *Introduction critique à l'OHADA*, PUA, 2008.

- RAY (J.), *Commentaire du Pacte de la Société des Nations selon la politique et la jurisprudence des organes de la Société*, Paris, Recueil Sirey, 1930.

- RENUCCI (J.-F.), *Droit européen des droits de l'homme. Traité de droit européen des droits de l'homme*, Paris, LGDJ, 2e éd., 2012.

- RENUCCI (J.-F.), *Droit européen des droits de l'homme. Droits et libertés fondamentaux garantis par la CEDH*, Paris, LGDJ, 6e éd, 2015.

- REUTER (P.), *Organisations européennes*, Paris, PUF, 1970.

- REUTER (P.) et COMBACAU (J.), *Institutions et relations internationales*, Paris, PUF, 1980.

- RIDEAU (J.), *Juridictions internationales et contrôle du respect des traités constitutifs des organisations internationales*, Paris, LGDJ, 1967.

- RUZIE (D.), *Organisations internationales et sanctions internationales*, Paris, Armand Colin, 1971.

- SICILIANOS (L.-A.), *L'ONU et la démocratisation de l'État*, Paris, Pedone, 2000.

- SICILIANOS (L.-A.), SOREL (J.-M.), *L'effectivité des organisations internationales. Mécanismes et suivi de contrôle*, Athènes-Paris, Sakkoulas-Pedone, 2000.

- SALON (S.), *Délinquance et répression disciplinaires dans la fonction publique*, Paris, LGDJ, 1969.

- SIMON (D.), *Le système juridique communautaire*, Paris, PUF, 3e éd. mise à jour, 2002.

- SUDRE (Fr.), *Droit européen et international des droits de l'homme,* Paris, PUF, 13e éd., 2016.

- SUR (S.), *Relations internationales*, Paris, Montchrestien, 2e éd., 2000.

- TAVERNIER (P.) (dir.) *Regards sur les droits de l'homme en Afrique*, Paris, L'Harmattan, 2008.

- TCHIKAYA (B.), *Le droit de l'Union Africaine : principes, institutions et jurisprudence*, Paris, Berger-Levrault, 2014.

- TEHINDRAZANARIVELO (L.D.), *Les sanctions des Nations-Unies et leurs effets secondaires. Assistance aux victimes et voies juridiques de prévention*, Paris, PUF, 2005.

- THOME (N.), *Les pouvoirs du Conseil de sécurité au regard de la pratique récente du chapitre VII de la Charte des Nations Unies*, Marseille, PUAM, 2005.

- VAUTROT-SCHWARZ (C.), *La qualification juridique en droit administratif*, Paris, LGDJ, 2009.

- VERHOEVEN (J.), *La reconnaissance internationale dans la pratique contemporaine. Les relations publiques internationales*, Paris, Pedone, 1975.

- VILJOEN (F.), ODINKALU (Ch.) *La prohibition de la torture et des mauvais traitements dans le système africain des droits de l'homme. Guide pratique à l'intention des victimes et leurs défenseurs*, Genève, OMCT, octobre 2006.

- VIRALLY (M.), *La pensée juridique*, Paris, LGDJ, 1960.

- VIRALLY (M.), *L'Organisation mondiale*, Paris, Armand Colin, 1972.

- WACHSMANN (P.), *Les droits de l'homme*, Paris, Dalloz, 2008.

- WEMBOLUA OTSHUDI KENGE (H.), *Réflexions sur la Déclaration des droits de l'homme. Valeur, contenu et importance vus d'Afrique*, Paris, L'Harmattan, 2015.

- WODZICKI (M.), *Défendre les droits de l'humain en Afrique, point de vue sur la Commission africaine des droits de l'homme,* Montréal, Droit et Démocratie 2008.

- WYLER (É.), *Théorie et pratique de la reconnaissance d'Etat une approche épistémologique du droit international,* Bruxelles, Bruylant, 2013.

- YACOUB (J.), *Réécrire la Déclaration universelle des droits de l'homme*, Paris, Desclée de Brouwer, 1998.

- YAKEMTCHOUK (R.), *L'Afrique en droit international,* Paris, LGDJ, 1971.

- YAKEMBE YOKO (P.), MULAMBA MBUYI (B.), *Déontologie des fonctionnaires internationaux. Notes de cours à l'usage des étudiants en droit*, Paris, L'Harmattan, 2013.

- YUSUF (A.-A.), *Panafricanisme et droit internationa*l, Leiden/Boston, Brill/Nijhoff, 2017.

- ZAMBELLI (M.), *La constatation des situations de l'article 39 de la Charte des Nations Unies par le Conseil de Sécurité. Champ d'application des pouvoirs prévus au chapitre VII de la Charte des Nations Unies*, Genève/Bâle/Munich, Helbing et Lichtenhahn, 2002.

- ZARB (A.-H.), *Les institutions spécialisées du système des Nations Unies et leurs membres*, Paris, Pedone, 1980.

II. MÉLANGES

- BOUTROS GHALI (B.), *Amicorum Discipulorumque liber. Paix, développement, démocratie*, Vol. 2, Bruxelles, Bruylant, 1998.

- CASSELLA (S.) et DELABIE (L.), *Faut-il prendre le droit international au sérieux ? Journée d'étude en l'honneur de Pierre Michel EISEMANN,* Paris, Pedone, 2016.

- GALABERT (J.-M.), TERCINET (J.), MARCEL (R.), *Mélanges en l'honneur du professeur Gustave PEISER*, Grenoble, Presses universitaires de Grenoble, 1995.

- KAMGA (M.), MBENGUE (M.-M.), *Liber amicorum Raymond RANJEVA L'Afrique et le droit international : variations sur l'Organisation internationale,* Paris, Pedone, 2013.

- *Droit et libertés à la fin du XXe siècle : influence des données économiques et technologiques. Études offertes à Claude-Albert COLLIARD*, Paris, Pedone, 1984.

- *Évolution du droit public. Études offertes à MESTRE*, Paris, Sirey, 1956.

- *La communauté internationale. Mélanges ROUSSEAU*, Paris, Pedone, 1974.

- *Le droit international au service de la paix, de la justice et du développement. Mélanges en l'honneur de Michel VIRALLY*, Paris, Pedone, 1991.

- *L'homme dans la société internationale. Mélanges en l'honneur du Professeur Paul Tavernier*, Bruxelles, Bruylant, 2013.

- *Recueil d'études en hommage à Charles EISENMAN*, Paris, éd Cujas, 1975.

- *Theory of international law at the threshold of the 21st century. Melanges en l'honneur de Krzysztof SKUBISZEWSKI*, Hague/London/ Boston, Kluwer Law international, 1996.

III. ARTICLES DE DOCTRINE, CONTRIBUTIONS À DES OUVRAGES COLLECTIFS

- ABI-SAAB (G.), « De la sanction en droit international. Essai de clarification », *in Theory of international law at the threshold of the*

21st century, Mélanges en l'honneur de Krzysztof SKUBISZEWSKI, Hague/London/ Boston, Kluwer Law international, 1996, pp. 61-77.

- AGO (R.), « Droit positif et droit international », *AFDI*, 1957, pp. 14-62.

- ALABRUNE (Fr.), « La pratique des comités des sanctions du Conseil de sécurité depuis 1990 », *AFDI*, vol. 45, 1999, pp. 226-279.

- ALBANE (G.), « Réflexion sur la répartition de la responsabilité entre l'organisation internationale et ses États membres », *RGDIP*, 2005, pp. 539-579.

- ADJOVI (R.), « L'Union africaine : étude critique d'un projet ambitieux », *Revue juridique et politique indépendance et coopération*, n° 1, janvier-avril 2002, pp. 3-20.

- ADJOVI (R.), « Union africaine et démocratie : aspects constitutionnels internes et internationaux », *in* BANGOURA (D.) (dir.), *L'Union africaine face aux enjeux de paix, de sécurité et de défense*, Paris, L'Harmattan, 2003, pp. 67-88.

- ADJOVI (R.), « Le Togo, un changement anticonstitutionnel savant et un nouveau test pour l'Union africaine », *Actualité et droit international. Revue d'analyse juridique de l'actualité internationale* ; disponible sur le site : http://www.ridi.org/adi/articles/2005/200502adj.pdf, pp. 1-7.

- AHADZI (K.), « Réflexions critiques sur l'Union Africaine », *RBSJA*, n° 16, 2006, pp. 81-103.

- AIVO (F.-J.), « La Communauté des États Sahélo-Sahariens (CEN-SAD). Acteur complémentaire ou concurrentiel de l'Union Africaine ? », *in* FAU-NAUGARET (M.) (dir.), *La concurrence des organisations régionales en Afrique*, Paris, L'Harmattan, 2012, pp. 71-102.

- ATANGANA AMOUGOU (J.-L.), « Les révisions constitutionnelles dans le nouveau constitutionnalisme africain » ; disponible sur le site : http://www.droitconstitutionnel.org/congresmtp/textes7/ATANGANA.pdf, pp. 1-27.

- BARRIERE (L.-A.) « Propos introductifs », *in La sanction*, Paris, L'Harmattan, 2007, pp. 7-28.

- BASTID (S.), « Le rapport entre l'idée d'institution et l'organisation internationale », *in La place de la notion d'institution dans la théorie générale des organisations internationales. Évolution du droit public. Études offertes à MESTRE*, Paris, Sirey, 1956, pp. 43-51.

- BARTHOLIN (P.), « Les conséquences économiques des sanctions », *Politique étrangère*, n° 2, 1939, pp. 217-218.

- BEN ACHOUR (R.), « Les sanctions contre l'Irak. Quelle efficacité ? », *in* MEHDI (R.) (dir.), *Les Nations Unies et les sanctions. Quelle efficacité ?*, Colloque des 10 et 11 décembre 1999, Paris, Pedone, 2000, pp. 94-108.

- BEN ACHOUR (R.), « Rapport introductif », *in* BEN ACHOUR (R.) (dir), *Les changements anticonstitutionnels de gouvernement. Approches de droit constitutionnels et de droit international*, Aix-en-provence, Presse Universitaires d'Aix-Marseille, coll. « Les Cahiers de l'Institut Louis Favoreu », 2014, pp. 11-25.

- BEDJAOUI (M.), « Un contrôle de la légalité des actes du conseil de sécurité est-il possible », *in* Colloque de la *SFDI* de Rennes, Chapitre VII de la Charte des Nations Unies, Paris, Pedone, 1995, pp. 255- 297.

- BEDJAOUI (M.), « Bref survol historique des accomplissements vers l'Unité Africaine », *in* ABDULQAWI (A.Y.) et OUGUERGOUZ (F.), (dir.), *L'union africaine. Cadre juridique et institutionnel*, Paris, Pedone, 2013, pp. 21-33.

- BENNOUNA (M.), « L'embargo dans la pratique des Nations Unies. Radioscopie d'un moyen de pression », *in* YAPKU (E.) et BOUNEDRA (dir.), *Liber Amicorum*, La Haye, Kluwer Law International, 1999, pp. 555-583.

- BERENSTEIN (V.), « Le mécanisme des sanctions dans l'O.I.T. », *RGDIP*, 1937, pp. 446-464.

- BIERZANEK (R.), « La non-reconnaissance et le droit international contemporain », *AFDI*, 1962, vol. VIII, pp. 117-137.

- BISWARO (J.-M.), « La Conférence, le Conseil exécutif et la Commission », *in* YUSUF (A.A.) et al., *L'Union africaine. Cadre juridique et institutionnel. Manuel sur l'Organisation panafricaine*, Paris, Pedone, 2013, pp. 79-91.

- BOBBIO (N), « Le principe de la légitimité », *Annales de philosophie politique*, vol. 7, 1967, pp. 47-60.

- BORELLA (F.), « Les regroupements d'États dans l'Afrique indépendante », *AFDI,* 1961, pp. 787-807.

- BORELLA (F.), « Le régionalisme africain et l'Organisation de l'Unité Africaine », *AFDI*, 1963, pp. 838-859.

- BORELLA (F.), « Les problèmes intéressant les États nouveaux », *AFDI*, 1963, pp. 838-859.

- BORELLA (F.), « Le régionalisme africain en 1964 », *AFDI*, 1964, pp. 621-637.

- BORELLA (F.), « Le système juridique de l'OUA », *AFDI*, 1971, pp. 233-253.

- BORELLA (F.), « Évolution récente de l'Organisation de l'Unité Africaine », *AFDI,* 1974, pp. 215-225.

- BOUKONGOU (J.-D.), « L'application de la Charte africaine des droits de l'homme et des peuples par les autorités nationales en Afrique centrale », *in* FLAUSS (J.-F.) et LAMBERT ABDELGAWAD (E.) (dir.), *L'application nationale de la Charte africaine des droits de l'homme et des peuples*, Bruxelles, Bruylant, 2004, pp. 123-160.

- BOURGI (A.), « L'évolution du constitutionalisme en Afrique : du formalisme à l'effectivité », *Revue française de droit constitutionnel* », vol. 52, 2002, pp. 721-748.

- BOURGI (A.), « L'Union africaine entre les textes et les réalités », *AFRI,* 2004, pp. 327-344.

- BRIAL (F.), « Le principe d'égalité des États en droit international public », *Droit prospectif,* 2001, pp. 393-424.

- BULA-BULA (S.), « Les fondements de l'Union Africaine », *AYIL*, vol. 9, 2001, pp. 39-74.

- BULA-BULA (S.), « Mise hors-la-loi ou mise en quarantaine des gouvernements anticonstitutionnels par l'Union Africaine », *AYIL*, vol. 11, 2003, pp. 23-78.

- BULA BULA (S.), « L'affaire de l'élection du Président de la Côte-d'Ivoire du 28 novembre 2010 en droit international » ; disponible sur le site : https://sbulabula.wordpress.com/2010/12/20/laffaire-de-lelection-du-president-de-la-cote-divoire-du-28-novembre-2010-en-droit-international/

- BURGOGUE-LARSEN (L.) « Le fait régional dans la juridictionnalisation du droit international », *in* SFDI, *La juridictionnalisation du droit international. Colloque de Lille*, Paris, Pedone, 2003, pp. 203-264.

- CAVARE (L.), « L'idée de la sanction et sa mise en œuvre en droit international », *RGDIP*, 1937, pp. 385-445.

- CAVARE (L.), « La notion de juridiction internationale », *AFDI*, vol.2, 1956, pp. 496-509.

- CHARPENTIER (J.), « La procédure de non-objection (à propos d'une crise constitutionnelle », *in RGDIP*, 1966, pp. 862-877.

- CHARPENTIER (J.), « Les comités des sanctions du Conseil de sécurité », *in* RUIZ FABRI (H.), SICILIANOS (L.-A.) et SOREL (J.-M.) (dir.), *L'effectivité des organisations internationales. Mécanismes de suivi et de contrôle*, Paris, Pedone, 2000, pp. 9-22.

- CHEMILLIER-GENDREAU (M.), « La notion de sanction en droit international », *in Mélanges en l'honneur du professeur Gustave PEISER*, Grenoble, Presses universitaires de Grenoble, 1995, pp. 115-126.

- CHEVALLIER-GOVERS (C.), « Actes constitutifs des OI et constitutions nationales », *RGDIP*, 2001, pp. 373-412.

- CONFORTI (B.), « Le pouvoir discrétionnaire du Conseil de sécurité en matière de constatation d'une menace contre la paix, d'une rupture de la paix ou d'un acte d'agression », in DUPUY (R.-J.), *Le développement du rôle du Conseil de sécurité*, Colloque de la Haye,

21-23 juillet 1992, Dordrecht/Boston/London, Martinus Nijhoff publishers, 1993, pp 51-60.

- CONSTANTINESCO (V.), « Les sanctions politiques contre les États membres », *in* PINGEL (I.) et ROSENBERG (D.) (dir.), *Les sanctions en droit communautaire*, Paris, Pedone, 2006, pp. 39-54.

- CORBIN (A.-L.), « Legal Analysis and Terminology », *Yale Law Journal*, vol. 29, n° 2, 1919-1920, pp. 163-173.

- CORTEN (O.), « La résolution 940 du Conseil de sécurité autorisant une intervention militaire en Haïti. L'émergence d'un principe de légitimité démocratique en droit international ? », *EJIL*, 1995, pp. 116-133.

- CORTEN (O.), « L'Union africaine, une organisation susceptible de s'émanciper de l'autorité du Conseil de sécurité ? Opinio Juris et pratique récente des États », *European Society of international Law. Conférence Paper series*, Conférence n° 11/2012, 5th Biennal Conférence, Valencia, (Spain), 13-15 sept. 2012, pp. 1-19.

- CORTEN (O.) et LAGERWALL (A.), « article 16 », *in* Robert KOLB (dir.), *Commentaire sur le pacte de la Société des Nations*, Bruxelles, Bruylant, 2015, pp. 693- 715.

- CORTEN (O.) et KLEIN (P.), « L'action des Nations unies en Côte d'ivoire : jusqu'ou le Conseil de Sécurité peut-il intervenir dans l'ordre juridique interne des Etats ? », *in* KAMGA (M.), MBENGUE (M-M.) (dirs), *Liber Amicorum en l'honneur de Raymond RANJEVA, L'Afrique et le droit international : variations sur l'Organisation internationale*, Paris, Pedone, 2013

- COTTEREAU (G.), « Système juridique et notion de responsabilité », *in* SFDI, *La responsabilité dans le système international. Colloque du Mans*, 1990, Paris, Pedone, 1991, pp. 3-90.

- COULEE (F.), « La fondation de l'organisation internationale », *in* LAGRANGE (E.), SOREL (J.-M.) (dir.), *Droit des organisations internationales*, Paris, LGDJ, 2013, pp. 147-167.

- DANIEL (F.), « Un droit pénal européen : hasard ou nécessité », *RDPC. Actualités de droit pénal européen*, 2003, pp. 5-16.

- D'ARGENT (P.), D'ASPREMONT LYNDEN (J.), DOPAGNE (F.) et VAN STEENBERGHE (R.), « L'article 39 », *in La Charte des Nations Unies, Commentaire article par article*, Paris, Economica, 3e éd., 2005, pp. 1131- 1170.

- D'ASPREMONT (J.), « La licéité des coups d'État en droit international », *in SFDI, L'État de droit en droit international. Colloque de Bruxelles*, Paris, Pedone, 2009, pp. 123-152.

- DEHOUSSE (F.), « Le droit de retrait des Nations Unies », *RBDI*, 1965, pp. 30-48.

- DELBEZ (L.) « Le mécanisme juridique des sanctions internationales », *Revue du droit public et de la science politique*, 1937, pp. 255-273.

- DEMARIA (T.), FERRERO (J.), « Sur un aspect de la sanction en droit international : le cas des dommages et intérêts punitifs », *RQDI*, hors-série : Théories et réalités du droit international au XXIe siècle, maris 2016, pp. 97-133.

- DE NORIEGA (A.-E.), « Rationality and Counterfactual Legal Analysis », *Italian Law Journal*, vol. 2, n° 1, 2016, pp. 105-130.

- DEWOST (J-L.), « La Communauté, les Dix et les "sanctions" contre l'Argentine. De la crise iranienne à la crise des Malouines, *AFDI*, vol. 28, 1982, pp. 215-232.

- DE WILDE D'ESTMAEL (T.), « Les sanctions contre l'Autriche : motifs, objectifs, issues », *Critique internationale*, vol. 8 : Diversité du capitalisme mondialisé, 2000, pp. 6-12.

- DEZALEY (S.), « L'Afrique contre la Cour pénale internationale ? Éléments de sociogenèse sur les possibles de la justice internationale », *Politiques africaine*, n° 146, 2017, pp. 165-182.

- DIOP (A.-K.), « La Cour africaine des droits de l'homme et des peuples ou le miroir stendhalien du système africain de protection des droits de l'homme », *Les cahiers de Droit*, vol. 55, n° 2, juin 2014, pp 529-555.

- DJIENA WEMBOU (M.-C.), « A propos du nouveau mécanisme de l'OUA sur les conflits », *in* DJIENA WEMBOU (M.-C.), *Le droit international dans un monde en mutation. Essais écrits au fils des ans*, Paris, L'Harmattan, 2003, pp. 199-220.

- DJOUMESSI KENFACK (S.B.), « La Charte africaine de la démocratie, des élections et de la gouvernance à l'épreuve des révolutions arabes. L'UA face au dilemme de la démocratie et du constitutionnalisme » ; disponible sur le site : http://www.slideserve.fr/l-ua-face-au-dilemme-de-la-d-mocratie-et-du-constitutionalisme, pp. 1-6.

- DOCK (M.-C.), « Le retrait des États membres des organisations internationales de la famille des Nations Unies », *AFDI*, 1994, pp. 106-155

- DOMINICE (C.), « Le Conseil de sécurité et l'accès aux pouvoirs qu'il reçoit du Chapitre VII de la Charte des Nations Unies », *RSDIE*, 1995, pp. 417-439.

- DONGOMBE (F.), « La redynamisation des organisations régionales en Afrique », *in* FAU-NOUGARET (M.), (dir.), *La concurrence des organisations régionales en Afrique*, Paris, L'Harmattan, 2012, pp. 29-50.

- DORMOY (D.), « Sanctions ciblées et respect des droits de l'homme. Quelques réflexions sur la responsabilité des organisations internationales et de leurs États membres », *Revue Québécoise de droit international*, vol. 28-2, 2015, pp. 1-26.

- DOUMBE BILLE (S.), « La Charte africaine des droits de l'Homme et des peuples », *Annuaire international des droits de l'homme*, vol. 1, 2006, pp. 139-158.

- DOUMBE BILLE (S.), « La multiplication des organisations régionales en Afrique : concurrence ou diversification ? », *in* FAU-NOUGARET (M.) (dir.), *La concurrence des organisations régionales en Afrique,* Paris, L'Harmattan, 2012, pp. 12-28.

- DOUMBE BILLE (S.), « La juridictionnalisation des droits de l'homme en Afrique : Much do about Nothing ? », *in L'homme dans la société internationale. Mélanges en l'honneur du Professeur Paul Tavernier*, Bruxelles, Bruylant, 2013, pp. 693-704.

- DUBÉ (G.), « Les sanctions du droit international public dans la Charte des Nations Unies », *Les Cahiers de droit*, vol. 5, n° 1, mars 1962, pp. 98-103.

- DU BOIS DE GAUDUSSON (J.), « L'Accord de Marcoussis, entre droit et politique », *Afrique contemporaine* n° 206, 2003/2, pp. 41-55.

- DUBIN (L.), RUVANOT (M.-C.), « Représentativité, efficacité, légitimité des organisations internationales en crise », in LAGRANGE (E.) et SOREL (J.-M.) (dir), *Traité de droit des organisations internationales*, Paris, LGDJ, 2013, pp. 77-113.

- DUBOUIS (L.), « La condition juridique des agents internationaux », *in Les agents internationaux*, Paris, Pedone, 1985, pp. 1-36.

- DUJARDIN (S.), « L'Union Africaine : objectifs et moyens de gestion des crises politiques et des conflits armés », *in* BANGOURA (D.) et Emile Fidieck A. BIDIAS (dir.), *l'Union Africaine et les acteurs sociaux dans la gestion des crises et des conflits armés. Actes du colloque du 17 novembre 2005*, Paris, L'Harmattan, 2006, pp. 51-82.

- DUPEYROUX (H.), « Sur la généralité de la loi », *in Mélanges Carré de Malberg,* Paris, Sirey, 1933, pp. 137-161.

- DUPUY (R.-J.), « L'impossible agression : les Malouines entre l'ONU et l'OEA », *AFDI*, 1982, pp. 337- 353.

- DUPUY (R.-J.), « Observations sur la pratique récente des "sanctions" de l'illicite », *RGDIP*, 1983, t. II, pp. 505-548.

- DUPUY (P.-M.), « Le droit international dans un monde pluriculturel », *RIDC*, vol. 38 n° 2, avril-juin 1986. Études de droit contemporain. Contributions françaises au 12e Congrès international de droit comparé (Sydney-Melbourne, 18-26 août 1986), pp. 583-599

- EDIMO (J.), « Les résolutions 1279 (LII) et 1580 (LXII) de l'OUA et la question du pouvoir de sanction des organisations internationales », *AJICL/RADIC*, n° 9, 1997, pp. 1-14.

- EL BOUDOUHI (S.), « Les qualités autres que celle(s) de membre », *in* LAGRANGE (E.) et SOREL (J.-M.) (dir.), *Droit des organisations internationales,* Paris, LGDJ, 2013, pp. 350-370.

- EMMANUEL ADOUKI (D.E.), « Les sanctions ciblées du Conseil de paix et de sécurité de l'Union africaine », *Annales de l'Université Marien NGOUABI*, vol. 14, n° 3, 2013, pp. 1-16.

- FALL (A.-B.), « La Charte africaine des droits de l'homme et des peuples. Entre universalisme et régionalisme », *Revue Pouvoirs*, n° 129, pp.77-100.

- FAU-NAUGARET (M), « Les organisations régionales africaines et les changements de pouvoir anticonstitutionnel », *in* Mathieu FAU-NAUGARET (dir.) *La concurrence des organisations sous régionales en Afrique*, Paris, L'Harmattan, 2012, pp. 409-434.

- FAVREAU (B.), *La Charte des droits fondamentaux de l'Union européenne après le Traité de Lisbonne*, Bruxelles, Bruylant, 2010, pp. 3-315.

- FIERENS (J.), « La Charte africaine des droits de l'homme et des peuples », *RTDH*, 1990, vol. 1, pp. 235-248.

- FLAUSS (J.-F.), « L'effectivité de la Charte africaine des droits de l'homme dans l'ordre juridique des États parties contractantes. Bilan et perspectives », *in* FLAUSS (J.-F.), LAMBERT-ABDELGAWAD (E.), (dir.) *L'application nationale de la Charte africaine des droits de l'homme et des peuples*, Bruxelles, Nemesis/Bruylant, 2004, pp. 247-254.

- FLORENT (J.-L.), « L'article 19 de la Charte des Nations Unies », *in* COT (J.-P.), PELLET (A.), FORTEAU (M.), *La Charte des Nations Unies. Commentaire article par article,* Paris, Economica, 3e éd., 2005, pp. 815-821.

- FORTEAU (M.), « La levée et la suspension des sanctions internationales », *AFDI*, vol. 51, 2005, pp. 57-84.

- FORTEAU (M.), « Existe-t-il une définition et une conception univoques de l'État de droit dans la pratique des organisations régionales ou politiques ? », *in* SFDI, *L'État de droit en droit international. Colloque de Bruxelles*, Paris, Pedone, 2009, pp. 263-286.

- FRIEDMANN (W.), « Droit de coexistence et droit de coopération. Quelques observations sur la structure changeante du droit international », *RBDI*, 1970, pp.1-9.

- GHERARI (H.), « La Commission africaine des droits de l'homme et des peuples. Bilan d'une jurisprudence », *in* TAVERNIER (P.) (dir.), *Regards sur les droits de l'homme en Afrique*, Paris, L'Harmattan, 2008, pp. 135-161.

- GLÉLÉ AHANHANZO (M.), « Introduction à la Charte africaine des droits de l'homme et des peuples », *in Droit et libertés à la fin du XXe siècle : influence des données économiques et technologiques. Études offertes à Claude-Albert COLLIARD*, Paris, Pedone, 1984, pp. 511-517.

- GOMEZ (C.) NIVET (B.), « Sanctionner et punir. Coercition, normalisation et exercice de la puissance dans une société internationale hétérogène », *Revue internationale et stratégique*, n° 97, 2015/1, pp. 61-68.

- GRAWFORD (J.), « The Relationship between sanctions and countermeasures », *in* GOWLLAND (V.) (dir), *United nations sanctions international law*, La Haye, Martinius Nijhoff, 2001, pp. 57- 68.

- GROS (A.), HIGHLEY (A.-E.), « The first sanctions experiment Pierre Bartholin. Les conséquences économiques des sanctions », *Politique étrangère*, n° 2, 1939, pp. 217-218.

- GUEUYOU (M.-L.), « Le rôle de l'Union Africaine dans la prévention et la résolution des conflits », *in* YUSUF (A.A.) et OUGUERGOUZ (F.), *L'Union africaine. Cadre juridique et institutionnel,* Paris, Pedone, 2013, pp. 269-291.

- GUIGUE (A.), « La jurisprudence de John AUSTIN. A propos de *The Province of Jurisprudence Determined and The Use of the Study of Jurisprudence* », *Jurisprudence. Revue critique*, Université de Savoie, 2010, pp. 277-292.

- GUIHAUDIS (J.-Fr.), « Considérations sur la pratique de l'Union pour le maintien de la paix », *AFDI*, 1981, pp. 392-393.

- HAURIOU (M.), « La théorie de l'institution et de la fondation (Essai de vitalisme social) », *La cité moderne et les transformations du droit, Cahiers de la Nouvelle Journée*, n° 4, Paris, Librairie Bloud et Gay, 1925, pp. 2-45.

- IMOBIGHE (T.A.), « An African High Command: The Search for a Feasible Strategy of Continental Defence », *African Affairs*, vol. 79, n° 315, avril 1980, pp. 242-245.

- JESTAZ (Ph.), « La sanction ou l'inconnue du droit », *Dalloz-Sirey*, chron. XXXII., 1986, pp. 197-204.

- JESTAZ (Ph.), « La qualification en droit civil », *Droits ? Revue française de théorie juridique*, n° 18, 1993, pp. 45-53.

- KALAMBY (V. E.), « Comment sortir l'OUA de l'engrenage actuel », *Le mois en Afrique*, n° 225-226, octobre-novembre 1984, pp. 3-14.

- KAMTO (M.), « Les mutations institutionnelles de l'OUA », *in* KAMTO (M.), PONDI (J-E), ZANG (L.), *L'OUA, rétrospective et perspectives africaines*, Paris, Economica, 1990, pp. 14-44.

- KAMTO (M.), « Les communautés européennes et les sanctions internationales », *RQDI*, vol. 8-2, 1993, pp. 265-288.

- KAMTO (M.), « Le mécanisme de l'O.U.A. pour la prévention, la gestion et le règlement des conflits. L'esquisse d'un nouvel instrument régional pour la paix et la sécurité en Afrique », *Arès : défense et sécurité de la France, sécurité européenne et internationale, course aux armements et désarmements*, 1996, vol. XV, n° 2, pp. 62-83.

- KAMTO (M.), « Le rôle des "accords et organismes régionaux" en matière de maintien de la paix et de la sécurité internationales à la lumière de la Charte des Nations unies et de la pratique internationale », *RGDIP*, 2004, pp. 770-802.

- KAZADI MPIANA (J.), « L'Union africaine face à la gestion des conflits. Cas des changements anticonstitutionnels de gouvernement », *RQDI*, vol. 25.2, n° 12, pp. 101-141.

- KENFACK (J.), « Le Conseil de paix et de sécurité de l'Union Africaine », *in* Jean BOUKONGOU (D.) et TCHEUWA (J.-C.) (dir.), *De la paix en Afrique au 21e siècle, Journées scientifiques du Centre d'études et de recherche en droit international et communautaire (CEDIC)*, Yaoundé, 19-20 juillet 2006, pp. 137-162.

- KEUTCHA TCHAPNGA (C.), « Droit constitutionnel et conflits politiques dans les États francophones d'Afrique noire », *Revue française de droit constitutionnel*, n° 63, 2005, pp. 451-491.

- KHERAD (R.), « Réflexions sur le changement anticonstitutionnel de gouvernement : cas libyen », *in* BEN ACHOUR (R.) (dir.), *Les changements anticonstitutionnels de gouvernement. Approches de droit constitutionnel et de droit international,* Aix-en-provence, Presse Universitaires d'Aix-Marseille, coll. « Les Cahiers de l'Institut Louis-Favoreu », 2014, pp. 155-164

- KISS (A.-Ch.), « Quelques aspects de la substitution d'une organisation internationale à une autre », *AFDI*, 1961, pp. 463-491.

- KLABBERS (J.), « Two Concepts of international Organization », *International Organization law review*, n° 2, 2005, pp. 282-283.

- KOSMA-LACROZE (C.), « La sanction en droit international », in *La sanction en droit. Colloque de l'université Jean Moulin Lyon III*, 27 novembre 2003 ; disponible sur le site : http://www.net-iris.fr/blog-juridique/14-cathérine-kosma-lacroze/10842/la-sanction-en-droit-international.

- KOSKENNIEMI (M.), « Le Comité des sanctions créé par la Résolution 661 (1990) du Conseil de Sécurité », *AFDI*, vol. 37, 1991, pp. 119-137.

- KOUSSSETOGUE KOUDÉ (R.), « Les droits de l'homme : de l'intuition universaliste à l'universalité récusée », *Revue trimestrielle des Droits de l'homme*, n° 68, 2006, pp. 909-938.

- KOVAR (R.), « La participation des territoires non autonomes aux organisations internationales », *AFDI*, 1969, pp. 522-549.

- KOWOUVIH (S.), « La Cour africaine des droits de l'homme et des peuples : une rectification institutionnelle du concept de "spécificité africaine" en matière de droit de l'homme », *RTDH*, n° 59, 2004, pp. 757-790.

- LALI (A.), « La perception de l'État de droit dans le droit et la pratique de l'Union africaine », *in* SFDI, *L'État de droit en droit international. Colloque de Bruxelles*, Paris, Pedone, 2009, pp. 287-300.

- LATTY (F.), « L'organe administratif intégré de l'organisation internationale », *in* LAGRANGE (E.) et SOREL (J.-M.), *Droit des organisations internationales. Traités des organisations internationales*, Paris, LGDJ, 2013, pp. 491-519.

- LAVIEILLE (J.-M.), « La procédure de suspension des droits d'un État membre des Nations Unies », *RGDIP*, t. 81, 1977, pp. 430-465.

- LEBEN (Ch.), « Réactions à l'illicite dans la société internationale », *AFDI*, 1982, pp. 9-77.

- LECOUTRE (D.), « Le Conseil de paix et sécurité de l'Union africaine, clef d'une nouvelle architecture de stabilité en Afrique ? », *Afrique contemporaine*, n° 212, hiver 2004, pp. 131-162.

- LECOUTRE (D.), « Les enjeux du Conseil de paix et de sécurité », *Le Monde diplomatique*, septembre 2009, pp. II-III.

- LECOUTRE (D.), « La présidence en exercice de l'Union africaine. Enjeux et perspectives d'une institutionnalisation », *ISS Papier*, n° 208, décembre 2009, pp. 1-19.

- LIBOKO (D.A.), « L'émergence du système de sécurité collective régionale africaine ou la pax africana », *Revue juridique et politique des États d'Afrique francophones*, n° 2, avril-juin 2009, pp. 239-262.

- MAHIOU (A.), « La Communauté économique africaine », *AFDI*, Vol. XXXIX, 1993, pp. 798-819.

- MALLOY (M.P.), « Economie Sanctions and U. S. Trade », *RIDC*, vol. 43, n° 1, janvier-mars 1991, pp. 276-284.

- MALUWA (T.), « La transition de l'Organisation de l'Unité Africaine à l'Union Africaine », *in* YUSUF (A.A.) et OUGUERGOUZ (F.) (dir.), *L'Union Africaine. Cadre juridique et institutionnel*, Paris, Pedone, 2013, pp. 35-56.

- MATHY (D.), « Sur les mesures économiques américaines et de l'OEA contre Cuba » ; disponible sur le site : *rbdi.bruylant.be*, pp. 183-194.

- MAYOR (Fr.), « Le droit de l'être humain à la paix », *in* BOUTROS GHALI (B.), *Amicorum discipulorumque liber. Paix, développement, démocratie*, vol. 2, Bruxelles, Bruylant, pp. 1231-1241.

- MBAYE (K.), « Rapport introductif sur la Charte africaine des droits de l'homme et des peuples », *in* Commission internationale de juristes (dir.), *Droits de l'homme et des peuples en Afrique et la Charte africaine*, Paris/Genève, Pedone, 1986, pp. 28-29.
- MEHDI (R.), *Les Nations Unies et les sanctions. Quelle efficacité ?*, Paris, Pedone, 2000, pp. 21-46.

- MEKKI (N.), « Les révolutions arabes et le droit international », *in* BEN ACHOUR (R.) (dir.), *Les changements anticonstitutionnels de gouvernement. Approches de droit constitutionnel et de droit international*, Aix-en-provence, Presse Universitaires d'Aix-Marseille, coll. « Les Cahiers de l'Institut Louis Favoreu », 2014 pp. 149-153.

- MELCHIOR de MOLENES (C.), RUZIE (D.), « Organisations internationales et sanctions internationales », *RIDC*, vol. 26, n° 2, avril-juin 1974. pp. 433-434.

- MERLE (M.), « Le contrôle exercé par les organisations internationales sur les États membres », *AFDI*, 1959, pp. 411-431.

- MONACO (R.), « Le caractère constitutionnel des actes institutifs d'organisations internationales », *in La communauté internationale. Mélanges ROUSSEAU*, Paris, Pedone, 1974, pp. 153-172.

- MONÉGER (J.) FARRALL (J.) et RUBENSTEIN (K.) (dir.), « Sanctions, Accountability and Governance in a Globalised World », *Revue internationale de droit comparé*, vol. 63, n° 2, 2011, pp. 478-481.

- MOUTON (J.-D.), « L'État selon le droit international. Diversité et unité », *in L'État souverain à l'aube du XXIe siècle. Colloque de la SFDI à Nancy, 3, 4 et 5 juin 1993*, Paris, Pedone, 1994, pp. 79-106.

- MORAND (C.-A.), « La sanction », *Archives de philosophie du droit*, t. 35, 1990, pp. 293-312.

- NDULO (M.), « L'interdiction des changements anticonstitutionnels de gouvernement », *in* YUSUF (A.A.) et

OUGUERGOUZ (F.), *L'Union africaine. Cadre juridique et institutionnel*, Paris, Pedone, 2013, pp. 223-242.

- NGARHODJIM (N.-F.), « La Charte africaine de la démocratie, des élections et de la gouvernance : une analyse critique », *Open society Institute. African governance Monotoring & advocacy project et Afrimap*, mai 2007, pp. 1-7.

- NORODOM (A.-T.), « Les sanctions en droit international public. Nouveaux aspects d'une théorie des sanctions internationales », *in* CHAINAIS (C.), FENOUILLET (D.) (dir.) *Les sanctions en droit contemporain. La sanction entre technique et politique*, Paris, Dalloz, vol. 1, 2012, pp. 613-634.

- NORODOM (A.-T.) « Les droits et obligations statutaires du membre. Leur protection et leur sanction, *in* LAGRANGE (E.), SOREL (J.-M.), (dir.), *Droit des organisations internationales*, Paris, LGDJ, 2013, pp. 326-349.

- NOSSAL (K.-R.), « Les sanctions économiques et les petits États. Le cas de la "punition" du Vietnam par le Canada », *Études internationales*, vol. 18, n° 3, 1987, pp. 523–544.

- NTWARI (G.-Fl.), « Note sur le premier arrêt de la Cour africaine des droits de l'homme et des peuples », *African Journal of International and Comparative Law*, 18-2, 2010, pp. 233-237.

- OLINGA (A.-D.), « La première décision au fond de la Cour africaine des droits de l'homme et des peuples : arrêts du 14 juin 2013 sur les affaires jointes *Tangayika Law Society et The Legal and Human Rights Cente c. Tanzanie et Révérend Christipher R. Mtikila c. Tanzanie)* », *Revue des droits de l'homme*, juin 2004, pp. 1-24.

- OUGUERGOUZ (F.), « La Cour africaine des droits de l'homme et des peuples. Gros plan sur le premier organe judiciaire africain à vocation continentale », *AFDI*, 2006, pp. 213-240.

- OUGUERGOUZ (F.), « Commentaire de l'article 45 de la Charte Africaine des Droits de l'homme et des peuples », *in* KAMTO (M.) (dir.), *La Charte africaine des Droits de l'homme et des peuples et le protocole y relatif portant création de la Cour africaine des droits de l'Homme*, Bruxelles, Bruylant, 2011, pp. 881-900.

- OUMBA (P.), « L'effectivité du rôle du Conseil de Paix et de sécurité de l'Union africaine dans la résolution des conflits », *Revue africaine d'études politiques et stratégiques*, 2014, pp. 139-176.

- OWONA (J.), « Les droits de l'homme », *in* CAMARA (S.), OWONA (J.) (dir.), *Encyclopédie juridique de l'Afrique. Volume 2 : Droits international et relations internationales*, Abidjan/Dakar/Lomé, Nouvelles Éditions Africaines, 1982, pp. 368-373.

- PETERS (A.), « L'acte constitutif de l'organisation internationale », *in* LAGRANGE (E.) et SOREL (J.-M.) (dir.), *Droit des organisations internationales,* Paris, LGDJ, 2013, pp. 201-244.

- PHILIP (C.), DE CARA (J.-Y.), « Nature et évolution de la juridiction internationale. Rapport général », *in* SFDI, *La juridiction internationale permanente. Colloque de Lyon*, Paris, Pedone, 1987, pp. 3-43.

- PICOD (F.), « Les sources », *in* SUDRE (F.) et LABAYLE (H.) (dir.), *Réalité et perspectives du droit communautaire des droits fondamentaux. Journée Nationale d'étude de la Commission pour l'étude des Communautés Européennes (CEDECE)*, Faculté de Droit de Montpellier I, Bruxelles, Nemesis, pp. 124-185.

- PIERSON-MATHY (P.), « L'action des Nations Unies contre l'apartheid », *RBDI*, 1970, pp. 203-245.

- PIETTE (L.H.) et TEIXEIRA (A.), « Guinée-Bissau. Recent History », *in The Europa World Year Book* 2004, vol. II, London [etc.], Europa Publications, 45e éd., 2004, pp. 526-535.

- PELLET (A), « La mise en œuvre des normes relatives aux droits de l'homme. Souveraineté du droit contre souveraineté de l'Etat ? », *in* THIERRY (H.), DECAUX (E.), *Droit international des droits de l'homme,* Paris, Montchrestien, 1990, pp. 101-141.

- PELLET (A), « Rapport introductif : peut-on et doit-on contrôler les actions du conseil de sécurité ? », *in Colloque de la SFDI de Rennes. Le chapitre VII de la Charte des Nations Unies*, Paris, Pedone, 1995, pp. 221-258.

- PONDI (J.-E.), BOUKARI (D.A.K.) « L'évolution de la fonction de Président en exercice de l'OUA », *in* KAMTO (M.), PONDI (J-E), ZANG (L.), *L'OUA. Rétrospective et perspectives africaines*, Paris, Economica, 1990, pp. 45-70.

- POUGOUÉ, (P.-G.) « La Commission africaine des droits de l'homme et des peuples entre son passé et son avenir », *in L'effectivité des droits fondamentaux dans les pays de la communauté francophone,* Editions l'AUPELF-UREF, 1994, pp. 529-532.

- RAACH (F.), « Crise libyenne. Le développement de la situation en marge de la répression des manifestations pacifiques », *Sentinelle,* n° 258, Bulletin du 13 mars 2011 ; disponible sur le site : http://sentinelle-droit international.fr/bulletins/a2011/20110313_bull_258/sentinelle_258.htm#10430.

- REDOR (M.-J.), « La vocation de l'Union européenne à protéger les droits fondamentaux », *in* LECLERC (S.), AKANDJI-KOMBÉ (J.-F.), REDOR (M.-J.) (dir.), *L'Union Européenne et les droits fondamentaux,* Bruxelles, Bruylant, 1999, pp. 13-30.

- RIVERO (J.), « *Sanction juridictionnelle et règle de droit* », *in Études juridiques offertes à Léon JULLIOT DE LA MORANDIERE,* Paris, Dalloz, 1964, pp. 457-469.

- ROULEAU (E.), « Le peuple irakien première victime de l'ordre américain », *Le Monde diplomatique*, novembre 1994, pp. 10-11.

- ROUSSEAU (C.), « Chronique des faits internationaux », *RGDIP*, 1967, pp. 382-505.

- ROUSSEAU (D.), « Une résurrection. La notion de constitution », *RDP*, n° 1, 1990, pp. 5-22.

- ROUSSEAU (D.), « Une théorique juridique des changements anticonstitutionnels de gouvernements est-elle possible ? », *in* BEN ACHOUR (R.), *Les changements anticonstitutionnels de gouvernement*, Aix-en-Provence, Presse Universitaires d'Aix-Marseille, coll. « Les Cahiers de l'Institut Louis Favoreu », 2014, pp. 63-65.

- RUZIE (D.), « La notion de fonctionnaire international », *in Recueil d'études en hommage à Charles EISENMAN*, Paris, éd. Cujas, 1975, pp. 441-452.

- SAHOVIC (M.), « A l'aube d'une éventuelle nouvelle étape du développement de l'ONU », *in Le droit international au service de la paix, de la justice et du développement. Mélanges en l'honneur de Michel VIRALLY*, Paris, Pedone, 1991, pp. 405-411.

- SALL (A.), « Aspects institutionnels de l'intégration en Afrique de l'Ouest », *in* FLAESCH-MOUGIN (C.), LEBULLENGER (J.), *Regards croisés sur les intégrations régionales : Europe, Amériques, Afrique,* Bruxelles, Bruylant, 2010, pp. 159-183.

- SALMON (J.), « La construction du fait juridique en droit international », *Archives de philosophie du droit. Tome 32 : Le droit international*, Paris, Sirey, 1987, pp. 135-151.

- SCELLE (G.), « Préface », in CARABIBER (Ch.), *Les juridictions internationales de droit privé*, Neuchatel, éd. De la Baronnière, 1947, pp. 7-37.

- SEIDL-HOHENVELDERN (I.), « The organs of International Organizations », *in* DUPUY (R.-J.) (dir.), *Manuel sur les organisations internationales / A Handbook on International Organizations*, The Hague, Martinus Nijhoff Publishers, 2e éd., 1998, pp. 81-178.

- SIERPINSKI (B.), « Les États dans les relations internationales économiques : entre égalité et disparité », *Civitas Europa*, vol. 30, n° 1, 2013, pp. 117-143.

- SOMA/KABORE (E-V.), « Le droit d'intervention de l'Union africaine » ; disponible sur le site : publication.lecames.org, pp. 131-154.

- SOW (A-I.), « Les juges de la Cour africaine des droits de l'homme et des peuples », *Revue juridique et politique indépendance et coopération*, 2001, pp. 38-54.

- STERN (B.), « Conclusions », *in* RUIZ FABRI (H.), SICILIANOS (L.-A.) et SOREL (J.-M.) (dir.), *L'effectivité des organisations internationales. Mécanismes de suivi et de contrôle*, Athènes/Paris, Sakkoulas/Pedone, 2000, pp. 111-119.

- SUR (S.), « Le Conseil de sécurité : blocage, renouveau et avenir », *Pouvoirs*, n° 109, 2004/2, pp. 61-74.

-TAVARES (M.D.), « Pourquoi tous ces coups d'Etat en Afrique ? », *Le Monde diplomatique*, avril 2004, pp. 16-17

- TEHINDRAZANARIVELO (D.-L.), « Les sanctions dans le cadre de l'Union Africaine », *in* TEHINDRAZANARIVELO (D.-L.), AYISSI (A.), (dir.), *Actes du 1er colloque international sur l'Afrique organisé à l'Institut universitaire des hautes études internationales, Genève, 28-29 mai 2004*, IUHEI, pp. 89-120.

- TEHINDRAZANARIVELO (D.-L.), « Les sanctions de l'Union Africaine contre les coups d'Etat et autres changements anticonstitutionnels de gouvernement. Potentialités et mesures de renforcement », *in* AYIL, YUSUF (A.A.), (dir.) 2006, p. 255-308.

- TEHINDRAZANARIVELO (D.-L.), « Les relations entre l'Union Africaine et les Nations Unies en matière de maintien de la paix et de la sécurité », *in* YUSUF (A. A.), OUGUERGOUZ (F.) (dir.), *L'Union africaine, cadre juridique et institutionnel. Manuel sur l'organisation panafricaine*, Paris, Pedone, 2013, pp. 327-359.

- TCHIKAYA (B.), « La juridictionnalisation du règlement des conflits internationaux en Afrique », *Revue du droit public et de la science politique en France et à l'étranger*, n° 2, mars 2006, pp. 459-486.

- TCHIKAYA (B.), « Le Conseil de paix et de sécurité de l'Union africaine », *in L'homme dans la société internationale. Mélanges en l'honneur du Professeur Paul TAVERNIER*, Bruxelles, Bruylant, 2013, pp. 387-405.

- TCHIKAYA (B.), « Le crime international de changement anticonstitutionnel de gouvernement. Quelques questions », *in* BEN ACHOUR (R.) (dir.), *Les changements anticonstitutionnels de gouvernement. Approches de droit constitutionnel et de droit international*, Aix-en-provence, Presses Universitaires d'Aix-Marseille, coll. « Les Cahiers de l'Institut Louis Favoreu », 2014, pp. 141-147.

- TIGROUDJA (H.), « La Charte africaine de la démocratie, des élections et de la gouvernance », *in* YUSUF (A.A.) et

OUGUERGOUZ (F.), *L'Union africaine. Cadre juridique et institutionnel*, Paris, Pedone, 2013, pp. 242-253.

- THOMAS (Y.), « De la "sanction" et de la "sainteté" des lois à Rome. Remarques sur l'institution juridique de l'inviolabilité », *Droits* n° 18, 1993, pp. 135- 151.

- THOMPSON (S.S.), « Le système africain des droits humains : comparaisons, contexte et possibilité de croissance future », *in Défendre les droits de l'humain en Afrique, point de vue sur la Commission africaine des droits de l'homme,* sous la direction de Michael WODZICKI, Montréal, Droit et Démocratie, 2008 pp. 33-48.

- TSHIYEMBE (M.), « Difficile gestation de l'Union africaine », *Le Monde diplomatique*, juillet 2002, pp. 22-23.

- VALTICOS (N.), « Idéal ou idéaux dans le monde actuel : la paix, le développement, la démocratie », *in* Boutros BOUTROS GHALI, *Amicorum Discipulorumque liber. Paix, développement, démocratie*, Vol. 2, Bruxelles, Bruylant, pp. 1405-1416.

- VASAK (K.), « Les droits de l'homme et l'Afrique. Vers les institutions africaines pour la protection internationale des droits de l'homme », *RBDI*, 1967, pp. 459-479.

- VIGNES (D.), « La place des Pactes de défense dans la société internationale », *AFDI*, 1959, pp. 76-77.

- VIRALLY (M.), « La notion de fonction dans la théorie de l'organisation internationale », *in La communauté internationale. Mélanges offerts à Charles ROUSSEAU*, Paris, Pedone, 1974, pp. 277-300.

- VIRALLY (M.), « Le rôle des organisations internationales dans l'atténuation et le règlement des crises internationale », *Politique étrangère*, n° 6, 1976, pp. 529-562.

- VIRALLY (M.), « Définition et classification des OI : approche juridique », *in* ABI SAAB (G.) (dir), *Le concept d'organisation internationale*, Paris, Unesco, 1980, pp. 51-67.

- WILLAERT (Ph.), « Les sanctions économiques contre la Rhodésie (1965-1979) » ; disponible sur le site :

http://rbdi.bruylant.be/public/modele/rbdi/content/files/RBDI%201984%20et%201985/RBDI%201984%20et%201985-1/Etudes%20de%20cas/RBDI%201984-1985.1%20-%20pp.%20216%20à%20248%20-%20Philippe%20Willaert.pdf, pp. 217-245.

- YUSUF (A.A.), « La licéité de l'intervention armée dans certains conflits », *in* YUSUF (A.A.) et OUGUERGOUZ (F.), (dir.) *L'Union africaine. Cadre juridique et institutionnel*, Paris, Pedone, 2013, pp. 293-308.

- YUSUF (A.A.), « L'État, le coup d'État et l'Union africaine », *in* CASSELLA (S.) et DELABIE (L.), *Faut-il prendre le droit international au sérieux ? Journée d'étude en l'honneur de Pierre Michel EISEMANN*, Paris, Pedone, 2016, pp. 67-75.

- ZAMBRANO (V.), « L'Union européenne et les changements antidémocratiques de gouvernement », *in* BEN ACHOUR (R.) (dir), *Les changements anticonstitutionnels de gouvernement. Approches de droit constitutionnel et de droit international*, Aix-en-provence, Presse Universitaires d'Aix-Marseille, coll. « Les Cahiers de l'Institut Louis Favoreu », 2014, pp. 149-153.

- ZERBO (Y.), « La problématique de l'unité africaine. (1958-1963) », *Guerres mondiales et conflits contemporains*, n° 212, 2003/4, pp. 113-127.

III. RECUEIL DES COURS DE L'ACADÉMIE DE DROIT INTERNATIONAL DE LA HAYE

-ABI SAAB (G.), « Cours général de droit international public », RCADI, vol. 207, 1987, pp. 33-41

- AGO (R.), « Science juridique et droit international », *RCADI*, vol. 90, 1956, II, pp. 851-958.

- BEN ACHOUR (R.), « Changements anticonstitutionnels de gouvernement », *RCADI*, vol. 379, 2016, pp. 397-548.

- BENOUNA (M.), « Les sanctions économiques des Nations Unies », *RCADI*, vol. 300, 2002, pp. 9-77.

- BINDSCHEDLER (D.), « Le règlement des différends relatifs au statut d'un organisme international », *RCADI*, vol. 124, 1968, pp. 453-548.

- BOISSON DE CHARZOUNES (L.), « Les relations entre organisations régionales et organisations Universelles », *RCADI*, vol. 347, 2011, pp. 79-406.

- BOURQUIN (M.), « Les règles générales du droit de la paix », *RCADI*, vol. 35, 1931, pp. 1-232.

- BRIERLY (J.L.), « Règles générales du droit de paix », *RCADI*, vol. 58, 1936, pp. 1-242.

- CAHIER (P), « Le problème des effets des traités à l'égard des États tiers », *RCADI*, vol. 143, 1974 (III), pp. 595-755.

- CHARPENTIER (J.), « Le contrôle par les Organisations Internationales de l'exécution des obligations des États », *RCADI*, vol. 182, 1983, pp. 143-245.

- CASTBERG (F.), « La méthodologie du droit international public », *RCADI*, vol. 43, 1933, pp. 309-383.

- CAVARE (L.), « Les sanctions dans le Pacte de la SDN et dans la Charte des Nations Unies », *RCADI*, n° 4, 1950, pp. 647-674.

- CISSE (A.), « Les effets des sanctions économiques des Nation unies sur les contrats », *in The Centre for Studies and Research in international Law and International Relations*, Brill/Nijhoff, Leiden/Boston, *RCADI*, 2004, pp. 683-715.

- CONFORTI (B.), « Le rôle de l'accord dans le système des Nations Unies », *RCADI*, vol. 142, 1974, pp. 203-288.

- DAILLIER (P.), « Les opérations multinationales consécutives à des conflits armés en vue du rétablissement de la paix », *RCADI*, vol. 314, 2005, pp. 1- 431.

- DOUDOU (Th.), « Le fédéralisme africain ». *RCADI*, vol. 126, 2014, pp. 317-398.

- DUPUIS (Ch.), « Règles du droit de la paix », *RCADI*, vol. 32, 1930-II, pp. 1- 290.

- DUPUY (R.-J.), « Le droit des relations entre les organisations internationales », *RCADI*, vol. 100, 1960, pp. 457-589.

- DUPUY (R.-J.), « Communauté internationale et disparités de développement », *RCADI*, vol. 165, 1979, pp. 9-232.

- DUPUY (R.-J.), « Manuel sur les organisations internationales », *RCADI*, 1988, pp. 3-685.

- HEILBORN (P.), « Les sources du droit international », *RCADI*, vol. 11, 1926, p. 1-63.

- KELSEN (H.), « Théorie du droit international public. Problèmes choisis », *RCADI*, vol. 42, 1932-IV, pp. 117-352.

- KOPELMANAS (L.), « Le contrôle international », *RCADI*, vol. 77, 1950, pp. 55-149.

- MONACO (R.), « Les principes régissant la structure et le fonctionnement des organisations », *RCADI*, vol. 156, 1977, pp. 79-226.

- PALLIERI (B.), « Le droit interne des organisations internationales », *RCADI*, vol. 127, 1969, pp. 7-36.

- SCELLE (G.), « Théorie et Pratique de la fonction exécutive en Droit international », *RCADI*, vol. 55, 1936, pp. 87-202.

- SICILIANOS (L.-A.), « Les sanctions institutionnelles et contre-mesures : tendances récentes », *in* FORLATI (P.) et SICILIANOS (L.A.) (dir.), *Les sanctions économiques en droit international*, *RCADI*, 2004, pp. 3-98.

- STRUPP (K.), « Règles générales du droit de la paix », *RCADI*, vol.47, 1934, pp.259-590.

- TEHINDRAZANARIVELO (D.L.), « Le droit des Nations Unies et les limites au pouvoir de sanction du Conseil de sécurité », *in* FORLATI (P.) et SICILIANOS (L.-A.) (dir.), *Les sanctions économiques en droit international*, *RCADI*, 2004, pp. 212-277.

- VASAK (K.), « Le droit international des droits de l'homme », *RCADI*, vol. 140, 1974, pp. 333- 429.

- VIRALLY (M.), « Panorama du droit international contemporain. Cours général de droit international public », *RCADI*, vol. 183, 1983, pp. 9-382.

- WEIL (P.), « Le droit international en quête de son identité. Cours général de droit international public », *RCADI*, vol. 237, 1992, pp. 1-366, sp. 41-78.

- YEPES (J.-M.), « Les problèmes fondamentaux du droit des gens en Amérique », *RCADI*, vol. 47, 1934, pp. 5-143.

V. MÉMOIRES ET THÈSES

- ALI (Y.), *L'organisation de l'Unité Africaine (OUA) et les problèmes africains*, Thèse, Paris I-Panthéon Sorbonne, 1972.

- AUSLENDER (J.), *Les sanctions non militaires des Nations Unies. Fondements, mise en œuvre et conséquences pour les États tiers et les droits de la personne*, Thèse, Paris II-Panthéon-Assas, 2006.

- AST (F.) *Les droits sociaux fondamentaux dans l'Union européenne*, Thèse, Paris II-Panthéon- Assas, 2002.

- AYOUB (S.-F.), *Le problème de l'octroi de la suspension et du retrait du statut consultatif aux organisations non gouvernementales. Étude comparative de la situation à l'O.N.U. et à l'U.N.E.S.CO.*, Thèse, Paris I-Panthéon-Sorbonne, 1974.

- BINYAM (V.), *Problèmes causés par la création d'un État africain*, Thèse, Clermont I, 2003.

- BRUCK (O.), *Les sanctions en droit international public*, Thèse, Paris, 1933.

- CORDIN (C.), *Le recrutement et la carrière des fonctionnaires internationaux à travers la jurisprudence des tribunaux administratifs du système des Nations Unies*, Thèse, Paris II- Panthéon-Assas, 1996.

- CONSTANTINESCO (V.), *Compétences et pouvoirs dans les communautés européennes. Contribution à l'étude de la nature juridique des communautés*, Thèse, Paris, 1974.

- CUILLE (G.), *Privilèges et immunités des fonctionnaires internationaux,* Thèse, Universités de Paris, 1959.

- DIALLO (A.-H.), *L'Organisation de l'Unité Africaine face aux réalités africaines et aux problèmes des États membres. Contribution à l'unification d'un continent*, Thèse, Lyon III, 1993.

- DUJARDIN (S.), *L'Union Africaine. Un ordre juridique panafricain refondé par des États en quête de nations*, Thèse, Paris I, 2006.

- FORTEAU (M.), *Recherche sur les relations entre le droit de la Charte des Nations Unies et le droit de la responsabilité de l'État pour fait internationalement illicite,* Thèse, Paris X Nanterre, 2002.

- IBRIGA (L.-M.), *L'évolution des systèmes d'intégration économique en Afrique : le cas de la CEAO*, Thèse Nancy II, 1991.

- KERREST (A.), *La participation aux organisations internationales*, Thèse, Paris I-Panthéon Sorbonne, 1985.

- LOUM (N.), « Le système africains des droits humains : comparaisons, contexte et possibilité de croissance future », *in Défendre les droits humains en Afrique –point de vue de la Commission africaine des droits de l'homme et des peuples* sous la direction de Michael WODZICKI, Montréal, Droit et Démocratie, 2008., pp. 19-32

- MACTAR (K.), *L'Organisation de l'Unité Africaine/Union Africaine et le règlement des conflits territoriaux et frontaliers*, Thèse, Paris I-Panthéon Sorbonne, 2002.

- MAIKASSOUA (R.-I.), *Les effets des décisions de la Commission africaine des droits de l'homme et des peuples*, Thèse, Paris I-Panthéon Sorbonne, 2011.

- MEHMET EMIN (G.), *Les sanctions non militaires de l'article 41 de la Charte au pouvoir du Conseil de sécurité à la lumière de la pratique récente*, Thèse, Université de Reims, 1996.

- MINOUNGOU (P.), *Le secrétaire général de l'Organisation de l'Unité Africaine (OUA). Structures-hommes-évolution*. Thèse, Paris I-Panthéon Sorbonne, 1976.

- MOHAMED GHADI (A.), *La longue marche de l'Afrique vers l'intégration, le développement et la modernité politique*, Thèse, Paris V, 2006.

- NIAKI (D.), *Les sanctions dans la cadre de l'organisation des Nations Unies*, Thèse, Universités de Paris, 1958.

- NOUGOUA (A.), *La force des normes internationales dans la résolution des conflits en Afrique. Le cas de la Côte d'Ivoire*, Thèse, Paris I- Panthéon Sorbonne, 2007.

- NTWARI (G.-F.) *L'Union africaine et la promotion de la paix, de la sécurité et de la stabilité en Afrique* Thèse, Lyon III, 2014.

- NZAOU (A.), *Exploitation des hydrocarbures et protection de l'environnement en République du Congo. Essai sur la complexité de leurs rapports à la lumière du droit international*, Thèse, Lyon III, 2018.

- OBATOKI SALAMI (A.), *Intégration, information et communication de l'Union Africaine. Une analyse comparative et critique avec l'Union européenne*, Thèse, Paris XIII, 2009.

- PARKER (W. K.), *La construction du régionalisme en Afrique noire*, Thèse, Paris I-Panthéon Sorbonne, 1975

- TAMBASHE DIU (E.), *Dialectique de l'unité du continent africain. Contribution à une analyse critique et prospective de l'Organisation de l'Unité Africaine*, Thèse, Lille II, 1987.

- TABALA KITENE (F.), *Le statut des sanctions contre les changements anticonstitutionnels de gouvernement dans les textes et le pratique de l'Union africaine. Contribution à l'étude de la production des normes par les organisations internationales*, Thèse, Université de Gand, 2013.

- TCHAMENI (A.), *Les évolutions contemporaines du régionalisme africain. Essai sur la rationalisation de l'intégration africaine au regard du droit international public*, Thèse, Lyon III, 2011.

- THETBET (J-E-G.), *L'idée de nation africaine chez les leaders panafricains. De la première guerre mondiale à la naissance de l'Organisation de l'Unité Africaine*, Thèse, Toulouse II, 1984.

VI. DICTIONNAIRES USUELS ET JURIDIQUES

- BENVENISTE (E.), *Le vocabulaire des institutions indo-européennes*, tome 2, Paris, Minuit, 1969.

- CORNU (G.), *Vocabulaire juridique,* Paris, PUF, 2017.

- DAREMBERG (CH.), SAGLIO (E.), POLTIER (E.*), Dictionnaire des Antiquités grecques et romaines*, Paris, 1904.

- ERNOUT (A.), MEILLET (A.), *Dictionnaire étymologique de la langue latine, histoire des mots*, Paris, Librairie C. Klincksieck, 1932.

- GARNER (A.-B.) *et al.*, *Black's law Dictionary*, St-Paul (Minn), Thomson-west, 8e éd. 2004.

- REY (A.), *Petit Robert. Dictionnaire alphabétique et analogique de la langue française,* Le Robert, 2e éd. rev., 1992, t. VIII.

- SALMON (J.), *Dictionnaire de droit international public*, Bruxelles, Bruylant, 2001.

- TILCH (H.), ARLOTH (F.), *Deutshers Rechts-lexikon*, t. III, Munchen, Beck, 3e éd., 2001.

VI. SITES INTERNET

www.africa-union.org (Union Africaine)

http://www.africa-union.org/official_documents/Treaties_conventions_fr/ProTocoLE%20-%20consEIL%20dE%20PAIX%20ET%20dE (Union Africaine, documents et traités)

www.iss.co.za/ (Institut d'études de sécurité, Afrique du Sud. Ce site contient le plus grand nombre de documents africains dans le monde relatifs aux questions de sécurité).

www.crisisgroup.org (ONG internationale qui produit des rapports et études sur divers conflits ou crises dans le monde (multilingue).

https://www.crisisgroup.org/fr/africa/central-africa/burundi/african-union-and-burundi-crisis-ambition-versus-reality.

www.ausitroom-psd.org/homefr.htm (Site contenant des documents et des jurisprudences du Conseil de Paix et de Sécurité de l'Union Africaine).

http://www.antogo.tg.refer.org/IMG/pdf/CONSTITUTION.pdf

http://www.ridi.org/adi/articles/2005/200502adj.pdf.

http://archive.au.int/collect/security/import/French/2005_25_PR_B1F.pdf

http://www.oas.org/OASpage/frn/documents/Democractic_Charter.htm

http://www.ftaa-alca.org/summits/quebec/declara_f.asp

http://www.oas.org/juridico/english/agres1080.htm

http://www.assemblee-nationale.fr/11/dossiers/rwanda/r1271.asp

http://www.ipu.org/cnl-f/161-dem.htm

http://fr.african-court.org/index.php/faqs/44-finalised-cases-details/291-requete-no-010-2011-efoua-mbozo-o-samuel-c-parlement-panafricain-details-2

http://www.ftaa-alca.org/summits/quebec/declara_f.asp

http://hrlibrary.umn.edu/africa/Fcomm6-2002.html

TRAITÉS ET DOCUMENTS OFFICIELS

I. TRAITÉS ET AUTRES INSTRUMENTS JURIDIQUES

- Déclaration américaine de 1776 (le *Bill of Rights* amendant la Constitution).

- Déclaration des droits de l'homme et du citoyen du 26 août 1789.

- Charte des Nations Unies signée à San Francisco le 26 juin 1945 (entrée en vigueur le 24 octobre 1945).

- Déclaration universelle des droits de l'homme adoptée à Paris et proclamée par l'Assemblée générale des Nations Unies dans la résolution 217 (III) du 10 décembre 1948.

- Statut du Conseil de l'Europe ouvert à la signature à Londres le 5 mai 1949 (entré en vigueur le 3 août 1949).

- Convention européenne des droits de l'homme adoptée à Rome le 4 novembre 1950 (entrée en vigueur le 3 septembre 1953).

- Protocole additionnel à la Convention européenne de sauvegarde des droits de l'homme et des libertés fondamentales adopté à Paris le 20 mars 1952 (entré en vigueur le 18 mai 1954).

- Charte de l'Organisation de l'Unité Africaine adoptée par les chefs d'État et de gouvernement le 25 mai 1963 à Addis-Abeba (Éthiopie).

- Charte de l'Organisation des États américains adoptée par le protocole de Buenos Aires le 27 février 1967.

- Convention de Vienne sur le droit des traités du 23 mai 1969.

- Convention américaine relative aux droits de l'homme « Pacte de San José » adoptée à San José (Costa Rica) le 22 novembre 1969 (entrée en vigueur le 18 juillet 1978).

- Pacte international relatif aux droits civils et politiques adopté à New York le 16 décembre 1966 (entré en vigueur le 23 mars 1976).

- Charte africaine des droits de l'homme et des peuples adoptée lors de la 18e session de la Conférence des chefs d'État et de gouvernement de l'OUA tenue à Nairobi (Kenya) le 27 juin 1981.

- Convention de Vienne sur le droit des traités entre États et organisations internationales ou entre organisations internationales du 21 mars 1986.

- Acte Constitutif de l'Union africaine adopté lors de la 36e session ordinaire de la Conférence des chefs d'État et de gouvernement de l'Organisation de l'Unité Africaine à Lomé (Togo) le 11 juillet 2000.

- Déclaration de Bamako du 3 novembre 2000.

- Charte démocratique interaméricaine adoptée lors de la 1re séance plénière tenue à Lima (Pérou) le 11 septembre 2001.

- Protocole sur les amendements à l'Acte constitutif de l'Union africaine adopté lors de la 1re session extraordinaire de la Conférence de l'UA tenue à Addis-Abeba (Éthiopie) le 03 février 2003 et la 2e session ordinaire de la Conférence de l'Union à Maputo (Mozambique) le 11 juillet 2003.

- Charte africaine de la démocratie, des élections et de la gouvernance adoptée lors de la 8e session ordinaire de la Conférence tenue à Addis-Abeba (Éthiopie) le 30 janvier 2007.

- Traité sur l'Union européenne, tel que modifié par le Traité de Lisbonne signé le 13 décembre 2007.

II. DOCUMENTS OFFICIELS DES ORGANISATIONS INTERNATIONALES OUA/UA

Documents de la Conférence des chefs d'État et de gouvernement de l'Union africaine

- Doc. OUA/AHG/Decl. 1 (XXVI), 36e session ordinaire, Addis Abeba (Éthiopie), 11 juillet 1990.

- Doc. OUA/CEG, AHG/Decl. 1(XXXV), *Déclaration d'Alger*, 35e session ordinaire de la Conférence des chefs d'État et de gouvernement, Alger (Algérie), 12-14 juillet 1999.

- Doc. AHG/Decl.5 (XXXVI), *Déclaration de Lomé*, 36e session ordinaire, Lomé (Togo), 10-12 juillet 2000.

- Doc. OUA/Conférence des chefs d'État et de gouvernement, AHG/Déc. 160 (XXXVII), *Décision sur la mise en œuvre de la Décision du Sommet de Syrte sur l'Union africaine*, 37e Conférence des chefs d'États et de gouvernement, Lusaka (Zambie), 9-11 juillet 2001.

- Doc. UA, *Protocole relatif à la création du Conseil de paix et de sécurité de l'Union africaine*, 1re session ordinaire de la Conférence des chefs d'État et de gouvernement, Durban (Afrique du Sud), 9 juillet 2002.

- Doc. UA. Assembly/AU/Dec.31 (II), 2e session ordinaire de la Conférence de l'Union africaine, Maputo (Mozambique), 10-12 juillet 2003.

- Doc. UA/Conférence de l'Union, Assembly/AU/Dec.16(II), *Décision sur la mise en œuvre opérationnelle du Protocole relatif à la création du Conseil de paix et de sécurité*, 2e session ordinaire de la Conférence de l'UA, Maputo (Mozambique), 10-12 juillet 2003.

- Doc. UA/CPS, PSC/AHG/ST.(X), *Déclaration d'engagement en faveur de la paix et de la sécurité en Afrique, des chefs d'État et de gouvernement des États membres du Conseil de paix et de sécurité de l'Union africaine. Lancement solennel du Conseil de paix et de sécurité*, Addis-Abeba (Éthiopie), 25 mai 2004.

- Doc. UA/Assembly/AU/Decl.2(V), 5e session ordinaire de la Conférence de l'UA, Syrte (Libye), 4-5 juillet 2005.

- Doc. UA/Assembly/AU/DEC.112(VII), *Décision relative au moratoire sur la reconnaissance des Communautés économiques* (CER), 7e session ordinaire de la Conférence de l'Union, Banjul (Gambie), 1-2 juillet 2006.

- Doc. UA/Assembly/AU/Dec.166(IX), 9e session ordinaire de la Conférence de l'Union, Accra (Ghana), 1-3 juillet 2007.

- Doc. UA/Assembly/AU/Res.1 (XI), 11e session ordinaire de la Conférence de l'UA, Sharm El-Sheikh (Égypte), 30 juin-1er juillet 2008.

- Doc. UA/Assembly/AU/Dec.265(XIII), *Décision sur la contribution des États membres au budget de l'Union africaine*, 13e session de la Conférence de l'UA, Sythe (Libye), 3 juillet 2009.

- Doc. UA/Conférence de l'Union, Doc. Assembly/AU/Dec.263 (XIII), *Décision sur la transformation de la Commission de l'Union africaine en Autorité de l'Union africaine*, 13e session ordinaire de la Conférence de l'UA, Sythe (Libye), 1er-3 juillet 2009.

- Doc. UA/CPS, Doc. Assembly/AU/3(XIV), *Rapport du CPS sur ses activités et l'état de la paix et de la sécurité en Afrique*, 14e session de la Conférence de l'UA, Addis-Abeba (Éthiopie), 31 janvier-2 février 2010.

- Doc. UA/Conférence de l'Union, Doc. Assembly/AU/Déc. 298 (XV), *Décision sur la transformation de la Commission de l'Union africaine en Autorité de l'Union africaine*, 15e session ordinaire de la Conférence de l'UA, Kampala (Ouganda), 25-27 juillet 2010.

- Doc. UA/Conférence de l'Union, Doc. Assembly/AU/Déc. 341 (XVI*), Décision sur la transformation de la Commission de l'Union africaine en Autorité de l'Union africaine*, 16e session ordinaire de la Conférence de l'UA, Addis-Abeba (Éthiopie), 30-31 janvier 2011.

- Doc. UA/Assembly/AU/Dec.410(XVIII), *Décision sur la contribution des États membres au budget de l'Union africaine*, 18e session ordinaire de la Conférence de l'UA, Addis-Abeba (Ethiopie), 29-30 janvier 2012.

- Doc. UA/Conférence de l'Union, Doc. Assembly/AU/Déc. (XVIII), *Décision sur la transformation de la Commission de l'Union africaine en Autorité de l'Union africaine*, 18e session ordinaire de la Conférence de l'UA, Addis-Abeba (Ethiopie), 29-30 janvier 2012.

- Doc. UA/Conférence de l'Union, Doc. Assembly/AU/Dec.454 (XX), *Décision sur le rapport intérimaire sur la transformation de la Commission de l'Union africaine en Autorité de l'Union africaine*, 20e session ordinaire de la Conférence de l'UA, Addis-Abeba (Éthiopie), 27-28 janvier 2013.

- Doc. UA/Assembly/AU/Dec.482(XXI), *Décision sur la compétence internationale, la justice internationale et la cour pénale internationale*, 21e session ordinaire de la Conférence de l'UA, Addis-Abeba (Afrique du Sud), 26 et 27 mai 2013.

- Doc. UA/Ext/Assembly/AU/Dec.1, *Décision sur les relations entre l'Afrique et la Cour pénale internationale* (CPI), Session extraordinaire de la Conférence de l'UA, Addis-Abeba (Éthiopie), 12 octobre 2013.

- Doc. UA/Assembly/AU/Dec.577(XXV), 25e session ordinaire de la Conférence de l'UA, Johannesbourg (Afrique du Sud), 14-15 juin 2015.

- Doc. UA/Assembly/AU/Dec.616(XXVII), *Décision sur la Cour pénale internationale (CPI)*, 27e session ordinaire de la Conférence de l'UA, Kigali (Rwanda), 17-18 juillet 2016.

- Doc. UA/Assembly/AU/Dec.605(XXVII), *Décision sur les conclusions de la retraite de la Conférence de l'Union*, 27e session ordinaire de la Conférence de l'UA, Kigali (Rwanda), 17-18 juillet 2016.

- Doc. UA/Assembly/AU/Dec.606(XXVII), *Décision sur la réforme institutionnelle de l'Union africaine*, 27e session ordinaire de la Conférence de l'UA, Kigali (Rwanda), 17-18 juillet 2016.

- Doc. UA/Assembly/AU/ Dec. 650 (XXIX), Doc. Assembly/AU//2 (XXIX), *Décision sur le rapport de S.E.M. Paul KAGAME, président de la République du Rwanda, sur la réforme institutionnelle de l'Union africaine sur la mise en œuvre de la décision*, 29e session ordinaire, Addis-Abeba (Ethiopie), 2-4 juillet 2017.

- Doc. UA/Assembly/AU/Dec. 672(XXX), *Décision sur la Cour pénale internationale (CPI)*, 30e session ordinaire de la Conférence de l'UA, Addis- Abeba (Éthiopie), 28-29 janvier 2018.

- Doc. UA/Assembly/AU/Dec. 687 (XXX), *Décision sur le rapport intérimaire sur l'état d'avancement de la mise en œuvre de la décision Assembly/AU/Dec.635 (XXVIII) sur la réforme institutionnelle de l'Union africaine*, 30e session de la Conférence de l'UA, Addis Abeba (Ethiopie), 28-29 janvier 2018.

Documents du Conseil exécutif de l'Union Africaine

- Doc. OUA.CM/Res.92(VIII), 8e session ordinaire du Conseil des ministres de l'OUA, Addis-Abeba (Ethiopie), 27 février-4 mars 1967.

- Doc. OUA.CM/Res. 395(XXIV), 24e session ordinaire du Conseil des ministres de l'OUA, Addis-Abeba (Ethiopie), 13-21 février 1975.

- Doc. OUA.CM/Res.386(XXIV), 24e session ordinaire du Conseil des ministres de l'OUA, Addis-Abeba (Ethiopie), 13-21 février 1975.

- Doc. OUA.CM/Res.598(XXX), 31e session ordinaire du Conseil des ministres de l'OUA, Tripoli (Lybie), 20-28 février 1978.

- Doc. OUA.CM896(XXXI), Règlement financier de l'OUA, 4 mars 1979.

- Doc. OUA.CM/Res.1311(LII), 53e session ordinaire du Conseil des ministres de l'OUA, Addis-Abeba (Ethiopie), 25 février-1er mars 1991.

- Doc. OUA.CM/Res.1364(LV), 55e session ordinaire du Conseil des ministres de l'OUA, Addis-Abeba (Ethiopie), 24-29 février 1992.

- Doc. OUA.CM/Plen/Res.1423 (LVII), 57e session ordinaire du Conseil des ministres de l'OUA, Addis-Abeba (Ethiopie), 15-19 février 1993.

- Doc. OUA.CM/Res.1480 (LIX), 59e session ordinaire du Conseil des ministres de l'OUA, Addis-Abeba, (Ethiopie), 31 janvier-4 février 1994.

- Doc. OUA.CM/1795(LIX), Règlement financier de l'OUA, Secrétariat Général, 5 février 1994.

- Doc. OUA.CM/RES-1480(LIX), 59e session ordinaire du Conseil exécutif, Addis-Abeba (Ethiopie), 31 janvier-4 février 1994.

- Doc. UA/Conseil exécutif, Ex.CL/Dec.2-19(II). Ex.CL/Decl.1 (II), 2e session ordinaire, N'Djamena (Tchad), 3-6 mars 2003.

- Doc. UA/Central Organ/MEC/AMB/Comm.(XC), Addis-Abeba (Ethiopie), 17 mars 2003.

- Doc. UA/Conseil exécutif, Doc. EX.CL/7(II), *Décision sur le rapport du sous-comité des contributions*, 3e session ordinaire du Conseil des ministres, Maputo (Mozambique), 4-8 juillet 2003

- Doc. UA/EX.CL/Dec.97 (V), 5e session ordinaire du Conseil exécutif, Addis-Abeba (Ethiopie), 25 juin-3 juillet 2004.

- Doc. UA/ Ext./EX.CL/2(VII), *Position commune africaine sur la réforme des Nations Unies. « Le consensus d'Ezulwini »*, 7e session extraordinaire du Conseil exécutif, 7-8 mars 2005

- Doc. UA.EX.CL/27(III), Décision DOC.EX.CL/175(VII)_b, 7e session ordinaire, Syrte (Libye), 28 juin-2 juillet 2005.

- Doc. UA/Rapport.COMAI/Min/Rpt (1), 1re Conférence des ministres africains de l'intégration (COMAI), Ouagadougou (Burkina Faso), 30-31 mars 2006.

- Doc. UA.EX.CL/Dec.279 (IX), 9e session ordinaire du Conseil exécutif, Banjul (Gambie), 28-29 juin 2006.

- Doc. UA/EX.CL/348(XI), 11e session ordinaire du Conseil exécutif *Décision relative au Protocole sur les relations entre l'Union africaine et les Communautés Économiques Régionales (CER)*, Accra (Ghana), 25-29 juin 2007

- Doc. UA/EX.CL/Déc.580(XVII), 17e session ordinaire du Conseil exécutif, Kampala (Mozambique), 19-23 juillet 2010.

- Doc. UA/EX.CL/Déc. 601(XVIII), 18e session ordinaire du Conseil exécutif, Addis-Abeba (Ethiopie), 24-28 janvier 2011.

- Doc. UA/EX.CL/Dec.644(XIX), 19e session ordinaire du Conseil exécutif, Malabo (Guinée Équatoriale), 23-28 juin 2011.

- Doc. UA/EX.CL/716(XX), 20e session ordinaire du Conseil exécutif, Addis-Abeba (Ethiopie), 23-27 janvier 2012.

- Doc. UA/EX.CL Déc.731(XXII), 22e session du Conseil exécutif, Addis-Abeba (Ethiopie), 24-25 janvier 2013.

- Doc. UA/EX.CL/Dec.771(XXIII), 23e session ordinaire, Addis-Abeba (Ethiopie), 19-23 mai 2013.

- Doc. UA/EX.CL788(XXIV), 24e session ordinaire du Conseil exécutif, Addis-Abeba (Ethiopie), 21-24 janvier 2014.

- Doc. UA/EX.CL/Dec.788 (XXIV), 24e session ordinaire du Conseil exécutif, Addis-Abeba, (Ethiopie), 21-28 janvier 2014.

- Doc. UA.EX.CL/Dec.818(XXV), 35e session ordinaire du Conseil exécutif, Malabo, (Guinée Equatoriale), 20-24 juin 2014.

Communiqué du Conseil de paix et de sécurité de l'Union africaine

- Doc. UA/Central Organ/MEC/AMB/COMM. (XCIII), 93e session ordinaire au niveau des ambassadeurs de l'organe central du mécanisme pour la prévention, la gestion et le règlement des conflits, Addis-Abeba (Ethiopie), 24 juillet 2003.

- Doc. UA Central Organ/MEC/AMB/COMM(XCV), 95e session ordinaire au niveau des ambassadeurs de l'organe central du mécanisme pour la prévention, la gestion et le règlement des conflits. Addis-Abeba (Ethiopie), 18 septembre 2003.

- Doc. UA/CPS, PSC/AHG/ST.(X), *Déclaration d'engagement, en faveur de la paix et de la sécurité en Afrique, des chefs d'État et de gouvernement des États membres du Conseil de paix et de sécurité de l'Union africaine. Lancement solennel du Conseil de paix et de sécurité*, Addis-Abeba (Ethiopie), 25 mai 2004.

- Doc. UA/PSC/PR/Comm.(XXIV), 24e réunion du CPS, Addis-Abeba (Ethiopie), 7 février 2005.

- Doc. UA/PSC/PR/Comm.(XXV), 25e réunion du CPS, Addis-Abeba (Ethiopie), 25 février 2005.

- Doc. UA/PSC/PR/Comm.(XXX), 30e réunion du CPS, Addis-Abeba (Ethiopie), 27 mai 2005.

- Doc.UA/PSC/PR/2(XXX), *Rapport du président de la Commission sur l'évolution de la situation au Togo*, Addis abeba (Ethiopie) 27 mai 2005.

- Doc. UA/PSC/PR/Stat.(XXXVI)-(ii), 36e réunion du CPS, Addis-Abeba (Ethiopie), 4 août 2005.

- Doc. UA/PSC/PR/2(XXXVII), *Rapport du président de la Commission sur la situation en République islamique de Mauritanie*, 37e réunion du CPS, Addis-Abeba (Ethiopie), 8 septembre 2005.

- Doc. UA/PSC/PR/Comm.(LXXVI), 76e réunion du CPS, Addis-Abeba (Ethiopie), 10 avril 2007.

- Doc. UA/PSC/PR/PS(LXXXII), 82e réunion du CPS, Addis-Abeba (Ethiopie), 23 juillet 2007.

- Doc. UA/Rév.1 PSC/PR/Comm.(LXXXVII), 87e réunion du CPS, Addis-Abeba (Ethiopie), 13 août 2007.

- Doc. UA/PSC/PR/Comm.(XCV), 95ème réunion du CPS, Addis-Abeba (Ethiopie), 10 octobre 2007.

- Doc. UA/PSC/AHG/Comm.2(CCVII), 207e réunion du CPS, Addis-Abeba (Ethiopie), 29 octobre 2009.

- Doc. UA/PSC/PR/COMM.2(CCXVI), 216e réunion du CPS, Addis-Abeba (Ethiopie), 16 février 2010.

- Doc. UA/PSC/PR/BR.2(CCXX), 220e réunion du CPS, Addis-Abeba (Ethiopie), 11 mars 2010.

- Doc. UA/PSC/PR/BR.1(CCXXXII), 232e réunion du CPS, Addis-Abeba (Ethiopie), 17 juin 2010.

- Doc. UA/PSC/PR/BR.(CCXLVIII)-Rev.1, 248e réunion du CPS, Addis-Abeba (Ethiopie), 13 novembre 2010.

- Doc. UA/PSC/PR/ Comm.1(CCLII), 252e réunion du CPS, Addis-Abeba (Ethiopie), 9 décembre 2010.

- Doc. UA/PSC/PR/Comm.(CCLXVI), 266e réunion du CPS, Addis-Abeba (Ethiopie), 16 mars 2011.

- Doc. UA/PSC/PR/Comm.2(CCCXV), 315e réunion du CPS, Addis-Abeba, (Ethiopie), 23 mars 2012.

- Doc. UA/PSC/PR/Comm.(CCCLXXXIV), 384e réunion du CPS, Addis-Abeba (Ethiopie), 5 juillet 2013.

- Doc. UA/PSC/MIN/BR.2(CCCLXXXVII), 387e réunion du CPS, Addis-Abeba, (Ethiopie), 29 juillet 2013.

- Doc. UA/PSC/PR/BR(CCCXC) 390e réunion du CPS, Addis-Abeba, (Ethiopie), 16 août 2013.

- Doc. UA/CPS. PSC/AHG/4(CDXVI), *Rapport intérimaire du Groupe de haut niveau de l'Union africaine pour l'Égypte*, 416e réunion du CPS au niveau des chefs d'État et de gouvernement, Addis-Abeba (Ethiopie), 20 janvier 2014.

- Doc. UA/PSC/AHG/Comm.3(CDXVI), 416e réunion du CPS, Addis-Abeba, (Ethiopie), 23 janvier 2014.

- Doc. UA/PSC/PR/BR(CDXXXII), 432e réunion du CPS, Addis-Abeba (Ethiopie), 22 avril 2014.

- Doc. UA/PSC/PR/BR.(CDXXXVII), 437e réunion du CPS, 10e anniversaire du CPS, Addis-Abeba, (Ethiopie), 25 mai 2014.

- Doc. UA/PSC/PR/Comm.(CDLXV), 465e communiqué du CPS, Addis-Abeba, (Ethiopie), 3 novembre 2014.

- Doc. UA/PSC/PR/COMM.(DLI), 551e réunion du CPS, Addis-Abeba (Ethiopie), 17 octobre 2015.

- Doc. UA/PSC/PR/Comm.(DLVII), 557e réunion du CPS, Addis-Abeba (Ethiopie), 13 novembre 2015.

- Doc. UA/PSC/PR/Comm.(DLXV), 565e réunion du CPS, Addis-Abeba (Ethiopie), 17 décembre 2015.

Résolutions de l'Assemblée générale du Conseil de sécurité

- Résolution 386/V du 4 novembre 1950.

- Résolution 2671 de l'Assemblée générale du 8 décembre 1970.

- Résolution 3314 de l'Assemblée générale du 14 décembre 1974 (A/RES/3314 (1974)).

- Préambule de la Résolution 660 du Conseil de sécurité le 2 août 1990 (S/Res/600 (1990)).

Sur la situation en Haïti

- S/Res/841, 3238e séance du Conseil de sécurité du 16 juin 1993.

- S/Res/861, 3271e séance du Conseil de sécurité du 27 août 1993.

- S/Res/873, 3291e séance du Conseil de sécurité du 13 octobre 1993.

- S/Res/875, 3293e séance du Conseil de sécurité du 16 octobre 1993.

- S/Res/905 3352e séance du Conseil de sécurité du 23 mars 1994.

- S/PRST/1994/60 du 21 octobre 1994.

- S/Res/917, 3376e séance du Conseil de sécurité du 6 mai 1994.

- Doc. Assemblée générale/Conseil de sécurité de l'ONU. A/50/60/S/1995/1, *Agenda pour la paix. Rapport de situation présenté par le Secrétaire général à l'occasion du cinquantenaire de l'organisation des Nations Unies*, 25 janvier 1995.

- Doc. ONU S/1997/499, *Communiqué final de la réunion des Ministres des affaires de 6 pays membres de la CEDEAO sur la situation en Sierra Leone*, 26 juin 1997.

Déclarations du Président du Conseil de sécurité condamnant le coup d'État en Sierra Leone en 1997

- S/PRST/1997/29 du 27 mai 1997.

- S/PRST/1997/36 du 11 juillet 1997.

- S/PRST/1997/42 du 6 août 1997.

- S/PRST/2008/30 du 19 aout 2008.

Autres documents

- Résolution 2131 (XX) de l'Assemblée Générale des Nations Unies en date du 21 décembre 1965.

- MRE/RES.1/91, « Appui au Gouvernement démocratique d'Haïti », adoptée par les ministres des relations extérieures des États membres le 3 octobre 1991.

- MRE/RES.2/91, adoptée le 8 octobre 1991.

- MRE/RES.3/92, adoptée le 17 mai 1992.

- MRE/RES.4/92, adoptée le 13 décembre 1992.

- CP/RES.575 (885/92).

- CP/RES.594 (923/92).

- MRE/RES.5/93, adoptée le 6 juin 1993.

- CP/DEC.8 (927/93).

- CP/DEC.9 (931/93).

- CP/DEC.10 (934/93).

- CP/DEC.15 (967/93).

- CP/RES.610 (968/93).

- Doc. ONU. A/Conf./157/22, *Déclaration liminaire prononcée à l'ouverture de la Conférence mondiale de Vienne sur les droits de l'homme*, 14 juin 1993.

- CP/DEC.18 (986/94), adoptée par le Conseil permanent de l'Organisation des États Américains.

- CP/RES.630 (987/94).

- Doc. ONU S/1997/499, *Déclaration sur la situation au Libéria*, 26 juin 1997.

- Doc. ONU S/1997/499, *Communiqué final de la réunion des ministres des affaires de 6 pays membres de la CEDEAO sur la situation, sur la situation en Sierra Leone*, 26 juin 1997.

- Doc. ONU S/1997/695, *Décision relative à l'imposition des sanctions contre la junte en Sierra Leone*, 20e session des chefs d'État et de gouvernement, 29 août 1997.

TABLE DE JURISPRUDENCE

Communications de la commission africaine des droits de l'homme et des peuples

- Affaire *Amnesty International c/ Soudan*, Communications 48/90, 50/90, 52/90, et 89/90.

- Affaire *Annette Pagnoule (au nom d'Abdoulaye Mazou) c/ Cameroun*, Communication 39/90, Huitème Rapport d'activité, Annexe VI.

- Affaire *RADDHO c/ Zambie*, Communication 71/92/1992.

- Affaire *Civil Liberties Organisation (au nom du Nigerian Bar Association) c/ Nigeria*, Communication 101/1993.

- Affaire *Kenya Human Rights Commission c/ Kenya*, Communication 135/94.

- Affaire *sur la détérioration de la situation des droits de l'homme en Gambie*, n°ACHPR/Res.13(XVI) 94, 16e session ordinaire, Banjul, 24 octobre-3 novembre 1994.

- Affaire *Constitutionnal Rigths Project (in respect of Wahab Akamu, G Adega and others) c/ Nigeria*, Communication 60/61/1995.

- Affaire *Social and Economic Rights Action Center (SERAC) c/ Nigeria*, Communication 155/1996.

- Affaire relative aux *expulsions des Burundais du Rwanda en 1989*, Communications jointes 27/89, 46/91, 49/91 et 99/93/1996-1997.

- Affaire *Zimbabwe Lawyers for Human Rights, Associated Newspapers of ZimbaBwé c/ Zimbabwe*, Communication 284/03 (2008), également Communications 292/04 (2008) et 39/90 1997.

- Affaire *Fédération Internationale des Ligues des droits de l'homme, Union Interafricaine des droits de l'homme, RADDHO, ONDH, au Sénégal et Association Malienne des droits de l'homme c/Angola*, Communication 159/96/1997.

- Affaire *International Pen, Constitutional Rights Project, Interights et Civil Liberties Organisation c/ Nigeria,* 12e rapport annuel d'activités, Communications 137/94, 139/94, 154/96 et 161/97.

- Affaire *Amnesty International, M. Sarr Diop, UIDH and RADDHO, Collectif des Veuves et Ayants-droits, Association Mauritanienne des Droits de l'homme c/ Mauritanie*, Communications 54/91, 61/91, 98/93, 154/97 et 210/98.

- Affaire *République démocratique du Congo c/ Burundi, Rwanda et Ouganda*, Communication 227/99.

- Affaire *John D. Ouko c/Kenya*, Communication 232/99.

- Affaire *Law Office of Ghazi Souleiman c/ Soudan*, Communications 222/98 et 299/99.

- Affaire *Forum of Conscience c/ Sierra Leone*, Communication 223/98, §15/2000.

- Affaire *Curtis Francis Doebbler c/ Soudan*, Communication 236/2000.

- Affaire *Purohit et Moore c/ Gambie*, Communication 24/01.

- Affaire *République démocratique du Congo c/ Burundi, Rwanda et Ouganda*, Communication n°227/99, décision adoptée en mai 2003.

Cour africaine des droits de l'homme et des peuples

- CADHP, n°001/2008, *Michelot YOGOGOMBAYE c/ République du Sénégal.*

- CADHP, n° 001/2011, *Femi Falana c/ Union africaine.*

- CADHP, n° 002/2011 *Affaire Soufiane Ababou c/ République algérienne démocratique populaire.*

- CADHP, n° 005/2011, *Daniel Amare et Mulugeta Amare c/ République du Mozambique et Mozambique Airlines.*

- CADHP, n° 006/2011, *Association des juristes d'Afrique pour la bonne Gouvernance c/ République de Côte d'Ivoire*.

- CADHP, n° 007/2011, *Youssef Abadou c/ Royaume du Maroc*.

- CADHP, n° 008/2011, *Ekollo Moundi Alexandre c/ République du Cameroun et République fédérale du Nigéria*.

- CADHP, n°009/2011 et n° 011/2011, *Tanganyika Law society, The Legal and Human rights centre c/ République-Unie de Tanzanie ; Révérend Christopher R. Mtikila c/ République-Unie de Tanzanie*.

- CADHP, n°010/2011- *Efoua Mbozo'o Samuel c/ Parlement panafricain*

- CADHP, n° 012/2011, *Convention nationale des syndicats du secteur éducation (Conasysed) c/ République du Gabon*.

- CADHP, n° 014/2011, *Atabong Denis Atemnkeng c/ Union africaine*

- CADHP, n° 004/2012, *Delta International Investissements S.A. M. et Mme AGL de LANG c/ République d'Afrique du Sud*.

- CADHP, n° 005/2012, *Amir Adam Timan c/ République du Soudan*.

- CADHP, n° 007/2012, *Baghdadi Ali Mahmoudi c/ République de Tunisie*.

Cour de justice des Communautés européennes

- CJCE, 14 décembre 1962, *Fédération nationale de la boucherie*, aff. jtes C-19 à C-22/62, *Rec.*, p. 943.

- CJCE, 12 novembre 1969, *Stauder*, aff. 29/69, *Rec.*, p. 419.

- CJCE, 14 mai 1974, *Nold, Aff*, aff. 4/73, *Rec.*, p. 491.

- CJCE, 18 octobre 1989, *Orkem*, aff. C-374/87, *Rec.*, p. I. 3283.

- CJCE, 28 juin 1990, *Hoche*, aff. C-174/89, *Rec.*, p. I. 2681.

- CJCE, 18 juin 1991, *ERT*, aff. C-260/89, *Rec.*, p. I. 2925.

- CJCE, 6 mars 2001, *Connolly*, aff. jtes C-273 et 274/99, *Rec.*, p. I. 1611.

Cour internationale de justice

- CIJ, *Réparations des dommages subis au service des Nations Unies*, avis consultatif, *Rec.*, 1949, pp. 174-189.

- CIJ, *Conséquences juridiques pour les États de la présence continue de l'Afrique du Sud en Namibie*, avis consultatif du 21 juin 1971, *Rec.*, 1971, pp. 16-58.

- CIJ, *Essais nucléaires (Australie c/ France)*, arrêt du 20 décembre 1974, *Rec.*, 1974, pp. 253-272.

- CIJ, *Essais nucléaires (Nouvelle Zélande c/ France)*, arrêt du 20 décembre 1974, *Rec.*, 1974, pp. 457 478.

- CIJ, *Certaines dépenses des Nations Unies*, avis consultatif du 20 juillet 1962, *Rec.*, 1962, pp. 151-181.

INDEX ALPHABÉTIQUE

(Les chiffres indiquent la page où la matière est particulièrement étudiée)

TABLE DES MATIÈRES

Structures éditoriales du groupe L'Harmattan

L'Harmattan Italie
Via degli Artisti, 15
10124 Torino
harmattan.italia@gmail.com

L'Harmattan Hongrie
Kossuth l. u. 14-16.
1053 Budapest
harmattan@harmattan.hu

L'Harmattan Sénégal
10 VDN en face Mermoz
BP 45034 Dakar-Fann
senharmattan@gmail.com

L'Harmattan Cameroun
TSINGA/FECAFOOT
BP 11486 Yaoundé
inkoukam@gmail.com

L'Harmattan Burkina Faso
Achille Somé – tengnule@hotmail.fr

L'Harmattan Guinée
Almamya, rue KA 028 OKB Agency
BP 3470 Conakry
harmattanguinee@yahoo.fr

L'Harmattan RDC
185, avenue Nyangwe
Commune de Lingwala – Kinshasa
matangilamusadila@yahoo.fr

L'Harmattan Congo
67, boulevard Denis-Sassou-N'Guesso
BP 2874 Brazzaville
harmattan.congo@yahoo.fr

L'Harmattan Mali
ACI 2000 - Immeuble Mgr Jean Marie Cisse
Bureau 10
BP 145 Bamako-Mali
mali@harmattan.fr

L'Harmattan Togo
Djidjole – Lomé
Maison Amela
face EPP BATOME
ddamela@aol.com

L'Harmattan Côte d'Ivoire
Résidence Karl – Cité des Arts
Abidjan-Cocody
03 BP 1588 Abidjan
espace_harmattan.ci@hotmail.fr

Nos librairies en France

Librairie internationale
16, rue des Écoles
75005 Paris
librairie.internationale@harmattan.fr
01 40 46 79 11
www.librairieharmattan.com

Librairie des savoirs
21, rue des Écoles
75005 Paris
librairie.sh@harmattan.fr
01 46 34 13 71
www.librairieharmattansh.com

Librairie Le Lucernaire
53, rue Notre-Dame-des-Champs
75006 Paris
librairie@lucernaire.fr
01 42 22 67 13

www.ingramcontent.com/pod-product-compliance
Lightning Source LLC
LaVergne TN
LVHW021135061026
849535LV00002B/246